清代學術名著叢刊

聲類疏證

［清］錢大昕 撰
郭晉稀 疏證

上

上海古籍出版社

圖書在版編目(CIP)數據

聲類疏證 /（清）錢大昕撰；郭晉稀疏證．—上海：上海古籍出版社，2019.11
（清代學術名著叢刊）
ISBN 978-7-5325-8781-0

Ⅰ.①聲… Ⅱ.①錢… ②郭… Ⅲ.①漢語—音韻學—中國—清代 Ⅳ.①H114.9

中國版本圖書館 CIP 數據核字(2018)第 053831 號

清代學術名著叢刊

聲類疏證

（全三册）

［清］錢大昕 撰

郭晉稀 疏證

上海古籍出版社出版、發行

（上海瑞金二路 272 號 郵政編碼 200020）

（1）網址：www.guji.com.cn

（2）E-mail：guji1@guji.com.cn

（3）易文網網址：www.ewen.co

蘇州市越洋印刷有限公司印刷

開本 850×1168 1/32 印張 37.75 插頁 16 字數 670,000

2019 年 11 月第 1 版 2019 年 11 月第 1 次印刷

印數：1—2,100

ISBN 978-7-5325-8781-0

H·196 定價：198.00 元

如有質量問題，請與承印公司聯繫

本書出版得到國家古籍整理出版專項經費資助

出版説明

聲類四卷，清錢大昕撰。此書在錢氏生前並未刊行，而是在他去世後由門人汪恩整理付梓。由於書稿未經作者親自寫定，因而體例不明。郭晉稀先生對聲類逐條引證解釋，撰成聲類疏證一書。指出聲類的精義，在於通過聲轉之説來闡明訓詁中的假借現象。經過他的疏解，聲類更方便爲人們所研究、使用。

聲類疏證曾在一九九三年由我社以手寫影印形式出版，印數不多，流布不廣。有鑒於此，我們決定排印出版本書，並收入清代學術名著叢刊。藉此機會，進一步統一了體例，并訂正了若干訛誤。

作者在前言中提到，他在疏證聲類時，採用的是粵雅堂叢書本。這次整理，取粵雅堂叢書本與手寫影印本聲類疏證中的聲類原文對勘，發現二者存在不少差異，主要有用字的不同與字句的增減。

在用字差異上，大部分是聲類疏證正確而粵雅堂叢書本訛誤，如第三〇三條，粵雅堂叢書本作「周禮司喪」，聲類疏證作「周禮司裘」。又如第九三九條，粵雅堂叢書本作「周禮旅思」，聲類疏證作「周禮旅師」。周禮無「司喪」、「旅思」，當是粵雅堂叢書本誤刻。有一些差異屬於義可兩通的，如第一七六條，粵雅堂叢書本引史記樂書作「硜以立別」，聲類疏證作「硜以立辨」。又如第一三九四條，粵雅堂叢書本作「昭二十一年」，聲類疏證作「昭廿一年」。有一部分差異則是聲類疏證錯誤而粵雅堂叢書本正確。如第一六六條，粵雅堂叢書本引釋名作「膺，壅也」，聲類疏證作「雍，壅也」。又如第三七七條，粵雅堂叢書本作「周禮方相氏」，聲類疏證作「周禮方良氏」。蓋屬聲類疏證抄誤。還有一些字形的差異，如第一五〇八條，粵雅堂叢書本引周禮弓人作「恒角而短」，聲類疏證作「恆角而短」。

此外，個別條目的標目也有不同。如第五〇條，粵雅堂叢書本作「麋，眉也」，聲類疏證作「麋，眉也」。本條的根據在漢書，而作「赤麋」或是作「赤麋」，本有異文。又如第三七一條，粵雅堂叢書本作「旁皇，徘徊也」，聲類疏證作「旁皇，俳佪也」。本書重在論聲，這些不同並不會影響對聲韵的探討。

另外，需要注意的是，「讀爲」、「讀如」這樣的術語，粵雅堂叢書本與聲類疏證也存在差異。如第三八六條，粵雅堂叢書本引鄭司農注語作「讀爲畏需之需」，聲類疏證作「讀如畏需之需」。第一一四七條，粵雅堂叢書本引杜子春作「讀如后稷播百穀之播」，聲類疏證作「讀爲后稷播百穀之播」。

在字句的增減上，有一些是無關緊要的，如「曰」、「云」、「篇」等字，或增或減，對文義都没有影響。有一些差異雖然造成信息量的不同，但無礙於對論述主旨的理解，如第三八九條，粤雅堂叢書本作「後漢書清河王慶傳」，聲類疏證作「後漢書清河王傳」。又如第五九九條，粤雅堂叢書本有「謂小山如堆阜」一句，聲類疏證則無。此條意在論證「父」、「阜」二字雙聲正轉，有無此句説明，都不影響論述主旨。有一些則會影響對聲類原文和疏證的理解。如第一一一條，粤雅堂叢書本引漢書律曆志「太陰者，北方。北，伏也」作爲例證，聲類疏證則無此句。

雖然二者存在一些差異，但本次整理，根據的是手寫影印本聲類疏證，所以不據粤雅堂叢書本聲類作大量校改。只要不妨礙對主旨的理解，都不作改動。明顯的訛誤一般徑改，需要説明的地方酌加校記。

此外，粤雅堂叢書本存在「元」、「邱」等避諱字。作者已將絶大部分「元」字改爲了「玄」，個別未改的字本次整理也一起改回。原书中「邱」字並未全部改回。若全部改回，則會影響到某些條目的疏證（如第五條、第五九八條）。所以此次整理，也不作改動，保存原貌。

原稿中，隨文注釋的形式並不統一。稿中聲類原文的部分，同時存在錢大昕的隨文注釋和作者所加的注釋。錢氏的注文，或加「自注」二字，或不加。與作者的注文區别不明顯。在原稿的疏證部分，也有類似的情況。作者轉引的他人論述中，同時存在原作者的自注與本書作者的注文。此次整理，作了一些處理。在聲類原文部分，錢大昕的自注，一律加括號以示區別；作者的注文，則統一以小字夾注的形式表示。在疏證部分，若在轉引的他人論述中原有隨文注釋，則一律加「原注」二字，以與作者所加小注相區別。

聲類中，錢大昕引注，多省「注」字，作者爲使文意明晰，則徑增「注」字（或「集解」、「釋文」、「疏」等），並加括號以示區別。除此以外，第九一四條、九五五條、一〇七五條、一〇八九條括號中的「丁姬」、「云」、「無逸」、「好」等字，也爲作者所增。

作者在疏證部分爲聲類增補了大量例證，徵引了許多典籍。因版本差異，引文與現今常見的有所不同。如第一七一一條引史記索隱作「盜，竊也。竊，淺青色」。今中華書局點校本史記作「盜驪，騧驪也。騧，淺黃色」。像這類情況，都不作改動。

手寫影印本聲類疏證原附有檢字表。因爲本次整理採用了新字形，筆畫數有了變化，所以相應地調整了檢字表中字頭的次序，並訂正了個别訛誤。

本次整理，得到郭晉稀先生哲嗣郭令原先生的幫助與支持，在此謹致謝意。

上海古籍出版社

前言

漢人注禮，鄭玄箋詩，常常談到聲誤；揚雄著方言，郭璞爲方言作注，則提出了語轉；許慎作説文，多言讀若；許慎、高誘注淮南，每每譬況讀音；班固白虎通、劉熙釋名，都用聲訓；前人訓詁，莫不借重聲音。漢代並没有韻書，聲紐之説，更爲後出。如何科學地分析漢人的音讀，條理出訓詁的道理，還有待于後人的研究。

魏晉漸次出現了韻書，但那是著者以魏晉時的語音爲準，既與兩漢的讀音不盡相同，與先秦古讀相隔更遠。但是古今人的發音器官相同，古今讀音遞變之迹，却有規律可尋。宋人吴棫作韻補，鄭庠作古音辨，雖然韻補言叶韻不免有乖牾，古音辨頗爲簡略，但開隋唐以後研究古韻的先河，歷史的功績，總是應該肯定的。

有清一代，研究古韻，大家輩出。顧炎武開創的功勞最大，段玉裁、戴震的創獲最多。諸家不僅考究古韻的分部，而且推究韻部的通轉，段、戴雖未即臻完密，已能深造而都得其大齊了。

字母之說，大都首推守温。其實反切成音，上字爲聲，下字爲韵，魏晉已然；切韵一書，聲紐已密。考訂古聲，應推錢大昕爲首。聲紐通轉之理，既以戴震、錢大昕發其端，又以二人宏其績。聲學、韵學本音學兩途，其用相等，但是專談韵學者多，專談聲學者少。聲類、轉語兩書的豐功偉績，論者不多。我這部書本來是專論錢氏的聲類，但有必要附及戴氏的轉語。

一、轉語並未遺佚，聲類被誤認爲類書

戴震有轉語二十章序，其文載於文集中，但轉語二十章其書未聞。章太炎先生作新方言序所以說：「戴君作轉語二十章」，「書軼不傳，後昆莫能繼其志」。于是大家也認爲轉語失傳了。先師曾運乾古聲韵學講義却說：「實則戴氏聲類表，即其轉語二十章也。」王力先生作漢語音韵學，其三百廿四頁注二則云：「此外尚有轉語二十章，今不傳。或云：聲類表即轉語。」既言不傳，又徘徊猶豫，兼載曾說。

今人還是認爲書軼不傳者多，其道理大抵有兩條：一、轉語是戴氏晚年作，所以原著不傳，也許尚未成書；二、轉語本二十章，聲類表凡九卷，二十章與九卷，章卷數目不符，固非一書。

我認爲曾氏之說，是有依據的，現在談談我的看法。轉語二十章序作于乾隆丁卯仲春。丁卯是乾隆十二年，即公元一七四七年，其時作者年僅二十四歲，去其死尚有三十年。即使是先有序而後著書，也不能遽定其書是晚年所作，遂推斷其尚未成書。轉語序云：

人口始喉，下底脣末，按位以譜之，其爲聲之大限五，小限四，按：謂發、送、內收、外收四章。於是互相參伍，而聲之用蓋備矣。參伍之法：台按：當音怡。余予陽，自稱之詞，在次三章；吾卬言我，亦自稱之詞，在次十五章。截四章爲類，類有四位，三與十有五，數其位皆至三而得之，位同也。凡同位爲正轉，位同爲變轉。

曾氏以聲類表縱排之次第與序相配合，其說正相符，今作圖于次，而加以說明：

章次	清	濁
一	見	
二	溪	羣
三	影	喻微
四	曉	匣
五	端	
六	透	定
七		泥
八		來
九	知照	
十	徹穿	澄牀
十一		娘日
十二	審	禪
十三	精	
十四	清	從
十五		疑
十六	心	邪
十七	幫	
十八	滂	並
十九		明
二十	非敷	奉

聲紐清濁圖是照聲類表排定的，章次分限是據轉語序附上的。凡同章各紐之字相轉謂之同位正轉；凡不同章而大限內之位次相同謂之位同變轉。轉語序云：「台余予陽，在次

三章。」四例字皆喻母，喻在第三章是也。序云：「吾印言我，在次十五章。」四例字皆在疑母，疑在第十五章是也。第三章在第一大限之三位，第十五章在第四大限之三位，序所謂「三與十五，數其位皆至三而得之，位同也」。位同相轉，謂之位同變轉。

可見轉語序說的大限五、小限四，凡二十章，是聲類表把三十六字母分成大限五、小限四，凡二十章，並不是指的卷數或部數。本來明白清楚，無可疑惑。

況且聲類表分成九卷二十五部，是戴氏易簀前「未及爲例言」所删訂的，他的原書本來七卷二十部。說見段序。如果要傅會卷數和部數來談二十章，那麼二十部和二十章的數字恰巧相符，但那並不是二十章原意。至于聲類表而不命名爲韵部表者，正以轉語因聲類而相轉的原故。下文將再論及。

錢大昕聲類一書，在洪亮吉卷施閣集讀書倦後偶題齋壁詩自注云：「時正寄書錢少詹，索所作聲類。」可見同時學者已經注意到了。可是此書的刻出，較之錢氏的其他著作爲最晚；汪恩之初刻此書，對它並沒有深刻認識，後來諸人也未能正確理解，所以評價不高。

汪恩於道光五年初刻聲類，跋云：

此書採綴極富，而出所見以正前人之訛誤者，僅十之一二。蓋當時止輯以備用，

> 故其説散見于所著廿二史考異、金石跋尾、養新録諸書，而此書視如蒿矢，藏之篋笥。

他雖然説「此書採綴極富」，但「止輯以備用」，是廿二史考異等書的「蒿矢」，不是獨特的專著，既已寫定廿二史考異等書之後，就把它藏之篋笥，不再用它了。

咸豐壬子伍崇曜重梓跋云：

> 養新録有「聲類、韵集」一條：「至于尋詩推韵，良爲疑混。末有李登聲類、呂静韵集，始别清濁，纔分宫羽。」自注：「封氏聞見記：魏時有李登者，撰聲類十卷，凡一萬一千五百二十字，不立諸部。」固與此書義類迥殊，體用各判，不知何以定襲其名也。

錢氏此書，分别聲類以論聲轉，著述之旨，正在命名。伍崇曜乃曰「不知何以定襲其名」，正以不明作者著述之旨的原故。

王力先生的漢語音韵學在三百四十頁注一裏，也這樣説：

> 他著有聲類一書，在粵雅堂叢書内，但只搜集材料，頗像類書，裏頭没有音韵理論。

大抵王先生只看了前人的序跋，隨手翻了原書，没有推敲所以命名聲類之義，更没有因書名進而推考各條聲紐，所以把它誤解了。王力先生在音韵學方面雖然做出了成績，但這種誤解，我們也不應該爲賢者諱。

戴氏轉語，雖然被誤認爲「書軼不傳」，由於轉語二十章序闡述同位正轉、位同變轉，議論明白，他談聲轉的道理，後人還是由序文可以推知其大略。聲類四卷固然累次刊刻出來，正轉變轉之説也略見于釋訓一章，但書前並没有叙例，聲轉之説又散見于其他著作之中，宏旨奥義，反而被長期隱晦，誤解爲類書。我們既已闡述轉語一書未嘗遺軼，因更臚述錢氏聲轉之説于次，而後闡揚聲類一書之宏旨奥義，以求商榷于賢者。

二、散見於聲類以外錢氏的有關聲轉之説

錢氏生於戴氏差後，比段氏稍前，三人是同時的一代大師。段氏研究古韵在戴氏之後，但他的古韵十七部之説，却論定于戴氏的廿五部之前。無論十七部、廿五部，考于經籍叶韵，總是小有出入。所以古韵家提出了古韵韵部之間的通轉之説。戴、段對於古韵研究雖未全臻完密，對於後人來説，已經是十不離八九了。對於聲學的研究，尤其古聲的考訂，前人並未嘗着手，應該以錢氏爲創始，聲轉的研究則是錢氏和戴氏所共同開拓的道路。

我認爲錢氏之所以是學者中的巨人，就在于他不再走前人已經開闢的道路，對古韵

的分部，苴補彌縫；而在于他篳路藍縷，專研聲學，獨拓蹊徑。他之自開牖户，雖然寫下了歷史豐碑，但他先是以轉音之説代替韵轉，而後以聲轉來董理故訓的。

先談錢氏的轉音之説。

戴、段談古韵通轉，是有道理的，但此時韵轉的規律並没有完全研究清楚，所以就有一些説不圓通的地方。比如説，古韵陰陽對轉，段氏本未談及；戴氏雖然談到了，但把歌、戈、麻作爲陽韵，就極不恰當。陰陽對轉是古韵規律，可以通轉，在此時並不能運用自如，亦不爲談古韵者所公認，何況也不能以對轉來代替所有的通轉。韵轉之説就有時而滯礙不通。錢氏看到此中矛盾，便提出了轉音之説。他的轉音之説，見於潛研堂文集之音韵答問，及與段若膺書、與孫淵如書，又見於養新録之毛詩多轉音、説文讀若之字或取轉聲。他的與段氏書就是以轉音之説商榷韵轉之説的。

錢氏論轉音之文既多，證據極詳，這裏不能遍舉，摘録兩條，以見一斑。潛研堂文集音韵答問之一處云：

凡字有正音，有轉音。近既从斤，當以「其隱切」爲正，其讀如「幾」者，轉音，非正音也。如「碩人其頎」，亦「頎」之轉音。禮記：「頎乎其至。」讀「頎」爲「懇」者，乃其正音耳。倩从青而與盼韵，顒从禺而與公韵，實从貫而與室韵，恢从奴而與逑韵，皆轉音而非正音。禮記：「相近于坎壇。」鄭康成讀「相近」爲「禳祈」，「祈」未必不可讀爲「近」也。三百篇用韻之字不及千名，烏能盡天下之音？顧氏但以所見者爲正，宜其齟齬而不相入矣。中略。予謂三百篇中轉音之字甚多，七月之「陰」，雲漢之「臨」，蕩之「諶」，小戎之「驂」，車攻之「調」、「同」，桑柔之「瞻」，文王之「躬」，原注：釋詁「躬，身也」。生民之「稷」，北門之「敦」，召旻之「頻」，正月之「局」，皆轉音也。毛公詁訓傳每寓聲於義，雖不破字，而未嘗不轉音。小旻之「是用不集」，訓「集」爲「就」，即轉从「就」音；鴛鴦之「秣之摧之」，訓「摧」爲「莝」，即轉从「莝」音；瞻卬之「無不克鞏」，訓「鞏」爲「固」，即轉从「固」音，載芟之「匪且有且」，訓「且」爲「此」，即轉从「此」音。明乎聲隨義轉，而無不可讀之詩矣。

養新録毛傳多轉音所論，例證略同，義亦猶此。養新録又有説文讀若之字或取轉聲也説：

說文讀若之例，或取正音，或取轉音。楈，胥聲，而讀若芟刈之芟；⿰季阝，季聲，而讀若寧；⿰革蚩，蚩聲，而讀若騁；庳，卑聲，而讀若逋；袢，半聲，而讀若普；訬，少聲，而讀若毚；昕，斤聲，而讀若希；霹，鮮聲，而讀若斯；䪴，真聲，而讀若資；艐，㚇聲，而讀若莘；⿰革弁，弁聲，而讀若曆；摯，執聲，而讀若晉；楥，爰聲，而讀若指撝；

楷，省聲，而讀若驪駕； 原注：驪當讀如灑掃之灑，與省聲相近。 倗，朋聲，而讀若陪； 鄘，崩聲，而讀亦若陪； 烓，圭聲，而讀若同； 敳，豈聲，而讀若豤； 𥣬，糞聲，而讀若靡； 者，占聲，而讀若耿介之耿； 原注：幽州人謂耿爲簡，故隨音變。簡與檢近，者本音似檢，轉讀如耿。皆古音相轉之例。

錢氏曾以轉音之說，與段玉裁、孫星衍商量，不同意段氏的韵轉之說。當然，錢氏所舉的許多例證，照今天看來，有許多確是陰陽韵的對轉，或相近韵的旁轉。由於當時對轉或旁轉之理的奧秘，還若顯若晦，錢氏本人又不注意古韵，所以不少例證，在今天看來，沒有說服力。但也應當承認，有的例證並不是對轉或旁轉所能說明的，所以他的聲隨義轉之說，仍有存在的價值。

更重要的是，錢氏所舉的全部例證，十九是同紐雙聲；个别的是聲位相同，如者之與耿，同屬出聲。如果捨棄他的以聲轉代替韵轉之說，或者置此存而不論，用他的聲轉之說來談訓詁學中的通假，那實在是聲學上的不朽貢獻。

次談錢氏的聲轉之說。

錢氏的轉音之說，本來是以聲轉爲基礎而兼及韵轉的，比如小旻之「是用不集」，「集」、「就」雙聲，所以「集」借爲「就」，是爲聲轉；若進而謂「集」有「就」音，所以與「猶」、

「咎」、「道」叶韵，則爲轉音。比如説，月出之「勞心慘兮」，「慘」、「懆」雙聲，所以「慘」借爲「懆」，是爲聲轉；若進而謂「慘」有「懆」音，所以與「照」、「燎」、「紹」叶韵，則爲轉音。我們認爲「集」與「就」、「慘」與「懆」，雙聲通假，是可以成立的，但是否「集」與「就」同音、「慘」與「懆」可以叶韵，還需要商討。戴氏也主張雙聲通轉，但以爲月出之「慘」爲「懆」之形誤，就較爲合理。

錢氏聲轉之説，運用到訓詁學裏，並不侈談轉音了，而且豐富了雙聲通假，明確地提出了同位變轉。什麽叫「同位」？就是聲位相同，相當於戴氏的「位同説」而不同於戴氏的「同位説」。在養新録字母一文中論聲位云：

> 言字母者，謂牙舌脣之音必四，齒音必五。不知聲音有出送收三等，出聲一而已；送聲有清濁之歧，收聲又有内外之歧。試即牙舌脣之音引而申之曰：基、欺、奇、疑、伊可也，基、欺、奇、希、奚亦可也；東、通、同、農、隆可也，幫、滂、旁、茫、房亦可也。未見其必爲四也。即齒音斂而縮之曰：昭、超、潮、饒可也，將、鏘、戕、詳亦可也。未見其必爲五也。

現在將他的例字改爲聲紐，得表如次：

出	送 清	送 濁	收 內	收 外
見	溪	羣	疑曉	影（喻）匣
端（知）	透（徹）	定（澄）	泥（娘）	來
照	穿	牀	（審）	（禪）日
精	清	從	（心）	邪
幫（非）	滂（敷）	並	明（微）	奉

其中喻、知、徹、澄、娘、審、禪、心、非、敷、微十一母不見於上文例字之内，因爲他認爲「影母之字引而長之則爲喻母」，「匣母三四等字，經讀亦有似喻母者」，所以喻母應與影匣同位。其餘十母，本有定位。今加（）號補出之，故得上表。錢氏以爲聲轉：雙聲正轉之外，依據此表凡出送收相同者爲同位變轉。

錢氏以爲聲轉之理，雙聲正轉容易明白，而又例證最多，每於轉音之説中也常論及；至于變轉之説，其例證較正轉雖少，在訓詁中亦實繁有徒，故於史記考異中再三闡述。五帝本紀考異「徧告以言」一條下云：

古音「敷」如「布」，「徧」、「布」聲相近，「奏」、「告」亦聲之轉也。「奏」屬齒音，「告」屬牙音，均爲出聲，故亦得相轉。

故「偏告以言」，可作「敷奏以言」。又於律書考異「牛者，冒也」一條下云：

「牛」，牙音之收聲；「冒」，脣音之收聲；聲不類而轉相訓者，同位故也。古人以「反側」與「輾轉」對，「顛沛」與「造次」對，「元首」與「股肱」對。「反側」與「顛沛」原注：讀如貝。同爲出聲，「元」、「首」同爲收聲，則亦爲雙聲矣。徵諸經典，如「多」訓「祇」，「鈞」訓「等」，「蔽」訓「斷」，「遡」訓「鄉」，「振」訓「救」，「曹」訓「羣」，「憑」訓「大」，「㬥」訓「嫚」，「貫」訓「中」，「槃」訓「大」，「袗」訓「單」，皆以諧聲取義。「牛」之訓「冒」，亦此例也。

更于屈原賈生列傳考異「大專槃物」一條下云：

索隱云：「漢書曰：『大鈞播物』。此專讀鈞，槃猶轉也。」「專」與「鈞」相轉，舌齒異音而均爲出聲，此段借之例也。「槃」讀爲「般」，「般」、「播」聲相近。

不必再舉例了，錢氏同位變轉説之理，完全可以明白了。

錢氏和戴氏的聲轉之説，大同而小異。錢氏的雙聲正轉，限於同紐，少數近紐；戴氏的同位轉，有同位即爲同紐，有同位而不同紐；兩者相較，應以錢説爲長。錢氏的同位變轉，戴氏的位同轉，皆以聲之發送收爲依據，其立意是完全一致的。至於對聲紐的發送收之審音，則各有短長，在這裏可以存而不論。

三、聲類是獨闢蹊徑，闡揚聲轉的偉著

按照我們的説法，戴氏的轉語二十章即聲類表。它是以韵爲經、以聲爲緯，兼談韵轉和聲轉的書。韵分九類二十五部，各部既獨自爲韵，各類又時有通轉；聲分大限五、小限四，凡二十章，各章既同位正轉，而各大限内之四小限又位同變轉。無論韵轉或聲轉，都没有從典籍中搜羅例證，只是在答段若膺論韵中説明了韵轉，在轉語序中闡述了聲轉。後人刻書，以答段若膺論韵弁卷首，而以轉語序載文集，所以使人誤爲聲類表只分韵部，不知聲類表兼含聲轉，這正是誤認爲轉語失傳的原因。書以聲類表命名就在指明聲位通轉，書以韵部分卷就在指明韵部通轉。讀者失誤，就失其著書命名之旨矣。

聲類四卷則不然，主聲不主韵，用其全力搜羅古訓，以其整部書來闡揚雙聲正轉和同位變轉。其聲轉之説，既散見于錢氏本人其他述作之中，又于本書第一卷第三章釋訓發其凡云：

「鬷」之爲「奏」，正轉也；「艐」之爲「屆」，變轉也。

「鬷」在廣韵東韵精母，奏在候韵精母，韵異聲同，雙聲正轉。「艐」在東韵精母，「屆」在怪韵見母，聲韵皆異，然而同爲出聲，同位變轉。

聲類一書，作者生前没有親自校定，没有另寫序例，釋訓雖在第一條言其凡例，並没有弁於卷首，讀者稍不留意，就很容易把它誤會爲只是搜羅古訓的類書了。我們既已説明戴氏轉語即聲類表，在這裏便要闡述錢氏聲類是專論聲轉的偉著。

聲類四卷凡二十二章。從卷一第一章釋詁，到卷二第十一章釋獸，雖採用爾雅分類的方法，但爾雅分篇没有另外統攝的内蘊，而聲類在各類各條之中，都貫徹着聲轉的道理，論證正轉和變轉的規律。如釋詁「介，隔也」，見紐雙聲；「慶，羌也」，溪紐雙聲；「嗛，懕也」，亦溪紐雙聲。都屬于正轉。又「瘳，差也」，作者自注：「上徹下穿。」聲紐雖不相同，却同爲送氣，屬於變轉。又如釋天「閼逢謂之焉逢」，「閼」、「焉」影母雙聲；「彊圉謂之彊梧」，「圉」、「梧」疑母雙聲；皆爲正轉。又「旃蒙謂之端蒙」，「旃」爲知母，「端」爲端母；以古聲論，同紐雙聲，以今聲論，同爲出聲。我在疏證中論證了十一章的八百五十八條，没有一條不合於正轉變轉的條例。

從卷二第十二章到卷三第十六章，則採用異讀、異文、異言、異名號、異姓氏來分類，但其所以相異之故，亦以聲轉爲綱，莫不由于正轉變轉而使之然。如讀之異者「居如姬」，「轂如告」，皆以見紐雙聲爲正轉；又「繆如綃」，「繡亦如綃」，又皆以心紐雙聲爲正轉。又「狋氏讀爲權精」，其自釋云：「狋从示，示亦音祁，故轉爲權音。氏亦音支，故轉爲精音。」

「祁」與「權」爲羣母雙聲，故爲正轉；「支」在照三，「精」爲精母，同屬出聲，故爲變轉。姓之異者「盈即嬴」，「弋即姒原注：音「以」」，皆以喻四相轉；「簡即耿」，又以見紐相轉；「何即韓」，並以匣紐相轉；「曼邱即毋邱」，「曼」、「毋」明紐雙聲。共五章凡五百九十三條，疏證也逐條論證其都屬於正轉和變轉。

卷四之古讀、音訛，也莫不如是。音訛「肱爲瓌」，見紐雙聲；「含爲回」，匣紐雙聲；「楊爲嬴」，喻四雙聲；「章爲鍾」，皆爲照三；「倒爲都」，皆爲端母；「邵爲樹」，皆爲禪母：無不爲雙聲正轉。

從卷一第一章，到卷四第十八章，凡一千五百三十條，無一條不發明正轉、變轉之例。聲類全書共二十二章，一千七百一十一條，以十八章一千五百三十條論正轉變轉，所以說：它是主聲不主韵，是一部闡揚聲轉的專著。但著書不能有剩義和漏義，所以又出四章，説明亦有「同音通用」、「音近通用」；更有「形聲俱遠」、「字形相涉之訛」者。這四章在全書中只是略備一體，也可以叫做附録。

訓詁中之通轉、假借，當然仍以聲韵兼轉者爲最多，清人談韵轉之例，其中實亦含部分韵轉而兼聲轉之例；錢氏聲類論聲轉，實亦含部分聲轉而兼韵轉之例，蓋立足點不同，故所見者有異。至于通轉之中，專以聲轉者較之專以韵轉者，實在爲數尤多。聲類以一千五百三十條論聲轉，每條所舉例證凡數事，我們依傍條目增補的例證又每條數事，總其數目，實不少于條目之十倍。若條目之外，有關聲轉之例所未及搜羅者，更不知其有多少。

在清人研究韵學如日中天的時候，錢氏獨究聲學，其古無輕脣音、舌音類隔之説不可信，既已家喻户曉而尊信之；其論聲轉之説，並不亞于韵轉之説的貢獻，所以我們有道理説：聲類一書是獨闢蹊徑的偉著。還要補充説一句的是：「娘日歸泥」、「喻母古讀」、「邪母古讀」、「照穿神審禪讀同知類，莊粗牀疏讀同精類」，這些今聲古讀的規律，錢氏還没有論證到，但他説：「古人多舌音，後代多變爲齒音。」又聲類古讀一章所涉及的古今讀音不同的問題，對許多規律已經顯示了朕兆，也值得注意。

當然，以雙聲假借來論證轉音，誠如王力先生所説「不能博得音韵學界的普遍同情」，漢語音韵學三三九頁。但以雙聲來談訓詁中的假借，却應該同意，不能因爲潑去污水，把孩子也一並拋棄。黄侃先生音略略例推崇錢氏的貢獻，以爲「對轉於音理實有，其餘名目皆可不立；以雙聲疊韵二理，可賅而無餘也」。强調雙聲，把它與疊韵並重，不同意章先生許多韵轉之名，不姝姝自悦於一先生之言，最可欽敬。

四、聲類作者，生前未能親自手訂，後人詮次不當，出現了疵類

聲類是道光五年才第一次梓行的，是作者死後三十九年了。大抵原稿還待補充詮訂，這些工作沒有來得及做，就逝世了。所以汪恩說「略加詮次，壽之梨棗」，整理校訂是由他來做的。他「簿書鞅掌」，自然考慮不精，所以今本聲類出現了不少甚至不應有的疵類，現在分作兩方面談談。

先談形聲俱遠一章，名實不符。

聲類總目是有形聲俱遠一章的，但今本形聲俱遠這章的內容，名實不符，大乖體例。訓詁中有許多這樣的例子，以甲乙相訓，兩者之間找不到形體與聲音的關係，比如「賚、貢、界、予，賜也」，「賜」與其他四字，形聲都沒有干連，因爲這屬於義訓，義訓大都如此，其例證不能盡舉。又如樂記「志微噍殺之音作」，禮樂志以「志微」作「纖微」，「志」與「纖」之間也看不出形與聲的關係；這是因爲「纖與識形相涉，而志又識之古文，故轉爲志也」。詳一千六百九十條。它們的形與聲之間的聯繫，已經轉了兩個彎的緣故。我們可以依據以上談的證例，來考查本章所有的五條，是否「形聲俱遠」。

本章的第一條「匽爲謨」，「匽」與「謨」形不相涉，聲與韵皆異，似乎可以說「形聲俱

遠」，但同爲收聲，嚴格地説，仍舊可以看作同位變轉。至于其他四條：第二條「昪」，「昪」从弁聲，「昪」、「弁」爲古韵安部同音字，故詩小弁借「弁」作「昪」。第三條「疛，小腹痛」，已見文之異者「擣爲疛」，「擣」、「疛」雙聲正轉。第四條「㚕，大也」，爲説文本義，故詩敬之「佛時仔肩」，毛傳以「佛」訓「大」，「㚕」、「佛」同从弗聲，同音通用。第五條「嬥」，詩大東「佻佻公子」，韓詩作「嬥」，已見第廿章「音近通用」：都不是形聲俱遠。無論錢氏爲一代大師，不應有此；即一般人著作亦不至自相矛盾，前後乃爾。

大抵聲類一書，總目雖有形聲俱遠一章標目，分章中則缺而待補。後人刊刻，以爲不應缺此一章，故于第二十章中，截取最後五條，以爲第廿一章。其所以截取此五條者，因五條中之第一條，近似「形聲俱遠」，却没有詳考以下四條，皆可納入音近通用，違背了全書的大例。

再談其他次要疵纇。

我在疏證此書時，採用的是粵雅堂叢書本，發現訛誤甚多，舉要如次：

一、屬于引書的訛誤。六二〇條「春秋莊十八年『築郿』」，當作「莊二十八年」，誤奪「二」字。八一二條「袩謂之裾。衣後裾，同上指爾雅注」，此方言注，非爾雅注也。八二五條「萍謂之薸。方言」，此見爾雅釋草，非方言也。九〇五條引莊子寓言篇；非寓言篇，當作讓王篇。一一八六條引史記漢世家，史記無漢世家，當作韓世家。一一九三條引禮記玉藻，玉藻爲少儀之誤。一二〇七條引「士昏禮記『啟户』注『今文啟爲開』」，此記與注乃士虞禮記及注，非士昏禮記與注也。一四四八條引春秋襄三年，當作襄四年，非三年也。一六四〇條引「公食大夫禮『加萑席純』」，此記文，非經文也。其他不及數者，尚復有之。

二、條目與條文不符，刊出時，整理者未能改正。一二七條：「風，氾也，散也。」「散」應作「放」，「風」、「放」雙聲，故下引釋名釋天云：「風，放也，氣放散也。」六七七條：「蒲社，薄社也。」「薄社」應該改作「亳社」。雖禮記郊特牲亦稱「薄社」，然作者下文所不引，惟引「春秋『亳社災』」，故宜改正。六八〇條：「莘瀆，笙瀆、生瀆也。」下文引證不及「生瀆」，當依「左莊九年：殺子糾於生瀆」補引，然後上下一致。其他如此者，更復有之。

三、誤以後人批語，刊入作者本文。一五一六條引鄉飲酒義注：「愁讀爲揫。揫，叙，叙疑斂字之誤也。」考禮記注原文本作「愁讀爲揫。揫，斂也」，遺稿或誤「斂」作「叙」，後人讀遺稿，於「叙」字下綴以批語曰：「叙疑斂字之誤。」刻本遂以批語徑入原文。九〇六條：「噫如蔭。莊子齊物論『大塊噫氣』，釋文：『一音蔭。』按：『意』當从音得聲，故『噫』有蔭音。」今以爲「意」本會意，非形聲字。聲類主聲不主韵，「噫」、「蔭」影母雙聲，正合錢氏正轉之例。若「音」、「蔭」兩字古本同音，反於正轉之例相乖。此處按語，必後人所綴，刊入原文，既與聲類體例不符，謂「意」从音聲，又與説文相左。

四、其他豕亥魯魚之訛，如：六九七之「鰽音普茹反」，「茹」當作「姑」；七七六條之「端，丁里反」，「里」當作「果」；八六四條中之兩「煩」字，當依周禮巾車注作「蘋」；八八六條引後漢馮翼傳注「頓音堆」，當作「頓音碓」；八八七條引地理志「牧靡縣」，「牧」爲「收」之訛。如此者凡六七十處，具見疏證，故不盡録。

錢氏是一代宏儒碩學，聲類一書採綴廣博，要逐條疏證，本來是很不容易的。爲了對前人的景仰，竭其綿薄，加以補苴，證成其説，也就忘其力之所不及，智之所不逮了。其中訛誤必多，甚望讀者加以指正。

郭晉稀

序例

一、聲類主聲而不主韵，然而聲音之道，訓詁之理，又不能與古韵無關。疏證之中，既不能捨聲而專言韵，亦不宜捨韵而唯談聲也。古韵分部，導源于鄭庠、顧炎武，中間江永、段玉裁、戴震、孔廣森、章炳麟諸大家迭有發明，前修未密，後出轉精，至黄侃、曾運乾而始臻完善。疏證用韵，一依曾氏之三十部。黄氏二十八部，雖較曾氏猶缺兩部，然海内外流行已久，多遵用之。今録曾氏三十部部目于次，並書黄氏韵目於下，用〔 〕號標出，以備省覽。

陰韵	入韵	陽韵
噫〔咍〕	肊〔德〕	膺〔登〕
恚〔齊〕	益〔錫〕	嬰〔清〕
烏〔模〕	蒦〔鐸〕	央〔唐〕

續　表

陰韻		入韻		陽韻
區〔侯〕		屋〔屋〕		邕〔東〕
幽〔蕭〕		萸〔沃〕		夅〔冬〕
夭〔豪〕		約		
阿〔歌〕		曷〔曷〕		安〔寒〕
威〔灰〕		鬱〔没〕		𥁕〔痕〕
衣〔灰〕		壹〔屑〕		因〔先〕
		邑〔合〕		音〔覃〕
		盍〔帖〕		奄〔添〕

二、今聲從來用三十六字母爲目，陳澧切韻考分爲四十類，曾先生五十一紐之説出而遂臻完密。竊以爲三十六字母有合切韻之可以合者，並無害於古聲紐之分，則無妨仍從而合之；有合切韻之所不能合者，爲其礙於古聲之别，則當依陳氏、曾氏之説而釐訂之。疏證中所用今聲聲紐，凡四十有一，有如下目：

喉音	曉、匣、影、喻（喻三喻四）		牙音	見、溪、羣、疑
舌音	舌頭	端、透、定、泥	舌上	知、徹、澄、娘
齒音	齒頭	精、清、從、心、邪	正齒	照二三、穿二三、牀二三、審二三、禪
脣音	重脣	幫、滂、並、明	輕脣	非、敷、奉、微
半舌	來		半齒	日

三、古聲考證。錢氏有古無輕脣音、舌音類隔之說不可信。章炳麟有古音娘日二紐歸泥說，其說創自鄒漢勛，然而有目無書。錢氏于其舌音類隔之說不可信中稱「古人多舌音，後代多變齒音」，意謂照、穿、牀等母古音讀舌，然未能分别二等與三等字之不同也。黄侃始論定之，以爲照二等母古讀齒頭、照三等母古讀舌音。曾運乾先生有喻母古讀考，謂喻三歸匣，喻四歸定。錢玄同有古音無邪紐證，晉稀作邪母古讀考，雖結論與錢氏相同，謂邪母古讀定母，然詳略不同也。兹依諸家之説，作古聲十九紐圖于次：

喉音	曉、匣喻三、影。
牙音	見、溪羣母、疑。
舌音	端知照三、透徹穿三審三、定澄喻四邪床三禪、泥娘日、來。

續表

齒音	精照二、清穿二、從牀二、心審二。
脣音	幫非、滂敷、並奉、明微。

四、陸法言作切韻時，脣音皆讀雙脣，無讀齒脣音者。故其于脣音分輕重不以雙脣與齒脣分，以四呼爲準。凡開口、合口爲重脣，齊齒、撮口爲輕脣。齒脣音始于唐代，形成于北宋。廣韻切音，承用法言之舊，故宋人讀之而有音和、類隔之説，丁度等人作集韵，乃改類隔爲音和也。自兹而後，輕重脣音之分，以雙脣、齒脣爲準，凡雙脣爲重，齒脣爲輕矣。

錢氏輕重脣音之分，當依其時代之口語，用集韵以來之讀音，不以切韵爲準也。今作疏證，用廣韵反切，以今音讀廣韵切語，脣音輕重之分必有與口語合與不合者，亦有與錢氏合與不合者矣。今將廣韵輕脣音之切語上字，録之於次加以説明。

非母：方府甫封分，錢氏爲輕脣；并卑必畀彼兵陂鄙筆，錢氏爲重脣；陸法言一例爲輕脣也。

敷母：芳敷孚妃撫峯拂，錢氏爲輕脣；匹譬披丕，錢氏爲重脣；陸法言一例爲輕脣也。

奉母：符苻扶附縛浮房防父，錢氏爲輕脣；馮平皮毘弼便婢，錢氏爲重脣；陸氏一例爲輕脣也。

微母：武文無巫亡望，錢氏爲輕脣；明彌眉綿靡美，錢氏爲重脣；陸氏一例爲輕脣也。蓋脣音中齊齒、撮口兩呼之字，由於聲音衍變，漸次而爲齒脣音，然又未能全部衍變，所以有雙脣、齒脣之分耳。

五、錢氏言聲轉，主要分兩類，一曰正轉，二曰變轉。正轉者，同母雙聲相轉也。變轉者，聲位有出、送、收之不同，聲位相同而轉者也。其例發於聲類釋訓，兼見於廿二史考異之史記考異。釋訓曰：

> 鯫之爲奏，正轉也。艘之爲屆，變轉也。

史記考異言正變轉數條，具見釋訓疏證，此不備録。

又有所謂同類轉，所以補正轉之不足，推廣而爲説耳。即聲紐雖不同母，然而其類相同，如牙音雖不同爲見母而同爲見溪羣疑四母相轉者也。餘可類推。

六、聲位之説，創自邵雍之經世正音，與錢氏同時，戴震亦有轉語二十章。亦以聲位爲準。顧聲位之分，人言人異，不必盡同也。錢氏之説，見於養新録卷五「字母」條，其説云：

> 言字母者，謂牙、舌、脣之音必四，齒音必五。不知聲音有出、送、收三等，出聲一而

已，送聲有清濁之岐，收聲有內外之岐。試即牙、舌、脣之音引而申之，曰「基欺奇疑伊」可也，「基欺奇希奚」亦可也；「東通同農隆」可也，「幫滂旁茫房」亦可也。未見其必爲四也。即齒音斂而縮之，曰「昭超潮饒」可也，「將鏘戕詳」亦可見。未見其必爲五也。

今將其說，改成字母，作圖於次：

出		見
送	清	溪
	濁	羣
收	內 外	疑曉 影喻匣

上文未及喻，詳下引文。

端 知	透 徹	定 澄	泥 娘	來
幫 非	滂 敷	旁	茫 微	奉
照	穿	牀	審	禪日
精	清	從	心	邪

上文未及知徹澄娘，依意補入。

上文未及非敷微，依意補入。

上文未詳論喉音，更未言及喻母，故下文補充論之。「字母」條又云：

凡影母之字，引而長之則爲喻母；曉母之字，引而長之稍濁則爲匣母，匣母三四等字，輕讀亦有似喻母者。古人於此四母，不甚區別。下略。

故知喉音四母，於聲位皆爲牙音收聲。

錢氏論聲位，不必盡合於聲理。顧錢談變轉，皆用其說爲依據，故本書疏證，仍用其說爲箋釋耳。

七、標號力求簡省，凡古注如傳、箋、索隱、正義、集解、疏等等，本可用書名號，一律不用；又如釋文、音義等等，亦可用書名號，亦一律省略。

八、其他序例所未論及者，皆非書中要例，於疏證中隨文述之。

目録

出版説明……一
前言……一
序例……一
聲類疏證卷一……一
釋詁……一
釋言……八四
釋訓……三九八
釋語……四二一
聲類疏證卷二……四二七
釋天……四二七
釋地……四三四
釋器……五一八
釋草　釋鳥　釋蟲　釋獸四篇原合爲一……五八六
讀之異者……六〇九
聲類疏證卷三……七一五
文之異者……七一五
方言……八七五
名號之異……八八八
姓之異者……九五一

聲類疏證卷四 …… 九五五
古讀 …… 九五五
音訛 …… 九九七
同音通用 …… 一〇〇二
音近通用 …… 一〇三七
形聲俱遠 …… 一〇七六
字形相涉之訛 …… 一〇七八
附録一 …… 一〇九一
聲類刻本序跋 …… 一〇九一
附録二 …… 一〇九四
邪母古讀考 …… 一〇九四
檢字表 …… 一一四五

聲類疏證卷一

釋詁

1 介，隔也。　左傳：「偪介之關。」

〔疏證〕左傳昭二十年「偪介之關，暴征其私」，注：「介，隔也。偪近國都之關。言邊鄙既入服政役，又爲近關所征税，枉暴奪其私物。」今按：錢氏著述，不言古韵分部，於聲紐最有發明，其古聲古紐之説，見於序例，故此書以聲類名，不以韵部分也。釋訓云：「䪢之爲奏，正轉也。艐之爲屆，變轉也。」此即全書之例。廣韵東「䪢，子紅切」，候「奏，則候切」，精紐雙聲。䪢於古韵爲邕部，奏於古韵爲區部，區、邕對轉。對轉之理，孔廣森始大暢其説，錢氏所未言，故僅以聲紐相同者爲正轉。廣韵東「艐，子紅切」，精紐；怪「屆，古拜切」，見紐。兩字古韵懸隔，聲紐亦異，惟聲氣同爲出聲，故錢氏以聲氣同位者爲變轉。

又按：易兑「介疾有喜」，注：「介，隔也。」此例之全同者，固可爲證。左傳襄三十一年「介於大國」，注：「介，閒也。」閒猶隔也。史記十二諸侯年表「楚介江淮」，索隱：「一云：介者，夾也。」夾亦猶隔也。漢書鄒陽傳「陽爲人有智略，忼慨不苟合，介於羊勝、公孫詭之閒」，師古曰：「介謂閒厠也。」此雖與例略有不同，固亦相近，亦可爲證者。説文「介，畫也」，「隔，障也」。義雖近然非相同。介在曷部，隔在益部，古不同部，非韵轉也。廣韵怪「介，古拜切」，見紐；麥「隔，古核切」，見紐：今韵亦不相同，而同爲見母雙聲，正轉也。閒，襉「古莧切」；夾，洽「古洽切」：兩字與隔亦不同韵，而同爲見紐雙聲。王引之經義述聞云：「左傳偪介本作逼尒，尒即邇字也。偪、尒二字，義本相近，襄二十九年傳云『邇而不偪』是也。注本作『尒，近也。迫近國都之關』，迫近二字正釋偪尒二字，則正文之本作偪尒明矣。祇因尒字與介形相似，故尒誤爲介，而注文之『尒，近也』，亦誤爲『介，近也』。後人以介無近義，而有隔義，故改『近也』爲『隔也』，以牽合介字，不知偪與介隔義不相近，不得言『逼介之關』。且注云『偪近國都之關』，又云『爲近關所征税』，皆承上『近也』二字言之。若改『近也』爲『隔也』，則全注皆不可通矣。陸、孔所見，已是誤本。故陸云『介音界』，孔又曲爲之説云『迫近國都爲關，以隔邊鄙之人』，則讀注不審，而爲誤本所惑也。晏子春秋外篇作『偪介之關』，亦後人依左氏改之。

案：晏子諫篇云：『貴戚不薦善，逼邇不引過。』問篇云：『佞人求君逼爾，而陰爲之與。』原注：爾亦與邇同。又云：『左右偪邇。』晏子書言『偪邇』者多矣，唯此一處作『偪介』，與本書不合，故知爲後人所改也。」又文公十五年穀梁述聞云：「『十五年秋，齊人侵我西鄙。』傳曰：『其曰鄙，遠之也，其遠之何也？不以難介我國也。』范注曰：『介猶近也。』釋文：『介音界。』引之謹案：古無訓介爲近者。介當爲尒。尒，古邇字，原注：荀子禮論篇「尒則翫」，哀公篇「不可以身尒也」，楊注並曰：「尒與邇同。」斥彰長田君碑「紘覆遐尒」，即遐邇字。形與介相似，故訛爲介。莊十八年夏：『公追戎於濟西。』傳曰：『其不言戎之伐我何也？以公之追之，不使戎邇於我也。』彼注曰：『邇猶近也，不使戎得逼近於我。』釋文：『邇如字，一本作介，音界。』『十九年冬，齊人、宋人、陳人伐我西鄙。』傳曰：『其曰鄙，遠之也。其遠之何也？不以難邇我國也。』釋文：『邇如字，本又作介，音界。』今案：介亦尒之訛。尒，古邇字，故邇字別本作尒。陸氏並音界，失之矣。召誥：『比介于我有周御事。』七經孟子考文曰：『古本介作迩，迩即邇字。考傳比介解比近，恐經文作邇爲是。蓋古作迩，後字畫蝕滅，誤作介字。』原注：以上考文説。今案：比介亦比尒之訛。尒，古邇字，非由迩字蝕滅也。原注：鹽鐵論非鞅篇引桓十五年公羊傳曰：「末言尒，祭仲亡也。」今本尒訛作介。

王氏兩文固足以正左傳、穀梁今本之訛，錢氏引左傳誤文爲説固非，然以隔訓介爲聲類之正轉則不誤也。

2　慶，羌也。　班固賦「慶未得其云已」，師古曰：「慶，發語辭，讀與羌同。」

〔疏證〕　引文見漢書叙傳中幽通賦及注。

今按：漢書揚雄傳中反離騷云「遭季夏之凝霜兮，慶夭顇而喪榮」，張晏曰：「慶，辭也。」師古曰：「慶讀與羌同。」又甘泉賦「直嶢嶢以造天兮，厥高慶而不可虡彊度」，師古曰：「慶，發語辭也。慶讀曰羌。」章太炎新方言釋詞：「廣雅：『羌，乃也。』亦作慶，漢書揚雄傳：『懿神龍之淵潛兮，慶竢雲而將舉。』按乃有二義。一爲然後，説文『乃，曳詞之難也』；一爲適纔，漢書言乃者是也。今人言羌，音皆如剛，亦或如姜。其言適纔則謂之剛，其言然後亦謂之剛，皆羌字也。轉入聲則爲卻。又楚辭注：『羌，楚人語詞也。』今黃梅發語，必先言羌，音如姜。」以上所舉漢書諸例，皆以慶讀羌，足爲錢説之證。唯章氏所舉揚雄傳，今景祐本反離騷作「竢慶雲而將舉」，蓋以「竢慶」顛倒也。

又按：慶、羌二字古韵同在央部，本同音字，自可通作。

廣韵映「慶，丘敬切」，陽「羌，去羊切」，則韵不同而同爲溪母，故爲雙聲正轉。卻在蒦部，與羌、慶爲平入對轉。廣韵藥「卻，去約切」，亦爲溪母，錢氏不言對轉，故爲雙聲正轉。剛、姜二字亦與羌同在古韵央部，唯聲紐小異。廣韵唐「剛，古郎切」，見紐；陽「姜，居良切」，見紐：見、溪僅有發聲送氣之分。章氏謂剛、姜、卻皆羌、慶之音轉，亦言之有據矣。

3 嗛，慝也。史記文帝紀「天下人民未有嗛志」，漢書作慝。

〔疏證〕文帝紀索隱云：「嗛者，不滿之意也。未有嗛志，言天下皆志不滿也。漢書嗛作慝，音篋。」漢書文帝紀注：「應劭曰：慝音篋。慝，滿也。師古曰：慝，快也。」以漢書應劭及師古注校史記索隱，兩者必有一誤。今按：説文「嗛，口有所銜也」，並無滿與不滿之意。嗛以形聲同聲借作歉，説文「歉，歉食不滿也」，此嗛所以訓不滿耳。嗛古韵在奄部，慝在盍部，嗛以平對轉入，又以與慝雙聲借作慝。説文：「慝，快也。」快故有滿足之意，此嗛所以訓滿與快耳。漢書文帝紀以嗛作慝，用本字，應劭訓滿，師古訓快，是矣。史記索隱既引漢書作慝，又訓嗛作「不滿之意」者，此不字實衍文。索隱下文又云「未有嗛志，言天下皆志不滿也」，不字承上釋未字，非以不滿釋嗛耳。「未有嗛志」即「無有嗛志」，亦即「天下皆志不滿也」。史記樂毅傳「自五伯以來，功未有及先王者也。先王以爲慊於志，故裂地而封之」，索隱：「慊，苦簟反，亦作嗛。嗛者，常慊然而不㥦其志也。」此嗛、慊字借作歉，故爲不㥦、不滿之義。後人以文帝紀索隱與樂毅傳索隱相校，混兩嗛字爲一義而不知其各別，故不察文帝紀索隱中上不字爲衍文也。

又按：嗛之訓不足、不滿者，穀梁襄二十四年：「一穀不升謂之嗛。」荀子仲尼「滿則慮嗛」，注：「不足也。」漢書郊祀志「今穀嗛未報」，注：「少意也。」孟子「吾何慊乎哉」，注：「少也。」凡此嗛、慊字讀爲歉，不讀爲㥦也。嗛之訓滿與快者，魏策二「齊桓公夜半不嗛」，注：「嗛，快也。」荀子禮論「惆然不嗛」，注：「嗛，足也。」又正名「故嚮萬物之美而不能嗛也」，注：「嚮讀爲享，獻也。嗛，足也，快也。」以上嗛非讀作歉，而當讀作㥦。並足以證成錢氏「嗛，㥦也」之説。錢不言對轉，故亦不言嗛讀㥦爲平轉入。廣韵忝「嗛，苦簟切」，溪紐；怗「㥦，苦協切」：聲紐相同。兩字韵不同而同爲溪母，正合錢氏雙聲正轉之例。

4　耆，彊也。　左傳：「不懦不耆。」

〔疏證〕引文見昭二十三年及注。

今按：廣雅釋詁一：「耆，强也。」逸周書謚法解：「耆，彊也。」此亦耆訓彊之例證。

說文「耆，老也」，無彊有力之義。「彊，弓有力也」，故耆訓彊，即以耆借作彊耳。耆在衣部，彊在央部，古韵不同，故不以韵轉。廣韵脂「耆，渠脂切」，羣母；陽「彊，巨良切」，亦爲羣母：亦同紐而異韵，正錢氏之所謂正轉。

又案：說文：「鬾，馬彊也。」玉篇「鬾，巨支切，又居企切」，廣韵支「鬾，巨支切」，是兩書皆讀羣母，玉篇或讀見母。說文有「勁，强也」，廣韵勁「居正切」，見母。恚部與衣部古韵本不同，然有時相轉，如嫛說文讀若癸，哇說文讀若翳，系說文或作𦃇，謑說文或作謨，是矣。曾運乾先生以爲廣韵齊，古韵分屬恚、衣兩部，可證廣韵齊混恚、衣爲一矣。嬰部、鶯部古韵亦不同，有時或相轉，故廣韵庚半入央而半入嬰也。耆之訓彊，猶鬾之訓勁，韵雖不同，又不能無涉也。錢氏聲類主聲不主韵，耆之訓彊，彊之同勁，皆所謂「𩰫之爲奏，正轉也」。

5 邱，區也。釋名：「九邱，九區也。區別九州土氣，教化所宜施者也。」

〔疏證〕引文見釋名釋典藝。

今按：漢書儒林傳王式：「疑者丘蓋不言。」荀子大略：「言之信者，在乎區蓋之間。」丘蓋即區蓋，是丘、區通作也。丘蓋、區蓋之義，説者紛紜，此不具引。禮記曲禮「禮不諱嫌名」，注：「嫌名，謂音聲相近，若禹與雨、丘與區也。」釋文：「丘與區並去求反。一讀區音羌虯反，又丘于反。」韓愈諱辯：「律曰『不諱嫌名』，釋之者曰『謂若禹與雨、丘與蓲之類』是也。」以區作蓲，蓲从區聲，作蓲猶作區也。區在區部，邱、丘並在幽部，雖爲臨近，然古韵自分兩部。廣韵虞「區，豈俱切」，溪母；尤「丘，去鳩切」，亦爲溪母：是廣韵區、丘兩字不同韵，而爲同紐，雙聲正轉。

6

鼎，當也。漢書匡衡傳「無説詩，匡鼎來」，服虔曰：「鼎猶言當也，蓋言匡且來也。」

〔疏證〕匡衡傳注又引應劭曰：「鼎，方也。」師古曰：「服、應二説是也。賈誼曰『天子春秋鼎盛』，其義亦同。」

今按：嚴朱吾丘主父徐嚴終王賈傳曰「顯鼎貴，上信用之」，如淳曰：「鼎音釘，言方且欲貴矣。」師古曰：「方且是也，讀如今字。」文選左思吴都賦「高門鼎盛」，劉注引應劭曰「鼎，始也」，訓始即訓方且也，訓方且亦即訓當也。鼎在嬰部，當在央部，古韵不同。廣韵迥「鼎，都挺切」；唐「當，都郎切」：廣韵兩字不同韵而同端紐，雙聲正轉也。

説文「當，田相值也」，亦無方且之義，鼎皆正之借字。古韵正亦嬰部字，廣韵勁「正，之盛切」，照三古讀端。鼎、正古同音，當、正古同聲。鼎盛，正盛也；鼎貴，正貴也。鼎訓方者，方爲非母；訓將者，將爲精母；訓且者，亦讀子余切。亦爲精母。端與非與精皆爲發聲，聲位相同，是又錢氏之所謂變轉。

又按：匡衡傳注又引張晏曰：「匡衡少時字鼎，長乃易字稚圭。世所傳衡與貢禹書，上言衡敬報，下言匡鼎白。知是字也。」師古駁之曰：「張氏之説，蓋穿鑿矣。假有其書，乃是後人見此傳云『匡鼎來』，不曉其意，妄作衡書，云『鼎白』耳。字以表德，豈人之所自稱乎？今有西京雜記者，其書淺俗，出於里巷，多有妄説。乃云『衡小名鼎』，蓋絶知者之聽。」顔氏之説是矣。顧韓愈同宿聯句云「匡鼎惟説詩，桓譚不讀讖」，以匡鼎與桓譚作對，故用張晏之説，此詩文對句求工故耳，不可因韓愈盛名，遂信以張晏爲是也。

7 乃，難也。　公羊傳：「乃者何？難也。」

〔疏證〕公羊傳宣八年：「而者何？難也。乃者何？難也。曷爲或言而，或言乃？乃難乎而也。」引文節録。

今按：説文：「乃，曳詞之難也，象气之出難」；「難，難鳥也」。難爲鳥名，非今言難易之難。難易之難，乃爲本字，難爲借字。今借字行而難乃之本義皆廢矣。乃在古韵噫部，難在安部，古韵不同。廣韵海「乃，奴海切」；寒「難，那干切」：廣韵於兩字亦韵不同而同爲泥母，於錢氏爲正轉。廣韵之「而，如之切」，日母古讀泥。而與乃古同噫部，與難古異部，三字今韵互不相同，古聲則同爲泥紐。而訓難亦正合錢氏雙聲正轉之例。錢氏不標「而，難也」者，蓋「娘日歸泥」，鄒漢勛始倡其説，章太炎證成之，錢氏所不言，故引公羊刪略之。

8 圖，度也。 釋名。

〔疏證〕 釋名釋典藝：「圖，度也。畫其品度也。」錢氏節引此文。

今按：楚辭懷沙「章畫志墨兮，前圖未改」，史記屈原賈生列傳作「前度未改」。懷沙又有「刓方以爲圜兮，常度未替」，「常度未替」即「前圖未改」也，可證圖、度通讀。廣雅釋詁一：「圖，度也。」後漢書文苑傳杜篤「觀陀於峭黽，圖險於隴蜀」，注：「圖，猶規度也。」又以圖、度通訓。皆足以證成錢氏之説。圖、度古韵皆在烏部，古聲皆在定紐，本同音字。廣韵模「圖，同都切」；暮「度，徒故切」：兩字韵分平去，聲同定紐，正合錢氏雙聲正轉之例。

9 悛，次也。 左傳：「外内以悛。」

〔疏證〕 引左傳哀三年及注。

今按：悛在安部，次在衣部，古韻不同也。廣韻仙「悛，此緣切」，清紐；至「次，七四切」，清紐：廣韻亦韵異而聲同，悛以雙聲正轉而爲次。朱駿聲以爲悛借作銓。「銓，衡也」，引伸有次義。朱氏以爲銓、悛同音，錢氏主聲而不主韵，故所説不同也。

10 抑，遏也。 史記河渠書「禹抑鴻水」，索隱：「抑者，遏也。漢書作堙。」

〔疏證〕 引漢書溝洫志。

今按：孟子：「禹抑洪水而天下平。」荀子成相「禹有功，抑下鴻」，注：「抑，遏也。」皆其例也。説文：「抑，按也。」爾雅釋詁：「按，止也。」説文「遏，微止也」，「堙，塞也」，阻塞亦即止之不行也。是抑、遏、堙三字義本相近，故可通用。抑在壹部，遏在曷部，堙在皛部，古韻互不相同也。廣韻職「抑，於力切」，曷「遏，烏葛切」，真「堙，於真切」，三字皆影母，韵不同而聲同，故聲轉義通，於聲類爲正轉。

11 弟、地，但也。 史記五帝本紀「顧弟弗深考」，徐廣云：「弟，但也。」漢書陳勝傳注：「漢書言弟者甚衆。弟，但也。語有緩急耳。今俗人語稱但者，急言之則音如弟矣。」丙吉傳「西曹地忍之」，李奇曰：「地猶弟也。」師古曰：「地亦但也，語聲之急耳。」

〔疏證〕 陳勝傳云：「藉弟令毋斬。」謂「語有緩急」者，「但」爲陽韵，收前鼻音，故語緩；弟、地爲陰韵，不收鼻音，故語急也。

今按：誠如陳勝傳注所云「漢書言弟者甚衆」，陳平傳「陛下弟出僞游雲夢」，師古曰：「弟，但也。語聲急也，它皆類此。」申屠嘉傳「汝弟往，吾今使人召若」，師古曰：「弟，但也。」外戚傳「夫人弟一見我，將加賜千金，而予兄弟尊官」，師古曰：「弟，但也。」第與弟同切，齋「第、弟，特計切」，第又从弟聲，故弟亦作第。酈食其傳「食其曰第言之」，師古曰：「第，但也。」史記司馬相如列傳「長卿第俱如臨邛」，郭璞云：「發語之急耳。」蜀都賦「第如滇池」，史記五帝本紀注：「徐廣引蜀都賦作弟。」地訓但，丙吉傳外不多見。弟、第古韻在衣部，但在安部，古韻不同。廣韻翰「但，徒案切」，定紐，與弟、第異韻同紐，雙聲正轉。地，古韻恚部，與但亦異韻。廣韻至「地，徒四切」，亦與但異韻同紐，定母雙聲，屬正轉。

12 聊、俚，賴也。張衡思玄賦「懟鬱悒其難聊」，李善注引賈逵曰：「聊，賴也。」漢書季布傳「其畫無俚之至耳」，晉灼引「揚雄方言云：『俚，聊也。』許慎云：『賴也。』爲其計畫無所聊賴，至於自殺耳。」說文：「俚，聊也。」

〔疏證〕引方言，見卷三。季布傳引文見贊。

今按：秦策「百姓不聊生」，注：「聊，賴也。」又「上下相愁，民無所聊」，注：「愁則民無所聊賴也。」又「百姓不聊生」，姚本聊作賴。荀子子道「衣與繆與不女聊」，盧文弨另有校。注：「聊，賴也。」此皆以聊訓賴或聊、賴通作之例也。楚辭九思逢尤「心煩憒兮意無聊」，注：「聊，樂也。」樂亦與賴同義。療或作𤻲，亦與聊同音。聊古韻在幽部，賴在曷部，韵不同也。廣韵蕭「聊，洛蕭切」，來紐；泰「賴，落蓋切」，來紐：亦韵不同而聲同，雙聲正轉。鐸「樂，盧各切」，來紐，古韵爲約部，古今韵亦與聊、俚不同而同爲來紐，亦屬正轉。

又按：季布傳贊注「蘇林曰：俚，賴也」，錢氏删略。廣雅釋言：「俚，賴也。」字亦作理，孟子盡心：「稽大不理於口。」俚、理同从里聲，形聲同聲通用。此皆以俚訓賴之例證。俚在古韵噫部，與聊、賴皆不同部。廣韵止「俚，理，良士切」，來紐。故俚、理雖不與聊、賴同韵，然皆爲同紐，正錢氏之所謂正轉。

13　孽，疑也。漢書晁錯傳：「通關去塞，不孽諸侯。」

〔疏證〕今按：説文「孽，庶子也」，「疑，惑也」。孽當爲疑之借字。顧説文以及經籍於𠤕、疑兩字多有訛誤，茲據段氏説文解字注轉録其説於此。説文：「𠤕，未定也。」段注：「按：未，衍字也。大雅『靡所止疑』，傳云『疑，定也』，箋云『止息』。禮十七篇，多云疑立。鄭於士昏禮云：『疑，止；原注：句絶。作正者誤。立，自定之貌。』於鄉飲酒禮云：『疑讀如原注：作爲者誤。仡然從於趙孟之仡。疑，止；原注：句。立，自定之貌。』於鄉射禮云：『疑，止也。有矜莊之色。』釋言：『疑、休，戾也。』郭云：『戾，止也。疑者亦止。』按：以上疑字，即説文之𠤕字，非説文訓惑之疑也。疑、𠤕字相似，學者識疑不識𠤕，於是經典無𠤕，於許書『定也』之上，增之『未』字矣。𠤕从矣聲，其字在古音十五部，晉稀作衣部。故桑柔以與階爲韵，鄭注禮讀如仡。晉稀鬱部，段十五部。若疑字古音在一部，其字从止，从𠤕省，會意，非矢聲也。」

又按：孽古韵在曷部，疑在噫部，本不同部。廣韵薛「孽，魚列切」，之「疑，語其切」，亦韵不同而同爲疑紐，雙聲正轉。孽訓疑，例鮮見。晁錯傳注：「應劭曰『接之以禮，不以庶孽畜之』。」其説曲折。如淳曰：「孽，疑也。」師古曰「應説是」，不知如淳説之爲是，而誤從應説。錢氏以雙聲正轉釋之，以疑釋孽而後豁然確斯。

14

業，危也。詩：「有震且業。」毛氏説。

〔疏證〕引詩長發。傳：「業，危也。」

今按：詩雲漢「兢兢業業」，傳：「業業，危也。」書皋陶謨「兢兢業業」，傳：「業業，危懼。」爾雅釋訓：「業業，危也。」皆以業業訓危，業之訓危猶業業之訓危矣。説文「業，大版也」，無危義。説文「峊，危高也」，「陧，危也」。廣韵業「業，魚怯切」，疑紐，古韵盍部；屑「峊、陧，五結切」，疑紐，古韵曷部；支「危，魚爲切」，疑紐，古韵恚部。是諸字中，岂、隉古今韵相同外，岂、隉與其他字皆古今異韵也。若謂岂、隉雖與業不同部，以雙聲正轉故業借爲岂、隉，故業訓危。不如謂業與危雖不同部，業與危以雙聲正轉，故業可以徑訓危也。

15 駾，突也。　詩：「混夷駾矣。」毛氏説。

〔疏證〕引詩緜。傳：「駾，突也。」

今按：文選魯靈光殿賦「盜賊奔突」，張載注：「突，唐突也。」詩云：「昆夷突矣。」是駾、突不僅可以通訓，而且可以互作。駾在曷部，突在鬱部，古韵雖鄰近，然爲異部。廣韵泰「駾，他外切」，透母，駾从兑聲，兑，杜外切，是駾爲定母之變聲；没「突，陀骨切」，定母：是駾突韵異而聲同，於錢氏爲正轉。

又按：説文「駾，馬行疾來也」，「突，犬从穴中暫出也」，兩字義本相近。

16 契，開也。　詩：「爰契我龜。」毛氏説。

〔疏證〕引詩緜。傳：「契，開也。」

今按：漢書叙傳「嫣巢姜於孺筮兮，且筭祀於挈龜」，師古曰：「挈，刻也。詩大雅緜之篇曰『爰挈我龜』，言刻開之，灼而卜之。」是契亦作挈，師古兼以刻與開訓之也。説文「契，大約也」，「挈，縣持也」，皆無刻與開義。説文：「栔，刻也。」契、挈訓開與刻，皆借字，栔爲本字。契、挈皆从㓞聲，形聲同聲字，古韻在曷部，廣韻屑「契、挈、栔，苦結切」，溪紐；咍「開，苦哀切」，溪紐，古韻在衣部；德「刻，苦得切」，溪紐，古韻在肊部：是契、挈、栔無論與開與刻，古今韻皆異而同爲溪紐，雙聲正轉也。

17 假，固也。詩：「假哉天命。」毛氏説。

〔疏證〕引詩文王。傳：「假，固也。」

今按：假訓固，字亦作賈。廣雅釋言：「賈，固也。」白虎通義：「賈之爲言固也。」假又訓嘉，詩假樂「假樂君子」，傳：「假，嘉也。」詩維天之命「假以溢我」，傳：「假，嘉也。」詩雝「假哉皇考」，傳：「假，嘉也。」假、賈、固，古韻皆烏部字；嘉，阿部字：烏、阿雖異部，時亦相通。廣韻馬「假、賈，古雅切」，見紐；暮「固，古暮切」，見紐；麻「嘉，古牙切」，見紐：韵雖相近，然非同韵，諸字皆見紐，雙聲正轉。

又按：王國維與友人論詩書中成語書，以爲降、各、格與假相通。「周頌『念兹皇祖，陟降庭止』，『陟降厥士，日監在兹』；大雅『文王陟降，在帝左右』：陟降亦作陟各。

左傳昭公七年『叔父陟恪在我先王之左右』，恪即各之借字。陟各又作登假，曲禮告喪曰『天王登假』，莊子德充符『彼且擇日而登假』，大宗師『是知之能登假於道也』。」各、恪爲蒦部，與假之爲烏部雖異韵，然平入猶相通。降，古韵在夅部與烏、蒦相去甚遠。廣韵鐸「各，古落切恪與各說文同聲，本音同。今溪母，則聲小異。」，絳「降，古巷切」，陌「格，古伯切」，諸字皆見紐，與賈、假、固、嘉等字皆同紐雙聲，爲正轉。故錢氏正轉、變轉之說理明，訓詁之道斯過半矣。

18　革，更也。　詩：「不長夏以革。」

〔疏證〕　引詩皇矣。傳：「革，更也。」

今按：說文「革，獸皮治去其毛曰革；革，更也」，「更，改也」。是革、更、改三字義本相通，蓋聲通而義同。易革鄭注「革，改也」，亦其例。革在肊部，改在噫部，雖異部然平入韵。更，古央部，與革、改不同部。廣韵麥「革，古核切」，海「改，古亥切」，庚「更，古行切」，亦異韵而同聲，見紐雙聲正轉。

又按：革又訓急。禮記禮器「匪革其猶」，注：「革，急也。」檀弓「子之病革矣」，注：「革，急也。」說文「急，褊也」，非緩急本字，乃亟之借，說文：「亟，敏疾也。」革、亟古韵同在肊部，本同音字。廣韵職「亟，紀力切」，見紐；緝「急，居立切」：廣韵皆不與革同韵而同爲見紐，亦雙聲正轉。

又楊樹達先生云：「説文三篇下革部云『革……象古文革之形』，或作□，云：『古文革从三十，三十年爲一世而道更也，臼聲。』樹達按：許君説古文革从三十，定爲形聲字，殊爲牽强。尋四篇上羽部云：『翱，翅也，革聲。』愚以革古文審之，上象鳥口，與燕字同，十象鳥身及尾，兩旁象鳥翅，蓋翱之初文也。字義爲鳥翅。字若偏舉鳥翅，則形義不顯，故於翅之外，並舉口與身尾。猶嗌古文作□，兼舉口及頸脈；篆文眉作□，兼舉額理及目也。小篆變易古文，象形之故不可見矣。革爲初文，翱加義旁羽耳。許君不知其爲一字而分列之，殆失之矣。」

「詩小雅斯干篇云『如鳥斯革』，毛傳云：『革，翼也。』革，韓詩作翱，云：『翅也。』毛作革，韓作翱，義訓相同，此二文爲一字之證也。異者，毛用初文，韓用加旁字耳。」

今按：楊説是也，革訓更改爲引申義。

19 度，投也，填也。　詩「度之薨薨」，鄭説；韓詩：「度，填也。」

〔疏證〕引詩緜。箋：「度猶投也。」釋文：「韓詩云：『度，填也。』」

今按：説文「度，法制也」，無投、填兩義。説文「投，擿也」，「填，塞也」，與詩義相符。度，古韵烏部，或讀蒦部；投，區部；填，因部：三字古韵不同也。廣韵暮「度，徒故切，又徒各切」，皆爲定紐；侯「投，度侯切」，定紐；先「填，徒年切」，定紐：廣韵中三字亦不同韵，然而同紐，故知度以雙聲正轉，假借爲投或填。

20 葱，蒼也。　詩：「有瑲葱珩。」

〔疏證〕　引詩采芑。傳：「葱，蒼也。」葱俗，正作蔥。

今按：禮記玉藻「三命赤韍葱衡」，注：「青謂之蔥。」爾雅釋器「青謂之蔥」，注：「淺青。」荀子性惡「桓公之蔥」，注：「蔥，青色也。」説文「驄，馬青白雜毛也」，「繱，帛青色也」。不獨蔥訓青，雖从蔥得聲者亦訓青也。廣雅釋器：「總、蒼，青也。」蔥、蒼皆訓青，斯知蔥當訓蒼矣。蔥在邕部，蒼在央部，青在嬰部，三字古韵不同。廣韵東「蔥，倉紅切」，清母；陽「蒼，七岡切」，清母；青「青，倉經切」，清母：是三字廣韵亦不同韵，然皆同紐，於聲類爲正轉。

21 苞，本也。　詩：「如竹苞矣。」

〔疏證〕引詩斯干。傳：「苞，本也。」

今按：詩下泉「浸彼苞稂」，傳：「苞，本也。」生民「實方實苞」，傳：「苞，本也。」常武「如山之苞」，傳：「苞，本也。」長發「苞有三蘖」，傳：「苞，本也。」此皆毛傳以苞訓本之例證，錢氏僅發其凡，未盡舉也。說文「苞，苞草也」，「本，木下曰本」，字義不同。苞在幽部，本在昷部，古韵不同。廣韵肴「苞，布交切」，混「本，布忖切」，兩字亦異韵，然而同爲幫母，故爲雙聲正轉。小爾雅廣言「苞，本也」，亦一例。

22 正，晝也。詩：「噲噲其正。」鄭氏說。

〔疏證〕引詩斯干。箋：「正，晝也。」

今按：馬瑞辰毛詩傳箋通釋云：「大戴禮誥誌篇引虞史伯夷曰：『明，孟也；幽，幼也。』孔廣森補注曰：『孟，長也。明爲陽，幽爲陰，陽先陰後，長幼之義。』據此，是古者長幼有明幽之訓。傳訓正爲長、冥爲幼者，正以長既爲明，幼既爲幽爾。爾雅釋言『冥，幼也』，爲毛氏所本。郭注『幼穉者多冥昧』，以義推之，則長者宜多明顯矣。」馬氏申釋毛傳傅會鄭箋，固亦有理，不免詰詘。正在嬰部，晝在區部，古韵不同。廣韵清「正，諸盈切」，又「之盛切」，照三，與知同，古讀端；宥「晝，陟救切」，知母古讀端：是正、晝雖不同韵，然爲同紐，雙聲正轉。以正轉訓正爲晝，較馬説爲直徑，合理多矣。如謂錢氏不徑言照三同知，則知、照同爲出聲，同位變轉。

23 騫，虧也。詩：「不騫不崩。」

〔疏證〕引詩天保。傳：「騫，虧也。」

今按：詩閟宮云：「不虧不崩，不震不騰。」天保之「不騫不崩」，即閟宮之「不虧不崩」也。兩篇既以騫、虧互作，不僅可以證兩字之義通，亦足以證兩字之聲通矣。騫在古韵安部，虧在烏部，不同部也。廣韵仙「騫，去乾切」，支「虧，去爲切」，兩字韵異而聲同，溪母雙聲，於聲類爲正轉。

説文「騫，馬腹墊也」，墊，下也，謂馬腹低陷不充，本有虧損之義，史記仲尼弟子列傳閔子騫字損，可證。説文：「虧，氣損也。」正以兩字聲同而義通。

24 贅，屬也（下之欲切）。書傳略説「太王亶父贅其耆老而問之」，孟子作屬。

〔疏證〕書大傳略説：「太王亶其耆老而問之曰：『狄人又何欲乎？』」孟子梁惠王：「乃屬其耆老而告之曰：『狄人之所欲者，吾土地也。』」錢氏删用此文。

今按：詩桑柔「具贅卒荒」，傳：「贅，屬也。」小爾雅廣言：「贅，屬也。」釋名釋疾病：「贅，屬也。横生一肉屬著體也。」此皆以贅訓屬之例證。贅又作綴，詩長發：「爲下國綴旒。」公羊襄十六年「君若贅旒然」，注云：「贅，繫屬之辭，若今俗名就壻爲贅壻矣。」桑柔正義云：「贅猶綴也，謂繫綴而屬之。」此又贅、綴通作，贅、綴皆訓屬之證。贅、綴古韵在曷部，屬在屋部，屬與贅、綴不同韵。廣韵祭「贅，之芮切」，照三，同知，古讀端紐；「綴，陟衛切」，知紐，古讀端：贅、綴本同音也。廣韵燭「屬，之欲切」，照三；「屬，市玉切」，禪母。錢氏指明用前切，則與贅、綴雖不同韵而同聲，雙聲正轉耳。

25 昧，冒也。左傳「楚王是故昧于一來」，注：「猶貪冒。」

〔疏證〕引左傳見襄廿六年。注：「昧猶貪冒。」

今按：文選吴都賦「相與昧潛陰，搜瓌奇」，劉淵林注：「昧，冒也。」又冒、昧通訓之一證。冒在幽部，昧在鬱部，古不同部。廣韵號「冒，莫報切」，明母；隊「昧，莫佩切」，明母：亦韵異而聲同。説文「昧，昧爽旦明也」，「冒，蒙而前也」，義不相同，昧之爲冒，雙聲正轉耳。

26 罙，冒也。 詩：「罙入其阻。」鄭氏説。

〔疏證〕引詩殷武。傳：「罙，深也。」箋：「罙，冒也。」釋文：「罙，面規反，説文作罙，从网米，云冒也。」

今按：釋文依鄭爲説，錢用鄭箋及釋文。罙古韵在衣部，冒在幽部，韵部不同。廣韵支「罙，武移切」，微母，古讀明；號「冒，莫報切」，明母：韵雖不同，古同明母雙聲，於聲類屬正轉。段玉裁詩經小學謂罙下引詩，非。可參閲。

27 畿，疆也。 詩：「邦畿千里。」

〔疏證〕引詩玄鳥。傳：「畿，疆也。」

今按：説文「畿，天子千里地，以逮近言之則曰畿也」，「畺，界也。或作疆」，兩字義不同也。畿在衣部，疆在央部，古韵不同。廣韵微「畿，渠希切」，羣母，畿从幾聲，居依切，見母；陽「疆，居良切」，見母：是亦韵異而聲同，雙聲正轉。畿、疆通訓，它例鮮見。

28 嘻，和也。（上曉下匣。）詩：「噫嘻成王。」毛氏説。

〔疏證〕引詩噫嘻。傳：「噫，歎也。嘻，和也。」

今按：嘻在噫部，和在阿部，古韵不同。廣韵之「嘻，許其切」，曉母；戈「和，户戈切」，匣母：韵異而聲近。錢云「上曉下匣」，蓋錢氏以喉音四紐皆爲收聲，「古人不甚分別」，説見序例，雙聲正轉也。

又按：嘻訓和固可爲正轉，然謂噫嘻爲噫和，義亦未允。疑噫嘻爲聯辭，嘆惜或嘆美之意也。説文嘻作譆。莊子養生主「譆，善哉，技蓋至此乎」，釋文：「譆，李云：『歎聲也。』」文選七啟「俯而應之曰譆」，注：「譆、嘻古字通。」史記魯仲連傳：「噫嘻，亦太甚矣。」噫嘻本疊韵連語。噫，影母，故嘻略異其聲，而成連辭。

29 昃、稷，側也。史記趙世家，秦昭王名稷，世本云：「名側。」易「日中則昃」，孟喜本作稷。春秋「日下昃」，穀梁作下稷。尚書中候握河紀「至于日稷」，鄭注云：「讀曰側。」

〔疏證〕趙世家：武靈王十七年，「趙王使代相趙固迎公子稷於燕，送歸，立爲秦王，是爲昭王」。引易豐及釋文。引春秋見定十五年經，引穀梁亦見定十五年，公羊同年作昃。

今按：史記秦本紀「武王取魏女爲后，無子，立異母弟，是爲昭襄王」，索隱：「名則，一名稷，武王弟。」易離九三「日昃之離」，王嗣宗本作仄。尚書中候摘洛戒：「至下日昃。」孝經鈎命訣：「日稷而赤光起。」昃从仄聲，作仄猶作昃也。側从則聲，作則猶作側也。此亦昃、側、稷通作之例，錢未及引者。說文「昃，日在西方時側也」，以側訓昃，亦昃、側訓通之證。昃、側、稷古韵同在肊部，本同音字。廣韵職「昃、側，阻力切」，照二，古讀精；「稷，子力切」，精紐：是三字廣韵亦韵同，聲則今紐同位爲變轉，古紐同聲爲正轉。

30 僦，載也。史記平準書「天下賦輸，或不償其僦費」，索隱云：「服虔謂載云僦，言所輸物，不足償其雇載之費也。」

〔疏證〕引索隱省「僦，音子就反」。漢書酷吏傳田延年：「初，大司農取民牛車三萬兩爲僦，載沙便橋下，送致，方上車，直千錢。延年上簿，詐增僦直，車二千，凡六千萬，資取其半。」師古曰：「僦謂賃之與顧直也。音子就反。」此以義訓，若以聲訓載，自可。王莽傳中：「寶貨皆重，則小用不給；皆輕，則僦載煩費。」師古曰：「僦，送也。一曰賃也。音子就反。」僦、載同義連辭。通俗文：「顧車載曰僦。」此亦載、僦通訓之例證。説文無僦，字从就聲，古韵在幽部，載在噫部，古不同部。廣韵宥「僦，即就切」，與「子就反」同，精紐；代「載，作代切，昨代切」，前精紐而後從紐，此當取精紐：韵異而聲同，雙聲正轉。

31 將，側也。詩：「在渭之將。」毛傳文。

〔疏證〕引詩皇矣。傳：「將，側也。」

陳奂皇矣疏云：「將之爲言牆也。爾雅：『畢堂牆。』當牆爲山厓邊側名，其水厓邊側，亦如是也。傳訓將爲側，正本爾雅釋厓岸堂牆之義。」

今按：將在央部，側在㞕部，古韵自不同。廣韵陽「將，即良切」，精紐；職「側，阻力切」，照二，古讀精紐：是將、側二字，廣韵亦不同韵，然而今聲同位，於聲類爲變轉，古聲同紐，於聲類爲正轉。以正變轉訓將爲側，較之將借爲牆，再訓牆爲側，更爲通達。

32 濟，止也。莊子：「厲風濟則衆竅爲虚。」

〔疏證〕 引莊子齊物論。郭象注：「濟，止也。」

今按：詩載馳「既不我嘉，不能旋濟」，傳：「濟，止也。」淮南天文「大風濟」，注：「濟，止。」爾雅釋訓：「濟濟，止也。」此並以濟訓止之例證。說文：「霽，雨止也。」謂霽爲訓止之本字是矣。濟在衣部，止在噫部，古不同韵也。廣韵霽「濟，子計切」，精紐；止「止，諸市切」，照三：濟、止兩字，廣韵既不同韵亦不同聲，然而同位，於聲類爲變轉。

33 篴，倅也。 左氏傳「僖子使助薳氏之篴」，注：「篴，副倅也。」

〔疏證〕 引昭十一年左傳。

今按：小爾雅廣言：「篴，倅也。」文選西京賦：「屬車之篴，載獫獵獢。」薛綜注：「篴，副也。」李善曰：「篴，初遣切。」薛注「副也」，即謂副倅。此亦篴、倅通訓之證。說文無篴，以蓸爲之，在幽部；說文亦無倅，以卒爲之，在鬱部：兩字古韵異部。廣韵宥「篴，初救切」，穿二，古讀清紐；隊「倅，七内切」，清紐：兩字於廣韵既不同韵，亦不同聲，然而古聲同紐、今聲同位也。以古聲言之，雙聲正轉；以今聲言之，同位變轉。

34 咋，暫也（仕詐反）。 左傳：「桓子咋謂林楚。」

〔疏證〕引左傳見定八年。注：「咋，暫也。」釋文：「咋，仕詐反。」

今按：養新録卷二云：「定八年：『桓子咋謂林楚。』唐石經本作乍，後人加口於左旁。按杜注：『咋，暫也。』孟子：『今人乍見孺子。』趙氏訓乍爲暫。乍、暫聲相近，疑經注皆無口旁，後人妄增，非杜氏之舊也。錢唐梁履繩云：『咋字經典罕見，左傳果有此字，張參五經文字何以不收，當從初刻。』」彼文足以申成聲類也。

又按：廣雅釋言「乍，暫也」，王念孫疏證云：「墨子兼愛篇引泰誓云：『文王若日若月，乍光于四方、于西土。』字亦作咋，又作詐，定八年左傳：『桓子咋謂林楚。』杜預注云：『咋，暫也。』僖三十二年公羊傳：『詐戰不日。』何休注云：『詐，卒也。』」此益足以補充錢説。咋、詐皆从乍聲，作咋與詐猶之作乍也。説文有乍與詐，無咋字，當以乍爲正字。

又按：乍在蒦部，暫在奄部，古韵遠隔。廣韵禡「乍，鋤駕切」，牀二，古讀從；「咋、詐，側駕切」，照二，古讀精：此當以牀二及從紐爲正讀。闞「暫，藏濫切」，從紐。乍與暫今不同韵，亦不同紐，然今同位、古同紐。故乍與暫於古爲正轉，於今爲變轉。

35 並，旁也。

〔疏證〕今按：列子天瑞云：「林類年且百歲，底春被裘，拾遺穗於故畦，並歌並進。」釋文：「並，蒲浪切，下同，謂旁畦而行。」又黄帝：「使弟子並流而承之。」釋文：「並音傍。史記、漢書傍海、傍河皆作並。」史記秦始皇本紀「並陰山，至遼東」，正義：「並，白浪反。中略。從河傍陰山。」又「於是乃並勃海以東」，正義：「並，白浪反。」又「並河以東」，服虔曰：「並音傍，依也。」蒙恬列傳「並海上，北走琅邪」，索隱：「並，音白浪反。」漢書武帝紀「遂北至琅邪並海」，師古曰：「並讀曰傍，音步浪反。」郊祀志「皆在齊北，並勃海」，師古曰：「並，音步浪反。」凡言蒲浪反、白浪反、步浪反，即切傍字也。此皆並、旁通讀之證，其例極多，故錢氏不舉例證。並、傍古在央部，本同音字。廣韵迥「並，蒲迥切」，並紐；宕「傍，蒲浪切」，並母：廣韵於並、傍二字則異韵而同聲，並母雙聲正轉。

36　閒，干也。聘禮記「馬皮相閒可也」，古文閒作干。

〔疏證〕　引古文云云見注。

今按：閒之作干，猶澗之作干也。詳見下條，此不贅。閒、干古韵並在安部，本同音字，宜其通作。廣韵襇「閒，說文作閒。古莧切又讀平聲。」，寒「干，古寒切」，並讀見紐。是閒、干字廣韵異韵而同聲也，雙聲正轉。

37 干，澗也。詩：「秩秩斯干」傳文。又「考槃在澗」，韓詩作干。

〔疏證〕引詩斯干。傳：「干，澗也。」又引詩考槃。釋文：「韓詩作干。」

今按：左思吴都賦「長干延屬，飛甍舛互」，劉淵林注：「建業南五里，有山岡，其間平地，吏民雜居東長干。中有大長干、小長干，皆相連。大長干在越城東，小長干在越城西。地有長短，故號大小長干。韓詩曰：『考盤在干。』地下而黄曰干。」諸干字即澗字，故引韓詩以爲證。干、澗古韵皆在安部，本同音字。廣韵寒「干，古寒切」，諫「澗，古晏切」，是兩字於廣韵不同韵而同爲見紐，雙聲正轉也。

38 轑，轢也。漢書楚元王傳「陽爲羹盡，轑釜」，「轑，轢也」，服虔説。「轢音洛，又音歷。」

〔疏證〕説解有删節。原注：「服虔曰：『音勞。轑，轢也。』師古曰：『以勺轢釜，令爲聲也。轢音洛，又音歷。』」

今按：史記楚元王世家：「時時與賓客過其巨（漢書作丘）。嫂食。嫂厭叔與客來，詳爲羹盡，櫟釜。」史記以轑作櫟猶服虔以轑訓轢也，轢、櫟均从樂聲。詩衡門「泌之洋洋，可以樂飢」，鄭箋「可飲以𤻲飢」，釋文「樂，本又作𤻲」，韓詩外傳二、列女傳二、御覽五八並引作「可以療飢」。文選思玄賦「羞玉芝以療飢」，永明十一年策秀才文「療飢不期於鼎食」，療飢並用衡門詩也。療、𤻲本一字，説文：「𤻲或作療。」樂則𤻲之省借。療、𤻲、樂之通作，猶轑、轢、櫟之通作矣。家語正論「不如吾聞而藥之也」，注「藥，療也」，亦轑、轢相通之證。轑、療並从尞聲，在夭部；轢、櫟、𤻲、藥並从樂聲，在約部。雖平入韵，固分兩部。廣韵笑「尞、療，力照切」，來紐；鐸「樂、轢，盧各切」，來紐：是亦不同韵然而同聲，雙聲正轉。凡此諸字，尚有它音，略不具論。

39

灑，蓰也。史記周本紀「劓辟疑赦，其罰倍灑」，徐廣曰：「一作蓰，五倍曰蓰。」

〔疏證〕今按：文選長門賦「蹝履起而彷徨」，注：「蒼頡篇曰：『躧，徐行皃。』蹝與躧音義同。」史記武帝本紀「吾誠得如黃帝，吾視去妻子如脱躧耳」，魏世家「貧賤者行不合、言不用，則去之楚越，若脱躧然」。脱躧即脱屣也。漢書地理志「女子彈弦跕躧，游媚富貴」，如淳曰：「躧音屣。」臣瓚曰：「躡跟爲跕，挂指爲躧。」師古曰：「躧字與屣同，屣謂小履之無跟者也。」躧與屣同，故脱躧即脱屣矣。廣韵紙：「躧，又作蹝。」是皆从麗得聲與从徙得聲字通作之例證也。躧作屣、躧作蹝，猶灑爲蓰矣。灑从麗聲，古韵在阿部；蓰从徙聲，或謂徙从止聲則入噫部。古韵在恚部，古不同韵也。廣韵紙「灑、蓰，所綺切」，蟹「灑，所蟹切」，自其同者視之，則灑、蓰同音，自其異者視之，則異韵而同爲審二。錢氏以爲正轉也。

40 每，冒也。史記伯夷列傳「衆庶馮生」，索隱云：「鄒誕生作每生。每，冒也。冒即貪之義。」

〔疏證〕今按：漢書賈誼傳「夸者死權，品庶每生」，孟康曰：「每，貪也。」每無貪義，說文：「每，艸盛上出也。」每訓貪借作冒耳。左傳文十八年「貪于飲食，冒于貨賄」，注：「冒，貪也。」襄四年「在帝夷羿，冒于原獸」，注：「冒，貪也。」襄廿六年「楚王是故昧於一來」，注：「昧猶貪冒。」則冒又借昧爲之。每在噫部，冒在幽部，昧在鬱部，古韵互不相同。廣韵賄「每，武罪切」，微母，古讀明；號「冒，莫報切」，明母；隊「昧，莫佩切」，明母：是三字於廣韵亦異韵而同聲，雙聲正轉。每，亦莫佩切，與冒亦異韵而雙聲。

41 概，格也。史記韓非傳：「自多其力，則無以其難概之。」

〔疏證〕韓非列傳索隱云：「概猶格也。劉氏云：『秦昭王決欲攻趙，白起苦説其難遂己之心，拒格君上，故致杜郵之僇。』」劉氏亦以拒格訓概也。今按：説文「概，杚斗斛者也」，無格義。概古韵在鬱部，格古韵在蒦部，兩不同部。廣韵代「概，古代切」，陌「格，古伯切」，兩字廣韵亦不同韵，然而同爲見紐，雙聲正轉。説文「格，木長貌」，亦無扞格義。格亦借作挌，説文：「挌，枝挌也。」或借作搹，説文：「搹，擊也。」

42 童，獨也。易：「童蒙。」馬融云：「童，獨也。」

〔疏證〕今按：易觀「初六，童觀，小人无咎，君子吝」，釋文：「童觀，馬云：『童猶獨也。』」蒙卦「童蒙」，釋文不載馬注。廣韵：「童，獨也。言童子未有室家也。」皆童、獨通訓之例。童在邕部，獨在屋部，故平入對轉。錢氏不言對轉，自爲異韵。廣韵東「童，徒紅切」，定紐；屋「獨，徒谷切」，定紐：廣韵亦兩字異韵，然而同紐雙聲，正轉也。

43 羨（古讀如衍），餘也。詩「四方有羨」，傳：「餘也。」史記貨殖傳「時有奇羡」，索隱：「羡，羊戰反，謂時有餘衍也。」

〔疏證〕　引詩十月之交。

今按：詩板「及爾游羡」，釋文：「羡，本作衍。」漢書溝洫志「然河災之羡溢」，注：「羡讀衍同。」董仲舒傳「奢侈羡溢」，注：「羡讀衍同。」此錢氏所以于羡下注曰：「羡古讀如衍。」孟子滕文公下「子不通功易事，以羡補不足，則農有餘粟，女有餘布」，注：「羡，餘也。」按下兩餘字正承上羡字爲説。漢書食貨志下「以調盈虚，以收奇羡」，師古曰：「羡，音弋戰反。」廣韵衍有兩切。獮「衍，以淺切」，喻四，此正讀也；線「羡，于線切」，喻三，此其變音。史記索隱「羡，羊戰反」，漢書師古注「羡，弋戰反」，皆讀喻四，音同衍之「以淺切」。喻四古讀定。廣韵獮「羡，似面切」，邪母；又「于線切」，喻三，亦後世音變也。邪母古亦讀定，與喻四古讀同。錢氏不言邪、喻古讀，故以羡古讀如衍爲喻四；廣韵魚：「餘，以諸切。」羡古韵安部，餘古韵烏部，古不同韵。獮與魚亦不同韵，是廣韵於羡、餘二字亦不同韵，然而同聲也，於聲類爲喻四雙聲正轉。

又按：喻三、喻四截然分爲兩母，亦錢氏所不言。故喻三、喻四於錢氏亦可謂之同紐。

44 爰，易也。 左傳：「晉於是作爰田。」服虔、孔晁皆訓爰爲易。

〔疏證〕 引左傳見僖公十五年。正義曰：「服虔、孔晁皆云：『爰，易也。』」錢引傳兼采正義。

今按：史記酷吏列傳「傳爰書，訊鞫論報」，蘇林曰：「爰，易也。」韋昭云：「爰，換也。」小爾雅廣詁：「爰，易也。」或作轅，漢書地理志「孝公用商君，制轅田」，孟康曰：「三年爰易居，古制也，末世浸廢。商鞅相秦，復立爰田。中略。轅、爰同。」説文作𧺆，「𧺆，𧺆田易居也」。説文又有換，「換，易也」。公羊注正作「換田」。爰、轅、𧺆、換並在安部，古同音字，易在益部，古韵不同。廣韵元「爰、轅、𧺆，雨元切」，喻三，古讀匣；換「換，胡玩切」，匣母：換與爰、轅、𧺆平去不同，古音同也。廣韵昔「易，羊益切」，喻四，古讀定。喻三、喻四聲系全異，故古讀亦略不相同，不能混淆爲一，曾運乾先生作「喻三歸匣、喻四歸定」考，而後古讀始明。錢氏不言喻三、喻四古讀，猶依字母家舊説並稱喻母，故易與爰、轅等字雖異韵，仍爲同聲也，故謂爲雙聲正轉耳。

45 脅，翕也。 漢書王莽傳「動静辟脅，萬物生焉」，師古曰：「脅，收歛也。易上繫之辭曰：『夫坤，其動也闢，其靜也翕，是以廣生焉。』翕、脅聲相近，義則同。」

〔疏證〕引漢書見王莽傳中。注引易繫辭上，以翕釋脅，爲脅訓翕之證。

今按：孟子滕文公下「曾子曰：脅肩諂笑，病于夏畦」，注：「脅肩，竦體也。」竦體則兩肩收斂，即以翕訓脅，詳下文可知。漢書吴王濞傳「脅肩纍足，猶懼不見釋」，師古曰：「脅，翕也，謂斂之也。」鄒陽傳「脅肩低首，纍足撫衿」，師古曰：「脅，翕也，謂斂也。」此皆脅、翕通訓之證。又揚雄傳「翕肩蹈背，扶服入橐」，師古曰：「翕，斂也。」此以脅肩作翕肩，則脅、翕通作之證。脅亦作胎，詩抑「視爾友君子，輯柔爾顏，不遐有愆」，箋云「皆胎肩諂笑以和安女顏色」，釋文「胎又作脇」，脇即脅之肉置左旁也。説文「歙，翕氣也」，亦可證歙與翕聲通。脅、翕兩字本古韵邑部同音字，自可相通。廣韵緝「翕，許及切」，曉母；業「脅，虚業切」，曉母：廣韵於翕、脅兩字，韵則不同，然而同爲曉母，雙聲正轉。

46 董，督也。左傳注。

〔疏證〕左傳文公六年「董逋逃」，注：「董，督也。」又七年「夏書曰：戒之用休，董之用威」，注：「董，督也。」昭十三年「告之以文辭，督之以武師，雖齊不許，君庸多矣」，注：「董，督也。」左傳累以董訓爲督，故錢不舉傳文。

今按：爾雅釋詁：「董、督，正也。」既董督皆訓正，董訓正即訓督也。左傳桓六年「隨人使少師董成」，注：「董，正也。」又昭三年「君若不棄敝邑，而辱使董振擇之」，注：「董，正也。」此亦可證董之訓督。董在邕部，督在薁部，韵雖鄰近，然分兩部。廣韵董「董，多動切」，端紐；沃「督，冬毒切」，端紐：兩字異韵而同聲，雙聲正轉。

47

蕆，敕也。　左傳：「以蕆陳事。」賈、服、杜皆訓敕。

〔疏證〕　左傳文公十七年「寡君又朝，以蕆陳事」，杜注：「蕆，敕也，敕成前好。」釋文：「蕆，敕展反。」正義：「蕆之爲敕，無正訓也。先儒相傳爲然。賈、服皆云：『蕆，敕也。』」錢氏即用此傳及注與疏。

今按：方言十二「蕆、逞，解也」，郭注：「蕆音展，訓敕。」又十三「蕆、敕、戒，備也」，郭注：「蕆亦訓敕。」廣雅釋詁四：「慎、必、蕆，敕也。」此皆蕆訓敕之證。説文無蕆，其字之構形與聲義之關係，已不可知。廣韵獮「蕆，丑善切」，徹母，古韵大抵在安部；職「敕，恥力切」，徹母，古韵則在肊部：是蕆、敕兩字古今韵皆異而同聲，雙聲正轉。

48 瘳，差也。（上徹下穿。） 左傳注。

〔疏證〕 左傳昭十三年「若爲夷棄之，使事齊楚，其何瘳於晉」，注「瘳，差也」，釋文：「瘳，敕留反；差，初賣反。」瘳爲徹紐，差爲穿二。錢氏即據此傳及注與釋文也。

今按：書金縢「王翼日乃瘳」，注：「瘳，差也。」禮記祭義「夫子之足瘳矣」，釋文：「瘳，差也。」漢書季布傳「今創痍未瘳」，注：「師古曰：瘳，差也。」它如灌夫傳、王嘉傳、元后傳注並曰「瘳，差也」，此不盡數。方言三「差、間、知，愈也。南楚病愈者謂之差，或謂之間，或謂之知。知，通語也。或謂之慧，或謂之憭，或謂之瘳，或謂之蠲，或謂之除」，南楚病愈爲差又爲瘳，是瘳爲差也。廣雅釋詁一「爲、已、知、瘥、蠲、除、慧、間、瘳，瘉也。」瘥即差加疒，疒爲義符。瘥、瘳皆爲瘉，故瘳即差也。此皆瘳、差通訓之例證。瘳在古韵幽部，差在阿部，不同韵也。廣韵尤「瘳，丑鳩切」，徹母，古讀透；麻「差，初牙切」，穿二，古讀清：兩字亦不同韵，又不同紐，然而同位，同位爲雙轉。

又按：照二等紐與照三等紐之聲系，截然分開。照二等紐爲齒音，古讀與精系字相同。照三等紐字爲舌聲，今讀與知系字略同，古讀則當爲端、透、定等紐也。錢氏作舌音類隔之説不可信云：「古人多舌音，後代多變爲齒音，不獨知、徹、澄三母爲然也。」又云：「今人以舟、周屬照母，輈、啁屬知母，謂有齒舌之分，此不識古音者也。」所言齒音當謂照、穿等母，其言雖辨，超越前人，然猶未明言二等字與三等字之分也。黄季剛作古聲十九紐説，始嚴辨二三等之分。今疏證聲類，雖採黄説，仍不徑稱黄氏者，蓋以首創之功，仍當歸之錢氏云耳。

49　顔，額也。　方言：「中夏謂之額，河潁淮泗之間謂之顔。」

〔疏證〕　摘引方言十。

今按：小爾雅廣服：「顔，額也。」廣雅釋親：「頟、顔、題、顙，額也。」説文無額，額作頟也。王念孫疏證曰：「顔之爲言岸然高也。鄘風君子偕老篇『揚且之顔也』，毛傳云：『廣揚而顔角豐滿。』吕氏春秋遇合篇：『陳有惡人焉，曰敦洽讎糜，椎顙廣顔，色如漆赭。』史記蔡澤傳：『先生曷鼻巨肩魋顔蹙齃。』顔皆謂額也，索隱以爲顔貌，失之。」王氏嚴辨顔當訓額，不當訓貌，其説甚諦。此皆顔、額聲通之證。廣韻删「顔，五姦切」，陌「額，五陌切」，兩字不同韵而同爲疑紐，雙聲正轉。顔在安部，額在蒦部，古韵亦不相同。

50　麋，眉也。　漢書王莽傳：「赤麋聞之，不敢入界。」

〔疏證〕　引文見傳下。師古曰：「麋，眉也。以朱塗眉，故曰赤眉。古字通用。」

今按：荀子非相「伊尹之狀，面無須麋」，注：「麋與眉同。」方言十二「麋、黎，老也」，注：「麋猶眉也。」方言一：「眉、梨，老也。東齊曰眉，燕代之北鄙曰梨。」是同一方言或作眉或作麋也。廣雅釋詁一：「眉、梨，老也。」是則與方言一同，而與方言十二異也。此皆麋、眉通訓及互作之例證。詩巧言「彼何人斯，居河之麋」，傳：「水草交謂之麋。」左傳僖廿八年「余賜女孟諸之麋」，注：「水草之交曰麋。」爾雅釋水「水草交爲湄」，注：「詩曰：『居河之湄。』」麋、湄兼作，湄从眉聲，故亦麋、眉通訓互作之證。麋、湄兩字古韵在威部，古聲讀明母，本同音字，宜其通用。廣韵脂「眉、湄、麋，武悲切」，亦同音字。今讀微，古讀明，皆可雙聲正轉。

51

襲，重也。　左傳：「卜不襲吉。」

〔疏證〕引傳哀十年文及注。

今按：楚辭懷沙「重仁襲義兮，謹厚以爲豐」，補注曰：「淮南云『聖人重仁襲恩』」，注云：『襲亦重累。』」漢書外戚傳「咎根不除，灾變相襲」，師古曰：「襲，重累也。」爾雅釋山「山三襲，陟」，注：「襲亦重。」廣雅釋詁四：「襲，重也。」此皆襲、重通訓之例證。襲亦借習爲之，尚書金縢「一習吉」，正義：「習則襲也。」周易習坎彖曰：「習坎，重險也。」以習訓重，猶以襲訓重矣。襲、習古韵皆邑部同音字，廣韵緝「襲、習，似入切」，邪紐，古讀定。重今讀澄，古讀定，古韵邕部。襲、習與重古韵雖不同，古聲則同爲定紐，雙聲正轉。然錢氏不言邪古讀定，固不應以邪古讀定釋之。考説文襲从𧅫省聲，「讀若沓」，廣韵合「𧅫、沓，徒合切」，定紐；鍾「重，直容切」，澄母古讀定：故𧅫、重廣韵雖不同韵，古固同紐，雙聲正轉。

又按：説文「讋，讀若慴」，廣韵葉「慴，之涉切」，照三。照三古讀端，與定相近，謂讋从𧅫省聲，本讀定可也。此雖錢氏之所不及詳考，然亦可證襲之本音。

52 遒，聚也。

詩：「百禄是遒。」

〔疏證〕 引長發篇。傳：「遒，聚也。」

今按：説文：「揫，束也。詩曰：『百禄是揫。』」三家詩以遒作揫，揫訓束，束必聚之，故揫亦訓聚。詩破斧「四國是遒」，箋云「遒，斂也」，疏引釋詁云：「遒，斂，聚也。」是訓斂亦即訓聚也。説文又有「揂，聚也」，與遒同从酋聲。遒、揫、揂古韵同在幽部，廣韵尤「遒、揫、揂，自秋切」，從母，亦同音字。聚古韵在區部，廣韵遇「聚，才句切」，從母。是遒、聚雖古今韵皆不同，然同爲從紐，雙聲正轉也。

53 儷，兩也。　左傳疏：「禮謂儷皮爲兩皮。」

〔疏證〕　左傳成十一年：「鳥獸猶不失儷。」錢用此傳及疏也。

今按：儀禮士冠禮「主人酬賓，束帛儷皮」，注：「儷皮，兩鹿皮也。古文儷爲離。」士昏禮「納徵，玄纁束帛儷皮，如納吉禮」，注：「儷，兩也。」聘禮「擯者入告出，許上介奉幣，儷皮，二人贊」，注：「儷猶兩也。」皆以儷皮爲兩皮，故左傳疏云：「禮謂儷皮爲兩皮。」此皆足爲儷、兩通訓之證。儷在古韵阿部，兩在古韵央部，不同韵也。廣韵霽「儷，郎計切」，來母；養「兩，良獎切」，來母：廣韵兩字亦不同韵，然而同紐，雙聲正轉。

54 露，羸也。　左傳「勿使有所壅閉湫底，以露其體」，杜預説。

〔疏證〕　引昭元年傳文及注。

今按：露、羸通訓，參閲本卷釋言「路亶，落單也」條。羸在古韵阿部，露在古韵烏部，古韵不同。廣韵暮「露，洛故切」，來母；支「羸，力爲切」，來母：廣韵兩字亦不同韵，然而同紐，雙聲正轉。

55 囂，喧譁也。左傳注。

〔疏證〕 成十六年「在陳而囂」，注：「囂，喧嘩也。」釋文：「囂，許驕反。徐讀曰嗷，五高反。喧本又作諠，況袁反。嘩本又作譁，音華。」

今按：周禮司虣「禁其鬭囂者」，注：「囂，讙也。」國語楚語「而以金石匏竹之昌大囂庶爲樂」，注：「囂，華也。」義亦猶此。囂在古韵夭部，喧在古韵安部，譁在古韵烏部，古韵互不相同。廣韵宵「囂，許嬌切」，即釋文之「許驕切」也，讀曉母；又「五刀切」，即釋文之「五高切」也，讀疑母。廣韵元「諠、讙，況袁切」，即釋文之「況元切」也，讀曉母。廣韵麻「華、譁，呼瓜切」，曉母。三字於廣韵亦不同韵，然而同讀曉母，故爲雙聲正轉。

56 衡，横也。

〔疏證〕 詩衡門「衡門之下，可以棲遲」，傳：「衡門，横木爲門，言淺陋也。」南山「蓺麻如之何，衡從其畝」，禮記坊記引詩衡作横，釋文引韓詩衡從作横由。禮記檀弓上「古者冠縮縫，今也衡縫」，注：「縮，從也。今禮制，衡讀爲横。今冠横縫，以其辟積多。」又「鹿裘衡長袪」，注：「衡當爲横，字之誤也。」又「棺束縮二衡三」，注：「衡，亦當爲横。」荀子致士「不官而衡至者，君子慎之」，注：「衡讀爲横。横至，横逆而至也。」考工記「鼻寸衡四寸」，注：「衡古文横，假借字也。」此皆衡、横互作、或明言讀爲者，其他通訓則不可勝數矣。衡、横本古韵央部同音字，自應可以通作。廣韵庚「衡，户庚切」，「横，户盲切」，皆爲匣母，本同韵同紐，惟開合不同而已，於聲類當爲雙聲正轉。

57 質，主也。左傳：「要盟無質。」

〔疏證〕引襄九年傳文，注：「質，主也。」

今按：廣雅釋詁三「質，主也」，亦其例。質在古韵壹部，主在古韵區部，兩字古韵不同。廣韵質「質，之日切」，照三；麌「主，之庾切」，照三：兩字亦不同韵，然而同紐，雙聲正轉。

58 蠲，潔也。

〔疏證〕今按：詩天保「吉蠲爲饎」，傳：「蠲，潔也。」李富孫詩經異文釋云：「董氏引韓詩作吉圭。蜡氏職注云：『蠲讀爲吉圭爲饎之圭，圭，潔也。』宮人注仍引作吉蠲爲饎，正義謂蜡氏注乃三家本。士虞禮注引作吉圭爲饎，大戴諸侯遷廟注引作絜蠲。釋文云：『蠲舊音圭。』案蜡氏疏云：『毛詩潔蠲爲饎，鄭从三家本，故不同。』潔與吉同音，書多方『不蠲烝』，左傳『伯蠲』、『師蠲』，釋文並云：『古泫反，又音圭。』呂覽尊師注云：『蠲讀曰圭。』孟子注云：『圭，潔也。』蠲亦訓絜，音義同。玉篇『惟，爲也』，義亦同。惠氏曰：『呂覽：臨飲食必蠲絜，高誘注：蠲爲圭。蓋三家詩本作吉圭爲饎，故高讀从之。』段氏曰：『蠲音如圭，蠲乃圭之假借字。』」左傳襄九年「明神不蠲要盟」，注：「蠲，潔也。」又十四年「惠公蠲其大德」，注「蠲，明也」，明亦潔也。小爾雅廣詁：「蠲，潔也。」此皆蠲、潔、圭通訓或通作之證例。

又按：説文「蠲，馬蠲也」，段注云：「馬蠲亦名馬蚿，亦名馬蚈，亦名馬蠸，見呂覽仲夏紀、淮南時則訓高注。」蠲本益部字，轉入安部讀蚿、蚈、蠸，亦聲轉也，此不具論。

又按：蠲、圭，古韵在益部，潔在曷部，古韵不同。廣韵先「蠲，古玄切」，見紐；齊「圭，古攜切」，見紐；屑「絜、潔，古屑切」，見紐：廣韵則蠲、圭、潔皆不同韵，然而同紐，雙聲正轉。

59　闕，空也。　左傳：「執蓋以當其闕。」

〔疏證〕　引昭二十年傳。注：「闕，空也。」

今按：易説卦：「艮爲門闕。」小爾雅廣詁：「闕，隙也。」皆空之義。闕在古韵曷部，空在古韻邕部，古韻不同部。廣韻月「闕，去月切」，溪母；東「空，苦紅切」，溪母：亦不同韻，然而同紐，雙聲正轉也。

60 肆，失也。

春秋：「肆大眚。」穀梁傳：「肆，失也。」公羊傳：「肆者何？跌也。」

〔疏證〕 引春秋見莊廿二年。引穀梁亦見莊廿二年，惠棟九經古義云：「失係古佚字。佚與逸同，謂逸囚也。」引公羊亦見莊廿二年，釋文：「肆音四，本或作佚。大省、所景反，二傳作眚。跌，大結反，過度也。」

今按：它例鮮見。肆，古韻欝部；失，古韻壹部。古韻不同。廣韻至「肆，息利切」，心母；質「失，式質切」，審三：兩字既不同韻，亦不同紐，然而同位，變轉也。

61 省，眚也。

春秋「肆大眚」，公羊作大省，疏：「省讀減省之省。」

〔疏證〕 引文並見莊廿二年，詳上條。

今按：省有兩讀：一爲所景反，與眚同音；一爲息井反，或悉井反，廣韻與經典釋文皆同。前音見廣韵三十八梗、公羊此傳。後音見廣韵四十靜、論語「三省」釋文。作悉井反。前音審二，後音心母，古聲本同也。公羊廿二年：「肆大省，中略。大省者何？災省也。」春秋、穀梁並作肆大眚。書堯典：「眚災肆赦。」此皆省、眚互作之證也。史記始皇本紀「飾省宣義」，正義：「省音山景反，省，過也。」小爾雅廣詁：「省，過也。」此皆以省借眚之例證，與公羊同。眚、省古韵同在嬰部，本同音字，分作靜、梗兩韵，審二與心母，後世音略變也。今以省、眚同讀所景切言之，謂之同音通假或正轉皆可也。若謂省讀息井切，以爲古聲正轉或今聲變轉亦可也。

62　痟，酸削也。周禮疾醫：「春時有痟首疾。」

〔疏證〕　引文見春官及注。

今按：痟、削同从肖聲，本同音字自不必引證。痟、酸通訓，它例鮮見。痟在古韵夭部，酸在古韵安部，古韵不同，非韵轉也。廣韵蕭「痟，相邀切」，心母；桓「酸，素官切」，心母：亦不同韵，然而同爲心紐，雙聲正轉也。

63　痢，癘也。公羊傳「大瘠者何？痢也」，注：「痢者，民疾疫也。」古文列與厲通，左傳「癘疫不作」，注以爲惡氣。

〔疏證〕　引公羊見莊廿年。左傳昭公四年「癘疾不降」，注：「癘，惡氣也。」

今按：錢云「古文列與厲通」，既以説明㾐癘所从之聲可以相通，又以説明説文無㾐，㾐即癘字也。然謂㾐即癘，其根據在於列與厲通，故能證明列與厲通則餘事不足論矣。聲類全書中涉及列與厲通者，有釋訓之「遮例、遮迾，遮列也」，釋天之「烈風謂之厲風」，釋器之「磐裂謂之磐厲」，讀之異者之「烈如厲」、「茢如厲」，名號之異之「厲山、連山、烈山、列山也」諸條。茲證明列、厲相通，作通訓於此。詩思齊「烈假不瑕」，箋云「爲厲假之行者，不已之而自已」，釋文：「烈，鄭作厲。」唐公房碑：「厲蠱不遐。」集韵：「厲假不瑕。」此皆以烈假作厲假或厲蠱，即以烈作厲也。禮記祭法「厲山氏之有天下也」，左傳昭廿九年作烈山氏，國語作列山氏，史記五帝本紀正義「炎帝曰連山氏，又曰列山氏」，漢書古今人表作列山氏。周禮大宗伯「以血祭社稷」，注「厲山氏之子曰柱，食於稷」，釋文：「厲，本或作烈。」此皆以厲山氏作列山氏、烈山氏，即厲作列與烈也。周禮秋官司隸「守王宫與野舍之厲禁」，注「厲，遮例也」，釋文：「例，本又作列。」地官山虞「物爲之厲，而爲之守禁」，鄭司農云：「厲，遮列守之。」後漢書輿服志：「張弓帶韡，遮列出入。」又周禮地官澤虞「掌國澤之政令，爲之厲禁，使其地之人守其財物」，迹人「掌邦田之地政，爲之厲禁而守之」，丱人「掌金玉錫石之地，而爲厲禁以守之」，並無注。凡此厲禁即遮例、遮列、遮迾，即厲作列、例、迾也。莊子齊物論「厲風濟，則衆竅爲虛」，注「烈風作，衆竅實」，以烈風爲厲風。楚辭招魂「厲而不爽些」，注：「厲，烈也。」周禮夏官戎右「贊牛耳桃茢」，注：「故書茢爲滅。杜子春云：滅當爲厲，桃厲即桃茢。」禮記内則「男鞶革，女鞶絲」，注：「鞶，小囊盛帨巾者。男用韋，女用繒，有飾緣之，則是鞶裂與？詩云『垂帶如厲』，紀子帛名裂繻，字雖今異，字實同也。」正義：「春秋傳作鞶厲，厲裂義同。古時厲、裂通爲一字。詩：『垂帶而厲。』鄭云：『厲當作裂。』」紀子帛見左傳隱二年。桓二年有鞶厲游纓。引詩見都人士。此又厲與从列得聲之字相通，其例之散見者。厲、列相通，容更有之，即此亦足以爲證矣。列、厲皆古韵曷部字，自應可以相通。廣韵祭「癘、厲、痢，並力制切」，來紐，捨韵不論，則雙聲正轉。廣韵薛「列、迾、裂、烈，良薛切」，厲與以上諸字，韵雖去入稍異，聲爲同紐，雙聲正轉。

64 竫，撰也。公羊傳「惟諓諓善竫言」，注：「竫，猶撰也。」

〔疏證〕引公羊僖十二年傳及注。

今按：竫、撰通訓，鮮見它例。竫在古韵嬰部，撰在安部，不同部也，不得言以韵同而通訓。廣韵静「竫，疾郢切」，從母；獮「撰，士免切」，牀二，牀二古本讀從。是竫、撰二字，廣韵雖不同韵，古聲同紐也，雙聲正轉。若謂錢氏不言牀二讀從，然牀、從同位，於聲類爲變轉。

65 化，畫也。

注：「行過無禮之謂化。」公羊傳「曷爲謂之寔來？慢之也。曷爲慢之？化我也」，穀梁傳：「以其畫我，故簡言之也。」化、畫音相近。

〔疏證〕引公羊、穀梁並見桓三年。同一事而此言化彼言畫，是化、畫通作者，音相近故也。

今按：此亦無它例可證。化在古韵阿部，畫在古韵益部，相去頗遠，不以韵轉也。廣韵禡「化，呼霸切」，曉母；卦「畫，胡卦切，又胡麥切」，匣母：雖禡、卦韵遠而曉、匣聲近，是以近紐雙聲相轉，正轉也。

又按：説文「化，教行也」，「畫，界也」，皆無「慢之」或「簡之」之義。公羊注「行過無禮之謂化」，穀梁注「諸侯不以過相朝也」。過謂經過，專以朝來則爲有禮，經過相朝則爲簡慢。化實過字之借，過，古禾切，化、過古韵同部，聲亦相近。此本當作過，過借化爲之，化又以雙聲轉作畫也。

66 晤，遇也。詩：「可與晤歌。」

〔疏證〕引詩謂東門之池。傳：「晤，遇也。」箋：「晤猶對也。」錢引毛傳，不引鄭箋。

今按：此亦鮮它例證。晤在古韵烏部，遇在區部，雖鄰近非同部也，若聲不相近，亦難言韵轉。廣韵暮「晤，五故切」，疑母；遇「遇，牛具切」，疑母：韵雖不同，然同爲一紐，雙聲正轉。

又按：以晤訓遇，雖于聲音有據，然謂可與遇歌，義亦未顯。竊以爲遇借作耦，説文形聲同从禺聲，廣韵厚「耦，五口切」，疑母，亦與晤爲同紐，雙聲正轉。故毛以遇即以耦訓晤，鄭申之以爲對也。詩云「彼美淑姬，可與晤歌」，謂彼美者之淑姬，可以與之相耦而歌也。下章云「彼美淑姬，可與晤言」，則謂可以與之相對而言也。訓詁通而詩人之義顯矣。

67 蒙，厖也。 詩：「蒙伐有苑。」鄭氏說。

〔疏證〕 引詩小戎。傳：「蒙，討也。」箋：「蒙，厖也。」錢採鄭箋。

今按：詩旄邱「狐裘蒙戎，匪車不東」，傳：「蒙戎，以言亂也。」左傳僖五年「狐裘尨茸，一國三公，吾適誰從」，注：「尨茸，亂貌。」蒙戎即尨茸，厖从尨聲，尨、厖說文形聲同聲字。是蒙可以作尨，又可以作厖矣。詩長發：「受小共大共，爲下國駿厖。」荀子榮辱：「詩曰：受小共大共，爲下國駿蒙。」大戴記衛將軍文子：「詩云：受小共大共，爲下國恂蒙。」是駿厖可以作駿蒙、恂蒙也，即蒙可以作厖矣。此皆蒙、厖通作之證。蒙、厖古韵邕部同音字，自可通作通訓。廣韵東「蒙，莫紅切」，江「厖、尨，莫江切」，皆明母字。是廣韵雖東、江異韵，聲則同紐，雙聲正轉。

68 來，釐也。 詩「貽我來牟」，漢書劉向傳引作「貽我釐麰」。少牢饋食禮「來汝孝孫」，注：「來讀曰釐。釐，贈也。」

〔疏證〕 引詩謂思文。劉向傳注：「師古曰：釐，音力之切，又讀與來同。」

今按：史記杞世家「弟平公鬱立」，索隱：「一作郁釐，譙周云：名鬱來。蓋鬱郁、釐來聲相近，遂不同也。」此从人名可以證其相互作也。詩江漢「釐爾圭瓚」，傳「釐，賜也」；既醉「釐爾女士」，傳「釐，予也」：此兩釐字又與「來女孝孫」之來同義也。皆足以證來、釐之相通。來、釐本古韵噫部同音字，以聲之鴻細不同，廣韵韵變而聲不變。之「釐，里之切」，來紐；哈「來，落哀切」，來紐：雙聲正轉。

69　洊，臻也。　易：「水洊至。」京房本作臻，干寶本作荐。

〔疏證〕　此引易坎象「水洊至」及釋文。

今按：說文無洊，字作瀳，「水至也。从水，薦聲，讀若尊」。段注：「廣韵曰『水荒曰洊』，洊者，瀳之異文。」說文：「臻，至也。」兩字義本相通。臻爲至之通名，洊則獨言水至耳。詩雲漢「饑饉薦臻」，楚語「禍實荐臻」，此荐、薦通作之證。爾雅釋詁：「薦，臻也。」廣雅釋詁一：「薦，至也。」薦訓臻即荐訓臻，薦訓至猶臻訓至也，此即洊訓臻之補證矣。洊、荐、瀳古韵同在𥁕部，朱以瀳入乾部，非。臻亦在𥁕部，本同音字，後世而聲韵稍變矣。廣韵霰「荐、洊、瀳，在甸切」，從母；臻「臻，側詵切」，照二：霰與臻非一韵，從與照非一紐也。蓋錢氏以爲臻从秦聲，應有秦音。廣韵真「秦，匠鄰切」，從母，秦與洊諸字同紐，雙聲正轉。

70 澹，定也。馮衍顯志賦：「意斟愖而不澹。」

〔疏證〕後漢書馮衍傳「意斟愖而不澹兮，俟回風而容與」，李賢注：「斟愖，猶遲疑也；澹，定也；容與，猶從容也。」

今按：說文「澹，水搖也」，訓定之字本作憺，說文「憺，安也」，安與定義同。淮南俶真「蜂蠆螫指而神不能憺」，注：「螫讀解釋之釋。憺，定也。」又原道「澹兮其若深淵」，注：「澹，定不動之貌。」此憺、澹又訓定之例證。憺、澹古韵在奄部，定在嬰部，相距甚遠，非以韵轉也。廣韵闞「憺、澹，徒濫切」，定紐；徑「定，徒徑切」，定紐：是闞、徑韵異，同爲定紐雙聲，正轉也。

71 宛，鬱也。詩「鬱彼北林」，鄭司農注周禮引作宛。荀子富國篇「使民夏不宛暍」，楊倞注讀宛爲藴，又疑爲奥。予謂宛與鬱通。

〔疏證〕引詩爲晨風。傳「鬱，積也」，不用毛說。引鄭司農注周禮，見考工記函人。「函人：凡察革之道，眡其鑽空欲其惌也」，注「鄭司農云：惌，小孔貌。惌讀如宛彼北林之宛」，釋文：「宛，於阮反。或云：司農音鬱。」引楊倞注，原注云：「宛讀爲藴，暑氣也。詩曰：『蘊隆蟲蟲。』暍，傷暑也。或曰：『宛當爲奥，篆文宛字與奥字略似，遂誤耳。奥，於六切，熱也。』」

今按：詩正月「瞻彼北林，有菀其特」，箋云「有菀然茂特之苗」，是以茂訓菀也。菀柳「有菀者柳，不尚息焉」，傳：「菀，茂木也。」桑柔「菀彼桑柔，其下侯旬」，傳：「菀，茂貌。」諸詩皆以茂訓宛也。説文「鬱，木叢生也」，叢生即茂盛，故諸菀字皆鬱之借字耳。此即宛鬱通訓之證矣。宛在安部，鬱即鬱部，安、鬱兩部雖相近，然非同部也。廣韵阮「宛、菀，於阮切」，影母；物「鬱、鬱，紆物切」，影母：兩者雖不同韵，然而同聲，雙聲正轉。

72 迪、蹈、蕩，動也。釋詁：「迪，作也。」郭景純未詳其義。予謂迪動同訓，迪即動之轉，詩「弗求弗迪」，迪訓進，亦與作義近。詩「上帝甚蹈」，毛傳訓蹈爲動。樂記「天地相蕩」，注：「蕩猶動也。」

〔疏證〕今按：爾雅釋詁：「妯，動也。」詩鼓鐘「憂心且妯」，傳：「妯，動也。」説文：「妯，動也。」迪、妯同从由聲，迪之訓動猶妯之訓動矣，謂迪爲妯之借字亦可。説文

「怞，朗也。詩曰：憂心且怞」，引三家詩以怞作妯，以迪訓動猶以怞訓動矣。迪古韵在幽部，動在邕部，雖相鄰近，幽、邕可以旁對轉，然非一部，聲不相近，則非通例也。廣韻錫「迪，徒歷切」，定母；董「動，徒揔切」，定母：兩字亦韵異，然而聲同，於錢氏故爲雙聲正轉。引詩「弗求弗迪」見桑柔。

又按：錢引「上帝甚蹈」，蹈訓動，見詩菀柳及毛傳。考詩清人「左旋右抽」，説文搯下引作「左旋右搯」，是抽、搯可以互作而且聲通耳。搯、蹈同从舀聲，从由得聲之迪、妯既可訓動，與抽聲通之搯、蹈宜其亦可訓動矣。蹈在古韵幽部，本與邕部之動相鄰近，韵可旁對轉，然非一部也。廣韵號「蹈，徒到切」，定紐，與動雙聲，蹈訓動，於聲類爲正轉。

又按：蕩之訓動，錢氏所舉樂記以外，又如郊特牲「滌蕩其聲」注「滌蕩，猶搖動也」，月令「諸生蕩」注「謂物動將萌芽也」，又「毋或作爲淫巧，以蕩上心」注「謂動之使奢泰也」，左傳莊四年「余心蕩」注「蕩，動散也」，皆其例證。蕩在古韵央部，央、邕兩韵，時亦相轉，然非一韵也。廣韵蕩「蕩，徒朗切」，定紐。蕩與董爲兩韵，蕩與動爲一紐，雙聲正轉。

凡經籍中異文之互用，訓詁之通轉，無不與聲兼韵相關，故同音相轉者最多，音近者次之，雙聲者又次之，疊韵者最少。研究古韵者多求之韵，鮮求之聲，如太炎先生於同韵對轉之外，又唱旁轉、旁對轉、次旁轉、次旁對轉之説，幾乎韵韵可轉矣。錢大昕氏倡正轉變轉之説，戴氏亦有轉語之説傳世。多論聲而鮮論韵，雖於例亦有之，然皆通人之偏也。如以上三條，雖其通轉，以雙聲爲主，然與韵亦相牽連。今疏證此書，其祇以聲轉者當不言其與韵之關係，若聲轉之外亦與韵牽涉，則補述之。故於每條之下，必於每字説明其爲古韵某部也。雖序例已有論述，兹復發其凡於此。

73

侵，醜也。史記田蚡列傳「貌侵」，集解引韋昭云「侵，音寢，短小也」，又云「醜惡也」。

〔疏證〕今按：三國志魏志王粲傳：「表以粲貌寢而體弱通侻，不甚重之。」貌寢即貌侵也，寢與侵同聲，故相通用。説文「侵，漸進也」，與醜義不相干。「寢，病卧也」，引申有體弱義，故世以寢爲訓醜之本字。錢氏不然，以侵訓醜，侵、醜聲轉也。侵在古韵音部，醜在古韵幽部，音、幽遠隔，非韵轉也。廣韵侵「侵，七林切」，清母；有「醜，昌九切」，穿三：廣韵既不同韵，又不同聲，然而同位。錢氏聲類以同位爲變轉。

74 涚，新也。郊特牲：「凡涚，新之也。」

〔疏證〕郊特牲云：「明水涚齊，貴新也。凡涚，新之也。」此文中自注例也。孟子梁惠王下「畜君者，好君也」，以好訓畜，畜、好雙聲。滕文公下「洚水者，洪水也」，以洪訓洚，洚、洪同音，同音亦雙聲。自錢氏視之，例猶彼也，以新訓涚，宜爲聲轉。

今按：涚、新相訓，未見它例。涚在古韵曷部，新在古韵因部，兩部不同，亦非韵轉。廣韵祭「涚，舒芮切」，審三；真「新，息鄰切」，心母：祭、真自非一韵，心、審亦非一紐，然而兩字聲氣相同，同位字也，同位爲變轉。

又按：郊特牲鄭注云：「涚齊或爲汎齊。」陸德明云：「汎本或爲泛。」易滋困惑，因復出下條，用申其説。上下兩條宜結合通讀。

75 涚，汎也。郊特牲「明水涚齊」，注：「涚齊或爲汎齊。」陸德明云：「汎本又作泛。」蓋涚誤爲汎〔一〕，因轉爲泛耳。

〔一〕「誤」，原作「自」，據粵雅堂叢書本改。

〔疏證〕　今按：汛、音信。汎音泛。兩字形近音異，義亦各殊。説文「汛，音信。灑也」；「汎，音泛。浮貌」。又有泛字，説文：「浮也。」汎、音泛。泛音義相同，汛音信。則另爲一字。然則鄭注之汎齊，汎音信抑音泛，則不能不有分歧。錢氏以爲當作汛，音信。廣韵震「汛，息晉切」，與新雖分平去，同爲心紐，實同音字也。説既可變轉爲新，宜亦可變轉爲汛。音信。廣韵梵「汎、泛，孚泛切」，奉母。汎、泛字既不與説同韵，又不同紐，雖同爲收聲，仍有内外之殊，説無由轉作汎、泛字也。陸德明云「汎本作泛」者，蓋本作汛，音信。先誤作汎音泛。而後寫作泛字耳。然或者以爲周禮酒正「一曰泛齊」，此當作汎齊，即酒正之泛齊也。説、汎音泛。形近，故汎音泛。誤作説矣。今以爲仍當以錢氏爲是，郊特牲云「明水説齊，貴新也。凡説，新之也」，此文中自注例，自注以説訓新，惟説、汛音信。可以轉訓新，汎、泛則不可以轉訓新耳。

76　骫，翳也。　吕覽報更篇：「昔趙宣孟將上之絳，見骫桑之下有餓人。」骫，古委字，即左傳之翳桑也。

〔疏證〕　史記司馬相如列傳「崔錯發骫，阬衡閜砢」，集解：「骫，古委字。」淮南人間：「趙宣孟活人於委桑之下，而天下稱仁焉。」吕覽稱骫桑，淮南言委桑，故知骫、委聲通也。引左傳見文公二年，杜注：「翳桑，桑之多蔭翳者。」

今按：説文「骫，骨端骫奊也」；「委，委隨也」；「翳，華蓋也」。桑稱骫桑或委桑皆非其義，翳引申有蔭蓋、蓊鬱之義，故知骫桑、委桑即翳桑也。骫在古韻安部，委在古韻威部；翳在衣部；雖威、衣鄰韻，骫由安對轉爲阿，阿、威、衣三部有相通者，然終非一韻也。廣韻紙「委、骫，於詭切」，影母；霽「翳，於計切」，影母：廣韻雖以委、骫爲一韻，然與翳之韻異也，顧三字皆同聲，於聲類爲正轉。

77 政，制也。左傳「疇昔之羊，子爲政；今日之事，我爲政」，呂覽察微篇「昨日之事，子爲制；今日之事，我爲制」。

〔疏證〕畢沅校正本引陳樹華云：「左傳作政，此作制，或因始皇名改。」因諱改字，亦必於聲音訓詁有依據，非妄易也。

今按：説文「政，正也」，「制，裁也」，兩字於文義相通。政在古韻嬰部，制在古韻曷部，兩字韻部不同。廣韻勁「政，之盛切」，照三；祭「制，征例切」，照三：兩字亦異韻，然而同紐，雙聲正轉。

78 獵，攬也。　史記日者傳「獵纓正襟危坐」，索隱云：「攬其冠纓。」

〔疏證〕　今按：後漢書崔駰傳「當其無事，則躐纓整襟，規矩其步」，李賢注：「躐音呂涉反。躐，踐也。此字宜从手，廣雅云『擸，持也』，整襟修其容止。史記曰：『攝纓整襟。』華嶠書，躐作攝也。」李說是矣。說文「擸，理持也」，擸即日者傳、崔駰傳之本。擸由入轉平則爲攬，說文：「擥，撮持也。」擸、攬音義全同，一字之變易也。擸在古韻盍部，攬在古韻奄部，平入韻，攬、擸古同音，宜其通作。廣韻葉「獵、擸，良涉切」，來母；敢「攬，盧敢切」，來母：廣韻兩字異韻而同聲，雙聲正轉。

79 雪，刷也。　史記貨殖傳「范蠡既雪會稽之恥」，漢書作刷。

〔疏證〕　漢書貨殖傳「遂報彊吳，刷會稽之恥」，師古曰：「刷謂拭除之也，音所劣反。」錢氏引漢書，即謂此文耳。

今按：呂覽不苟論不苟，「繆公能令人臣時立其正義，故雪殽之恥，而西至河雍也」，注「雪，除也」，除即刷拭之。恃君覽觀表「吳起雪泣而應之」，注「雪，拭也」，拭即刷拭。此皆所謂以雪訓刷之例。說文「刷，刮也」，「㕞，飾即拭也。也」。錢氏所謂刷實爲㕞，後世㕞、刷不分。雪、㕞、刷古韻皆在曷部，本同音字，自宜通作。廣韻薛「雪，相絕切」，心紐；「刷、㕞，所劣切」，審二，古讀心：是廣韻亦同韵。若以古聲論，本同紐字，倘謂錢氏不言審二古讀心，則心、審同位。同紐正轉，同位變轉。

80 斯，析也。詩：「斧以斯之。」

〔疏證〕引詩墓門。傳：「斯，析也。」

今按：説文「斯，析也」，斯之訓析，乃字之本義。詩七月「五月斯螽動股」，斯螽，爾雅作蜇螽，斯作蜇猶斯作析也。漢書揚雄傳「蹂屍輿廝」，注「廝，破析也」，以廝訓析即猶以斯訓析矣。皆斯、析通訓之例證。斯在古韵恙部，析在古韵益部，斯、析本同音，然錢氏不言平入轉也。廣韵支「斯，息移切」，心母；錫「析，先擊切」，心母：同紐雙聲，正轉也。

81 崇，聚也。左傳：「芟夷藴崇之。」

〔疏證〕引左氏見隱公六年，注：「崇，聚也。」

今按：左傳僖廿四年「棄德崇姦，禍之大者也」，注：「崇，聚也。」又昭元年「晉中行穆子敗無終及羣狄于大原，崇卒也」，注：「崇，聚也。」書酒誥「不敢自暇自逸，矧曰其敢崇飲」，僞孔傳：「崇，聚也。自暇自逸猶不敢，況敢聚會飲酒乎！」它尚有之，不盡數。此皆以崇訓聚之例證。崇在古韵夆部，聚在古韵區部，區、夆旁對轉，本音近字，錢氏不言對轉，無論旁對轉矣。廣韵冬「崇，鋤弓切」，牀二，古讀從；麌「聚，慈庾切」，從紐：東、麌不同韵，牀、從亦不同紐而同位，今聲爲變轉，古聲爲正轉。

82　暋，悶也。　莊子外物篇：「慰暋沈屯。」

〔疏證〕外物篇釋文云：「慰暋，武巾反。李音昏，又音泯。慰，鬱。暋，悶也。」錢氏用李頤說。

今按：説文「暋，冒也。从攴，昏聲」；「惛，不憭也。从心，昏聲」；「昏，日冥也。从日，从氐省。一曰从民聲」。是昏、昬一字也。惛亦作惽，皆从昏聲。説文「聞，知聲也。从耳，門聲」，古文作䎽。聞、䎽同字猶暋爲悶矣。吕覽孟春紀本生「下爲匹夫而不惛」，注：「惛讀憂悶之悶。」張衡應間「不見是而不惛，居下位而不憂」，李賢注：「惛猶悶也。易曰：『不見是而無悶。』」不惟惛訓悶，而且惛、悶通作。暋之訓悶猶惛訓悶，惛、悶通作也。此皆足以補錢説之例證。暋、悶古韵同在昷部，古聲同在明母，古音相同，兩字自可通訓互作。廣韵軫「暋，眉殞切」，本微母，古讀明；慁「悶，莫困切」，明母：兩字異韵然而今聲類隔、古紐雙聲，正轉也。惟惛字在魂韵「惛，呼昆切」，曉母。此由明、微母變入曉母，仍應讀明母，説詳卷三文之異者「閔爲惛」一條，可以互相參考。

又按：輕重脣音之分，古今概念略有不同。陸法言切韵本無齒脣音，皆讀雙脣音，然仍有重脣與輕脣之别，重脣爲開、合呼，輕脣爲齊、撮呼，如幫、滂、旁、茫重脣也，兵、娉、平、民則輕脣耳。自集韵始，凡雙脣聲皆重脣，齒脣皆輕脣。錢氏輕重脣聲之别，采後説，説詳序例。

83

慰，鬱也。　見上。

〔疏證〕　外物「慰暋沈屯」，釋文：「慰，鬱也。」

今按：説文：「慰，恚怒也。」慰字無鬱義，外物篇外，它亦鮮訓鬱者。然蔚、慰並从尉聲，蔚之訓鬱猶慰之訓鬱矣。詩候人「薈兮蔚兮」，傳「薈蔚，雲興貌」，雲興謂雲之起鬱茂也。文選西都賦注引倉頡篇云：「蔚，草木盛貌。」説文「薈，草多貌」，盛多即鬱茂也。説文「鬱，木叢生貌」，叢生亦盛多，可知鬱、蔚通訓矣。廣雅釋訓「蔚蔚，茂也」，王念孫疏證「蔚蔚猶鬱鬱也」，信乎其言之。蔚訓鬱猶慰訓鬱矣。慰、蔚與藴同藴。音通，藴亦有鬱茂義。説文：「藴，積也。」方言十二「藴，崇也」；十三「藴，饒也」。廣雅釋詁二「薀，盛也」；三「薀，聚也」。積聚崇盛非鬱茂而何？故詩雲漢「蘊隆蟲蟲」，蘊，韓詩徑作欝矣。欝即鬱之隸變也。慰、蔚、薀又與宛、菀音通，詳上「宛，鬱也」條，此不贅。尉、蔚、慰、鬱皆古韻鬱部同音字，後世而分去入，薀則昷部字，昷、鬱平入對轉，聲亦相同，宜諸字皆可通訓互作也。廣韻物「鬱、菀、尉、蔚，紆物切」，影母，收此諸字于一音，極見用心。然亦以菀、尉、蔚移入它韵，古今音並存。廣韻問「薀，於問切又於吻切」，影母。錢氏聲類主聲不主韵，諸字皆同紐正轉。

84

局，卷也。

詩「予髮曲局」傳文。

〔疏證〕　引詩采緑並毛傳。

今按：莊子消摇游「卷曲而不中規矩」，卷曲猶言曲局也。詩正月「謂天蓋高，不敢不局」，傳「局，曲也」，説文「卷，厀曲也」，它如齤訓曲齒、觠訓曲角，皆與曲義相通。詩卷阿「有卷者阿」，傳：「卷，曲也。」卷、局皆訓曲，斯知局、卷通訓矣。又説文：「局，促也。从口在尺下，復局之。」引申有曲意，然終非訓曲也。説文「句，曲也」，「笱，曲竹捕魚具也」，「鉤，曲鉤也」，「痀，曲脊也」，「軥，軶下曲者」，凡从句得聲之字，多有曲義。局、句古韵僅分平入，故義相通，謂局爲句之借可也。錢氏不然，句訓卷，即聲轉也。局在古韵屋部，卷在古韵安部，古韵不同部。廣韵燭「局，渠玉切」，羣母；阮「卷，求晚切」，羣母：兩字雖不同韵然而同紐，雙聲正轉。

85 交，俱也。書「庶土交正」傳文。

〔疏證〕引書禹貢。僞孔傳：「交，俱也。」

今按：孟子梁惠王上「上下交征利，而國危矣」，注：「又言交爲俱也。」國語晉語一「苟交利而得寵，志行而衆悦」，注：「交，俱也。」戰國策齊策一「與秦交和而舍」，注：「交，俱也。」皆以交訓俱，此交、俱通訓之例證。交在古韵宎部，俱在古韵區部，古韵不同也。廣韵肴「交，古肴切」，見母；虞「俱，舉朱切」，見紐：兩字雖不同韵，然而同紐，雙聲正轉。

86 偕，俱也。左傳：「與女偕隱。」

〔疏證〕引僖廿四年傳文，注：「偕，俱也。」

今按：左傳莊七年「星隕如雨，與雨偕也」，注：「偕，俱也。」釋文：「偕，音皆。」詩擊鼓「執子之手，與子偕老」，傳「偕，俱也。」又陟岵「兄曰：嗟，予弟，行役夙夜必偕與弟偕叶」，傳：「偕，俱也。」國語晉語二「且夫偕出偕入，難」，注：「偕，俱也。」孟子公孫丑上「故由由然與之偕，而不自失焉」，注：「偕，俱也。」樂記：「故事與時並，名與功偕」，注：「偕猶俱也。」漢書文帝紀「俱棄細過，偕之大道」，師古曰：「俱亦偕也。」偕之訓俱也多矣，足爲偕、俱通訓之例證。説文「偕，彊也；一曰俱也」，疑俱爲本義，彊則又義。偕，古韻在衣部，俱在古韻區部，兩字古韻異部，非韻轉也。廣韻皆「偕，古諧切」，見紐；虞「俱，舉朱切」，見紐：亦不同韻而同聲，雙聲正轉。

87 膠，固也。

詩「德音孔膠」傳文。

〔疏證〕 引詩隰桑。傳：「膠，固也。」

今按：三家詩皆與毛傳同義。列女傳賢明篇：「詩曰『既見君子，德音孔膠』，夫婦人以色親，以德固，姜氏之德行，可謂孔膠也。」亦以固釋膠。韓詩外傳四：「夫習之於人，微而箸，深而固，是暢於筋骨，貞於膠漆，是以君子務爲學也。詩曰：『既見君子，德音孔膠。』」又以固釋膠也。爾雅釋詁：「膠，固也。」皆足以證膠訓固也。膠在古韻幽部，固在烏部，韵部不同，非韵轉也。廣韵肴「膠，古肴切」，暮「固，古暮切」，兩字韵異而聲同，見母雙聲，爲正轉。

88 庭、道，直也。（類隔。）釋詁文。詩：「既庭且碩。」

〔疏證〕爾雅釋詁：「頲、庭、道，直也。」引詩大田，傳：「庭，直也。」

今按：爾雅義疏云：「頲者，説文云：『狹頭頲也。』訓直者，頭容直也。通作脡，曲禮云『鮮魚曰脡祭』，鄭注：『脡，直也。』又通作挺，士虞禮云『脯四脡』，鄭注：『古文脡爲挺。』考工記弓人注：『挺，直也。』左氏襄五年傳『周道挺挺』，注亦以『挺挺爲正直也』。又與珽同，玉藻注：『珽之言挺然無所屈也。』隋書引許慎五經異義云：『天子笏曰珽，珽直無所屈也。』又通作侹，一切經音義十三云『侹古文作頲』，又引通俗文云：『平直曰侹。』此皆字異而音義皆同也。庭者，廷之叚借也。後漢書郭太傳注引蒼頡篇云『廷，直也』，又引風俗通云：『廷，正也。言縣廷、郡廷、朝廷皆取平均正直也。』通作庭，詩大田、韓奕「幹不庭方」、閔予小子「陟降庭止」傳云：『庭，直也。』『陟降庭止』，漢書匡衡傳作『陟降廷止』，經典庭、廷通者非一，其餘皆可知也。道者與廷同意，廷者人所停，道者人所蹈，皆挺然正直，故詩云『周道如砥，其直如矢』，逸詩云『周道挺挺』，是皆道訓直之義也。道與徑同意，史記大宛列傳云『從蜀宜徑』，文選諫吴王書云『徑而寡失』，集解及注並云：『徑，直也。』徑訓直，知道訓直矣。」郝氏所論足以盡庭訓直之證，然言道訓直則頗嫌曲附。廷在古韻嬰部，道在古韻幽部，直在古韻肊部，三字互不同韵，互訓與韵無關。廣韵青「庭，特丁切」，定母；晧「道，徒晧切」，定母；職「直，除力切」，澄母，古讀定：是三字雖韵異而聲同。錢氏以爲庭、道之訓直，無關他字假借，以雙聲正轉爲直，故庭、道訓直。

89 ⿰眞夆，狹也。揚雄反騷「何文肆而質⿰眞夆」，應劭訓⿰眞夆爲狹。

〔疏證〕今按：廣雅釋詁一「僾，陋也」，王念孫疏證云：「僾者，漢書揚雄傳『何文肆而質⿰眞夆』，應劭曰：『⿰眞夆，狹也。』⿰眞夆與僾通，狹與陋通。」爲⿰眞夆訓狹增一例。⿰眞夆在古韵鬱部，狹在盍部，兩部相隔甚遠，非韵轉也。廣韵怪「⿰眞夆，胡介切」，匣母；洽「狹，侯夾切」，匣母：兩字亦異韵，然而同爲匣紐，雙聲正轉。

90 形，用也。左傳：「形民之力，而無醉飽之心。」

〔疏證〕引文見昭十二年。杜注云：「言國之用民，當隨其力任，如金冶之器，隨器而制形，故言形民之力，去其醉飽過淫之心。」

今按：杜注本詰詘，故清人之説亦紛紜。朱彬經傳考證云：「形與刑同，制也，法也。」王引之經義述聞云：「形當讀爲刑，形猶成也。言惟成民是務，而無縱慾之心也。」

惠棟補注云：「家語形作刑。」段玉裁云：「形同型。型，法也。謂爲之程法，以用民之力，而不太過也，杜注得之。」各家以形字義難得，因釋形爲刑、型字。錢氏以聲轉之説，謂形即轉爲用，故訓形爲用也。形在嬰部，用在邕部，非古韵相轉也。廣韵青「形，户經切」，匣母；用「用，余頌切」，喻四，古讀定。青、用韵既不同，匣、喻聲亦大異，本無可相轉。然錢氏不言喻四讀定，而以喉音四母爲收聲，古音相近，故以爲聲轉。

愚以爲形轉作行，列子湯問「太形、王屋二山」，太形即太行，故形可以轉行。周禮司爟「掌行火之政」，注「行猶用也」，行有行使之義，引申則爲用矣。行在央部，廣韵庚「行，户庚切又户剛、户浪、下孟切。」，匣母，行與形韵不同而同爲匣紐，則錢氏之所謂正轉。諸家之説或皆失之。

91 遺，餘也。樂記「壹唱而三嘆，有遺音者矣」，注：「遺猶餘也。」

〔疏證〕今按：書盤庚中云「我乃劓殄滅之，無遺育，無俾易種于茲新邑」，疏：「我乃割絶滅，無有遺餘生長，所以然者，欲無使易其種類於此新邑故耳。」左傳昭三年曰「徼福於太公、丁公，昭臨敝邑，鎮撫其社稷，則猶有先君之適，及遺姑姊妹，若而人」，注：「遺，餘也。」廣雅釋詁三：「遺，餘也。」凡此亦皆以遺訓餘之證。遺在古韵鬱部，餘在古韵烏部，古韵不同，非韵轉也。廣韵脂「遺，以追切又以醉切」，喻四；魚「餘，以諸切」，喻四：雖非同韵，然而同紐，雙聲正轉。

92 迭，代也。樂記「迭相爲經」，史記迭作代。

〔疏證〕引史記樂書。

今按：方言：「庸、恣、比、侹、更、佚，代也。齊曰佚，江淮陳楚之間曰侹，餘四方之通語也。」方言云佚，佚即迭也，故班固西都賦云「更盛迭貴」，李善注引方言曰「迭，代也」，可證。廣雅釋詁三：「迭，代也。」亦迭代爲訓之證矣。迭在古韵壹部，代在古韵肊部，兩部懸隔，非韵轉也。廣韵屑「迭，徒結切」，代「代，徒耐切」，兩字同爲定紐，雙聲正轉。

93 比，俾也。詩「克順克比」，樂記引作俾，鄭云：「俾當爲比，聲之誤也。」

〔疏證〕皇矣云：「王此大邦，克順克比。比于文王，其德靡悔。」樂記引作「王此大邦，克順克俾。俾于文王，其德靡悔。」

今按：左傳昭廿八年引詩仍以兩俾字作比，並釋之曰：「心能制義曰度，德正應和曰莫，臨照四方曰明，勤施無私曰類，教誨不倦曰長，慈和偏服曰順，擇善而從之曰比，經緯天地曰文。」禮記與詩以比、俾互作，左傳與禮記又以俾、比互作，亦足以證俾、比可以互訓矣。比在古韻衣部，俾在古韻恚部，非一部也。曾先生以爲廣韻齊應分爲兩部，陸法言誤合之。故恚部字雖間有與衣部字相通作者，然非常例，故不得云俾、比韻轉。廣韻脂「比，卑履切」，非母錢氏以爲幫母；紙「俾，并弭切」，非母錢氏以爲幫母：亦不同部，然而同紐，故爲雙聲正轉。

94

頗，偏也。　左傳：「書辭無頗。」

〔疏證〕引文見左傳昭十二年。注：「頗，偏也。」

今按：説文「頗，頭偏也」，「偏，頗也」。兩字本義本通，自當可以互訓。書洪範「無偏無頗，遵王之義」，注「偏不平，頗不正」，對文則異，單文則同也。頗、偏本義雖同，然其讀音亦相通轉。頗在古韻阿部，偏在古韻因部，阿、因亦有時旁對轉，然非通例。廣韻仙「偏，芳連切」，敷紐，古讀滂；戈「頗，滂禾切又匹我切」，滂母：兩字雖不同韻，古紐同聲，雙聲正轉。

95 革，急也。　檀弓：「夫子之病革矣。」

〔疏證〕引禮記。兩見檀弓上「曾元曰：夫子之病革矣，幸而至於旦，敬請易之」，注：「革，急也。」又「成子高寢疾，慶遺入請曰：子之病革矣。如至乎大病，則如之何」，注：「革，急也。」

今按：爾雅釋天「錯革鳥曰章」，詩六月正義引孫炎曰：「革，急也。」禮記禮器「詩云：匪革其猶，聿追來孝」，注：「革，急也。」革，詩多以棘爲之。文王有聲「匪棘其欲，遹追來孝」，詩、禮棘、革互用，箋：「棘，急也。」又素冠「棘人欒欒兮，勞心慱慱兮」，傳：「棘，急也。」又采薇「玁狁孔棘」，箋：「棘，急也。」又江漢「匪疚匪棘，王國來極」，箋：「棘，急也。」並以棘訓急。論語顏淵「棘子成」，漢書古今人表作「革子成」。列子湯問「殷湯問於夏革曰」，莊子消摇游：「湯之問棘也是矣。」革、棘既可通作，棘之訓急，猶革之訓急矣。此皆革訓急之例證也。革、棘本古韵肊部同音字，自宜可以通作；急古韵邑部，革、棘之訓急，非以韵部相轉也。廣韵麥「革，古核切」，見紐；職「棘，紀力切」，見紐；緝「急，居立切」，見紐：三字同母，故革棘訓急，雙聲正轉。

96 瞢，悶也。左傳：「不與於會，亦無瞢焉。」

〔疏證〕引左襄十四年傳及注。

今按：它例鮮見。瞢在古韻膺部，悶在古韻昷部，兩部懸隔，非韻轉也。廣韻登「瞢，武登切」，此類隔切，明母；慁「悶，莫困切」，明母：韻不同而紐同，雙聲正轉。

97 索，散也。檀弓「吾離羣而索居」，注：「索，猶散也。」

〔疏證〕見檀弓上篇。

今按：王念孫廣雅疏證：「釋詁三：『索，獨也。』索與索同。檀弓『吾離羣而索居』，亦謂獨居也。鄭注訓索爲散，則與離意相複，失之矣。」愚以爲王氏主義故譏鄭爲失；然古訓依聲，鄭注仍是也。索在古韻蒦部，散在古韻安部，非一部也，非韻轉。廣韻鐸「索，蘇各切」，心母；旱「散，蘇旱切又蘇汗切」，心母：韻異而聲同，雙聲正轉。

98 宣，散也。左傳「於是乎節宣其氣」，杜預說。

〔疏證〕今按：昭公元年下文又云：「今無乃壹之，則生疾矣。」壹，專壹也，又壹鬱也。正以壹、散對立爲文，故宣訓散。說文：「山，宣也。謂能宣散氣生萬物也。」依段校。以宣、散連文釋宣，亦謂宣爲散也。宣、散本安部同音字，宣可通訓。廣韻仙「宣，須緣切」，心母；旱「散，蘇旱切又蘇汗切」，心母：則韻異而紐同，雙聲正轉也。

99 果，決也。　檀弓：「於是乎弗果用。」

〔疏證〕 引文見檀弓下篇。注：「果，決也。」

今按：論語雍也「子曰：由也果，於從政乎何有」，注「包曰：果謂果敢決斷」，包咸以果敢決斷釋果，故知敢與決其義同也。又陽貨「惡果敢而窒者」，果、敢同義連辭，果，決也。又子路「言必信，行必果」，注「鄭曰：所欲行，必果敢爲之」，此以果敢訓果，敢即決也。此皆果爲決之例證。果在古韻阿部，決在古韻曷部，本平入韻，雖兩韻常相通轉，敢在古韻奄部，奄與阿、曷則韻部迥異。廣韻果「果，古火切」，見紐；屑「決，古穴切又呼決切」，見紐；敢「敢，古覽切」，亦見紐：則三字互不同韻而同聲，皆雙聲正轉。

100 勍，强也。　左傳：「勍敵之人。」

〔疏證〕 僖廿二年「勍敵之人，阻而不列，天贊我也」，注：「勍，强也。」又「且今之勍者，皆吾敵也」，勍亦當訓强。

今按：説文「勍，彊也」，彊爲有力之本字。「强，蚚也」，爲彊之借字。勍常借競爲之，故競常訓彊，爾雅釋言：「競，彊也。」詩抑「無競維人，四方其訓之」，箋云：「競，彊也。」桑柔「君子實維，秉心無競」，傳曰：「競，彊。」烈文「無競維人，四方其訓之」，傳曰：「競，彊。」執競「執競武王，無競維烈」，箋云：「競，彊也。」左傳僖七年「諺曰：『心則不競，何憚于病。』既不能彊，又不能弱，所以斃也」，下彊字即釋上競字，注：「競，彊也。」又宣二年「彼宗競于楚，殆將斃矣」，注：「競，彊也。」又昭三年「二惠競爽猶可，又弱一个焉，姜其危哉」，注：「競，彊也。」以競訓爲彊，即以勍訓爲彊也。勍、彊古韵央部同音字，固宜可以通訓，競亦與勍、彊同音，故勍又借競爲之。廣韵庚「勍，渠京切」，陽「彊、强，巨良切」，映「競，渠敬切」，皆讀羣母；是廣韵則三字異韵而同聲，雙聲正轉也。

101

妥，退也。　檀弓「其中退然」，注：「退或爲妥。」易「隤然示人簡矣」，孟喜本隤作退，陸績、姚信並作妥。左傳注「古名退軍爲綏」，綏有妥音。

〔疏證〕引檀弓見下篇，注云：「中，身也。退，柔和貌。退或爲妥。」釋文：「追然，音退，本亦作退。妥，他果反。」引易見繫辭下，注「隤，柔貌也」，釋文：「隤，大回反，孟作退，陸董姚作妥。」引左氏見文十二年傳注。傳云「乃皆出戰，交綏」，注云：「司馬法曰：『逐奔不遠，從綏不及。逐奔不遠則難誘，從綏不及則難陷。』然則古名退軍爲綏。秦晉志未能堅戰，短兵未致争而兩退，故曰交綏。」

今按：卷三文之異者一項中又云「退爲妥」，引證與本條全同。一書而兩出者，此文釋詁，謂訓詁可以正變轉言之；彼文考異文，異文亦不外正轉變轉耳，故不嫌重出。亦有標目相近而三四出者，例亦猶此，疏證皆詳前而略後。

又按：本條引證所及，有「退或爲妥」者，「隤或作退並作妥」者，「退作綏」者，「退作追」者，當各隨其文義釋之，一例以「妥，退也」釋之，容有於文義未安。疏證附以己説，未必全當錢氏本意，讀者正之。

又按：説文無妥，説者以爲「妥，安也」者是也。爾雅釋詁：「妥，安坐也。」詩楚茨「以妥以侑」，傳：「妥，安坐也。」郊特牲：「舉斝角，詔妥尸。」士相見禮「妥而後傳言」，注：「古文妥爲綏。」漢書武五子傳燕剌王旦「北州以妥」，孟康曰「古綏字也」，臣瓚曰「妥，安也」，皆以妥訓安爲本義，作綏則妥之借字，凡此不能訓隤與退。説文「𢓴或作衲與退，卻也」，此進退字。左傳文十二年「乃皆出戰，交綏」，杜注「退軍爲綏」，則綏爲退之借字，然而章太炎非之。所引司馬法「從綏不及」，訓退則確然無疑。檀弓之「其中退然」，繫辭之「隤然示人簡」訓退固可通，然舊訓柔和，未必即以退爲本義也。説文「隤，下墜也」，廣雅釋詁一「隤，下也」，下有謙下柔和之義。檀弓之「其中退然」，繫辭之「隤然」，疑以隤爲本義，或作妥作退作追，或皆隤之借字。妥、綏古韵在阿部，隤、退古韵在鬱部，平入可以旁轉，然非一韵。廣韵果「妥，他果切」，透母；隊「退，他内切」，透母；灰「隤，杜回切」，定母：韵雖不同，或同紐雙聲，或近紐雙聲，皆爲正轉。綏从妥得聲，古應讀妥。追在古韵威部，鬱之平聲。廣韵脂「追，陟佳切」，知母古讀端，亦近紐雙聲，爲正轉。

附録章太炎小學答問一段於此：

（麾）亦或爲綏。明堂位「夏后氏之綏」，注「綏當爲緌」，緌謂注旄牛尾於杠首，所謂大麾。周禮「建大麾以田」，是則綏緌皆麾之借。春秋傳曰「乃皆出戰交綏」，交綏即交麾，亦曰交和。孫子軍爭篇「交和而舍」，魏武帝注曰「軍門爲和門，兩軍兩對爲交和」，傳誼正謂兩軍兩對也。若如集解訓綏爲退，兩退不得言交矣。司馬法從綏與逐奔對言者，自訓爲退，非傳交綏之誼也。若司馬法「將軍死綏」，是亦旌麾之麾。傳曰「師之耳目，在吾旗鼓」，孫卿子議兵言「將死鼓」，此言將軍死麾，由旗鼓皆將所重也，而舊注以綏爲郤，亦失之矣。下略。

102 雍，祐也。揚雄甘泉賦「雍神休，尊明號」，晉灼曰：「雍，祐也。」

〔疏證〕今按：它例鮮見。雍在古韻邕部，祐在古韻噫部，兩部少通，非韵轉也。廣韻鍾「雍，於容切」，影母；宥「祐，于救切」，喻三：古讀匣，錢氏所不言。錢氏以爲曉、匣、影、喻，「古人于此四紐，不甚分別」，雙聲正轉。

103 抗，舉也。（古讀抗如陳亢之亢。）詩「大侯既抗」傳文。

〔疏證〕引詩賓之初筵及毛傳。

今按：儀禮既夕「甸人抗重，出自道，道左倚之」，注：「抗，舉也。」周禮夏官服不氏「賓客之事抗皮」，注：「鄭司農曰：『謂賓客來朝聘布皮帛者，服不氏主舉藏之。抗讀爲亢其仇之亢。』玄謂抗者，若聘禮曰『有司二人舉皮以東』。」釋文：「抗、注亢，同苦浪反，劉公郎反。」錢依此反。考工記梓人「故抗而射女」，注：「抗，舉也。」禮記文王世子「抗世子法於伯禽」，注：「抗猶舉也。」釋文：「抗，苦浪反。」文選羽獵賦「抗手稱臣」，注：「抗手，猶舉手而拜也。」此皆以抗訓舉之例證。依諸家注，抗有兩音：一苦浪反，溪母；又公郎反，見母。論語音義「陳亢，音剛，又苦浪反」，與抗之兩音同，錢讀見母。抗、亢在央部，舉在烏部，古韻陰陽對轉，然而錢氏不言對轉。抗、亢在廣韻唐或宕；舉在廣韻語「居許切」，見紐：是亦異韵而同聲，雙聲正轉。

104 釐，賚也。詩「釐爾女士」，傳「釐，予也」，正義引釋詁：「釐、予，賜也。」今本有賚無釐，釐、賚古通文。

〔疏證〕引詩既醉及傳，非以毛傳證釐訓予也，乃以孔疏引釋詁與今本不同，證釐即賚。

今按：詩江漢「釐爾圭瓚」，傳「釐，賜也」，此之以釐訓賜，亦猶今本釋詁「賚，賜也」，是釐、來通作之又一證也。餘詳前文「來，釐也」一條，此不贅。惟此條可補上條之例證，宜互參。

105 慮，落也。莊子天地篇「無落吾事」，呂氏春秋長利作「無慮吾農事」，高誘注：「慮，亂也。」

〔疏證〕長利見恃君覽。莊子與呂覽此兩文大同，故畢沅呂氏春秋校正亦云：「莊子作無落吾事，慮落聲相近。」莊子釋文云「落，廢也」，即取落引申之義，高訓慮爲亂，慮亂聲亦同也。

今按：莊子消摇游「何不慮以爲大樽，而浮于江湖」，釋文：司馬云：「慮猶結綴也。」司馬訓慮爲結綴，謂借慮爲絡耳。慮、絡聲通猶慮、落聲通也。此亦足增慮訓落爲慮、落聲通之又一例。慮在烏部，落、絡在蒦部，古韵平入通轉，然而錢氏聲類主聲不言古韵平入通轉。廣韵御「慮，良倨切」，來母；鐸「落、絡，盧各切」，來母：同紐雙聲，正轉也。

106

録，慮也。漢書雋不疑傳「每行縣録囚徒還」，師古曰：「省録之，今云慮囚。」

〔疏證〕今按：引注有删節，全文可參省也，迻録之：「省録之，知其情狀，有冤滯與否也。今云慮囚，本録聲之去者耳，音力具反。而近俗不曉其意，訛其文，失其源矣。」慮在古韵烏部，録在古韵屋部，古韵平入旁對轉，故顏氏云「慮本録之去」，是矣。廣韵「慮，良倨切」，在御韵；「録，力玉切」，在燭韵：韵不同而同爲來紐，雙聲正轉。

107 款，空也。漢書司馬遷傳「其實中其聲者謂之端，實不中其聲者謂之款。款言不聽，姦乃不生」，服虔云：「款，空也。」

〔疏證〕引文亦見史記太史公自序，惟兩款字作窾，集解：「徐廣曰：『音款，空也。』」索隱：「款，空也。申子云『款言無實』，是也。聲者名也，以言實不稱名，則謂之空，空有聲也。」

今按：捨史記、漢書外以窾訓空者，尚多有之。淮南說山「見窾木浮而知爲舟」，注：「窾，穴，蓋空之訛。讀曰科也。」莊子養生主「批大郤，道大窾」，釋文：「窾，徐苦管反，又苦禾反。崔、郭、司馬云：『空也。』向音空。」漢書楊王孫傳又云「窾木爲匵」，服虔曰：「窾音款。款，空也。空木爲匵。」爾雅釋器「款足者謂鬲」，釋文：「款本或作窾，苦管反，濶也。」訓濶即訓空也。漢書郊祀志上「（禹）鑄九鼎，其空足曰鬲」，蘇林曰：「中空不實者名曰鬲。」以郊祀志與釋器釋文對勘，知濶即空矣。玉篇：「窾，空也。」凡此皆足以證窾、款之訓空矣。窾、款在古韵安部，空在古韵邕部，韵遠非韵轉也。廣韵緩「款、窾，苦管切」，東「空，苦紅切」，溪紐雙聲，正轉也。

又按：淮南說山注「窾讀科」，莊子養生主釋文「窾，徐又苦禾反」者，說文「窠，空也」；廣雅釋詁三「科，空也」；易說卦「其於木也爲科上槁」，釋文「科，空也」。科、窠並訓空耳。古韵安部對轉阿部，故窾、款讀同窠、科矣。錢氏不言對轉，窠、科訓空，亦爲雙聲正轉。古韵邕部與幽部爲旁對轉，邱本噫部，後世韵書噫、幽相混，合入廣韵尤韵，邱亦訓空。左傳昭十二年「是能讀三墳五典，八索九邱」，延篤注引張平子説云：「邱，空也，空設之也。」漢書息躬夫傳「寄居邱亭」，顏師古云：「邱，空也。」邱、空韵本遠，然亦溪紐雙聲，正轉也。

釋言

108 春，出也。尚書大傳：「春，出也；物之出也。」

〔疏證〕今按：考工記梓人「張皮侯而棲鵠則春以功」，注「春讀爲蠢。蠢，作也，出也。」廣雅釋詁一：「截，蠢之古文。出也。」此亦春訓出之例證。春既讀爲蠢，自當訓蠢矣。禮記鄉飲酒義：「春之爲言蠢也，産萬物者聖也。」白虎通五行：「春之爲言偆偆借作蠢耳。動也。」釋名釋天：「春，蠢也。萬物蠢然而生也。」漢書律曆志：「春，蠢也。物蠢生，迺動運。」春秋元命苞「春含名蠢」，注：「春之言蠢。」皆以春訓蠢者，凡此並聲訓也。春、蠢、偆並在古韻㬎部，本同音字，自宜通釋。出在古韻鬱部，本平入對轉，加之同聲，亦宜通訓。然錢氏不言對轉，廣韻真「春，昌脣切」，穿三；準「蠢、偆，尺尹切」，穿三；術「出，赤律切」，亦穿三：出雖不與上三字同韵，然而同紐，雙聲正轉。

109 春，推也。說文。

〔疏證〕今按：推猶出也，推在古韻威部，春訓出爲㬎、鬱對轉，春訓推則威、㬎對轉也。㬎、鬱、威本陽入陰三韻爲同一類。然錢氏不言對轉。廣韻灰「推，他回切」，透母；春爲穿三，以今聲言之與透同位爲變轉。穿三本同徹，古讀透，以古聲言之，春與推爲雙聲正轉。

錢氏言四時之聲訓，言春而未及夏秋冬，今補録之以備觀覽。釋名釋天又云：「夏，假也，寬假萬物使生長也。秋，緧也，緧迫品物使時成也。冬，終也，物終成也。」漢書律曆志上又云：「夏，假也，物假大而宣平。秋，⿰革焦也，物⿰革焦斂乃成就。冬，終也，物終臧乃可稱。」它不具引。廣韻馬「夏，胡雅切」，匣母；「假，古雅切」，見母，然从叚得聲字麻韵有遐蝦霞瑕等，並胡加切，亦爲匣紐。是夏、假本古韻同音，同音必雙聲，正轉也。廣韻尤「秋、緧，七由切」，清母，幽部同音字；⿰革焦，顏師古音子由切，精、清近紐，秋、緧、雝亦雙聲正轉。終从冬聲，終、冬本夅部同音字。廣韵冬「冬，都宗切」，端紐；東「終，職戎切」，照三，本同知，古讀端。是冬、終兩字廣韵雖異韵，今聲同位爲變轉，古聲同紐爲正轉。

110 西，鮮也。尚書大傳：「西方者何也？鮮方也。鮮，訊也。訊者始入之貌。」

〔疏證〕今按：西、鮮通訓，鮮、訊通訓，它例鮮見。西在威部，鮮在安部，訊在因部，威、安旁對轉，威、因亦旁轉，時或相通，終非一部，故西訓鮮，鮮訓訊，聲轉爲主，韵轉其次也。廣韵齊「西，先稽切」，心母；仙「鮮，相然切」，心母；震「訊，息晉切」，心母：西、鮮、訊三字於廣韵亦不同韵，然而同聲，雙聲正轉。

又按：白虎通五行：「西方者，遷方也。萬物遷落也。」遷與鮮同在古韵安部，西與遷亦旁對轉，然而非一韵。廣韵仙「遷，七然切」，清母，心、清雖近紐，非同紐。錢氏言正轉以同紐雙聲爲主，故不録。

111 北，伏也。尚書大傳：「北方者何也？伏方也。」白虎通：「北方者，伏方也，萬物伏藏也〔一〕。」

〔疏證〕 今按：漢書律曆志亦云：「太陰者北方，北，伏也。」其例相同。北、伏古韻同在朏部，本音近字。宜可通訓。廣韻德「北，博墨切」，幫母；屋「伏，房六切」，奉母，古讀並。然周禮輈人「不伏其轅，必縊其牛」，注「故書伏作偪」，偪，「方六切」屋韵，非母，古讀幫，是北、伏雖近紐雙聲，又未嘗不可讀同紐雙聲也，北、伏正轉。

錢氏言西北而未舉東南，今補録之于此：白虎通五行「東方者，動方也。萬物始動生也」，「南方者，任養之方，萬物懷任也」。漢書律曆志上「東，動也，陽氣動物」，「南，任也，陽氣任養物」。東、動同在邕部，本音近字。廣韻東「東，德紅切」，端母；董「動，徒揔切」，定母，近紐而非同紐正轉。南、任同在音部，本同音字。廣韻覃「南，那含切」，泥紐；侵「任，如林切」，日紐：古音娘日歸泥，錢氏所不言，故錢舉西北而不言東南。

〔一〕「也」下，粤雅堂叢書本有「漢書律曆志太陰者北方北伏也」十三字。

112 婦，服也。釋名：「婦，服也，服家事也。」

〔疏證〕引釋名釋親屬。

今按：白虎通三綱六紀：「婦者，服也，以禮屈服。」又嫁娶：「婦者，服也。服於家事，事人者也。」大戴記本命：「婦人，伏於人也。」説文：「婦，服也。从女持帚灑埽也。」皆婦、服相訓之例證。服或作伏，字相通也。婦在噫部，服伏在肊部，古韵雖分兩韵，平入常通。廣韵有「婦，房九切」，屋「服、伏，房六切」，韵則相異，聲則相同，奉紐雙聲正轉。

113 嫂，叟也。儀禮注：「嫂猶叟也。叟，老人稱也。」

〔疏證〕引儀禮喪服傳注。

今按：嫂从叟聲，説文形聲同一聲系，不惟音同，義亦常轉。凡此類字，疏證自可從簡。叟、嫂古韵在幽部，廣韵厚「叟，蘇后切」，晧「嫂，蘇老切」，則韵異而聲同，心紐雙聲，正轉也。

114 嬪，服也。說文。

〔疏證〕今按：爾雅釋親：「嬪，婦也。」詩大明「曰嬪于京」，傳：「嬪，婦也。」婦，服也，即見上文，以嬪訓婦，猶以嬪訓服矣。爾雅釋詁：「賓，服也。」國語楚語「其不賓也久矣」，注：「賓，服也。」史記司馬相如傳「故遣中郎將往賓之」，賈注：「賓，伏也。服、伏同音。」嬪从賓聲，以賓訓服，與以嬪訓服同。此皆嬪、服通訓之例證也。嬪在古韵因部，服在𦙶部，古韵遠隔，非韵轉也。廣韵真「賓，必鄰切」，非母古讀幫，以其雙脣音，錢氏徑入幫。又「嬪，符真切」，奉母，古讀並，錢氏徑讀並。服、伏見前，奉母字，古讀並。服、嬪韵雖不同，然而古今同紐，雙聲正轉。賓亦訓服，錢氏不録者，近紐雙聲也。

115 姊，積也。釋名：「姊，積也。猶日始出，積時多而明也。」

〔疏證〕引釋名釋親屬。

今按：水經注江水「又東過秭歸縣之南」，引「袁崧曰：屈原有賢姊，聞原放逐，亦來歸，喻令自寬，全鄉人冀其見從，因名曰秭歸」，是秭與姊通。廣雅釋詁一：「秭，積也。」王念孫曰：「周頌豐年篇『萬億及秭』，毛傳云『數億至萬曰秭』，是秭爲積也。」以秭訓積猶以姊訓積矣。白虎通三綱六紀：「謂之姊妹何？姊者恣也；妹者末也。」恣从次聲，茨、穦亦从次聲，詩良耜「積之粟粟」，説文穦、秩下引詩並作「穦之秩秩」，是穦、積可以通作。詩甫田「如茨如梁」，傳「茨，積也」，是茨、積亦可通訓。故廣雅釋詁一：「茨、穦、積也。」説文「穦，積禾也」，「紩，績所緝也」，蓋取聲訓。故姊之訓恣，猶姊之訓積也。皆姊訓積之又證。姊、恣古韵在衣部，積在益部，兩部雖亦有通者，非常例也，姊之訓積，應以聲同。廣韵旨「姊，將几切」，精母；昔「積，資昔切」，精母；脂「恣，即夷切」：三字並韵不同而同爲精紐，雙聲正轉。脂、旨僅分平上。

116

母，牧也。説文。牧野，説文作坶野。

〔疏證〕說文：「坶，朝歌南七十里地。周書曰：『武王與紂戰于坶野。』」段玉裁注：「此書序文也。今書序紂作受，坶作牧。詩大明『矢于牧野』，正義引鄭書序注云：『牧野，紂南郊地名。禮記及詩作坶野，古字耳。』此鄭所見詩、禮記坶，書序祇作牧也；許所據序則作坶，蓋所傳有不同。坶作㙁者，字之增改也。每亦母聲也。」廣雅釋親亦云：「母，牧也。」

今按：母在噫部，牧在肊部，本平入字，自宜通用通作。然聲類主聲不主韵。廣韵厚「母，莫厚切」，明母；屋「牧，莫六切」，明母：雙聲正轉。

又：釋名釋親屬：「母，冒也，含生己也。」此亦聲訓。冒在幽部，古韵與母異。廣韵號「冒，莫報切」，明母。母、冒異韵而雙聲，亦正轉之例也。

117 蒐，索也。 左傳注。

〔疏證〕左傳隱五年「故春蒐夏苗秋獮冬狩，皆於農隙以講事也」，注「蒐，索，擇取不孕者」，釋文：「蒐，所求反，索也。索，所各反。」

今按：爾雅釋天「春獵爲蒐」，注：「搜索所不任者。」白虎通田獵：「秋謂之蒐何？蒐索肥者也。」説苑修文：「蒐者，搜索之。」皆其例證。蒐从鬼聲則在威部，依讀音在幽部，索在蒦部，古不同韵。廣韵尤「蒐，所鳩切」，審二，古讀心；鐸「索，蘇各切」，心母；然左傳釋文「索，所各切」，亦讀審二：是無論古今聲，蒐、索並同紐正轉。

118 獮，殺也。 同上。

〔疏證〕左傳隱五年注：「獮，殺也。以殺爲名，順秋氣也。」釋文：「獮，息淺反。説文作𤢦。」

今按：周禮秋官大司馬「遂以獮田，如蒐田之法，羅弊致禽以祀祊」，注：「秋田爲獮。獮，殺也。」爾雅釋詁「獮，殺也」，注：「秋獵爲獮，應秋氣也。」又釋天「秋獵爲獮」，注：「順殺氣也。」亦皆獮訓殺之例證。獮从璽省聲，古韻在衣部，殺在曷部，不同韻非韻轉。廣韻獮「獮，息淺切」，韻轉入安。心母；黠「殺，所八切又所拜切」，審二古讀心：是獮、殺不同韻而古同聲，雙聲正轉。顧錢氏不言審二讀心，則獮、殺不同韻不同聲，然而同位，同位則變轉。

119 民，瞑也。崔寔政論：「民之多言，瞑也，謂瞑瞑無所知。」

〔疏證〕今按：春秋繁露深察名號：「士者事也，民者瞑也。」禮記緇衣「甫刑曰：苗民匪用命」，疏引鄭注呂刑云：「民者冥也。」亦以民訓爲瞑之例證。民在因部，瞑在嬰部，古韻不同，非韻轉也。廣韻真「民，彌鄰切」，微母古讀明，錢氏徑作明；青「瞑、冥，莫經切」，明母：民、瞑雖不同韻而古同聲，雙聲正轉。

120 百，勱也。左傳「距躍三百」，杜注：「百猶勱也。」音邁，今本作勵，誤。

〔疏證〕引左傳僖廿八年文及注。校勘記云：「宋本、岳本勵作勱，釋文亦作勱，正義同。按勵者厲之俗，説文所無。勱音邁，百音陌，雙聲也。」

今按：王引之讀百爲陌，洪亮吉以爲百當作尺，劉文淇亦有説，衆論紛紜。錢大昕標出杜注，當仍以爲是。説文：「勱，勉力也。」謂勉力距躍者三，勉力曲躍者三，義自可通。百在蒦部，勱在安部，古韵不同，非韵轉也，故諸家不採其説。廣韵陌「百，傍陌切」，並母，校勘記以爲百音陌，「陌，莫白切」，明母，是也；夬「勱、邁，莫話切」，明母：是百、勱同紐雙聲，於聲類爲正轉。

121

觵，廓也。韓詩説：「觵，所以罰不敬也。君子有過，廓然明著。」

〔疏證〕詩卷耳「我姑酌彼兕觥」，正義引韓詩説曰：「觥亦五升，所以罰不敬。觥，廓也，所以著明之貌。君子有過，廓然著明。」錢引文所據也。

今按：説文：「觵，俗从光聲，作觥。」觵、觥在央部，廓在蒦部，平入對轉，然錢氏不言對轉。廣韵庚「觵、觥同上，古横切」，見母；鐸「廓，苦郭切」，溪紐，廓從郭聲，鐸「郭，古博切」，見母；觵、廓亦同紐雙聲，固正轉也。

122 魂，芸也。孝經説。

〔疏證〕孝經援神契：「魂，芸也；伝伝動也。」此即錢氏所引。

今按：白虎通情性篇云：「魂魄者何謂？魂猶伝伝也，行不休於外也，主於情。魄者迫然著人，主於性也。魂者，芸也，情以除穢。魄者，白也，性以治内。」廣韵引此，伝作沄。魂、芸、伝、沄皆从云聲，古昷部同音字，本宜相通。廣韵魂「魂、沄，户昆切」，匣母；文「芸、沄，王分切」，喻三，古讀匣：以廣韵言之，魂、芸異韵；以古聲言之，魂、芸同紐，正雙聲正轉之例。顧錢氏不言喻三讀匣，而以喻、匣同爲收聲，同位變轉也。

123 族，湊也。白虎通：「族者，湊也，謂恩愛相流湊也。」

〔疏證〕引白虎通宗族，於原文略有删節。

今按：又五行篇云：「正月，律謂之太簇何？太亦大也。簇者，湊也。言萬物始大湊地而出也。」簇之爲言族也。廣雅釋言「族，湊也」，又釋詁三「湊、族，聚也」，湊、族俱訓聚，則族、湊通訓明矣。漢書律曆志上「太族，族，奏也，言陽氣大奏地而達物也」，湊从奏聲，族訓奏猶族訓湊矣。此皆族訓湊之例證。族古韵在屋部，湊在區部，區、屋平入相通轉，錢氏所不論。廣韵屋「族，昨木切」，從母；「簇、蔟，千木切」，清母；候「湊，倉奏切」，清母；是族、湊兩字雖異韵，可讀同紐，雙聲正轉。

124　叟，縮也。　釋名：「叟，縮也。人及物老，皆縮小於舊也。」

〔疏證〕引釋名釋親屬。蘇德輿曰：「本書釋疾病：『瞍，縮壞也。』」叟、瞍同聲字，故並訓縮，叟、縮聲之轉。

今按：叟在古韵幽部，縮在古韵蕒部，幽、蕒平入通轉爲常例，然錢所不論。廣韵厚：「叟、瞍，蘇后切」，心母；屋「縮，所六切」，審二；審二古讀心，叟、縮雖異韵而古聲同紐，本雙聲正紐。若謂錢氏於照二照三系字分辨，猶未豁然確斯，則心母與審二爲同位，同位則變轉。

125　天，坦也。　釋名：「天，坦也；坦然高而遠也。」

〔疏證〕引釋名釋天。

今按：天、坦通訓例雖鮮見，若天以聲爲訓，於例實多，類比推求，可徵聲訓之用。説文：「天，顛也。」春秋説題辭：「天之言鎮也。」春秋元命苞：「天之言瑱也。」賀述禮統：「天之爲言鎮也、神也、陳也、珍也。」天在古韵因部，坦在安部，雖鄰近，非一韵也。

廣韻先「天，他前切」，旱「坦，他但切」，韻雖不同，同爲透紐，雙聲正轉。至於「鎮，陟刃切」，照三同知，古讀端，震韻，雖與天不同韻廣韻，端、透近紐，雙聲正轉。至於「瑱，他甸切」，透紐，霰韻廣韻，亦與天不同韻而同爲透紐，雙聲正轉。至於「神，食鄰切」，牀三，古讀透、定；「珍，陟鄰切」，照三同知，古讀端；「陳，直刃切」，澄母，古讀定；皆在廣韻真。以上諸字，廣韻皆不與天同韻，然皆同紐或近紐，無不與天正轉也。惟古韻天與坦異韻，其他則古韻同部也。

又按：天、顛本同字，殷虛卜辭或作，盂鼎大豐作，、象人之顛，即人首也。殷虛卜辭及齊侯壺又作，本象人手足張開之形，二古文上字也。謂人上爲顛也。、爲象形字，爲會意字，顛則形聲字耳。章太炎小學答問：「問曰：説文：『天，顛也。』易曰：『其人天且劓。』馬融曰：『黥鑿其額曰天。』不解鑿額何以偁天？答曰：天即顛爾，顛爲頂，亦爲頟。釋畜：『駒顙白顛。』周南麟之趾傳曰『定，題也』，一本題作顛。原注：顛頂定題，古皆雙聲，陸以顛爲誤，非也。明題顙得稱顛矣。去耳曰刵，去鼻曰劓，去而曰耏，去涿曰斀，皆从其聲類造文。去髕直曰髕，鑿顛直曰顛，不造它文，直由本誼。引而申之，又刑法志説秦刑有鑿顛，山海經説獸名有刑天。刑天無首，蓋被鑿顛之刑。彼顛則指頂爾。」王靜安有釋天，大抵相同，此不具録。然則「天，顛也」，不同于「天，坦

也」、「天，鎮也，瑱也，神也，陳也，珍也」之爲説，亦不可不知也。

126 星，散也。 釋名：「星，散也，列位布散也。」

〔疏證〕 引文見釋名釋天。

今按：史記天官書、漢書天文志並云：「星者金之散氣。」亦皆以散訓星。星在古韵嬰部，散在古韵安部，兩不同部。廣韵青「星，桑經切」，心母；旱「散，蘇旱切」，心母：兩字不同韵，然而同紐，雙聲正轉。

127 風，氾也，散散疑放之訛。也。 釋名：「風，兖豫司冀橫口合脣言之。風，氾也，其氣博氾而動物也。青徐言風，⿰阝叔案，當踧訛。口開脣推氣言之。風，放也，氣放散也。」

〔疏證〕 引釋名釋天。葉德炯曰：「橫口合脣言之，此西域之重脣音法也」；「踧口開脣推氣言之，此西域之輕脣音法也。」此説似是而非，古讀輕重脣皆雙脣音，重脣讀雙脣音，輕脣音讀齒脣音，仿自唐代而成於集韵，劉熙作釋名惡得云爾也。愚謂風讀閉口音，故云横口合脣；放讀穿鼻音，故云踧口開脣。又標目「散也」，散爲放之訛，云放則與風雙聲，云散則與風之聲紐無關，放作散誤寫。引釋名云「踧口」，乃踧口之訛，今釋名不誤也。

今按：風之言氾，少見；風之言放，多有之。左傳僖四年「惟是風馬牛不相及也」，孔疏引服虔云：「風，放也。」詩北山「或出入風議」，箋：「風猶放也。」廣雅釋言：「風，放也。」公羊莊元年注「必持風旨」，疏：「風猶放也。」皆其例證。風古韵在音部，氾古韵在奄部，兩不同韵。廣韵東「風，方戎切」，非母，古讀幫；梵「氾，孚梵切」，敷母，古讀滂：韵不同而爲近紐雙聲，正轉也。又廣韵漾「放，甫妄切」，非母。風與氾古韵猶鄰近，放古韵在央部，與風之古韵迥異，然而風放同紐雙聲，爲正轉。

128　木，冒也。　釋名：「木，冒也。葉葉自覆冒也。」

〔疏證〕　引釋名釋天。

今按：説文亦云：「木，冒也。冒地而生，東方之行。」木在古韵屋部，冒在古韵幽部，屋與幽平入旁轉。兩部雖鄰近，終非一韵。廣韵屋「木，莫卜切」，明母；號「冒，莫報切」，明母：是木、冒兩字亦異韵，然而同紐，雙聲正轉。

火，化也，燬也。　釋名：「火，化也，消化物也；亦言毁也，物入中皆毁壞也。」

〔疏證〕　引釋名釋天。

今按：白虎通五行：「火之爲言委隨也，言萬物布施。火之爲言化也，陽氣用事變化也。」蘇德興以委隨爲毁之合音，是矣。此亦以火訓化、訓毁，與釋名相同。火在古韻衣部，化在古韻阿部，古韻不同部。廣韻果「火，呼果切」，曉母；禡「化，呼霸切」，曉母：韻不同而聲同，雙聲正轉。燬在古衣部，與火本同音字而後世韻稍變，廣韻紙「燬，許委切」，曉母，依廣韻則火、燬同紐而不同韻，故與聲類正轉之例相符。

又按：火訓化例不常見，火訓燬則多有之，兩者内涵亦不盡同也，試詳論之。説文「火，燬也」，段玉裁校燬爲𤈦，似不必要。説文「𤈦，火也」，「燬，火也」。火爲象形字，𤈦、燬爲形聲字，後世火爲名詞，燬、𤈦爲動詞，古人名動不分，三字音皆威部曉母。義全同，本一字之變易。韻轉阿部，又有煤，方言十：「煤呼隗反，火也。楚轉語也，猶言𤈦音毁，火也。」煤由阿轉安，有烜與爟。説文「爟，取火于日，官名」，或體作烜。許氏蓋依周禮解字，其實司爟、司烜即司火耳。周禮司爟、司烜所屬不同，許氏仍以烜爲爟之或體，固亦知諸字之同爲一義也。故火、𤈦、燬、爟、烜、煤六字同爲一字矣，蓋先有火字，四方方音不同，於是又各造字，此其大概也。下更録經籍傳注之説而整齊之，以見其詳。詩汝墳「王室如燬」，傳「燬，火也」，釋文：「燬，音毁，齊人謂火曰燬。郭璞又音賀，指方言煤言之。字書作焜，音毁，説文同，一音火尾反。或云：楚人名曰燥，齊人曰燬，吴人曰焜，此方俗訛語也。」陸德明集異文音義，幾乎備矣；惟「楚人名曰燥」，燥或煤之訛耳。周禮夏官司爟注：「故書爟爲燋，杜子春云：『燋當爲爟，書亦或爲爟，爟爲私火。』玄謂爟讀如予若觀火之觀，見書盤庚。今燕俗名埸熱爲觀，則爟火謂熱火與？」司爟故書既誤爟爲燋，故詩釋文陸德明傅會燋之音與煤之形誤煤爲燥也。又秋官司烜注：「烜，火也，讀如衛侯燬之燬。」故書燬爲垣，鄭司農云：「當爲烜。」司爟、司烜所掌不同，「司爟掌行火之政令」，「司烜氏掌以夫遂取明火于日，以鑒取明水于月」，鄭玄以其所掌不同，故爟、烜各自爲讀，以爲兩字宜有所異也。許慎參考古今字書，故以爟、烜爲一字，烜爲爟之或體。古之通人著書，亦不能無一失，許君以火、燬、焜三字分出，亦猶鄭氏之以爟、烜異讀矣。爾雅釋言「燬，火也」，注「詩曰『王室如燬』」，燬，齊人語」，疏：「李巡曰：『燬，一名火。』孫炎曰：『方言有輕重，故謂火爲燬。』郭云：『燬，齊人語。』」方言及釋名之説及注，已具於前，不復贅。若能參合諸書諸家之説，觀其會通，上舉火、焜六字宜爲一字，則斯過半矣。前修未密，後出轉精，善乎章太炎文始之言曰：「説文『火，燬也』，象形。變易爲『焜，火也』，爲『燬，火也』。又變易爲『燹，火也』。原注：舊蘇典反，朱翺吁位反，吁位與火同呼。次對轉寒，又變易爲爟，亦作烜。秋官有司烜氏，注曰『烜，火也，讀如衛侯燬之燬』，此則烜、燬亦同讀矣。」最得文字變易孳乳之䚡理。火、焜、燬古韻同在威部，煤在阿部，爟、烜在安部，燹在昷部，韵有迻易；火、焜、燬、煤諸字多在曉母，即或小異，亦皆近紐。諸字既爲一字之變易，火之訓燬，即如天之訓顛，不全同於門之訓聞，户之訓護矣。

130 丁，壯也。 釋名：「丁，壯也；物體皆丁壯也。」

〔疏證〕引釋名釋天。

今按：史記律書云：「丁者，言萬物之丁壯也，故曰丁。」説文云：「丁，夏時萬物皆丁壯成實。」文選答蘇武書云「丁年奉使，皓首而歸」，注：「謂丁壯之年也。」皆以丁訓爲壯之例。丁在古韵嬰部，壯在央部，古韵不同也。廣韵青「丁，當經切」，端母；漾「壯，側亮切」，照二：兩字於廣韵既不同韵，又不同紐，然而同位，同位爲變轉。

131 露，慮也。 釋名：「露，慮也，覆慮物也。」

〔疏證〕　引釋名釋天。

今按：釋名疏證補引皮錫瑞曰：「覆慮蓋古語，亦謂之覆露。漢書晁錯傳：『覆露萬民。』嚴助傳：『陛下垂德惠以覆露之。』淮南子時則篇：『包裹覆露。』皆以覆露連文，即覆慮也。慮、露一聲之轉。」孫詒讓曰：「釋宫室云：廬，慮也，取自覆慮也。」覆慮、覆露即古今語，可以通作，斯可證露、慮聲同，可以通訓。慮、露本古韵烏部同音字，惟分鴻細而已，宜其通訓。廣韵暮「露，洛故切」，來母；御「慮，良倨切」，來母：兩字韵稍不同而並爲來紐，雙聲正轉也。

132

雪，綏也。　釋名：「雪，綏也。水下遇寒氣而凝，綏綏然也。」

〔疏證〕　引釋名釋天。

今按：漢書武五子傳燕刺王旦「北州以妥」，孟康曰：「妥，古綏字也。」臣瓚曰：「妥，安也」，師古曰：「瓚説是也。妥音他果反。」儀禮士相見禮「妥而後傳言」，注：「古文妥爲綏。」禮記曲禮下：「大夫則綏之」，「國君綏視」，注並曰「綏讀爲妥」，釋文並曰：「妥，他果反。」如上所引則綏與妥字，應讀他果反，古韵阿部透母字。聲類釋詁有一條云「妥，退也」，亦以妥爲阿部透母字。如此，若以綏爲妥字，雪與妥固無聲紐關係，不得云「雪，綏也」。蓋錢氏以爲綏，説文：「綏，車中把也，从系，从妥，會意。」廣韻脂「綏，息遺切」，心紐。至於綏有安意，借作妥字，自作他果切，非一事也。綏在威部，雪在曷部，古韻雖鄰近，平入旁對轉，然非通例。廣韻薛「雪，相絶切」，亦與綏不同韵，然與綏同爲心紐，雙聲正轉。

133 霰，星也。釋名：「霰，星也，水雪相摶，如星而散也。」

〔疏證〕引釋名釋天。

今按：上文引釋天云：「星，散也。」霰从散聲，以星訓散猶以霰訓星也。霰在安部，星在嬰部，古韵不同，非以韵轉也。廣韵霰「霰，蘇佃切」，心母；青「星，桑經切」，亦心母：是兩字韵異，然而聲同，雙聲正轉也。

134 震，戰也。釋名：「震，戰也。所擊輒破，若攻戰也。」

〔疏證〕引釋名釋天。

今按：爾雅釋訓：「戰戰，動也。」易序卦傳：「震者動也。」公羊文九年傳：「地震者何？動地也。」戰、震並訓動，斯知戰與震可以通訓矣。震在㬎部，戰在安部，雖相鄰近，非同部也。廣韻震「震，章刃切」，照三；線「戰，之膳切」，照三：兩字廣韻亦不同韻，然而同紐，雙聲正轉。

135　霓，齧也。　釋名：「霓，齧也。其體斷絶。」

〔疏證〕　引釋名釋天。釋名疏證補：「皮錫瑞曰：說文：『隉，班固說：不安也。』周書曰『邦之阢隉』，讀若虹蜺之蜺，五結切。梁書王筠傳：『沈約作郊居賦，示筠。筠讀至雌霓原注：五的翻。連蜷，約撫掌欣抃曰：僕常恐人呼爲霓原注：五兮翻。』是霓古讀入聲，與齧音近。」王先慎曰「漢書天文志『抱珥蚩蜺』，如淳曰：『蜺讀曰齧』，二字古音本同。」

今按：王筠傳作「撫掌」不作「舞掌」，前反作「五激」不作「五的」，後反作「五雞」不作「五兮」，皮氏意引未查原著也。王先慎引如淳說，甚是，然是漢以來讀音，非先秦古讀也。霓在古韻恚部，讀入亦當爲益部；齧在古韻曷部，古韻固不同也。廣韻齊「霓、蜺，五雞按應作五兮。切，又五結、五繫切」，齊韻應分兩部，切語有誤。疑母；屑「齧，霓，五結切」，疑母。霓與齧同音，漢人音，非先秦音，聲類論聲不論韻，兩字雙聲固無疑，同紐正轉。

136 朔，蘇也。 釋名：「朔，蘇也。月死復蘇生也。」

〔疏證〕 引釋名釋天。

今按：説文：「朔，月一日始蘇也。」白虎通四時：「月言朔何？朔之言蘇也，明消更生，故言朔。」論語爲政皇侃疏引書大傳云：「朔者，蘇也，革也。」尚書堯典正義引李巡注云：「萬物盡於北方，蘇而復生，故言朔也。」廣雅釋言「朔，穌也」，穌與蘇同。此皆以朔訓爲蘇者之例證。朔在古韻蒦部，蘇在烏部，平入韻，宜可通轉，然此錢氏所不言。廣韻鐸「朔，所各切」，審二，古讀心；模「蘇，素姑切」，心母：是兩字廣韻雖不同韻，古聲同紐，本雙聲正轉。若謂錢氏不言正齒音二等古讀齒頭音，然審二與心同位爲變轉。

又按：蘇無更生之義，訓更生者究爲何字？小學答問云：「問曰：説文：『蘇，桂荏也。』樂記『蟄蟲昭蘇』，鄭君曰：『更息曰蘇。』春秋傳言：『殺諸絳市六日而蘇。』死復生爲蘇，何字之精？答曰：上略。穌、蘇古皆如魚，晉語『暇豫之吾吾』，韋解讀爲魚魚。水經注：『魚山亦爲吾山。』魚之爲言寤也，釋名言『魚目不閉』是也。孳乳爲寤，詩周南傳：『寤，覺也。』然則更息之義，古直有魚字而已，後乃有寤，遂以蘇字叚精爲之。死復生，亦猶寐復覺矣。下略。」章氏以穌、蘇並从魚得聲，魚、吾聲相通，寤从吾聲，故蘇得爲寤，其説甚諦。然以聲類之例言之，亦可謂蘇即生醒等字之借，生醒在古韻嬰部，與蘇不同韵也。廣韵庚「生，所庚切」，審二古讀心；青「醒，桑經切」，心紐：是生、醒雖不與蘇同韵，然而同紐，雙聲正轉，説亦可通。

137　舍，舒也。　史記律書：「舍者，日月所舍。舍者，舒氣也。」

〔疏證〕　今按説文舒从予聲，與舍非形聲同聲字也。左襄八年傳，鄭公孫舍之，字子展。古人名與字，義相會，舍爲舒之借，「舒」，説文「伸也」，故名舒字子展。史記屈原列傳「含憂娛哀兮，限之以大故」，索隱：「楚辭『含憂娛哀』作『舒憂娛哀』。」含蓋舍之形誤，舍、舒互作即舍、舒訓通矣。皆舍、舒通訓之例證。舍、舒本烏部同音字，後世而音略變矣。廣韵馬「舍，書冶切」，審三；魚「舒，傷魚切」，審三：廣韵則兩字不同韵，然而雙聲，同紐正轉。

138　卯，茂也。　史記律書：「卯之爲言茂也，言萬物茂也。」

〔疏證〕　今按：白虎通五行：「卯者，茂也。」卯亦訓冒，説文：「卯，冒也。二月萬物冒地而出。」釋名釋天：「卯，冒也，載冒土而出也。」冒、茂雖異義，皆以聲訓則相同。卯、茂、冒本古韵幽部同音字，自可通作。後世韵稍遂易，廣韵巧「卯，莫飽切」，明母；候「茂，莫候切」，明母；號「冒，莫報切」，明母：是韵稍有不同而同爲一紐，雙聲正轉。

又按：十二干支之字，多取聲訓，惟用形聲同聲字者多。然子字亦符聲類之例。史記律書：「子者，滋也。」説文：「子，十一月陽氣動，萬物滋。」白虎通五行：「子者，孳也。」釋名釋天：「子，孳也。」皆其例也。子、滋、孳皆古韵噫部同音字，後世音或稍變，廣韵止「子，即里切」，精母；之「滋孳，子之切」，精母：是韵雖小異，仍同紐雙聲。

139

華，穫也。白虎通：「西方爲華山，華之爲言穫也。言萬物成熟，可得穫也。」

〔疏證〕引白虎通巡狩。説文：「崋，崋山也，在弘農崋陰。」華爲崋之借字。

今按：崋在烏部，穫在蒦部，雖分平入，兩部相轉爲通例。廣韵禡「崋，胡化切」；鐸「穫，胡郭切」：韵雖不同而同爲匣母，雙聲正轉。此以聲訓推求崋山命名之語源。五嶽命名以雙聲相訓者，尚有霍山。白虎通巡狩又云：「南方霍山者，霍之爲言護也，言萬物護也。大陽用事，護養萬物也。」崔靈恩禮記義宗云：「南嶽謂之霍者，霍，護也。言陽氣用事，成夏之時護養萬物，故以爲稱。」霍、護古韵同在蒦部，音近字也。廣韵鐸

「霍，虚郭切」，曉母；暮「護，胡誤切」，匣母：韵雖不同，近紐雙聲，仍爲正轉。以非同紐，故錢氏不録歟？

140 鹵，爐也。釋名：「地不生物曰鹵。鹵，爐也，如爐火處也。」

〔疏證〕引釋名釋地。

今按：説文：「鹵，西方鹹地也。」以鹵訓爲爐，它例鮮見，鹵、爐本古韵烏部同音字，後世四聲不同，讀音稍有分别。廣韵姥「鹵，郎古切」，來母；模「爐，落胡切」，來母：兩字韵稍異而聲同，來紐雙聲正轉。

141 陵，隆也。釋名：「陵，隆也，體高隆也。」

〔疏證〕引釋名釋山。

今按：説文「陵，大𠂤也」，「隆，豐大也」，義本相因。陵在古韵膺部，隆在古韵夅部，古韵不同。廣韵蒸「陵，力膺切」，來母；東「隆，力中切」，來母：廣韵亦不同韵，然而同紐，雙聲正轉。此猶隆慮之避漢殤帝名改爲林慮也，見後。

142 岑，嶃也。釋名：「山小高曰岑。岑，嶃也，嶃嶃然也。」

〔疏證〕引釋名釋山。

今按：方言十二「岑，高也」，廣雅釋訓「嶃嶃，高也」，兩字義本相因，故以聲轉。岑在古韵音部，嶃在古韵奄部，雖鄰韵，又同爲閉口音，然非一部。廣韵侵「岑，鋤針切」，牀二；豏「嶃，士減切」，牀二：廣韵亦異韵，然而同紐，雙聲正轉。

143 礫，料也。釋名：「小石曰礫。礫，料也。小石相枝柱其間，料料然出入氣也。」

〔疏證〕引釋名釋山。

今按：釋名一書，推求事物語源，故曰釋名，雖聲音必有依據，字義未必密合無間。今以本條爲例，言其大略。詩衡門「泌之洋洋，可以樂飢」，韓詩外傳引作療飢，鄭箋則作瘵飢，釋文「樂本又作瘵」，説文「瘵或作療」。史記楚元王世家「嫂詳爲羹盡櫟釜」，漢書櫟作轑。是尞、樂音通之證也。説文「料讀若遼」，莊子盜跖「疾走料虎須」，料即撩。是又料、尞音通之證。料、樂並與尞音相通，故料與樂音相通矣。釋名以爲「礫，料也」，故爲聲音有依據。尞在古韵夭部，樂在古韵約部，平入相轉爲通例。廣韵錫「礫，郎激切」，來母；蕭「料，落蕭切」，來母：兩字雖不同韵，然而同紐，雙聲正轉。以礫訓爲料，亦爲聲音有據。顧謂小石之礫，語源爲料，並以「料料然出入氣」釋之，則不免傅會。料既不與小義相會，亦不與石義相近。爾雅釋樂「大籔謂之麻，小者謂之料」，料亦有小義，然釋名又未牽引入説也。

144　江，公也。　釋名：「江，公也。小水流入其中，公共也。」

〔疏證〕　引釋名釋水。

今按：水經注江水：「江，共也。」風俗通山澤：「江者，貢也。」亦以聲訓，雖不用公字，取義相通。詩六月「以奏膚公」，傳「公，功也」，可證公、工聲通。江、公古韵邕部同音字，宜可相通。廣韵江「江，古雙切」，東「公，古紅切」，韵變而聲同，雙聲正轉。

145　淮，圍也。　釋名：「淮，圍也。圍繞揚州北界，東至海也。」

〔疏證〕　引釋名釋水。

今按：淮在古韵威部，圍在古韵衣部，雖鄰部，然非一韵。廣韵皆「淮，户乖切」，匣母；微「圍，雨非切」，喻三，古讀匣，雖非同韻，然而古紐雙聲，正轉也。錢氏不言喻三讀匣，禕、幃兩字廣韻讀許歸切，爲曉紐，則圍字亦可讀曉、匣，可知也。曉、匣近紐雙聲，亦爲正轉。

146 河，下也。釋名：「河，下也。隨地下處而流通也。」

〔疏證〕引釋名釋水。

今按：雖然河水發源高原，下流低下，以下訓河，其義未必契合，前已説明，此不具論。河在古韻阿部，下在古韻烏部，韻部不同。廣韻歌「河，胡歌切」，匣母；馬「下，胡雅切」，匣母：韻雖不同，聲則同紐，雙聲正轉。

147 瀾，連也。釋名：「風吹水波成文曰瀾。瀾，連也，波體轉流相及連也。」

〔疏證〕引釋名釋水。

今按：詩伐檀：「河水清且漣猗。」爾雅釋水：「河水清且瀾猗。大波爲瀾，小波爲淪，直波爲徑。」以漣爲瀾。説文「瀾，大波也。漣，或从連聲」，以瀾漣爲一字。「瀾，連也」即「漣，連也」，此皆瀾、連聲通之證。瀾、連本古韵安部同音字。後世音稍迻易，廣韵寒「瀾，落干切」，來母；仙「漣，力延切」，來母：韵雖小變，聲則同紐，雙聲正轉。

148　洲，聚也。釋名：「水中可居曰洲。洲，聚也。人及鳥獸所聚息之處也。」

〔疏證〕引釋名釋水。

今按：禮記王制「二百一十國以爲州，州有伯」，注：「州猶聚也。」國語齊語「今夫士羣萃而州處」，注：「萃，集也；州，聚也。」説文有州無洲，洲即州也。洲、州在古韵幽部，聚在古韵區部，雖鄰近，非同韵。廣韵尤「州，職流切」，照三；遇「聚，才句切」，從母：韵既不同，聲亦各異，並不同位，雖州訓聚例證多見，求之聲類，頗乖於例。何也？考鄹从聚聲，尤「鄹，側鳩切」，照二，與照三爲同位，於錢氏爲變轉。鄹又可與郰通讀，説文「鄹，古郰國」，郰婁之合音又爲鄒，可證也。古今人表鄹衍，周禮司爟注以鄹爲之，鄹、鄒通讀可知矣。廣韵虞「郰，陟輸切」，照三，是郰與州雖異韵而同聲，又雙聲正轉矣。

149 渚，遮也。釋名：「渚，遮也。體高能遮水，使從旁迴也。」

〔疏證〕 引釋名釋水。

今按：渚爲水名，此爲陼之借字。説文：「如渚者陼邱，水中高者也。」廣雅釋水：「陼，止也。」説文「遮，遏也」，「遏，微止也」。是陼與遮義相會也，故釋名以渚訓爲遮。渚、遮本烏部同音字，後世而韵稍迻易。廣韵語「渚，章與切」，麻「遮，正奢切」，同爲照三，是不同韵而同紐，雙聲正轉。

150 州，注也。釋名：「州，注也。郡國所注仰也。」

〔疏證〕 引釋名釋州國。

今按：釋名疏證補引王先慎曰：「州高於水，故可注仰。耳目所屬曰注。老子云：『百姓皆注其耳目。』」其釋注是矣。州在幽部，注在區部，古韵雖相鄰近，終非一韵。廣韵尤「州，職流切」，照三；遇「注，之戍切」，亦照三：是兩字廣韵雖不同韵，然而同紐，雙聲正轉也。

151 益，阨也。釋名：「益州，益，阨也。所在之地險阨也。」

〔疏證〕引釋名釋州國。釋名疏證補引王先慎曰：「春秋元命苞：『益之爲言阨也。』管子山權數云：『阨者所以益也。』」

今按：左傳定四年「還塞大隧、直轅、冥阨」，史記春申君列傳「秦踰黽隘之塞而攻楚」，冥阨即黽隘也。左傳昭三年「湫隘囂塵」，吴都賦「邦有湫阨而蹐跼」，湫隘即湫阨。廣雅釋詁一：「隘，陿也。」禮記禮器「君子以爲隘矣」，注：「隘，狹陋也。」漢書刑法志：「其生民陿阨。」陿隘、狹隘、陿阨同也。此皆足證益與厄即戹。聲通。益在古韵益部，厄在壹部，益、壹非一部，故非韵轉。廣韵昔「益，伊昔切」，麥「阨，於革切」，兩字於廣韵亦不同韵，然而同爲影母，故爲雙聲正轉。

152 燕，宛也。釋名：「燕，宛也。北方沙漠平廣，此地在涿鹿山南，宛宛然以爲國都也。」

〔疏證〕引釋名釋州國。

今按：燕、宛如何義會，實所未詳。燕、宛音通，則明顯可知。燕、宛本古韵安部同音字，後世音始小有迻易。廣韻先「燕，烏前切」，影母；阮「宛，於阮切」，影母：兩字雖異韻而聲同，影母雙聲，同紐正轉也。

153 鄰，連也。　釋名：「鄰，連也，相接連也。」

〔疏證〕引釋名釋州國。

今按：鄰从粦聲，粦與令聲通。詩盧令「盧令令」，説文引作盧獜獜。考工記鮑人「則雖敝不甐」，注：「甐，故書或作鄰。鄭司農云：『鄰讀爲磨而不磷之磷。』」實皆借爲零落之零。哀憐之憐，俗亦作怜。可證粦、令聲通。蓮與苓通作，史記龜策列傳「龜千歲乃游蓮葉之上」，徐廣曰：「蓮一作苓。」文選七發「蔓草芳苓」，注：「苓，古蓮字也。」又七啟「寒芳苓之巢龜」，注：「苓與蓮同。」故知鄰、連可以聲通。鄰在因部，蓮在安部，古韻不同。廣韻真「真，力珍切」，仙「蓮，力延切」，來紐雙聲正轉。

154 肉，柔也。　釋名。

〔疏證〕引釋名釋形體。釋名疏證補引王先慎曰：「説文：『脜，嘉善肉也。』」

今按：説文：「脜，面和也，从百，从肉，讀若柔。」字當从肉聲，可以爲肉、柔聲通之證，脜即温柔敦厚之本字，柔字行而脜字廢矣。經傳皆借柔爲脜，詩抑：「輯柔爾顔。」禮記内則：「柔色以温之。」柔既可借爲从肉得聲之脜，益可證柔、肉聲通。肉在古韵奥部，脜在奥部而讀入幽部，柔本在幽部，幽、奥本平入韵，即一脜字可以爲兩部通轉之例。然聲類不重韵轉，廣韵尤「柔、脜，並耳由切」，日母；屋「肉，如六切」，日母：是兩字韵異而紐同，雙聲正轉。

155　頭，獨也。　釋名：「頭，獨也，於體高而獨也。」

〔疏證〕　引釋名釋形體。

今按：頭在古韵區部，獨在古韵屋部，頭之轉獨，即平之讀入矣。説文：「髑髏，頂也。」髑髏之合音爲頭，髑爲頭爲頂，故頭之爲獨猶頭之爲髑矣。聲類主聲轉不主韵轉，廣韵侯「頭，度侯切」，定母；屋「獨，徒谷切」，定母：頭、獨兩字異韵而同紐，雙聲正轉也。

156　首，始也。　爾雅、釋名。

〔疏證〕　引爾雅釋詁及釋名釋形體。

今按：人身之始爲首，首訓始，通訓也。首在古韵幽部，幽旁轉區則爲頭，首與頭本一字，首爲象形，頭爲形聲，古無舌上音，首讀頭即舌上讀舌頭。首有始義，頭亦有始義也。顧始在古韵噫部，噫與區與幽非一韵也。自聲類觀之，首之訓始，非韵轉耳。廣韵有「首，書九切」，審三；止「始，詩止切」，審三：兩字雖不同韵而同紐，雙聲正轉。照三系字本舌上音，審三多讀定，故首爲頭矣。

157

面，漫也。釋名。

〔疏證〕引釋名釋形體。

今按：説文無漫字。漢書食貨志下「今半兩錢，法重四銖，而姦或盜，摩錢質而取鋊」，如淳曰：「錢一面有文，一面幕，幕爲質，民盜摩漫面而取其鋊，以更鑄作錢也。」臣瓚曰：「許慎曰：『鋊，銅屑也。』摩錢漫面以取其屑，更以鑄錢。西京黄圖叙曰『民摩錢取屑』，是也。」皮錫瑞亦節引此文以注釋名，是矣，然猶未諦也。今以爲摩即磨，漫乃幔之借字。説文：「幔，幕也。」注中「摩漫面而取其鋊」即磨錢之幕面而取其屑也。釋名之「面，漫也」，實即「面，幔也」，亦即「面，幕也」。面、漫、幔本安部同音字，後世音稍迻易。幕，古韵蒦部字，安、蒦平入對轉，故諸字皆可韵轉。顧聲類主聲不主韵，廣韵綫

「面，彌箭切」，微母，古讀明；換「漫、幔，莫半切」，鏌「幕，慕各切」，明母：故諸字韵異而紐同，雙聲正轉也。

158 額，鄂也。釋名：「額，鄂也，有垠鄂也。」

〔疏證〕引釋名釋形體。

今按：説文「㓵，劍刃，从刀，咢聲。𠛱，籀文，从㓞，各聲」，㓵、𠛱一字而或从咢聲、或从各聲，是咢、各聲通之證。又爾雅釋天「太歲在酉曰作噩」，釋文：「噩，本或作咢。」史記天官書作「作鄂」，漢書天文志作「作詻」。同一太歲在酉而「作噩」、「作咢」、「作鄂」、「作詻」互見，是又咢、各聲通之證。額从各聲，鄂从咢聲，古韵同蒦部，音近字也。廣韵陌「額，五陌切」，鐸「鄂，五各切」，音稍遂易，於是韵異而聲同，疑紐雙聲，正轉也。

159 目，默也。釋名：「目，默也，默而内識也。」

〔疏證〕引釋名釋形體。釋名疏證補引王啟原曰：「國語周語『國人莫敢言，道路以目』，韋注：『不敢發言，以目相眄而已，是目有默意。』」

今按：説文「默，犬漸逐人也」，本非無聲之義。字當借作謐、嘆字，説文「謐，静語也」，「嘆，啾嘆也」。皆以雙聲通用。目在蔑部，默在肊部，謐在壹部，嘆在蒦部，古韵互不相關，非韵轉也。廣韵屋「目，莫六切」；德「默，莫北切」；鐸「嘆，莫各切」；質「謐，彌必切」，本微母，古讀明。是四字雖異韵，古聲皆讀爲明母，雙聲正轉。

160 眸，冒也。釋名：「瞳子或曰眸子。眸，冒也，相裹冒也。」

〔疏證〕引釋名釋形體。

今按：説文有牟無眸，「牟，牛鳴也」，無瞳子之義。眸子之眸，於説文字當作瞀，説文「瞀，低目謹視也」；或當作瞐，説文「瞐，低目視也」。瞐、瞀兩字音義全同，蓋一字之變易。禮記內則「敦牟卮匜，非餕莫敢用」，注：「牟讀曰堥也。」荀子成相「天乙湯，論舉當。讓卞隨，舉應作與牟光」，注：「牟與務同也。」是「眸，冒也」猶之「瞀，瞐也」。此即眸、冒聲通之證。眸、冒、瞀本幽部同音字，而後世音稍變。廣韵尤「眸，莫浮切」，號「冒，莫報切」，候「瞀，莫候切」，則三字互不同韵，然而同爲明母，雙聲正轉。

161 口，空也。釋名。

〔疏證〕引釋名釋形體。釋名疏證補引王啟原曰：「易頤『自求口實』，鄭注『口中有物曰口實』，則無物其口之本體，故云空也。説文：『肙，小蟲也，从肉，口聲。一曰：空也。』此亦聲而兼義者。」

今按：王啟原釋口空之義可參。至云「肙从口聲」，「此亦聲而兼義」，則非。肙所从口聲，口本音圍，非口舌字也。口在古韻區部，空在邕部，區、邕對轉，本韻轉之通例，顧對轉錢氏所不言。廣韻厚「口，苦后切」，東「空，苦紅切」，同爲溪紐。韵異聲同，雙聲正轉。

162　頤，養也。　釋名。

〔疏證〕　釋名釋形體：「頤，養也。動於下，止於上，上下咀物以養人也。」畢沅曰：「易卦震下艮上爲頤，震動艮止，動於下止於上也。序卦曰：『頤者，養也。』」王啟原曰：「鄭注周易云：『車動而上，因輔嚼物以養人，故謂之頤。』」

今按：易雜卦：「頤，養正也。」禮記曲禮上「百年曰期頤」，注：「頤，養也。」爾雅釋詁：「頤，養也。」廣雅釋詁一：「頤，養也。」漢書叙傳下「既登爵位，禄賜頤賢」，師古曰：「頤，養也。」頤之訓養，不枚舉。説文：「𦣝，顄也，象形。頤，篆文。䶫，籀文。」頤無養義，蓋受義於宧。説文「宧，養也」，然頤、宧所以訓養之故，則又義與聲連。頤在古韻噫部，養在古韻央部，兩部懸隔，非關韻轉。廣韻之「頤、宧，與之切」，喻四；養「養，餘兩切」，喻四：是頤、宧與養，韻不同而聲同，雙聲正轉。

163 吻，免也。 釋名：「吻，免也。入之則碎，出之則免也。」

〔疏證〕 引釋名釋形體。

今按：説文奪免字。禮記禮器「勿勿乎欲饗之也」，注：「勿勿，猶勉勉也。」祭義「勿勿其欲饗之也」，注：「勿勿，猶勉勉也，慤愛之貌。」詩十月之交「黽勉從事」，漢書楚元王傳引詩作「密勿從事」，師古曰：「密勿猶黽勉從事也。」吻从勿聲，勉从免聲，勿、勉之聲通猶吻、免之訓同矣。吻、免爲義雖或牽强，吻、免聲通固無可疑。吻在古韻鬱部，免在古韻昷部，對轉常例，然錢氏所不言。廣韻吻「吻，武粉切」，微母古讀明；獮「免，亡辨切」，微母古讀明：是吻、免韻不同而同紐，雙聲正轉。

164 鬒，秀也。 釋名：「鬒，秀也。物成而秀，人成而鬒生也。」

〔疏證〕 引釋名釋形體。鬒爲須之俗字，説文：「須，面毛也。」

今按：須、秀通訓，例鮮見。須在區部，秀在幽部，雖鄰近，非一韻也。廣韻虞「須，相俞切」，心母；宥「秀，息救切」，心母：兩字非一韻，然而心母雙聲，正轉也。

165　臆，抑也。　釋名：「臆，猶抑也。抑，氣所塞也。」

〔疏證〕引釋名釋形體。說文「肊，胷肉也。臆，重文」，「抑，按也。从反印」。

今按：詩十月之交「抑此皇父，豈曰不時」，箋云：「抑之言噫，噫是皇父，疾而呼之，女豈曰我所爲不是乎？」釋文：「抑，徐意噫。韓詩云：意也。」此抑、意聲通之證也。臆在肊部，抑在壹部，古韻不同。後世迻易，抑、臆反而音近，廣韻職「抑、臆，於力切」，同音字。同音自當雙聲，同爲影母，雙聲正轉。

166　膺，壅也。　釋名：「膺〔一〕，壅也，氣所壅塞也。」

〔疏證〕引釋名釋形體。畢沅曰：「一切經音義引膺，塞也，謂氣至壅塞也。」

今按：壅，說文作邕。壅在古韻邕部，膺在古韻膺部，古韻不同也。廣韻蒸「膺，於陵切」，鍾「壅，於容切」，韻不同而同爲影母，雙聲正轉。

〔一〕「膺」，原作「雍」，據粵雅堂叢書本及釋名釋形體改。

167 心，纖也。釋名：「心，纖也。所識纖微，無物不貫心也。」

〔疏證〕引釋名釋形體。各家引五行之説解之，今不具録。

今按：史記扁鵲倉公列傳正義：「心主藏神。心，纖也，所識纖微也。」亦其證。心在古韵音部，纖在古韵奄部，雖同爲閉口韵，固分兩部。廣韵侵「心，息林切」，鹽「纖，息廉切」，韵雖不同，然而同爲心紐，雙聲正轉。

168 肺，敎也。釋名：「肺，敎也，言其氣敎鬱也。」

〔疏證〕引釋名釋形體。

今按：史記扁鵲倉公列傳正義：「肺，孛也，言其氣孛，故短也，鬱也。」敎从孛聲，故以肺訓爲勃猶以肺訓爲孛矣。肺在古韵曷部，孛在古韵鬱部，雖鄰近，終非一韵也。廣韵廢「肺，方廢切」，微母，古讀幫；没「敎、孛，蒲没切」，並母：是本不同韵，而爲近紐雙聲。然廣韵末韵「跡、䟺，蒲撥切」，並母，肺、跡、䟺皆市聲，又同紐雙聲矣，正轉也。

169 肘，注也。釋名：「肘，注也，可隱注也。」

〔疏證〕引釋名釋形體。釋名疏證補：王先謙曰：「肘、主雙聲，故以注訓肘。莊子齊物論釋文：『隱，馮也。』秦策注：『注，屬也。』隱几者必屬之肘，所謂曲肱枕之，故曰：『肘可隱注。』」

今按：王先謙釋隱注，僅備一説，未必即是。肘古韻在幽部，注古韻在區部，雖鄰近，終非一部。廣韵有「肘，陟柳切」，知母；遇「注，之戍切」，照三，照三本同知，古皆讀端。是肘、注雖不同韵，古本同紐，雙聲正轉，若謂錢氏並未徑言照三讀端，則照三亦與知同位，同位爲變轉。

170 手，須也。釋名：「手，須也。事業之所須也。」

〔疏證〕引釋名釋形體。

今按：手訓爲須，尚鮮它例。手在古韵幽部，須在古韵區部，區、幽鄰韵，然非一部。廣韵有「手，書九切」，審三；虞「須，相俞切」，心紐：既非同韵，亦非同紐，然而同位，變轉也。

171 尾，微也。釋名：「尾，微也。承脊之末稍，微殺也。」

〔疏證〕引釋名釋形體。

今按：説文「尾，微也。从到毛在尸後」，亦以聲訓。堯典「厥民析，鳥獸孳尾」，史記五帝本紀：「其民析，鳥獸字微。」孳尾即字微也。莊子盜跖「尾生與女子期于梁下」，釋文：「尾生，一本作微生。」論語公冶長「孰謂微生高直」，漢書古今人表作「尾生高」，師古曰：「即微生高也。」論語憲問「微生畝謂孔子曰」，古今人表作「尾生晦」，師古曰：「即微生畝也。」凡此皆微、尾通作之證，通作自可通訓矣。

又錢大昕十駕齋養新録卷二：「師氏掌以媺詔王。媺，古美字。此字不見説文，非漏落也。古文微與尾通。堯典孳尾，史記作字微；論語微生畝，漢書作尾生晦。媺从微當與娓通。詩『誰侜予美』，韓詩美作娓。説文女部有娓字，則該乎媺矣。」錢氏以娓該乎媺，亦即尾、微相通之證。

尾古韻在衣部，微在古韻在威部，衣、威本鄰部，古韻家多不分，細考之始有別也。廣韻尾「尾，無匪切」，微「微，無非切」，韻分平上，而聲同微母，古並讀幫，雙聲正轉。

172 要，約也。釋名：「要，約也，在體之中，約結而小也。」

〔疏證〕引釋名釋形體。釋名疏證補：畢沅曰：「説文：『要，身中也。象人要自臼之形。从臼，交省聲。古文作㪰。』」蘇輿曰：「御覽人事十二引作『腰，約也，在體之後，約體大而小也』。按，腰俗字。要、約一聲之轉，古亦通用。淮南主術訓高注：『約，要也。』漢書禮樂志顔注『約，讀曰要』，是其證。今人形體之要，讀『於消切』，簡約之要，讀『於笑切』，實則一誼。人體惟要較小，古人尤重細要。墨子載『楚靈王好細腰，而國多餓人』是也。文選曹子建洛神賦：『要如約素。』唯要尚細約，故成國以約釋要耳。」

今按：論語憲問「久要不忘平生之言」，孔注：「久要，舊約也。」公羊莊十三年傳：「要盟可犯」，注：「臣約束君曰要。」釋名釋喪制：「(棺束)旁際曰小要，其要約小也。」此皆明白以約訓要者，其他不直訓約而實爲訓約者，不可勝數也。要在古韵夭部，約在古韵約部，本平入韵，宜可通訓，然聲類主聲不主韵。廣韵宵「要，於宵切」，藥「約，於略切」，兩字雖平入異韵，然同爲影母，雙聲正轉。

173 臀，殿也。釋名：「臀，殿也，高厚有殿遻也。」

〔疏證〕引釋名釋形體。釋名疏證補：葉德炯曰：「説文：『㞘，髀也。从尸，从丌，居几。臀，或从骨，殿聲。』周禮鄉師『巡其前後之屯』，『故書屯作臀』，鄭大夫讀爲課殿，杜子春讀爲在後曰殿，此義所本。」畢沅曰：「殿遻當作殿鄂，又見釋宫室篇。」葉德炯曰：「當讀如宮殿之殿。初學記居處部引蒼頡篇云：『殿，大堂也。』高厚即大義。説文『殿，擊聲也』，此軍殿之殿，别是一義。」

今按：以上所引皆釋釋名本文。臀从殿聲，説文形聲同聲字。凡形聲聲同字例當同音，自可通作通訓。殿與臀古韵昷部同音字也，後世稍有迻易。廣韵魂「臀，徒渾切」，定母；霰「殿，堂練切又都甸切」，定母：韵分平去，聲仍同紐，雙聲正轉。

174

膝，伸也。　釋名：「膝，伸也，可屈伸也。」

〔疏證〕引釋名釋形體。釋名疏證補，葉德炯曰：「膝字本作厀。説文『厀，脛頭卪也。』」蘇輿曰：「伸从申聲，膝从桼聲，段氏音均表，申聲桼聲之字，同在古韵十二部。」

今按：此條殊可疑，伸在古韵因部，膝在古韵壹部，平入韵也，故段玉裁同在十二部，韵自可轉也。廣韵真「伸，失人切」，審三；質「膝，親吉切」，清母：既不同紐又不同位，聲不可轉也。聲類主聲不主韵，則錢氏録此條殊乖體例，一也。膝主屈而不主伸，謂「膝，伸也」，恐亦非義。朱駿聲説文通訓定聲，引釋名作「膝，屈也」，雖不知所據，必非妄作。竊疑錢氏所據釋名，本作「膝，屈也」，朱氏從學於錢，故著書亦云「厀，屈也」。

屈在古韵鬱部，壹、鬱雖鄰韵，非一部也。廣韵物「屈，區勿切」，溪母，屈、膝雖不同韵、不同母，然而清與溪同位也，同位爲變轉。

175 肛，釭也。史記正義：「肛，釭也。言其處似車釭，故曰釭門，即廣腸之門。」

〔疏證〕引史記扁鵲倉公列傳正義。

今按：肛、釭同从工聲，此説文形聲同聲字，古韵邕部同音字也。廣韵江「肛、釭，古雙切」，亦同音，同音自當雙聲，正轉也。

176 罄，硜也。禮記：「石聲罄，罄以立辨〔一〕」。史記樂書：「石聲硜，硜以立辨。」

〔疏證〕引禮記樂記。此以樂記、樂書異文，因而爲訓也。鄭注樂記：「罄當爲

〔一〕「石聲罄，罄以立辨」，兩「罄」字，粵雅堂叢書本皆作「磬」。

罄，字之誤也。」

今按：説文「磬，樂石也，籀文作殸，古文作硜」，是磬、硜本一字。以史記證樂記，則禮記磬字不必誤。又説文窒引詩曰「瓶之窒矣」，詩蓼莪作「瓶之罄矣」，窒、罄通作，是亦巠、殸聲通之證。罄、硜古韵同在嬰部，本同音字，後世而韵稍迻易。廣韵徑「罄，苦定切」，溪母；耕「硜，口莖切」，溪母：是韵稍異而紐同，雙聲正轉也。

177 寡，倮也。 釋名：「無夫曰寡。寡，倮也，倮然單獨也。」倮蓋讀如果。

〔疏證〕引釋名釋親屬。原文倮作踝，倮然作踝踝。錢氏依禮記王制正義校改。

今按：此亦罕其他例證。寡在古韵麻部，倮在古韵阿部，古韵不同，非韵轉也。廣韵馬「寡，古瓦切」，見母。廣韵不收倮字，正韵「古火切」，亦爲見紐，雙聲正轉。

178 ⿸疒札，截也。 釋名：「⿸疒札，截也。氣傿人如有斷絶也。」

〔疏證〕引釋名釋天，傿作傷。

今按：説文無疵，周禮地官均人「凶札則無力政，無財賦」，疏：「札謂天下疫病。」左傳昭四年：「民不夭札。」字皆作札。方言十一「蟬，其小者謂之麥蚻」，注：「如蟬而小，音札。今關西呼麥蠽，音癰癥之癥。」是札、截聲通之證矣。截在古韵約部，札在古韵曷部，古韵不同，非韵轉也。廣韵黠「札蚻，側八切」，照二，古讀精；屑「截，昨結切」，從母，與疵不同韵、不同紐、亦不同位，非其音也。考截从雀聲，藥「雀，即略切」，精紐，从截得聲之字如瀐、巀、䟃，並子結切，亦爲精紐，古聲與札同紐。若謂錢氏不言照二系字古讀精系，照與精亦同位，爲變轉。

179

眚，瘠也。　釋名：「眚，瘠也，如病者瘠瘦也。」

〔疏證〕　引釋名釋天。畢沅據一切經音義兩引此文，一引作瘠，一引作瘖。又據李賢注後漢書袁閎傳引謝承書云「面貌省瘦」，校改釋名此文兩瘠字爲省字。

今按：畢氏校改瘠字，雖爲有據，似無必要。釋名釋語言：「消，削也，言減削也。」釋疾病：「消，弱也，如見割削，筋力弱也。」唐人元稹詩云「自從消瘦減容光」，亦以消瘦連文。凡言消、言削與言瘠同，消瘦即瘠瘦也。眚之訓瘠瘦，猶婧、渻之訓減；瘠之訓消瘦、削之訓删削也。至於兩者所以義通，聲通故也。眚在古韵嬰部，瘠在古韵夭部，古韵遠隔，非韵轉也。廣韵静「省、渻，息井切」，心母；梗「省、眚、瘖、媎、渻，所景切」，審二，審二古讀心；宵「消、痟，相邀切」，心紐。如謂錢氏不言審二古讀心，則消、痟與眚爲同位變轉；消、痟與省瘖仍爲同紐正轉。

180 慝，態也。釋名：「慝，態也，有姦態也。」

〔疏證〕引釋名釋天。

今按：説文無慝，字止作匿，「亡也，从匸，若聲。」匿在肊部，若在蒦部，僅取雙聲而已。慝爲匿之後起字，引申爲奸慝之意。周禮夏官環人「掌致御，察軍慝」，注：「慝，陰姦也。」地官土訓「道地慝以辨地物」，注：「地慝，若障蠱然也。」誦訓「掌道方慝」，注：「方慝，四方言語所惡也。」左傳昭廿五年「日入慝作」，注：「奸惡也。」慝、忒通作，書洪範「民用僭忒」，漢書王嘉傳「民用僭慝」，可證。釋名訓慝爲態，實即訓態爲慝與忒耳。慝在古韵肊部，態在古韵噫部，本平入韵。廣韵德「慝，他德切」，代「態，他代切」，韵分去入而聲同透紐，雙聲正轉。

181 奔，變也。釋名：「奔，變也。有急變奔赴也。」

〔疏證〕引釋名釋姿容。畢沅曰：「軍事有奔命，禮有奔喪，是聞急變而奔赴也。」

今按：易賁釋文：「鄭云：『賁，變也，文飾之貌。』」奔、賁皆从卉聲，賁訓變猶奔訓變也。奔在古韵昷部，變在古韵安部，兩部雖鄰近，終非一韵也。廣韵魂「奔，博昆切」，幫母；線「變，彼眷切」，雖雙脣仍非母，古讀幫母：雙聲正轉。

182

立，林也。　釋名：「立，林也。如林木森然，各駐其所也。」

〔疏證〕引釋名釋姿容。

今按：立或與涖通作，史記范雎列傳「明主立政」，索隱：「戰國策立作涖。」周禮小宗伯「掌建國之神位」，注：「故書位作立。」左傳昭廿二年注「子朝有欲位之言」，釋文：「位本作立。」周禮肆師「凡師甸用牲于社宗則爲位」，注：「故書位爲涖。」立爲位，位爲涖，亦立可與涖通之證。卷三文之異者一項中有「涖爲立」一條，錢氏所舉例證，此不迻録。涖訓臨，通訓也。詩采芑「方叔涖止」，傳：「涖，臨也。」周禮州長「皆涖其事」，黨正「以歲時涖校比」，注並云：「涖，臨也。」它不盡舉。説文無莅、涖字，字作𥪡，「𥪡，臨也」。臨又可與林通作，左傳定八年有林楚，公羊作臨南。荀子彊國之「臨慮」，漢書地理志作「隆慮」，後避殤帝諱改爲林慮。立通作涖，涖訓臨，臨林互作，可證立、林聲通矣。林在古韻音部，立在古韻邑部，音、邑對轉爲常例，然錢氏所不言。廣韻侵「林，力尋切」，緝「立，力入切」，兩字不同韵，然而同爲來紐，雙聲正轉。

183 偃，安也。　　釋名。

〔疏證〕引釋名釋姿容。釋名疏證補：「葉德炯曰：荀子儒效篇『偃然如固有之』，注：『偃然，猶安然也。』」

今按：説文「晏，安也」，「宴，安也」。偃从匽聲，匽从晏聲，故偃之訓安猶晏宴之訓安矣。凡説文形聲同聲字，聲同義通，此常例也。

偃、安古韵在安部，本同音字，今則韵小有迻易，廣韵阮「偃，於幰切」，影母；寒「安，烏寒切」，影母：同紐雙聲，正轉也。

184 企，啟開也。　　釋名。

〔疏證〕引釋名釋姿容。此文畢沅未校本作「企，啟開也。自延竦之時，諸樞機皆開張也」。畢沅據一切經音義校作「企，啟也。啟，開也。言自延竦之時，樞機皆開張也」。錢氏引未校本。

今按：楊遇夫先生釋启啟云：「今以甲文考之，疑許君説此二字皆誤也。甲文有𢼸字，从户，从又。又有攺字从户，从攴。甲文从又从攴多不分，此二文爲一字，皆示以手開户之形。愚謂訓開者當爲此字，以手闢户故爲開也。訓教之啟，許解爲从攴，启聲，愚謂當解爲从口攺聲。」又謂「晵棨綮䁍皆當从攺得聲，以説文無攺字，許君遂謂皆从啟省聲，許君誤矣」。今以爲楊説是也。説文又有「開，張也」，字从門，中象𠬞開闢之意，與攺構形之意相同，並象意字。又有闓，訓開也，則爲形聲。古韵同在衣部牙聲，音義全同，本一字也。後世開闓仍同讀，啟字則韵稍迻易。

又按：説文「企，舉踵也」，無開張之義。企在古韵恚部，與開或啟之在衣部者異部，非韵轉也。廣韵寘「企，去智切」，溪母；咍「開，苦哀切」，溪母：韵不同而紐同，雙聲正轉。啟、開正轉詳卷三讀之異者「啟爲開」。

185 引，演也。釋名。

〔疏證〕引釋名釋姿容。釋名疏證補：「葉德炯曰：文選西京賦注引蒼頡篇云『演，引也』，與此轉注。詩楚茨毛傳『引，長也』，説文『演，長流也』，二字古訓一義。」

今按：説文螾之或體作蚓。史記封禪書「黄龍地螾見」，集解：「應劭曰：『螾，丘蚓也。』」索隱：「螾，音引。」禮記月令疏：「寅，引也。」後漢書齊武王縯傳注：「縯，引也。」此皆从引从寅得聲字互作互訓之例證。引演本古韵因部同音字。後世音稍迻易，廣韵軫「引，余忍切」，喻四；獮「演，以淺切」，喻四：韵異而聲同，雙聲正轉。

186 撮，捽也。釋名：「撮，捽也；猶捽取之也〔一〕。」

〔疏證〕引釋名釋姿容。猶，本或作暫，畢沅依一切經音義校作擊。

今按：説文「撮，三指撮也」，「捽，持頭髪也」。撮持之義本相近，然釋名求語源，以聲訓，非獨義訓也。撮在古韵曷部，捽在鬱部，雖鄰近非一部耳。廣韵末「撮，倉括切」，清母；又「子括切」，精母；没「捽，昨没切」，從母：是兩字近紐雙聲也，錢氏亦取近紐爲正轉，然非範例。考没韵有「猝、卒、殌，倉没切」，爲清紐，與撮之「倉括切」爲同紐矣。

187 攬，斂也。釋名：「攬，斂也，斂置手中也。」

〔疏證〕引釋名釋姿容。釋名疏證補：「葉德炯曰：攬正本作擥。説文：『擥，撮

〔一〕「猶」，粵雅堂叢書本作「暫」。

持也。』漢書變作攬。陳湯傳『攬城郭之兵』，王莽傳『故務自攬衆事』，皆謂總持一切也。此云『斂置手中』，即其義。」

今按：説文：「㢸，㢸諸、治玉者，从厂僉聲。讀若藍。」斂與㢸同聲，藍與攬同聲，㢸讀若藍猶斂讀若攬矣。又禮記樂記「竹聲濫」，注：「濫之意，猶擥聚也。」爾雅釋詁：「斂，聚也。」擥聚猶斂聚矣。此皆足以爲攬、斂聲通之證。攬、斂本古韵奄部同音字，後世韵稍迻易。廣韵敢「攬，盧敢切」，來母；豔「斂，力驗切」，來母：韵異而同紐，雙聲正轉。

188

蹙，遒也。釋名。

〔疏證〕引釋名釋姿容。

今按：説文鼀下引詩曰「得此䵶鼀」，今詩新臺作「得此戚施」。蹙从戚聲，遒、䵶並从酋聲，戚可以與䵶通作，故蹙、遒可以通訓矣。又左傳文九年，楚子使椒來聘，穀梁作萩。襄廿六年，楚椒鳴，楚語作湫。昭三年、十三年作湫。哀公元年，敗越于夫椒，史記作湫。此皆秋、叔聲通之證，戚、叔並从尗聲，秋、叔聲通猶之秋、戚聲通。説文揫下引詩曰「百禄是揫」，今詩長發作百禄是遒。釋名釋天：「秋，緧也。」此又秋、酋聲通之證。

秋與戚聲通，又與酋聲通，是戚、遒聲通，蹙、遒聲通矣。遒在古韵幽部，蹙在古韵蔑部，幽、蔑本平入通作，然錢氏所不言。廣韵尤「遒，即由切」，精母；屋「蹙，子六切」，精母：雙聲正轉。

189 寐，謐也。

釋名：「寐，謐也，静謐無聲也。」

〔疏證〕引釋名釋姿容。

今按：説文：「寐，卧也。」國語晉語「歸寢不寐」，注：「寐，瞑也。」瞑則目冥而無聲。説文：「謐，静語也。一曰：無聲也。」是寐、謐義相會。以寐訓謐例少見。寐在古韵鬱部，謐在古韵壹部，鬱、壹雖鄰韵，然分兩部。廣韵至「寐，彌二切」，質「謐，彌畢切」，是寐、謐兩字雖不同韵，今則同爲微母，古則同爲明母，雙聲正轉。

190 眠，泯也。

釋名：「眠，泯也。無知泯泯也。」

〔疏證〕引釋文釋姿容。釋名疏證補：畢沅曰：「眠，俗字也。説文『瞑，翕目也』，與睡連文，當從之。」蘇輿曰：「御覽人事三十四引正作瞑。」又畢沅曰：「泯亦説文新附字，若上作瞑，下俱作冥，爲允愜矣。」

今按：眠、泯並从民聲，形聲同聲通訓，古之通例。疑釋名原本眠作瞑，泯仍作泯，如御覽人事三十四所引也。文選養生論「内懷殷憂，則達旦不瞑」，注「瞑，古眠字」，畢校是矣。泯則説文新附既有之，經籍亦常見，似不必改。瞑在古韻嬰部，民在古韻因部，嬰、因間或通作，非常例也，瞑訓泯非韵轉。廣韵青「瞑，莫經切」，明母；軫「泯，武盡切，又彌鄰切」，雖上爲齒脣音，下爲雙脣，陸法言無齒脣音，並爲微母，古讀明母，是瞑、泯古今韵不同，古聲同讀明母，雙聲正轉。

191

覺，告也。釋名。

〔疏證〕引釋名釋姿容。釋名疏證補：王先謙曰「説文『覺，寤也』，此臥覺本義，引伸之，爲凡發悟之稱。孟子『使先覺覺後覺』是也。臥覺之後，昭然明悟，與告語使覺者同意，故訓覺爲告。亦取疊韵字。」

今按：釋名釋書契亦云「告，覺也」，轉以告訓覺，覺告互訓，聲通也。詩賓之初筵「大侯既抗，弓矢斯張」，傳「抗，舉也」，箋「舉者，舉鵠而棲之於侯也」，釋文「説文又云：鵠者，覺也」。以鵠訓覺，鵠从告聲，以鵠訓覺猶以告訓覺矣。以上皆覺、告通訓之證，覺、告得聲之字，亦可通作。詩抑「有覺德行」，禮記緇衣引作「有梏德行」。大戴記帝系：「蟜極產高辛，是爲帝嚳。」山海經海外南經「狄山，帝嚳葬于陰」，注：「嚳，堯父，號高辛。」國語魯語：「帝嚳能序三辰。」並稱帝嚳。嚳，説文从學省聲，與覺同聲字。史記殷本紀作帝誥，索隱：「一作俈。」詩揚之水「從子于鵠」，傳：「曲沃邑也。」曲沃之合音讀覺，是鵠覺同音矣。此皆覺、告得聲之字可以互讀通作之證。俈在古韵幽部，覺在古韵藑部，平入通聲，此錢氏所不言。廣韵號「告，古到切」，覺「覺，古岳切，又古孝切」，是韵不同而同爲見母，雙聲正轉。聲類卷三文之異者有「覺爲梏」一條，實與本條同例。

192

欠，嶔也。釋名：「欠，嶔也。開張其口，聲脣嶔嶔也。」

〔疏證〕引釋名釋姿容。畢沅校釋名云：「今本欽上加山，乃俗書之無義理者。」説文：『欽，欠皃。』故云：『欠，欽也。』」

今按：説文「欠，張口气悟也」，「欽，欠貌，从欠，金聲。」聲類雖間採形聲同聲字爲訓，非通例也。通例則不採形聲同聲字。欠在古韵奄部，欽在古韵音部，雖同爲閉口韵，非一部也。廣韵梵「欠，去劒切」，侵「欽，去金切」，兩字不同韵，然同爲溪紐，此屬雙聲正轉。

193 親，襯也。　釋名：「親，儭也〔一〕；言相隱襯也。」

〔疏證〕 引釋名釋親屬。釋名疏證補引蘇輿曰：「襯，疑當作儭也。釋親釋文引說文云：『親，至也。』蒼頡篇云：『親，愛也；近也。』一切經音義四：『儭，且吝反，又義覲反。儭，至也，近也。』又作寴，說文：『寴，至也。从宀親聲。』是儭與親，聲義並近。隱，痛也，相隱儭猶言相痛愛。白虎通九族篇云：『一家有吉，百家聚之，合而爲親，生相親愛，死相哀痛。』即此隱儭之義。襯、儭形近易訛。廣雅釋詁：『儭，仞也。』影宋本作儭，各本皆作襯，其誤正與此同。」

今按：說文無襯、寴字，雖收儭字，亦親之後起字。以後起字釋古字，於訓詁可也，以俗字釋正字，亦無乎不可。此以形聲同聲字爲釋，無煩證據，此訓於例亦少見。从親得聲之字，依例爲古韵因部同音字。後世聲音迻易，廣韵真「親、寴，七人切」，清母；震「儭、襯，初覲切」，穿二：韵分平去，聲紐亦異，然而同位，同位爲變轉。

194 母，冒也。　釋名：「母，冒也。含生己也。」

〔一〕「儭」，粵雅堂叢書本作「襯」。

〔疏證〕引釋名釋親屬。

今按：史記伯夷列傳：「賈子曰：『上略。衆庶馮生。』」索隱：「鄒誕生作每生。每者，冒也。冒即貪之義。」按：「漢書賈誼傳：『品庶每生。』」故鄒誕生作「每生」也。每从母聲，以每訓冒猶以母訓冒也。又説文：「母，牧也。」廣雅釋親亦云：「母，牧也。」廣雅釋詁一「牧，畜也」，畜即含生之義，以母訓冒，言「含生己」也，猶以母訓牧矣。説文：「坶，朝歌南七十里地，周書：『武王伐紂，戰于坶野。』」經傳多作牧野。此則母、牧聲通之證。母在噫部，冒在幽部，古韵不同部。廣韵厚「母，莫厚切」，明母；號「冒，莫報切」，亦爲明母；屋「牧，莫六切」，仍爲明母：是三字互不同韵而皆同紐，雙聲正轉。牧在古韵肊部，與噫爲平入韵。

195 兄，荒也。釋名：「兄，荒也。荒，大也。故青徐人謂兄爲荒也。」

〔疏證〕引釋名釋親屬。釋名疏證補引王啟原曰：「楚辭『怳忽兮遠望』，祭義『以其慌惚以與神明交』，均彷忽之異文。一从兄，一从荒，以兄亦荒也。漢書司馬相如傳『西望崑崙之軋沕荒忽兮』，後漢書下邳惠王傳『衍病荒忽』，則慌直可爲荒。詩鶉奔以兄叶姜、彊，是讀如荒。」

今按：王啟原此條極是。怳惚即慌惚，其例甚多。神女賦序「精神怳惚」，淮南原道「鶩怳忽」，論語集解「惚怳不可爲象」，此皆以怳惚二字連文。祭義又云「夫何慌惚之有乎」，老子「是謂慌惚」，後漢書張衡傳「追慌忽于地底兮」，此皆慌惚二字連文。慌、怳互作即荒、兄互作，是兄、荒聲通之證。兄、荒古本央部同音字，後世音稍迻易而稍有不同。廣韵庚「兄，許榮切」，曉母；唐「荒，呼光切」，曉母：是則韵異而紐同，雙聲正轉。

196

昆，貫也。釋名：「來孫之子曰昆孫。昆，貫也，恩情轉遠，以禮貫連之耳。」

〔疏證〕引釋名釋親屬。

今按：説文：「昆，同也。」昆仲之昆，説文作翼，詳下「緄，昆也」，此不贅。説文：「琨，石之美者，从玉，昆聲。瓘，或从貫聲。」琨、瓘既同字，可證昆、貫聲通。詩皇矣「串夷載路」，箋云：「串夷即混夷，西夷國名也。」串即毌貫字，古患字作悹，毌即古貫字，晉姜鼎云「令俾串通」，串通即貫通。串夷即混夷，亦即昆夷。亦可證昆、貫聲通。昆在昷部，貫在安部，韵相鄰近，可以互轉，然亦需借之聲耳。廣韵魂「昆，古渾切」，換「貫，古玩切」，兩字廣韵雖異韵，然而同爲見母雙聲，雙聲正轉也。

197 叔，少也。釋名。

〔疏證〕引釋名釋親屬。

今按：説文「叔，拾也」，叔無少小之義。白虎通姓名亦云「叔者，少也」，釋名與之同，蓋皆取聲訓。叔在古韻蕒部，少在古韻夭部，雖鄰近，非聲紐相同，不常韻轉也。廣韻屋「叔，式竹切」，笑「少，失照切」，是兩字雖不同韵，然而同在審三，雙聲正轉。

198 季，癸也。釋名：「季，癸也。甲乙之次，癸在最下，季亦然也。」

〔疏證〕引釋名釋親屬。釋名疏證補引畢沅曰：「周家積叔，故文王十子伯邑考以下皆稱叔，唯聃季稱季，以處末也。」

今按：説文：「季，少稱也。从子，从稚省，稚亦聲。」是孟仲叔季之季，取本義也。季不叔先而叔後者，劉成國遂附會聲音，以爲癸在甲乙最下，故云：「季，癸也。」季在古韵鬱部，癸在古韵衣部，古韵相鄰近，然非一部。廣韵至「季，居悸切」，旨「癸，居誄切」，兩字廣韵亦分上去，聲紐則同爲見母，雙聲正轉。

199 章，灼也。 釋名：「夫之兄曰公，俗間曰兄章。章，灼也，章灼敬奉之也。」

〔疏證〕 引釋名釋親屬。此删節原文爲説也。釋名原云：「夫之兄曰公。吴校公上有兄。公，君也；君，尊稱也。俗間曰兄章。章，灼也，章灼敬奉之也。王先謙曰：「據爾雅郭注，以俗呼兄鍾爲兄伀之轉，顔師古又以呼鍾爲章之轉。實則兄伀章鍾，皆雙聲遞變，成國緣文定訓。」又曰兄伀，言是己所敬忌，見之怔忪，蘇輿云：「怔忪與伀伀同。廣雅釋詁：『伀伀，懼也。』王褒四子講德論：『百姓伀伀無所措其手足。』潛夫論：『乃復怔忪如前。』並取惶懼之義。廣雅釋訓又云：『屏營，伀伀也。』漢書王莽傳：『人民正營。』顔注：『正營，惶恐不安之意也。』正營即怔忪，語之轉。」自肅齊也。俗或謂舅曰章，又曰伀，王先謙曰：「漢書廣川王去傳『背尊章，嫖以忽』，顔注：『尊章猶言舅姑也。今關中俗，婦呼舅姑爲鍾。鍾者，章聲之轉也。』」亦如之也。」

今按：錢氏僅摘取釋名「章，灼也」以申聲轉。説文「章，樂竟爲一章，从音，从十」，章明之本字爲彰，説文「彰，彣彰也」，引申爲彰明之義，廣雅釋詁四：「彰，明也。」又説文「灼，炙也」，灼明之本字爲的或爲焯。説文「的，明也」，「焯，明也。周書曰『焯見三有俊心』。」今書立政焯作灼，可證焯、灼聲通。錢氏以爲章、灼通訓，聲轉也。章在古韵央部，灼在古韵約部，兩部懸隔，非韵轉也。廣韵陽「章，諸良切」，照三；藥「灼，之若切」，照三：是章、灼兩字雖不同韵而同聲，雙聲正轉也。

又按：錢氏謂章、灼雙聲是矣。然兄公何以俗曰兄章，義何以與聲相會，猶未釋然冰解也。今爲兩説以申之。兄公即兄伀也。伀从公聲，故公可爲伀之省文。章在央部，伀在邕部，央、邕雖間亦相轉，然非常例。廣韵鍾「伀，職容切」，照三，伀與章雖不同韵，然爲同紐，雙聲正轉。漢書廣川王傳顔注：「今關中俗，婦呼舅姑爲鍾，鍾者，音聲之轉也。」鍾與伀同音，伀之爲章，正猶鍾之爲章矣，此一説也。又廣韵東「公，古紅切」，見紐，公雖不與章同韵，亦不同紐，然而同位，同位爲變轉。此又一説也。凡此兩説，皆與聲類之例相符。

200

鰥，昆也。釋名：「無妻曰鰥。鰥，昆也。昆，明也。愁悒不寐，目恒鰥鰥然也。」

〔疏證〕引釋名釋親屬。

今按：説文「鰥，魚名」，非鰥寡本字。段玉裁以鰥寡字古祇作矜，矜即憐之假借。朱駿聲以爲寡乃鰥之本字。然憐與寡亦非鰥寡之義，竊以爲無妻無夫本無不同，廣雅釋詁三「寡，獨也」，小爾雅廣義「凡無妻無夫通謂之寡」，其説是矣。故鰥之爲言即寡耳。廣韻山「鰥，古頑切」，馬「寡，古瓦切」，鰥、寡不同韵而同爲見紐雙聲，同紐正轉。劉成國以鰥訓昆；昆，明也，以附會鰥魚不瞑，非其義也。顧鰥、昆兩字，徵之聲音，可以通轉，則彰明有據，非同妄説。罤爲昆弟之本字，鰥从罤聲，實从罤省聲，此鰥、昆聲通之證一。説文無鯤，詩敝笱「其魚魴鰥」，箋「鰥，魚子也」；爾雅釋魚「鯤，魚子」：是鰥、鯤一字，兩字聲通，其證二。説文亦無蓖，字作薣，「薣，草也」，廣雅釋草、楚辭招魂及七諫皆作蓖，是薣、蓖一字，兩字聲通，其證三。説文「歞，昆干也」，昆干即歞干，是昆、歞聲通，其證四。鰥、昆本古韵𥁕部同音字，宜可聲轉。後世而韵少迻易，於是聲同而韵不同。廣韵魂「昆，古渾切」，昆與鰥雖魂、山異韵，然而同爲見紐，雙聲正轉。

201

民，冥也，瞑也。春秋繁露：「民之號，取之瞑也。民之性，有其質而未能覺，譬如瞑者，待覺教之然後善。」

〔疏證〕引春秋繁露深察名號篇。於原文甚有删節，又云「民者瞑也」，亦未及引。

今按：前有一條云「眠，泯也」，从本條視之，眠當改作瞑。錢氏本書，生前未及刊行，後人刻出，失于檢閲也。詩靈臺序「靈臺，民始附也」，箋：「民者，冥也。」正義：「民者，冥也。孝經援神契文。以其冥冥無知。」文選養生論「内懷殷憂，則達旦不瞑」，注：

「瞑，古眠字。」皆民、冥聲通之證。民在古韵因部，冥瞑在古韵嬰部，非同部韵轉也。廣韵真「民，彌鄰切」，微母古讀明；青「冥、瞑，莫經切」，明母：是民與冥瞑不同韵而古聲同讀明母，雙聲正轉。又先「瞑，莫賢切」，則與眠讀爲同音，後世音之訛變。惟仍與民異韵而雙聲，亦合正轉之例。

202　甿，懵也。周禮遂人「以下劑致甿」，注：「甿，猶言懵懵無知也。」

〔疏證〕遂人見地官。原文詳録如下：「凡治野，以下劑致甿，以田里安甿，以樂昏擾甿，以土宜教甿稼穡，以興耡利甿，以時器勸甿，以彊予任甿，以土均平政」，注：「變民言甿，異内外也。甿猶懵懵無知貌也。」疏：「以其民者，冥也，甿者懵懵，皆是無知之貌也。」

今按：説文「鯍，魱鯍也」，魱鯍亦作魱䲙，漢書司馬相如傳「魱䲙漸離」，注：「周洛曰鮪，蜀曰魱䲙。」鯍爲䲙猶甿爲懵矣。文選嘆逝賦「何視天之芒芒」，注：「芒芒猶夢夢也。毛詩曰：『民今方殆，視天夢夢。』」以芒爲夢，亦猶以甿訓懵矣。此皆亡、瞢相通之證。懵在古韵膺部，甿在古韵央部，古韵不同也。廣韵耕「甿，莫耕切」，董「懵，莫孔切」，亦韵異而同爲明紐，雙聲正轉。

203 信，申也。　釋名：「信，申也。言以相申束，使不相違也。」

〔疏證〕　引釋名釋言語。釋名疏證補引皮錫瑞曰：「儀禮士相見禮注：『古文伸作信。』穀梁范甯解云：『信申字，古今所共用。』」

今按：信、申通作，其例極多。詩擊鼓「不我信兮」，釋文：「信，毛音申。按：信即古伸字也。」易繫辭「引而伸之」，釋文：「伸本作信。」又：「往者屈也，來者信也。屈伸相感而利生焉。尺蠖之屈，以求信也；龍蛇之蟄，以存身也」，釋文：「信也，本又作伸，同。音申，下同。韋昭漢書音義云：『古伸字。』」士相見禮「君子欠伸」，注：「古文伸作信。」禮記儒行「竟信其志」，注：「信讀如屈伸之伸，假借字也。信或爲申。」荀子不苟「剛强猛毅靡所不信」，注：「信讀爲伸，古字通用。」臣道：「諫争輔拂之人信，則君過不遠」，注：「信讀爲伸，古字通用。」天論「老子有見於詘，無見於信」，注：「信讀爲伸，古字通用。」漢書中伸皆作信，顔師古注稱「信讀曰伸」者，如：律曆志上「引者，信也」，又「引而信之」；蕭何傳「夫能詘於一人之下，而信於萬乘之上者」；劉向傳「恐不得自信」；賈誼傳「平居不可屈信」，「威令不信」，「信并兼之法」；張湛汲鄭傳贊「孝文親詘帝尊，以信亞夫之軍」；杜欽傳「反因時信其邪辟」；司馬遷傳「乃欲卬首信眉」；王褒傳「何心偃卬詘信若彭祖」；東方朔傳「得信厥説」；趙充國傳「信威千里」；王吉傳「休則俛仰詘信以利形」；韋玄成傳「公子不得爲母信」；馮奉世傳「信命殊俗」；循吏傳朱邑「賴蕭公而後信」。顔師古注又有稱「讀曰申」者，申即伸之省，本無不同也。如五行志上「莫信其性」；揚雄傳下「頗得信其舌而奮其筆」；王莽傳上「而信主上之義」；叙傳下「信于上將」，「蘇武信節」。它如宣帝紀贊「信威北夷」，師古曰：「信讀爲申，古通用字。」文選吴都賦「闔閭信其威」，劉逵注：「信讀爲申。」此僅以漢書爲主，它未詳及，信、伸通作，固不勝數耳。又卷二讀之異者有「信如身」一條，身本从申省聲，信如身亦可證信與申聲通，可以參閲。又信與陳、敶字通，陳、敶本从申聲，亦可證信、申聲通者。左傳昭廿年「信罪之有無」，即「陳罪」、「敶罪之有無」、「申罪之有無」也。定八年「盟以信禮也」，即「盟以陳（敶）禮」、「盟以申禮」也。詩谷風「信誓旦旦」，即「陳（敶）誓旦旦」、「申誓旦旦」也。用此推之，更難更僕數矣。信與申古韵同在因部，後世聲音迻易，韵書已不同韵。廣韵震「信，息晉切」，心母；真「申，失人切」，審三：不惟韵分平去，聲亦異紐，然而同位，同位爲變轉。

204

孝，畜也。　釋名：「孝經説：孝，畜也。畜，養也。」

〔疏證〕　引釋名釋言語。孝經説前删去「孝，好也，愛好父母，如所説好也」。畢沅曰：「禮記祭統：『孝者，畜也。順於道，不逆於倫是之謂畜。』此所引孝經説，蓋孝經緯援神契之文曰『庶人孝曰畜』。畜者，含畜爲義，庶人含畜受樸，躬耕力作，以畜其德，則其親獲安，故曰畜也。」按引援神契即見祭統正義。

今按：孟子梁惠王下：「其詩曰『畜君何尤』，畜君者好君也。」呂覽適威「民善之則畜也」，注：「畜，好也。」此以畜、好聲通而相訓。禮記孔子閒居「以畜萬邦」，坊記「以畜萬邦」，注：「畜，孝也。」此又畜、孝聲通而相訓。孝與好皆通畜，故孝、好亦相通矣。孝與好古韵皆在幽部，畜在藥部，幽、藥於古韵爲平入部，宜可通轉。然而聲類主聲不主韵，廣韵效「孝，呼教切」，曉母；號「好，呼到切」，曉母；屋「畜，許竹切」，曉母：是三字互不同韵而同爲曉紐，雙聲正轉。

205 達，徹也。釋名。

〔疏證〕引釋名釋言語。疏證補引葉德炯曰：「説文：『通，達也。』漢書高帝紀『通侯諸將』，注引應劭曰：『通亦徹也。』此因達有通訓，故又以徹訓達。」

今按：禮記儒行「上通而不困」，注：「謂仕道達于君也。」此亦以通訓達也。漢諱武帝名徹爲通，高祖紀之通侯，即諱武帝徹改爲通耳。此通、徹互訓之證。徹、達皆與通相訓，故達、徹亦可通訓矣。又廣雅釋詁一「達，通也」，亦一證也。通在邕部，徹在薁部，古韵爲平入韵，雖相轉然分兩部，廣韵東「通，他紅切」，透母；屑「徹，丑列切」，徹母古讀透：是通徹異韵而同紐，錢氏雖不録，亦雙聲正轉。曷「達，他達切又唐割切」，亦透紐，與通、徹並異韵而亦同紐，雙聲正轉。

又按：國語周語「其何事不徹」，魯語「焚烟徹於上」，晉語「果無不徹」，楚語「其聰能聽徹之」，越語「不敢徹聲聞於天王」，注並云：「徹，達也。」小爾雅廣詁：「徹，達也。」皆達、徹通訓之證，補録於此。至於通達、通徹之訓，錢氏於此所不及，故略之。

206

懿，僾也。釋名。

〔疏證〕引釋名釋言語。原文多「言奥僾也」一句。釋名疏證補：「畢沅曰：胡本作僾奥。蘇輿曰：小爾雅廣詁：『懿，深也。』詩七月『懿匡，深匡也』，孔疏：『懿者，深邃之言。』此以奥僾釋懿，蓋取深邃之義。本書釋天『陰，蔭也。氣候内奥蔭也』，奥蔭即深邃之旨。説文：『僾，仿佛也。』禮祭義釋文：『僾，音愛，微見貌。』正義：『僾，髣髴也。』爾雅釋言『薆，隱也』，僾、薆字同，並與深邃義合。」

今按：釋名本條之奥僾，即釋名釋天之奥蔭，無煩依胡本倒置也。説文「懿，嫥久而美也」，無深與隱與僾之義。説文「淵，回水也」，引申訓深。小爾雅廣詁：「淵，深也。」廣雅釋訓：「淵淵，深也。」懿訓深當爲淵之借字。説文「隱，蔽也」，廣雅釋詁一「隱，翳也」，此即隱蔽之本字。説文「薆，蔽不見也」，「僾，仿佛也」，此兩皆以仿佛爲其本義。此諸字皆聲同而義通，故可互用矣。淵、隱在古韵㬈部，本同音，懿、僾在鬱部亦同音。㬈、鬱本平入韵，古韵又互轉耳。後世讀音遂稍迻易，廣韵隱「隱，於謹切」，影母；先「淵，烏玄切」，影母；至「懿，乙冀切」，影母；代「僾、薆，烏代切」，影母：韵雖迻易，聲仍影母，雙聲正轉。

207 撥，播也。釋名：「撥，播也。播使移散也。」

〔疏證〕引釋名釋言語。

今按：撥、播引申，義有相近之處；撥、播通訓，例不經見。撥在古韵曷部，播在安部或轉爲阿部，阿、曷、安三部本對轉韵。然錢氏所不言。廣韵末「撥，北末切」，幫母；過「播，補過切」，幫母：兩字聲同，雙聲正轉。

208 基，據也。釋名：「基，據也。在下，物所依據也。」

〔疏證〕引釋名釋言語。

今按：基、據義相契會，明白可知，基、據互訓，例亦鮮見。基在古韵噫部，據在古韵烏部，兩部鮮通，非韵轉也。廣韵之「基，居之切」，御「據，居御切」，韵異聲同，見母雙聲正轉。

209

號，呼也。 釋名：「號，呼也。以其善惡，呼名之也。」

〔疏證〕引釋名釋言語。釋名疏證補引葉德炯曰：「越語韋昭注：『號，呼也。』」

今按：説文「號，嘑也」，「嘑，號也」。兩字互訓。説文「呼，外息也」，本呼吸之字、呼號當以嘑爲本字，借字行而本字廢矣。爾雅釋言「號，嘑也」，猶用本字。詩碩鼠「誰之永號」，傳：「號，呼也。」左傳宣十二年「號公叔展」，注：「號，呼也。」國語晉語「公號慶鄭」，注：「號，呼也。」天問「蓱號起雨」，「何號於市」，注並云「號，呼也」，皆以呼爲嘑，此號、呼通訓之證。號在古韵夭部，呼在古韵烏部，不同韵。廣韵豪「號，胡刀切」，又「乎到切」，匣母；模「呼、嘑，荒烏切」，曉母：近紐雙聲。然呼、嘑並从乎聲，乎，匣紐字，則又同紐雙聲，正轉也。

210 惡，扼也。 釋名：「惡，扼也，扼困物也。」

〔疏證〕 引釋名釋言語。釋名疏證補引葉德炯曰：「説文『亞，醜也。象人局背之形』，與困扼義近。惡从亞得聲，故有此義也。」

今按：從釋名此文下條視之，惡爲醜惡之惡，又爲憎惡之惡，無疑也。故下文云：「好，巧也。如巧者之造物，無不皆善，人好之也。」若惡與扼，兩義本不相契，劉成國傅會聲音而爲之辭也。説文：「搹，把也。扼，或从戹聲。」説文無扼，扼即扼之隸變也。搹在益部，扼从戹聲，則在壹部，搹、扼而同爲一字者，説文「戹，隘也」，「隘，陋也」，亦壹、益兩部而通訓矣。惡訓扼，例不經見，惡在古韵烏部，讀入則爲蒦部，扼在壹部，搹在益部，古韵互不相同也。廣韵模「惡，哀都切又烏路、烏各切」，影母；麥「扼，於革切」，影母；怪「隘，烏懈切」，影母：是亦韵不同，然而同紐，雙聲正轉。

211 弱，衄也。 釋名。

〔疏證〕 引釋名釋言語。釋名疏證補引蘇輿曰：「廣雅釋言：『衄，縮也。』本書：『辱，衄也。』折衄即縮衄，並與弱義合。」

今按：説文「弱，橈也」，「橈，曲木」，引申爲屈曲之義。説文「柔，木曲直也」，亦爲柔弱屈曲之義也。説文「衄，鼻出血也」，本無縮朒之義，借作朒也。説文：「朒，朔而月見東方謂之縮朒。」吴都賦「莫不衄鋭挫鈚」，求自試表「師徒小衄」，謂挫折、縮朒也。弱在約部，衄在屋部，柔在幽部，三字古韵互異。廣韵藥「弱，而灼切」，日母；屋「衄，如六切」，日母；尤「柔，耳由切」，日母：諸字韵不同而爲同紐，雙聲正轉。衄借作朒者，屋「朒，汝六切」，娘紐，娘、日古讀泥，朒與衄，古讀雙聲也。

212

逆，遻也。 釋名：「逆，遻也。逆不從其理，則生殿遻而不順也。」

〔疏證〕引釋名釋言語。釋名疏證補：「畢沅曰：『説文：「逆，迎也。从辵，屰聲。」「屰，不順也。从𢆉下凵，屰之也。」此當作屰，而俗通作逆。三遻字亦當作咢，説文：「咢，从吅屰。」屰亦聲。史記：「趙良曰：千人之諾諾，不如一士之諤諤。」謂逆耳之言也，亦當作咢咢。』王先謙曰：『殿遻二字，又見本書釋姿容。釋宮室亦作殿鄂，鄂遻字同。』」按：釋姿容無殿、遌二字，蓋見于釋形體，王氏失檢，它注是。

今按：溯其源，逆、遻同从屰聲，説文形聲同聲字，例當音同義通，無煩證者。逆、遻本蒦部疑紐字，後世韵書稍有遂易。廣韵鐸「遌，五各切」，疑母；陌「逆，宜戟切」，疑母：韵異而聲不變，疑母雙聲，同紐正轉。

213 覆，孚也。釋名：「覆，孚也，如孚甲之在物外也。」

〔疏證〕引釋名釋言語。釋名疏證補引葉德炯曰：「釋器：『罦，覆車也。』此亦覆有孚義之證。」又引蘇輿曰：「周語韋昭注『孚，覆也』，與此轉注。詩大田箋『方謂孚甲始生』，孔疏：『孚者，米外之粟皮，甲者以在米外，若鎧甲之在人表。』按：莩爲葭里白皮，原注：見漢書中山王勝傳注。桴爲木表麤皮，原注：見詩角弓箋。孚與莩、桴同聲字，並爲在物外之稱，覆者覆物之具，物在覆内，覆在物外，故以孚釋之。」

今按：覆、孚皆與包聲通。詩蓼莪「出入腹我」，箋：「腹，懷抱也。」説文「寢，室也」，字亦作窇，廣雅釋室「窇，窟也」，釋言「窖，窇也」。此复聲與包聲相通作之證。説文捊或作抱，鮑古文作餢，罦或作罬，此皆一字而孚、包兩聲。説文「孚，卵孚也」，通俗文「雞伏卵，北燕謂之菢」。説文「脬，膀光也」，素問氣厥論「移熱于膀胱」，注：「胞爲受納之司。」説文「桴，棟名」，「枹，擊鼓杖也」，枹多借桴爲之，如左成二年傳「右援桴而鼓」，禮記禮運「蕢桴而土鼓」。此則孚、包聲通之證。复、孚皆與包聲通，故复、孚聲通，亦即覆、孚聲通矣。覆在古韵藥部，孚在古韵幽部，本平入韵，故宜相通。然聲類主聲轉不主韵轉，廣韵虞「孚，芳無切」，敷母；屋「覆，芳福切又敷救切」，敷母：是兩字韵異而聲同，雙聲正轉。

214 蓋，加也。 釋名：「蓋，加也，加物上也。」

〔疏證〕 引釋名釋言語。 釋名疏證補引蘇輿曰：「本書釋車：『蓋在上，覆蓋人也。』蓋有覆義，故訓爲加。 説文『蓋，覆也』，此承上爲義。」

今按：説文「蓋，苫也」，「苫，蓋也」。 蘇輿引説文失檢。 蓋有蓋掩蓋覆之義，訓掩訓覆則通訓也。 小爾雅廣詁：「蓋，覆也。」左傳成二年「所蓋多矣」，注：「蓋，覆也。」論語鄉黨「加朝服拖紳」，皇侃疏：「加，覆也。」蓋與加並訓覆，知蓋亦訓加矣。 蓋在古韵曷部，加在阿部，雖平入韵，然分兩部。 廣韵泰「蓋，古太切」，麻「加，古牙切」，韵不同而同爲見母，雙聲正轉。

215 御，語也。 釋名：「御，語也。 尊者將有所欲，先語之也。」

〔疏證〕 引釋名釋言語。 釋名疏證補引蘇輿曰：「春秋桓公十四年『鄭伯使其弟語來聘』，穀梁語作禦。 禦、御同，是御語字通也。」按：穀梁釋文：「禦，本亦作御。」

今按：史記東越王傳「樓船將軍率錢唐轅終古斬徇北將軍，爲禦兒侯」，正義：「禦字今作語。 語兒鄉在蘇州嘉興縣南七十里臨官道也。」漢書閩越王傳作「語兒侯」，師古曰：「語字或作篽，或作籞，其音同。」爾雅釋天「太歲在丁曰彊圉淮南天文訓同」，史記曆書

「彊梧大荒落四年」，正義：「梧，音語。」彊圉即彊禦，詩蕩「曾是彊禦」，烝民「不畏彊禦」，漢書王莽傳「不畏彊圉」，敘傳「曾是彊圉」。説文：「鋤，鉏鋤也。語，或从吾聲。」石門頌「綏億衙彊」，北海相景君碑「强衙改節」，衙皆當禦之借。一切經音義一：「禦，古文敔同。」此皆御聲字與吾聲通，固宜御、語通訓。御、語本古韵烏部同音字，今音亦未大變。廣韵語「語、御、籞、圉、衙、鋙，皆魚巨切」，疑母；御「御、語，牛倨切」，疑母：韵分上去而聲同紐，雙聲正轉。

216

艱，根也。　釋名：「艱，根也，如物根也。」

〔疏證〕　引釋名釋言語。畢沅曰：「尚書咎繇謨：『奏庶艱食。』釋文：『艱，馬本作根。云：根生之食謂百穀。』」

今按：艱、根並从艮聲，同聲之字，例爲同音，亦可通訓。本書釋疾病云：「痕，根也，急相根引也。」亦以从艮得聲之字爲訓，即其例矣。然同一形聲之字，後世音有遂易，有遂而韵異聲同者；有遂而韵同聲異者；有聲與韵兼有遂易者。聲類所取，惟韵異而聲仍同者，餘則棄而不録也。艱、根、痕古韵皆在㒶部，本同音字。廣韵山「艱，古閑切」，痕「根，古痕切」，是艱、根兩字韵分山、痕，聲同見紐，爲雙聲正轉，故錢氏録釋名之説以入聲類。又痕「痕，户恩切」，匣母，是痕與根仍同一韵，聲分見匣，雖同爲劉成國之説，錢氏不録，蓋不合聲類之例耳。

217 出，推也。 釋名：「出，推也，推而前也。」

〔疏證〕 引釋名釋言語。

今按：説文：「出，進也。」禮記儒行「上弗援，下弗推」，注：「推，猶進也、舉也。」出與推並可訓進，出、推宜可通訓。出在古韵鬱部，推在古韵威部，威、鬱爲平入韵，例可通轉。以今讀論之則自異韵。廣韵術「出，赤律切又赤季切」，穿三；灰「推，他回切又昌佳切」，透母，另切則穿三。是出、推兩字韵雖不同，若以聲論之，穿三古讀透，推、出古紐雙聲也；推亦讀昌佳切，推、出今紐雙聲也。於聲類皆爲正轉。若謂出讀穿三，推讀透，雖不同聲，亦爲同位，聲類以同位爲變轉。又本書卷三文之異者，有「準爲頔」一條，準、推其源亦从隹聲，準爲頔猶推爲出矣。漢高祖隆準或作隆頔亦可爲本條之證，可參讀彼條。

218 候，護也。 釋名：「候，護也；司護諸事也。」

〔疏證〕引釋名釋言語。釋名疏證補：「畢沅曰：『司，息吏反。』蘇輿曰：『説文：候，伺望也。』廣雅釋詁『候，覗也』，即司護意。畢讀是。」

今按：以護徑訓候者，亦別無它例。候古韵在區部，護在蒦部，古韵異部。廣韵候「候，胡遘切」，護「護，胡誤切」，兩字雖異韵而同爲匣母，雙聲正轉。

219

夬，決也。　易。

〔疏證〕今按：易夬彖：「夬，決也。」雜卦傳：「夬，決也，剛決柔也。」説文：「夬，分決也。」釋名釋言語：「夬，決也。」本條厠釋名諸條之中，不稱釋名而稱易者，易遠在釋名以前耳。決从夬聲，本形聲同聲字，古韵屬曷部，自宜可以通訓。廣韵夬「夬，古賣切」，屑「決，古穴切」，兩字於廣韵韵分而聲同，見母雙聲，同紐正轉。

220

始，息也。　釋名：「始，息也，言滋息也。」

〔疏證〕引釋名釋言語。釋名疏證補：「王先謙曰：『漢書宣紀注：「息謂生長也。」律曆志「陽氣伏於地下，始著爲一，萬物萌動」，有生長之義，故以息訓始。段氏音均表始息同在第一部。』」

今按：禮記檀弓下「君子念始之者也」，注：「始，猶生也。」漢書宣紀「死者不可生，刑者不可息」，師古曰：「息，謂生長也。」史記曆書「起消息，正閏餘」，正義引皇侃云：「乾者陽生爲息，坤者陰死爲消也。」是始與息皆可以訓生，則始、息通訓可推知矣。始在古韵噫部，息在肊部，段氏古韵不分平入，故同爲第一部。廣韵止「始，詩止切」，審三；職「息，相即切」，心母：是廣韵於始、息兩字，即不同韵，又不同紐，然而同位，同位爲變轉。

221 消，削也。釋名：「消，削也，言減削也。」

〔疏證〕引釋名釋言語。釋名疏證補引蘇輿曰：「消削倶从肖聲。易剥釋文『削本作消』，消、削同。廣雅釋詁：『削，減也。』」

今按：蘇説是矣。古韵削、消本夭部同音字，後世而韵分平入，廣韵宵「消，相邀切」，心紐；藥「削，息約切」，心紐：雙聲正轉。

222 息，塞也。釋名：「息，塞也，言塞滿也。」

〔疏證〕引釋名釋言語。

今按：説文「塞，隔也」；非窒塞之義，亦非塞滿之義。字當借作穽或寋，説文「穽，窒也」，此窒穽之本字；説文「寋，實也」，則充寋之本字。然皆借塞爲之，禮記孔子閒居「志氣塞乎天地」，注：「塞，滿也。」荀子富國「五味芬芳以塞其口」，注：「塞猶充也。」詩七月「塞向墐户」，傳：「窒塞也。」然塞、寋與息又皆同訓爲安，廣雅釋詁一「寋，安也」，方言六「塞，安也」；廣雅釋詁一「息，安也」。禮記檀弓「細人之愛人也以姑息」，注：「息，猶安也。」吕覽適威「而不得息由此生矣」，注：「息，安也。」説文「息，喘也」，本無安義，安息之義，由寋、塞引伸也。息與塞既皆可訓安，故息、塞可以通訓。息、塞本古韵肊部同音字。廣韵職「息，相即切」，心母；德「穽、塞、寋，蘇則切」，心母：則韵不同而同爲一紐，雙聲正轉。

223　姦，奸（音干）也。　釋名：「姦，奸也，言奸正案，脱法字。也。」

〔疏證〕　引釋名釋言語。釋名疏證補引葉德炯曰：「説文『姦，私也，从三女』，『奸，犯淫也，从女，干聲』。字異而義相通假。」

今按：説文「姦，古文作悬」，是姦又可从旱聲，即从干聲也，此姦、奸聲通之證。姦、奸古安部同音字。廣韵删「姦，古顔切」，寒「奸，古寒切」，韵小迻易而聲同，見母雙聲，正轉也。

224 麤，錯也。釋名：「麤，錯也，相遠之言也。」

〔疏證〕引釋名釋言語。釋名疏證補引蘇輿曰：「荀子正名篇楊注『麤，疏略』，下訓疏爲『獲索相遠』，即此義。」

今按：本篇从此至下凡四條，言麤、細、疏、密，則麤言麤大，與細爲對，疏言疏遠，與密爲對；明白清楚。麤下贅「相遠之言」句，恐誤；蘇輿取下訓「相遠」爲説，亦未必當劉氏注書之旨。識疑於此，以俟再考。錢氏録此，則意在説明「麤錯」聲訓，查釋名釋衣服云「搏腊案即不借猶把作麤貌也」，以麤腊爲聲訓；又云「麤，措也，言所以安措足也」，則以麤措爲聲訓。錯、腊、措並从昔聲，亦可爲麤訓錯之例證矣。麤在古韵烏部，錯在古韵蒦部，雖僅分平入，固兩部耳。廣韵模「麤，倉胡切」，清母；暮「錯，倉故切又倉各切」，清母：亦韵不同而同爲一紐；雙聲正轉。

225 疏，索也。釋名：「疏，索也，獲索相遠也。」

〔疏證〕引釋名釋言語。釋名疏證補引蘇輿曰：「廣雅釋詁：『疏，遠也。』疏、索一聲之轉。獲、索未詳，蓋其時方言。禮檀弓『吾離羣而索居』，注：『索，猶散也。』淮南俶真訓高注：『疏躍，布散也。』皆相遠之義。」

今按：釋名此條與下條密對言，則疏爲稀疏、疏遠之義可知。顧所謂釋名者，釋此事此物得此名之語源，語源本于聲音，故劉成國以聲爲訓，謂此事此物得名於此聲，如疏訓爲索，謂疏之名與疏之義，俱以索爲其源也。疏、索以聲相訓，聲必求實，故常密合無間；謂疏義即受之于索，不免鑿空，故或有得有失也。今疏既訓索矣，於是强爲之辭曰「獲索相遠也」，獲其所索必在疏遠之地耳。至於錢氏，僅採以疏訓索，謂古有此語，因引釋名爲例，以爲聲類正轉變轉之證，不在于劉氏之聲與義相契合否也。今作聲類疏證，亦重在補苴錢氏之例，申成其説，不在疏證釋名耳。發凡於此，幸閲者正之。

又按：説文「疏，通也」，本無求義。説文「搜，一曰求也」，搜有借疏爲之者，漢書趙充國傳「疏捕山間虜」，疏捕即搜捕可知。説文「𡩋，入家搜也」，小爾雅廣言「𡩋，求也」，廣雅釋詁三「𡩋，求也」，皆以𡩋訓求。𡩋省作索，索亦訓求，易繫辭上「探賾索隱」，疏：「索謂求索。」説卦「一索而得男」，疏引王氏云：「索，求也。」左傳襄二年「以索牛馬皆百匹」，注：「索，簡擇好者。」疏既借爲搜，索又借爲𡩋，故疏訓索，此足爲證矣。疏在古韵烏部，索在古韵蒦部，本平入相通轉。顧聲類主聲不主韵。廣韵魚「疏，所葅切」，審二；鐸「索，蘇各切」，心紐，審二古讀心：則爲同紐雙聲，正轉也。若謂錢氏不言審二讀心，則心與審二爲同位，同位爲變轉。

226 安，晏也。　釋名：「安，晏也。晏晏然和喜，無動懼也。」

〔疏證〕　引釋名釋言語。釋名疏證補引皮錫瑞曰：「尚書『文思安安』，今文尚書作『文塞晏晏』。春秋『安孺子』，亦作『晏孺子』。」

今按：皮引尚書堯典；引春秋傳左哀六年，史記安作晏。晏从安聲，形聲同聲，例常通作，本安部同音字，今韵則分平去。廣韵寒「安，烏寒切」，翰「晏，烏旰切」，兩字並影紐，雙聲正轉。

227 危，阢也。　釋名：「危，阢也。阢阢不固之言也。」

〔疏證〕　引釋名釋言語。釋名疏證補引蘇輿曰：「阢與杌同。書秦誓僞孔傳：『杌隉，不安，言危也。』」

今按：危，説文：「在高而懼也。」「阢，石山戴土也。」無不安、不固之意。蓋阢、扤同聲，受意于扤。説文：「扤，動也。」方言九：「篙謂之扤，扤，不安也。」後世字亦作卼、作杌，易困：「上六，困于葛藟，于臲卼。」卼在古韻㤅部，阢在古韻鬱部，非韻轉也。廣韻支「危，魚爲切」，疑母；没「兀、扤、杌、卼，五忽切」，疑母：是韻不同而紐同，雙聲正轉。

228

治，值也。釋名：「治，值也。物皆值其所也。」

〔疏證〕引釋名釋言語。釋名疏證補引蘇輿曰：「值，當也。言物皆當其所。漢書韓安國傳『公等足與治乎』，顏注：『治謂當敵也。今人猶云對治。』然則治有當義，故訓值，治值疊韻。凡事治則條理秩然，物皆得矣。」

今按：蘇説是矣。治在噫部，值在肊部，古雖平入韵，可以韵轉。然錢氏主聲不主韵，廣韵之「治，直之切」，澄母；志「值，直吏切」，澄母：是韵略異而聲則全同，雙聲正轉。

229

省，嗇也。釋名：「省，嗇也。嚁嗇約少之言也。」

〔疏證〕引釋名釋言語。畢沅曰：「上略案御覽人事部瘦人類引曰：『省，瘦也，臞雀約少之言也。』唯雀字訛，餘盡是。彼文之臞，足證此嚁字之誤。下略。」

今按：説文「省，視也」，與此義無涉。説文「渻，少減也」，「媘，減也」，兩字音義相同。渻、媘或借省爲之，禮記月令「省囹圄」，注：「省，減也。」荀子仲尼「省求多功」，注：「省，少也。」淮南主術「省而不煩」，注：「省，約也。」漢書刑法志「能省刑」，注：「省，減除也。」皆以省爲渻、媘字。説文「嗇，愛濇也」，引伸爲吝嗇，省嗇之義。管子五輔「纖嗇省用」，注：「嗇，悋也。」左傳昭元年「大國省穡而用之」，注「穡，愛也」，穡、嗇通作。韓非解老「少費謂之嗇」，嗇謂省也。續漢百官志注引風俗通曰：「嗇者，省也。」是省、嗇義通，此錢氏依釋名録此條之本義。畢校存參。省在嬰部，嗇在肊部，古韵不同。廣韵梗「省，所景切」，審二；又靜「息井切」，心母；職「嗇，所力切」，審二：韵亦不同，而同爲審二，雙聲正轉。省之息井切，與此訓無關，可不論。

230 劇，巨也。 釋名：「劇，巨也；事功巨也。」

〔疏證〕引釋名釋言語。

今按：文選注引説文：「劇，甚也。」漢書揚雄傳「口吃不能劇談」，注：「劇，疾也。」凡疾甚之義並與巨義相近。説文醵之或體作酟，一从豦聲，一从巨聲，是劇巨聲通之證一。又説文「蘧，菜也」，即今萵苣也，亦巨、豦聲通，此劇、巨聲通之證二。劇、巨本烏部同音字，今韻則稍有迻易，廣韻陌「劇，奇逆切」，羣母；語「巨，其吕切」，羣母：是韻異而聲同，雙聲正轉。

231　公，廣也。　釋名：「公，廣也，可廣施也。」

〔疏證〕　引釋名釋言語。釋名疏證補引蘇輿曰：「周書謚法：『立志及衆曰公。』太子晉伯能移善於衆，與百姓同，謂之公，皆廣施之義。公、廣雙聲。」

今按：曠每訓空，書臯陶謨「無曠庶官」，注：「曠，空也。」孟子離婁上「曠安宅而弗居」，注：「曠，空。」論衡藝增：「尚書曰：『毋曠庶官。』曠，空；庶，衆也。毋空衆官，置非其人，與空無異，故言空也。」管子七法「毋壙地利」，注：「壙，空也。」曠、壙並从廣聲。空从工聲，工與公通作，詩靈臺「矇瞍奏公」，楚辭注作「矇瞍奏工」。左傳昭廿五年「季公鳥」，説文作「空禓」。可知空、工通作公。故曠訓空，即廣訓公矣。公在邕部，廣在央部，古韻非一部，雖間或有通者，非常例也。廣韻東「公，古紅切」，蕩「廣，古晃切」，是兩字亦異韻，然而同爲見母，雙聲正轉。

232　私，恤也。　釋名：「私，恤也，所恤念也。」

〔疏證〕引釋名釋言語。釋名疏證補引蘇輿曰：「晉傅咸詩『進則无云補，退則恤其私』，亦此私恤之義。廣韻私在六脂，恤在六術。」

今按：私在衣部，恤在壹部，兩部平入異韵。廣韻脂「私，息夷切」，心母；術「恤，辛律切」，心母：雙聲正轉。

233

罵，迫也。釋名「罵，迫也。以惡言被迫人也」，迫讀爲陌。

〔疏證〕引釋名釋言語。釋名疏證補：「王先謙曰：『廣雅釋詁：被，加也。』」

今按：詩吉日「既伯既禱」，傳：「伯，馬祖也。」爾雅釋天：「既伯既禱，馬祭也。」伯即禡也，此馬、白聲通之證一。詩皇矣「是類是禡」，傳：「於野曰禡。」周禮春官肆師：「凡四時之大甸獵，祭表貉則爲位」，注「貉，師祭也。貉讀爲十百之百」，釋文：「貉，莫駕反。」夏官大司馬「遂以蒐田，有司表貉」，注：「鄭司農云：貉讀爲禡，禡即師祭也。書亦或爲禡。」貉既讀爲禡又讀爲百，是禡、百可以聲通。百又與白聲通，孟子滕文公上「或相什佰」，佰或作伯也。漢書食貨志「富者田連仟佰」，仟佰即今阡陌字也。洦字亦作泊，挌字亦作拍。禡既與百音通，百又與白音通，是禡、白音通之證二。罵在古韵烏部，迫在蒦部，雖平入韵，可以轉作，然分兩部。廣韻禡「罵，莫駕切」，陌「迫，錢云迫讀如陌。莫白切」，是韵雖異，而聲同明母，雙聲正轉。

234

詈，歷也，離也。釋名：「詈，歷也，以惡言相彌歷也。亦言離也，以此挂離之也。」

〔疏證〕引釋名釋言語。釋名疏證補：「王先謙曰：『詈、歷、離，並以聲轉之字爲訓。彌歷未詳何語，蓋淩籍意。』漢書司馬相如傳下『磧歷之坻』，注：『磧歷，不平也。』惡言者，不平之語。彌歷或與磧歷義近。本書釋天『霢霂，小雨也』，言霢歷霑漬，惡言如雨之霑漬人。彌歷或即霢歷之音變字。挂疑詿之誤，說文『詿，誤也』，廣雅釋詁『詿，欺也』，以惡言欺誤人而離之。」

今按：王氏疑彌歷即霢歷，恐非。竊疑彌歷蓋暴戾之音轉。王氏又以挂爲詿之誤，疑亦非是。說文「挂，畫也」，挂離即畫離，畫離即分離，似無煩改作。國語晉語「非天不離數」，注：「離，歷也。」又離與麗相通，燕策及史記刺客列傳之高漸離，論衡離作麗。麗亦訓歷，詩魚麗傳：「麗，歷也。」詈與歷、離直訓者，別無它證，惟廣韵寘「詈、離，力智切」，同音，既離與歷聲通，故詈與歷聲通矣。古韵離、詈皆在阿部，歷在益部，不同一部。廣韵錫「歷，郎激切」，來母，詈、離亦來母，是以同紐雙聲爲正轉。

235 助，乍也。釋名：「助，乍也。乍往相助，非長久也。」

〔疏證〕引釋名釋言語。

今按：説文：「殂，往死也，从歺，且聲。」「古文作𣦸」，本从死，乍聲。今説文誤作作聲，非。此且、乍聲通之證一。詩蕩「侯作侯祝」，作爲詛之借，此乍、且聲通之證二。釋名釋親屬「祖，祚也」，釋喪制「徂落，徂，祚也。福祚殞落也」，此且、乍聲通之證三。助在烏部，乍在蒦部，本平入通轉，聲類主聲不主韵。廣韵御「助，牀據切」，牀二；禡「乍，鋤駕切」，牀二：兩字於廣韵同紐而不同韵，雙聲正轉。兼詳下文「鮓，菹也」條。

236 嗟，佐也。釋名：「嗟，佐也。言之不足以盡意，故發此聲，以自佐也。」

〔疏證〕引釋名釋言語。此以嗟訓佐，蓋取詩關雎序「言之不足，故嗟嘆之」以爲説。

今按：説文：「䶩，齒差跌貌。从齒佐聲。」以差訓佐。左傳昭十六年「子齹賦野有蔓草」，説文䶩字下引「春秋傳曰：『鄭有子䶩。』」齹、䶩通作，即差佐通作。左傳襄廿八年「告北郭子車，子車曰：人各有以事君，非佐之所能也」，佐名字子車。佐無車義，字當作輂，省作車，說文：「輂，連車也，从車，差省聲，讀若遲。」佐、輂通作即佐、差通作。凡此皆足以證嗟訓佐，嗟、佐聲通。嗟、佐本古韵阿部同音字，後世而韵有迻易。廣韵麻「嗟，子邪切」，精母；箇「佐，則箇切」，精母：是韵異而聲紐仍相同，雙聲正轉。

237 飲，奄也。　釋名：「飲，奄也。以口奄而引咽之也。」

〔疏證〕引釋名釋飲食。

今按：說文「㱃，歠也，从欠，酓聲」，今隸作飲。說文「鴿，雜屬，从鳥，酓聲」；字或作鵪。爾雅釋鳥「鴽，鴾母」，注：「鵨也，青州呼鴾母。」廣雅釋鳥：「鴽，鵨也。」夏小正：「三月田鼠化爲鴽，鵪也。」是鵨、鵪一字，酓與奄聲通，故以飲訓奄。㱃在古韵音部，奄在奄部，雖同爲閉口韵，相鄰近，然分兩部。廣韵寑「飲、㱃，於錦切」，影母；琰「奄，衣儉切」，影母：是兩字不同韵而同紐，雙聲正轉。

238 食，殖也。　釋名：「食，殖也，所以自生殖也。」

〔疏證〕引釋名釋飲食。釋名疏證補引王啟源曰：「管子地員篇：『壯士之次曰五殖。』禮記檀弓：『則擇不食之地而葬我焉。』不食猶不殖也。」

今按：漢書食貨志「食謂農殖嘉穀可食之物」，亦以食、殖爲訓。食、殖本古韵肊部同音字，後世聲音稍有迻易。廣韵職「食，乘力切」，牀三；「殖，常職切」，禪母：是固韵同而聲爲近紐，雙聲正轉。

239

咀，藉也。　釋名：「咀，藉也，以藉齒牙也。」

〔疏證〕引釋名釋飲食。王先謙曰：「一切經音義廿二引三蒼云：『咀，含味也。』文選遊天台山賦注：『以草薦地曰藉。』含物在齒牙之上，故亦曰藉也，猶言在口中謂之藉口矣。原注：見左成二年傳。」

今按：釋名疏證補多補義，鮮釋音，非上乘之作也。孟子滕文公下「助者，藉也」；又「禮曰：諸侯耕助以供粢盛」，注：「收其藉助以供粢盛。」周禮地官遂人：「教甿稼穡，以興耡利甿。」又春官司巫「祭祀則共匰主及道布蒩館」，注：「杜子春云：蒩讀爲鉏。鉏，藉也。」說文：「殷人七十而耡，耡，耤稅也。」助、耡、鉏與咀皆从且聲，諸字之訓藉、耤，猶咀之訓藉矣。咀在烏部，耤、藉在蒦部，古韵爲平入韵，自宜通轉。廣韵語「咀，慈吕切」，心母；禡「藉，慈夜切又秦昔切」，心母：是兩字廣韻不同韵而同紐，雙聲正轉。

240 嚼，削也。　釋名：「嚼，削也，稍削也。」

〔疏證〕引釋名釋飲食。王先謙曰：「一切經音義六引通俗文：『咀齧曰嚼。』易『剝床以辨』，疏：『初二蔑貞，但小削而已。』小猶稍。」

今按：説文：「噍，齧也。从口，焦聲。嚼，或从爵聲。」又：「爵，禮器也。𤔲象雀之形。」又：「雀，依人小鳥也。」嚼訓削，鮮有其他例證。豈雀受義於小，僬僥列子湯問，短人國名，亦受義於小耶？噍爲嚼之正篆。爵、雀常通作，嚼之訓削，削亦从小聲耳。噍在幽部，雀、爵在約部，古韵非同韵也。廣韵笑「噍，才笑切」，從母；藥「嚼，在爵切」，從母；「削，息約切」，心母：是噍與削異韵，嚼與削同韵，然而皆近紐雙聲，亦爲正轉。惟近紐雖正轉，非聲類之范例。

241 餌，而也。　釋名：「餌，而也，相黏而也。」

〔疏證〕引釋名釋飲食。

今按：顔師古注急就篇云：「溲米而蒸之則爲餌，餌之言而也。」又釋名釋形體云：「耳，耏也。耳有一體兩邊，耏耏然也。」又釋喪制云：「輿棺之車曰輀。輀，耳也。縣於左右，前後銅魚摇絞之屬，耳耳然也。」亦以餌訓爲而、耳訓爲耏、又以輀訓耳，皆耳、而聲通之證例。耳、而皆古韻噫部同音字，後世聲音小變，然大體未離其宗也。廣韻之「而，如之切」，日母；止「耳，而止切」，日母：是韻分平上，聲同爲日紐，雙聲正轉也。

242 鮓，菹也。釋名：「鮓，菹也。以鹽米釀之如葅，熟而食之也。」

〔疏證〕引釋名釋飲食。畢沅曰：「説文無鮓字，以音求之，疑當借用鮺。」

今按：畢説是也。説文：「鮺，藏魚也，从魚，差省聲。」差、乍聲通，如説文「槎，衺斫也」，西京賦「柞木剪棘」，以柞爲槎是矣。致于以鮓爲菹，它如説文「菹，酢菜也」，菹、酢亦聲訓。釋名釋言語：「助，乍也。乍往相助，非長久也。」助之訓乍，猶鮓之訓菹矣。前此「助，乍也」一條，已有例證，此不贅。鮓在古韻蒦部，菹在烏部，烏、蒦本平入韻，宜可通轉。廣韻禡「鮓，側下切」，魚「菹，側魚切」，是兩字雖不同韻，然而同爲照二，雙聲正轉。

243 脩，縮也。釋名：「脩，縮也。乾燥而縮也。」

〔疏證〕引釋名釋飲食。釋名疏證補：「畢沅曰：『説文「脯，乾肉也」，「脩，脯也」。』王啟源曰：『詩中谷有蓷「暵其脩矣」，傳云：「脩，且乾也。」』」

今按：釋名釋采帛：「繡，脩也，文脩脩然也。」此脩字雖與乾肉之義不同，謂脩與繡聲通則無所不同。說文「驌，乾魚尾驌驌也」，上驌字當作鱐，下兩驌字當即脩之異體。周禮天官庖人「夏行腒鱐膳膏臊」，注：「鄭司農云：鱐，乾魚。」廣雅釋器「驌，脯也」，與脩之訓脯義同。可證訓乾魚者爲鱐，訓脯之脩亦作驌。詩鴟鴞「予尾翛翛」，翛即脩之訛體，鴟鴞以脩脩形容鳥尾，此以驌驌形容魚尾，用字正同。肅與宿常通作，書顧命「王三宿」，士冠禮「乃宿賓」，祭統「宮宰宿夫人」，皆以宿爲肅。故繡之訓脩，脩或作驌，可爲脩訓縮之例證矣。脩在古韻幽部，宿在古韻藥部，本平入韻，宜可通轉。廣韻尤「脩，息流切」，心母；屋「縮，所六切」，審二，古讀心：韻異而紐同，雙聲正轉。若謂錢氏不言審二讀心，審與心亦同位，同位爲變轉。

244

盎，翁也。　釋名：「盎齊，盎，今按：畢沅據周禮注於此下增滃也二字。滃滃然濁色也。」周禮酒正「三曰盎齊」，注：「盎猶翁也。成而翁翁然蔥白色，如今酇白矣。」

〔疏證〕 引釋名釋飲食。

今按：説文「泱，滃也」，以盎訓爲翁，猶以泱訓爲滃也，此盎、翁聲通之證一。漢書息夫躬傳「玄雲泱鬱，將安歸兮」，師古曰：「泱鬱，盛貌。」泱鬱即滃鬱也。楚辭招隱士注：「岑崟嵾嵯，雲滃鬱也。」九懷蓄英「望谿兮滃鬱」，又昭世「覽舊邦兮滃鬱」。又作蓊鬱，見南都賦、蜀都賦。以盎、滃、蓊互作，此盎與翁聲通之證二。盎在央部，翁在邕部，古韵不同。廣韵宕「盎，烏浪切」，東「翁，烏紅切」，亦韵異而同爲影母，雙聲正轉。釋飲食又云：「汎齊，浮蟻在上汎汎然也。」畢沅曰：「周禮作泛齊，鄭注：『泛者，成而滓浮泛泛然，如今宜成醪矣。』説文『汎，浮貌』，『泛，浮也』，汎、浮義相近。」國語晉語「是故汎舟於河」，注：「汎，浮也。」廣雅釋訓：「汎汎，浮也。」史記老莊申韓列傳「汎濫博文」，正義：「汎濫，浮辭也。」一切經音義十二「汎古文泛同」，十四「泛古文氾同」，泛、氾之訓浮者，亦不可勝數也。汎在音部，泛在盇部，氾在奄部，皆相近，爲閉口韵；浮在幽部，則相去甚遠。廣韵尤「浮，縛謀切」，奉母；梵从凡聲，凡「凡、帆，符咸切」，亦爲奉母：雙聲正轉。釋飲食又云「沈齊，濁滓沈下」，沈在音部，濁在屋部，韵亦相距甚遠。廣韵侵「沈，直深切」，覺「濁，直角切」，澄母雙聲，正轉也。兩條皆正轉範例，錢氏並不録，蓋亦存其大概而已。

245 胖，片也。周禮腊人「共膴胖」，注：「胖之言片也，析肉意也。」

〔疏證〕今按：説文：「片，判木也。」廣雅釋詁四：「片，半也。」論語顔淵「片言可以折獄者」，鄭注：「片，半也。」漢書李廣傳附李陵傳「令軍士人持一半冰」，如淳曰：「半，讀曰片。」翟方進傳「天地判合」，師古曰：「判之言片也。」喪服傳「夫妻牉合也」，莊子則陽「雌雄片合」，釋文：「片音半。」並可證片、半聲通。片、胖古韵同在安部，今音廣韵換「胖，普半切」，霰「片，普麪切」，韵則小異而聲同滂母，雙聲正轉。

246 衣，隱也。白虎通：「衣者，隱也，所以隱形。」

〔疏證〕引白虎通衣裳：「衣者，隱也。裳者，鄣也。所以隱形自鄣閉也。」裳之訓鄣，亦爲聲訓。録衣而不録裳者，衣、隱韵異同聲，裳、鄣韵同聲異也。

今按：廣雅釋詁一：「㥯，哀也。」哀从衣聲，是㥯以哀爲訓猶以衣爲訓，與衣之訓隱無異。説文：「㥯，所依據也。」禮記曲禮「不以隱疾」，注：「隱疾，衣中之疾也。」亦皆以衣、隱通訓。衣在古韵衣部，隱在古韵㬈部，雖兩部可以旁對轉，非常例耳。廣韵微「衣，於希切」，隱「隱，於謹切」，是兩字亦異韵，然而同爲影母，雙聲正轉。

247

絳，工也。　釋名：「絳，工也。染之難得色，以得色爲工也。」

〔疏證〕　引釋名釋采帛。畢沅曰：「鄭玄注儀禮士冠禮云：『纁裳，淺絳裳。凡染絳，一入謂之縓，再入謂之赬，三入謂之纁，朱則四入與？』三入猶爲淺絳，故曰染之難得色。說文『絳，大赤也』，『朱，純赤也』。此篇不別出朱文，蓋朱即絳也。」

今按：釋名本篇下曰：「紅，絳也。」紅从工聲，以絳、紅通訓，猶以絳、工通訓矣。說文：「夅，讀若鴻。」孟子滕文公下「洚水者，洪水也」，史記河渠書「禹抑鴻水」，是皆以夅、工聲通之證。趙岐注孟子「水逆行，洚洞無涯，故曰洚水」，淮南原道「與天地鴻洞」，長笛賦「港洞坑谷」，鴻洞、洚洞、港洞，一也。鴻、洚、洪通作即工、夅、共聲通之證。絳在古韵邕部，工亦邕部，本同音字，後世而韵稍迻易。廣韵絳「絳，古巷切」，東「工，古紅切」，是廣韵異韵而聲同，見紐雙聲，正轉也。

248

紅（古亦音工），絳也。　釋名：「紅，絳也。白色之似絳者也。」

〔疏證〕　引釋名釋采帛。說見上條，此不復贅。錢氏於紅下注「古亦音工」者，凡形聲同聲之字古皆同音，一也。紅，廣韵讀户紅切，在匣紐，與絳聲紐不同，蓋聲之迻易，故注出，二也。

249 緗，桒也。釋名：「緗，桒也。如桒葉初生之色也。」

〔疏證〕引釋名釋采帛。釋名疏證補：「畢沅曰：『説文無緗字，意古者假借湘字爲之。』孫詒讓曰：『周禮内司服有鞠衣，鄭注：鞠衣，黄桒服也，色如鞠衣，象桒葉始生者。急就篇：鬱金半見湘白䝔。顔注：緗，淺黄也。』」

今按：爾雅釋蟲「諸慮，奚相」，釋文：「慮，本或作蘆；相，舍人本作桒。」此桒、相可以通作之證。又説文：「霜，喪也。」釋名釋天：「霜，喪也。其氣慘毒，物皆喪也。」士喪禮「鬠笄用桒」，注：「桒之爲言喪也。」霜既訓喪，桒亦訓喪，則霜、桒聲通可知，霜、桒聲通猶緗、桒聲通。緗、桒本古韵央部同音字，至廣韵而鴻細斯分。廣韵陽「緗，息良切」，唐「桒，息郎切類隔」，韵異而聲同，雙聲正轉。

250 緑，瀏也。釋名：「緑，瀏也。荆泉之水，於上視之，瀏然緑色，此似之也。」

〔疏證〕引釋名釋采帛。

今按：逕以緑訓爲瀏者，例鮮見。湖南瀏水亦以水緑得名。瀏在幽部，緑在屋部，韵近。廣韵尤「瀏，力求切」，燭「録，力玉切」，並爲來母，韵異聲同，雙聲正轉。

251 緇，滓也。釋名：「緇，滓也。泥之墨者曰滓，此色然也。」

〔疏證〕引釋名釋采帛。畢沅曰：「説文：『緇，帛黑色也。』」

今按：論語陽貨：「不曰白乎？涅而不緇。」史記屈原列傳「皭然泥而不滓者也」，索隱：「泥音涅。滓音緇。」是緇、滓互用並通讀者，可證兩字通訓。緇、滓本古韵同音字。至廣韵而稍迻易。廣韵之「淄，側持切」，照二；止「滓，阻史切」，照二：韵分平上而聲同照二，雙聲正轉。

252 牟，冒也。釋名：「牟追，牟，冒也。言其形冒髮，追追然也。」

〔疏證〕引釋名釋首飾。釋名疏證補：「畢沅曰：『牟追，士冠記、郊特牲皆作毋追。鄭注士冠記：「毋，發聲也。追猶自也。夏后氏質，以其形言之。」按：毋讀亦爲牟。説文：「牟，牛鳴也。」則解牟爲發聲亦可。蘇輿曰：「追追，大貌。白虎通冠綿篇：夏統十三月爲正，其飾最大，故曰毋追。毋追者，言其追大也。」是以追訓大之證。』」

今按：牟讀曰𡍜，禮記內則「敦牟卮匜」，釋文：「齊人呼土釜爲牟」，鄭注讀曰𡍜。冒亦作務，荀子哀公「有務而拘領者矣」，書大傳「古之人衣上有冒而句領者」，是務冒互作也。牟與冒既皆與从敄得聲之字聲通，可證牟、冒聲通矣。牟、冒本古韻幽部同音字，至廣韻作切，而韻有分別。廣韻尤「牟，莫浮切」，明母；號「冒，莫報切」，明母：是韻異而聲同，明母雙聲正轉。蘇輿引白虎通冠絻篇，當作絻冕篇。

253 簪，枝也。釋名：「簪，枝也；以形名之也。」

〔疏證〕引釋名釋首飾。引文「以」，今本作「因」。

今按：簪枝相訓，它例鮮見。簪在音部，枝在恚部，古韻懸隔，非韻轉也。廣韻侵「簪，側吟切」，照二；支「枝，章移切」，照三：兩字韻不相同。照二、照三雖字母家同入照，然非同紐也，故等韻既有二等三等之分，古紐尤有齒舌之異。照二、照三固不同紐，然而同位，同位爲變轉。

254 揥，摘也。釋名：「揥，摘也，所以摘髮也。」詩「象之揥也」，傳：

「揥，所以摘髮也。」釋文：「摘，他狄反，本亦刻本脱作揞。」今吴人語摘花之摘，讀如嫡，合於古音。

〔疏證〕引釋名釋首飾。畢沅曰：「説文無揥字，以音求之，當从手啇聲，字作摘。」又曰：「詩君子偕老云『象之揥也』，毛傳：『揥，所以摘髮也。』釋文：『摘，本又作擿，又作讁，並非。』按：説文：『擿，搔也。』然則作擿良是，此條兩摘字當作擿，詩釋文反以爲非，陸德明不知遵説文也。」

今按：錢、畢兩家引釋文，各取所需，原文非有異也。錢氏所引在考揥、摘古讀，證明其本雙聲，畢氏在推求摘之本字，引證説文耳。説文以爲帝从上朿聲，古今疑之。説文形聲字凡聲同者音同，此通例也。凡衍而音異者，乃衍而另成聲系，如茸从耳聲，而茸、搑、䩸自成聲系；医从矢聲，而医、殹、繄、𡒄自成聲系，是也。朿爲齒聲，謂衍而爲帝自成聲系可也；謂如周伯琦所説，帝爲象形之花蒂字亦可通。凡从帝得聲字皆讀舌聲，異于从朿之讀齒聲矣。摘从啇聲，啇从帝聲，揥、摘古韻益部同音字，宜可通訓。廣韻霽「揥，他計切」，透母；錫「摘，他歷切又張革切」，透母：則韻異而聲同，雙聲正轉。

255 鏡，景也。　釋名：「鏡，景也，言有光景也。」

〔疏證〕　引釋名釋首飾。

今按：說文：「鏡，景也。」又釋名釋天「景，竟也。所照處有竟限也」，鏡从竟聲，景訓竟，猶鏡訓景矣。皆其例證耳。鏡、景皆古韵央部，古同音字，至廣韵而聲調斯分。廣韵映「鏡，居慶切」；梗「景，居影切」：韵雖稍異，同爲見紐，雙聲正轉。

256 刷，帥也，瑟也。　釋名：「刷，帥也，帥髮長短，皆令上從也。亦言瑟也，刷髮令上瑟然也。」

〔疏證〕　引釋名釋首飾。

今按：說文：「刷，刮也。从刀，㕞省聲。」本文之刷，或當㕞之借字。說文：「帥，佩巾也。帨，或作兑聲。」帥、衛通作，从帥之聲，或體作膟，是帥、率聲通也。說文「啐，小飲也，讀若㕞」，是率、㕞亦聲通也。帥、㕞皆與率聲通，故㕞、帥亦聲通矣，此刷訓帥爲聲訓之證。至于刷訓瑟未見它例。帥在古韵威部，㕞、刷在古韵曷部，瑟在壹部，威、曷、壹三部雖鄰近，固各自爲部。廣韵至「帥，所類切又所律切」，審二；鎋「刷，數滑切又所劣切」，審二；櫛「瑟，所櫛切」，審二：皆不同韵而同爲審二，雙聲正轉。

257 副，覆也。釋名：「王后首飾曰副。副，覆也，以覆首。」鄭康成云：「副之言覆，所以覆首爲之飾。」

〔疏證〕引釋名釋首飾。引鄭康成周禮天官追師注。

今按：副訓覆，未見它例。副在肊部，覆在薁部，古韵不同，非韵轉也。廣韵宥「副，敷救切」，敷母古讀滂；「覆，扶富切」，奉母，古讀並。屋「覆，芳福切又敷救切」，並讀敷古讀滂。覆字兼見宥、屋兩韵，應从屋韵爲準，是兩字韵異，然而同紐雙聲，正轉也。

258 頍，傾也。釋名：「頍，恢也。恢廓覆髮上也。魯人曰頍。頍，傾也，著之傾近前也。」

〔疏證〕引釋名釋衣服。畢沅曰：「鄭注士冠禮云：『滕薛名蔮爲頍。』按：滕薛國皆近魯，故其稱名同。」

今按：説文「⿰土支，頃也」，⿰土支、頍並從支聲，傾从頃聲，⿰土支之訓頃可爲頍訓傾之證例。

頍在恚部，傾在嬰部，古韵對轉，故祭義之頃步，注「當爲跬」也；詩生民「禾役穟穟」，說文作穎也。然而錢氏不言對轉，廣韵紙「頍，丘弭切」，溪母；清「傾，去營切」，溪母：是韵不同而同爲溪紐，雙聲正轉。

259 韠，蔽也。 釋名：「韠，蔽也，所以蔽膝前也。」

〔疏證〕 引釋名釋首飾。畢沅校作「韍，韠也。韠，蔽膝也，所以蔽膝前也」。録參。

今按：顧炎武音論：「韠，蔽膝。蔽膝正切韠字。」既韠爲蔽膝之合音，則韠蔽雙聲，韠膝疊韵明矣。禮記玉藻「韠，君朱；大夫素；士爵韋」，注：「韠之言蔽也。」亦以韠訓蔽，可爲例證。韠在壹部，蔽在鬱部，雖鄰近，古韵非一部耳。廣韵質「韠，卑吉切」，非母，古讀幫；祭「蔽，必袂切」，非母，古讀幫：是韵不同而同紐，雙聲正轉。

260 襦，耎也。 釋名：「襦，耎也，言温耎也。」今本耎皆作煗。

〔疏證〕 引釋名釋衣服。畢沅曰：「説文襦字後一解曰：『𩏂衣，𩏂亦温煗之義。』」

今按：需、耎兩字常通作，有謂形訛者，有謂聲通者。段氏謂爲形近而訛，錢氏則謂需有耎音。茲略舉兩字通作並將段氏之説録於下，而後詳引錢氏之説，爲聲類有關各條作疏證之依據。

有關需、耎字通作者。懦，駑弱也，段氏訂作愞。擩，染也，段氏訂作㨎。稬，沛國謂稻曰稬，今稬米字俗作糯。偄，弱也，偄弱字多作懦弱，孟子「懦夫有立志」，左僖二年傳「宮之奇之爲人也懦」。⿸鹿耎，鹿麞也，字亦作⿸鹿需，吳都賦：「翳薈無⿸鹿需鷚。」蝡，動也，字亦作蠕，通俗文「動搖蟲曰蠕」，史記匈奴傳「跂行喙息蝡動之類」，索隱：「蠕蠕動貌。」它例不勝舉。

錢氏養新録「需有耎音」條云：「周禮輈人『馬不契需』，鄭司農『讀爲畏需之需』，釋文『需又乃亂反』。原注：與懦同。弓人『薄其帤則需』，釋文『需，人兗反』，又注『常應弦，言不罷需也』，『需，人兗反』。原注：漢書賈誼傳：「坐罷軟不勝任罷。」需即罷軟也。鮑人『欲其柔滑而腥脂之則需』，注：『故書需作劀，鄭司農讀爲柔需之需。』史記律書『選蠕觀望』，漢書西南夷傳『恐議者選耎，復守和解』，後漢書清河王慶傳『選懦之恩，知非國典』，蠕、懦皆从需旁，選蠕、選懦，選耎，文異而義同，皆取疊韻，柔、需則雙聲也。釋名：『襦，耎也，言温耎也。』原注：詩烝民箋「柔猶需毳也」，釋文：「濡，如朱反，一音如宛反。毳，昌鋭反，本又作脆，七歲反。」

説文『擩，染也，从手，需聲』，引『周禮六曰擩祭』，此周禮大祝文；其字或作抨，儀禮特牲、少牢作抨，公食大夫、士虞作擩，是抨、擩本一字。耎、需二文皆从而，故抨、擩聲亦相近而互用也。杜子春讀擩爲虞芮之芮，後魏太武改柔然爲蠕蠕，它書或作茹茹，或作芮芮，擩抨、柔然、芮茹皆一聲之轉。」

以上所舉，亦足以證穤、耎之互作通訓矣。以上諸證中懦讀乃亂反，畢校耎作煗讀乃管反，爲泥紐，餘皆讀日紐，古音娘日歸泥，是亦古雙聲也，然錢氏不言，故錢文最末不舉懦，亦不校耎爲煗耳。穤在古韵區部，耎在安部，非一韵。廣韵虞「穤，人朱切」，日母；獮「耎，而兖切」，日母：異韵而同紐，日母雙聲正轉也。

261

衫，芟也。　釋名：「衫，芟也，衫無袖端也。」

〔疏證〕引釋名釋衣服。今本末一句或作「芟末無袖端也」。畢沅謂初學記末句作「衣末無袖端也」。

今按：衫見説文新附字「衫，衣也」，古韵在音部；説文「芟，刈艸也」，在奄部，雖同爲閉口韵，非一部，兩字互訓，鮮見它例。廣韵銜「衫、芟，並所銜切」，審二，同音字，同音必雙聲。錢氏言正轉、變轉，鮮用同音爲例，然亦不全斥同音耳，如此例在廣韵爲同音、在古韻又爲異部也。

262 綦，拘也。 士喪禮注：「綦，屨係也，所以拘止屨也。」

〔疏證〕 士喪禮云：「夏葛屨，冬白屨，皆繶緇絇純，組綦係于踵。」注：「綦，屨係也，所以拘止屨也。綦，讀如馬絆綦之綦。」

今按：説文：「緋，帛蒼艾色，或作綦。」又「䍜，馬絡頭也，从网从馽會意」，「馽，絆馬也」，注云「讀馬絆綦之綦」者，疑謂讀如羈也。綦在古韻噫部，羈在阿部。説文「係，絜也」，在衣部。説文「拘，止也」，在區部。綦、羈、係、拘四字，古韻異部，其通讀通訓者，非韻轉也。廣韻之「綦，渠之切」，羣母，注謂讀如馬絆綦之綦，則讀同羈也；廣韻支「羈，居宜切」，見母；虞「拘，舉朱切」，見母；霽「係，古詣切」，見母：是四字韻雖不同，而同爲見紐，雙聲正轉。

263 韈，末也。 釋名：「韈，末也，在脚末也。」

〔疏證〕 引釋名釋衣服。畢沅曰：「説文：『韤，足衣也。从韋，蔑聲。』一切經音義引作袜。按：玉篇云：『袜，腳衣。』故後人亦以袜代韤也。」

今按：从蔑、从末、从未得聲之字相通，本書累見。以其分别部居，散見各卷，無由觀其會通，羅列於次，綜合加以疏證。

釋言又云：「末，無也、微也。」檀弓『末吾禁也』，注：『末，無也。』又『末之卜也』，注：『末之猶微哉。』」又：「蔑，無也。」漢書宣元六王傳『夫子所痛』，曰：『蔑之命矣夫。』」

卷二釋地：「巨昧、巨蔑，朐瀰也。」水經注：『巨洋水，袁宏謂之巨昧，王韶之以爲巨蔑，亦或曰巨瀰，皆一水也。』」

卷三名號之異：「先蔑，先昧也。」春秋『晉先蔑奔秦』，公羊作先眛。」又：「唐蔑，唐昧也。」古今人表楚唐蔑，即史記之唐昧。昧與蔑通。」

先談蔑、末相通，上文云「後人以袜代襪」，即以襪訓末，蔑、末聲相通之證一。釋名釋疾病：「目眥傷赤曰䁾。」䁾，末也，創在目兩末也。」同一書而先以襪訓末，此又以䁾訓末，襪或韈、䁾同从蔑聲，蔑、末聲通之證二。小爾雅廣言「蔑，末也」，廣雅釋詁一「幭，末也」，此雅書足證蔑、末聲通，三也。說文𩱧之或體作粖，同一字而或从蔑聲又从末聲，可證蔑、末聲通四。蔑、末皆訓無，且皆通訓，蔑、末相通之證五。詳見後文。蔑、末古韵皆在曷部，本同音字。廣韵屑「蔑，莫結切」，明母；末「末，莫撥切」，明母：是蔑末韵異紐同，雙聲正轉。月「韤襪，望發切」，微母古讀明，是亦與末爲正轉也。

説文「眛，目不明也」，「眛，目不明也。」段玉裁謂眛字淺人所增，左傳「先蔑」，公羊作先眛，段玉裁以爲眛从末作眛。蓋末、未兩字形近易混，眛、蔑同在曷部，未在鬱部，古韻固不同。錢氏聲類主聲，故以爲未、蔑可以聲通，段氏擅言韻，未、蔑韻異，與蔑通者宜改从末也。以下諸條，从未、从末得聲，諸書未必分辨清楚，錢氏以爲皆从未聲，未、蔑可以聲通；段氏以爲皆从末聲，末、蔑然後韻通。聲類乃錢氏書，以下各條仍依錢氏，不妨謂从未聲；若依段氏，則皆當从末聲也。春秋隱元年「盟於蔑」，公、穀並作眛；又文七年「晉先蔑奔秦」，公羊作眛，左氏作蔑。荀子議兵及商君書弱民並有唐蔑，史記楚世家及國策楚策並作唐眛。水經注：「巨洋字當作洋水，袁宏謂之巨眛，王韶之以爲巨蔑，亦或曰朐瀰，皆一水也。」餘詳各條。

264

韎韠，速獨也。釋名：「韎，脱一韠字。韠之缺前壅者，韎韠猶速獨，足直前之言也。」

〔疏證〕引釋名釋衣服。孫詒讓札迻卷二云：「按：説文無韎韠二字。皇象碑本急就篇作索擇，較爲近古，漢人本如此作也。逸周書太子晉篇云『師曠束躅其足』，孔注云『束蹋，踏也』，原注：束，今本誤東。據北堂書鈔政術、御覽人事部校正。此速獨當即束蹋。足踏向前，故云足直前之言。」又釋兵第二十三：「松櫝長三尺，其矜宜輕，以松作之也。櫝，速櫝也。」孫詒讓札迻云：「案：速櫝，吳校本改作速獨，與上文䉤䉶同，是也。彼爲足直前之言，與此前刺之言，義可兩通。」

今按：䉤䉶、速獨，疑即䩬霅之韵變聲轉。吳都賦「䩬霅警捷」，注：「走疾貌。」李注「䩬，素合切」，心紐，與䉤、速同紐；李注「霅，徒合切」，定紐，與䉶獨同紐：皆雙聲正轉也。䉤在蒦部，速在屋部，古韵不同，非韵轉也。廣韵屋「速，桑谷切」，心母；鐸「䉤，蘇各切」，心紐：韵異而聲同，是䉤、速雙聲正轉。又，䉶在蒦部，獨在屋部，古韵不同，亦非韵轉。廣韵鐸「䉶，徒落切」，定母；屋「獨，徒谷切」，定母：亦韵異而聲同，是䉶、獨亦雙聲正轉。

265 宮，穹也。釋名：「宮，穹也。屋見於垣上，穹隆然也。」

〔疏證〕 引釋名釋宮室。

今按：説文「营，司馬相如説，或从弓聲」，字作芎，是宮、弓聲通之例一。説文又云「穹，窮也依段校改」，船从宮省聲，是宮、弓聲通之例二。説文更云「弓，窮也，以近窮遠者並依段校」，是弓、宫聲通之例三。曲禮疏「論其四面穹隆，則謂之宫」，是宫、弓聲通之例四。以此四例足證宫、穹之聲通矣。弓在古韵膺部，宫在夅部，夅、膺韵轉間亦有之，非通例也。廣韵東「宫、弓，居戎切」，見紐同音，雖非正轉範例，若以古韵言，則仍爲範例耳。

266 窔，幽也。　釋名：「室東南隅曰窔。窔，幽也，亦取幽冥也。」

〔疏證〕　引釋名釋宫室。

今按：説文：「㝔，户樞聲也，室東南隅。从宀皀聲。」此蓋室東南隅之本字，窔爲借字。爾雅釋宫「東南隅謂之窔」，窔亦㝔之借。説文：「皀讀若窈窕之窈。」㝔从皀聲，窈从幼聲，故㝔、幼聲通。幽、幼亦聲通也，上林賦「青龍蚴蟉于東廂」，大人賦「驂赤螭青虯之蚴蟉蜿蜿」，蚴蟉即幽蟉。玉藻「再命赤韍幽衡」，注：「幽讀爲黝。」史記曆書：「幽者，幼也。」春秋元命苞：「幽之爲言窈也。」故㝔、幽聲通矣。爾雅釋地「燕曰幽州」，李注：「燕其氣深要，厥性剽疾，故曰幽。幽，要也。」要从臼，交省聲，幽亦與交聲通矣。窔、㝔古韵在夭部，幽即幽部，雖鄰韵非一部也。廣韵幽「幽，於虯切」，影母；篠「㝔，烏皎切」，影母；嘯「窔，烏叫切」，影母：窔、㝔與幽非一韵，然同爲影紐，雙聲正轉。

267

宧，養也。釋名：「東北隅也也字誤，當作曰。宧。宧，養也。東北陽氣始出，布養物也。」

〔疏證〕引釋名釋宮室。畢沅曰：「爾雅『東北隅謂之宧』，李巡注：『東北者，陽氣始起，育養萬物，故曰宧。宧，養也。』說文：『宧，養也。室之東北隅，食所居也。』」

今按：說文：「𦣝，顄也。頤，篆文；䪿，籀文。」釋名釋長幼：「百年曰期頤，頤，養也。」易頤：「象曰：頤貞吉，養正則吉也。觀頤，觀其所養也。天地養萬物，聖人養賢以及萬民，頤之時義大矣哉。」序卦：「頤，養也。」雜卦：「頤，養正也。」爾雅釋詁：「頤，養也。」宧、頤並从𦣝聲，頤訓養猶宧之訓養也。此皆宧、養通訓之例證。宧在古韻噫部，養在央部，不一韵非韵轉。廣韵之「宧，與之切」，喻四；養「養，余兩切」，喻四：不同韵而同爲喻四，雙聲正轉。

268

屋，奥也。釋名：「屋，奥也；其中温奥也。」

〔疏證〕引釋名釋宮室。釋名疏證補引葉德炯曰：「易曰：『上棟下宇，以待風雨，蓋取諸大壯。』按：大壯卦，上乾下震，均陽卦也，陽有温奥之義。屋、奥本雙聲，於字母同屬影紐字。」

今按：葉說是矣。屋在屋部，奥在奥部，古韵不同。廣韵屋「屋，烏谷切」，號「奥，烏到切」，同爲影紐，雙聲正轉。

269 窗，聰也。釋名：「窗，聰也。於内窺外，爲聰明也。」

〔疏證〕引釋名釋宫室。釋名疏證補：「畢沅曰：大戴盛德篇『一室而有四户八聰』，是窻亦可作聰。」又引皮錫瑞曰：「風俗通十反篇：『蓋人君者，闢門開窻，號咷博求。』左文十八年傳，杜注：『闢四門，達四窻，以賓禮衆賢。』蓋今文尚書：四聰有作四窻者。」

今按：説文分窗、窻兩字，其實一字也。囱爲象形初文，窗則加形符穴，窻則形聲字也。窗、窻、聰皆从囱聲，古本同音字，後世而韵變矣。廣韵東「聰，倉紅切」，清母；江「窗，楚江切」，穿二古讀清：同紐雙聲。錢氏不言穿二讀清，則清與穿二爲同位，同位爲變轉。

270 甍，蒙也。釋名：「屋脊曰甍。甍，蒙也，在上覆蒙屋也。」

〔疏證〕 引釋名釋宮室。

今按：蒙、甍通訓，鮮見它例。甍在古韻膺部，蒙在邕部，古韻不同。廣韵耕「甍，莫耕切」，東「蒙，莫紅切」，韵不同而同爲明紐，雙聲正轉。

271

爨，銓也。 釋名：「爨，銓也。銓度甘辛調和之處也。」

〔疏證〕 引釋名釋宮室。

今按：此亦例鮮。爨、銓兩字，本安部同音字，後世韵稍迻易而略有不同。廣韵換「爨，七亂切」，清母；仙「銓，此緣切」，清母：雙聲正轉。

272

囷，綣也。 釋名：「囷，綣也。藏物繾綣束縛之也。」

〔疏證〕 引釋名釋宮室。

今按：楚子卷即楚子麇，左傳昭元年經「楚子麇卒」，公羊、穀梁並作卷。公羊釋文「左氏作麇」，疏「左氏作麇，本亦有作麇字者」，禾、米形近，誤作也。至於史記楚世家作員，索隱「左傳作麏」，又「子員立」，索隱「左傳作麏」，麇與員與麏，皆音之轉也。左傳哀十四年「逢澤有麇焉」，釋文「麇，本又作麇，亡悲反」；公羊哀十四年「有麕而角者」，釋文「麏，本亦作麇，亦作麕」。麇、麇誤作，麇、麏音轉，亦可互證。説文：「麇，从鹿，囷省聲，籀文作麕。」此卷與囷聲通之證一。眴卷讀爲旬箘，漢書地理志，安定郡眴卷縣，應劭音眴爲旬日之旬，卷爲箘簬之箘。此卷與囷聲通之證二。麇亦作圈，左傳文十一年經「楚子伐麇」，公羊作圈。左傳釋文「麇，九倫反」，公羊釋文「圈，求阮反，一音卷」。此囷、卷聲通之證三。囷在古韵昷部，卷在安部，雖鄰近，間有轉者，然終非一韵也。廣韵真「囷，去倫切又咎倫、渠殞切」，阮「綣，去阮切」，兩字亦非一韵，然而同爲溪紐，雙聲正轉也。

273

泥，邇也。　釋名：「泥，邇也。邇，近也。以水沃土，使相黏近也。」

〔疏證〕引釋名釋宮室。釋名疏證補引葉德炯曰：「泥、邇古聲同，易姤『繫于金柅』，釋文引子夏易作『繫于金鑈』。泥又與尼通，漢夏堪碑『仲泥何佗』，即仲尼也。説文『尼，从後近之』，與『邇，近也』同訓。」

今按：釋名釋典藝又云「爾雅，爾，昵也」，此又一處以聲訓者。説文：「檷，絡絲檷段校作柎。也，从木，爾聲，讀若柅。」詩泉水「飲餞于禰」，韓詩作坭。皆尼、爾聲通之證。章太炎古音娘日二紐歸泥説：「釋名曰：『爾，昵也；泥，邇也。』書言『典祀無豐於昵』，以呢爲禰。釋獸『長脊而泥』，以泥爲鬮。是古爾聲字皆如泥，在泥紐也。」凡此皆足以補爾、尼聲通之證也。邇、泥古韵皆在衣部，同部字而又聲同，自當通轉。廣韵齊「泥，奴低切又奴計切」，泥母；紙「邇，兒氏切」，日母，古讀泥：是廣韵兩字韵異而古紐同，雙聲正轉也。然而錢氏不言日母古讀泥，則泥、邇二字聲異，其所以録之者，廣韵薺「禰、嬭、瀰、⿱髟爾、薾、⿰革爾、檷、鑈，奴禮切」，皆泥紐，雖未能由此得出日紐古讀泥之説，以此證邇可讀泥，則固明白可知。

274

墨，晦也。　釋名：「墨，晦也。謂視物如晦墨也。」

〔疏證〕引釋名釋書契。

今按：廣韵德「墨，莫北切」，明母；隊「晦，荒内切」，曉母。考明、曉兩母，聲之轉變，誠然有之。墨从黑得聲，黑德韵：「呼北切。」讀曉母；晦从每得聲，每賄韵：「武罪切。」讀微母；它如大荒落之作大芒駱，不可勝數。墨、晦古韵，墨在阢部，晦在噫部，雖平入韵，然分兩部。明、曉兩母固不雙聲，然而同爲收聲，聲位相同爲變轉。查釋名釋采帛云：「黑，晦也，如晦冥時色也。」以黑訓爲晦，既廣韵德、隊異韵，而又聲同曉母，則與雙聲正轉之例相符。

275 板，般也。釋名：「板，般也。般般平廣也。」

〔疏證〕引釋名釋書契。畢沅依御覽校三般字爲昄。今仍錢氏，蓋板訓般，正取形聲字之聲符相異者爲例。考畢氏所以校改者，説文：「昄，大也。」與「平廣」義相合。今以爲方言一：「般，大也。」廣雅釋詁一：「般，大也。」孟子公孫丑上「般樂怠敖」，盡心下「般樂飲酒」，注並云：「般，大也。」以般訓大亦通訓耳。

今按：漢書賈誼傳「般紛紛其離此郵兮」，孟康曰：「般，反也。」是亦般、反聲通之一證。般、板古韵同在安部，本同音字。廣韵則韵稍迻易。桓「般，薄官切」，並母，又「博干切」，幫母，此當讀幫；潸「板，布綰切」，幫母：韵稍異而聲同幫母，雙聲正轉。

276 賦，鋪也。周禮太師教六詩，風、賦、比、興、雅、頌，注：「賦之言鋪，直鋪陳今之政教善惡。」

〔疏證〕引太師，見春官，非原文。

今按：鋪从甫聲，甫又从父聲。釋名釋典藝：「敷布从巾父聲其義謂之賦。」論語公治長「可使治其賦也」，賦之義雖異，其爲字固同，釋文：「賦，梁武云：魯論作傳。」小爾雅廣詁："賦，布也。"詩烝民"明命使賦"，傳："賦，布也。"無論賦之爲義同否，賦之聲通於布、甫則同也。賦、鋪古韵同在烏部，音近。廣韵遇"賦，方遇切"，非母，古讀幫；麌"甫，方矩切"，非母，古讀幫：本同紐雙聲，鋪則移入敷滂母，然亦近紐。皆爲正轉。

277 奏，鄒也。釋名"奏，鄒也。鄒，狹小之言也。"

〔疏證〕引釋名釋書契。畢沅曰："段云：『鄒即史記、漢書之所云鯫生。鯫者淺，鯫即狹小也。』"

今按：史記蕭相國世家"諸將皆爭走金帛財物之府分之"，索隱："走音奏，奏者，趨向之也。"漢書張釋之傳"此走邯鄲道也"，如淳曰"走音奏，奏，趣也"，从取、从芻得聲之字聲通，即上文段云，可以知之矣。此則奏、鄒聲通之例。奏、鄒古韵皆在區部，廣韵則韵稍逡易，候"奏，則候切"，精母；尤"鄒，側鳩切"，照二，古讀精：是韵異而古紐雙聲正轉也。錢氏不言照二系古讀精系，然精、照同位，同位爲變轉。

278 札，櫛也。釋名："札，櫛也。編之如櫛，齒相比也。"

〔疏證〕 引釋名釋書契。

今按：札、櫛通訓，例不多見，札在曷部，櫛在壹部，非同韵字。廣韵黠「札，側八切」，照二，古讀精；櫛「櫛，阻瑟切」，照二，古讀精：是兩字不同韵而古今聲紐皆同，雙聲正轉。

279

檢，禁也。 釋名：「檢，禁也。禁閉諸物，使不得開露也。」

〔疏證〕 引釋名釋書契。釋名疏證補引皮錫瑞曰：「周禮司市『以璽節出入之』，注：『璽節，印章，如今斗檢封矣。』疏：『案漢法：斗檢封，其形方，上有封檢，其内有書。』後漢書公孫瓚傳：『袁紹矯刻金玉，以爲印璽，每有所下，輒皁囊施檢。』章懷注：『檢，今俗謂之排，排如今俗幖簽耳。』説文：『檢，書署也。』續漢書祭祀志：『尚書令奉玉牒檢，皇帝以二分璽親封之。』」

今按：史記司馬相如傳「嬐侵潯而高縱兮」，漢書嬐作傑。是亦从僉得聲與从禁得聲之字聲相通矣。僉在奄部，禁在音部，雖同爲閉口韵，分兩部也。廣韵琰「檢，居奄切」，沁「禁，居蔭切」，是兩字韵不同，然皆爲見紐，雙聲正轉。

280 契，刻也。　釋名：「契，刻也。刻識其數也。」

〔疏證〕　引釋名釋書契。畢沅曰：「説文大部云：『契，大約也。从大，㓞聲。』㓞部云：『栔，刻也，从㓞，从木。』據説文則此當云『栔，栔也。栔，刻也』，增一轉訓乃合。而此即以契爲刻者，釋詁『契，絶也』，郭注：『今江東呼刻斷物爲契斷。』吕氏春秋察今篇『契舟求劍』，淮南齊俗訓『越人契臂』，皆以契爲刻，與栔、鍥皆同義，故今仍本文。」

今按：畢氏所云，契、栔訓刻，已舉例證。左傳定九年「陽虎借邑人之車，鍥其軸也」，注：「鍥，刻也。」荀子勸學「鍥而舍之，朽木不折；鍥而不舍，金石可鏤」，注：「鍥，刻也。」餘不枚舉。契在曷部，刻在噫部，古韵不同，契之徑訓爲刻，非韵轉也。廣韵霽「契，苦計切又苦結切」，德「刻，苦得切」，韵不同而同爲溪紐，雙聲正轉。

281 律，累也。　釋名：「律，累也。累人心使不得放肆也。」

〔疏證〕　引釋名釋典藝。

今按：律、累通訓，例不多見。律在鬱部，纍累，説文無。在威部，古韵僅分平入，宜可通轉。廣韵脂「纍，力追切」，術「律，吕卹切」，韵不同而同爲來母，雙聲正轉也。

282 射，繹也。禮射義「射之爲言繹也，繹者，各繹己之志」。按：此古人讀射御字，亦爲繹音。故僕射本以射得名，而讀如夜。夜與繹相轉也。

〔疏證〕 引射義，中有刪節。

今按：玉藻「卜人定龜」，注：「謂靈射之屬，所當用者。」釋文：「射音亦，周禮作繹，爾雅作謝。」爾雅釋魚「龜俯者靈，仰者謝」，釋文：「謝，衆家本作射。」周禮龜人「地龜曰繹屬」，注：「仰者繹。」此射、繹聲通之證。又爾雅釋詁：「射，厭也。」詩車舝：「好爾無射。」中庸：「在此無射。」緇衣：「服之無射。」周禮大師：「無射。」周語：「無射，所以宣布哲人令德，示民儀軌也。」白虎通五行：「九月謂之無射何？射者，終也。」無射者，無厭也。無射、無厭即無繹也。說文斁下引詩曰：「服之無斁。」詩振鷺：「在此無斁。」禮記大傳：「無斁于人斯。」後漢書張衡傳：「惟盤游之無斁兮。」斁、繹同从睪聲，斁、射聲通，猶繹、射聲通也。又荀子勸學「西方有木焉，名曰夜干」，夜亦作射。左昭廿五年傳之狐夜姑，釋文本亦作射。莊子消搖遊「藐姑射之山」，釋文：「徐音夜。」錢氏謂射讀夜，亦不可勝數。繹、射本古韻蒦部同音字，而後世音有迻易矣。廣韻禡「射，羊謝切又神夜切」，昔「繹，羊益切」，韵不同而同爲喻四古聲讀定，雙聲正轉。

283 鐫，鐏也。釋名：「鐫，鐏也，有所鐏入也。」

〔疏證〕引釋名釋用器。

今按：鐫、鐏相訓，例不多見。鐫在安部，鐏在昷部，古韵雖鄰近，非一部也。廣韵仙「鐫，子泉切」，精母；恩「鐏，祖悶切」，精母：是兩字不同韵，然而同紐，雙聲正轉。按鐏，明本、顧本、巨宋本作祖悶切，錢蓋用此切。實當作徂悶切，從母字也。

284 獮，殺也。周禮注：「秋田爲獮。獮，殺也。」

〔疏證〕引夏官大司馬「遂以獮田」注。

今按：説文：「玁，秋田也。稼，或从示，豕聲。」字亦作獮。爾雅釋詁「獮，殺也」，注：「秋獵爲獮，應殺氣也。」亦以殺爲獮訓之例。獮在安部，由衣轉安。殺在曷部，雖平入對轉，非一韵。廣韵獮「獮，息淺切」，心母；黠「殺，所八切」，審二。錢氏不言照二系字古讀精系，則獮、殺二字不同韵亦不同紐，然而同位，同位爲變轉。

285 儺，難也。周禮占夢「遂人令始儺」，注：「謂執兵以有難卻也。」

〔疏證〕占夢見春官。引文「遂」下「人」字，刻本誤衍。

今按：占夢注又云：「故書或爲儺，經文本作難，錢依故書也。杜子春讀爲難問之難，其字當爲儺。」知本難、儺互作矣。説文：「𩴾，見鬼驚詞。从鬼，難省聲。」經籍儺、難兼作，論語鄉黨「鄉人儺」，孔注：「驅逐疫鬼。」月令：「（季春）令國難九門磔攘」，「（仲秋）天子乃難以達秋氣」，「（季冬）命有司大難」，釋文並云：「難，乃多反。」淮南時則、吕氏春秋季春、仲秋、季冬紀，難並作儺。難、儺兼作，自可互訓。儺、難本形聲同聲字，安部同音字也，後世聲音迻易，阿、安對轉，儺由安部轉入阿部，遂爲韵異而聲同之兩音。廣韵寒「難，那干切」，泥紐；歌「儺，諾何切」，泥紐：是難、儺韵異而雙聲，於錢氏聲類爲正轉。

286

襘，刮也。 周禮女祝「掌以時招梗襘禳之事」，注：「除災害曰襘，襘猶刮去也。」

〔疏證〕女祝見天官。

今按：説文「話，合會善言也」，「佸，會也」。詩君子于役「曷其有佸」，傳：「佸，會也。」車舝「德音來括」，傳：「括，會也。」釋名釋兵：「栝，會也，與弦會也。」此皆以从昏之字訓爲會，猶襘之訓爲刮，聲訓也。儀禮士喪禮「鬠用組」，注：「古文鬠皆爲括。」又

「主人髻髮」，注：「古文髻作括。」莊子人間世「會撮指天」，釋文：「會，向音活。」莊子寓言「向也括，而今也披髮」，括即髻。禹貢「杶幹栝柏」，僞孔傳「柏葉松身曰栝」，是栝即檜。話之籀文，說文作譮。獪或作狤，髻或作鬠，括或作擓。是皆从𠯑得聲與从會得聲之字通作者，亦足以證會、𠯑聲通矣。檜、刮皆在古韵曷部，本同音字。至廣韵而韵有迻易，泰「檜，古外切」，見紐；末「括，古活切」，見紐：韵不同而同紐，雙聲正轉。

287

繹，又也。　爾雅：「繹，又祭。」

〔疏證〕　引爾雅釋天。

今按：詩絲衣序「繹，賓尸也」，鄭箋：「繹，又祭也。」詩正義引李巡曰：「繹，明日復祭，曰又祭。」亦繹訓又之例。繹在蒦部，又在噫部，古韵遠隔，非韵之轉也。廣韵昔「繹，羊益切」，喻四；宥「又，于救切」，喻三。考之古聲，喻三古讀匣，喻四古讀定，聲系迥不相同，合而爲一，非其類也。顧喻母三、四等之考訂，至曾運乾師始能釐正，錢氏未遑及也。若依字母家之說，喻三、喻四並稱喻母，同母爲正轉。若依等韵家之說，喻母分爲三、四兩等，均在同位，同位則謂之變轉。

288 酳，演也，安也。士昏禮「贊洗爵酌酳主人」，注：「酳，漱也。酳之爲言演也，安也。漱所以潔口，且演安其所食。」

〔疏證〕說文：「酳，少少飲也。」段氏注云：「按禮、禮記皆作酳，許書作酌。玉篇云『酌、酳同字』，是也。考士虞禮注、少牢禮注皆云『古文酳皆作酌』，特牲注云：『今文酳皆爲酌。』三酌字皆酌之誤，其一云今文者，則古文之誤。許於此字用古文禮，故从酌；禮記多用今文禮，故記作酳。酳从胤省聲。」

今按：段注是。儀禮士虞禮「酌酒酳尸」，注：「酳，安食也。古文酳作酌。當作酌。」特牲饋食禮「主人洗角升酌酳尸」，注：「酳，猶衍也，今當作古。文酳皆爲酌。當作酌。」少牢饋食禮「乃酳尸」，注：「酳猶羨也。古文酳作酌。當作酌。」其以酳訓衍訓羨，實與訓演相同；其以酳訓安正與士昏禮同。酳、演在古韵因部，衍、羨、安在安部，後三字與前二字異韵。至廣韵而韵稍迻易，震「酳，羊晉切」，喻四，古讀定；獮「衍、演，以淺切」，喻四，古讀定；線「衍、羨，于線切」，喻三。此實後世音變之誤，獮韵衍在喻四，一；衍與延常通訓，又讀爲延，周禮大祝、男巫注；詩椒聊蕃衍，一切經音義作蕃延。二；羨亦通訓延，與衍通作，詩板「及爾游羨」，釋文作衍。漢書溝洫志、董仲舒傳，並云羨讀與衍同。線「羨，似面切」，邪母，古讀定。是可證酳、演、衍、羨古音皆定，今音皆喻四，雙聲正轉。即以衍、羨讀喻三，亦猶上條繹訓又之例，此不贅。惟有酭訓安，寒「安，烏寒切」，影母本與喻母異趣，然字母家以清濁配影、喻，謂爲近紐，錢氏則影、喻同爲收聲，聲位相同則爲變轉。

289

武，伐也。春秋繁露楚王篇：「文王之時，民樂其興師征伐也，故武；武，伐也。」

〔疏證〕今按：春秋元命苞亦云「武，伐也」，可增一例證。武在烏部，伐在曷部，古韻不同。廣韻麌「武，文甫切」，微母古讀明；月「伐，房越切」，奉母古讀並：韵雖異而聲爲近紐，若以聲位論之，微、奉兩母，同爲收聲。

290

師，帥也。周禮族師注：「師之言帥也。」

〔疏證〕引地官族師「每族上士一人」注。

今按：説文師爲會意，帥爲形聲，非形聲同聲字。帥之本義爲佩巾，帥領本字當作𧗿，説文「將𧗿也」；或作𨓈，説文「先導也」。脟之或體作膟，可證帥、率聲通。師、帥古韻同在威部，率、𨓈、𧗿則轉入鬱部，雖平入韵，然分兩部。廣韻脂「師，疏夷切」，審二；

至「帥、率，所類切又所律切」，審二：韵不同而聲同，雙聲正轉。

291 媒，謀也。周禮媒氏注：「媒之言謀也，謀合異類，使和成者。」

〔疏證〕引地官媒氏「媒氏下士二人」注。

今按：説文「媒，謀也，謀合二姓」，許、鄭義同。兩字皆从某得聲，本噫部同音字，至廣韵而韵稍迻易。灰「媒，莫杯切」，尤「謀，莫浮切」，兩字異韵而同紐，明母雙聲，正轉也。

292 聖，設也。春秋繁露。

〔疏證〕五行五事篇云：「容作聖，聖者，設也。王者心寬大無不容則聖，能施設事各得其宜也。」錢氏即摘此文爲標目。

今按：例不經見。聖在古韵嬰部，設在壹部，兩部懸隔。雖説文戴下引詩「戴戴大猶」，今詩作秩秩；戴下云「讀若詩威儀秩秩」，亦嬰、壹兩部通轉之證，蓋亦聲轉非韵轉也。廣韵勁「聖，式正切」，審三；薛「設，識列切」，審三：韵雖不同而皆爲審三則同，故爲雙聲正轉。

293 則之言曾。　檀弓：「則弗之忘矣。」鄭氏說。

〔疏證〕王引之經傳釋詞有言曾者兩條摘要録之於此：「案：玉篇：『曾，子登切，則也。又才登切，經也。』廣韻同。羣經音辨『曾，則也，作滕切。曾，嘗也，昨滕切』，皆音義判然，不相淆雜。」「曾，乃也，則也。說文曰：『曾，詞之舒也。』高注淮南脩務篇曰：『曾，則也。』鄭注檀弓曰：『則之言曾。』詩河廣曰『曾不容刀』，『曾不崇朝』；板曰『曾莫惠我師』；召旻曰『曾不知其玷』。禮記三年問曰：『則是曾鳥獸之不若也。』原注：釋文：「曾，則能反。」吳語曰：『越曾足以爲大虞乎？』閔二年公羊傳曰：『設以齊取魯，曾不興師，徒以言而已矣。』論語八佾曰：『曾謂泰山不如林放乎？』原注：皇侃疏：「曾之言則也。」釋文：「曾，則登反。」先進曰：『吾爲子爲異之問，曾由與求之問。』原注：孔傳曰：「則此二人之問。」皆是也。曾是，乃是也，則是也。詩正月曰：『曾是不意。』蕩曰：『曾是彊禦，曾是掊克，曾是在位，曾是在服。』又曰：『曾是莫聽。』論語爲政曰：『曾是以爲孝乎？』原注：馬注：「汝則謂此爲孝乎？」釋文：「曾音增。」皆是也。何曾，何乃也，何則也。孟子公孫丑篇曰：『爾何曾比予於管仲？』趙注曰：『何曾，何乃也。』原注：孫奭音義：「曾，丁音增，則也，乃也。」賈子諭誠篇曰：『王何曾惜一踦屨乎？』晏子春秋外篇曰：『讒佞之人，則奚曾爲國常患乎？』奚曾，何曾。」

今按：王氏所云，例證亦足矣。則在古韻肊部，曾在膺部，平入對轉也。錢氏不言對轉，則兩字古韻亦爲異部。廣韻登「曾，作滕切」，精母；德「則，子德切」，精母：是雖異韻，然而同紐，雙聲正轉。

294 抑之言噫。詩：「抑此皇父。」鄭氏説。

〔疏證〕經傳釋詞「抑意噫億懿」條，例證最備，足證抑、噫聲通，遂録於此：「抑，詞之轉也。昭八年左傳注曰：『抑，疑詞。』常語也。字或作意。周語曰：『敢問：天道乎？抑人故也？』賈子禮容語篇抑作意。論語學而篇：『求之與？抑與之歟？』漢石經作意。墨子明鬼篇曰：『豈女爲之與？意鮑爲之與？』莊子盜跖篇曰：『知不足邪？意知而力不能行邪？』意並與抑同。字又作噫又作億、又作懿，聲義並同也。書金縢曰：『二公及王，乃問諸史與百執事。對曰：信，噫公命我勿敢言。』釋文曰：『噫，馬本作懿，猶億也。』家大人曰：噫、懿、億並與抑同。易震六二曰『億，喪貝』，王弼注曰：『億，辭也。』釋文曰：『億，本又作噫。』禮記文王世子注曰『億可以爲之也』，釋文曰：『億，本又作噫。』莊子在宥篇曰『意治人之過也』，釋文曰：『意，本又作噫。』外物篇曰：『夫流遁之志，決絶之行，噫其非至知厚德之任與？』新序雜事篇曰：『噫將使我追車而赴馬乎？投石而超距乎？逐麋鹿而搏虎豹乎？噫將使我出正辭而當諸侯乎？決嫌疑而定猶豫乎？』韓詩外傳噫作意。楚語曰『作懿戒以自儆』，韋注曰：『懿，詩大雅抑之篇也。懿，讀之曰抑。』是抑意噫億懿五字並同也。抑，發語詞也。昭十三年左傳：『晉侯使叔向告劉獻公曰：抑齊人不盟，若之何？』十九年：『寡君與其二三老曰：抑天實剥亂是，吾何知焉？』晉語：『苦成叔子曰：抑年少而執官者衆，吾安容子？』或作噫、意。詩十月之交曰『抑此皇父』，釋文引韓詩曰：『抑，意也。』莊子大宗師篇『許由曰：噫未可知也』，釋文曰：『噫，崔云：辭也。本亦作意。』抑、亦，亦詞之轉也。昭三十年左傳曰：『其抑將卒以祚吴乎？』論語子路篇曰：『抑亦可以爲次矣。』是也。或作意亦，或作噫亦，或作億亦，聲義並同也。易繫辭傳曰：『噫亦要存亡吉凶，則居可知矣。』釋文曰：『噫，於其反。王肅於力反，辭也。馬同。』引之按：馬、王説是也。噫亦即抑亦也。大戴禮武王踐阼篇曰：『黄帝、顓頊之道存乎？意亦忽不可得見與？』荀子修身篇曰：『將以窮無窮，逐無極與？意亦有所止之與？』秦策曰：『誠病乎，意亦思乎？』史記吴王濞傳曰：『億亦可乎？』漢書作意亦。字並與抑亦同。或言意者，亦疑詞也。管子小問篇曰：『意者君乘駮馬而洀桓，迎日而馳乎？』晏子雜篇曰：『意者非臣之罪乎？』墨子公孟篇曰：『意者先王之言，有不善乎？』莊子天運篇曰：『意者其有機緘而不得已邪？意者其運轉而不能自止邪？』意者或作抑者。漢書叙傳曰：『其抑者從横之事復起於今乎？』是也。廣雅曰：『意，疑也。』韓詩曰：『抑，意也。』杜注左傳曰：『抑，疑辭。』義並同矣。」晉稀小有删節。

今按：抑在古韻壹部，噫在噫部，古韻不同，非韻轉也。廣韻之「噫，於其切」，影母；職「抑，於力切」，影母：韻雖不同，同爲影紐，雙聲正轉。

295

展之言整。周禮司市：「展成奠賈。」

〔疏證〕司市見地官。標目用鄭注。

今按：又鄉師云「稽器展事」，注「展猶整具」，亦以展訓整。展在安部，整在嬰部，古韻不同。廣韻獮「展，知演切」，知母古讀端；静「整，之郢切」，照三，同知，古讀端：是兩字異韻而古聲同紐，雙聲正轉。如謂錢氏未徑言照三古讀端，知母與照三亦同位，同位爲變轉。

296

載之言則。詩「載飛載鳴」，鄭氏説。

〔疏證〕今按：詩載馳「載馳在驅」，七月「春日載陽」，湛露「載宗載考」，沔水「載飛載止」，小宛「載飛載鳴」，楚茨「皇尸載起」，江漢「王心載寧」，時邁「載戢干戈」，有駜「在公載燕」，箋並云：「載之言則也。」國語周語引詩曰「載戢干戈，載櫜弓矢」，注：「載，則也。」其他言「載，辭也」，雖不徑訓爲則，與訓則同也。字亦作䵧，廣雅釋詁四：「䵧，詞也。」石鼓文：「䵧西䵧北。」其他未及數者，尚多有之。載在噫部，則在肊部，平入相轉，事之習見，然細分之，則非一韵。廣韵代「載，作代切」，精母；德「則，子德切」，精母：兩字不同韵而同爲精紐，雙聲正轉。

297

娩之言媚。禮記內則「婉娩聽從」，鄭氏說。釋文：「娩音晚，徐音萬。」

〔疏證〕　標目鄭注原文。

今按：說文「娩，免子也」，或以與嬎同字。荀子禮論「說豫娩澤」，注：「娩，媚也。」與鄭說同。娩無媚義，錢氏以爲即媚之聲轉。娩或以爲在㬜部朱入屯，今以入安；媚在威部；威、㬜陰陽對轉，威、安旁對轉，錢氏不言對轉，則不謂韵轉可知。廣韵願「娩，無販切」，微母古讀明；至「媚，明祕切」，本微母古讀明，以其讀雙脣音，錢氏以爲即明母：是兩字雖不同韵，而古今同紐，雙聲正轉。

298

亹之言門　詩「鳧鷖在亹」，鄭氏説。

〔疏證〕亹之言門，鄭箋原文。亹爲釁之俗字，説文：「釁，血祭也。」廣韵震「釁，許覲切」，曉明兩母，聲常互轉。

今按：説文：「虋，赤苗嘉穀也，从艸，釁聲。」廣韵魂：「虋，莫奔切。」爾雅釋草「虋，赤苗」，釋文：「虋音門。」又「蘠蘼虋冬」，郭注：「門冬，一名滿冬。」釋文：「虋，音門，本皆作門，郭云：『門俗字，亦作虋字。』山海經見中山經『芍藥虋冬』，郭云：『本草天門冬，一名顛勒麥門冬，無名滿冬者。』」今有删節。漢書地理志「金城郡浩亹」，師古曰：「亹者，水流夾山岸，深若門也。」續志「蜀郡湔氐道」，劉昭注：「蜀王本紀曰：縣前有兩石，對如闕，號曰彭門。」漢書景武功臣表：隨城侯趙不虞「先登石亹」，師古曰：「亹音門。」後漢書馬援傳注：「亹者，水流夾山岸若門。」此皆亹、門通讀之證。亹、門古韵皆在昷部，廣韵魂兩字皆莫奔切，亦同音，若就聲言之，雙聲正轉。

299

疆之言竟。　穀梁傳。

〔疏證〕穀梁傳昭元年：「叔弓帥師疆鄆田，疆之爲言猶竟也。」錢氏即據此爲説。

今按：小爾雅廣詁：「疆，竟也。」此亦一例。竟亦訓疆，周禮掌固「凡國都之竟」，

注：「竟，界也。」禮記曲禮「入竟而問禁」，公羊莊廿七年「大夫越竟逆女」，穀梁隱元年「聘弓鏃矢不出竟場，束脩之肉不行竟中」，凡此竟字，皆謂界也。説文：「畺，界也。」或體作疆。故訓界即訓疆耳。説文無境，蓋境實疆之變易者，以疆訓竟，無異以境訓竟。疆竟本古韵央部同音字，至廣韵而迻易成兩韵。廣韵陽「疆，居良切」，映「竟，居慶切」，韵不同而同爲見紐，雙聲正轉。

300

膠之言糾。王制：「養國老於東膠。」

〔疏證〕王制注云：「膠之言糾也。膠或作絿。」

今按：太玄摛「死生相摎」，宋注：「摎猶糾也。」此亦以摎訓爲糾，摎、膠同从翏聲，摎、糾通訓猶膠、糾通訓耳。後漢書張衡傳「摎天道其焉如」，注：「摎，求也。」王制注「膠或作絿」，此則膠又訓求，並可證膠、求聲通。爾雅釋木「下句曰朻」，釋文：「朻，本又作樛，同。」詩樛木「南有樛木」，釋文「下句曰樛。馬融：韓詩本並作朻。音同」，益足證翏、丩聲通矣。膠、糾本古韵幽部同音之字，至廣韵而韵或迻易，聲亦略分鴻細。廣韵肴「膠，古肴切」，見母；黝「糾，居黝切」，見紐；雖異韵而同聲，雙聲正轉。

301 烈之言爛。詩「載燔載烈」，鄭氏説。

〔疏證〕生民箋：「烈之言爛也。」

今按：説文「烈，火猛也」，「爛，熟也」。「載燔載烈」之烈當借作爛。若詩韓奕「爛其盈門」，楚辭雲中君「爛昭昭兮未央」之爛，訓爲燦爛者，宜亦烈之借也。可證爛、烈聲通。爛在古韵安部，烈在曷部，雖平入對轉，錢氏不言對轉，則分明異韵矣。廣韵薛「烈，良薛切」，來母；翰「爛，郎旰切」，來母：是兩字韵部不同而同爲來紐，雙聲正轉。

302 割之言蓋。緇衣注。

〔疏證〕禮記緇衣「周田觀文王之德」，注：「古文周田觀文王之德爲割申勸寧王之德，今博士讀爲厥亂勸寧王之德。三者皆異，古文似近之。割之言蓋也，言文王有誠信之德，天蓋申勸之。」

今按：呂刑「鰥寡無蓋」，僞孔傳訓蓋爲掩蓋；孟子萬章下「謨蓋都君」，趙岐訓蓋爲覆。皆非是也。兩蓋字皆當訓作害。爾雅釋言：「蓋割，裂也。」蓋、割同義，害、割同聲，害之爲蓋猶割之爲蓋矣。爾雅釋文「蓋，古害切，舍人本作害」，蓋、害通作猶蓋、割通作矣。蓋、割兩字古韵皆在曷部，廣韵則稍有遂易。泰「蓋，古太切」，曷「割，古達切」，韵雖異而同爲見紐，雙聲正轉。

303 鵠之言較　周禮司裘注：「鵠之言較，較者直也。射所以正己志。」

〔疏證〕天官司裘：「王大射，則共虎侯、熊侯、豹侯，設其鵠。」錢引此文注。

今按：儀禮大射儀「大侯之崇見鵠于参」，注：「鵠之言較。較，直也。射者所以直己志。」禮記射義「發而不失鵠者，其唯賢者乎」；注：「鵠之言梏也。梏，直也。」詩賓之初筵「大侯既抗」，箋「舉者，舉而棲之於侯也」，釋文引説文云：「鵠者，覺也，直也。射者直己志。」鄭氏兩以較訓鵠，又以梏訓鵠，釋文引説文則以覺訓鵠，是言較、言梏、言覺同也。左傳襄廿一年「夫子覺者也」，注「覺，較然正直」，是覺較聲同，義皆爲直。鵠在薁部，本幽部讀爲入。較在夭部，古韵不同。廣韵沃「鵠，胡沃切」，匣母，又作「䧼，古沃切」，見紐，此當讀見紐，周禮釋文作古毒切，亦見紐也；效「較，古孝切」，見紐：鵠、較異韵而同爲見紐，雙聲正轉。錢氏採較而不採梏、覺以訓鵠者，鵠、梏同从告聲，非範例；覺則見於釋文，不如鄭注之影響深遠耳。

304 鑾之言緍。　鄭氏書禹貢注。

〔疏證〕禹貢「三百里蠻」，正義：「鄭云：『蠻者聽從其俗，羈縻其人耳。』王肅云：『蠻，慢也。禮儀簡慢。』」

今按：周禮夏官司馬「又其外方五百里曰蠻」，疏：「蠻者，縻也。」漢書地理志「三百里蠻」，注：「蠻謂以文德蠻幕而服之。」其訓用辭雖不同，其用聲訓則一也。蠻在安部，緡在㬎部，雖相近，古韵非一部。廣韵刪「蠻，莫還切」，明母；真「緡，武巾切」，微母，古讀明：是廣韵於兩字不同韵而同明紐，雙聲正轉。它訓亦可類推。

305

復之言報。 周禮宰夫注。

〔疏證〕天官宰夫「諸臣之復」，注：「鄭司農曰：復，請也。玄曰：復之言報也。」

今按：左傳定四年「初，伍員與申包胥友。其亡也，謂申包胥曰：我必復楚國」；注：「復，報也。」淮南天文訓「東北爲報德之維也」，注「報，復也」。此皆以報、復互訓之例證。報在古韵幽部，復在蕭部，平入韵耳，自可通轉，顧聲類主聲不主韵，故不言韵轉。廣韵屋「復，房六切」，奉母；號「報，博耗切」，幫母：奉母古讀並，幫並爲近紐雙聲，故兩字韵雖不同而爲近紐雙聲，正轉也。

306 移之言羡。郊特牲：「順成之方，其蜡乃通，以移民也。」鄭氏説。羡讀如沙羡之羡，羡與延同音。釋文音才箭、辭見二切，皆此下應奪非字。也。延道亦稱羡道。

〔疏證〕今按：沙羡即穆天子傳卷三「南絶沙衍」之沙衍。衍、羡通作，詩板「及爾游羡」，釋文：「羡，本作衍。」漢書溝洫志「然河災之羡溢」，董仲舒傳「富者奢侈羡溢」，注並曰：「羡讀與衍同。」羡與延同音者，周禮玉人「璧羡度尺」，釋文「羡，延也」；又注：「羡猶延。」文選東京賦「乃羡公侯卿士」，薛注：「羡，延也。」廣韻仙「延、遂，以然切」，喻四。延道亦稱羡道者，廣雅釋宫「羡，道也」，王念孫疏證云：「羡讀若延。史記衛世家『共伯入釐侯羡自殺』，索隱云：『羡，墓道也。』字亦作埏，又作延，文選潘岳悼亡詩注引李登聲類云：『埏，墓隧也。』隱元年左傳注作延。羡之言延也，鄭注考工記玉人云：『羡猶延也。』爾雅：『延，間也。』郭注以爲間隙。李奇注郊祀志云『三輔謂山阪間爲衍』，衍與延聲義相近也。」移在阿部，羡在安部，阿、安陰陽對轉，本古韵之規律，然錢氏不言對轉。廣韵支「移，弋支切」，喻四；羡讀爲延，延在仙韵亦喻四字：韵不同而聲紐正同，雙聲正轉。

顧釋文音羨爲才箭切，以爲牀二字，固誤；若讀辭見切，與廣韻之似面切同，皆邪母，則未爲誤也。喻四與邪古讀定，古紐本雙聲耳。錢氏不言喻四古讀定，又不言邪母古讀定，以今聲考之，故以爲誤。

307　孛之言茀。穀梁說。

〔疏證〕穀梁文十四年「有星孛入于北斗，孛之爲言猶茀也」，釋文：「孛，步内反。茀，李軌扶憒反；徐邈扶勿反。一音步勿反。」是孛、茀兩字並母雙聲。

今按：穀梁昭十七年「有星茀于大辰」，漢書息躬夫傳「角星茀于河鼓」，李尋傳「伏不見而爲彗茀」，文選劇秦美新「大茀經隕」，皆以茀作孛，穀梁釋文並云「茀，一本作孛」，可證。是兩字聲通之證。論語鄉黨「色勃如也」，說文艴下引論語作艴。艴、勃相通猶茀、孛相通耳。說文紼字又作綍，亦其證。孛在曷部，茀在鬱部，古韻不同。廣韻隊「孛，蒲昧切」，仍爲並母；茀則或入非、或入敷，仍當以穀梁釋文之音爲準也：雙聲正轉。

308　戾之言利。大學「一人貪戾」，鄭氏說。

〔疏證〕鄭注云：「戾之言利也。春秋傳曰：『登戾之也。』戾或爲吝。」

今按：公羊隱五年：「公曷爲遠而觀魚？登來之也。」鄭所見公羊與今本不同，以來爲戾。鄭意以公羊證本文，戾亦訓利，謂利得大魚也。謂戾或爲吝，吝與戾同，亦當訓利，廣雅釋詁二：「遴、利，貪也。」遴即吝，遴與利同，即吝與利同矣。養新録「貪戾」條云：「一人貪戾，注：戾之言利也，戾或爲吝。鄭義本謂貪戾即貪利耳。故下注云：好貨而禁民淫于財利，不能止也。一人貪利而一國作亂，即下章財聚則民散，貨悖而入亦悖而出之義。」可知錢氏録此條之本意。戾在鬱部，利在衣部，古韵雖近，分兩部也。廣韵霽「戾，郎計切」，來母；至「利，力至切」，來母；震「吝，良刃切」，來母：是三字韵並互異，然聲同，雙聲正轉。

309

緜緜，民民也。詩「緜緜其麃」，「緜緜翼翼」，韓詩皆作民民。

〔疏證〕引詩前篇爲載芟，釋文：「韓詩作民民。」後篇爲常武，釋文：「韓詩作民民。」

今按：詩緜蠻「緜蠻黄鳥」，大學引詩作緡蠻黄鳥。緡从昏聲，昏本會意字，一曰从民聲，作昬，故緡一作緍。説文「怋，怓也」，詩民勞「以謹惽怓」，故怋亦作惽。蟁或从昏作䜌。故緜蠻之爲緡蠻，亦可證緜、民聲相通。緜在安部，民在因部，韻雖相近，古分兩部。廣韻仙「緜，武延切」，微母，古讀明；真「民，彌鄰切」，微母，古讀明：是緜、民韻雖分仙、真，聲則古今相同，雙聲正轉。

310 湎湎，泯泯也。漢書敍傳「風流俗化，湎湎紛紛」，即呂刑之泯泯棼棼也。

〔疏證〕引敍傳敍目禮樂志。景祐本作「風流民化」，師古曰：「言上風既流，下人則化也。湎湎，流移也；紛紛，雜亂也。」以「下人則化」釋民，諱民言人，景祐本是。

今按：釋名釋采帛：「綿猶湎湎，柔而無文也。」綿與湎聲通，又與民聲通，故上文「綿綿，民民也」，亦可迻證此文。湎在安部，泯在因部，雖鄰近固分兩韻。廣韻獮「湎，彌兗切」，微母古讀明；軫「泯，武盡切又彌鄰切」，微母古讀明：是兩字異韻而古今聲同，雙聲正轉。

311 旻旻，溳溳也。詩：「旻旻良耜。」毛氏說。

〔疏證〕　良耜傳「畟畟猶測測也」，釋文：「畟，楚側反。」爾雅釋訓「畟畟，耜也」，釋文：「字或作稷稷。」

今按：穀梁定十五年：「日下稷。」尚書中候：「舜至於下稷。」孝經鉤命訣：「日稷而赤光起。」郙閣頌「劬勞日稷兮」，稷皆昃之借字，或徑作昃，公羊定十五年：「日下昃。」稷或又以側爲訓，太玄應上九「君子應以大稷」，注：「稷，側也。」日稷或徑作日側，儀禮既夕禮：「日側。」昃仄常訓爲側，説文「仄，側傾也」，「昃，日在西方時側也」。漢書息夫躬傳「衆畏其口，見之仄目」，注：「仄，古側字。」凡此不可勝數，可證从畟从仄从則得聲之字，聲常相通。畟、仄則古韻皆在肊部，从其得聲之字，聲紐或小變。廣韻職「畟測，初力切又子力切」，穿二，良耜釋文亦穿二，測、畟同音，同音自雙聲，仍爲同紐正轉。

312　萋萋，蒼蒼、采采也。　詩蒹葭傳。

〔疏證〕　蒹葭「蒹葭萋萋」，傳「萋萋猶蒼蒼也」，此以萋萋與蒼蒼通訓。「蒹葭采采」，傳「采采猶萋萋也」，此以萋萋與采采通訓。

今按：蒼、采聲通猶或可以證之，廣雅釋詁四：「倸忦，恨也。」王念孫云：「倸忦者，方言云『猜忦，恨也』，衆經音義卷十三云：『猜，今作倸同。』」是青與采聲通。廣雅釋器「蒼，青也」；左傳昭十七年「青鳥氏」，注云「鶬鴳也」。是倉、青又相通，故倉、倸亦相通者矣。至於萋與蒼、萋與采相通，古訓不多見。漢書外戚傳下「中庭萋兮鮮草生」，注「萋萋，青草貌也」，豈萋、青聲通故耶？悽愴聯辭者多有之，妻倉聲通則鮮有也。萋古韵在衣部，蒼在央部，采在噫部，互不同韵，蒹葭以三字通訓，聲轉也。廣韵齊「萋，七稽切」，清母；唐「蒼，七岡切」，清母；海「采，倉宰切」，清母：是廣韵三字亦異韵，然而同紐，雙聲正轉。

313

言言、仡仡，孽孽也。 詩皇矣篇，毛氏說。

〔疏證〕 詩皇矣「崇墉言言」，箋云「言言猶孽孽」，非毛傳也。又「崇墉仡仡」，傳：「仡仡猶言言也。」

今按：言言本無高大之義，蓋借字也。詩碩人「庶姜孽孽」，釋文：「韓詩作巘巘，長貌。」呂覽過理「宋王築爲蘖帝」，注：「蘖當作巘，帝當作臺。蘖與巘其音同……詩云『庶姜巘巘』，高長貌也。」說文巘、蘖同字，故孽借作巘也。說文：「巘，載高貌。」說文又云：「圪，牆高貌，詩曰：崇墉圪圪。」玉篇土部引說文作圪，云本亦作仡。後漢書張儉傳、文選魯靈光殿賦張載注並引作屹屹。仡仡爲借字，圪圪爲本字，屹屹爲俗字。既以轙圪爲訓高大之本字，韓詩又徑以孽作轙，説文引詩徑以仡作圪，故「言」當即轙與圪之借字矣。轙與言本古韵安部字，孽則曷部，仡則鬱部字。安、曷平入對轉，錢氏不言對轉，則兩部異韵；鬱則鄰韵而已。況聲類主聲不主韵，自不認爲韵轉。廣韵元「言，語軒切」，疑母；薛「孽，魚列切」，疑母；迄「仡，魚迄切」，疑母：是三字於廣韵互不同韵，然而同爲疑紐，雙聲正轉也。

314

憲憲，欣欣也。詩：「無然憲憲。」

〔疏證〕引板篇及毛傳。

今按：憲訓爲欣，例未它見。憲在古韵安部，欣在昷部，雖鄰韵，然分兩部也。廣韵願「憲，許建切」，曉母；欣「欣，許斤切」，曉母：分願、欣兩韵，同爲曉母，雙聲正轉。

315

囂囂，謷謷、嗸嗸也。詩「聽我囂囂」，毛云：「猶謷謷。」又「讒口囂囂」，劉向傳引作嗸嗸。

〔疏證〕引詩前爲板篇，後爲十月之交。

今按：十月之交釋文「韓詩作謷謷一本作嗸」，讀詩記、詩考同。漢書劉向傳、後漢書皇甫規傳注引作嗸嗸，文選潘岳關中詩注引同。潛夫論賢難、馮衍傳注並引作嗸嗸。板「聽我囂囂」，潛夫論明忠作敖敖。漢書董仲舒傳「此民之所以囂囂苦不足也」，師古曰：「囂讀與嗸同，音敖。」此皆囂、敖聲通之證矣。囂、嗸、謷本古韻夭部同音字，自應通作，至廣韻而或稍變。廣韻豪「謷、嗸，五勞切」，疑母；宵「囂，許嬌切，又五刀切」，此當取後一切：故與謷嗸同讀疑母，雙聲正轉。

316

噲噲，快快也。噦噦，焆焆也。詩毛傳。

〔疏證〕引詩斯干「噲噲其正，噦噦其冥」，箋云：「噲噲，猶快快也。正，晝也。噦噦猶焆焆也。冥，夜也。」本鄭氏説，非毛傳也。釋文：「噲音快。噦，呼會反。」

今按：説文：「噲讀若快。」公羊昭廿七年「邾婁來奔」，釋文：「快，本又作噲。」狡獪之字，世亦作㹟，詩隰有萇楚序，鄭箋：「恣謂狡㹟淫戲不以禮也。」釋文：「狡，古卯反。㹟，古快反，本亦作獪，古外反。」此皆从會、从夬得聲者聲通之證。噲、快古韻同在曷部，本同音之字。廣韻夬「噲、快，苦夬切」，字亦同音，若不言韻，則同爲溪紐，雙聲正轉。

又按：呂覽達鬱「草則爲蕢」，注：「蕢，穢。」此蕢、穢聲通之證。貴、胃又相聲通，詩召旻「草不潰茂」，鄭箋「潰茂之潰，當作彙」，彙从胃省聲，或體作蝟。是歲、胃聲通矣。歲在曷部，胃在鬱部，古不同韵。廣韵未「煟，于貴切」，喻三，古讀匣；泰「噦，呼會切」，曉母：曉、匣爲近紐雙聲。如謂錢氏不言喻三讀匣，然謂古人於喉音四母不甚區別，是曉喻二母，仍相通轉。

317

耿耿，儆儆也。　詩：「耿耿不寐。」

〔疏證〕　此引邶風柏舟毛傳。陳奐傳疏：「楚辭遠游『夜耿耿而不寐兮』，王逸注云『耿一作炯』，哀時命作炯炯。說文『耿，炯省聲』，故耿耿或作炯炯也。廣雅：『耿耿，警警，不安貌。』儆與警通。」

今按：炯又與頃聲通，說文「高，或體作廎」，可證。頃更與敬聲通，左傳文十八年「敬嬴生宣公，敬嬴嬖」，公羊宣八年「葬我小君頃熊」，「頃熊者何？宣公之母也」，穀梁文十八年注「宣公亦文公之子，其母敬嬴」，釋文：「依公羊當作頃熊。」昭七年傳，南宮敬叔，說苑亦以頃爲之。是頃、敬聲通。耿既通炯，炯又通頃，頃更通敬，是耿、敬聲通矣，故云：「耿耿，儆儆也。」耿、儆古韵同在嬰部，本同音字，後世而侈弇鴻細異矣。廣韵耿「耿，古幸切」，見母；梗「儆，居影切」，見母：韵不同而同爲見紐，雙聲正轉。

318 介介，耿耿也。後漢書馬援傳注。

〔疏證〕馬援傳「介介獨惡耳」，注：「介介猶耿耿也。」

今按：漢書陳湯傳「使百姓介然有秦氏之恨」，注：「介然猶耿耿也。」亦以耿訓介。後漢書崔駰傳「豈無熊僚之微介兮」，注：「介，耿介也。」張衡傳「遇九皋之介鳥兮」，注：「介，耿介也。」以耿介訓介，即以耿訓介。耿在嬰部，介在曷部，古韵非一部，非韵轉也。廣韵耿「耿，古幸切」，見紐；怪「介，古拜切」，見紐：是韵異而紐同，雙聲正轉。

319 膠膠，喈喈也。詩。

〔疏證〕詩風雨「雞鳴膠膠」，傳：「膠膠，猶喈喈也。」

今按：説文：「喈，鳥鳴聲也。」雞鳴猶鳥鳴，喈爲本字，此世之通説也。今以爲雞之得名於喈，以其鳴聲喈喈故曰雞，雞喈古同音字。説文「鳥鳴」蓋「雞鳴」，鷄脱左旁則成爲鳥耳。廣韵引詩「雞鳴嘐嘐」，玉篇亦曰「嘐，雞鳴也」，或以嘐爲正字，考説文「嘐，誇語也」，非雞鳴。毛傳「膠膠猶喈喈」，以膠爲喈之借字是矣。膠古韵在幽部，喈在衣部，非韻轉也。廣韻肴「膠，古肴切」，皆「喈，古諧切」，兩字韻不同而同爲見紐，是爲雙聲正轉。

320 渠渠、拳拳，勤勤也。詩：「夏屋渠渠。」拳拳見後漢書明帝紀。

〔疏證〕詩權輿箋：「渠渠，猶勤勤也。」明帝紀「重逆此縣之拳拳」，注：「拳拳猶勤勤也。」禮記曰：『得一善則拳拳服膺而不息。』」

今按：又明德馬皇后紀：「而欲先營外封，違慈母之拳拳乎？」注：「拳拳猶勤勤也。」若渠渠訓拳拳，例未它見。渠在烏部，拳在安部，勤在㒀部，古韻互不相同。廣韻魚「渠，强魚切」，羣母；仙「拳，巨員切」，羣母；欣「勤，巨斤切」，羣母：韻亦互不相同，而同爲羣紐，雙聲正轉。

321 懆懆，慘慘也。詩「念子懆懆」，釋文：「亦作慘慘。」

〔疏證〕今按：此以釋文作慘慘，故謂懆懆訓慘慘。詩之以慘、懆兩作者，有：白華「念子懆懆」，釋文：「懆，七感反，説文七到反，愁不申也。亦作慘慘。」説文：「懆，愁不安也。詩曰：念子懆懆。」白華以外，邁叶韻，作懆作慘皆與韻無妨也。又北山「或慘慘劬勞」，釋文「慘，七感反，又作懆」，此亦與韵無妨。若以義求之，説文「慘，毒也」，不如作懆之爲愈。詩亦有但作慘者：月出「勞心慘兮」，釋文「慘，七感反」，此詩以照、燎、紹、懆叶韵，作慘則於韵於義皆不安矣。正月「憂心慘慘」，此詩以沼、樂、炤、懆、虐叶韵，作慘於韵於義亦兩不安。抑「我心慘慘」，此詩以昭、樂、懆、藐、教、虐、耄叶韵，作慘亦顯然不當。戴震毛鄭詩考正云：「勞心慘兮，慘，七感切，方言云：『殺也。』説文云：『毒也。』音義皆於詩不協。蓋懆字轉寫譌爲慘耳。懆，千到切，故與照燎紹韵，説文『懆，愁不安也』，引詩『念子懆懆』。今詩中正月篇『憂心慘慘』，北山篇『或慘慘劬勞』，抑篇『我心慘慘』，皆懆懆之譌。釋文於北山篇云：『字亦作懆』，於白華篇『念子懆懆』云：『亦作慘慘』，未能決定兩字音義矣。」段玉裁詩經小學云：「張參五經文字：懆，千到反，見詩。慘，七敢反，悽也。據此可見，詩皆作懆之證。」錢氏單舉白華，無關於韵之叶與不叶。慘在古韵音部，懆在夭部，古韵不同。廣韵晧「懆，采老切」，清母；感「慘，七感切」，清母：慘、懆韵不同而同爲一母，故謂爲雙聲正轉，説自可通。若以詩之各例證之，似以戴、段之説爲長。

322 慘慘，戚戚也。 詩毛傳。

〔疏證〕詩正月「憂心慘慘」，傳：「慘慘猶戚戚也。」

今按：戚在蔑部，與慘古韵異部。廣韵錫「戚，倉歷切」，清母。戚、慘古今韵雖不同，然同爲清母，故錢氏謂爲雙聲正轉。然正月作慘，於本詩不叶韵，恐更當以戴、段説爲允也。

323 竊竊，察察也。莊子「竊竊然知之」，司馬彪説。

〔疏證〕見齊物論及釋文。

今按：又庚桑楚云「竊竊乎又何以濟世哉」，釋文：「竊竊，崔本作察察。」荀子哀公篇「竊其有益與無益」，集解云：「竊宜爲察，以竊字屬下句。」此皆竊、察聲通之證。竊在壹部，察在曷部，古韵不同。廣韵屑「竊，千結切」，清母；黠「察，初八切」，穿二，古讀清：兩字不同韵，古本同紐，雙聲正轉。然錢氏不徑言穿二古讀清，則清與穿爲同位，同位爲變轉。

324 索索，縮縮也。易震「索索」，鄭氏説：「索索猶縮縮，足不正也。」

〔疏證〕見釋文引。

今按：上有一條云「鞣韡，速獨也」，是鞣與速聲通。儀禮特牲饋食禮「乃宿尸」，注「宿或作速」，是宿、速聲通。速既通於鞣，又通於宿，則鞣、宿聲通矣。此亦索、縮聲通又一例證。索在蒦部，縮在奧部，古韻非同部字。廣韻鐸「索，蘇各切」，心母；屋「縮，所六切」，審二，古讀心：是兩字雖不同韻，古讀同紐也，雙聲正轉。若謂錢氏不徑言審二古讀心，則心、審同位，同位爲變轉。

325

職職，祝祝也。莊子至樂篇「萬物職職」，司馬彪說。

〔疏證〕見釋文引。

今按：詩干旄「素絲祝之，良馬六之」，傳：「祝，織也。」職、織形聲聲同，是職、祝聲通之又一例證矣。職在肊部，祝在奧部，古韻不同也。廣韻職「職，之翼切」，屋「祝，之六切」，是兩字於廣韻亦異韻，然而同爲照三，雙聲正轉。

326

芒芒，夢夢也。文選注。

〔疏證〕見歎逝賦「何視天之芒芒」注。

今按：周禮地官遂人「以下劑致甿，以田里安甿」，注「甿猶懵懵無知貌也」，夢、懵同从瞢聲，以甿訓懵，猶以芒訓夢矣。鯍亦作鱑，說文「鯍，魱鯍也」，漢書司馬相如傳「魱鱑漸離」，魱鱑即魱鯍，亦芒夢聲通之證。芒在央部，夢在膺部，古不同韵。廣韵唐「芒，莫郎切又武方切」，明母；送「夢，莫鳳切又亡中切」，明母：是韵不同而同爲明母，雙聲正轉。

327 庸庸，惔惔也。　書「毋若火始惔惔」，漢書作庸庸。

〔疏證〕引書洛誥，引漢書梅福傳。以兩書異文爲訓，非漢書注文也。

今按：庸職亦作閻職。左傳文十八年：「齊懿公與丙歜之父争田，乃掘而刖之，而使歜僕；納閻職之妻，而使職驂乘。」史記齊世家作丙戎與庸職。索隱：庸非姓，蓋謂受雇職之妻，說誤。說苑復恩作邴歜庸織。水經注緇水注作邴戎庸職。非義有不同也，邴與丙、職與織，形聲同聲通假耳。歜之爲戎，歜在屋部，戎在夆部，平入旁對轉耳。閻之爲庸，則猶庸庸之訓惔惔矣。惔、閻同以臽聲，古韵在奄部，庸在夆部，古韵非一部，非韵轉。廣韵冬「庸，餘封切」，喻四；琰「惔，以冉切」，喻四：兩字於廣韵亦非一韵，然而同爲喻四，雙聲正轉。故知閻職即庸職；同於庸之訓惔，皆以聲轉，非庸、閻義不同也。

328 閣閣，格格也。　詩「約之閣閣」，周禮注引作格格。

〔疏證〕引詩見斯干，傳：「閣閣猶歷歷也。」引周禮注，見考工記匠人注。

今按：史記梁孝王世家「竇太后議格」，集解「如淳曰：攱閣不得下」，索隱：「服虔云：『格謂格閣不行。』蘇林音閣。周成雜字：『攱閣也。』」漢書淮南王傳「格明詔」，注：「格音閣，謂攱閣不行之。」格、閣同从各得聲，於例可以通作。格、閣古韻同在蒦部，本同音字，迻易而韵或異。廣韵鐸「閣，古落切」，陌「格，古陌切」，兩字韵異而同爲見母，雙聲正轉。

329 攸攸、滺滺（並讀如迪），逐逐也。易「其欲逐逐」，子夏傳作攸攸，蘇林音迪。漢書叙傳「六世眈眈，其欲滺滺」，師古曰：「滺，音滌。」

〔疏證〕引易見頤釋文。引叙傳見述嚴朱吾丘主父徐嚴終王賈傳第三十四。師古注又云「今易滌字作逐」，顔所見易，滺亦作滌也。

今按：攸、滺本喻四字，故廣韵尤「攸滺，以周切」，喻四古讀定。錢氏雖不言喻四讀定，然攸蘇林音迪，滺師古音滌，廣韵錫「迪滌，徒歷切」，錢氏據此故謂其讀定也。屋「逐，直六切」，澄母，古讀定。此錢氏舌音類隔說不可信已詳加考證者，故攸、滺與逐，爲古紐雙聲，正轉耳。攸、滺古韵在幽部，逐在蒦部，本平入韵，然非同部。廣韵以攸、潄入尤韵，以逐入屋韵，亦不同韵，聲類主聲不主韵，適爲正轉之範例。

330 惕惕，忉忉也。詩「心焉惕惕」，毛氏説，惕當有叨音。

〔疏證〕 引詩防有鵲巢。傳：「惕惕猶忉忉也。」釋文：「忉，都勞反；惕，吐歷反。」

今按：惕在益部，忉在夭部，古韵不同，非韵轉也。廣韵豪「忉，都勞切」，端母；錫「惕，他歷切」，透母：韵不同而爲近紐雙聲，正轉也。又錢氏復云「惕有叨音」者，疑惕爲忉之誤，蓋惕不能有叨音，一也；忉、叨同从刀聲，謂忉有叨音，自合形聲條律，二也。豪「叨，土刀切」，透母；叨、惕爲同紐雙聲，尤爲正轉之範例，三也。後人以聲類付梓，功自不刊，而校勘未精，不免失之者多矣，通讀全書，可以知之。

331 嘽嘽，瘆瘆也。詩「嘽嘽駱馬」，説文作瘆。

〔疏證〕 引詩四牡。玉篇亦作瘆，漢書叙傳注，師古引作嘽。

今按：説文姼或作姡，觶或作觗。考工記梓人疏引鄭駁異義：「觶字角旁支，汝潁之間師讀所作。」漢書有金日磾，漢石經公羊傳以磾爲隄字。説文鉹讀若摘。氏、支是皆古韻志部字，摘則入聲益部字。此秦以後，阿、益兩部混淆。古韻阿、安陰陽對轉，多單互讀，於是从單得聲之字，觶可作觗、觝，磾可讀隄矣。此並不足以亂阿、安對轉之例，適足以爲對轉之旁證也。驒之爲𤵸，猶鼉之讀徒河切，儺䰩𩍐之並讀諾何切，嬜鄱之並讀薄波切也。錢氏不言對轉，故不以詩之驒驒說文作𤵸𤵸爲對轉。廣韻寒「單，都寒切」，端母；歌「多，得何切」，端母：韻不同而同爲端母，雙聲正轉。𤵸从多聲應有多音，驒从單聲應有單音，故驒之爲𤵸亦正轉矣。

332　膴膴，腜腜也。詩「周原膴膴」，韓詩作腜腜。

〔疏證〕引詩緜。魏都賦張載注引詩「周原腜腜」，李善引韓詩曰：「周原腜腜。」錢氏以異文標目。

今按：詩小旻曰「民雖靡膴」，釋文：「韓詩作靡腜。」亦膴、腜通作之證。又左傳僖廿八年「原田每每」，魏都賦「蘭渚莓莓」，說文「每，草盛上出也」，則以每爲本字，餘皆借字耳。膴在古韻烏部，腜在噫部，烏、噫雖亦有通者，非範例也。廣韻灰「腜，莫杯切」，明母字；虞「膴，亡甫切」，微母，古讀明，其亦讀荒烏切者，微明之聲變：是腜、膴韻不同而古紐同明母，雙聲正轉。

333 摻摻，纖纖也。詩「摻摻女手」，傳文。釋文：「摻，所銜反；徐息廉反。纖，息廉反。」今人以所屬審母，息屬心母。

〔疏證〕引詩葛屨之傳文。又謂今人云云者，審、心同位爲變轉，若皆讀息廉切則爲正轉矣。

今按：説文㦰與攕下兩引詩並作攕，文選古詩十九首「纖纖出素手」，注引詩作纖。是並以攕、纖與摻通作。説文「醶，酢也」，廣雅釋器「醦醶，酢也」，醦即醶之變易，可證參㦰聲通。參在音部，㦰在奄部，古韻分兩部，以其皆讀閉口，故時相出入。廣韻咸「攕、摻，所咸切」，則並在審二，且爲同音。鹽「纖，息廉切」，心母，從廣韻言之，摻與纖異韻異紐，然而同位，同位爲變轉。若謂照二系字古讀精系，則摻纖仍爲正轉。

334 蠅蠅，油油也。尚書大傳：「微子歌曰：『麥秀蘄兮黍禾蠅蠅。』蠅與油聲相近。」

〔疏證〕史記微子世家作「麥秀漸漸兮，禾黍油油」。油油與蠅蠅異文，錢氏取以標目。

今按：蠅謂之羊，方言十一「蠅，東齊謂之羊，陳楚之間謂之蠅，自關而西秦晉之間謂之羊」，蠅、羊一聲之轉。羊又與揺通作，楚辭離騷「聊逍遥以相羊」，王逸注：「逍遥、相羊，皆遊也。」開元占經石氏中官占引黃帝占云：「招揺，尚羊也。」揺又作繇，繇亦爲由，周禮天官追師注「其遺像若今步繇矣」，釋文：「步繇本或作揺。」爾雅釋水「繇膝以下爲揭」，漢書元帝紀「不知所繇」，楚元王傳「繇是怨嫂」，三繇字皆即由也。蠅既轉羊，羊又轉揺與繇，繇又爲由，故蠅、由可聲通，蠅蠅斯可以作油油矣。蠅在膺部，油在幽部，古韻懸隔，非韻轉也。廣韻蒸「蠅，余陵切」，喻四；尤「油，以周切」，喻四：是廣韻亦不同韻，然而同爲喻四，雙聲正轉。

335

亹亹、勿勿，勉勉也。

詩「勉勉我王」，荀子引作亹亹。禮器「君子達亹亹焉」，注：「亹亹，勉勉也。」禮祭義「勿勿諸欲其饗之也」，注：「勿勿猶勉勉。」大戴記曾子主事篇：「君子終身守此勿勿也。」

〔疏證〕引詩棫樸，荀子富國。

今按：韓詩外傳五、白虎通三綱六紀亦引作「亹亹我王」，或依文王引作「亹亹文王」。文王「亹亹文王」，傳：「亹亹，勉也。」嵩高：「亹亹申伯」，箋：「亹亹，勉也。」爾雅釋詁、禮記禮器注、國語周語注並云：「亹亹，勉勉也。」此皆亹、勉異文或互訓，可爲亹、勉聲通之例證者。勿勿訓勉勉，除錢氏已引外，禮器亦云「勿勿乎欲其饗之也」，注：「勿勿猶勉勉也。」詩十月之交「黽勉從事」，漢書楚元王傳劉向傳作密勿。此則勿、勉通作或通訓，可爲勿、勉聲通之例證。亹古韵在昷部，或對轉入陰韵，勉亦昷部，勿在鬱部，以亹讀入衣部言之，則三字皆異韵矣。廣韵魂「亹，莫奔切」，然非其義，尾「亹，無匪切」，文王篇釋文音尾，即此音矣，微母古讀明；獮「勉，亡辨切」，微母古讀明；物「勿，文弗切」，微母古讀明：尾、獮、物非一韵也，然而同爲微母，雙聲正轉。

又按：文王之「亹亹文王」，棫樸之「勉勉我王」，謂亹、勉聲通可也；謂詩義一致，則未必然。崔靈恩集注作「娓娓文王」，説文有「娓，順也」，娓即周禮師氏「掌以媺詔王」之媺，古美字也。若「勉勉我王」則用勉之本義，不必求其一致耳。讀詩上下文，義似小別。

336 浘浘，浼浼也。詩「河水浼浼」，韓詩作浘浘。

〔疏證〕引詩新臺。段玉裁詩經小學云：「韓詩『新臺有漼，河水浘浘』，蓋一章

『新臺有泚，河水瀰瀰』之異文。灌、浘字與泚、瀰同部，與洒、浼不同部，毛韓異文同義，陸德明誤屬之二章無疑也。」今録段説，疏證仍依錢氏。盧召弓曰：「漢書地理志引邶詩『河水洋洋』，師古以今邶詩無此句爲疑。考玉篇曰『洋亦瀰字』，集韻亦曰『瀰或作洋』，然則洋洋必泮泮之誤。」此則説新臺之一章，與二章無關也。

今按：上條亹亹通作勉勉，已有例證。「亹亹文王」，崔靈恩集注作「娓娓文王」，是亹、勉、娓三者皆可通作，故知勉、娓本相聲通，勉、娓相通亦猶浼、浘相通矣。娓、浘古韵在衣部，浼、勉在昷部，衣、昷旁對轉，時或有之。錢氏不言對轉，故不以爲韵轉。廣韵尾「浘，無匪切」，微母；賄「浼，武罪切」，微母：是廣韵亦不同韵，然而同爲微母，雙聲正轉。

又按：段玉裁以灌、浘、泚、瀰同入十五部，故謂四字同韵，先師曾先生以十五部分爲威、衣兩部，以與昷、因相配，則灌爲威部，與浘、泚、瀰之爲衣部，異韵矣。浼在昷部，與灌正陰陽對轉爲韵也。段氏又不言對轉，故謂浘爲瀰之異文，不以浘爲浼浼之異文也。是陸德明未必誤，段説亦只當存疑耳。

又浼浼毛訓平地，陳奂校作平池，亦當存疑。竊以爲浼浼猶瀰瀰也，猶蒹葭之「萋萋猶蒼蒼也」、「采采猶萋萋也」，詩中此例甚多，皆易字叶韵耳。浼、瀰韵既對轉，聲亦同紐，自可通訓。

337 駋駋，儦儦也。詩「儦儦俟俟」，韓詩作「駋駋騃騃」，薛君章句：「趨曰駋，行曰騃。駋音鄙，今按奪騃。與俟同音。」

〔疏證〕引詩吉日。引韓詩見後漢書馬融傳注。引薛君章句見文選西京賦注。今按：毛詩釋文「儦本作麃，又作爊」，並从麃聲。説文：「俟，大也。」詩曰「伾伾俟俟」，作伾、作駓、作駋，聲亦相同。駋在古韻噫部，儦在夭部，古韻不同，非韻轉也。廣韵脂「駓，敷悲反」，敷母，錢氏依西京賦注音鄙；旨「鄙，方美反」，非母；宵「儦，甫嬌切」，非母：是駋、儦兩字，韵分旨、宵而聲同非母，雙聲正轉。於此可見錢氏引例標音者，蓋以近紐非正轉範例，同紐則範例耳。

338 沈沈，潭潭也。史記陳涉世家「夥頤，涉之爲王沈沈者」，應劭曰：「沈沈，宮室深邃之貌。沈，長含反。」

〔疏證〕錢引應劭注音，蓋以沈音長含反，聲如談也。養新録「舌音類隔之説不可信」條云：「古讀沈如潭，史記陳陟世家『夥頤，涉之爲王沈沈者』，應劭曰：『沈沈，宮室深邃之貌，沈，音長含反。』與潭同音，韓退之詩『潭潭府中居』，即沈沈也。」

今按：索隱云：「劉伯莊以沈沈猶談談，謂故人呼爲沈沈，猶俗云談談，深也。」談亦作譚，莊子則陽「夫子何不譚我於王」，李注：「譚，説也。」亦沈、譚聲通之又一證。沈、潭本古韵同音字，至于廣韵乃有侈弇鴻細之分。侵「沈，直深切」，澄母古讀定；覃「潭，徒含切」，定母：是韵不同，然而古聲同爲定紐，雙聲正轉。

339 扃扃，斤斤也。 左傳「我心扃扃」，注：「明察也。」釋訓：「明明，斤斤，察也。」

〔疏證〕引左傳襄五年逸詩。扃扃、斤斤兩皆訓察，故扃扃可訓斤斤。

今按：詩執競「斤斤其明」，傳：「斤斤，察也。」漢書叙傳「平津侯斤斤」，注：「明察也。」釋訓釋文云「斤，樊居覲反」，釋名釋用器：「斤，謹也。」謹有明察之義。扃訓明察，鮮見它例。説文：「炯，光也。」蒼頡篇：「扃，明也。」漢書叙傳「又申之以炯戒」，注：「炯，明也。」是炯有明察義，扃、炯同从同聲，扃讀爲炯耳。扃在嬰部，斤在㬈部，古韵不同，非韵轉也。廣韵青「扃，古螢切」，見母；欣「斤，舉欣切」，見母：韵不同而同爲見紐，雙聲正轉。

340 梅梅，微微也。 玉藻「視容瞿瞿梅梅」，疏云：「梅猶云微也。」

〔疏證〕 玉藻疏云：「梅梅猶微微也。」

今按：梅與微通，僅見此例。若枚、眉之字，與微聲通者，則頗有之。詩東山「勿事行枚」，傳：「枚，微也。」儀禮少牢禮「眉壽萬年」，注：「古文眉爲微。」左傳莊廿八年，冬「築郿」，公羊、穀梁皆作微，注謂左傳作麋。說文娓讀若媚，尾、微聲通，例所常見。梅在古韻噫部，微在衣部，韻部甚遠，僅以聲轉。枚、眉則與微同在威部，既以聲通，又且韻轉。通轉之理，賅乎聲韻，若聲紐無關，單以韻轉者有之，然非習見也。若韻部不通，徒以聲轉者時復見之，然遠不如聲韻兼通者矣。故梅、微相轉，例不多見，枚、眉轉微，實繁有徒耳。廣韻灰「枚、梅，莫杯切」，明母，此乃後世之訛混，古韻枚、梅兩字不同部；脂「眉、郿、麋，武悲切」，微母；至「媚、郿，明祕切」，微母：眉、郿、媚、麋四字雖讀雙脣，於廣韻亦輕脣，故爲微母，錢氏以雙脣爲重脣，皆入明母。微「微，無非切」，微母古讀明，此上各字聲紐之詳說也。若梅、微兩字，韻雖不同，古聲同爲明母，雙聲正轉。

341 諓諓，截截也。 秦誓「唯截截善諞言」，公羊作諓諓。

〔疏證〕 今按：廣雅釋訓云：「諓諓，善也。」王念孫疏證曰：「説文：『諓，善也。』秦誓『惟截截善諞言』，文十二年公羊傳引作『惟諓諓善竫言』，楚辭九嘆注引作『諓諓靖言』，説文引作『戔戔』。越語『又安知是諓諓者乎』，公羊釋文引賈逵注云：『諓諓，巧言也。』鹽鐵論論誹篇云：『疾小人諓諓面從，以成人之過也。』潛夫論救邊篇云：『淺淺善靖。』並字異而義同。」以是觀之，諓諓本義，截截借字，後世用本義者多，用借字者少，故它例鮮見。諓在安部，截从雀聲則爲約部，若从詩長發叶韵言則在曷部，蓋截、䳜、䰗、巀、蠽系字，由截、離、雀自成韵系也。安、曷爲平入對轉耳。然聲類主聲不主韵也，廣韵獮「諓，慈演切」，從母；屑「截，昨結切」，從母：韵不同而聲同，雙聲正轉。

342 彤彤，今按：當作肜，此誤刊。繹繹也。 公羊傳注曰：「殷曰肜，周曰繹，肜者肜肜不絶。」

〔疏證〕 公羊宣八年「壬午猶繹」，注有删截。朱駿聲説文通訓定聲肜字下云：「錢辛楣師云：『肜即从舟彡聲之肜字，不從肉。』按玉篇肜隸舟部，『祭也，又舟行也』。

存參。」錢氏雖有彤作肜之説，並無肜作彤之言。雖喻四古讀定，肜古可讀彤，亦錢氏所不言。今一仍公羊之舊，校彤作肜。殷周祭名不同，爲義則一，故標目即云：「彤肜，繹也。」

今按：説文無肜字，舊讀皆與融同，夅部字也，繹在蒦部，古韵迥隔，非韵轉也。廣韵東「彤、融，以戎切」，喻四；昔「繹，羊益切」，喻四：韵異而聲同，雙聲正轉。廣韵彤下有「敕林」一切，即以彤爲肜耳。喻四古讀定，故或以彤即肜耳。存以備參則可，不必於此增繁瑣也。

343 悁悁(烏圓切)，悒悒也。詩「中心悁悁」，毛氏説。

〔疏證〕引詩澤陂。傳云：「悁悁，猶悒悒也。」

今按：悁，安部字，悒，邑部字，古韵兩部不相通，非韵轉。廣韵仙「悁，於緣切」，緝「悒，於汲切」，兩字韵亦不同，同爲影紐，雙聲正轉。

344 元元，喁喁也。史記索隱引顧野王説：「元元猶喁喁，可憐愛貌。」

〔疏證〕引史記文帝紀「以全元元之民」索隱。

今按：漢書司馬相如傳「喁喁然皆争歸義」，王莽傳「天下喁喁」，皆仰望義，以釋文帝紀，最合文意。索隱既引顧野王説，復云「未安其説，聊記異也」者，不解元元何以訓喁喁也。元在安部，喁在區部，古韵不同，非韵轉也。廣韵元「元，愚袁切」，疑母；鍾「喁，魚容切由區對轉入邕」，喻四〔一〕：是元與喁雖不同韵，然而同紐，雙聲正轉。

345 姁姁，嘔嘔（音吁）也。漢書韓信傳「言語姁姁」，師古曰：「和好貌。」史記作嘔嘔。

〔疏證〕漢書注：「姁，音許于反。」史記淮陰侯列傳索隱：「嘔音吁，漢書作姁姁，鄧展曰：『姁姁，和好貌。』」錢據史記注音，取異文標目。

今按：説文「姁，嫗也」，嘔嫗並从區聲，以姁訓爲嫗，猶以姁姁訓爲嘔嘔也。莊子駢拇「呴俞仁義」，釋文：「呴本又作傴，於禹反。」淮南原道「呴諭覆育」，漢書王褒傳「是以嘔喻受之」，呴俞、傴俞互作，呴諭、嘔喻互作，是知句、區聲通矣。姁、嘔皆古韵區部字，同部字自可通轉，然聲類主聲不主韵。廣韵虞「吁姁，況于切」，曉母，不獨韵同，而

〔一〕「魚」爲疑母，作「喻四」疑作者筆誤。

且聲同，雙聲正轉也。若嘔則在廣韵侯韵讀「烏侯切」，影母。姁、嘔於廣韵聲韵俱異，雖影曉相近，亦不密合聲轉之正例，故錢氏于嘔下音吁也。

346 畜畜，煦煦也。莊子徐无鬼篇「夫堯畜畜然仁，吾恐其爲天下笑」，李頤云：「畜畜，行仁貌。」王叔之云：「卹愛勤勞之貌。」予謂畜畜猶煦煦。

〔疏證〕釋文「畜，許六切，郭他六切」，錢蓋取許六切爲音也。

今按：樂記「煦嫗覆育萬物」，注「氣曰煦」，即取此義耳。畜在蓃部，煦在區部，平入可以旁轉，然終爲兩部，古韵不同。廣韵屋「畜，許竹切又丑六、許救切」，曉母；遇「煦，香句切」，曉母：是兩字雖不同韵，然同爲曉母；雙聲正轉。

347 齗齗，誾誾也。史記魯世家「洙泗之間，齗齗如也」，索隱云：「讀如論語『誾誾如也』。」

〔疏證〕論語鄉黨「與上大夫言誾誾如也」，注「孔曰：誾誾，中正之貌」，釋文：

「闇，魚巾反。」段玉裁於説文闇字下注云：「此字自來反語皆恐誤。凡齗齗爲辯争，狺狺爲犬吠，皆於斤聲言聲得『語巾』之音。若門聲字，當讀莫奔切，或讀如瞞如蠻，斷不當反从言之雙聲，切『語巾』也。揚子『何後世之訔訔也』，司馬曰：『争辯貌。』是訔訔同漢書之齗齗。自來字書韵書與門聲之闇同，又恐誤也。闇闇與穆穆、慔慔、勉勉、亹亹等爲雙聲，古音在十三部。」

今按：段説誤。謂从門得聲之字不得切「語巾」，可也；謂闇不得切「語巾」，非也。闇當从門从言，言亦聲，謂門内和説而諍也，故讀語巾切。許君求闇从門之義不得，故从門聲，此其説字形之誤，非後世闇切語巾之誤也。訔訔既同史、漢之齗齗，又同論語之闇闇，言斤可以聲通，猶狺狺於説文作犷犷也。狺、闇从言聲，古韵在安部，齗、犷从斤聲，古韵在昷部，本非一韵，以兩部相鄰，可以通轉，故廣韵切爲同音矣，真「犷、狺、闇、訔，語斤切」，不收齗字，論語釋文切魚巾，亦同音也，皆疑母。同音自當同紐，雙聲正轉。

348 匔匔、窮窮，夔夔也。史記魯世家「匔匔如畏然」，徐廣曰：「匔匔，謹畏貌，見三蒼。音窮窮，一本作夔夔也。」

〔疏證〕以徐廣所引異文標目。

今按：書大禹謨「夔夔齊慄」，僞孔傳：「悚懼之容。」孟子萬章上「夔夔齋栗」，注：「敬慎戰懼貌。」皆與徐廣注匑匑義同。然夔無謹畏之義，炳燭齋隨筆：「有所懼則兩足緊並，有若一足之物，故曰夔夔也。史記：『使天下之士，重足而立，』亦此意。」閻若璩又按：「酷吏義縱傳『南陽吏民，重足一迹』，語尤顯白。」今以爲夔夔即瞿瞿也。瞿瞿旁對轉則爲匑匑矣。匑、窮在夅部，夔在威部，古韵不同，非韵轉也。廣韵東「窮，渠弓切」，羣母；脂「夔，渠追切」，羣母：同紐雙聲，正轉也。虞「瞿，其俱切」，羣母，亦爲同紐。惟匑字東「去宮切」，溪紐，聲紐小異，古紐則同也。

349

矜矜、兢兢，堅也。　詩。

〔疏證〕詩無羊「矜矜兢兢，不騫不崩」，傳：「矜矜兢兢，以言堅彊也。」

今按：楚辭七嘆憂嘆「執鋭摧矜」，注「矜，嚴也」，其實猶摧堅也。說文：「兢，競也。讀若矜。」是兢、競、矜皆可訓堅矣。兢在膺部，競在央部，矜在因部，今音入嬰。堅在因部。後世聲音逡易，切音有相混者矣。廣韵蒸「兢、矜，居陵切」，見母；先「堅，古賢切」，見母：是兢、矜兩字並與堅異韵，然而同爲見紐，雙聲正轉也。廣韵真：穫，古作矜，巨巾切，羣母。聲小異不録。

按：説文矜字下段注云：「各本篆作矜，解云今聲。今依漢石經論語、溧水校官碑、魏受禪表，皆作矜正之。毛詩與天、臻、民、旬、填等字韵，讀如鄰，古音也。漢韋玄成戒子孫詩始韵心，晉張華女史箴、潘岳哀永逝文始入蒸韵，由是巨巾一切，僅見方言注、過秦論李注，廣韵十七真。而他義則入蒸韵，今音之大變于古也。矛柄之字，改而爲穫，他義字亦皆作矜，从今聲，又古今字形之大變也。徐鉉曰：居陵切，又巨巾切，此不達其原委之言也。」古義沈晦，字形淆混，有不可知者，既舉説文兢讀若矜於前，又録段説於後。

350

兢兢，戒也。

〔疏證〕今按：此通訓也。爾雅釋訓：「兢兢，戒也。」詩小旻「戰戰兢兢」，傳：「兢兢，戒也。」召旻「兢兢業業」，箋：「兢兢，戒也。」書皋陶謨「兢兢業業」，僞孔傳：「兢兢，戒慎。」漢書外戚傳「唯婚姻爲兢兢」，注：「戒慎也。」韋賢傳「兢兢元王」，注：「謹戒也。」兢在古韵膺部，戒在噫部，陰陽對轉，故宜通訓，然錢氏不言對轉，今韵自然不同。廣韵蒸「兢，居陵切」，見母；怪「戒，古拜切」，見母：韵異而聲同，雙聲正轉。

351 騤騤，强也。詩：「四牡騤騤。」

〔疏證〕采薇「四牡騤騤」，傳：「騤騤，彊也。」六月、桑柔、烝民、國語周語並有「四牡騤騤」，六月無訓，他處有訓義同，然不直云「彊也」。

今按：説文「騤，馬行威儀也」，威、騤疊韵，不取雙聲也。騤在古韵衣部，彊在央部，古韵不同，非韵之轉耳。采薇釋文「騤，求龜切」，廣韵脂「葵，渠追切」，下不録騤字，騤與此切同，羣母；陽「彊，巨良切」，羣母：是騤、彊兩字韵異而聲同，雙聲正轉。

352 業業，危也。詩。

〔疏證〕今按：詩雲漢「兢兢業業」，傳：「業業，危也。」召旻「兢兢業業」，箋：「業業，危也。」長發「有震且業」，傳：「業，危也。」書皋陶謨「兢兢業業」，僞孔傳云：「業業，危懼。」爾雅釋訓：「業業，危也。」此詩書之通訓。業在古韵盍部，危在恚部，韵部不同，非韵之轉。廣韵業「業，魚怯切」，支「危，魚爲切」，兩字亦不同韵，然而疑母雙聲，故爲正轉。

353 仡仡，騃也。説文。

〔疏證〕今按：説文：「騃，馬行仡仡也。」本以騃訓爲仡仡，以上下文皆論疊字，故倒文作訓。騃在噫部，仡在鬱部，非以韵訓也。廣韵迄「仡，魚訖切」，疑母；駭「騃，五駭切」，疑母：韵不同而同爲疑母，雙聲正轉。又止「騃，牀史切」，則爲牀二字，錢氏不取此音耳。

354 溱溱、增增，衆也。

詩「室家溱溱」，「烝徒增增」。

〔疏證〕無羊「室家溱溱」，傳「溱溱，衆也」，箋：「子孫衆多也。」閟宫「烝徒增增」，傳：「增增，衆也。」

今按：溱溱亦作蓁蓁，詩桃夭「其葉蓁蓁」，詩考引通典嘉禮四作溱溱；無羊「室家溱溱」，潛夫論夢列、白帖廿三引作蓁蓁。蓁蓁亦作菁菁、蓱蓱，詩菁菁者莪，文選東都賦靈臺詩注引韓詩作蓁蓁，集韵十四清引作蓱蓱。桃夭傳「蓁蓁，至盛貌」；菁菁者莪傳「菁菁，盛貌」，薛君章句作「蓁蓁，盛貌也」。義皆訓盛，然惟取義不取聲，訓衆則兼取聲。爾雅釋訓云「增增，衆也」，與閟宫傳同。詩溱洧「溱與洧」，説文引詩作「潧與洧」。褰裳「褰裳涉溱」，説文繫傳攓字下引作「攓裳涉潧」。是溱潧聲通之證，斯知溱溱既訓衆則增增亦可訓衆矣。説文「增，益也」，本有衆義。溱在因部，增在膺部，衆在夅部，古韻互不相同，且距離甚遠，非以韻轉明矣。廣韻臻「蓁、溱、潧，側詵切」，照二；登「增，作滕切」，潧从曾聲，亦宜同此音，今誤讀。精母；送「衆，之仲切」，照三：照二古讀精，照三古讀端，與精母及照二絶不同，錢氏所不言。是溱、增、衆三字既不同韻，亦不同聲，然而同爲發聲，是爲同位，同位爲變轉。

355 瑣瑣，小也。　詩「瑣瑣姻亞」，傳：「小貌。」

〔疏證〕　引詩節南山。

今按：易旅「初六，旅瑣瑣」，釋文：「鄭云：『瑣瑣，小也。』王肅云：『細小貌。』」爾雅釋訓：「仳仳、瑣瑣，小也。」後漢書班彪傳「微胡瑣而頣」，注：「瑣，小也。」此皆以瑣訓小。說文：「䴛，小麥屑之覈。」此則从肖聲之字有小義。瑣在古韻阿部，小在古韻夭部，韻部不同，非韻之轉。廣韻果「瑣，蘇果切」，心母；小「小，私兆切」，心母：兩字不同一韻，然而同爲一母，雙聲正轉。

356 厭厭、愔愔，安也。　詩「厭厭夜飲」，韓詩作愔愔。

〔疏證〕　詩湛露「厭厭夜飲」，傳：「厭厭，安也。」釋文：「厭厭，韓詩作愔愔。」文選魏都賦、琴賦、神女賦注引韓詩並同。

今按：小戎「厭厭良人」，傳：「厭厭，安靜也。」列女傳引作愔愔。説文「懕，安也」，引詩曰「懕懕夜飲」；爾雅釋訓：「懕懕，安也。」懕爲本字，厭爲懕之省借。説文「摩，一指按也」；摩从厭聲，按从安聲，摩訓爲按，亦厭安聲通之證。厭在奄部，愔在音部，古韵雖兩部，然同爲閉口音，自可旁轉。廣韵鹽「懕、猒，一鹽切」，影母；豔「厭，猒，於豔切」，影母；侵「愔，於淫切」，影母；寒「安，烏寒切」，影母：於廣韵言之，厭、愔、安非一韵，然而同爲一母，雙聲正轉。

357 亹亹，勉勉也。釋詁文。詩「勉勉我王」，荀子引作亹亹。

〔疏證〕詳上「亹亹、勿勿，勉勉也」一條，此不復贅。

358 穆穆，美也。釋詁。

〔疏證〕郝懿行爾雅義疏云：「穆者敬而美也。詩清廟傳：『穆，美也。』文王及那傳箋並云：『穆穆，美也。』少儀云『言語之美，穆穆皇皇』，鄭注：『美當爲儀。』然儀訓善，善亦美也。穆義與茂同，漢書武帝紀云『茂才異等』，後漢書章帝紀云『聖德淳茂』，皆以茂爲美也。茂、穆又一聲之轉矣。」

今按：說文「穆，禾也」，本無美義。或以爲穆之訓美，㣎之借字，說文「㣎，細文也」，引申斯有美義。穆在蕭部，轉平則爲幽，幽部有茂，說文「茂，艸豐盛也」，引申常訓美，詩還「子之茂兮」，傳：「茂，美也。」又生民「種之黄茂」，傳：「茂，美也。」凡茂之訓盛者亦可謂之訓茂。㣎之訓美，茂之訓美，非關聲轉，出於本義，故聲類不以標目，茂、穆亦不止一聲之轉，又一韵平入之轉矣。穆在蕭部，美在衣部，古韵迥異，非韵之轉。廣韵屋「穆，莫六切」，明母；旨「美，無鄙切」，微母，古讀明：今韵亦不同，然而古同明母，雙聲正轉。

359

藐藐，美也。　詩：「既成藐藐。」

〔疏證〕　引詩崧高。爾雅釋詁「藐藐，美也」，郝懿行云：「藐者，䫉之叚音也。說文：『䫉，美也。』通作藐，詩『既或藐藐』，毛傳：『美貌。』又『藐藐昊天』，鄭箋『美也』，毛傳以爲大貌，美、大義近也。文選西京賦云『睎藐流眄』，薛綜注以藐爲好，好亦美也。又通作眇，楚辭湘夫人篇云『目眇眇兮愁予』，王逸注：『眇眇，好貌也。』又轉爲泯，釋文引韓詩云『泯，美貌』，一聲之轉也。」

今按：郝説是矣，然與錢説不無別也。若言音轉，説文「媌，目裏好也」，亦有美義。錢氏以爲藐在夭部，當然錢不言古韵此就其意説。美在衣部，藐美截然兩部，非韵轉耳，廣韵覺「藐，莫角切詩釋文亡角反」，明母；旨「美，無鄙切」，微母，古讀明：此猶穆之訓美，雙聲正轉。

又按：於此請略申聲類言聲訓，與世之求本字談假借之辨。求本字者，必委曲求一字本義之原，推厥造字之旨，故皆上考説文，詳研聲韵。聲類則略有不同，以爲古字相通，主要在於聲紐，或者關乎聲氣，凡雙聲或同位之字即可相通，不必推求本義考其韵部也。前者取徑曲而深，後者拓道直而便，此其辨也。然兩者又不可須臾離也。單以韵轉者有之，徒以聲轉者尤多有之，然終以聲韵兼同相轉者爲最多。相轉雙方一方無本字本義者有之，然終以雙方皆有本字本義者爲習見。疏證此書，必推求聲類著述之本旨；又須知錢氏雖於聲訓獨闢蹊徑，卓然出諸同時大家之上，然亦須承認於韵部遂易之理，亦有遜於先後諸大家者，疏證此書亦需彌縫其短耳。

360 幪幪，茂也。詩：「麻麥幪幪。」

〔疏證〕生民傳：「幪幪然茂盛也。」

今按：廣雅釋訓：「幪幪，茂也。」茂从戊聲，朱駿聲以爲戊即矛之古文，其說甚是，故从矛聲即从戊聲。廣雅釋訓又云：「務務，茂也。」是幪幪訓茂，猶幪幪訓務務矣。王念孫云：「釋言云：『萩，葆也。』萩與務同，重言則曰務務葆葆，曹憲音亡豆、亡老二反。務，亦茂也，魏武帝氣出唱樂府云『乘雲駕龍，鬱何務務』，淮南子天文訓云『斗指丣，丣則茂茂然』，茂與務通。」合茂、葆、務而爲一最諦。幪在邕部，茂、葆、務在幽部，古韵本旁對轉，幪幪訓茂不獨聲轉，亦兼韵轉，錢氏不言對轉。廣韵東「幪，莫紅切」，候「茂，莫候切」，韵雖不同而同爲明母，雙聲正轉。

又按：說文「菶，艸盛也」，廣雅釋訓「菶菶，茂也」，謂幪幪亦菶菶之音轉，可也。王念孫云：「大雅卷阿篇『菶菶萋萋』，傳云：『梧桐盛也。』生民篇『瓜瓞唪唪』，傳云：『唪然多實也。』按：唪唪亦茂甚之貌，不必專訓多實。說文玤字注云『讀若詩曰瓜瓞菶菶』，是唪唪即菶菶也。『瓜瓞菶菶』猶『麻麥幪幪』耳。卷阿釋文云：『菶菶，布孔反，又薄孔反，又薄公反。』小雅采菽篇『維柞之枝，其葉蓬蓬』，傳云『蓬蓬，盛貌』，義亦與菶菶同。」錢氏不標目曰「幪幪，菶菶也」者，幪、菶古韵同在邕部，廣韵同在東韵，或讀上聲。是韵同矣。菶雖脣聲不讀明母，是聲稍迻易矣。韵同而聲稍迻易，非正轉之範例耳。

361 枚枚，密也。　詩：「實實枚枚。」

〔疏證〕　引詩閟宮。傳：「枚枚，礱密也。」陳奐疏云：「春秋莊二十四年春，『刻桓宮桷』，穀梁傳云：『禮，天子之桷，斲之礱之，加密石焉。』」

今按：釋文引韓詩：「枚枚，閒暇無人之貌。」蓋謂枚枚借作謐謐，說文：「謐，静語也。」謐與密同从必聲，斯知枚、密聲通矣。枚在威部，必在壹部，古韻雖鄰近，然分作兩部也。廣韻灰「枚，莫回切」，明母；質「密，美畢切」，微母，古讀明：是兩字韻不同而同爲明母，雙聲正轉。

362 藐藐，悶也。　釋訓文。

〔疏證〕　爾雅釋訓「懪懪，邈邈，悶也」，注「皆煩悶」，郝懿行義疏云：「邈者，藐之或體也。釋詁『藐藐，美也』，美、悶以聲轉爲義。詩抑傳『藐藐然不入也』，箋云：『藐藐然忽略。』正義引舍人曰『藐藐，憂悶也』。荀子哀公篇『繆繆肫肫』，按：繆、邈聲轉，楊倞注讀繆爲膠，失之。」

今按：郝說是矣。藐在夭部，悶在昷部，古韻迥隔，非韻轉也。廣韻覺「藐，莫角切」，明母；慁「悶，莫困切」，明母：韻既不同，而聲紐相同，雙聲正轉。至於郝所舉之美閎、藐繆之聲轉，則猶與韵相聯，非獨聲通也。至於同一穆穆、藐藐，或爲褒詞，或爲貶義，尚需就語言環境論之，此不具説，漢人訓詁亦未必盡當也。

363 浼浼，潤也。說文。

〔疏證〕說文：「潤，河水浼浼貌。」錢氏取許書而倒文標目耳。

今按：書君奭「予惟用閔于天越民」，僞孔傳：「閔，勉也。」廣雅釋詁三：「文，勉也。」說文「忞，彊也」，玉篇：「自勉彊也。」大戴禮五帝德「亹亹穆穆」，司馬相如封禪文作「旼旼穆穆」，爾雅釋詁「亹亹，勉也」，是則旼旼亦可訓勉也。詩新臺「河水浼浼」，韓詩作浘浘。浼浼、浘浘通亹亹，亹亹通旼旼，故浼浼亦通旼旼。皆文、免聲通之例證矣。浼、潤本古韵㬎部同音字，聲音迻易，後世韵書而有分別。廣韵賄「浼，武罪切」，微母；軫「潤，眉殞切」，微母錢氏明母；是浼、潤兩字韵異，然而同爲微母，雙聲正轉。

364 喤喤，和也。詩。

〔疏證〕詩執競「鐘鼓喤喤」，傳：「喤喤，和也。」釋文：「喤，華彭反；徐音皇，又音宏。」

今按：説文「鍠，鐘聲也」，引詩作鍠。漢書禮樂志引詩亦作鍠，注：「和也。」風俗通引詩同説文。荀悦漢紀五引詩作煌。各家引詩雖不同，然字皆从皇聲。喤在央部，和在阿部，古韻不同部。廣韵庚「喤，虎横切」，曉母；然徐音皇，荀悦引作煌，唐「皇、煌，胡光切」，説文作鍠；又庚韵「喤、鍠，户盲切」。並爲匣母，錢當取此音讀匣母。戈「和，户戈切」，匣母。是喤、和兩字廣韵亦不同韵，然而同爲匣母，雙聲正轉也。

365 欰欰，戲也。説文。

〔疏證〕説文：「欰，欰欰戲笑貌。」此取説文欰字説解以標目也。

今按：小爾雅廣言：「蚩，戲也。」欰、蚩並从之得聲，而同訓戲，可知「之」、「戲」聲通也。錢氏不取小爾雅標目者，蚩、戲今不雙聲也。欰在古音噫部，戲在烏部，韵部不同，非韵轉明矣。廣韵之「欰，許其切」，曉母；支「戲，許羈切又喜義切」，曉母：韵不同而同爲曉母，雙聲正轉。

366 董董，短也。左傳「余髮如此種種」，釋文：「本亦作董。」

〔疏證〕昭三年注「種種，短也」，釋文又云：「種，章勇反。」

今按：董董、種種之訓短，猶童之訓禿也。凡牛羊之無角者曰童。易大畜「童牛之告」，虞注：「童牛，無角之牛也。」詩賓之初筵「俾出童羖」，箋：「使女出無角之羖羊。」抑「彼童而角」，傳：「童，羊之無角者也。」周禮天官司書注「山林川澤，童枯則不税」，疏云：「山林不茂爲童。」釋名釋長幼云：「十五曰童，故禮有陽童。牛羊之無角者曰童，山無草木亦曰童，言未巾冠似之也。女子之未笄者亦稱之也。」童、禿以陽韵轉入聲，左傳之「余髮之如此種種」，種亦禿也，謂禿而無髮也，注訓短，亦變禿言之耳。董、種、童並从東得聲，古韵在邕部，禿在蔌部，短在安部，邕、蔌猶旁對轉，短則韵部遠矣，古韵非一部可知也。廣韵董「董，多動切」，端母；緩「短，都管切」，端母：兩字韵不同，然而同爲端紐，雙聲正轉，故錢氏於諸例中，取此兩字爲訓。其實，腫「種，之隴切」，照三，古亦讀端，與短亦同紐雙聲，錢氏雖言「古人多舌音，後代多變爲齒音」，然未徑云照三系字古讀端系字也。童爲定紐，禿爲透紐，雖近紐雙聲，亦非正轉範例。故皆未取。

367　握齱，握齪、齷齪也。漢書酈食其傳「皆握齱好苛禮」，應劭曰：「急促之貌。」史記司馬相如傳「委瑣握齪」，孔文祥云：「握齪，局促也。」

〔疏證〕　題標三事，不引齷齪爲例，蓋今刻本有缺奪者耳。

今按：左思吴都賦「齷齪而算」，注「好苛局小之貌」，注引酈食其傳，「握齱」作「齷齪」，斯足以證齱从取聲，與齪从足聲相通矣。張衡西京賦「獨儉嗇以齷齪」，注：「小節也。」此二例可補錢例之缺。握、齷皆从屋聲，其音同可知，齱亦作齪者，吴都賦注既已可證，應劭以急促注握齱亦足證。齱之作齪亦猶趣之爲促也。史記孫吴列傳「趣使使下令」，陳涉世家「趣趙兵亟入關」；漢書高帝紀「因趣丞相急定行封」，武帝紀「督趣逐捕」；諸趣字皆猶促也。束皙補亡詩「在陵之陬」，注「陬，山足也」，以足訓陬。此皆足、取聲通之例證。齱在區部，足在屋部，區、屋本平入韻，自可通轉，然而分爲兩部。廣韻覺「齷齪，測角切」，穿二，同音字，同音自當雙聲，正轉也。然尤「齱，側鳩切」，則韻既不同，聲猶近紐，照二字也。

368

噍殺，癄瘁也。樂記「志微噍殺之音作」，漢書作纖微癄瘁，瘁一作衰，古書殺與衰通。易「神武不殺」，虞仲翔本作衰。

〔疏證〕志微乃纖微之訛，詳卷四字形相涉之訛「纖爲志」一條。引易見繫辭上。

今按：説苑修文「是故感激憔悴之音作，而民思憂」，悴亦作殺，是又增殺、悴互作之一證。殺在曷部，瘁在鬱部，古韻雖近，分兩部也。廣韻怪「殺，所拜切又所八切」，審二古讀心母;至「瘁、悴,秦醉切」,從母:兩字雖異韵而古聲爲近紐雙聲,可以謂爲正轉。顧錢不言照二系字古讀精系,就錢氏言之,則殺與瘁既不同韵,又不同聲,更不同位,既非正轉亦非變轉也。故錢氏於此補充言之曰「瘁一作衰,古書殺與衰通」,衰在威部,與瘁爲平入韵,然錢氏不以韵言也。廣韵支「衰,楚危切,又所危切」,後一切正與殺爲同紐,雙聲正轉耳。殺、衰古書通,此例頗多,儀禮士冠禮「德之殺也」,注「猶衰也」;考工記輪人「而殺其一」,注「衰小之也」。衰之前一音,與悴同位。

369 狡狭,狡獪也。詩長楚箋「謂狡狭淫戲不以禮也」,釋文:「狭,古快反,本亦作獪。」

〔疏證〕狭與獪通,猶噲與快通也。今按:上有「噲噲,快快也;噦噦,焆焆也」一條,已作論證,此不復贅。

370 縮朒,蹜沑也。漢書。廣韵:「蹜沑,水文聚。」沑讀如恧。説文無忸怩字,蓋沑泥之訛。

〔疏證〕 漢書五行志下「肅者，王侯縮朒不任事」，服虔曰「朒音忸怩之忸」，師古曰：「朒音女六反。」引廣韵見一屋沑字下。

今按：錢氏引廣韵蹜沑以爲即五行志之縮朒。廣韵屋「縮、蹜，所六切」，古今音皆同，又同从宿得聲，自當可以通作，義亦明白，故不加闡述。朒則世所鮮見，故錢氏引沑泥、忸怩以釋之，以爲朒即沑泥、忸泥之沑、忸字也，今云忸怩亦即退縮不前之意。廣韵屋「朒、恧、忸、沑，並女六切」，朒即朒之形訛，故與師古朒音相同。若以廣韵之音論，朒、沑同音，自當雙聲正轉。若以古韵論，沑在幽部，朒在薁部，則平入異韵矣。若以古聲論，沑、朒今同娘母，古同泥紐，娘日歸泥耳，然娘日古聲錢氏所不言。

又按：說文：「朒，朔而月見東方謂之縮朒。」段注：「尚書五行傳『朔而月見東方謂之側匿，側匿則王侯其肅』，注云：『側匿猶縮朒，猶縮縮行遲皃。君政緩則日行徐，月行疾，臣放恣也。』按：鄭注訛奪，側匿與縮朒，疊韵雙聲。」今以爲謂側匿義近縮朒，可也，謂側匿即縮朒則未必然。廣韵職「匿，女力切」，與朒誠雙聲；職「側，阻力切」，照二，與縮非一紐也。側、匿與縮、朒雖各爲疊韵，側、縮與匿、朒俱非疊韵也。予寧取錢說，難從段注。

371 旁皇，俳佪也。史記禮書「旁皇周浹」，索隱：「旁皇猶俳佪也。」

〔疏證〕禮書作「房皇周浹」，索隱「房音旁」，錢氏遂徑以房作旁耳。

今按：旁皇央部疊韵連語，廣韵唐「旁，步光切」，並母；「皇，胡光切」，匣母。古人以旁皇或稍變其形連文者極多。荀子禮論「方皇周浹」，注「方皇讀爲仿偟，猶徘徊也」，禮書即用此文。又君道：「古者先王審禮以方皇周浹于天下。」莊子消摇游「彷徨乎無爲其側」，釋文：「崔本作方羊。」大宗師：「芒然徬徨乎塵垢之外。」達生文如大宗師，釋文：「本作房皇。」知北游：「彷徨乎馮閎。」儀禮既夕禮「三虞」注：「孝子爲其彷徨。」楚辭天問序：「彷徨山澤。」文選長門賦「蹝履起而彷徨」，銑注：「彷徨猶徘徊也。」古詩：「出户獨旁皇。」凡此注與不注皆訓徘徊之無可疑者。魏策二「左江而右湖，以臨彷徨」，姚云：「一作方湟。」淮南道應訓：「南望料山，以臨方皇。」漢書揚雄傳「溶方皇於西清」，師古曰：「方皇，彷徨也。」王先謙曰：「方皇猶旁皇也。」善注文選甘泉賦注以方皇爲觀名，則文義不通。五臣本作彷徨。」莊子天運「上有彷徨」，釋文：「司馬本作旁皇，云：飈風也。」達生「野有彷徨」，釋文：「本亦作方皇。司馬云：方皇狀如蛇，兩頭五采文。」説文：「榜，榜程也。」或爲地名、觀名、風名、獸名、五穀名，然推其命名之始，又未必與徘徊無關者。聲轉而爲方羊，此不具論。

徘徊，威部疊韵聯綿詞。廣韵皆「徘，步皆切」，並母；灰「徊，户恢切」，匣母。古人以徘徊連文者，亦累見不一見。廣雅釋訓「徘徊，便旋也」，王念孫疏證云：「此疊韵之變轉也。徘徊之正轉爲盤桓，變之則爲便旋。薛綜注西京賦云『盤桓，便旋也』，便旋猶盤旋耳。徘徊各本皆作徘徊，唯影宋本作俳佪。漢書高后紀注云：『徘徊猶傍偟，不進之意也。』史記司馬相如傳：『於是楚王乃弭節裴回。』漢書作俳佪，文選作徘徊，後漢書張衡傳作徘回，並字異而義同。」王説是矣，兹將其釐引篇名未録原文與夫其未嘗涉及者，補抄原文並增引部分例證於次。楚辭遠游：「焉乃逝以徘徊。」隸釋三張公神道碑：「鸛鴒勦兮乳徘徊。」六平都相蔣君碑：「瞻望墳塋，循墓徘徊。」此皆字作徘徊者也。莊子盜跖：「與道徘徊。」荀子禮論：「過故鄉則必徘徊焉。」漢書高后紀：「徘徊往來。」杜欽傳：「宿夜徘徊。」楚辭七諫自悲：「徐風至而徘徊兮。」九嘆逢紛：「徐徘徊於山阿兮。」九思疾世：「周徘徊兮漢渚。」文選子虛賦：「乃弭節徘徊。」風賦：「徘徊於桂椒之間。」吴都賦：「徘徊倘佯。」西都賦：「容與徘徊。」南都賦「流風徘徊」，「總萬乘兮徘徊」。蘇武詩：「千里顧徘徊。」古詩：「中曲正徘徊。」此皆字作徘徊者也。史記吕太后紀、司馬相如子虛賦文同於漢書與文選，字作裴回。至於聲變作盤桓，由盤桓而變作盤旋便旋，由便旋盤旋而變作蹣跚撲朔，則不可紀極者，此皆所不及具論耳。其最合於聲類正轉之例者，則莫如旁徨俳徊以及盤桓。旁與俳古今不同韵而同爲並母；徨與徊古今韵不同而同爲匣母；皆正轉之範例。盤、桓古韵安部疊韵連綿詞，廣韵桓「盤，薄官切」，並母；「桓，胡官切」，匣母：皆與旁皇俳徊古今韵異，盤與旁與俳、桓與皇與回則同紐雙聲，錢氏於此未之道及，故補出之。

372

周浹，周帀也。　史記禮書「旁皇周浹」，索隱：「周浹猶周匝。」

〔疏證〕　匝爲帀之俗字，故改索隱之周匝爲周帀。

今按：說文：「帀，周也」，周帀同義連詞。荀子禮論「方皇周挾」，以浹爲挾。說文無浹，「挾，俾持也」，挾非其義，浹、挾皆以帀爲本字。小爾雅廣言：「浹，匝也。」荀子禮論注：「挾讀爲浹；浹，帀也。」左傳成九年「浹旬之間」，釋文：「浹，子協反。」疏：「浹爲周帀也。」其他注不言帀而實爲帀之借字者多矣。詩大明「使不挾四方」，周禮大司馬「挾日而歛之」，荀子王霸「政令以浹」，後漢書伏皇后紀「汗流浹背」，皆是也。字又借雜爲之。呂氏春秋圜道「圜周復雜」，注：「雜，猶帀也。」淮南詮言「以數雜之壽，憂天下之亂」，注：「雜，帀也。」廣韵：「雜，帀也。」浹、帀本盍部同音字，廣韵怗「浹，子協切」，精母；合「帀，子答切」，精母：韵異而聲同，最合變聲正轉之例。又合「雜，徂合切」，從母，聲稍迻易；怗「挾，胡頰切」，匣母，讀入喉牙：皆錢氏所不取。

373 從頌，從容也。史記魯仲連列傳「世以鮑焦爲無從頌而死者」，索隱云：「音從容。」

〔疏證〕取索隱音以標目。

今按：説文頌之籀文作䫋，容之古文作公，是容聲、公聲古可相通。詩關雎序「頌者美盛德之形容，以其成功告于神明者也」，周頌譜「頌之言容」，釋名釋言語「頌，容也」，此皆頌、容聲訓之例。漢書儒林傳「魯徐生善爲頌」，頌即容字。頌、容古韵同邕部，本同音字，後世而聲音迻易。廣韵用「頌，似用切」，邪母古讀定；鍾「容，餘封切」，喻四古讀定。頌、容古紐雙聲正轉，然錢氏不言喻四、邪母古讀，此非聲類著書之旨。廣韵鍾「頌，餘封切」，與容同音，同音自雙聲，正轉也，則本條之旨矣。

又按：從容本動作之貌，含動作之意，自動謂之從容，動人謂之慫慂，再進而爲承意逆志以諂諛人謂之從諛，其實三者皆一意之引申，從容、慫慂、從諛皆一詞之轉也，本源無所不同，王念孫作廣雅疏證，分別而爲之説，似不必也。容與慂古韵同音，轉容作慂，從容或作慫慂，廣雅釋詁一：「食閻、慫慂、勵，勸也。」廣韵腫「慂，余隴切」，與容同爲喻四雙聲古本同音。容、由古韵邕部對轉爲臾，臾在區部，區、邕對轉，漢書衡山王傳「日夜縱臾王謀反事」，史記衡山王列傳正作從容，又言「日夜從容勸之」，可爲證矣。若漢書衡山王傳又言「皆將養勸之」，則由從容轉作將養也。容、臾通作詳卷三「名號之異『鬼容區，鬼臾區也』一條」。廣韵虞「臾、諛，羊朱切」，喻四，與容同紐雙聲。諛从臾聲，同音字，故從容、從臾又作從諛，史記汲黯列傳「從諛承意」，酷吏列傳贊「杜周從諛」，儒林列傳「董仲舒以弘爲從諛」，其他轉化，不可紀極，故不具論。參下「須搖，須臾」條。

374

華露，暴露也。史記楚世家「華露藍蔞」，徐廣云：「華一作暴。」

〔疏證〕　今按：左傳宣十二年「篳路藍縷，以啟山林」，注：「篳路，柴車。」昭十二年「篳路藍縷，以處草野」，與上文及此文大同，皆謂楚先王事也。故史記注裴駰引服虔云：「篳路，柴車，素大輅也。」方言三引左傳，郭注亦云：「篳路，柴車。」列子力命「乘其華輅」，張湛注：「左傳：柴車也。」皆無異説，以列子證之，尤爲近似。蓋皆以路輅同聲，故以爲車。錢氏據徐廣字作暴露，因謂華露爲暴露，蓋楚之先人，「以處草野，跋涉山林」，自當暴露于曠野耳。徐氏異文，實存古義，因取之以爲訓。若列子華輅，本後人補綴成書，無足議者。必謂柴車古訓，必當有據，則亦當受義於暴露，草創之車，上無覆蓋，因即此以名車耳。蕐在古韵壹部，暴在古韵夭部，相距差遠，非韵轉可知。廣韵質「蕐，卑吉切」，非母古讀幫，錢氏徑入幫；號「暴，薄報切」，並母，从暴得聲之字；沃「襮、爆、鸔，博沃切」，讀爲幫母矣：故亦爲雙聲正轉。

375 禺京，禺彊也。莊子「禺强得之」，釋文：「一名禺京。」吕覽：「禺彊之所。」

〔疏證〕引莊子大宗師，引釋文簡文説。引吕覽求人。

今按：大荒東經「禺號生禺京」，郭注：「禺京，即禺彊也。」海外北經「北方禺彊」，郭注：「一曰禺京。」此異名而同人，可證京、彊聲通者。春秋考異郵「景者，强也」；説文「勍，彊也」；左傳僖廿二年「勍敵之人」，注：「勍，彊也。」此又从京得聲之字訓彊，可證京、彊聲通者。説文鱷之或體作鯨，麠之或體作麖，此從或體字可證京、彊聲通者。京、彊古韵同在央部，本同音字。後世聲音遂易，至廣韵而韵不同矣。陽「彊，巨良切」，羣母；庚「京，舉卿切」，見母：聲紐小異，然彊从畺聲，自有畺音，陽「畺，居良切」，見母，於是京、畺同紐，雙聲正轉矣。

376 堪坏，欽負也。　莊子「堪坏得之，以襲崑崙」，崔譔本作邳。司馬彪云：「堪坏神名，人面獸形。淮南作欽負。」

〔疏證〕引莊子大宗師。餘見釋文。

今按：西山經「是指鼓與欽䲹殺葆江于昆侖之陽」，後漢書張衡傳注引此經作欽駓。淮南齊俗「鉗且得道以處昆侖」，莊校本依大宗師釋文校作欽負。鉗蓋欽之音誤，且蓋負之形訛也。書西伯堪黎「西伯既堪黎」，説文引書堪作𢦟，書大傳堪黎作𢦟耆。欽、𢦟皆从今得聲，堪、𢦟通作猶堪、欽通作矣。又書金縢「是有丕子之責於天」，史記魯世家丕作負，是則丕、負聲通之證。堪、欽本音部同音字，後世而韵有遂易。廣韵侵「欽，去金切」，溪紐；覃「堪，口含切」，溪紐：是欽、堪兩字韵異而聲同，雙聲正轉。廣韵灰「坏，芳杯切」類隔，滂母，从不得聲字如「培、陪、婄、棓、碩，薄回切」，又讀並母；有「負，房九切」，奉母，古讀並：是坏、負兩字亦異韵而雙聲，固聲之正轉矣。

377 方良、罔閬，蛧蜽也。　史記孔子世家「木石之怪，夔、罔閬」，索隱云：「家語作蛧蜽。」周禮方相氏「歐方良」，注「方良，罔兩也」，引國語

「木石之怪，夔、罔兩」。

〔疏證〕孔子世家集解：「魍魎，山精。」索隱：「閬音兩，家語作魍魎。」與錢引稍異。說文作蛧蜽。引周禮夏官。

今按：文選東都賦：「斬蝼蛇，腦方良。」南都賦：「追水豹兮鞭蛧蜽。」西京賦：「螭魅魍魎，莫能逢旃。」方、良諸字皆在央部，古韵並同。廣韵陽「方，府良切」，非母古讀幫；養「魍、蛧，文兩切」，微母，古讀明：脣音雙聲。陽「良，吕張切」，唐「閬，魯當切又盧宕切」，養「蜽、魎，良獎切」，並爲來紐，雙聲正轉。

378

辟戾、弼戾，拂戾也。

既夕記注：「尸南首，几脛在南以拘足，則不得辟戾矣。」士喪禮「綴足用燕几」，注：「綴猶拘也，爲將履恐其辟戾也。」說文：「盭，弼戾也。」弼戾與辟戾同義。

〔疏證〕既夕記注見經文「綴足用燕几，校在南，御者坐持之」下。士喪禮注，各本履作屨，錢氏用毛本。拂戾不引出處，蓋經見耳。

今按：孟子告子下「行拂亂其所爲」，注：「所行不從，拂戾而亂之者。」文選長笛賦：「牢刺拂戾。」説文弼之古文作㢸，以弗爲聲。廣雅釋詁四「拂，輔也」，王念孫疏證云：「拂讀爲弼。爾雅『弼、輔，俌也』，郭璞注云：『俌猶輔也。』管子四稱篇云『近君爲拂，遠君爲輔』，拂與弼同。」此皆拂弼聲通之證。辟在古韵益部，弼依朱駿聲在泰部，今以爲在鬱部。拂在鬱部。廣韵昔「辟，芳辟切又必益切」，敷母，古讀滂；物「拂，敷勿切」，敷母，古讀滂：是辟、拂兩字異韵而同紐，雙聲正轉矣。質「弼，房密切」，奉母，古讀並，弼與辟拂亦異韵，然而近紐雙聲，亦正轉也。

379

塳垢，逢堁也。莊子「彷徨乎塵垢之外」，釋文云：「崔本作塳均。塳音逢，均垢同，齊人以風塵爲逢堁。」予謂風爲蓬，古音也。吾鄉稱風塵爲蓬塵。

〔疏證〕引莊子大宗師並釋文。錢氏用崔説標目。

今按：均、垢通作，猶説文詬之或體作訽也。説文無堁字，而漢以來相承用之。風賦「堀堁揚塵」，李善注：「堀堁，風動塵也。」淮南主術「揚堁而欲弭塵」，高誘注：「堁，塵壓也，楚人謂之堁。」説林：「蒙塵而眯，固其理也；爲其不出户而堁之也。」廣雅釋詁三：「堁，塵也。」亦作蓬顆，漢書賈山傳「曾不得蓬顆蔽冢而託葬焉」，服虔曰：「謂塊墣作冢，喻小也。」臣瓚曰：「蓬顆猶裸顆小冢也。」晉灼曰：「東北人名土塊爲蓬顆。」師古曰：「諸家之説皆非。顆謂土塊，蓬顆言塊上生蓬者耳，舉此以對冢上山林，故言蓬顆蔽冢也。顆音口果反。」各家注堁，義雖相近而略有不同，以風賦、淮南言之，則訓塵爲是，以土塊不能言飛揚與眯目也。説文「垢，濁也」，於塵義爲近。堁與其爲塊之俗字，不如爲垢之借字。逯以言賈山傳，「風塵蔽冢而託葬焉」，意亦顯豁。垢在區部，堁在阿部，古韵不同部。廣韵厚「垢，古厚切」，見紐；果「堁，苦果切」，溪紐，堁从果聲，應有果音；「果，古火切」，見紐：是垢、堁兩字異韵而同聲，雙聲正轉。賈山傳蓬顆即逢堁，各自从聲皆同。錢氏以逢爲風，風从凡聲，風帆爲風篷，故颿字今作帆，即凡即風、逢聲轉之證。凡連詞義兼上下兩字，雙聲相轉，不必皆同紐，近紐可矣。不比單詞之雙聲相轉，力求同紐也。故錢氏言單字雙聲正轉，十九爲同紐，連詞正轉，則二三爲近紐，此不可不知，兹發其凡例於此，以備讀聲類者參考。

380 猛眇，莽眇也。莊子「莽眇之鳥」，崔譔本作猛眇。

〔疏證〕 引莊子應帝王及釋文。釋文：「莽，莫蕩反。」今按：齊物論「夫子以爲孟浪之言」，釋文「孟，徐武黨反，又或武莽反」，此皆類隔切，武黨反即讀如莽，廣韵蕩「莽，摸朗切」，摸朗與武黨切相同；武莽反即讀如漭，宕「漭，漭浪大野，莫浪切」，莫浪與武莽反同，蓋釋文以孟浪爲漭浪、莽罠見吴都賦也。是孟可讀莽漭，此猛、莽聲通之證。猛、莽古韵皆央部，本同音字，後世而韵乃迻易。廣韵梗「猛，莫幸切」，猛、莽異韵，然而同爲明紐，雙聲正轉。

381

漫羨，曼衍也。漢書藝文志「漫羨而無所歸心」，師古云：「羨，音弋戰反。」

〔疏證〕 今按：漫从曼聲，漫、曼相通，文字常例，此不需證。羨，通讀齒音，廣韵線「羨，似面切」，邪母，古讀定；獮「衍，以淺切」，喻四，古讀定：是兩字古音皆讀安部定紐，本同音字，同音自可通讀，然錢氏不言邪紐、喻四古讀定，此非聲類標題此條之旨也。考廣韵線韵又云「衍、羨，于線切」，又同讀喻三，亦屬同音，同音宜亦通轉。錢氏必注師古曰「羨，音弋戰反」者，此與廣韵之「衍，以淺切」，雖調分上去，同爲喻四，以爲雙聲正轉之例耳。喻三古讀匣，喻四古讀定，聲系本截然不同，羨衍讀喻三固聲紐之訛變，字母家以之並言喻母，而錢氏或從之，不足辨矣。

又按：漫羨、曼衍古籍所用，變换不居，舉一反三，雖然簡要，於讀者查檢，仍須推考，兹不避辭費，請詳説之。有作反衍畔衍者，莊子秋水「何貴何賤？是謂反衍」，釋文：「崔云：『本一作畔衍。』李云：『猶漫衍合爲一家。』」有作叛衍者，文選蜀都賦「累轂疊跡，叛衍相傾」，劉逵曰：「莊周曰：『何貴何賤，是謂叛衍。』」李善曰：「司馬彪莊子注曰：『叛衍猶漫衍也。』」曼既從水旁，又从艸頭，九思怨上「菽藟兮蔓衍」，注：「蔓衍，廣延也。」文選閒居賦「磊落蔓衍乎其側」，注：「蔓衍，長也。」此猶衆所稔知。又有作曼延、蔓延、蟃蜒者，墨子號令：「燔曼延燔人。」文選魯靈光殿賦：「長途升降，軒檻曼延。」引申之凡獸之長者謂之曼延，文選西京賦「巨獸百尋，是爲曼延」，注「漢書曰：武帝作漫衍之戲也」，斯知曼延即曼衍矣。後漢書安帝紀「罷魚龍曼延百戲」，注：「曼延者，獸名也。」以其爲獸名，故字又作獌狿，蟃蜒，史記司馬相如傳「窮奇獌狿」，「蟃蜒貙豻」。倒言之則成延曼、延蔓，史記司馬相如傳：「延曼太原。」漢書王莽傳下「延曼連州」，師古曰：「延音弋戰反，曼與蔓同。」詩旱麓箋：「延蔓於木之枝本而茂盛。」字又轉作彌衍，後漢書虞延傳注引謝承書曰：「弥衍兖豫。」容更有之，則不盡述。蓋延、蜒等字亦讀喻四，與羨、衍同爲喻四雙聲也。若衍讀喻三，同於匣母，則其義不同，變其形便讀同畔换、跋扈，不可不知也，此不具述。

382 罔象，無傷也。莊子達生篇「水有罔象」，司馬本作無傷，云：「狀如小兒，赤黑色，赤爪大耳長臂，一云水神名。」

〔疏證〕 引司馬云云，見達生釋文。

今按：魯語下「水之怪曰龍、罔象」，韋昭曰：「或云罔象食人，一名沐腫。」史記孔子世家「水之怪龍、罔象」，集解：「韋昭曰：或云罔象食人，一名沐腫。沐腫音沐踵。」又作罔像，文選東京賦「殘夔魖與罔像」，薛綜注：「罔像，木石之怪。」此皆怪異之名。專名受義於通義，罔象又作仿象與泂瀁，楚辭遠游「沛罔象而自浮」，釋文：「罔象作泂瀁。」後漢書馬嚴傳「更共罔養，以崇虛名」，注：「罔養，猶依違也。」文選思玄賦「椷汩飂淚，沛以罔象兮」，李善注：「罔像即仿像也。楚辭曰：沛罔象而自浮。」凡此或依聲而變形，或沿聲而迻易，若窮源而竟流，不能紀極。罔从亡聲，爾雅釋言：「罔，無也。」易大壯「君子用罔焉」，馬注：「罔，無也。」詩谷風：「何有何亡讀無。」禮記檀弓：「稱家之有亡讀無。」「今也則無讀亡。」又：「亡讀無而爲有。」水經濕水注：「燕人呼亡爲無。」此皆亡與無即罔與無通讀之證。亡在央部，無在烏部，陰陽對轉，錢氏不言，當爲兩部。廣韵養「罔，文兩切」，微母古讀明；虞「無，武夫切」，微母，古讀明：故罔之爲亡，異韵而同母，雙聲正轉。說文⿰食象之或體作餳，又「愓，放也」，「像，放也」，愓、像本一字之變易，此像、鐊兩字聲通之證。像、傷兩字同在央部，本同音字，遂易而小有差異，養「象，徐兩切」，邪母古讀定；陽「傷，式羊切」，審三古多讀定：錢氏不言兩紐古讀。然而漾「傷、蟓，式亮切」，同爲審三，故錢氏以爲兩字可以雙聲正轉。至于沐腫、洞瀁亦無傷罔象之音轉者，沐在屋部，腫在邕部，邕、屋平入對轉猶無、傷之陽陰對轉矣。廣韵屋「沐，莫卜切」，明母，正與罔無之古聲同紐，雙聲正轉。腫「腫，之隴切」，照三古讀端，然腫从重聲，自有重音，「重，直龍、直隴、直用切」，澄母古讀定。養「瀁，餘兩切」，喻四古讀定。傷、像古亦讀定，是腫瀁像傷古亦同紐，雙聲正轉。錢氏不言四字古讀，故于此皆無説。

383

方皇，徬徨也。

〔疏證〕說見上文「旁皇，俳徊也」條。莊子達生篇「野有彷徨」，陸氏釋文作方皇，司馬彪云：「方皇狀如蛇，兩頭。」莊子逍摇游「彷徨乎無爲其側」，崔本作方羊。錢氏以方皇爲獸名，故特出此目，此不復贅。崔本作方羊者，羊乃後世聲紐之訛變。喻三古讀匣，此合于古聲條例者，羊爲喻四古讀定，别爲聲系。聲紐衍化，合喻三喻四而爲一，遂與曉匣影喻相配，同爲字母家之喉音矣。

384 辟倪、辟睨、睥睨也。史記武安侯列傳「辟倪兩宮間」，索隱引埤蒼云：「睥睨謂邪視也。」漢書作辟睨。

〔疏證〕以埤蒼異文爲史、漢作訓。

今按：倪、睨皆从兒聲，通用可知，辟、睥可以相訓者，管子封禪「束馬懸車，上卑耳之山」，注：「即齊語所謂辟耳。」莊子知北游「在稊稗」，釋文：「在苐，大西反，本又作稊。薜，步計反；本又作稗，蒲賣反。李云：『苐薜，二草名。』」蓋稊、稗二字，釋文本又作苐、薜也。釋名釋形體：「臂，裨也；在旁曰裨也。」此皆辟睥聲通之證。睥在恚部，辟在益部，古韵平入通轉，惟聲類主聲不主韵。廣韵霽「睥，匹詣切」，敷母古讀滂，然脂「陴、裨、埤等，符支切」，奉母古讀並；昔「辟，必益切非母，又房益切奉母，又芳辟切敷母」，一字而兼三紐，睥、辟可讀同紐無疑，正轉也。

385 遮例、遮迾，遮列也。周禮司隸「守王宮與野舍之厲禁」，注：「厲，遮例也。」釋文：「例本又作列。」山虞「物爲之厲，而爲之守禁」，鄭司農云：「厲，遮列守之。」後漢書輿服志：「張弓帶鞬，遮迾出入。」

〔疏證〕 司隸屬秋官，山虞屬夏官。本條雖以遮例、遮迾、遮列標目，蓋皆爲厲之舊義作訓，因類聚遮列一詞異文而爲之説耳。

今按：三詞例、迾、列雖異形，字皆从列得聲，相互通用，明白可見，無需論證。其有待申述者，厲、列聲通耳。聲類一書涉及厲、列相通條目，數見不一見，散見上下，無以觀其會通。今撮鈔于次，補苴例證，以備觀覽。

卷一釋詁：「㾐，癘也。公羊傳『大瘠者何？㾐也』，注『㾐者民疾疫也』，古文列與厲通。見莊廿年。左傳『癘疫不作』，注以癘爲惡氣。見昭四年「作」爲「降」。」

卷二釋天：「烈風謂之厲風。莊子齊物『厲風濟，則衆竅爲虛』，郭象説。」今按説文：「颲，烈風也，讀若列。」

卷二釋器：「鞶裂謂之鞶厲。禮内則『男鞶革，女鞶絲』，注：『鞶，小囊盛帨巾者。男用韋，女用繒。有飾緣之，則是鞶裂與？』，正義曰：『春秋傳作鞶厲。』厲、裂義同。古時厲、裂通爲一字。正義非原文。注又云：「詩云：『垂帶如厲。』紀子帛名裂繻，字雖今異，意實同也。」詩都人士『垂帶而厲』，鄭云：『厲當作裂。』」

卷二讀之異者：「烈如厲。詩思齊『列假不瑕』，鄭讀烈爲厲。」今按思齊箋云「爲厲假之行者，不已之而自已」，釋文：「烈，鄭作厲。」又唐公房碑「厲蠱不瑕」，集韵「厲假不瑕」，皆思齊之異文。

又「茢如厲。周禮夏官戎右『贊牛耳桃茢』，注：『故書茢爲滅，杜子春云：滅當爲厲，桃厲即桃茢。』」

卷三名號之異：「厲山、連山、烈山、列山也。禮記祭法『厲山氏之有天下也』，國語作列山，左傳作烈山，史記正義：炎帝曰連山氏，又曰列山氏。」今按：祭法注云：「厲山氏，炎帝也，起於厲山。或曰有烈山氏，棄后稷名也。」引左傳見昭廿九年。周禮大宗伯「以血祭祭社稷」，注「厲山氏之子曰杜，食於稷」；釋文：「厲，本或作烈。」上引紀子帛名裂繻，見左隱二年經傳。楚辭招魂「厲而不爽些」，注：「厲，烈也。」亦厲、烈聲通之一證。厲、列古韵同曷部，聲音迻易，至廣韵而小變。祭「厲，力制切」，來母；薛「列迾，良薛切」，來母：雙聲正轉。至於厲、例，廣韵同讀「力制切」，同音自爲雙聲，無待論矣。

386　畏需，畏懦也。周禮輈人「馬不契需」，鄭司農：「讀如畏需之需。」

釋文：「需，乃亂反。」

〔疏證〕　引考工記輈人。説詳上文「穤，耎也」條，此不復贅。

387 罷需，罷軟也。周禮弓人注「常應弦，言不罷需也」，需，人兗反。漢書賈誼傳：「坐罷軟不勝任者。」

〔疏證〕引考工記弓人注，見「宛之無己應」句下，弓人上文云「薄其帤則需」，釋文「需，人兗反」，錢音用之。賈誼傳注：「師古曰：罷，廢於事也。軟，弱也。罷讀曰疲；軟，人兗反。」説文無軟，即耎偄字。説詳「𦡖，耎也」條。

388 選蠕、選輭、選耎，選懦也。史記律書：「選蠕觀望。」漢書西南夷傳：「恐議者選耎，復守和議。」後漢書清河王慶傳：「選懦之恩，知非國典。」

〔疏證〕律書集解：「選，音思兗反。蠕，音而兗反。」索隱：「蠕，音軟。」西南夷傳注：「師古曰：選耎，怯不前之意也。選音息兗反，耎音人兗反。」清河王慶傳注：「選懦，仁弱慈戀不決之意也，懦音仁兗反。」諸書不言選輭，錢氏不載出處，選輭二字疑衍。詳「𦡖，耎也」條。

389 須留，宿留也。後漢書清河王傳「且復須留」，東觀記作宿留。

〔疏證〕「東觀記作宿留」，即見後漢書李賢注。集解引惠棟曰：「北音讀宿如須，故宿留一作須留。然宿留之宿，前輩皆讀爲秀。」

今按：釋名釋形體：「頤下曰鬚。鬚，秀也。物成乃秀，人成而須成也。」前輩既讀宿爲秀，劉熙又讀鬚爲秀，是須、宿聲通之證矣。須在古韵區部，宿在蕭部，平入旁轉也，然分兩部。廣韵虞「須，相俞切」，心母；屋「宿，息逐切又息救切」，心母：韵不同而同爲心紐，雙聲正轉。

又按：須讀作竢，待也，須留即竢留也。自錢氏言，須即可讀作宿，宿，止也，義亦相同。

390 密勿、蠠没，黽勉也。詩「黽勉從事」，漢書劉向傳引作密勿。釋詁「蠠没」，郭云：「猶黽勉。」

〔疏證〕引詩十月之交。今按：爾雅釋詁釋文：「蠠，彌畢反，又亡忍反。本又作蠠，説文曰：蠠，古蜜字。」讀彌必反，即以蠠同蜜，蜜與密形聲聲同。讀亡忍反，即以蠠與黽同音。是同一蠠字而有蜜、黽兩音。詩谷風「黽勉同心」，釋文：「黽，本亦作僶。」文選傅季友爲宋公求加贈劉前軍表注：「韓詩曰：『密勿同心。』密勿，僶勉也。」是亦可爲黽、蠠、密三字聲通、又勉、勿相通之證也。禮記禮器「勿勿乎欲其饗之也」，注：「勿勿，猶勉勉也。」大戴禮曾子主事篇：「君子終身守此勿勿也」，盧辯注：「勿勿猶勉勉。勿音没。」顔氏家訓音辭篇：「戰國策音吻爲免。」釋名釋形體：「吻，免也。入之則碎，出則免也。」此亦勉勿聲通之證。説文歾之或體作殁，漢書司馬相如傳「士卒多物故」，他處言物故甚多，物即歾即殁，讀同没也。漢書揚雄傳封禪文「沕潏曼羨」，注：「沕，没也。」此則没、勿聲通之證。是知勉、勿、没三字音本相通也。密在壹部，黽在央部，蠠从面聲在安部，古韵分隸三部。廣韵質「密，美畢切」，微母古讀明；耿「黽，武幸切又彌兖切」，微母古讀明；集韵「蠠，美隕切」，微母古讀明：是三字韵亦各異，而聲紐相同，故爲雙聲正轉。勿、没古韵相同爲鬱部，聲音之迻易，韵亦不同；勉在昷部，昷、鬱對轉，錢氏所不言。廣韵物「勿，文弗切」，微母古讀明；没「没，莫勃切」，明母；獮「勉，亡辨切」，微母古讀明：是三字韵異而古聲相同，明母雙聲，仍爲正轉。

391 拮隔，戛擊也。揚雄長楊賦「拮隔鳴球」，韋曜曰：「隔，古文擊。」予謂戛與秸通，禹貢納秸，漢書地理志作内戛。

〔疏證〕漢書揚雄傳作桔隔，師古曰：「桔隔，擊考也。」錢用文選本及注。禹貢釋文：「秸本或作稭，工八反。」地理志注：「戛音工八反。」秸、戛音同。

今按：漢書楚元王傳「封其子信爲羹頡侯」，師古曰：「頡音戛，言其母戛羹釜也。」詩鴟鴞「予手拮据」，傳：「拮据，撠挶也。」説文：「戛，戟也。」戟與拮又與戛相通，斯知拮、戛聲通矣。戛在肊部，拮在壹部，古韵異部。廣韵黠「頡、戛、秸，古黠切」，屑「桔、拮，古屑切」，諸字皆見紐，拮、戛兩字則韵異而聲同，尤合正轉之例。説文瓛讀若鬲，虢讀若隔，虩讀若擊，是隔、擊聲通之證。擊、隔兩字古韵同在益部，本同音字，後世而韵稍迻易。廣韵麥「鬲、隔，古核切」，見紐；錫「擊，古歷切」，見紐：異韵而同聲，雙聲正轉。長楊賦此句，本即書益稷篇之「戛擊鳴球」，錢氏本不獨據韋曜注漢地志以訓長楊，實亦據書益稷以訓長楊耳。

392 龙茸，蒙戎也。詩「狐裘蒙戎」，左傳士蔿賦龙茸。

〔疏證〕引詩旄邱。左傳僖五年士蔿「退而賦曰：狐裘龙茸。」

今按：駿厖即駿蒙、怐蒙、駿龐，詩長發「爲下國駿厖」，荀子榮辱引詩作駿蒙，注：

「蒙讀爲厖，厚也。」大戴禮衛將軍文子篇引詩作恂蒙，盧辯注：「詩爲駿龐。詩記董氏引齊詩作駿駹一作驪，詩考同。」敦厖即敦懞、敦龐，左傳成十六年：「民生敦厖，和同以聽。」周語上：「敦厖純固，於是乎成。」管子五輔「敦懞純固，以備禍亂」，又「爲人夫者，敦懞以固」。淮南俶真：「而復反於敦龐。」後漢紀孝靈紀中：「敦龐純厚，國之老成。」皆蒙、厖聲通之證。蒙、厖本邕部古同音字，後世而韵變，廣韵東「蒙，莫紅切」，明母；江「厖，莫江切」，明母：是兩字於廣韵則韵異聲同，雙聲正轉。敦蒙對轉爲敦阜，由邕轉幽也。素問五常政大論：「土曰敦阜。」由平轉入則有敦樸、敦朴，例習見。廣雅釋詁三「㧐，推也」，王念孫云：「玉篇：『㧐，如勇切，推車也。』說文：『軵，反推車令有所付也。』說文：『搑，推擣也。』㧐、搑、軵並音如勇反，其義一也。」說文「茸，艸茸茸貌」，段注：「茸之言茙也。召南毛傳曰：『襛猶戎戎也。』韓詩：『何彼茙矣。』左氏傳『狐裘尨茸』，即詩之狐裘蒙戎。」此又茸、戎聲通之證。茸在邕部，戎在夅部，古韵相鄰，然分兩部。廣韵東「戎，如融切」，日母；鍾「茸，而容切」：亦韵異而同爲日紐，雙聲正轉。

393 憔悴，盡瘁也。詩「或盡瘁事國」，左傳引作憔悴。

〔疏證〕引詩北山。引左傳昭七年。

今按：周禮秋官小司寇「七曰議勤之辟」，注「謂憔悴以事國」，詩四月「盡瘁以仕」，皆憔盡互作。説文：「潐，盡也。」荀子禮論「利爵之不醮也」，注：「醮，盡也。」皆以盡訓从焦得聲之字。此即憔盡聲通之證。憔在幽部，盡在因部，古韵不同，非韵轉耳。廣韵宵「憔，昨焦切」，從母；軫「盡，慈忍切又即忍切」，從母：是兩字韵異聲同，雙聲正轉。

394

扶服、扶伏、蒲伏，匍匐也。　詩「凡民有喪，匍匐救之」，禮記檀弓引作扶服，家語引作扶伏。「誕實匍匐」，釋文：「本亦作扶服。」左傳昭十三年「奉壺飲冰以蒲伏焉〔一〕」，釋文：「本或作匍匐。」史記蘇秦傳：「嫂，委蛇蒲服。」范雎傳：「膝行蒲服。」淮陰侯傳：「俛出袴下，蒲伏。」漢書霍光傳：「中孺扶服叩頭。」

〔疏證〕引詩谷風及生民。左傳昭十三年釋文：「蒲本又作匍，本亦作扶。伏本亦作匐匐之誤。」又昭廿一年「扶伏而擊之」，釋文：「本或作匍匐。」以上皆扶服之異文，

〔一〕「焉」字下，粵雅堂叢書本有「釋文本又作匍匐蒲本亦作扶昭二十一年扶伏而擊之」二十二字。

養新録尚有兩條，一條可以證明「扶與酺與榑」通，一條可以證明「伏與偪」通者，遂録於此。「古讀扶如酺，轉爲蟠音。漢書天文志『晷長爲潦，短爲旱，奢爲扶』，鄭氏云：『扶當爲蟠景祐本作幡，齊魯之間，聲如酺，酺扶聲近。蟠，止不行也。』」「史記五帝本紀『東至蟠木』，呂氏春秋『東至扶木』，又云『東至榑木之地』。說文作榑桑。古音扶如蟠，故又作蟠木。」「伏又與偪通，考工記輈人『不伏其轅，必縊其牛』，注：『故書伏作偪，杜子春云：偪當作伏。』」

今按：扶、蒲、匍皆烏部字。廣韵虞「扶，防無切」，奉母，古讀並；模「匍、蒲，薄胡切」，並母：是三字古紐雙聲，正轉也。服、伏、匐皆肊部字，廣韵屋「伏、服，房六切」，奉母，古讀並；德「匐，蒲北切」，並母：三字古亦同紐，雙聲正轉。

395 猝嗟、咄嗟，叱咤也。史記淮陰侯列傳「項王喑噁叱咤」，咤或作吒。漢書作猝嗟。李奇曰：「猝嗟，猶咄嗟也。」

〔疏證〕史記索隱：「咤或作吒。」

今按：公羊傳哀十四年「顔淵死，子曰：噫」，解詁：「噫，咄嗟貌。」世説新語汰侈：「石崇爲客作豆粥，咄嗟便辦。」文選左思詠史詩「俛仰生榮華，咄嗟復彫枯」，注：

「蒼頡篇曰：咄，啐也。說文曰：啐，驚也。王弼周易注曰：嗟，憂嘆之辭。」孫楚征西官屬送於陟陽候作詩：「三命皆有極，咄嗟安可保。」亦作咄啐，孟子告子上「嘑爾而與之」，注：「嘑爾，咄啐之貌也。」又作咄唶，吴志吕蒙傳：「咄唶夜不能寐。」文選贈白馬王彪詩：「咄唶令心悲。」說文「咄，相謂也」，段注：「凡言咄嗟、咄唶者，皆取猝乍相驚之意。」漢書王吉傳「口倦乎叱咤」，師古曰：「咤亦叱字也。」後漢書皇甫嵩傳「叱咤可以興雷電」，注：「叱咤，怒聲也。」魏志王朗傳注引獻帝春秋曰：「叱咤聽聲。」然叱咤最先見于韓非子外儲說右：「王良操左革而叱咤之。」叱咤亦作叱嗟，趙策三「威王勃然怒曰：叱嗟，而母婢也」，史記魯仲連列傳引同。音稍轉亦云叱咄，燕策一：「呴籍叱咄則徒隸之人至矣。」猝、咄二字在鬱部，叱在壹部，雖分兩部，古韻尚相鄰近。廣韻沒「猝，倉没切」，清母；質「叱，昌栗切」，穿三：韻既不同，聲亦相異，然而同位，同位爲變轉，故史、漢異文，蓋可以聲轉。廣韻末「咄，丁括切又都骨切」，端紐。咄與猝、叱韻紐既不同，聲氣亦相異，疑非聲轉，李奇以「猝嗟猶咄嗟」，言其近似，非謂同辭。竊謂二字連文，有聲同者爲雙聲聯綿辭，有韻同者爲疊韻聯綿辭，此其結構最緊，抑且變换不常。若兩字連文不關聲韻，僅以義相組合，則結構松弛，易以它字，義雖未變，不必聲音相同，猝嗟、咄嗟、叱咤即此類耳，謂之連辭即可，謂之聯綿辭則非。嗟在阿部，咤在蒦部，古韻不同部。廣韻麻「嗟，子邪切」，精母；禡「吒，陟駕切」，知母：兩字不同韻平去之分，亦不同聲，然而同位，同位爲變轉。

396 摩挲，末殺也。

釋名：「摩娑，末殺也，手上下之言也。」

〔疏證〕引釋名釋姿容。

今按：摩挲本阿部疊韻聯綿辭，其形體不定，變換最多，略而言之：詩東門之枌「婆娑其下」，「市也婆娑」。婆娑對轉安，爲蹣跚、媻姗、蹁躚，漢書司馬相如傳「媻姗勃窣上金隄」，文選注：「媻姗，猶蹣跚也。」史記平原君傳「槃散行汲」，集解：「散亦作珊。」張衡南都賦：「蹴蹜蹁躚。」亦作跰𨇤，莊子大宗師：「跰𨇤而往鑒于井。」轉爲入聲，而韻亦有時互異，莊子馬蹄「蹩躠爲仁」，即南都賦之蹴蹜也。又作勃窣，見上引漢書。韻轉而爲撲朔，木蘭辭：「雄兔脚撲朔。」此皆以言足之動作之貌。字形改足从手，則謂手之動作之貌，有摩挲、摸索、摸㨝、捫搎、末殺、抹摋。後漢書方伎傳「與一老共摩挲銅人」，埤雅：「摸索，捫搎也。」凡所變化，不可紀極。錢氏廑舉釋名，亦所以舉一反三也。摩在阿部，末在曷部，平入相轉，然古韻自分兩部。

廣韻戈「摩，莫婆切」，末「末，莫撥切」，兩字異韻而同爲明母，雙聲正轉。歌「挲，素何切」，心母；黠「殺，所八切」，審二，古讀心：是兩字韵異而古同心母，本雙聲正轉。若謂錢氏不徑言審二讀同心母，則心審同位，同位爲變轉。

397 路亶，落單也。荀子議兵篇「彼可詐者，怠慢者也，路亶者也」，注：「路，暴露也。亶讀爲袒〔一〕，露袒謂上下不相覆蓋。」新序作落單。

〔疏證〕王念孫曰：「路單猶羸憊也。上不恤民，則皆羸憊。故下句云：『君臣上下之間，滑然有離德也。』孟子滕文公篇『是率天下而路也』，趙注云：『是率導天下之人以羸路也。』管子五輔篇：『匡貧寠，振罷露，資乏絶。』韓子亡徵篇云：『好罷露百姓。』吕氏春秋不屈篇云：『士民罷潞。』路、露、潞並通，是路爲羸憊也。爾雅云：『癉，病也。』大雅板篇『下民卒癉』，釋文『癉作亶』，癉、擅、亶並通。秦策『士民潞病於内』，高注云：『潞，羸也。』潞病與路亶亦同義。新序雜事篇作落單，晏子外篇『路世之政，單事之教』，或言路亶，或言路單，或言落單，其義一而已矣，楊説皆失之。」

今按：王説是矣，路亶、落單即羸癉、羸擅，錢於此不必取楊注以釋路亶之義，然謂

〔一〕「亶」，原作「襢」，據粤雅堂叢書本及荀子注改。

路亶即落單，則仍然可取。路、落皆从各聲，兩字相通，訓詁通例，可以不言。亶、單音同，宜亦通作，顧聲類一書涉及亶、單聲通者尚有多處，茲類聚而並録之，以觀會通。

卷二釋天：「單閼謂之亶安。徐廣説。」

又讀之異者：「鼉如檀。莊子達生篇『元鼉魚鼈之所不能游』，釋文：『鼉，徒多反，或音檀。』」

卷三：文之異者：「亶爲癉。士冠禮『嘉薦亶時』，注：『古文亶爲癉。』周禮大司馬『暴内凌外則壇之』，注：『壇讀如同墠之墠。鄭司農云：壇讀從憚之以威之憚。書亦或爲墠。』」

又名號之異者：「單伯，檀伯也。史記鄭世家『鄭厲公突因櫟人殺其大夫單伯』，索隱云：『依左傳作檀伯，此誤爲單伯。蓋因魯莊公十四年厲公自櫟侵鄭，事與單伯會齊師伐宋相連，故誤耳。』予謂古文單亶通用。」

匯集各條、單、亶通作之例證已多，茲再補録數事於此：詩東門之墠序，釋文：「墠本作墠。」詩天保「俾爾單厚」，爾雅釋詁某氏注作亶厚。板「下民卒僤」，釋文：「僤本作癉，沈本作癉。」桑柔「逢天僤怒」，釋文「僤，本作亶」，爾雅釋詁樊注作「逢天亶怒」。昊天有成命「單厥心」，國語周語作「亶厥心」。考工記矢人「亦弗之能憚矣」，注「故書憚作但」，鄭司農云「讀當爲憚之以威之憚」，但、亶並从旦聲，作但無異作亶。廬人「句兵欲無彈」，注：「故書彈或作但。鄭司農云：但讀爲彈丸之彈。」老子「繟然而善謀」，釋文：「繟，梁王尚、鍾會、孫登、張嗣本作坦。」皆是也。路、落古韵同在蒦部。廣韵暮「路，洛故切」，來母；鐸「落，盧各切」，來母：韵分去入，聲同來母，雙聲正轉。單、亶古韵同安部，寒「單，都寒切」，端母；旱「亶，多旱切」，端母：韵分平上，聲同端母，雙聲正轉。

398

炰烋，彭亨也。 詩「女炰烋于中國」傳。

〔疏證〕 引詩蕩，采傳爲説。釋文：「炰，白交反；烋，火交反。亨，許庚反。」馬瑞辰曰：「按，炰烋二字疊韵，烋字説文所無。炰烋，或作咆哮，文選魏都賦『吞滅咆烋』，劉淵林注引詩作『咆哮于中國』，云：『炰烋，猶咆哮也。』説文：『咆，嗥也。』廣雅：『咆，鳴也。』玉篇：『咆，咆哮也。』炰烋當即咆哮之假借。又通作咆虓，廣韵：『咆虓，熊虎聲。』咆哮本爲怒聲，又引伸爲驕貌。故傳以彭亨釋之。干寶易注：『彭亨，驕滿貌。』玉篇、廣韵彭亨作憉悙，注云：『自强也。』是知箋云『自矜氣滿之貌』，又申傳彭亨之義也。」

今按：以炰烋作咆哮，釋爲怒聲，以字从口故也。傳云「猶彭亨也」，易大有「匪其彭」，子夏作旁，干寶注作驕滿。蓋怒必作氣，故成驕矜之貌。韓愈石鼎聯句，軒轅彌明句云「豕腹脹彭亨」，正驕矜之貌。形變則作跋扈、畔援、畔換，後漢書馮衍傳「誚始皇之跋扈兮」，注：「跋扈，猶强梁也。」朱浮傳「往年赤眉跋扈長安」，注：「跋扈，猶暴横也。」梁冀傳「此跋扈將軍也」，注：「跋扈，猶强梁也。」崔駰傳「黎共奮以跋扈兮」，注：「跋扈，强梁也。」文選陳孔璋爲袁紹檄豫州「操遂承資跋扈」，注：「毛詩曰『無然畔援』，鄭玄曰：『畔援，猶跋扈也。』」任彦昇齊竟陵文宣王行狀「跋扈上流」，注：「毛詩傳曰：『畔換猶跋扈也。』西京賦曰：『睢盱跋扈。』」此皆以跋扈連辭者。漢書叙傳下「項氏畔換」，師古曰：「猶言跋扈也。」詩皇矣「無然畔援」，箋云：「畔援猶拔扈也。」又作判涣，詩訪落「繼猶判涣」，俞樾羣經平議曰：「判涣即伴奂也。卷阿篇：『伴奂爾游矣』，箋云：『伴奂自縱弛意也。』『將于就之，繼猶判涣』，言將助我而就之，繼猶自縱弛也。」傳箋均未得其義。此詩之判涣即卷阿之伴奂，亦即皇矣篇之畔援。古義存乎聲，無定字也。又作叛换，文選魏都賦「雲撤叛换」，張載注：「叛换猶恣睢也。」以今之通俗語言之，則爲蠻横矣。急數之，亦不能終其物耳。

炰在幽部咆同，彭在央部，畔判伴蠻同在安部，跋在曷部，韵部不皆相同，廣韵肴「炰，薄交切」，並母；庚「彭，薄庚切」，並母；换「畔，薄半切」，並母；末「跋，蒲撥切」，並母：韵並異而聲全同，其他未一二論。雙聲正轉。此就主要之上字言之。再就下字言之，哮在天部，亨橫同在央部，烋在幽部，扈在烏部，換援渙奐同。在安部，古韵亦大抵不同，廣韵肴「哮，許交切」，「烋，火交切」，曉母；庚「亨，許庚切」，曉母：三字曉母。姥「扈，侯古切」，匣母；換「換，胡玩切」，匣母；唐「橫，户盲切」，匣母：三字匣母。曉、匣爲近紐雙聲，雙聲正轉明矣。

399

畔援、畔換，跋扈也。 詩「無然畔援」，鄭氏說。漢書叙傳「項氏畔換」，師古引大雅作換。

〔疏證〕 已詳上條。

400

觳悉，觳觫也。 釋詁：「觳悉，盡也。」予謂觳速即觳悉之轉。

〔疏證〕 潛研堂文集十：「問：觳之訓盡，郭以爲今直語，於經典亦有徵乎？曰：史記李斯傳：『雖監門之養，不觳於此。』小司馬云：『觳，盡也。言監門下人飯，猶不盡此也。』觳悉連文。孟子『吾不忍其觳觫』，觳觫即觳悉之轉，言其命將盡也。」

今按：廣雅釋詁三「殗殜，死也」，王念孫疏證云：「考廣韻云：『殗殜，死貌，出廣雅。』又云：『殗殜者，玉篇：殗殜，死貌。』孟子梁惠王篇『吾不忍其觳觫若若或下屬，無罪而就死地』，義與殗殜同。」王念孫以觳觫即殗殜，無可疑者。錢氏以觳觫即觳悉，亦無可疑，獨謂觳悉訓盡，「言其命將盡也」，以附會孟子之「而就死地」，恐未必即是。觳觫本屋部聯綿辭，聯綿辭之形成，有由單辭組合漸趨緊密，或爲疊韻，或爲雙聲，遂不能以形求義，必以聲會義矣。竊考觳觫本驚懼之義，非盡亦非死，孟子用此亦不過懼死之貌而已。其語源當從跼蹐、局促、局數、局趣、局縮來。大抵皆區部、屋部字組合，疊韻聯綿辭也，惟悉竄入壹部，蹐竄入益部。聲類主聲不主韵，蹐爲精母，與觫不同紐，故謂「觳悉，觳觫也」，觫在屋部，悉在壹部，非韵轉也。廣韻質「悉，息七切」，心母；屋「觫，桑谷切」，心紐：韵異而聲同，雙聲正轉。

401

惛怓，讙譊也。詩「以謹惛怓」，鄭氏説。譊本作譊。

〔疏證〕引詩民勞。箋：「惛怓猶讙譊也。」釋文又云：「怓、譊，女交反。」

今按：説文「怋，怓也」，「怓，亂也」，「呶，讙聲也」。毛公以詩作怓，故釋詩惛怓爲大亂。鄭氏讀怓爲呶，故云讙譊，各以上字配搭下字爲義，故爲説不同。錢氏則依鄭箋以證聲類，依聲類以釋鄭箋。惛在㬎部，讙在安部，古韻不同。廣韻魂「惛，呼昆切」，曉母；元「讙，況袁切」，曉母：是惛、讙兩字亦不同韻，然而同爲曉紐，雙聲正轉。怓在烏部，譊在夭部，古韻亦不同。廣韻肴「怓、譊，女交切」，並爲肴韻娘紐，同音字，同音亦不違雙聲正轉之例。

402 須搖，須臾也。漢書禮樂志「神奄留，臨須搖」，晉灼曰：「須搖，須臾也。」

〔疏證〕 上有一條云：「從頌，從容也。」彼條疏證謂從容謂動作之貌：自動謂之從容，動人謂之慫湧，承意逆志以諂諛人謂之從諛。本條實彼條再一引申之義。

今按：須臾本從容語音之韻轉也，須臾在區部，從容在邕部，區、邕陰陽對轉，故須臾、從容可以通作。王念孫讀書雜志：「史記淮陰侯列傳：『足下所以得須臾至今者，以項王尚存也。』案此須臾猶從容，延年之意也。言『足下所以得從容不死者，以項王尚存也』。漢書賈山傳『願少須臾無死，思見德化之成也』，少須臾即少從容，亦延年之意也。故五子傳『奉天期兮不得須臾』，張晏曰：『不得復延年也。』從容須臾，語之轉也。」須臾、從容以韵對轉而聲紐不變，亦有韵非對轉而徒以聲轉者，須臾、從容又可作逍搖相羊。離騷「折若木以拂日兮，聊逍搖以相羊」，文選逍搖作須臾，可證逍搖之即須臾。王逸注「逍搖、相羊，皆遊也」，則相羊既與逍搖無異，亦與須臾從容相同。王念孫所舉史漢諸例證，如淮陰侯傳，亦何嘗不可换作「足下所以得逍搖至今者，以項王尚存也。」

須臾、從容等辭本疊韵聯綿辭，義存乎聲，須臾亦可釋爲俄頃，玉篇申部：「須臾，俄頃也。」儀禮燕禮「寡君有不腆之酒，以請吾子與寡君須臾焉」，顧炎武日知録五曰：「古者樂不踰辰，燕不移漏，故稱須臾，言不敢也。」禮記中庸：「道不可須臾離也。」皆俄頃之義，此習見辭，無須枚舉。須臾之上字不變，下字以聲轉作搖，則成須搖，漢書禮樂志是矣。須臾可作逍搖，即臾搖相通之證。臾在區部，搖在夭部，古韵不同。廣韵虞「臾，羊朱切」，喻四；宵「搖，餘招切」，喻四：韵雖不同，而同一紐。雙聲正轉。錢氏不言對轉，固不能觀須臾、從容以及其他諸辭之會通，且立「從頌，從容也」爲別一條。今仍依錢氏立兩條，並疏證其詳於此。

403 拮搗〔一〕，撠搗也。詩「予手拮搗」，毛氏説。

〔一〕本條内「拮搗」，粤雅堂叢書本皆作「拮据」。

〔疏證〕引詩鴟鴞。三搨字，詩皆作据。

今按：拮、撠通作，已見前「拮隔，戛隔也」條。拮在壹部，撠在蒦部，古韵不同，非韵轉也。廣韵質「拮，居質切」，見母；陌「撠，几劇切」，見母：韵不同而同爲見紐，雙聲正轉。

404

孟浪，漫爛也。

莊子「夫子以爲孟浪之言」，向秀讀爲漫爛。

〔疏證〕引莊子齊物論。向秀説見釋文。

今按：孟浪央部疊韵聯綿辭，轉安部則成漫爛，韵雖變而聲未嘗變也。孟漫明母雙聲，浪爛來母雙聲。循此以求，散作其他形體，爲類極多。轉入蒦部，則作莫絡，文選吴都賦「若吾子之所傳，孟浪之遺言」，劉逵注：「孟浪猶莫絡也。」莫絡又作摹略，墨子小取：「摹略萬物之然，論求羣言之比。」轉爲平聲，作無慮與亡慮，廣雅釋訓：「無慮，都凡也。」廣雅疏證云：「無慮，疊韵字也，或作亡慮。」又云：「漢書食貨志『天下大氐無慮皆鑄金錢矣』，注云：『大氐猶言大凡也。無慮，亦謂大率無小計慮耳。』趙充國傳『亡慮萬二千人』，注：『亡慮，大計也。』案師古以無慮爲大計是也，又云：大率無小計慮，則鑿矣。」又云：「無慮之轉爲孟浪。」轉入曷部，則成滅裂，莊子則陽「治民焉勿滅裂」，注「鹵莽滅裂，輕脱末略，不盡其分」，末略即莫絡也。則陽又云「芸而滅裂之，其實亦滅裂而報予」，謂耕不精細，故實亦不熟耳。再轉則爲迷離、彌離、蒙籠，詳下文「彌離，蒙籠也」條。凡莫、摹、無、亡、滅、末等字皆微明母，同紐雙聲也。凡絡、略、慮、裂等字則皆來母，亦同紐雙聲也。凡諸連辭，亦可倒置，如孟浪則作浪孟，轉作魯莽。笙賦「罔浪孟以惆悵」，注：「虛誕之聲也。」莊子則陽「君爲政勿鹵莽」，「昔予爲禾，耕而鹵莽之，則其實亦鹵莽而報予」。漫爛倒作爛漫，楚辭哀時命「忽爛漫而無成」，注：「爛漫，猶散也。」思玄賦「爛漫麗靡」，注：「分散貌。」凡此變化，不知紀極，循此以求可推知也。形既轉動，義亦迻易，然雖迻易，又相牽連，仔細紬尋，自可得其仿佛。

405

喑噁，意烏也。史記淮陰侯列傳「項王喑噁叱咤」，漢書作「意烏猝嗟」。

〔疏證〕史記索隱：「喑，於鴆反。噁，烏路反。喑噁，懷怒氣。」漢書注：「晉灼曰：意烏，恚怒聲也。」

今按：字亦作噫嗚，後漢書袁安傳「未嘗不噫嗚流涕」，注：「噫嗚，嘆傷之貌也。」喑在音部，意在噫部，古韵不同部，非韵轉。廣韵沁「喑，於禁切」，影母；志「意，於記切」，影母：韵不同而聲同，雙聲正轉。嗁烏古韵同在烏部，本同音字。暮「嗁，烏路切」，影母；模「烏，哀都切」，影母：韵亦小異，聲則仍爲影母，雙聲正轉。

406 輿謣、邪謣，邪許也。 呂氏春秋「今舉大木，前呼輿謣，後亦應之」，注：「輿謣亦作邪謣。」淮南道應訓：「舉大木者，前呼邪許，後亦應之。」

〔疏證〕 引呂氏春秋淫辭。

今按：亦作邪軤、邪呼，並相同也。文子微明：「老子曰：今夫挽車者，前呼邪軤，後亦應之。」南史曹景宗傳：「臘月，於宅中使人作邪呼逐除。」諸辭皆烏部疊韵聯綿辭也。廣韵魚「輿，以諸切」，喻四；麻「邪，以遮切，又似嗟切」，前音喻四，後邪母：雖喻四與邪同讀定母，錢氏所不言，仍當皆讀喻四。是輿、邪兩字廣韵異韵而同紐，雙聲正轉。廣韵虞「謣，羽俱切」，喻三，謣从雩聲，自有雩音，「雩，況于切」，曉母；語「許，虛呂切」，曉母；模「呼、軤，荒烏切」，曉母：是諸字韵亦小異，皆爲曉母；雙聲正轉。

407 歋瘉，邪揄也。 說文：「歋，人相笑，相歋揄。」後漢書王霸傳「市人皆大笑，舉手邪揄之」，注：「説文歋瘉，此云邪揄，語輕重不同。」

〔疏證〕李賢注又云：「歋，音弋支反；瘉，音踰，或音由。」喻四雙聲聯綿辭也。

今按廣韵支「歋，歋歈手相弄人，亦作擨，弋支切，又以遮切」，喻四。歋古韵在恚部，無由讀成以遮切，此蓋擬以邪音耳。麻「邪，以遮切」，邪古韵在烏部，喻四。歋、邪兩字古今韵不同，然而同爲喻四，雙聲正轉。李賢謂歋瘉、邪揄「語輕重不同」者，邪爲變韵，聲重於歋。瘉、揄同从俞聲，自相通作。

408

彌離，蒙籠也。　爾雅釋詁注。

〔疏證〕釋詁「覭髳，茀離也」，注：「茀離即彌離，彌離猶蒙籠耳。」

今按：凡事之大計不精細，爲孟浪、漫爛、莫略、無慮、滅裂，説見「孟浪，漫爛也」條。其義小變，謂物之仿佛不清楚，則爲彌離、迷離、蒙蘢、朦朧、幎歷、羃䍥、羃羅、幕絡。木蘭詩「雌兔眼迷離」，謂所見模胡耳，迷彌本同音字，故彌離即迷離。漢書揚雄傳「獵蒙蘢」，師古曰：「蒙蘢，草木所蒙蔽處也。」釋名釋疾病：「聾，籠也，如在蒙籠之內，聽不察也。」月下見物不清，故字又作朦朧。射雉賦云「幎歷乍見」，蓋謂乍見乍隱之貌。文選吴都賦「羃歷江漢之流」，劉逵注：「羃歷，分布覆被貌。」羃、䍥則字形增网，以网蒙蔽之，廣韻云「冪䍥烟狀」，雲烟籠罩不清也。釋名釋采帛「𧺆䕷曰莫；莫，冪也。貧者著衣可以幕絡絮也」，廣韻云「冪䍦，婦人所戴」，皆謂蒙蔽可知。諸聯綿辭上字：彌、迷、蒙、矇、幎、幕、冪，皆讀微明兩母，微古讀明，故知其皆同紐雙聲也。其下字：離、蘢、籠、朧、歷、䍥、䍦、絡，皆讀來紐，亦同紐雙聲也。此與前文「孟浪，漫爛也」一條，爲例相同。雖義有小變，特一辭之迻易。錢氏雖分録之，固當合作一條而讀之。

若茀離、弗離、紛綸等辭，上字雖脣聲，非微明母；尨茸、蒙戎等辭則下字非來母：皆當分別觀之，不宜合二而一耳。

409

毘劉，爆爍也。釋詁。

〔疏證〕郝懿行爾雅義疏，於此極有精義，簡要録之於此：「暴樂或作爆爍，轉作剥落。音變爲仳離，詩：『有女仳離。』仳離蓋分散之義，與披離同。又變爲劈歷，釋名云：『劈歷，辟析也，所歷皆破析也。』又變爲觱篥，廣韻云：『觱篥，胡樂。』一作必栗，一切經音義十九引纂文云『必栗者，羌胡樂器名也』，蓋必栗猶言別裂，其聲激楚，聽之如欲破裂也。此皆毗劉一聲之轉也。毗劉、暴樂，蓋古方俗之語，不論其字，唯取其聲，今登萊閒人，凡果實及木葉陊落，謂之毗劉、杷拉，杷拉亦即暴樂之聲轉。」

今按：暴樂、披離，本疊韵聯綿辭，上下字或僅以聲轉，遂有不疊韵者矣。然上字與上字、下字與下字雙聲，故仍知其爲一辭之迻易。今條列而論述之。

披離、被離、被麗，阿部疊韵聯綿辭也，楚辭哀郢「妬被離而障之」，九嘆遠游「妬被離而折之」，王逸並云：「被一作披。」宋玉風賦「被麗披離」，李善注「四散之貌也」，披離與被麗本相同，古人詞不避重複。上字由阿部以雙聲轉入衣部，則有仳離，詩中谷有蓷：「有女仳離。」廣韵支「披，敷羈切」，敷母古讀滂，披从皮聲，應讀皮音，「皮，苻羈切」，本爲奉母古讀並。被亦皮聲。脂「仳，房脂切」，奉母古讀並，故披、被、仳本以同紐雙聲相爲正轉。

暴樂、暴爍，上字夭部，下字約部，本平入韵，亦疊韵聯綿辭。廣韵號「暴，薄報切」，並母。上字轉入衣部，下字轉入幽部，則爲毗劉。毗亦房脂切，與暴同紐雙聲，正轉也。暴戾、暴亂、暴露，亦一聲之迻易，義若小異，語源則通，亦當義存乎聲，不可以其習見易解，遂謂無關語源也。

迨至後世又變而作剥落、飄零、破落。李邕石賦「苔蘚剥落」，新論言苑「秋葉誠危，因微風而飄零」，謝惠連雪賦「憑雲升降，因風飄零」，咸淳臨安府志、水滸傳等有破落户之稱。又如郝懿行所云：劈歷、觱篥、必栗、杷拉亦毗劉、暴樂之聲轉。雖剥、飄、破、膀、甓、必、杷不必皆讀同母，亦不離古聲幫滂母耳。至於以上諸辭之下字皆讀來母，未嘗變其聲紐，則不待論。

披離等辭，本上字脣聲，奉並爲多。下字來紐，倒言之則成上字來紐，下字脣聲。或言離披，楚辭九辯：「白露既下百草兮，奄離披此梧楸。」或言落魄、落薄，史記酈食其傳「家貧落魄」，集解：「落薄、落托義同。」或言落泊，北史盧思道傳：「落泊不調。」又作落莫，韓愈詩：「他人雙落莫。」魄、薄轉作舌頭，有作落托、落拓、落度者矣。

聲轉之理，既有規律可求，又復紛繁多緒，如匯集經籍中所有聯綿辭，條而董理之，亦可求語言之發展變化耳。

410

綢繆，纏綿也。詩「綢繆束薪」傳。

〔疏證〕引詩綢繆。又云：「綢繆束芻」，「綢繆束楚」。毛傳：「綢繆，猶纏綿也。」鴟鴞亦云「綢繆牖户」，鄭箋：「綢繆，猶纏綿也。」

今按：綢繆，幽部疊韻聯綿辭，轉入安部則成纏綿。文選陸機贈馮文羆遷斥丘令詩「好合纏綿」，潘岳寡婦賦：「思纏綿以瞀亂兮。」轉入壹部則爲緻宓、緻密，爾雅釋言「矏，密也」，注：「謂緻密。」淮南原道「漠睧」，注：「睧讀織絹緻密，睧無閒孔之睧也。」

說文「緻，密也」，疊韵爲訓，故以連文。緻對轉爲平聲則爲縝密，禮記聘義、家語問玉：「縝密以栗，知也。」然而緻密、縝密，義亦稍變矣，推其語源則同也。廣韵尤「綢，直由切」，仙「纏，直連切」，至「緻，直利切」，三字韵雖異而同爲澄紐，雙聲正轉。真「縝，昌真切」，穿三古同徹，亦近紐雙聲，然而錢氏不言。至於下字繆、綿、密古皆明母，同紐雙聲，固無煩論述。

411 卹勿（古音如没），搔摩也。曲禮「國中以策彗卹勿」，鄭氏說。

〔疏證〕引曲禮上「君車將駕」條。釋文「勿音没」，古無輕脣音亦云：「古音勿如没，爾雅蠠没，即詩密勿也。」故於標題注出。

今按：卹在壹部，勿在鬱部，兩部雖鄰近，非疊韵聯綿辭。搔在幽部，摩在阿部，亦非疊韵聯綿辭。上字皆齒聲，下字皆脣聲，亦非雙聲聯綿辭。廣韵術「卹，辛聿切」，心母；豪「搔，蘇遭切」，心母：韵雖不同，然而同爲心母，雙聲正轉。摩、没明母，明白可知，亦雙聲正轉。搔摩之倒爲摩搔，猶今言之爬梳矣，然爬字爲並母。

412 漸洳，沮洳也。詩「彼汾沮洳」，傳：「沮洳，其漸洳者。」漢書東方朔傳：「塗者，漸洳徑也。」

〔疏證〕引詩汾沮洳。漢書注：「浸溼也。」漸在奄部，洳在烏部，同義聯辭也。沮洳烏部疊韵聯綿辭。

今按：「説文：澤，漸溼也」，洳即澤之省作。秦漢多用漸爲溼義，故毛傳以漸洳釋沮洳；後人多用沮爲溼義，故錢氏轉用沮洳釋漸洳。然漸沮皆水名，都無溼義也。説文「瀸，漬也」，通俗文「淹漬謂瀸洳」，正以瀸洳連文。廣韵鹽「漸，瀸，子廉切」，同音通假也。廣韵魚「沮，子魚切」，御「沮，將預切」，是沮與漸、瀸異韵而同爲精母，雙聲正轉。

413　牢刺，牢落也。馬融長笛賦「牢刺拂戾」，李善云：「牢刺，牢落乖刺也。」

〔疏證〕李善又引説文：「刺，戾也。」

今按：牢在古韵幽部，刺在曷部，落在蒦部，互不同韵，非疊韵聯綿辭也。廣韵豪「牢，魯刀切」，來母；曷「刺，盧達切」，來母；鐸「落，盧各切」，來母：故牢刺、牢落皆雙聲聯綿辭。宑剌之轉宑落，剌落異韵而同紐，正爲雙聲正轉。

又按：宑落之義，約有三端，一即上云乖剌也，蓋了戾之轉音。方言三「軫，戾也」，注：「相了戾也。」又作繚戾、繚悷、繚例，楚辭九嘆逢紛「繚戾宛轉」，補注：「繚音了；戾，力結切。曲也。」九辯「心繚戾而有哀」，注：「思念糾戾，腸折轉也。悷一作例。」廣韵篠「了，盧鳥切」，與宑同爲來紐雙聲；霽「戾，郎計切」，與剌落同爲來紐雙聲：皆爲正轉。二爲空廓希疏之意，蓋寥說文作廖落、遼落之音轉。文選上林賦「宑落陸離」，又琴賦「宑落淩厲」，文賦「心宑落而無偶」，李善注並云：「宑落猶遼落也。」世說新語語言：「江山寥落，居然有萬里之勢。」袁彦伯語謝玄暉京路夜發「曉星正寥落，晨光復泱漭」，李善注：「寥落，星稀之貌也。」廣韵蕭「遼、廖，並落蕭切」，來母，與宑同紐，雙聲正轉。三爲籠絡之意，則宑絡之音轉，因又變作宑籠。釋名釋衣服：「留幕，冀州所名大褶，下至膝者也。留，宑也；幕，洛也；言宑落在衣表也。」依因其義，又循其聲，而作宑籠。淮南本經：「宑籠天地，彈壓山川。」廣韵鐸「絡、落，並盧各切」，東「籠，盧紅切」，皆來母字。籠、絡與落、剌同聲，雙聲正轉。宑剌聯辭，例不多見，錢氏録以標目，亦可以概其餘矣。

邍午，旁午也。　漢書劉向傳「邍午並起」，如淳曰：「邍午，猶雜沓也。」霍光傳「使者旁午」，如淳曰：「旁午，分布也。」予謂旁午即邍午。邍，古音蒲紅切。　孟子蠭蒙，它書或作邍門。

〔疏證〕　所云「它書或作邍門」者，史記龜策列傳、吕氏春秋聽言。　切韵中脣音雖分輕齊撮重開合，然無齒脣音與雙脣音之别也，而後世分焉。　以後世之口音讀切韵，於是讀音不同，丁度等作集韵，始以當時之口音改切語。　錢氏作古無輕脣音，其實謂古無齒脣音也。　邍，敷容切；　即今之齒脣音也；　錢讀蒲紅切，即今之雙脣音也。　借以證明邍旁並紐雙聲耳。　錢氏謂逢、邍等字古讀雙脣，於古無輕脣音一文中論述最詳，遂録於次：

古音逢如蓬。　詩「鼉鼓逢逢」，釋文「逢，薄紅反」，徐仙民音豐，亦讀豐重脣雙脣也。爾雅「歲在甲曰閼逢」，淮南天文訓作閼蓬。　莊子山木篇「雖羿蓬蒙不能眄睨」，原注：今本蓬作逢，蓋淺人妄改。　茲據陸氏釋文。　即孟子之逢蒙也。　後世聲韵之學行，妄生分别，以鼓逢逢讀重脣，入東韵；　相逢字讀輕脣，入鍾韵；　又别造一逄字，讀爲薄江切，訓人姓，改逢蒙逢丑父之逢爲逄，以實之，則真大謬矣。下文節省。

今按：錢氏於蠭午先引如淳訓雜沓，後於旁午引如淳訓分布，謂旁午即蠭午，以明訓分布之非而證訓雜沓爲是，豁然確斯，不可逐易。然蠭午或旁午既非疊韻聯綿辭，又非雙聲聯綿辭，兩字連文而已，不當義存乎聲，必需訓存乎形，不知蠭午、旁午何以訓雜沓也。於是史記項羽本紀如淳釋之曰「蠭起猶言蠭午也，衆蠭飛起，交横若午，言其多也」，司馬貞釋之曰「凡物交横爲午，言蜂之起，交横屯聚也」，顔師古注漢書曰：「蠭古蜂字，蠭起如蜂之起，言其衆也。」錢氏釋蠭午亦依諸家之説：惟謂旁午爲蠭午，不同諸家耳。竊以爲雜沓之義不當于蠭午求之，而當於旁午求之。旁者並之借，並旁相通，例之習見，本書釋詁「並，旁也」一條，證之詳矣。蠭既通旁，旁又通並，故蠭起即並起，蠭午、旁午即並午矣，並午即交横矣，交横故訓雜沓耳。蠭古韻在邕部，旁在央部，並亦在央部，或同或不同，然同爲古聲並母，雙聲正轉。

415 曼漶，濛鴻也。　漢書揚雄傳「泰曼漶而不可知」，師古曰：「曼漶，不分别貌，猶言濛鴻也。」

〔疏證〕張晏曰：「曼音滿，漶音緩。」師古曰：「曼，莫幹反，漶音奐。」

今按：曼漶，古韻安部疊韻聯綿辭；濛鴻，古韻邕部疊韻聯綿辭。曼漶亦作漫漶，蘇軾詩「圖書已漫漶」，引申其義則成廣大無邊之義，字亦變作漫汗，文選張衡南都賦：「布濩漫汗，漭沆洋溢。」濛鴻又見春秋命曆序「濛鴻萌兆」；韓愈詩「瀆鬼濛鴻」，注：「濛鴻，沆漭。」轉入烏部則成模胡，崔珏道林寺詩：「東邊一片青模糊。」轉入央部則爲莽沆、漭沆，説文沆字注云「莽沆，大水」，文選西京賦：「滄池漭沆。」濛鴻又作濛澒，論衡談天「儒書又言溟涬濛澒」，溟涬即轉嬰部之聯綿辭也。濛鴻之倒爲鴻濛；漫汗之倒爲汗漫，莽沆之倒爲沆漭；布濩則平上入下，再變則有曼胡、鏝胡、㒼胡，固不可一二數也，大抵明、匣或曉兩母配搭而成辭耳，皆受義于模胡不清也。反切無煩一切標舉，今以濛鴻、曼漶、模胡三者論之，濛在東韵「莫紅切」，曼在桓韵「母官切」，模在模韵「莫胡切」，皆明母字。東「鴻，户公切」，換「漶，胡玩切」，模「胡，户吴切」，皆匣母字也，並韵異而聲同，雙聲正轉。

416　卷婁，拘攣也。　莊子徐无鬼篇「有卷婁者」，陸德明云：「卷婁，猶拘攣也。」

〔疏證〕　今按：卷在古韵安部，婁在區部，非疊韵聯綿辭也。廣韵獮「卷，居轉切」，見母；虞「婁，力朱切」，來母：非雙聲聯綿辭也。拘在區部，攣在安部，亦非疊韵。

廣韻虞「拘，舉朱切」，見母；仙「攣，吕員切」，來母。卷、拘見紐雙聲，婁、攣來紐雙聲，正轉之範例，故錢氏標舉出之。

拘攣、卷婁雖非聯綿字，若拘婁連文則同區部，卷攣連文則同安部，並爲疊韵聯綿辭矣，經籍中拘婁、卷攣連文雖鮮見，然其變形實質相同者，則多有之。痀僂、傴僂、踽僂，即拘婁之變形。廣雅釋詁一：「傴僂，曲也。」左傳昭七年「一命而傴，再命而僂」，合之則成傴僂。淮南精神：「子求行年五十有四，而病傴僂。」新書官人：「柔色傴僂，唯諛之行。」後漢書張酺傳：「公其傴僂，勿露所敕。」莊子達生：「見痀僂者。」文選登徒子好色賦「旁行踽僂」，注：「踽僂，傴僂也。」皆區部疊韵，非拘婁之變形而何！婉孌、婉嫋，皆訓美好，實謂委婉曲順之意，實即卷攣之變形，倒言之則成爲連蹇、連卷、連娟、連蜷、聯娟。詩甫田與侯人並云「婉兮孌兮」，説文引孌作嫋。易蹇「往蹇來連」，揚雄傳解嘲「孟軻雖連蹇」，皆曲折不便利之意。又甘泉賦「蛟龍連蜷于東厓兮」，注：「長曲貌。」張衡南都賦「蛾眉連卷」，注：「曲貌。」漢書司馬相如傳「躩以連卷」，注「句踡也」，句即曲也。上林賦「長肩連娟」，注：「言曲細也。」漢書外戚傳「美連娟以脩嫮兮」，亦謂婉曲多姿。神女賦「眉聯娟以蛾揚兮」，注：「微曲貌。」皆安部疊韵，非卷攣之形變而何！語言之變化發展，又如此之紛繁多緒，故補述之。

417

眥𡟹，揃摵也。 莊子外物「眥𡟹可以休老」，本亦作揃摵。

〔疏證〕 今按：說文「眥，目厓也」，「揃，摵也」，「摵，𢱧也」，說文無𡟹字。眥摵即𢱧摵，揃摵𢱧摵，皆爲同義聯辭，从說文以揃訓摵，以摵訓𢱧言之，則𢱧摵、揃摵其所從來早矣。揃在安部，眥在衣部，古韻不同部，非韻轉明矣。廣韻霽「眥，在詣切又才賜切」，從母；寘「眥、𢱧說文一曰摵頰旁也，疾智切」，從母；獮「揃，即淺切」，精母，揃从前聲應有前音，先「前，昨先切」，是亦從母也：眥、揃異韵而同爲從紐，雙聲正轉。

又按：揃摵實受義於瑳磨，詩淇奧「如切如瑳，如琢如磨」，瑳磨本言玉石，施之於人，則爲搓摩。搓揃既同爲齒聲，又阿安對轉；摩摵既同爲脣聲，又阿曷平入相轉。搓摩即今按摩之屬耳。

418

踟蹰、躊躇、峙躇、躑躅，跢跦也。 詩「搔首踟蹰」，薛君云「踟蹰，躑躅」，文選思玄賦注引作躊躇。說文：「峙躇，不前也。」廣雅：「蹢躅，跢跦也。」

〔疏證〕 引詩静女。引薛君章句見文選鸚鵡賦注。引廣雅釋訓。

今按：上引述諸辭，皆舌聲雙聲聯綿辭，前人論述已多，王念孫廣雅釋訓疏證更引騠騔、踶蹰、彳亍等形。又喻四古讀定，是喻四古亦舌聲耳。因而踟蹰等辭轉作喻四雙聲聯綿辭者，亦多有之。曰猶豫、曰猶與、曰夷猶、曰容與、曰冘豫，皆是也。廣雅釋訓，既有「躊躇，猶豫也」，又曰「蹢躅，跢跦也」，分之則成兩，合之則爲一。清人不知喻四古讀定，舍錢氏外，亦鮮言舌上古讀舌頭，故不能有論定。至於例證出處，可參合廣雅疏證讀之，此不瑣瑣。反切韵目，亦不具述。

419

劓刖、臲卼、槷䵛、劓䵛、倪伔，隉阢也。易「困于葛藟，于臲卼」，陸德明云：「説文作劓䵛。」按：説文引易本作槷䵛。槷䵛，不安也。槷即臬之古文。故陸氏所見本作劓，其實一也。又説文隉字下引班固説，「不安也」。書「邦之阢隉」，阢隉與槷䵛亦同義。易困九五「劓刖」，荀爽、王肅本亦作臲卼。鄭康成謂「劓刖當爲倪伔」，即隉阢也。

〔疏證〕易困九五「劓刖，困于赤紱」，釋文：「劓，徐魚器反。刖，徐五刮反，又音月。荀、王肅本劓刖作臲卼，云：不安貌。陸同。鄭云：劓刖當爲倪伔。京作劓劊。」

案：説文：「劊，斷也。」上六「困于葛藟，于臲卼」，釋文：「臲，五結反。王肅：妍喆反。説文作劓，牛列反。薛同。卼，五骨反，又音月。説文作𡴘，云：𡴘，不安也。薛又作杌，字同。」書秦誓「邦之杌隉」，釋文：「杌，五骨反；隉，五結反；徐語折反。」説文「𡴘，槷𡴘不安也，从出，臬聲。易曰：槷𡴘」，段注：「槷與隉、臲、劓、倪同，𡴘與杌、鼿、卼、仉同，杌、鼿、卼、仉皆兀聲；以説文檮杌作檮柮例之，則出聲、兀聲同，當是从臬出聲，五忽切。」説文：「隉，危也。从阜，毁省。徐巡以爲隉，凶也。賈待中説，隉，法度也。班固説，不安也。周書曰：邦之阢隉。讀若虹蜺之蜺五結切。」

今按：當以説文之槷𡴘、隉阢爲本義，後乃依聲造形而有它辭耳。隉、槷古韵在曷部，阢、𡴘在灪部，曷灪兩韵雖鄰近，非一部，故錢氏不以爲韵轉。廣韵屑「隉、槷、臲，五結切」，疑紐；没「刖、飢䭇飢，不安也、軏、鼿，五忽切」，疑紐；月「刖、𧿳、跀、扤、抈、軏，魚厥切」疑紐；黠「𡴘，五骨切」，疑紐；鎋「刖，五刮切」，疑紐。個別字不見廣韵或檢閲有脱漏，輔以釋文反語，皆疑紐字明矣。𡴘不見於釋文與廣韵，大徐本説文「𡴘，五結切」，倪則在平聲齊韵「五稽切」，並爲疑紐。是諸辭皆疑紐雙聲聯綿辭，上字與上字，下字與下字，皆疑紐雙聲正轉也。玉篇作「䭇卼，不安也。」文選長笛賦作槷刖，「巔根跱之槷刖兮」，注：「危貌，槷，吾結切；刖，五刮切。」其他以疑紐雙聲連文，義訓不安或引伸其義，容或更有之，未必盡於此耳。

420 冥眴，瞑眩也。揚雄甘泉賦「目冥眩而無見〔一〕」，李善注：「冥眩，昏亂之貌。冥，莫見切。」

〔疏證〕李注又云：「眴音縣。」漢書、文選並作瞑眴。

今按：孟子滕文公上引書曰「若藥不瞑眩」，楚語引此同。注：「藥攻人疾，先使瞑眩憒亂。」方言三「凡飲藥傅藥而毒，東齊海岱之間謂之瞑，或謂之眩」，注：「瞑眩，亦今通俗語耳。」瞑眩之倒語則爲眩瞑，史記司馬相如傳大人賦「視眩瞑而無見」，甘泉賦造語正與此同，可證瞑眴即瞑眩，瞑眩即眩瞑之倒文。字亦省作玄冥，莊子秋水「始於玄冥，反於大通」，淮南俶真「處玄冥而不暗」，皆謂幽暗也。水神曰玄冥，水官亦曰玄冥，謂水陰而幽暗也。再變則作玄湣、眩湣，漢書司馬相如傳大人賦「紅杳眇以玄湣兮」，王先謙補注：「史記玄作眩，集解引漢書音義曰：眩湣，闇冥無光也。」冥之作湣，蓋昏俗作昬，瞑則今之眠字，故眩瞑轉作玄湣矣。冥在嬰部，瞑同眠轉因部，古韻懸隔，非韻之

〔一〕「冥眩」，粵雅堂叢書本作「冥眴」。下引李善注同。

轉。廣韻青「冥，莫經切」，先「眠、瞑，莫賢切」，兩字韻異，然而同爲明紐，雙聲正轉。瞑亦讀莫經切，不在此例。文選養生論「内懷殷憂，則達旦不瞑」，注「瞑，古眠字」，瞑當依此讀。眴、玄古韻皆在因部，至廣韻而仍未迻易。廣韻霰「眩、眴，黄練切」，皆匣紐，同音，同音自雙聲，仍爲正轉。

421

祇迴，低回也。史記孔子世家「余祇迴留之」，索隱：「祇，敬也。祇敬遲回，不能去之。本亦作低回。」

〔疏證〕　索隱各本多作低迴。回、迴通作，則習見。

今按：舌音類隔之説不可信一文云：「古無舌頭舌上之分，知徹澄三母，以今音讀之，與照穿牀無别也，求之古音，則與端透無異。」又云：「古人多舌音，後代多變爲齒音，不獨知徹澄三母爲然。」又云：「今人以舟周屬照母，輈啁屬知母，謂有齒舌之分，此不識古音者也。」説之甚諦然猶未盡，照系等母，分爲照二系與照三系，照二系古讀與精系字同，照三系與知系字通，古讀端系，不可謂照二系與知系字通古謂端系也。知乎此則知祇之讀同低矣。秖低同从氐聲，古韻皆在衣部，本同音字也。至廣韻而稍異矣，脂「祇，旨夷切」，照三；齊「低，都奚切」，端母：謂照三古讀端，祇、低異韻而同聲，雙聲正轉是也，謂爲同位轉變，亦可也。

422　囒哰，謰謱也。　廣雅文。

〔疏證〕　引廣雅釋訓。王念孫疏證云：「此雙聲之相近者也。囒、謰聲相近，魏風伐檀篇『河水清且漣猗』，爾雅漣作瀾，是其例也。哰、謱聲亦相近，士喪禮『牢中旁寸』，鄭注云『牢，讀爲樓』，是其例也。方言：『囒哰、謰謱，拏也。東齊周晉之鄙曰囒哰，囒哰亦通語也。南楚曰謰謱。拏，揚州會稽之語也。』郭璞注云：『拏，言譇拏也，平原人呼囒哰也。』玉篇：『譇詉，言不可解也。』説文『拏，牽引也』，拏與詉通。説文『謱，連遱也』，『謱，謰謱也』。玉篇：『嗹嘍，多言也；謰謱，繁拏也。』楚辭九思云：『媒女詘兮謰謱。』淮南子原道訓『終身運形于連嶁列埒之門』，高誘注云：『連嶁猶離婁也，委曲之貌。』並字異而義同。劉向熏鑪銘云：『彫鏤萬獸，離婁相加。』説文：『廔，屋麗廔也。』離婁、麗廔，聲與連遱皆相近。故離彖傳云：『離，麗也。』王弼注兑卦云『麗猶連也』，鄭注士喪禮云：『古文麗爲連。』王延壽王孫賦云『羌難得而覼縷』，玉篇：『覼，力和切，覼縷，委曲也。』覼縷與連遱，聲亦相近，故同訓爲委曲矣。」

今按：離婁亦作離樓，長門賦「離樓梧而相撑」，魯靈光殿賦「嶔崟離樓」。覼縷俗字作覼縷，文選吴都賦「嗟難得而覼縷」，與王孫賦句同而字異。王孫賦覼縷，李善注吴都賦亦作覼縷矣。又作羅縷，晉書傅咸傳：「臣前所以不羅縷者，冀因結奏得從私願也。」文選謝靈運擬魏太子鄴中集八首「羅縷豈辭闕，窈窕究天人」，李善注又引王孫賦覼縷作羅縷矣。說文囧下云「窗牖麗廔闓明也」，蓋離婁本委曲詳盡之意，委曲詳盡則有詳明之意，引申斯有明亮之義，孟子離婁：「離婁之明。」今言明快爲利落，豈亦其形之變。若聲音再加迻易，如離婁亦作離朱，如此之類，則有不可屈指數者。凡此皆來紐雙聲字也，若羅、離、麗古在阿部，囒、嗹、覼在安部，雖對轉，然錢氏不言，則純以聲轉者；咔在幽部，謱在區部，雖旁轉然分兩部，亦純以聲轉。若古音相同，今韵亦近，亦不違錢氏正轉之例，故不詳説。

423

於戲、於乎，嗚烏之俗寫呼也。詩：「於乎，前王不忘。」大學作於戲。

〔疏證〕　引詩烈文。

今按：説文云：「烏，孝烏也，象形。孔子曰：『烏亏呼也，取其助气，故以爲烏呼。』於，古文省。」是於、烏本一字同音，烏部字，後世音有迻易。乎、呼、戲三字古亦烏部同音字，而後世畧有迻易。廣韵魚「於，央居切又音烏」，影母；模「烏，哀都切」，影母：兩字異韵同聲，雙聲正轉。模「呼，荒烏切乎，户吳切」，曉母；支「戲，許羈切又喜義切、荒烏切」，曉母：亦異韵而同聲；雙聲正轉。

424

噫歆、噫興，噫嘻也。　士虞禮「祝升，止哭，聲三」，注：「聲者，噫歆也。」曾子問注：「聲，噫歆。」既夕禮「聲三啟三」，注：「舊説以爲聲，噫興也。」按：噫歆、噫興，即噫嘻之轉。亦即嗚呼之轉也。

〔疏證〕曾子問「祝聲三」，注：「聲，噫歆，警神也。」釋文：「噫，於其反；歆，許金反。」

今按：詩有噫嘻篇，並云「噫嘻成王」，是噫嘻連文之證。史記魯仲連傳「噫嘻亦太甚矣」，亦噫嘻連用。噫古韵在噫部，廣韵之「噫，於其切」，影母；蒸「興，許應切」，侵「歆，許金切」，之「嘻，許其切」，並爲曉母。三字今韵既異，古韵亦不相同，歆在音部，興在膺部，嘻在噫部，噫、膺對轉，錢氏不論。非韵轉也，然而同爲曉母，雙聲正轉耳。至於嗚呼，嗚與噫同爲影母，呼與歆興嘻同爲曉母，是嗚呼與三辭皆上下韵異聲同，其爲正轉，益可知矣。

425 兜離，株離、朱離也。

班固東都賦「僸佅兜離，罔不具集」，李善注引孝經鉤命決：「西夷之樂曰株離。」毛氏詩傳：「西夷之樂曰朱離。」

〔疏證〕引詩鼓鐘傳。

今按：周禮春官鞮鞻氏「掌四夷之樂與其聲歌」，注：「西方曰株離。」尚書大傳「舞株離」，注：「舞曲名。」三辭下字皆作離，上字株从朱聲，惟兜字不同。舌音類隔之説不可信云：「古讀咮如鬭。詩『不濡其咮』，釋文：『咮，陟救反；徐又都豆反。』廣韻五十候有噣字，或作咮，都豆切，與鬭同音注删。」朱離、株離之讀兜離，猶咮之讀鬭矣。又如樹言株，通作頭，亦言兜矣。蜀志諸葛亮傳「成都有桑八百株」，蘇軾詩「家書新報橘千頭」，「種魚萬尾橘千頭」，「山中奴婢橘千頭」，三頭字皆謂株也。湘人以株言兜，此猶書堯典之驩兜，山海經作驩頭，古今人表宋景公兜欒，史記作頭曼也。朱、株、兜古韻皆在區部，本同音字，至廣韻而韻部遂易矣。廣韻侯「兜，當侯切」，端母；虞「株，陟輸切」，知母；「朱，章俱切」，照三，錢氏照二照三不分，然此類字能辨其與知紐同，古讀端母：是三字廣韻異韻，古聲並讀端母，雙聲正轉。

426 呼謈，謼服也。 漢書東方朔傳「舍人不勝痛，呼謈」，服虔云：「謈音暴。」鄧展云：「呼音髐箭之髐，謈音瓜瓟之瓟。」師古曰：「痛切而叫呼也，與田蚡傳呼服音義皆同。」田蚡傳「謼服謝罪」，晉灼曰：「服音瓟。關西俗謂得杖呼，及小兒啼呼爲呼瓟。」

〔疏證〕 此條亦見古無輕脣音，本文則謂暴、服雙聲，所以爲聲轉也。

今按：說文：「謈，大呼自勉疑當作白免，猶言求饒也。也。」錢氏以謼服釋呼謈，謂服古音如謈，而義仍爲服耳。暴古韵在夭部，服在肊部，兩字通訓，非韵轉耳。廣韵號「暴，薄報切」，並母；覺「謈、瓟，蒲角切」，並母；屋「服，房六切」，奉母古讀並：是服與謈、暴、瓟韵異而古聲相同，雙聲正轉。

427 租飽，苞苴也。 周禮司巫「及蒩館」，注：「蒩館爲租飽。租飽，茅裹肉也。」庖人注：「庖之言苞也。裹肉曰苞苴。」按：租飽與苞苴倒文。

〔疏證〕 引春官司巫，天官庖人。此發倒正文互訓之例。

今按：租、苴同从且聲，飽、苞同从包聲，凡說文形聲同聲字，非特例依例古同音，宜可通訓，故不詳說。

428 𥷔譟〔一〕，鳧藻也。 周禮大司馬注引書云：「前師乃鼓𥷔譟。」

〔疏證〕 兩𥷔字當作𪔂，刻本誤。 引周禮夏官經文「及所弊，鼓皆駭，車徒皆譟」下注文。

今按：後漢書劉陶傳「武旅有鳧藻之士」廿二史考異卷十二云：「按今文太誓云：『師乃鼓𪔂譟，師乃搯，前歌後舞。』」鳧藻即𪔂譟，文異義同也。 杜詩傳「將帥和睦，士卒鳧藻」，亦用斯語。 劉陶傳補注引惠棟云：「鄭氏太誓云：『惟丙午王逮師，前師乃鼓𪔂譟，師乃搯，前歌後舞。』魏大饗碑云：『士有拊譟之歡，民懷惠懷之德。』拊譟與𪔂譟同。漢人讀爲鳧噪，言如鳧之噪呼。 此又作鳧藻，釋云：『如鳧之戲於藻，非尚書之義也。』」

今按：廣韻虞「鳧，防無切」，集韻虞「𪔂，馮無切」，同爲奉母，古讀並。 此本古韻區部同音字，同音自當雙聲，於聲類爲正轉。

〔一〕 本條內「𥷔」字，粵雅堂叢書本皆作「𪔂」。

429 糊塗，鶻突也。

能改齋漫録：「鶻突二字當糊塗。蓋以糊塗之義，取其不分曉也。」按呂原明家塾記：「太宗欲相呂正惠公。左右或曰：呂端爲人糊塗。」自注讀爲鶻突。

〔疏證〕　今按糊塗，古韵烏部疊韵聯綿辭也。或作渾沌、渾敦、混沌、驩兜、荒唐、浩蕩、浩唐，今通言混蜑（蛋）、混賬，皆是也。莊子應帝王：「中央之帝爲渾沌無七竅故名。」左傳文十八年「天下之民，謂之渾敦」，謂驩兜，渾敦不開通之貌，左傳正義引莊子作渾沌。史記正義：「驩兜，渾沌也。」莊子天下「荒唐之言」，猶今言糊塗話，一辭之衍變，美其言釋爲大而無當。離騷「怨靈脩之浩蕩兮」，注「無思慮貌」，章太炎釋爲胡塗混蛋，是矣。七發「浩唐之心」，注「唐猶蕩也」，五臣本正作浩盪。浩蕩、浩唐雖非疊韵，聲紐未變，亦衍變之一道。渾沌、渾敦、混沌皆昷部疊韵，下字轉入它韵則爲混蛋、混賬。上字轉入安，下字轉入區，則云驩兜。荒唐爲央部疊韵，變其上字則爲浩蕩、浩唐。胡塗爲烏部，鶻突在鬱部，皆疊韵耳。至於諸字之聲紐，上字：混、渾，皆混韵「胡本切」；浩，晧「胡老切」；胡，模「户吴切」；鶻，没「户骨切」：皆爲匣母，雙聲正轉。下字：沌，混「徒損切」；突，没「陀骨切」；唐，唐「徒郎切」；蕩、盪，蕩「徒朗切」；塗，模「同都切」；蛋，旱「徒旱切」：皆爲定紐，雙聲正轉。惟驩兜之驩在桓韵「呼官切」，荒唐之荒在唐韵「呼光切」，並爲曉紐，曉匣亦近紐，仍爲正轉。惟驩兜之兜在侯韵「當侯切」，渾敦之敦在魂韵「都昆切」，並爲端紐，端定亦近紐，仍爲正轉。其他形之更變、聲之迻易，義之衍化，尚復有之，未能詳説也。

430

壹壺，絪緼也。易「天地絪緼」，説文引作壹壺。

〔疏證〕引易繫辭下。釋文：「絪本又作氤，同音因。緼，本又作氳，紆云反。」説文「壹，嫥壹也」，「壺，壹壺也。从凶，从壺，壺不得泄也。易曰：天地壹壺。」段玉裁云：「他書作烟煴、氤氳。蔡邕注典引曰：『烟烟煴煴，陰陽合一，相扶貌也。』張載注魯靈光殿賦曰：『烟煴，天地之蒸氣也。』思玄賦舊注：『烟煴，和貌。』許據易孟氏作壹壺也。其轉語爲抑鬱。」

今按：壹壺、絪緼、氤氳、烟煴、抑鬱皆雙聲聯綿辭也。壹抑爲壹部，因爲因部，本陰陽對轉；鬱爲鬱部，昷爲昷部本平入對轉：諸字蓋聲韵兼轉，錢氏不言對轉，故視作純然聲轉矣。廣韵質「壹，於悉切」，職「抑，於力切」，真「因、烟、氤、絪，於真切」，皆影母。是壹壺、抑鬱之於烟煴等辭，上字韵異，然而同爲影母。廣韵文「煴、氳、緼、壺，於云切」，物「鬱，紆物切」，皆影母，是抑鬱之下字與其他辭之下字，亦韵異而聲同，亦屬雙聲正轉。其餘形之變易，音之迻易，仍受義於此諸辭者，尚復有之，未及盡考。

431 駢憐，比隣也。史記功臣侯表「柏至侯許温以駢憐從」，漢書作駢。索隱云：「姚氏憐隣聲相近，駢隣猶比隣也。」

〔疏證〕今按：漢書孫寶傳：「寶徙入舍祭竈，請比鄰。」後漢書孔融傳「融與鴻豫州里比郡，知之最早」，注：「山陽與魯郡相鄰比。」文選贈白馬王彪詩：「萬里猶比隣。」比隣一辭習見。駢古韵在嬰部，或亦轉入因部，入因部則與鄰爲疊韵矣。比在古韵衣部，衣部與嬰部懸隔，與因部則爲陰陽韵。廣韵先「駢，部田切」，並母；脂「比，房脂切又毗至、卑履切」奉母古讀並：是兩字異韵而同聲，雙聲正轉。

432 沂鄂，垠鄂也。禮郊特牲「丹漆雕幾之美」，注：「幾謂漆飾沂鄂也。」少儀「國家靡敝，則車不雕幾」，注：「幾謂附纏爲沂鄂也。」

〔疏證〕禮記郊特牲釋文：「幾，巨依反；沂，魚斤反；鄂，五各反。」

今按：說文「垠，地垠也，一曰岸也」，或體作圻。段注謂「地垠咢也」，增一咢字，是矣。垠咢、垠鄂、垠堮、垠鍔連文習見。玉篇咢字下云：「淮南下無垠咢之門。」淮南俶真：「未有形埒垠堮。」釋名釋形體：「額，鄂也，有垠鄂也。」西京賦：「前後無有垠鍔。」李善引許慎淮南子注：「垠鍔，端崖也。」垠之或體作圻，可爲艮斤聲通之證。錢氏以垠鄂習見，故不舉例。幾在衣部，斤在𠪚部，衣、𠪚對轉，故鄭氏注禮以幾爲沂鄂也。沂、垠古韵𠪚部同音字，廣韵真「垠，語巾切」，疑母，不録沂字；微「沂，魚衣切」，疑母：是韵異而聲同，雙聲正轉。

433　放悲，髣髴也。　漢書郊祀歌「相放悲，震澹心」，師古曰：「放悲，猶髣髴也。」

〔疏證〕　引禮樂志郊祀歌練時日。

今按：放、髣皆從方得聲，髴、悲皆从弗得聲，兩者相通，明白易見。特放悲字不常見，故拈出之。

434

封，邦也。 論語「且在邦域之中矣」，釋文：「邦或作封。」「而謀動干戈于邦內」，鄭本作封內。 釋名：「邦，封也。有功於是，故封之也。」

〔疏證〕 引論語季氏。 引釋名釋州國。

今按：周語「邦內甸服，邦外侯服」，漢書嚴助傳「封內甸服，封外侯服」，兩書邦、封互異。詩烈祖「邦畿千里」，文選東京賦注引作封畿千里。書康誥疏「古字邦封同」，並其證例也。邦、封古韵邕部同音字，而後世音稍迻易，廣韵鍾「封，府容切」，非母古讀幫；江「邦，博江切」，幫母：韵異聲同，雙聲正轉。

435

甫，圃也。 詩「東有甫草」，韓詩作圃，薛君章句：「圃，博也；有博大茂草也。」鄭云：「甫草，甫田之草也。鄭有圃田〔一〕。」釋文：「甫，鄭音補。」左傳「及甫田之北竟」，釋文：「甫，布五反，本亦作圃。」

〔疏證〕 引詩車攻。 引韓詩見文選東都賦注。 引左傳定四年。

〔一〕「鄭」下原衍「國」字，據粵雅堂叢書本及詩車攻鄭箋刪。

今按：圃从甫聲，凡甫得聲之字，皆古烏部同音字，時代推移，而有鴻細之分，聲韻之異。然而从末求本可以得其大齊也。廣韻麌「甫、脯、簠、黼、蚺、莆、俌、硨、鬴、郙，並方矩切」，非母古讀幫；姥「補、圃，並博古切」，幫母。以廣韻論韻，是麌、姥不同韻，以廣韻論聲，是非、幫不同紐，若以古音論，皆烏部幫母字也。

436 敷，布也。　書「敷重篾席」，說文作「布重莫席」。儀禮「管人布幕于寢門外」，注：「今文布作敷。」詩「敷政優優」，左傳引作布。

〔疏證〕　引書顧命。引儀禮聘禮。引左傳見成二年及昭二十年。引詩長發。

今按：家語正論、春秋繁露循天之道、說文憂字下，亦皆作「布政優優」。書「敷門在下」，史記晉世家作布，皆其例也。敷母古讀滂，布在幫母，幫滂本近紐雙聲。敷在虞韻，布在暮韻，於廣韻爲異韻。

437 賦，布也。　廣雅。詩「明命使賦」，傳：「賦，布也。」

〔疏證〕　引廣雅釋詁三。引詩烝民。

今按：小爾雅廣詁：「賦，布也。」國語周語「而時布之于農」，注：「布，賦也。」釋名釋典藝：「敷布其義謂之賦。」亦賦布通訓之例。布在幫母，暮韵字也。廣韵遇「賦，方遇切」，非母，古讀幫。是賦布兩字古韵雖同爲烏部同音字，在廣韵則異韵，而古聲同紐；雙聲正轉。

438 班，賦也。爾雅釋言文，注謂布與。

〔疏證〕今按：國語周語「其適來班貢」，注：「班，賦也。」班常訓布，左傳襄廿六年「班荆相與食」，注：「班，布也。」廣雅釋詁三：「班，布也。」它不列舉。班既訓布，上條又賦布通訓，斯亦足證班之訓賦矣。班在㚑部，布在烏部，古韵不同。廣韵刪「班，布還切」，幫母；賦在遇韵非母古讀幫。是廣韵以班賦異韵，然而兩字古讀同作幫，雙聲正轉。

439 俘，寶也。春秋「齊人來歸衛俘」，公、穀作寶。

〔疏證〕引左傳莊六年經。

今按：保之古文作保从孚聲，故保之通寶猶俘之通寶矣。史記周本紀「展九鼎保玉」，保即寶。易孟喜本「聖人之大保曰位」，今本作寶。史記魯世家「無墜天之降葆命」，尚書金縢葆作寶。欒書「天子之葆龜也」，留侯世家「取而葆祠之」，並以葆爲寶。可證俘寶聲通。廣韻晧「寶，博抱切」，幫母，俘，左傳釋文「芳夫切」，虞「芳無切」，敷母，古讀滂：幫、滂近紐雙聲，亦正轉。

440

苞，菲也。曲禮「苞屨扱衽」，（注）：「苞或爲菲。」

〔疏證〕「苞或爲菲」，本注文。釋文：「苞，白表反；菲，扶味反。」

今按：苞在古韻幽部，菲在威部，非一部。廣韻肴「苞，布交切」，幫母，蓋曲禮讀作藨（蔍同），「平表切」，本奉母錢直以爲並，見小韻。未「菲，扶涕切」，奉母古讀並。是兩字不同韻而同爲奉並母，雙聲正轉。

441

方，表也。廣雅。

〔疏證〕引廣雅釋詁四。王念孫云：「裔方者，文十八年左傳『投諸四裔』，四裔猶言四方，四方猶言四表，是裔方皆表也。」

今按：方在央部，表在夭部，古韻懸隔，非韻轉也。廣韻陽「方，府良切」，非母，古讀幫；小「表，陂矯切」，非母，古讀幫：是韻異而古今聲紐相同，雙聲正轉。

442 剕，臏也。書呂刑「剕罰之屬五百」，史記周本紀作臏。

〔疏證〕今按：漢書百官公卿表「正五刑」，注：「剕，去髕骨也。」白虎通五刑：「腓者，脱其臏也。」雖義訓亦含聲訓也。剕在威部，臏在因部，古韻亦時旁對轉，然而錢氏不言對轉。廣韻未「剕，扶涕切」，奉母，古讀並；軫「臏，毗忍切」，本奉母：錢氏以其讀雙脣徑入並母。是剕、臏兩字異韻，然而古今聲紐相同，雙聲正轉。

443 不，拊也。詩「鄂不韡韡」，箋：「不當作拊，古聲不拊同。」釋文：「拊亦作跗。」

〔疏證〕引詩常棣。釋文：「不，毛如字；鄭改作拊，方于反。」

今按：廣韻有「不，方久切又甫鳩、甫救、分勿切」，並爲非母；虞「拊、跗，甫無切」，非母：兩字異韻，然而同紐，雙聲正轉。不在古韻噫部，拊跗在區部，古韻亦不同部也。

444 不，弗也。

〔疏證〕錢氏以此爲通訓，例證習見，故不舉出處。

今按：書湯誥「爾有善，朕弗敢蔽；罪當朕躬，弗敢自赦」，墨子兼愛下作「有善不敢蔽，有罪不敢赦」。書洪範「不畀洪範九疇」，漢書五行志不作弗。秦誓上「遺厥先宗廟弗祀」，墨子天志中作「棄厥先神祇不祀」，非命上作「禍厥先神禔不祀」。秦誓上「乃夷居弗事上帝神祇」，天志中作「紂越厥居不肯事上帝」，非命上作「紂夷居不肯事上帝鬼神」。詩皇矣「不識不知」，賈子君道不作弗。儀禮既夕禮「某子之憃愚，又弗能教」，注：「古文弗爲不。」禮記禮運「猶耕而不種也」，釋文：「不亦作弗。」祭統「知而不傳」，釋文：「不亦作弗。」哀公問「不親不正」，釋文：「一本不皆作弗。」左傳桓二年「使賴人追之不及」，漢書五行志中之上不作弗；襄三十一年「不能終也」，五行志中之上不作弗；閔二年「不獲而尨」，五行志中之上不作弗。哀十六年「生不能用」，五行志中之上不作弗。皆不、弗交爲異文，足知不、弗可以通訓也。禮記學記「弗食不知其旨也」，上弗下不，重文避複，故上下異文也。公羊傳桓十六年：「弗者，不之深也。」廣雅釋詁四：「弗，不也。」弗不相訓，非一二數。不在噫部，弗在欝部，古韵相隔甚遠，非韵之轉耳。廣韵物「弗，分勿切」，非母古讀幫；有「不，方久切又分勿切依弗擬音」，非母古讀幫：

是不、弗兩字不同韵而同聲，雙聲正轉。

445 匪，不也。國語注。

〔疏證〕引國語周語上「莫匪爾極」注。

今按：廣雅釋詁四「匪，非也」，不非通作，故匪訓不也。不、非通作，詳卷三文之異者「不爲非」條。太玄斂「浸我匪貞」，注：「匪，不也。」匪在威部，不在噫部，古韵不同。廣韵尾「匪，府尾切」，非母，古讀幫，不見上條，聲紐與匪相同，雙聲正轉。

446 匪，彼也。詩「彼交匪敖」，春秋傳引作「匪交匪敖」。又「彼交匪紓」，荀子勸學引作「匪交匪紓」。左傳引詩「如匪行邁謀」，杜注：「匪，彼也。」漢書五行志作「匪儌匪敖」。

〔疏證〕引「彼交匪敖」見桑扈，「彼交匪紓」，見采菽，小旻作「如彼行邁謀」。引春秋傳，前者在襄廿七年，後者在襄八年。

今按：廣雅釋言「匪，彼也」，王念孫疏證云：「詩中匪字，多有作彼字用者。鄘風定之方中篇『匪直也人，秉心塞淵』，猶言『彼直也人，秉心塞淵』也。檜風匪風篇『匪風發兮，匪車偈兮』，猶言『彼風發兮，彼車偈兮』也。小雅四月篇『匪鶉匪鳶，翰飛戾天。匪鱣匪鮪，潛逃于淵』，言『彼鶉彼鳶，翰飛戾天。彼鱣彼鮪，則潛逃于淵』，而我獨無所逃於禍患之中也。猶上文云『相彼泉水，載清載濁，我日構禍，曷云能穀』也。何草不黄篇『匪兕匪虎，率彼曠野』。哀我征夫，朝夕不暇』；言『彼兕彼虎，則率彼曠野矣；哀我征夫，何亦朝夕於野，而不暇乎』。猶下文云『有芃者狐，率彼幽草，有棧之車，行彼周道』也。都人士篇『匪伊垂之，帶則有餘；匪伊卷之，髮則有旟』，言『彼帶之垂則有餘，彼髮之卷則有旟』也；猶上文言『彼都人士，垂帶而厲；彼君子女，卷髮如蠆』也。説者皆訓匪爲非，失之。」其説最佳，足證匪彼聲通，固當訓匪爲彼矣。匪在威部，彼在阿部，古韵自異。廣韵紙「彼，甫委切」，非母，因今讀雙脣，故集韵改作「補靡切」，而錢氏引爲古無輕脣音之證。匪之切音見上條，與彼不同韵而同紐，故爲雙聲正轉。

447　匪，邲也。詩「有匪君子」，韓詩作邲；邲，美也。

〔疏證〕引詩淇奥。韓詩見淇奥釋文。大學、釋訓、列女傳等引作有斐。

今按：匪、邲皆非其義，斐爲本字。匪、斐聲轉作邲也。匪、斐在威部，邲在壹部，韵亦平入旁轉，聲類主聲故不言此爲韵轉。廣韵至「邲，兵媚切」，本非母，錢氏以其讀雙脣，徑謂幫母。匪之切語已見前，韵異聲同，雙聲正轉。

448 腓，辟；芘也。詩「小人所腓」，毛云：「辟也。」鄭云：「當作芘。」「牛羊腓字之」，毛傳：「腓，辟也。」釋文云：「避也〔一〕。」

〔疏證〕「小人所腓」見采薇，釋文：「腓，符非反。芘，必寐反。」「牛羊腓字之」見生民。

今按：廣雅釋詁三：「腓，避也。」王念孫疏證云：「班固西征賦：『安慆慆而不萉兮』，曹大家注云：『萉，避也。』漢書叙傳注云：『萉字本作腓。』腓、萉、避、辟並通。」腓在威部，芘在衣部，辟在益部，古韵互不相同，威、衣雖鄰近，亦分爲兩部。廣韵微「腓，符非切」，奉母，然腓从非聲又可讀成非母矣；旨「比，卑旨切」，非母雙脣；至「芘，毗至切」奉母雙脣，然釋文「芘，必寐切」，非母，因知其仍當讀非母：故腓、芘韵雖不同，今聲當讀非，古聲當讀幫，雙聲正轉。廣韵昔「辟，必益切」，非母，是辟與腓、芘亦不同韵而

〔一〕本條下，粵雅堂叢書本尚有「萉避也班固幽通賦安慆慆而不萉兮鄧展説蕭該音牛羊腓字之腓」一條。

同聲，雙聲正轉。

449 邊，方也。爾雅。

〔疏證〕 引文見廣雅釋詁四，此作爾雅，刊刻者之誤耳。

今按：史記扁鵲傳「視見垣一方人」，索隱：「方，猶邊也。言能隔牆見彼邊之人。」邊在安部，方在央部，古韻異部。廣韻陽「方，府良切」，非母古讀幫；先「邊，布玄切」，幫母：是兩字不同韻而同聲，雙聲正轉。

450 反，變也。詩「四矢反兮」，韓詩作變。

〔疏證〕 引詩見猗嗟，引韓詩見釋文。古無輕脣音一文中有古讀反如變一條，除引此文外，又云「說文汳水即汴水」，並自注云：「廣韻以汳、汴爲二字。汳，芳万反，在願韻。汴，皮變反，在線韻。由不知古無輕脣音。」

今按：列子仲尼篇云「夫回能仁而不能反」，注：「反，變也。」荀子彊國篇云「反然舉惡桀、紂而貴湯、武」，注：「反音翻，翻然，改變貌。」荀子尚是以變爲反之訓，而列子則固以反字作變字也。反、變兩字本古韻安部同音字，至廣韻而音有迻易矣。廣韻阮

「反，府遠反」，非母古讀幫；線「變，彼眷切」，雖雙脣聲然爲非母，錢氏徑以爲幫：是反變分兩韵而古聲同爲幫，故爲雙聲正轉。

451 紛，豳也。周禮司几筵「設莞筵紛純」，鄭司農云：「紛讀爲豳。」

〔疏證〕司几筵屬春官。古無輕脣音亦引此條爲證。

今按：紛、邠皆從分聲，邠、豳通作，亦猶紛讀爲豳矣。紛、豳本古韵𥁕部同音字，至於廣韵而有真、文兩韵之分，真「豳，府巾切」，文「紛，府文切」，猶切語上字相同，蓋陸法言作切語時，脣聲字尚無齒脣與雙脣之辨耳。自兹以後，脣聲分化爲齒脣與雙脣，至於有宋而分化分明。陳彭年撰廣韵猶依違于陸法言，切語仍依切韵；丁度、司馬光等撰集韵，始按口語作音，豳字改切悲巾矣。故以廣韵切語爲準，紛、豳韵異而聲紐相同，雙聲正轉也。若以集韵爲準，今聲雖然異紐，古聲仍同讀幫，仍爲雙聲正轉。

452 僨，奔也。禮射義「賁軍之將」，注：「賁讀爲僨，覆敗也。」詩行葦箋引作「奔軍之將」。莊子在宥篇「僨驕而不可係」，郭象音奔。

〔疏證〕行葦箋當作行葦傳，古無輕脣音引此無誤，蓋刻聲類者誤傳作箋也。

今按：詩「鶉之奔奔」，左傳襄廿七年、禮記表記、吕覽壹行注引詩皆作「鶉之賁賁。」後漢書光武紀「賁休以蘭陵城降」，注：「前書曰：賁赫。賁音肥。今姓作賁，音奔。」孟子「虎賁三千人」，丁音「先儒言如猛虎之奔。」漢書百官表「衛士旅賁」，注：「言爲奔走之任也。」説文饙、餴異體而同字，並可證賁讀如奔也。賁、奔皆从卉得聲，本古韵㬎部同音字，迻至後世而畧有不同耳。廣韵問「僨，方問切」，非母，古讀幫；魂「奔，博昆切」，幫母：是兩字韵異，然而古聲相同，雙聲正轉。卷三讀之異者「僨爲犇」，於此略有增益，可以參閱。

453

法，逼也。　釋名：「法，逼也。莫不欲從其志，逼正使有所限也。」

〔疏證〕引釋名釋典藝。

今按：它未見新證。法在盍部，逼在肊部，兩字古韵不同，非韵之轉。廣韵乏「法，方乏切」，非母古讀幫；職「逼，彼側切」，非母，以其今讀雙脣，錢氏徑以爲幫：是法、逼兩字異韵，然而古今同紐，雙聲正轉也。

454

敷，鋪也。　詩「敷時繹思」，左傳引作鋪。又「鋪敦淮濆」，韓詩作敷。

〔疏證〕「敷時繹思」見賚，左傳宣十二年引作鋪。「鋪敦淮濆」見常武，釋文引韓詩作敷。古無輕脣音有「敷亦讀鋪」條，除引本文外，又云：「蓼蕭箋『外薄四海』，釋文云『諸本作外敷』，注芳夫反，是亦讀如鋪也。」下又自注云：「公羊隱元年，釋文『扳，普顏反，舊敷閒反』，是古讀敷如普。」

今按：敷、鋪本古韻烏部同音字，至後世而音讀斯分，廣韻虞「敷，芳無切」，模「鋪，普胡切」，韵分模、虞，聲別敷滂。敷古讀滂，是古紐仍爲同紐，雙聲正轉。

455

敷，分也。　書禹貢「敷土」，馬融説。分敷雙聲，後人誤別爲二母。

〔疏證〕禹貢釋文：「敷，芳無反，馬云：分也。」字母分非、敷爲二紐以配幫、滂，幫、滂之辨可知，非、敷之别讀音難分也。馬融訓敷爲分，本以雙聲相訓，然分在非母，分與敷非同紐矣。故錢云：「分敷雙聲，謂本同紐，如分之與甫。後人誤別爲二母。謂別爲非與敷。」

今按：敷在古韻烏部，廣韻模韵，今聲爲敷母，然敷从甫得聲，甫在非聲，宜敷亦可入非也。分在古韻㬎部，今在廣韻文韵，「府文切」，非母。故錢云「敷分雙聲」耳，爲聲類之正轉。

456 妃，配也。詩「天立厥配」，釋文：「本亦作妃，音同。」易「遇其配主」，鄭康成本作妃。

〔疏證〕引文未確切，皇矣釋文並無本條所引之文。皇矣傳云：「配，媲也。」箋云：「又爲之用賢妃。」正義曰：「妃字音亦爲配。釋詁云：『妃，媲也。』某氏曰：『詩云：天立厥妃。』是毛讀配爲妃，故爲媲也。」是固某氏引詩作妃，以釋爾雅釋詁者也，非皇矣釋文有「本亦作妃」之語耳。引易豐初九爻辭，釋文謂鄭本作妃。

今按：配从妃省聲，本威部同音字，後世而音或異。廣韻微「妃，芳非切」，敷母古讀滂；隊「配、妃，滂佩切」，滂母：是同一妃字而廣韻有兩音，配妃雙聲正轉。

457 攀，翻也。釋名。

〔疏證〕釋姿容。

今按：攀从樊聲，説文「播讀若樊」，「鐇讀若樊」，而「覢又讀幡」，此攀翻聲通之證也。説文「楙，藩也」，爾雅釋言「樊，藩也」，是又从楙从番得聲之字通訓之證也。攀、翻本古韵安部同音，今讀則音已稍異。廣韵删「攀，普班切」，滂母；元「翻，孚袁切」，敷母，古讀滂：是攀、翻異韵，然而古同滂母，雙聲正轉。

458 伏，馮也。

「伏軾撙銜」，漢書王吉傳：「馮式撙銜。」史記魏世家「中旗馮琴而對」，春秋後語作伏琴。戰國策

〔疏證〕今按：文選西京賦「伏櫺檻而頫聽」，薛注：「伏，猶憑也。」賈誼鵩鳥賦「禍兮福所倚，福兮禍所伏」，倚伏對文，謂憑依也；釋伏爲隱，隱與㥯同，説文：「㥯，所依據也。」伏與馮皆讀如凭，説文：「凭，依几也，周書曰：凭玉几。讀若馮。」今本尚書顧命正作憑。馮在膺部，伏在噫部，凭在音部，雖膺、音時亦相通，膺、噫平入對轉，終分三部，古韵不同。廣韵蒸「凭、馮，扶冰切」，本奉母古讀並。錢氏以其今讀雙脣音，集韵作皮冰切，謂爲重脣並母。廣韵屋韵「伏，房六切」，奉母古讀並，是伏馮兩字異韵，然而古今聲同，雙聲正轉。

459 負，倍也；背也；陪也。　史記周世家「南倍依」，倍依即負依也。漢書徐樂傳：「南面背依。」禹貢「至於陪尾」，史記作負尾，漢書地理志作倍尾。漢書宣帝紀「行幸萯陽宮」，李斐曰：「萯音倍。」釋名：「負，背也，置項背也。」周世家當作魯世家，「南倍依」當作「南面倍依」，刻本誤。

〔疏證〕　引釋名釋姿容。　古無輕脣音一文中有「古音負如背，亦如倍」一條，較此多兩例，遂録於此：「東方朔傳『倍陽宣曲尤幸』，師古曰：『倍陽即萯陽也。』書『方命圮族』，史記作負命，正義云：『負音佩，依字通，負，違也。』按負命猶言背命。」

今按：釋名疏證補引王先慎曰：「釋丘：『丘背有丘爲負丘。』明堂位注：『負之爲言背也。』本書釋車：『負，在背上之言也。』」皆錢氏所未及引。　負、萯、倍、陪、背皆在古韵噫部，本同音字，遂至廣韵而侈弇鴻細别矣。　廣韵有「負、萯，房九切」，奉母古讀並；灰「陪，薄回切」，並母；海「倍，薄亥切」，並母；隊「背，蒲昧切又補妹切」，並母：是諸字古皆並母，雙聲正轉。

460 復，白也。　孟子「有復於王者」，注：「復，白也。」呂氏春秋「公上過往復於子墨子」，注：「復，白也。」伏、復之屬，古讀重脣，今轉輕脣。今人呼鰒魚音如鮑，此古音之存于方言者。

〔疏證〕孟子引梁惠王上篇，吕氏春秋引高義篇。

今按：復訓爲白，此通訓也，略補數例。禮記曲禮上「願有復也」，注：「復，白也。」左傳成二年「而復于寡君」，注：「復，白也。」國語齊語「正月之朝鄉長復事」，「選其官之賢者而復用之」，兩注並曰：「復，白也。」它不必盡數也。復亦訓報，儀禮聘禮「復見之以其摯」，注：「復，報也。」左傳昭六年「復書曰」，公羊傳隱三年「與夷復曰」，兩注皆云：「復，報也。」荀子臣道「以德復君而化之」，注：「復，報也。」此亦古之通訓也。復在薁部，白在蒦部，古韵不同。廣韵屋「復、鰒，房六切」，奉母古讀並；陌「白，傍陌切」，並母：是復與白，異韵而古聲相同，雙聲正轉。報與鮑古韵同在幽部，復、鰒同在薁部，幽、薁平入韵也，然而古韵分兩部。廣韵號「報，博耗切」，幫母；巧「鮑，薄巧切」，並母：是鮑與鰒古今韵異而古聲同紐，故錢氏取以爲古無輕脣之證，並謂古音存于方言之中。報與復亦古今異韵而古聲爲近紐，報、復相通亦正轉之故，錢氏以其非範例，故不録入聲類耳。

461

馥，苾也。　詩「苾芬孝祀」，韓詩作馥芬。今人呼鰒魚爲鮑魚。

〔疏證〕　引詩楚茨。引韓詩見衆經音義十四。

今按：信南山云：「苾苾芬芬。」廣雅釋訓、何晏景福殿賦皆云「馥馥芬芬。」是亦苾、馥互作之例，可證馥、苾聲通。馥在藥部，苾在壹部，古韵相去甚遠，非韵之轉也。廣韵屋「馥，房六切」，奉母古讀並；屑「苾，蒲結切」，質：「毗必切。」奉母。一切並母，一切奉母，以其今讀雙脣音，凡雙脣錢氏不分四呼並爲重脣。是馥、苾異韵，然而古聲相同，聲同爲正轉。又馥讀齒脣音，苾讀雙脣音，故錢氏又以爲古無輕脣之證。鰒魚爲鮑魚，說見上條。

462

鮑，腐也。　釋名：「鮑魚，鮑，腐也，埋藏奄使腐臭也奄亦作淹。」

〔疏證〕　引釋名釋飲食。

今按：說文之稃，或體作粰。尚書高宗肜日「天既孚命正厥德」；今文孚作付。史記律書「甲者，言萬物剖符而出也」，集解：「符，音孚。」索隱：「符甲猶孚甲也。」論語「乘桴浮於海」，馬注「桴，編竹木也」；說文作泭，「編木以渡也。」是皆付與孚聲通之證也。孚又與包相通，說文捊之或體作抱，飽之或體作𩚀，𦊃之或體作罦。說文「孚，卵孚也」，通俗文：「雞伏卵，北燕謂之菢。」説文「枹，擊鼓杖也」，禮記禮運「蕢桴而土鼓」，左傳成二年「左援枹而鼓」，以桴爲枹。釋名釋形體「脬，鞄也」，今人以脬爲尿胞。是皆孚、包聲通之證。付既與孚聲通，孚又與包聲通，斯知包與付相聲通矣。此皆以鮑訓爲腐，鮑腐聲通之證。鮑在幽部，腐在區部，古韻雖相鄰，終非一部耳。廣韻麌「腐，扶雨切」奉母古讀並，鮑在巧韻並母，是鮑腐於廣韻亦不同韵，然而古聲同並母，雙聲正轉。

463

伏，偪也。周禮輈人「不伏其轅，必縊其牛」，（注）：「故書伏作偪，杜子春云：『偪當作伏。』」

〔疏證〕輈人見考工記。錢氏引注，多省「注」字，今徑增注字，加（ ）號，謂錢氏本無此字也。以後與此同例。

今按：伏之通偪，猶扶伏之又作匍匐，説已前見。説文：「匐，伏地也。」釋名釋姿容：「匍，伏也，伏地行也。」此以匐、伏聲訓，知匐、伏聲通者。匐、伏本古韵肊部同音字，至廣韵而音有遂易矣。伏在屋韵奉母古讀並母，説已前見。廣韻職「偪，彼側切」，非母古讀幫。是伏、偪異韵而聲近，雙聲正轉。錢氏以偪今讀雙唇而伏讀脣齒，故又以爲「古無輕脣音」之證。

464

旁，方也。　漢書揚雄傳「又旁離騷作重一篇，名曰廣騷」，蘇林曰：「旁，依也，音步浪反。」書「方鳩僝功」，説文引作「旁逑僝功」，一作「旁救孱功」，史記作「旁聚布功」。又「方告無辜于上」，論衡引作旁告。又「方施象刑惟明」，新序引作旁施。士喪禮「牢中旁寸」，今文旁爲方。

〔疏證〕引尚書在堯典、吕刑、益稷三篇。上文即古無輕脣音中「古讀方如旁」一條也，彼文更云：「立政『方行天下』，亦讀爲旁，與易『旁行而不流』同義，傳云『方，四方』，非也。」古無輕脣音又云「論語『子貢方人』，鄭康成本作謗人，下刪一段。古讀魴如鰟，説文魴或作鰟。下刪一段。」引論語憲問。

今按：凡上所引已足證方、旁聲通矣。旁从方聲，本皆古韵央部同音字。廣韵陽「方，府良切」，非母，古讀幫；唐「旁、傍，步光切又讀去聲」，並母：幫並近紐，故亦雙聲正轉。以有脣齒與雙脣之分，故錢氏又用以證古無輕脣音之説。

465

樊，鞶也。　周禮巾車「樊纓十有再就」，注：「樊，讀如鞶帶之鞶。」

〔疏證〕巾車見春官。古無輕脣音中「古讀繁如鞶」一條，與此甚相關聯，照録於此：

古讀繁如鞶，左傳成二年「曲縣繁纓以朝」，釋文：「繁，步干反。」繁纓亦樊纓，周禮巾車「玉路鍚，樊纓十有再就」，注：「樊讀鞶帶之鞶，今馬大帶也。」釋文：「樊，步干反。」原注：廣韻二十六桓部有繁字云：繁纓馬飾，薄官切。陸元朗作步干切，是寒、桓不分也。故知寒、桓分開口合口呼，亦起於法言諸人。 繁又轉如婆音，左傳定四年「殷民七族，繁氏錡氏」，釋文：「繁，步何反。」漢書公卿表「李延壽爲御史大夫，一姓繁」，師古曰：「繁音蒲元反。」陳湯傳「御史大夫繁延壽」，師古曰：「繁音蒲胡反。」蕭望之傳，師古音婆；谷永傳，師古音蒲何反。延壽一人，而小顏三易其音，要皆重脣非輕脣，則是漢人無輕脣之證也。史記張丞相列傳，丞相司直繁君，索隱音繁爲婆，文選繁休伯，吕向音步何反，廣韻入戈部，有繁字，薄波切，姓也。 則繁姓讀婆音爲正。

今按：樊、鞶古韵皆在安部，本同音字。廣韻元「樊，附袁切」，奉母；桓「鞶，薄官切」，並母：今音有侈弇輕重之分，古聲皆讀並母，雙聲正轉。

466 薄，甫也，敷也。 詩「薄言震之」，箋：「薄，猶甫也；甫，始也。」詩蓼蕭箋「外薄四海」，釋文：「諸本作外敷。」

〔疏證〕 引詩時邁。外薄四海，箋引尚書益稷。

今按：薄、敷皆从甫聲，三字古音自同，今音則甫爲非母，敷爲敷母，薄爲並母，甫、敷讀輕脣，薄入重脣。古音無是分别也。此當與前文「甫，圃也」、「敷，布也」，後文「蒲，敷也」，併作一條，無需詳説。

467

僕，附也。 詩：「景命有僕。」

〔疏證〕 引詩既醉及傳。

今按：僕在屋部，附在區部，雖古平入韵，然分兩部。廣韵屋「僕，蒲木切」，並母；遇「附，符遇切」，奉母古讀並：是僕、附廣韵分爲兩韵，然而古聲相同，雙聲正轉。兼詳下條。

468

薄，附也。 廣雅。

〔疏證〕 引廣雅釋言。

今按：薄在蒦部，附在區部，古韵分兩部。廣韵鐸「薄，傍各切」，並母；附爲遇韵奉母古讀並：是薄、附異韵而古聲同母，雙聲正轉。古無輕脣音云：「古讀附如部，左傳按襄公廿四年『部婁無松柏』，説文引作附婁云『附婁，小土山也』，今人稱培塿。詩『景命有僕』，僕，附也。廣雅：『薄，附也。』苻即蒲字，左傳按昭廿年『取人於萑苻之澤』，釋文：『苻音蒲。』晉書按載記苻洪：『(蒲洪)孫堅背有草付字，改姓苻。』可爲上兩條證例。

469

佛，弼也。　詩「佛時仔肩」，釋文：「鄭音弼，輔也。」

〔疏證〕　引詩敬之。

今按：佛在鬱部，弼亦鬱部，古同音字，至廣韵而有迻易。物「佛，符弗切」，奉母古讀並；質「弼，房密切」，奉母古讀並：是佛、弼異韵而同紐，雙聲正轉。弼今讀雙脣，故錢氏以爲古無輕脣之證。

古無輕脣音云：「古讀佛如弼，亦如勃，詩『佛時仔肩』，釋文：『佛，毛符弗反，大也。鄭音弼，輔也。』學記『其求之也佛』，正義：『佛者，佛戾也。』釋文：『本又作拂，扶弗反。』曲禮『獻鳥者佛其首』，注：『佛，戾也。』釋文：『作拂，本又作佛，扶弗反。』晉書赫連勃勃，宋書作佛佛。乞伏氏亦作乞佛原注：古音伏佛皆重脣。佛亦作奔，説文：『奔，大也。讀若予違汝弼。』」

470 佛，輔也。詩「佛時仔肩」箋。

〔疏證〕今按：拂在物韵奉母，古韵鬱部；虞「輔，扶雨切」，奉母，古韵烏部：是拂、輔異韵同紐，雙聲正轉。

471 拂，弼也。孟子：「入則無法家拂士。」史記夏本紀：「女匡拂予。」

〔疏證〕引孟子告子下，音義：「拂音弼。」

今按：尚書益稷「予違女弼」，即夏本紀之「女匡拂予」也。荀子臣道「有能抗君之命，中節功伐足以成國之大利謂之拂」，說苑臣術引拂作弼。賈子保傅「匡過而諫邪者謂之拂」。拂者，拂天子之過者也」，大戴記保傅載此文，前兩拂皆作弼。是皆拂、弼通作之證也。佛、弼同在鬱部，廣韵物「拂，敷勿切」，敷母，古讀滂；質「弼，房密切」，奉母，古讀並：是兩字異韵而近紐，雙聲正轉。此可與上文「佛，弼也」一條共讀。

472 望，茫也。釋名：「望，茫也，遠視茫茫也。」

〔疏證〕引釋名釋姿容。古無輕脣音中「古讀望如茫」一條又云：「周禮職方氏

『其澤藪曰望諸』，注：『望諸，明都也。』疏：『明都即宋之孟都。』原注：古音孟如芒。」

今按：望、茫皆从亡得聲，説文「望从亡，朢省聲」，當作「从朢省，亡聲」。本央部同音字，遂至後世而有侈弇鴻細之別，廣韵唐「茫，莫郎切」，明母；漾：「望，巫放切」，微母，古讀明：雙聲正轉。

473 房，旁也。　釋名：「房，旁也，在堂兩旁也。」

〔疏證〕引釋名釋宫室。古無輕脣音中「古讀房如旁」一條引釋名外，更云：「廣韵：『阿房，宫名，步光切。』史記六國表，秦始二十八年『爲阿房宫』，二世元年『就阿房宫』，宋本皆作旁。旁、房古通用。」

今按：房、旁皆从方聲，本古韵央部同音字，遂至後世而有侈弇鴻細之別。廣韵陽「房，符方切」，奉母，古讀並；唐「旁，步光切」，並母：雙聲正轉。

474 蒲，敷也。　釋名：「草圓屋曰蒲。蒲，敷也。總其上而敷在下也。」

〔疏證〕引釋名釋宫室。

今按：凡从甫得聲之字，古韵皆在烏部，本同音字，遂至後世，韵分侈弇，如蒲在模韵，敷在虞韵是矣。聲分鴻細，蒲爲重脣，敷爲輕脣是矣。聲紐則散在脣聲八紐，蒲爲並母，敷即敷紐是矣。然皆可以互用通訓也。上文論述已多，此不重説。

475　彷，方也。莊子達生篇「野有彷徨」，司馬彪本作方皇。又「彷徨乎塵垢之外」，元嘉本作房皇。又逍摇游「彷徨乎無爲其側」，崔譔本作方羊，簡文同。

〔疏證〕彷从方聲，自宜通作。上有「方皇，彷徨也」條，又有「旁皇，俳佪也」條，引證已多，論述已詳，對勘而參閲之可矣。

476　樊，傍也。莊子則陽篇「夏則休乎山樊」，李頤云：「樊，傍也。」

〔疏證〕引李頤説，見釋文。

今按：廣雅釋言：「樊，邊也。」廣雅釋詁四：「邊，方也。」方即傍也，士喪禮「牢中旁寸」，注：「今文旁爲方。」旁訓爲方，通訓也。亦樊訓傍之證。樊在安部，傍在央部，古韵不同。廣韵元「樊，附袁切」，奉母古讀並；唐「傍，步光切」，並母：是兩字異韵，然而古同並母，雙聲正轉。

477 鮒，蒲也。莊子外物篇「揭竿累趨，溝瀆守鯢鮒，其於得大魚難矣」，釋文：「鮒音附，又音蒲，本亦作蒲。」

〔疏證〕今按：前文「僕，附也」、「薄，附也」兩條，蓋鮒、附並从付聲，蒲、薄並从甫聲，鮒、蒲通訓，猶薄、附通訓耳。鮒在區部，蒲在烏部，古韻不同。廣韻遇「鮒，符遇切」，奉母，古讀並；模「蒲，薄胡切」，並母：是韵雖不同，而古聲同爲並母，雙聲正轉。

478 服，犕也。易「服牛乘馬」，説文引作犕牛。春秋傳伯服，史記作伯犕。

〔疏證〕引易繫辭下。引説文見犕字下。引左傳見僖廿四年。引史記鄭世家。古無輕脣音有「服又轉爲犕音」一條，較此多一例云「後漢書皇甫嵩傳『義真犕未乎』，注：『犕古服字。』」

今按：詩叔于田「巷無服馬」，大東「不可以服箱」，後漢書張衡傳「羈要裊以服箱」，諸言服亦猶言犕。服在古韻肊部，犕在噫部，僅分平入而已，聲類主聲，故舍韻轉而言聲轉。廣韻屋「服，房六切」，奉母，其古音讀蒲墨切，猶蘆菔之菔，口語猶作蒲墨切，讀並母。至「犕，平祕切」，雙脣聲，本奉母古讀並，錢氏徑入並。是服、犕兩字韻異而聲同，雙聲正轉，錢氏且用爲古無輕脣之證。

479

無，莫也。　曲禮「毋不敬」，釋文：「古人言毋，猶今人之言莫也。」易「莫夜有戎」，鄭讀如字，云：「莫，無也。無夜，非一夜。」「德音莫違」，箋：「莫，無也。」

〔疏證〕　引易夬九二爻辭及釋文。引詩邶風谷風。古無輕脣音「古讀無如模」一條更云：「説文『霖，或説規模字』，漢人規模字或作橅。廣雅釋言：『莫，無也。』釋氏書多用南無字，讀如曩謨，梵書入中國，繙譯多在東晉時，音猶近古，沙門守其舊音不改，所謂禮失而求諸野也。」

今按：無、莫兩字古韻皆在烏部，至廣韻已略有分別，模「模，莫胡切」，鐸「莫，慕各切」，明母；虞「無，武夫切」，微母，古讀明：是無莫韻異，而古紐相同，雙聲正轉。

480 末，無也；微也。檀弓「末吾禁也」，注：「末，無也。」又「末之卜也」，注：「末之猶微哉。」

〔疏證〕引證皆見檀弓上。

今按：末訓微，鮮見它例，經傳釋詞引檀弓「末之卜也」，王引之以爲末當訓未，較舊注爲强。末訓無爲通訓，如公羊傳隱六年「吾與鄭人末有成也」，成十六年「末言爾」，兩注並云：「末，無也。」吕覽開春「吾末有以言之」，注：「末，猶無也。」末在曷部，無在烏部，微在威部，古韵各不相同。廣韵末「末，莫撥切」，明母；虞「無，武夫切」，微母；微「微，無非切」，微母，微母古讀明：是末、無、微三字異韵，然而古同明母，雙聲正轉。

481 靡，無也。

〔疏證〕此詩書通訓，故錢氏不録例證。

今按：爾雅釋言：「靡，無也。」詩柏舟「之死矢靡它」，傳：「靡，無也。」詩泉水「靡日不思」，氓「靡室勞矣」，采薇「靡室靡家」，小旻「國雖靡止」，蓼莪「入則靡至」，北山「王事靡鹽」，皇矣「其德靡悔」，雲漢「靡神不舉」，箋並云：「靡，無也。」其他不必一一數也。

靡在阿部，無在烏部，古韻不同。廣韻紙「靡，文彼切」，本微母，錢氏凡雙脣皆入重脣；虞「無，武夫切」，微母：異韻而同紐，雙聲正轉。

482 蔑，無也。漢書宣元六王傳：「夫子所痛，曰：蔑之命矣夫。」

〔疏證〕引楚孝王囂傳，師古曰：「蔑，無也。」

今按：易剥「剥牀以足，蔑貞凶」，虞注：「蔑，无也无與無同。」詩板「喪亂蔑資」，傳：「蔑，無也。」左傳僖十年「蔑不濟矣」，注：「蔑，無也」。晉語「吾蔑從之矣」，注：「蔑，無也。」此亦通例。蔑在曷部，無在烏部，古韻不同部。廣韻屑「蔑，莫結切」，明母；虞「無，武夫切」，微母古讀明：兩字異韻而古聲同母，雙聲正轉。

483 負，母也。漢書高帝紀「常從王媪武負貰酒」，如淳曰：「俗謂老大母爲負。」師古曰：「劉向列女傳：『魏曲沃負者，魏大夫如耳之母也。』此則古謂老母爲負耳。武負，武家之母也。」

〔疏證〕古無輕脣音「負亦爲老母之稱」一條，於其末更加按語云：「古稱老嫗爲負，若今稱婆，皆重唇，非輕唇。」

今按：史記陳丞相世家「户牖富人有張負」，索隱：「按負是婦人老宿之稱，猶武負之類也。」蓋史記高祖本紀「嘗從王媪武負貰酒」，故索隱稱之。索隱又云「然此張負既稱富人，或恐是丈夫爾」，頗有兩疑之意，今以爲貨殖列傳云「而巴蜀寡婦清下删，家亦不訾。清，寡婦也下删，秦始皇以爲貞婦而客之，爲築女懷清臺」，富人自不必是丈夫，索隱於此誤。陳丞相世家張負亦即張母，可爲負訓母增一例證矣。負、母古韵同在噫部，婆在阿部，至後世負、母亦不同韵。廣韵有「負，房九切」，奉母，古讀並；厚「母，莫厚切」，明母；戈「婆，薄波切」，並母：是廣韵三字異韵，負、婆古聲同母，負、母近紐，皆正轉也。

又按：婦亦母也，婦、負本噫部同音字，爾雅釋蟲「蟠，鼠負」，釋文作蟠，是負婦聲通之證。負、婦廣韵亦同音，是武負、張負亦可謂武婦、張婦，寡婦清亦可謂寡母清矣。

484 莫，晚也。詩毛傳。

485 晚，莫也。説文。

〔疏證〕引詩東方未明及抑傳。古無輕脣音云：「古音晚重脣，今吴音猶然。說文：『晚，莫也。』詩毛傳：『莫，晚也。』莫、晚聲相近。」

今按：此兩條可以合併釋之。詩東方未明「不夙則莫」，抑「誰夙知而莫成」，毛傳並云：「莫，晚也。」又，采薇「歲亦莫止」，臣工「維莫之春」，鄭箋並云：「莫，晚也。」論衡明雩：「莫者，晚也。」文選張景陽詠史詩注，引韓詩章句：「莫，晚也。」吕覽謹聽「學德未莫」，注：「莫，晚也。」素問離合真邪論「不知日莫」，又著至教論「惋惋日莫」，注並云：「莫，晚也。」皆莫訓爲晚之例證也，此非獨取義，亦以取聲耳。莫在烏部，晚在昷部，古韵不同。廣韵暮「莫即暮，莫故切」，明母；阮「晚，無遠切」，微母古讀明：是兩字韵異而同母，雙聲正轉。

486

娓，美也。詩「誰俯予美」，韓詩作娓。說文：「娓，从女，尾聲，讀若媚。」予謂古文尾與微通，周禮師氏「掌以孅教王」，與娓同。

〔疏證〕引詩防鵲有巢及釋文，引周禮地官。說見下。

487 枚，微也。詩「勿事行枚」，毛氏傳。

〔疏證〕引詩東山，傳：「枚，微也。」說詳下。

488 眉，微也。少牢禮「眉壽萬年」，注：「古文眉爲微。」

〔疏證〕古無輕脣音「娓即美字」條，合上三條爲一條，更補例證云：「春秋莊廿八年『築郿』，公羊作微。廣韵六脂部，眉紐有瀓、矀、微、黴、溦、薇六字，皆古讀。後來别出微韵，乃成鴻溝之隔矣。」

今按：陸法言作切韵脣音有輕重之分，而無雙脣與齒脣之别也。故从切語上字聯繫考之，明武兵、彌武移、眉武悲、綿武延、靡文彼、美無鄙等字，非類隔切也，蓋當其時本無齒脣聲，並讀雙脣之細聲耳。自兹以後，齒脣聲漸次形成，至有宋而臻於完備，故丁度、司馬光等撰集韵始改類隔爲音和。錢氏古無輕脣音説，功自不泯，然必需善讀之，所謂輕脣音，指齒脣音而言，不以齊齒呼撮口呼分也。所謂古，以時代言，隋以前爲古，宋以後爲今，唐五代爲過渡期。以韵書言，廣韵爲古，猶存切韵之舊耳，集韵爲今，盡改雙脣聲爲音和耳。此不可不知也。

又按：古無輕脣音在證明古讀無非、敷、奉、微等齒脣音，聲類一書在闡述正轉變轉之例，其著述目的本不相同耳，以其所引例證互有關連，故作聲類疏證，時復牽引，非謂二而一耳，所引舌音類隔之説不可信，亦猶此也。

娓、美在古韵衣部，枚、微眉古韵威部，曾運乾師以前，古韵家皆作一部，今分兩部，自可旁轉，聲類主聲，無待詳説。廣韵尾「娓，無匪切」，微母；旨「美，無鄙切」，錢氏以其今讀雙脣徑入明母，其實微母：是娓、美異韵而同聲，雙聲正轉。廣韵灰「枚，莫杯切」，明母；微自微韵微母古讀明母：是枚、微亦異韵而同聲，雙聲正轉。廣韵脂「眉，武悲切」，錢氏入明母，其實微母也，是眉、微亦韵異而同紐，雙聲正轉。

489

冕，文也。釋名：「冕，文也。玄上纁下，前後垂珠，有文飾也。」

〔疏證〕引釋名釋首飾。

今按：廣雅釋詁三：「文，勉也。」書君奭「予惟用閔于天越民」，傳：「閔，勉也。」説文：「潤，水流浼浼皃。」潤、閔推其源皆从文聲，冕、勉、浼皆从免聲，故文、冕通訓，猶文勉、閔勉、潤浼通訓矣。文、冕古韵同在昷部，本同音字。廣韵獮「冕，亡辨切」，微母錢氏入明母，文自在文韵微母，故兩字韵異而母同，雙聲正轉。錢氏並用以爲古無輕脣音之證。

490 陟，登也。　詩「陟彼高岡」，箋：「陟，登也。」

〔疏證〕 引詩車舝及皇矣箋。從本條起，皆與舌音類隔之説不可信一文相關連，凡彼文例證聲類未備者，皆依次補入，不復再加説明。

今按：左傳昭七年「叔父陟恪」，注：「陟，登也。」説文：「陟，登也。」此亦陟訓爲登之例也。王静安與友人論詩書中成語書云：「古又有陟降一語，古人言陟降，猶今人言往來，不必兼陟與降二義。周頌『念兹皇祖，陟降庭止』閔予小子，『陟降厥士，日監在兹』，敬之。又訪落紹庭上下，陟降厥家。以降爲主，而兼言陟者也。大雅『文王陟降，在帝左右』文王，此以陟爲主，而兼言降者也。故陟降者，古之成語也。陟降亦作陟各，左昭七年傳『叔父陟恪，在我先王之左右』，正用大雅語。恪者，各之借字，是陟各即陟降也。古陟、登聲相近，各、恪假字相通，故陟各又作登假。曲禮告喪曰『天王登假』，莊子德充符『彼且擇日而登假』，大宗師『是知之能登假於道也』，若此登假即陟降也。又作登遐，墨子篇葬篇『秦之西，有儀渠之國者，其親戚死，聚柴薪而焚之，燻上，則謂之登遐』，登遐亦即陟降也。下删。書文侯之命言『昭登于上』，原注：今書作「昭升于上」。然史記晉世家、典引蔡邕注，皆引書「昭登于上」，蓋今文如是。詩大雅言『昭假于下』，登與假相對爲文，是登假即陟降之證也」。下删。此亦足以證登、陟相通互作矣。陟在肊部，登在噫部，噫、肊古韵相對轉，錢氏所不言。廣韵職「陟，竹力切」，知母古讀端；登「登，都滕切」，端母：是陟、登異韵而古同端紐也，雙聲正轉。兼詳下條。

491 陟，得也。周禮太卜，三夢「三曰咸陟」，注：「陟之言得也。讀如王德狄人之德。」

〔疏證〕太卜屬春宮。左傳僖廿四年：「王德翟人，以其女爲后。」

今按：公羊傳隱五年「登來之也」，注：「登讀言得來校勘記來字衍。得來之者，齊人語也。齊人名求得爲得來，作登來者，其言大而急，由口授也。」書舜典「汝陟帝位」，史記五帝本紀作「女登帝位」。登既訓得，陟又訓登，故陟、得可以通訓矣。陟在古韵肊部，朱駿聲入盍部。得亦在肊部，本同音字，廣韵則有侈弇鴻細之別矣。職「陟，竹力切」，知母；德「得，多則切」，端母，知母古讀端：是陟得異韵而古讀同母，雙聲正轉。兼參考上條。

492 追，彫也。詩「追琢其章」，荀子引作彫琢。

〔疏證〕 引詩棫樸。引荀子富國引詩。説解詳下條後。

493 追，堆也。士冠禮「毋追」，注：「追猶堆也。」枚乘七發：「踰岸出追，」李善曰：「追亦堆字。」

〔疏證〕 今按：説文無堆字，字當作𠂤，「𠂤，小𠂤也」。廣韻灰「堆、𠂤，都灰切」，端母。追訓爲堆，實即追訓爲𠂤，𠂤、追説文形聲同聲，自應通作通訓。故此兩條實衹一條，即「追，彫也」而已。考棫樸釋文「追，對回反」，士冠禮釋文「追，丁回反」，「堆，丁回反，本或作塠同」，是兩處皆以追即𠂤堆字並依𠂤堆擬切，又以塠、堆同字，一也。周禮天官序官追師注云「追，治玉石之名」，釋文：「追，丁回反；一曰雕同彫。」是以追讀同𠂤、堆，𠂤、堆或作雕，二也。爾雅釋丘「丘一成爲敦丘」，注：「今江東呼地高堆者爲敦。」穆天子傳卷六「敦壺尊四十」，注：「敦似盤，音堆。」是敦可以讀堆、𠂤。詩有客「敦琢其旅」，釋文「敦，都回反，徐又音彫」；行葦「敦弓既堅」，釋文「敦，音彫，徐又都雷切」：是敦不僅可以讀堆、𠂤，而且可以讀彫，故「追琢其章」，即「堆同𠂤琢其章」、「彫琢其章」，益足以證追、堆、雕三字通作通訓，三也。廣韻灰「𠂤、塠、堆、敦，都回切」，即據以上諸書擬音耳。追、堆皆在古韵威部，彫在古韵幽部，以追訓爲彫，非韵轉也；以追訓爲堆，則同韵相訓不能謂非韵轉，惟就廣韵而言，雖堆與追亦非一韵耳。廣韵脂「追，陟隹切」，知母；蕭「彫，都聊切」，端母：既以用之證明知母古讀端，又以説明追、彫古聲同紐，雙聲正轉也。廣韵灰「堆，都回切」，端母，亦用以證明知母古讀端，追、堆雙聲正轉也。

494

竺，篤也。書曰「篤不忘」，釋文：「篤又作竺。」釋詁「竺，厚也」，釋文：「字又作篤。」汗簡古論語，篤作竺。」杜篤論都賦「摧天督」，章懷太子注：「即天竺國。」漢書張騫傳「吾賈人往市之身毒國」，鄧展曰：「毒音篤」、李奇曰：「一名天篤。」西域傳「無雷國北與捐毒接」，師古曰：「捐毒即身毒天毒也。」大昕謂天篤、天毒皆謂天竺也。

〔疏證〕引書微子之命及釋文。

今按：詩淇奥「緑竹猗猗」，釋文：「韓詩作䓯，音徒沃反。」又書微子「天毒降災荒殷邦」，史記作篤。海内經「天毒其人水居」，注：「即天竺國。」从毒得聲又與从督得聲之字通讀，説文「䓯，讀若督」，「⿰衤毒，讀若督」，⿰衤毒亦作⿰衤篤與⿰衤督，皆見廣韵沃。毒亦通作育，老子「亭之毒之」，釋文：「毒本作育。」捐毒、身毒、天毒、天篤、天竺，即印度。是毒、篤、竺，又轉度矣。竹、毒、督、肉皆在古韻萬部，惟度在烏部。廣韻沃「毒、薄，徒沃切」，定母；「篤、竺、督、褶、祷、篤，冬毒切」，皆爲端母；暮「度，徒故切又徒各切」：端定僅分清濁，近紐正轉。育亦喻四，古讀定，錢氏所不言，故不論。若僅就竺訓爲篤而言，竺又讀張六切，屋韵知母，竺、篤異韵，古聲同爲端紐，既足以證明知端古非類隔，竺、篤又雙聲正轉耳。

495 竹，薄也。詩「綠竹猗猗」，韓詩作綠薄。説文：「薄，萹茿也，讀若督。」

〔疏證〕廣韵屋「竹，張六切」，知母古讀端；沃「薄，徒沃切」，定母：兩字異韵，近紐雙聲，正轉也。詳參上條。

496 卓，的也。覲禮「匹馬卓上」，注：「卓猶的也，以素的一馬爲上。」

〔疏證〕今按：説文「焯，明也。周書曰：焯見三有俊心」，今尚書立政焯字作灼，焯、灼通作猶卓、的通作，此其證一。又疊韻聯綿詞淖約或作汋約，如莊子消摇游「淖約若處子」，上林賦「便嬛綽約」，廣雅釋詁「婥約，好貌」，舞賦「綽約閒靡」，淖、綽、婥並从卓聲。楚辭哀郢「外承歡之汋約兮」，注「汋約，好貌」；爾雅釋天「奔星爲彴約」，彴約雖星名，亦狀其光彩閃灼也。汋、彴則皆从勺聲，此卓、勺聲通之證二。説文「焯，明也」，「旳，明也」，焯、旳本一字之變易，故音義相同，此卓、勺聲通之證三。卓的本約部同音字，至廣韵而有侈弇鴻細之别矣。廣韵覺「卓，竹角切」，知母古讀端；錫「的，都歷切」，端母：是兩字今韵不同，今爲類隔雙聲，古爲同母雙聲，錢氏考訂舌音類隔之説不可信，卓、的爲雙聲正轉。

497　墇，的也。　廣雅。

〔疏證〕　引廣雅釋言上。王念孫廣雅疏證云：「説文『埻，射臬也』，『臬，射準的也』。準與惇同墇通，亦作墪、辜。周官司裘注云：『侯者，以虎熊豹麋之皮飾其側，又方制之以爲辜，謂之鵠，著于侯中。』列子仲尼篇云：『前矢造準而無絶落。』太玄曹次三『師或導射，豚其埻』，范望注云：『埻，射的也。』後漢書齊武王傳『畫伯升像于墪，旦起射之』，東觀記、續漢書並作埻。小雅賓之初筵篇『發彼有的』，淮南子原道訓注『質的，射者之準槷也』，槷與臬同。」

説文：「埻，段補埻、的二字。射臬也，讀若準。」段注云：「周禮司裘注曰『以虎狼應作熊豹麋之皮飾侯側，又方制之以爲𦎧，謂之鵠，箸于侯中。』𦎧即準之叚借字也。詩小雅以勺爲的。呂氏春秋曰『射而不中，反修于招』，高云：『于招，埻藝也。』按：于當作干，藝同臬。戰國策『以其類爲招』，春秋後語『以其頸爲招』，文選詠懷詩注引作『以其頸爲的』，招即的字。」

今按：段、王兩家之説盡矣。埻、𦎧、準皆古韵昷部，勺、的在約部，招在夭部，諸字不必同紐然皆舌聲。若單以埻、的兩字論，埻在昷部，的在約部，非韵轉耳。廣韵準「埻，之尹切」，照三讀同知母；錢氏雖未明言照三讀端，以其古無舌上聲參之，略知讀端矣。錫「的，都歷切」，端母：是埻、的異韵而類隔雙聲，錢氏以爲舌音類隔不可信，蓋同爲端母，雙聲正轉。兼參下條。

498

質，的也。詩「發彼有的」，毛云：「的，質也。」

〔疏證〕引詩賓之初筵，釋文：「勺，音的，本亦作的，同。」

今按：質在壹部，的在約部，古韵不同。廣韵質「質，之日切」，照三讀同知母；的在錫韵端母。説詳上條，雙聲正轉。

499 置，德也。易「有功而不德」，鄭、陸、蜀才本皆作置。鄭云：「置，當作德。」

〔疏證〕引易繫辭上及釋文。此以異文爲訓。

今按：説文「置，赦也。从网直」，雖會意字，其實直亦聲，又形聲字也。説文「植，户植也。从木，直聲」，或體作櫃，从木置聲，可證。説文「德，升也；从彳，㥁聲」，「㥁，外得于人，内得于己也。从直，从心」，直亦聲也。置、㥁皆从直聲，宜其可以互作通訓。兩字本肊部古同音字，至後世侈弇鴻細既變，而韵亦略有推移。廣韵志「置，陟吏切」，知母；德「德，多則切」，端母：舌音類隔之説不可信，雙聲正轉。

500 豬，都也。檀弓「洿其宫而豬焉」，注：「豬，都也，南方謂都爲豬。」禹貢「大野既豬」，史記作既都；「滎波既豬」，周禮注作「滎波既都」。

〔疏證〕引周禮夏官職方氏注。

今按：周禮職方氏又云「其澤曰望諸」，爾雅釋地作孟諸，禹貢作孟豬，史記夏本紀作明都，漢書地理志作盟都，亦豬、諸、都通作。蓋字皆从者聲，本古韻烏部同音字，至後世而音有推移耳。廣韻魚「豬，陟魚切」，知母；模「都，當孤切」，端母：古音同母，雙聲正轉。

501 鎮，瑱也。周禮天府「凡國之玉鎮」，〔注〕：「故書鎮作瑱，鄭司農讀爲鎮。」典瑞「王執鎮圭」，〔注〕：「故書鎮作瑱，鄭司農讀爲鎮。」釋名：「瑱，鎮也。懸當耳旁，不欲使人妄聽，自鎮重也。」

〔疏證〕引周禮皆見春官及注。引釋名釋首飾。詳說具見下兩條之後，可以觀其會通。

502 鎮，填也。國語「陽失其所而鎮陰也」，史記鎮作填。史記天官書「填星」，填，古鎮字，漢書同。漢書韓信傳「不如假王以填之」，填音竹刃反。

〔疏證〕引國語周語。詳説見下條後。

503

殿，鎮也。詩「殿天子之邦」，傳：「殿，鎮也。」

今按：鎮、填互作通讀，除已舉例外，又如漢書高帝紀下：「填國家，撫百姓」，師古曰：「填與鎮同。鎮，安也。」王莽傳中「以土填水」，注：「填讀與鎮同。」詩采菽「殿天子之邦」，傳：「殿，鎮也。」釋文：「鎮，本又作填。」鎮、瑱、填皆从真得聲，本古韵因部同音字，雖時代推移而分侈弇鴻細，然變亦不離其宗，變中亦有不變者存焉。廣韵震「鎮、瑱、填，陟刃切」，同爲知母；先「填，徒年切」，定母；真「填、鎮，陟鄰切」，知母；霰「填，堂練切」，又「填，他甸切」，透母：若以古無舌上音論之，鎮古讀端，瑱古讀端、透兩母，填讀端、定兩母。若自其同者視之，三字同端母，互爲雙聲正轉；若自其異者視之，三字分屬端透定三母，然亦近紐也。殿从展聲與从真聲者不同，左傳成二年「此車一人殿之」，注：「殿，鎮也。」小爾雅廣言：「殿，填也。」漢書周勃傳「擊章邯，車騎殿」，師古曰：「殿之言填也。」殿在㬎部，與鎮、填在因部者稍異。廣韵霰「殿，堂練切」，定母；又「都甸切」，端母：古無舌上音，自其同音視之，殿、鎮、填皆可讀端母也，雙聲正轉。

〔疏證〕引詩采菽。

504 棳，株也。釋名：「棳儒，梁上短柱也。棳儒猶侏儒也。短，故以名之也。」

〔疏證〕引釋名釋宫室。疑「棳，株也」當作「侏也」。

今按：侏、儒區部疊韵聯綿辭，義存乎聲，故字形多變。廣雅釋詁二「侏儒，短也」，王念孫疏證曰：「晉語『侏儒不可使援』，韋昭注云：『侏儒，短者。』襄四年左傳『朱儒是使』，朱與侏通。咮與侏儒，語之轉也，故短謂侏儒，又謂之咮，梁上短柱謂之棳，又謂之棳儒。蜘蛛謂之蝃，又謂之侏儒。爾雅『梁上楹謂之棳』，釋文：『棳，本或作棁。』雜記『山節而藻棁』，鄭注云：『棁，侏儒柱也。』方言云：『鼅鼄，鼄蝥也，自關而東，趙魏之郊，謂之鼅鼄，或謂之蠾蝓。蠾蝓者，侏儒；語之轉也。』」棳在曷部，侏、株在區部，古韵不同，非韵之轉。廣韵薛「棁、咮掇字應與此同，職悦切」，照三，本與知母同；虞「株，陟輸切」，知母；「侏，章俱切」，照三：是棳、侏異韵而同爲照三，故標目株字當作侏，雙聲正轉。雖照三本同知母，錢氏未嘗明言，故標目株字疑侏之誤刊。

505 禂，禱也。周禮甸祝「禂牲禂馬」，杜子春云：「禂，禱也。」詩：「既伯既禱」，説文引作「既禡既禂」。

〔疏證〕引春官甸祝及注。引詩吉日。甸祝注又云：「玄謂禂讀如伏誅之誅，今侏大字也。」

今按：説文禂之或體作騳，是周、𠃬聲通之證一。説文：「譸，詶也。周書曰：『無或譸張爲幻。』」段注：「無逸文。釋訓曰『侜張，誑也』，毛詩作侜張，他書或作侏張，或作輈張。」説文蜩之或體作蚒，是从壽从州、从舟、从朱、从周得聲之字聲通，即禱與禂聲通，其證二。説文醻之或體作酬，儀禮鄉飲酒禮「主人實觶酬賓」，注：「酬之言周也。」説文「翳，翳也，所以舞也」，爾雅釋言作翢，「翢，纛也」。此从𠃬、(从壽)、从州、从周得聲之字聲通也，亦即从壽、从周聲通，其證三。其他不必更僕一二數。禂、禱古韻同在幽部，本同音。廣韻晧「禱、禂，都晧切」，端母，亦同音，同音自當雙聲，正轉明矣。下條與本條相牽連，可互參。

506 舟，雕也。考工記「玉楖雕矢磬」，注：「故書雕或爲舟。」

〔疏證〕引考工記總目。

今按：雕从周聲，舟之爲雕，猶舟之爲周矣。考工記總目「作舟以行水」，注：「故書舟作周，鄭司農云：周當爲舟。」左傳襄廿三年之華周，説苑立節及善説並作華舟，漢書古今人表則作華州。説文蜩之或體作蚼。詩汝墳「惄如調飢」，傳「調，朝也」，朝从舟得聲。詩小宛傳「鳴鳩，鶻鵰」，鶻鵰即鶻鵃也。此皆周亦作舟之例。相反舟亦作周，詩大東「舟人之子」，箋：「舟當作周。」左傳之楚申舟，吕覽行論作申周。釋名釋船：「船曰舟，言周流也。」説文「周，密也，从用从口」，或从古文及作𠁣。「𠣘，帀偏也，从勹，舟聲」。經傳𠣘字並以周爲之。漢修堯廟碑「委曲舟匝」，韓勑後碑「舟□牆域」，舟並𠣘之省借，若以今隸書之，則作周矣。凡此可證舟、周聲通，故云：「舟，雕也。」舟、雕古韵同幽部本同音字，今則有所分異矣。廣韵尤「舟，職流切」，照三，古讀端；蕭「雕，都聊切」，端母：古本同母，雙聲正轉。必謂錢氏未明言照三古讀端，亦同位變轉。更詳下條。

507 舟，帶也。詩「何以舟之」，毛氏説。

〔疏證〕引詩公劉傳：「舟，帶也。」

今按：説文：「𠣘，帀偏也。」今臆度毛公之説，蓋謂舟即𠣘之省借，𠣘義引申則爲帶。錢氏以爲舟可以聲轉爲帶。舟在幽部，帶在曷部，古韵遠隔，當非韵轉。廣韵泰

「帶，當蓋切」，端母；舟在尤韵照三，古本讀端：雙聲正轉。雖錢氏未由此得出結論，謂照三讀端，然周、舟等字古讀端，固知之也。舌音類隔之説不可信末云：「今人以周舟屬照，輈啁屬知母，謂有齒舌之分，此不識古音者也。」説與上條及本條同。

508 貞，當也。廣雅文。

〔疏證〕引廣雅釋詁三，王念孫疏證云：「貞之言丁也，爾雅云：『丁，當也。』洛誥『我二人共貞』，馬融注云：『貞，當也。』楚辭離騷『攝提貞于孟陬兮』，戴先生注亦云。」

今按：説文鼎字説解云「籀文以鼎爲貞字」，又貞字説解云「一曰鼎省聲」，故鼎之訓當，猶貞之訓當矣。漢書匡衡傳「無説詩，匡鼎來」，吴都賦「高門鼎盛」，鼎皆言當也。貞在嬰部，當在央部，古韵不同也。廣韵清「貞，陟盈切」，知母；唐「當，都郎切」，端母：據舌音類隔之説不可信，知端古同紐，雙聲正轉。

509 中，得也。三倉文。周禮師氏「掌國中失之事」，注：「故書中爲得。」呂氏春秋「禹爲司空，以通水潦，顏色黧黑，步不相過，竅氣不通，以中帝心」，高誘曰：「中猶得。」史記封禪書「康后與王不相中」，中訓爲得。

〔疏證〕引三倉據史記封禪書「康后與王不相中」下索隱引文。引周禮地官，師氏注又云：「杜子春云：（中）當爲得。記君得失，若春秋是也。」引呂氏春秋恃君覽行論。

今按：國策齊策「是秦之計中」，注：「中，得也。」史記周勃傳「勃子勝之尚公主，不相中」，如淳曰「猶言不相合當也」，不相合當，即不相得耳。以中爲得，逐至後世元人雜劇，今河南口語，猶時復用之。中在夅部，得在肊部，古韵相距甚遠，非韵之轉。廣韵東「中，陟弓切」，知母；德「得，多則切」，端母：古無舌上音，同爲端母，雙聲正轉。

510 督，中也。莊子「緣督以爲經」，李軌云：「督，中也。」郭象注：「順中以爲常。」周禮匠人注「分其督旁之脩」，疏：「中央爲督，督者所以督率兩旁。」鄉射記「韋當」，注：「直心背之衣曰當。」疏：「言當心中央也。」予謂當與督聲近。

〔疏證〕引莊子養生主。引考工記匠人「堂涂十有二分」注。

今按：説文「裻，一曰背縫」，背縫在衣背之中，故有中義。國語晉語「衣之偏裻之衣」，注：「裻在中，左右異，故曰偏。」督與裻同从叔聲，以督訓中，猶以裻訓中也。督在奧部，中在夅部，古韵夅、奧對轉，故督訓中，亦兼韵轉。然錢氏不言對轉，廣韵沃「督，冬毒切」，端母；東「中，陟弓切」，知母：古無舌上音，同爲端母，雙聲正轉。當在古韵央部，與督異韵也。當爲廣韵唐韵端紐字，故錢云「予謂當與督聲近」耳。

511 楝，中也。釋名：「楝，中也，居屋之中也。」

〔疏證〕引釋名釋宫室。釋名疏證補引王啟原曰：「鄭注鄉射禮記『序則物當棟』，云：『正中曰棟。』」

今按：楝在邕部，中在夅部，孔廣森分東、冬爲古韵兩部。廣韵送「楝，多貢切」，端母，故中與楝古聲爲同母。

512 典，鎮也。釋名：「五典，典，鎮也。制法所以鎮定上下，其等有五也。」

〔疏證〕引釋名釋典藝。

今按：以典訓爲鎮，鮮見它例。典在㬎部，鎮在因部，㬎、因雖鄰韵，古韵分兩部。廣韵銑「典，多殄切」端母；震「鎮，陟刃切」，知母，知母古讀端：雙聲正轉。

513 抽，搯也。詩「左旋右抽」，說文引作搯，他刀反。

〔疏證〕引詩清人。此以異文爲訓也。

今按：尚書皋陶謨「允廸厥德」，僞孔傳：「廸，蹈也。」廣雅釋言：「廸，蹈也。」抽、廸並从由聲，搯、蹈並从舀聲，以廸訓爲蹈，猶以抽訓爲搯也。抽、搯古韵皆在幽部，本同音字。廣韵尤「抽，丑鳩切」，徹母，古讀透；豪「搯，他刀切」，透母：雙聲正轉。

514 徹，通也。

〔疏證〕說文：「徹，通也。」論語顏淵篇「盍徹乎」，鄭注：「徹，通也。」國語楚語「攝而不徹」，注：「徹，通也。」莊子應帝王「物徹疏明」，司馬彪云：「徹，通也。」穀梁哀十二年傳注「周謂之徹」，疏：「徹者，通也。」廣雅釋詁一、小爾雅廣言並云：「徹，通也。」徹訓通爲漢人通訓，故獨斷：「羣臣異姓有功封者稱徹侯，避武帝諱改爲通侯。」既爲通訓，故錢氏不引出處。

今按：徹古韵在壹部，通在邕部，相隔甚遠，非韵轉也。廣韵薛「徹，丑列切」，徹母，古讀透；東「通，他紅切」，透母：韵不同而聲同，雙聲正轉。此亦錢氏舌音類隔説不可信之證耳。

515 逞，通也。説文。

〔疏證〕　今按此逕引説文説解。説文又云：「聖，通也。」尚書洪範「睿作聖」，僞孔傳：「於事無不通謂之聖。」逞聖並从壬得聲，聖之訓通，亦猶逞之訓通矣。逞在嬰部，通在邕部，古韵異部，非韵之轉。廣韵静「逞，丑郢切」，徹母，通透母見上，此亦古無舌上聲之例證，雙聲正轉。

516 抶，撻也。

〔疏證〕　錢氏於此未引例證，周禮春官小胥「巡舞列而撻其怠慢者」，注「撻，猶抶也」，釋文「撻，吐達反」，蓋據此爲説也。

今按：經傳中徑以抶、撻互訓者不多見，然而猶復可以推論得知也。説文「抶，笞擊也」，是凡撻之以笞擊作訓者，即以抶爲訓也。周禮閭胥「凡事掌其比觵撻罰之事」，注：「撻，扑也。」禮記文王世子「成王有過，則撻伯禽」，内則「而撻之流血」，凡此皆猶以撻訓之爲抶也。反之，訓抶爲笞擊者，即以撻爲訓也。所不同者，徑以撻抶互訓得聲音訓詁之條例；以義訓者，惟申經傳之意而已。抶在壹部，撻在曷部，古韵不同。廣韵質「抶，丑栗切」，徹母；曷「撻，他達切」，透母：舌音類隔之説不可信，雙聲正轉。

又按：釋名釋姿容「抶，鐵也。」鐵在益部，與抶古韵亦不同部。廣韵屑「鐵，他結切」，透母，抶、鐵古聲同母，雙聲正轉，亦足證舌音類隔之説不可信，附録之於此。

517

竄，蜎也。揚雄長楊賦「西厭月蜎」，服虔曰：「蜎音窟穴之窟。」顔延之詩：「月竄來賓。」

〔疏證〕引顔延之宋郊祀歌第一首，李善引杜子春周禮注曰：「今南人名穿地爲竄，充芮切。」

今按：竄在鬱部，蜎在曷部，古韵相鄰，然非一部。廣韵祭「竄，此芮切」，清母，又「楚税切」，穿二，依李注則穿三，然皆送氣也。廣韵没「蜎，當没切」，端母；依服虔音窟，没「窟，苦骨切」，溪母，送氣。兩字廣韵亦不同韵。蜎讀端母則與竄之李音爲近紐穿三古讀透，依廣韵各音，雖不同母，則皆同位，同位爲變轉。依上下文考之，皆證舌音類隔之説不可信，錢氏之意或當爲近紐正轉。

518

直，特也。詩「實維我特」，韓詩作直。郊特牲「首也者，直也」，注：「直或爲犆。」檀弓「行并植於晉國」，注：「植或爲特。」吕覽忠廉篇「特王子慶忌爲之」，注：「特猶直也。」

〔疏證〕引詩鄘風柏舟。疏證詳説見下條。

519

犆，特也。周禮小胥「士犆縣」，釋文：「本亦作特。」

〔疏證〕説文無犆而字从直聲，以犆訓特猶以直訓特，故合兩條釋之，可以觀其會通。小胥屬春官。

今按：禮記少儀「不特弔」，釋文云：「特本又作犆。」禮記王制「天子犆礿」，釋文：「犆，音特。」玉藻「君羔幦虎犆」，注：「犆讀如直道而行之直。」儀禮士相見禮「喪俟事不犆弔」，定本作特。周禮小胥，錢已引，賈子新書作「大夫直縣」。穀梁傳隱十一年「犆言同時也」，釋文：「犆音特，獨也。本或作特。」荀子勸學「安特將學雜識志」，王引之有校改。楊倞注：「特，猶言直也。」皆直、犆、特通作之證也。特字古韻噫部，直、犆古韻在肊部，本平入韻，此以聲韻兼轉。廣韻職「直、犆，除力切」，澄母；德「特，徒得切」，定母：舌音類隔之説不可信，則直、犆之爲特，皆雙聲正轉。

520

妯，動也、悼也。　詩「憂心且妯」，妯，直留反，徐仙民讀。毛云：「動也。」鄭云：「悼也。」

〔疏證〕　引詩鼓鐘。徐音見釋文。

今按：説文：「妯，動也。」爾雅釋詁：「妯，動也。」詩羔裘「中心是悼」，傳：「悼，動也。」是妯、動、悼三字通訓之證。妯在幽部，動在邕部，可以旁對轉，非錢氏所言者。悼在約部，妯、動、悼三字古韻不同。妯，錢録徐音，意謂澄母耳，今妯、娌字入屋韻澄母，惟尤韻「丑鳩切」爲徹母，錢氏所不取也。董「動，徒揔切」，定母；號悼，定母。舌音類隔之説不可信，是妯與動、妯與悼古音皆同母，雙聲正轉。

521 趙，捔也。詩「其鎛斯趙」，周禮考工記注引作捔，大了切。

〔疏證〕引詩良耜。引考工記總目「越無鎛」注。「大了切」見考工記釋文，廣韵泰「大，徒蓋切」，定母。

今按：説文無捔，捔即擣之異體也。説文：「擣，手椎也，一曰築也。」廣雅釋詁一：「擣，刺也。」説文禂亦作𩥇，故擣亦作捔耳。趙在𡿧部，捔在幽部，古韵雖近非一部也。廣韵小「趙，治小切」，澄母；集韵「捔，直紹切」，廣韵似未録此字，澄母：故錢氏依考工記作大了切，舌音類隔之説不可信，則趙亦讀定母，與捔同讀定，雙聲正轉。又按：良耜釋文「趙，徒了反」，荀子賦篇「頭銛達而尾趙繚者邪」，注「趙讀爲掉，掉，徒了切」，捔一字而兼讀澄定兩母，益足見古無舌上音矣。

522 褫，奪也。説文直離切。易：「終朝三褫之。」

〔疏證〕引易訟上九。舌音類隔之説不可信云：「古讀褫如拕。易『終朝三褫之』，釋文：『褫，徐敕紙反，又直是反，鄭本作拕，徒可反。』説文『褫，奪衣也。讀若池』，池即拕之訛。拕奪聲相近。」

今按：吴都賦「魂褫氣懾而自踢跌者」注：「褫，奪衣也。」雪賦「念解珮而褫紳」，

注：「褫，奪衣也。」皆依説文爲訓。説文：「奪，手持隹失之也。」褫奪之字，本當作挩，説文「挩，解挩也」，今作脱衣，亦挩之借。朱駿聲云「褫，按：敚衣也」，亦非，説文「敚，强取也」，則書吕刑「奪攘矯虔」之本字。廣韵末「奪、敚、脱、挩，並徒活切」，支「褫，直離切」，褫在古韵恚部，它字在曷部，是古今韵異也。舌音類隔之説不可信，是褫亦讀定，雙聲正轉也。又：褫，説文讀若池，易鄭本作拕者，不必爲誤，猶説文⿸厂欠⿰忄虒讀若移、⿺走虒讀若池也。説文沱即池字，拕、沱並爲阿部定紐，移爲喻四，喻四古讀定。褫與拕、沱、移雖異韵，皆古同母，錢不言喻四古讀定。亦可同聲正轉。又：虒在古韵恚部，从虒得聲之字，多轉入阿部，説文「⿺走虒讀若池」，「褫讀若池」，「⿰忄虒讀若移」是矣。也字本在恚，常與从它聲字通讀，轉入阿部，沱、池同字；杝，説文讀若他，第三人稱之他即古之它字，⿰虒見，説文讀若馳，是矣。凡此亦韵部衍化之特例，附記之於此。

523

宅，度也。書「宅西曰昧谷」，周禮注引作「度西曰柳穀」。又「五流有宅，五宅三居」，史記五帝本紀俱作度。詩「宅是鎬京」，坊記引作度。

〔疏證〕引書堯典。引周禮天官縫人注。引詩文王有聲。

今按：尚書禹貢「三危既宅」，史記夏本紀作「三危既度」。又「是降邱宅土」，風俗通山澤引作「民乃降丘度土」。顧命「恤宅宗」，後漢書班彪傳下作「恤度宗」。詩皇矣「此維與宅」，論衡初禀作「此惟予度」。漢書韋玄成傳「先後茲度」，臣瓚曰：「古文宅度同。」亦皆宅度通作之證。此以異文爲訓也。度在烏部，宅在蒦部，平入韵也，然分兩部。廣韵陌「宅，瑒伯切」，澄母；模「度，徒故切又徒各切」，定母：舌音類隔之説不可信，澄母古讀定，雙聲正轉。

524 兑，直也。詩「松柏斯兑」，傳：「易直也。」

〔疏證〕引詩皇矣。

今按：它例鮮見。兑在古韵曷部，直在肊部，非韵轉也。泰「兑，杜外切」，定母；職「直，除力切」，澄母，古讀定：雙聲正轉。

525 逐，軸也。爾雅「逐，病也」，郭云：「未詳。」疏引「碩人之軸」，鄭箋云：「軸，病也。」軸與逐蓋今古字。

〔疏證〕爾雅釋詁上。引詩考槃。

今按：説文「苗，蓨也」，爾雅釋草「蓫，蓨」，是苗、蓫一字也。説文「笛，七孔龠也」，周禮春官笙師「籥篪篴管」，篴即笛字。可證由、逐聲通，故逐可訓軸。然逐、軸皆無病義，訓病之字當作瘉，詩正月「胡俾我瘉」，角弓「交相爲瘉」，傳並云：「病也。」瘉亦借猶爲之，斯干「無相猶矣」，鼓鐘「其德不猶」，鄭箋並云：「猶當作瘉。瘉，病也。」猶又與由通作，易豫釋文：「由，馬本作猶。」荀子富國篇「由將不足以勉也」，注：「由與猶同。」禮記雜記「猶是附於王父也」，注：「猶當爲由。」是瘉、猶、由聲通之證，故逐與軸與瘉與猶，皆可訓病也。逐、軸入聲皆爲奠部，由、猶在幽部，平入韵也，瘉在區部，與幽爲旁轉，然非一韵也。廣韵屋「逐、軸，直六切」，澄母，同音字，逐之訓軸正轉也。瘉、猶、由皆喻四字，喻四古讀定，錢氏所不言者，故不具論。

526

濯，滌也。　詩「可以濯罍」，毛氏説。

〔疏證〕　引詩洞酌。

今按：儀禮士喪禮「新盆槃瓶廢敦重鬲皆濯」，注：「濯，滌溉也。」少牢饋食禮「宗人命滌」，注：「滌，溉濯祭器，埽除宗廟。」以滌溉訓濯，以溉濯訓滌，猶以濯與滌互訓矣。廣雅釋器「濯，滫也」，滫與滌皆从攸聲，以濯訓爲滫猶以濯訓爲滌也。濯在約部，滌在幽部，古韵不同。廣韵覺「濯，直角切」，澄母；錫「滌，徒歷切」，定母：舌音類隔之説不可信，澄母古讀定，雙聲正轉。

527 秩，豑也。書「平秩東作」，説文作平豑。

〔疏證〕引書堯典。

今按：堯典「平秩東作，平秩南訛，平秩西成」，五帝本紀皆作便程。詩巧言「秩秩大猷」，説文作「㦹㦹大猷」。詩邶風柏舟「胡迭而微」，釋文引韓詩作「胡㦹而微」。説文：「䥫讀若詩威儀秩秩。誤合假樂兩句爲一句也。」程在嬰部，㦹、䥫由嬰轉爲益部，秩在壹部，豑在衣部，説文「豑，爵之次弟也」，則音可以讀同弟。廣韵質「秩、豑、㦹、䥫，直一切」，澄母；清「程，直貞切」，澄母：是程與諸字韵雖不同，同爲澄母，雙聲正轉。然而廣韵霽「弟，特計切」，定母；屑「㦹、驖，徒結切」，定母；秩从失聲，迭，跌、軼、瓞等，亦徒結切，爲定母：蓋古無舌上聲，故澄母古讀定，讀定仍爲雙聲正轉。

528 甸，治也。詩：「維禹甸之」，毛氏説。

〔疏證〕引詩信南山。

今按：甸在因部，治在噫部，古韵甚遠，非韵之轉。廣韵霰「甸，堂練切」，定母；志「治，直吏切」，澄母，澄母古讀定：雙聲正轉。其他从台得聲諸字，多讀舌頭，皆可證者。

529

甸，陳也，乘也。周禮小司徒「四丘爲甸」，注：「甸之言乘也，讀如衷甸之甸。」稍人「掌丘乘之政令」，注：「丘乘，四丘爲甸。甸讀與維禹䧙之之䧙同。」禮記郊特牲「丘乘共粢盛」，注：「甸或謂之乘。」春秋傳「渾良夫乘衷甸兩牡」，釋文：「甸，時證反。」古者乘甸陳田聲皆相轉，甸之轉乘，舌音類隔之說不可信作「乘之轉甸」。猶陳之轉田。經典相承，陳，直覲反；乘，繩證反。後之言等韵者，以陳屬舌音知當依舌音類隔之說不可信作澄母，當依舌音類隔之說不可信增「甸屬定母」一句。乘屬齒音牀母，徒據經典相承之反切而類之，而不知其本一音也。漢書地理志，廣漢郡甸氏道，李尋曰「甸音賸」，師古音食證反。

〔疏證〕舌音類隔之說不可信「詩『惟禹甸之』」條，既引以上諸例證，又云：「爾雅：『堂塗謂之陳。』詩『胡逝我陳』，傳：『堂塗也。』『中唐有甓』，傳：『堂塗也。』正義云：『爾雅廟中路謂之唐，堂塗謂之陳。』唐之與陳，廟庭之異名耳，其實一也。原注：陳田音同故與唐塗聲相近。」小司徒、稍人並屬地官。引春秋傳哀十七年。引爾雅釋宮。引詩何人斯、防有鵲巢。

此條宜與下條合讀。

530

陳，田也。說文：「田，陳也。」齊陳氏後稱田氏，陸德明云「陳完奔齊，以國爲氏」，而史記謂之田氏，是古田、陳同音，呂覽不二篇「陳駢貴齊」，陳駢即田駢也。

〔疏證〕引史記田敬仲世家。莊子天下有田駢。

今按：甸从田聲，敶从陳聲，陳、田通訓猶敶、甸通訓，故合併兩條，觀其會通。說文畕，今音讀如畺，段玉裁曰「當讀如陳陳相因之陳」，其說是矣。畕字字形，田田相因，故宜讀如陳陳相因，亦陳、田古音相通之證。錢氏舉例已詳，無需增證矣。敶、陳、甸、田皆因部字，古本同音，後世而分侈弇鴻細。乘字古在膺部，純屬聲轉。廣韵蒸「乘，食陵切」，牀三，本與澄同古讀定，从上引文中乘字古讀，錢氏已知之矣。廣韵真「陳、敶，直珍切又直刃切」，澄母；霰「甸，堂練切」，定母；先「田，徒年切」，定母：古無舌上音，乘、敶、陳，古皆讀定，故甸之訓敶與乘，田之訓陳，皆以雙聲爲正轉。

531 涿，獨也。　古音涿與濁通，故涿鹿或作濁鹿。周禮壺涿氏注：「故書涿爲獨。」

〔疏證〕引壺涿氏屬秋官。秋官序目壺涿氏注：「故書涿爲獨。鄭司農云：獨讀爲濁其源之濁，音與涿相近。書亦或爲獨。」

今按：莊子盜跖「與蚩尤戰于涿鹿之野」，釋文：「涿本或作濁。」左傳哀公廿七年之「顔涿聚」，漢書古今人表作「顔燭鄒」，淮南氾論作「顔喙聚」，以今音求之，喙或啄之訛也；説苑正諫作「顔燭趨」，晏子春秋作「顔燭鄒」。書吕刑「刵劓椓黥」，説文作「刵劓斀黥」。詩召旻：「昏椓靡共。」此皆豖與蜀聲通之證也。太玄耎：「三歲不噣」，注：「噣，啄也。」爾雅釋鳥「生噣鷇」，釋文：「噣義當作啄。」此則蜀與豖相聲通之證也。方言十二：「蜀，猶獨耳。」爾雅釋山「獨者蜀」，注：「蜀亦孤獨。」爾雅釋蟲：「蠾蛦，蝳蜍。」則蜀屬以舌上音讀爲舌頭音矣。豖、蜀古韵同在屋部，毒則轉入薁部矣。廣韵燭

「燭、屬、囑，並之欲切」，照三；又「蜀、蠋、屬，並市玉切」，禪母；覺「涿、啄、斀、噣，並竹角切」，知母；又「濁，直角切」，澄母；屋「徒谷切」，定母；沃「毒，徒沃切」，定母。雖諸字散入舌音各母，然不外舌頭、舌上（照三系同舌上），古無舌上，皆當讀舌頭。涿既作濁，濁爲澄母，古讀定，與獨爲同母，雙聲正轉。

532

廛，壇也。　周禮廛人注：「故書廛爲壇，杜子春讀爲廛。」載師「以廛里任國中之地」，注：「故書廛或爲壇，鄭司農讀爲廛。」

〔疏證〕　廛人、載師並屬地官，廛人注見序官。

今按：說文鸇，籒文从廛作⿸廛鳥。纏亦作繵，史記扁鵲傳「動胃繵緣」，正義：「謂脈纏繞胃也。」漢書古今人表「安陵繵」，師古曰「繵即纏字也」，戰國策作壇。集韻：「纏繵同。」一切經音義十二：「繵，古文纏同。」此皆亶、廛聲通之證。亶、廛古韵同安部，後世而侈弇鴻細或有不同。廣韵仙「廛，直連切」，澄母；寒「壇，徒干切」，定母：舌音類隔之說不可信，澄母古讀定，兩字雙聲正轉。

533 池，沱也。 周禮職方氏：「并州其川虖池。」禮記：「晉人將有事於河，必先有事於惡池。」池皆徒河反。

〔疏證〕 夏官職方氏釋文：「虖，喚胡反，李呼哥反。池，徒多反，李如字。」禮器注「惡當爲呼，聲之誤也。呼池，并州川」，釋文：「惡，依注音呼，又音虖。池，大河反。」舌音類隔之説不可信又云「古讀池如沱，詩白華『虒池北流』，説文引作滮沱原注：據宋本」，錢氏以爲虖池、惡池、虒池皆虖沱也。

今按：説文本無池字，池即沱也。左傳襄九年「而何敢差池」，釋文：「池本作沱。」左傳桓十二年，盟于曲池，公羊作毆蛇，蛇即它字也。皆以也聲與它聲通作者。也在恚部，它在阿部，古韵不同，然而也它常通作，説已見前。廣韵支「池，直離切」，澄母；歌「沱、池，徒河切」，定母：古聲澄讀定，池沱雙聲正轉。

534 遲，頹也。 釋名：「遲，頹也，不進之言也。」

〔疏證〕 引釋名釋言語。

今按：遲之爲頹，例不多見，豈猶倭遲之轉作委它、委惰邪？遲在衣部，頹在威部，鄰韵也，然分兩部。廣韵脂「遲，直尼切」，澄母；灰「頹，杜回切」，定母：古無舌上音，雙聲正轉。

535 濁，瀆也。　釋名：「濁，瀆也。汁滓演瀆也。」

〔疏證〕引釋名釋言語。釋名疏證補引王啟原曰：「瀆即川瀆之瀆，海瀆俱以承流惡濁爲義。前云：『海，晦也，主承穢濁。』風俗通云：『尚書大傳禮三正記：江河淮濟爲四瀆。瀆者，通也，所以通中國垢濁，民陵居殖五穀也。』白虎通云：『四瀆，瀆者，濁也。中國垢濁發源，東注海，其功著大，故稱瀆也。』由此言之，溝瀆亦以納濁而名之，故濁轉訓瀆也。」

今按：釋名釋水：「瀆，獨也，各獨出其所而入海也。」漢書枚乘傳「以故得媟黷貴幸」，注：「黷，垢濁也。」後漢書陳元傳注：「黷，垢濁也。」此从蜀从賣得聲之字通訓之證也。詩葛生傳「韣而藏之」，釋文：「韣本亦作欘，又作櫝。」文選劇秦美新「布濩流衍而不韞韣」，注：「櫝與韣古字通。」論語子罕「韞櫝而藏諸」，正作櫝，釋文亦作匵。此則从蜀、从賣得聲之字通作之證也。瀆、濁古韵同在屋部，本同音字，後世而有鴻細侈弇之分。廣韵覺「濁，直角切」，澄母；屋「瀆，徒谷切」，定母：古無舌上音，澄母讀定，雙聲正轉也。

536 臺，持也。釋名：「臺，持也，築土堅高能自乘持也。」

〔疏證〕引釋名釋宫室。釋名疏證補引葉德炯曰：「淮南俶真訓『臺簡以游太清』，高誘注：『臺猶持也。』按：説文『握，搤持也』，下重文列古文作𡊣，與臺形近，疑古握、臺爲一字，故均有持訓也。握从手屋聲，屋从尸从至，臺从㞢从至从高省。説文凡二从字，其一多兼聲，屋、臺疑均从至得聲，至、持一韻，故聲義相通假也。又屋下古文作𡊣，亦與臺、𡊣形相近。」

今按：葉引高注淮南證明臺可訓持是矣。又引屋、握古文與臺相近，以資考察可也。至謂「屋、臺均从至得聲」，又謂「至、持一韻」，則大謬不倫，無足論者。竊疑握之古文即屋也，屋與臺本不同，其爲物形相近，初民造字，以簡馭繁，故屋、臺象形不相分别，後世以臺與屋不同，然後各自作字耳。古人作字，又有以義近相假借者，鹿非羊也，麢爲山羊；犬非猴也，玃字从犬。屋之作臺，亦猶是乎？持、臺古韵同在噫部，本同音字，至後世而讀音異矣。廣韵之「持，直之切」，澄母；咍「臺，徒哀切」，定母：舌音類隔之説不可信，澄母古讀定，雙聲正轉。

537 弔，至也。詩「神之弔矣」，「不弔昊天」，毛氏説。今人以至屬照母。

〔疏證〕引詩天保與節南山。

今按：爾雅釋詁「弔，至也」，此爲通訓。本字説文作「䢔，至也。」弔在古韻夭部，至在壹部，兩者異部，非韻轉也。廣韻嘯「弔，多嘯切」，端母；至「至，脂利切」，照三：照三同知古讀端，錢氏雖未明言，然至與致並讀知母古讀端母，則具見於舌音類隔之説不可信一文中。其言曰：「至致本同，而今人强分爲二，原注：至照母致知母。不知古讀至亦爲陟利切，讀如疐，舌頭，非舌上也。詩『神之弔矣』，『不弔昊天』，毛傳皆訓弔爲至，以聲相近爲義。咥、耋皆从至聲，可證至本舌音，後人轉爲齒音耳。」故至、弔古爲端紐雙聲，以正轉通訓。

538 袗，單也。曲禮：「袗絺綌不入公門。」

〔疏證〕曲禮下注云：「袗，單也。」釋文：「袗，之忍反。」

今按：論語鄉黨「袗絺綌」，釋文：「袗本又作袗，單也。」觶之或體作𧣾，袗之或體作裖，故知單㐱兩字聲通。單古韻在安部，袗在因部，雖相近分作兩部。廣韻軫「袗，章忍切」，照三同知；寒「單，都寒切」，端母：古無舌上音，知母古讀端，袗訓爲單，雙聲正轉。

539 慴，疊也。（上之涉切，下徒協切。）詩：「莫不震疊」，傳訓疊爲慴。正義以爲釋詁文，疊、慴音義同。

〔疏證〕引詩時邁。疏云：「震，動；疊，懼。釋詁文。彼疊作慴。」

今按：説文：「慴，懼也，讀若疊。」震疊亦作震讋，漢書張湯傳「莫不震讋」，説文「讋，失氣言也，傅毅讀若慴」，是皆疊、慴聲通之證。慴、疊古韵同在邑部，本同音字，後世而侈弇鴻細分矣。廣韵葉「慴，之涉切」，照三，古同知母；怗「疊、慴，徒協切」，定母：由慴之一字而二音，既可證古無舌上音，又可證二字本可同讀，雙聲正轉。

540 挾，達也。詩「使不挾四方」，傳：「挾，達也。」疏：「挾者周匝之義，按下删「故爲達」。周禮所謂浹日，浹即今之匝，義同也。」

〔疏證〕詩大明，釋文：「挾，子燮切，一作子協切。」周禮天官大宰及夏官大司馬並云「挾釋文云又作浹日而斂之」，大宰注：「从甲至甲謂之挾日，凡十日。」按：此條標目疑誤，當作「挾，匝也」，説詳下。

今按：挾訓周徧，本爲帀之借字，説文：「帀，周也。」説文本無浹，新附字始收之，説文亦無匝，乃帀之俗寫。挾在盍部，達在曷部，古韵不同，非韵之轉。廣韵怗「挾，胡頰切」，匣母；又「浹，子協切」，精母；合「帀，子答切」，精母；曷「達，唐割切」，定母：達與挾與浹聲遠，亦非聲轉也，故疑此條標目有誤耳。知者：此條若以挾訓達，引詩與傳足矣，不復需引詩疏，所以引疏，證明挾可訓帀，一也。此條以上皆證明舌上音古讀舌頭，顧挾、浹皆非舌上，此或錢氏偶然筆誤，或刻者誤校，二也。挾讀浹，音子協切或子爕切，正與帀之子答切爲雙聲正轉，三也。使不挾四方，即使不帀四方、義通而辭順矣。

釋訓

541 𣪘之爲奏，正轉也。艐之爲屆，變轉也。

〔疏證〕史記考異五帝本紀考異云：「偏告以言。古音敷如布，偏、布聲相近。奏、告亦聲之轉也，奏屬齒音，告屬牙音，均爲出聲，故亦得相轉。」律書考異云：「牛者，冒也。牛牙音之收聲，冒脣音之收聲，聲不類而轉相訓者，同位故也。古人以反側與輾轉對，顛沛與造次對，元首與股肱對。反側顛沛原注：讀如貝。同爲出聲，元首同爲收聲，則亦爲雙聲矣。徵諸經典，如多訓祇，鈞訓等，蔽訓斷，遡訓鄉，振訓救，曹訓羣，憑訓大，畀訓嫚，貫訓中，槃訓大，袗訓單，皆以諧聲取義，牛之訓冒，亦此義也。」屈賈列傳考異云：「大專槃物兮，索隱云：『漢書曰：大鈞播物。此專讀爲鈞，槃猶轉也。』專與鈞相轉，舌齒異音而均爲出聲，此假借之例也。槃讀如般，補完切，般播聲相近。」凡此即所謂正轉變轉之例也。此所謂聲相近，正轉耳。此所謂同爲出聲，同爲收聲，同位變轉也。

今按：詩烈祖「鬷假無言」，左傳昭廿年「鬷嘏無言」，禮記中庸「奏假無言」，故曰鬷之爲奏。鬷在古韻邕部，奏在古韻區部，兩部對轉，鬷之爲奏，本聲韻兼轉耳。顧錢氏不言對轉。廣韻東「鬷，子紅切」，精母；候「奏，則候切」，精母：韵不同而同爲精母，雙聲正轉。史記司馬相如傳「糾蓼叫奡，蹋以艐路兮」，集解：「徐廣曰：艐音介，至也。」索隱：「小顏云：艐音屆。孫炎云：艐，古界字也。」爾雅釋詁「艐，至也」，注：「宋曰屆。」釋文：「郭音屆，孫云：古屆字。顧，子公切。」方言「艐，至也」，注：「艐，古屆字。」是諸家皆以艐爲屆，惟顧野王音子公切，然廣韻東「艐，子紅切」，音與顧同。艐从㚇聲，㚇从兇聲，廣韻之切，野王之音，實得其正，諸家音屆，則其變耳。艐在邕部，屆在鬱部，古韵懸隔，非韵之轉。廣韵怪「屆，古拜切」，見母；艘爲精母：齒牙不同，亦非雙聲正轉。見與精皆爲出聲，兩字同位，故錢氏曰：「艘之爲屆，變轉也。」

542　笄謂之簪，綆讀如餅。（下句考工記。）

〔疏證〕今按：儀禮士昏禮「姆纚笄宵衣在其右」，注：「今時簪也。」禮記内則「櫛縰笄總」，注：「今簪也。」國語晉語「折委笄」注：「簪也。」吳語「去笄」，注：「簪也。」公羊傳僖九年：「字而笄之」，注：「笄者，簪也。」淮南齊俗「中國冠笄」，注：「笄，簪也。」釋名釋首飾：「笄，簪也。」笄謂之簪，本通訓也。笄在因部轉讀衣部，簪在音部，韵部遠隔，非韵轉也。廣韵齊「笄，古奚切」，見母；侵「簪，側吟切」，照二；覃「簪，作含切」，精母：見之與精，或與照二，亦不雙聲，自非正轉。見與精與照，皆在同位，同位爲變轉。

考工記輪人「眡其綆」，鄭司農注「綆，讀爲關東言餅之餅」，故錢云：「綆讀如餅。」又按：詩桑柔「至今爲梗」，傳：「梗，病也。」以梗訓爲病，猶以綆讀如餅矣。廣雅釋詁三：「梗，猛也。」方言二：「梗，猛也。韓趙之間曰梗。」猛與餅與病同爲脣音。病猛與綆猶同爲央部，可以韵轉，餅在嬰部，與綆古韵異部，非韵之轉。廣韵梗「綆，古杏切」，見母；静「餅，必郢切」，本非母，錢氏爲幫母：見與幫牙脣異類，非雙聲正轉。然而見與幫同位，同位爲變轉。

543 包之訓裹，袗之訓單。

〔疏證〕 今按：詩野有死麕「白茅包之」，傳：「包，裹也。」廣雅釋詁四：「包，裹也。」文選吴都賦「職貢納其包匭」，劉注：「包，裹也。」皆以包訓裹，故曰：「包之訓裹。」包在幽部脣音，裹在阿部牙音，兩字古韵不同，聲系亦異。廣韵肴「包，布交切」，幫母，果「裹，古火切」，見母：見幫兩母同位，同位爲變轉。袗之訓單，證例見上釋言「袗，單也」條。袗、單古今韵皆不相同，非韵之轉，袗讀照三，單讀端母，以古無舌上聲論之，雙聲正轉，説已前見。若以照三與端爲同位言，同位爲變轉。

544 鉅之訓大，中之訓閒，貫之訓中。（鄉射禮云：「不貫不釋。」）

〔疏證〕 今按：禮記三年問「創鉅者其日久」，釋文：「鉅，大也。」漢書刑法志、食貨志上、郊祀志上、高五王傳、董仲舒傳、司馬相如傳等集注：「鉅，大也。」巨亦訓大，廣雅釋詁一、小爾雅廣詁：「巨，大也。」鉅巨之訓大，通訓也，故云：「鉅之訓大。」鉅爲烏部牙音，大爲曷部舌頭，聲韵皆異。廣韵語「鉅，其吕切」，羣母；泰「大，徒蓋切」，定母：羣、定兩母同位，同位爲變轉。

又按：荀子非相「五帝之中無傳政」，注：「中，閒也。」禮記儒行「儒有衣冠中」，注：「中，中閒。」玉藻「士中武」，注：「迹閒容迹。」疏：「中猶閒也。」喪服小記「亡則中一以上而袝」，注：「中，猶閒也。」故曰：「中之訓閒。」中在夅部舌上音，閒在安部牙音，聲韵皆異。廣韵東「中，陟弓切」，知母；山「閒，古閑切」，見母：知、見兩母同位，同位爲變轉。

又按：詩猗嗟「射則貫兮」，傳：「貫，中也。」鄉射禮、大射儀並云「不貫不釋」，注皆云：「貫，中也。」故云：「貫之訓中。」貫爲安部牙音，與中聲韵皆殊。廣韵換「貫，古玩切」，見母，見母與知母同位，同位爲變轉。

545 葵之爲誰。

漢書地理志「立后土于汾陰脽上」，蘇林曰：「脽音誰。」師古云：「一説此臨汾水之上地，本名鄈，音與葵同。彼鄉人呼葵爲誰，故轉爲脽字，故漢書儀云葵上。」

〔疏證〕今按：史記孝武本紀「始立后土祠汾陰脽上」，索隱：「漢書儀作葵上者，蓋河東人呼誰與葵同故爾。」漢書武紀亦云「立后土祠于汾陰脽上」，錢氏即引武紀及注，非地理志，刊刻者誤認。葵在衣部牙音，誰在威部舌音，聲與韻皆不同。廣韻脂「葵，渠追切」，羣母；又「誰，視佳切」，審三：是後世韵同而聲異，位亦不相同。疑漢人衣、威合部，此以韵轉，錢氏審聲偶誤也。

546 落魄爲落託。史記酈生傳「家貧落魄」，晉灼曰：「落薄，落託義。」

〔疏證〕郝懿行證俗文卷六云：「落魄二字，見漢書酈食其傳，注引鄭氏云：『魄音薄。』應劭曰：『志行衰惡之貌也。』師古曰：『落魄，失業無次也。鄭音是。』余按：落魄即如今人言落寞也。又言落拓，亦即拓落，揚雄傳下解嘲曰『何爲官之拓落也』，師古曰：『拓落，不耦也，拓音託。』是知拓落猶落拓矣。又作落度音鐸，三國蜀志楊儀傳：『語費禕曰：往者丞相亡没之際，吾若舉軍以就魏氏，處世寗當落度如此邪？令人追悔，不可復及。』落度即落拓，音聲相近。又轉爲潦倒，嵇康絶交書『潦倒麤疏』，按：語謂舉止跌宕而不自檢攝者爲潦倒，故康書云爾。北魏書崔瞻傳：『魏天保以後重吏事，謂容止蘊藉者爲潦倒。瞻終不改。』亦近落拓之義也。」

今按：郝説是矣，落魄、落拓等皆蒦部字，疊韵聯綿辭也。廣韵陌「魄，普伯切」，滂母；若依鄭音則爲並母。釋「拓、託，他各切」，透母：滂透同位，同位爲變轉。若作落薄、落漠、落度、潦倒，則下字聲稍迻易，蓋聯綿兩字，上下牽制，略有迻易，固無妨也。

547　振之訓救，又訓檢。周禮職幣：「振掌事之餘財」，注：「振，檢也。」

〔疏證〕　職幣屬天官。

今按：國語周語「踣斃不振」，注：「振，救也。」魯語「陷而不振」，注：「振，救也。」左傳昭十四年「分貧振窮」，注：「振，救也。」淮南時則「振乏絶」，注：「振，救也。」史記刺客列傳「禍必不振矣」，索隱：「振，救也。」説文：「振，舉救也。」小爾雅廣言：「振，救也。」振之訓救，通訓也，故無待舉證。振之訓檢，振之訓檢，爲例罕見，故舉職幣以明之。振在㬟部舌音，救在幽部牙音，兩字聲韵皆不同，廣韵震「振，章刃切」，照三；宥「救，居祐切」，見母：見、照同位，振之訓救，變轉也。檢在奄部牙音，振之與檢，聲韵亦殊不同，廣韵琰「檢，居奄切」，見母，是振、檢兩字聲氣亦同位，同位則爲變轉矣。

548　牛之轉訓冒。史記律書：「東至牽牛，牛者冒也。言地雖凍，能冒而出也。」

〔疏證〕 今按：牛在噫部爲牙音，冒在幽部爲脣音，兩字聲韵，迥不相同。廣韵尤「牛，語求切」，疑母；號「冒，莫報切」，明母：疑、明兩母同位，同位則爲變轉。牛之訓冒，變轉也。

549

專之訓單。郊特牲「君專席而酢焉」，注：「專猶單也。」

〔疏證〕 今按：禮記曲禮上「有喪者專席而坐」，注：「專，猶單也。」單獨義通，故專又訓獨，左傳襄十九年「是專黜諸侯」，服注：「專，獨也。」國語晉語「非起也，敢專承之」，注：「專，獨也。」呂覽簡選「不可爲而不足專恃」，注：「猶獨也。」淮南氾論「行無專制」，注：「專，獨也。」論語子路「不能專對」，集解：「專，猶獨也。」專、單古韵同在安部，專之訓單本聲韵兼轉，然而聲音衍變，韵部亦有推移。廣韵仙「專，職緣切」，照三；寒「單，都寒切」，端母：若以照三爲齒音，則舌齒異聲非正轉，端、照同位爲變轉。若以照三本同知古讀端，則專、單爲古聲同母，雙聲正轉。至於專之訓獨，屋「獨，徒谷切」，定母，則定與照更不同位，故錢氏不取以標目。

550 觚爲觶。燕禮「主人坐奠觚」，注：「古文觚皆爲觶。」

〔疏證〕燕禮「主人坐洗觚，坐奠觚」，引文省節也。本條宜與下條合併釋之，説詳下。

551 又爲爵。燕禮「賓洗南坐奠觚」，注：「今文從此以下觚皆爲爵。」又「賓降洗升媵觚于公」，注：「此當言媵觶，言觚者字之誤也。古文觶字或作角旁氏，由此誤爾。」周禮梓人「獻以爵而酬以觚」，注：「觚當爲觶。」鄭駁異義云：「觶字角旁支，汝潁之間，師讀所作。今禮角旁單，古書或作角旁氏，角旁氏則與觚字相近。學者多聞觚，寡聞觗，寫此書亂之而作觚耳。」

〔疏證〕今按：觚在烏部牙聲，觶在安部舌聲，古韵既不相同，聲紐亦迥異。故鄭君以爲觚爲觗之形誤耳。錢氏乃以爲廣韵模「觚，古胡切」，見母；支「觶，章移切」，照三；見、照同位，同位爲變轉。錢氏又推此以論觚或爲爵，廣韵藥「爵，即略切」，精母，精亦與照、見兩母同位，爵亦觶之變轉矣。遂於鄭君之外別開一説，真能獨開風氣、獨闕蹊徑者也。

552 軹爲軒。 周禮大馭「右祭兩軹」，注：「故書軹爲軒。杜子春云：軒當作軹，或讀爲簪笄之笄。」

〔疏證〕大馭屬夏官。戴東原辨詩禮注軌軓軹軒四字：「周禮大馭『右祭兩軹，祭軓』，鄭注曰：『故書軹爲軒，軓爲軌。杜子春云：軒當爲軹，軹謂兩轊也。軌當爲軓。軓謂車軾前，或讀爲簪笄之笄。』杜君改爲軹，與輢内之軹二名溷淆，非也。以轊釋轂端之軒，亦非也。中略。禮記少儀『祭左右軌范』，鄭注曰：『周禮大馭：祭兩軹、祭軓，乃飲。軌與軹於車，同謂轊頭也。軓與范聲同，謂軾前也。』詩匏有苦葉釋文辨別之曰：『按説文云：軌，車轍也，从車，九聲，龜美反。軓，車軾前也，从車，凡聲，音犯，車轊頭所謂軓也。相亂，故具論之。』孔仲遠於此亦曰：『少儀與大馭之文，事同而字異，以范當大馭之軓，軌當大馭之軹，故並其文而解其義，不復言其字誤耳。其實少儀軌字誤，當爲軓也。』孔君于禮記不言軌乃誤字，當依詩正義爲定。詩傳誤溷同軌軓二字，禮注誤溷同軒、軹、軌三字，而軌字遂有車轊頭之誤，謬也。」

今按：錢氏不言字誤，一以聲之變轉爲説。軹在恚部舌聲，軒在因部牙聲，無論韵部聲紐，皆不相同。然廣韵紙「軹，諸氏切」，照三，幵讀爲簪笄之笄，廣韵齊「笄，古奚切」，見母，照、見爲同位，故軹爲幵，聲之變轉耳。軌在幽部牙音，軌與軹亦聲韵皆異，廣韵旨「軌，居洧切」，亦爲見母，亦與軹同位，亦與軹爲變轉。

553

綴爲級，亦爲對。樂記「綴兆舒疾」，史記樂書作級兆。士喪禮「綴足用燕几」，今文綴爲對，注：「綴猶拘也。」

〔疏證〕士喪禮注：「綴猶拘也，今文綴爲對。」禮記喪大記「小臣楔齒用角柶，綴足用燕几」，釋文：「綴，丁劣反，又丁衛反。」

今按：樂書集解引徐廣曰：「級，今禮作綴。」索隱：「下文其舞行及遠、及短，禮皆作綴，蓋是字之殘缺訛變耳。故此爲級，而下又爲及也。」檢樂記下文「其舞行綴遠」，「其舞行綴短」，上下文同作綴；樂書今本亦上下文相同，蓋後人依司馬貞改之。綴古韵在曷部，級在邑部牙音，聲韵皆不同，則非韵同或聲同之轉矣。廣韵祭「綴，陟衛切」，知母；若依喪大記則爲端母。緝「級，居立切」，見母：亦聲韵皆不同，聲韵雖不同，然而同位，同位爲變轉。故錢氏不依司馬之説，以爲綴之爲級，變轉也。

周禮考工記輿人「去一以爲轛圍」，注：「鄭司農云：轛讀如繫綴之綴。」釋文「轛音對」，轛之讀綴，猶綴之作對也，亦綴對聲通之證。對在讟部，綴在曷部，古韵相鄰，聲類主聲不主韵，故不言韵轉。隊「對、轛，都隊切」，端母，若以古無舌上音言之，綴爲知母，古讀端，喪大記釋文亦作端母，綴爲對，雙聲正轉。

554 姪（待結反）。

〔疏證〕今按：詩鵲巢釋文：「姪，待結反。字林『丈一反』。」是一字而兼讀定母、澄母也。釋名釋親屬：「姑謂兄弟之女爲姪。姪，迭也；共行事夫，更迭進御也。」廣韵屑「姪、迭，徒結切」，定母；質「姪，直一切」，澄母：亦一字而兼定澄兩母。若從古無舌上音言之，澄母古讀定，兩音相同。

555 翦，盡也。

〔疏證〕今按：左傳成二年云「余姑翦滅此而後朝食」，襄八年「翦焉傾覆」，皆注云：「翦，盡也。」西京賦「翦其類也」，注：「翦，盡也。」翦之訓盡，習見。翦在古韵安部，盡在因部，古韵有異也。廣韵獮：「翦，即淺切」，精母；軫「盡，即忍切又慈忍切」，精母：韵異而聲相同，雙聲正轉。

556 膊，磔也。殺而膊諸城上。

〔疏證〕 引文見左傳成公二年，注：「膊，磔也。」

今按：膊在蒦部爲脣音，磔在曷部牙音，聲與韵俱相異。廣韵鐸「膊，匹各切」，滂母，然膊从甫得聲，甫非母，膊亦應可讀非、幫兩母，鐸韵博系二十字皆从尃得聲，讀幫母，可證也。廣韵陌「磔，陟格切」，由牙音轉舌音。知母。知幫雖不同紐然而同位，同位則爲變轉。

557 鈞，等也。左傳：「善鈞從衆。」

〔疏證〕 引左傳襄廿六年文，注：「鈞，等也。」

今按：國語晉語「鈞之死，不若聽君之命」，注：「等也。」吕覽功名「取則行鈞也」，貴信「鈞其死也」，注皆云：「鈞，等也。」淮南俶真「然而失本性鈞也」，時則「鈞衡石」，繆稱「鈞之哭也」，注並云：「鈞，等也。」禮記投壺「鈞則曰左右鈞」，注亦曰：「鈞，等也。」皆以鈞訓等之例證。鈞在因部，等在噫轉入膺，兩部古韵甚遠，非韵轉明矣。廣韵諄「鈞，居匀切」，見母；等「等，多肯切」，端母：聲韵亦各異，然同位，同位爲變轉。

558 多，衹也。　左傳「欲之而言叛，衹見疏也」，杜預本衹作多，正義曰「古人多衹同音，論語『多見其不知量也』，多與衹同。」

〔疏證〕　引左傳襄廿九年。錢氏節引正義，正義又云：「服虔本作衹見疏。解云：衹，適也。晉、宋杜本皆作多，古人多衹同音。張衡西京賦云：『炙炰夥，清酤多。皇恩溥，洪德施。』施與多爲韵，此類衆矣。」

今按：施多古韵同在阿部，故相爲韵，衹在恚部不與阿部同韵也，孔疏猶未瑩。廣韵支「衹，章移切」，照三；歌「多，得何切」，端母：若以照三同知古讀端言之，雙聲正轉也；若以照三與端同位言之，同位變轉也。

559 墮，輸也。　公羊經：「鄭人來輸平，輸平猶墮成也。」左傳「寡君將墮幣焉」，服虔曰：「墮，輸也。」

〔疏證〕　引公羊隱六年傳，釋文：「輸平，式朱反，墮也，左氏作渝平。墮，許規反。」引左傳，見昭四年。

今按：穀梁隱六年傳：「輸者，墮也。」詩正月「載輸爾載」，箋：「輸，墮也。」廣雅釋言：「輸，墮也。」此亦輸訓爲墮之例證也。輸在區部，墮在阿部，古韻不同；輸在正齒，墮爲牙音，聲系迥異，非韻部之轉，亦非雙聲相轉。廣韻虞「輸，式朱切」，審三；支「墮，許規切」，曉母：喉音四母錢氏皆爲收聲，故審曉同位，同位爲變轉。

又按：墮字本作舌音，廣韻果「墮，徒果切又他果切」，定母；其他从隋得聲之字亦多讀舌音，鮮讀曉母者，讀曉母音之變耳。从俞得聲之字，亦爲舌音，且多透、定兩母，墮、輸兩字古音本同爲定紐，雙聲正轉。輸平即渝平，左傳隱六年經正作渝平。渝平又即渝盟，左傳桓元年「渝盟無享國」，僖廿八年「有渝此盟」皆是也。廣韻虞「渝，羊朱切」，喻四，古讀定，渝與墮與輸古音亦雙聲。錢氏不言喻四讀定，故所論不及此也。

560 湫，著也；底，止也。左傳「勿使有所壅閉湫底」，服虔說。

〔疏證〕引左傳昭元年文，釋文：「湫，子小反，又在酒反，服云：著也。底，丁禮反，服云：止也。」

今按：文選秋興賦注引爾雅郭注「底，止也」，亦底訓止之一例。湫在幽部齒音，著在烏部舌音，聲韵俱不相同。廣韻尤「湫，即由切又子小切」，精母；藥「著，張略切又直略、張豫二切」，知母：是二字雖聲韵皆異，然而同位，同位爲變轉。又底在衣部，止在噫部，古韵亦不同韵；底讀舌頭，止今入齒音，亦不同紐。廣韵薺「底，都禮切」，端母；止「止，諸市切」，照三，錢氏未嘗明言照三同知古讀端：故底、止二字亦可謂之聲韵皆異，然而同位，同位爲變轉。

561 蔽，斷也。 左傳：「官占惟先蔽志。」

〔疏證〕 左傳哀十八年引夏書曰「官占惟能蔽志」，以先作能。然注曰：「蔽，斷也，言當先斷意。」

今按：大禹謨「官占，惟先蔽志」，僞孔傳：「蔽，斷也。」左傳昭十四年「叔魚蔽罪邢侯」，注：「蔽，斷也。」家語正論「叔魚蔽獄邢侯」，注：「蔽，斷也。」小爾雅廣言：「蔽，斷也。」皆以蔽訓爲斷之證也。蔽在鬱部脣音，斷在安部讀舌頭，聲韵皆異。廣韵祭「蔽，必袂切」，非母，錢氏徑入幫母；換「斷，丁貫切」，端母：是兩字於廣韵亦聲韵皆異，然而同位，同位則爲變轉。

又按：論語爲政「一言以蔽之」，皇侃疏：「蔽，當也。」集解引包注「蔽，當也」，當爲唐韵端母，與蔽亦聲韵皆異，然而同位，亦變轉也。

562 祝，斷也。公羊傳：「天祝予。」穀梁傳：「祝髮文身。」

〔疏證〕引公羊、穀梁皆見哀十三年。

今按：書泰誓下「祝降時喪」，僞孔傳：「祝，斷也。」列子湯問「祝髮而裸」，釋文：「斷絶其髮也。」廣雅釋詁一：「祝，斷也。」此亦以祝訓斷者。莊子消摇游「越人斷髮文身」，正以祝作斷也。祝在藑部今作齒音，斷在安部舌頭音，聲韵皆不同。廣韵屋「祝，之六切」，照三；換「斷，丁貫切」，端母：照三本同知，古讀端，兩字本同紐，雙聲正轉。錢氏並未明言照三讀端也，故兩字亦可謂之聲韵皆殊，然而同位，同位則變轉也。

563 憑，大也。列子湯問「帝憑怒，侵減龍伯之國，使阨」，注：「憑，大也。」

〔疏證〕今按：憑在膺部爲脣音，大在曷部讀舌頭音，兩字聲韵皆不同。廣韵蒸「憑，扶冰切」，自錢氏視之，當依集韵作皮冰切，並母；泰「大，徒蓋切」，定母：濁聲送氣，同位變轉。

564 遡，鄉也。

〔疏證〕 此通訓，故不舉例證。説文：「泝，逆流而上曰泝洄。泝，向也。」或作遡。向與鄉同。

今按：詩公劉「遡其過澗」，桑柔「如彼遡風」，傳並云：「遡，鄉也。」文選東京賦「遡河背洛字或作泝」，西京賦「咸遡風而欲翔」，薛注並云「遡，向也」，向、鄉相同。遡在蒦部讀齒音，鄉、向在央部讀牙音，央、蒦兩部本平入對轉，錢氏所不言，故聲韵俱異。廣韵暮「泝、遡，桑故切」，心母；漾「鄉、向，許亮切」，曉母：錢氏以心、曉兩母皆讀收聲，故兩字於廣韵雖韵紐皆異，然而同位，同位爲變轉。

565 傲，慢也。

566 慕，嫚也。 説文。

〔疏證〕 今按：傲、慕通作，慢、嫚通作，故併合釋之。漢書禮樂志、郊祀志上、五行志中之上、楚元王傳劉向傳、東方朔傳、尹翁歸傳、蕭望之傳、王嘉傳集注並曰：「敖讀曰傲。」又書益稷「無若丹朱敖」，釋文：「敖本作奡。」漢書楚元王傳引作「毋若丹朱敖」，說文作「若丹絑奡」。是敖、傲、奡三字通作也。易繫辭傳上「上慢下暴」，漢書叙傳下作「上嫚下暴」。詩大叔于田「叔馬嫚忌」，釋文「嫚本作慢」，是慢、嫚二字通作也。故傲之訓慢，猶奡之訓嫚，所以合併釋之。禮記投壺「毋敖」，注：「敖，慢也。」國語晉語「小國傲」，「傲，慢也」。禮記曲禮上「敖不可長」，疏：「敖者矜慢在心之名。」爾雅釋言「敖，傲也」，注：「禮記曰：無憮無傲。傲，慢也。」漢書郊祀志上集注：「敖，慢也。」說文：「奡，嫚也。」此皆傲、奡訓慢、嫚之例證也。傲在夭部，慢在安部；前者牙聲，後者脣音，聲韵皆相遠也。廣韵號「傲，五到切」，疑母；諫「慢，謨晏切」，明母：二字於廣韵亦韵異而聲殊，然而同位，同位爲變轉，奡嫚與傲慢同音，可以不贅。

567 爾，昵也。釋名。

〔疏證〕引釋名釋典藝。

今按：詩泉水「飲餞于禰」，韓詩作坭。易姤「繫于金柅」，釋文引子夏易作「繫于金鑈」。說文：「檷讀若柅。」釋名釋宮室亦云：「泥，邇也。」皆尼、爾兩字相通之證也。爾、昵同在古韵衣部，本同音字。至廣韵而韵紐稍異，紙「爾，兒氏切」，日母；脂「昵，女夷切」，娘母：古音娘日歸泥，自爲雙聲正轉矣。顧娘日歸泥，鄒漢勳始倡其説，章太炎證明之，錢氏不言也。故錢氏以爲爾、昵雖不同韵不同紐，然而同位，同位爲變轉。

568 毀，燬也。釋名。

〔疏證〕標目當云「燬，毀也」，此誤倒。釋名釋言語：「燬，毀也，言毀滅也。」釋名疏證補王先謙曰：「燬之爲毀，其義自明，或以二字聲不相近爲疑。按：詩汝墳釋文：『齊人謂火曰燬。』釋言孫炎注：『方言有輕重，故謂火爲燬也。』按：燬、毀聲同，火、燬聲同，火、燬、燬、毀，齊人並以爲聲近字，故取以爲訓，成國用其鄉音也。」

今按：王先謙所言聲近，謂音近也。其言殊陋，火在古韵衣部，燬在阿部，豈得謂之音近。孫炎、陸德明之言是矣。火、燬古同音字也。廣韵紙「毀，許委切」，曉母；果「燬，胡火切」，匣母：曉、匣近紐雙聲，自當爲正轉。顧錢氏以爲曉、匣爲近紐，不爲同紐，然同爲收聲，曉外收匣内收説見序例所引。故此以爲變轉之例。

569 泥，邇也。釋名。

〔疏證〕詳説已見「爾，昵也」條，此不贅。

今按：廣韻齊「泥，奴低切」，泥紐；紙「邇，兒氏切」，日母：古音娘日歸泥，本爲雙聲正轉。顧錢不言日母歸泥，以爲泥日同爲收聲，故爲變轉。

570 槃，大也。　士冠記注：「弁名出於槃。槃，大也，言所以自光大也。」

〔疏證〕引士冠禮「周弁」注。

今按：孟子「般樂怠敖」，「般樂飲酒」，注並云：「般，大也。」說文：「鞶，大帶也。」易訟「或錫之鞶帶」，虞注：「大帶也。」左傳桓二年：「鞶厲游纓」，服注：「鞶，大帶也。」說文：「幋，覆衣大巾也。」般、槃、鞶、幋並从般得聲，故其訓同，皆其例證。槃在安部脣音，大在曷部讀舌頭，聲韻皆殊。廣韻桓「槃，薄官切」，並母；泰「大，徒蓋切」，定母：聲與韻皆不同，同位變轉也。

571 娖，娕也。（上側角切，下測角切。）　史記張丞相列傳「娖娖廉謹」，索隱引小顏云：「持整之貌。」說文「娕，謹也，讀若謹敕之敕」，是娕即史記所云娖娖也。說文有娕無娖，是娖與娕通。

〔疏證〕 索隱云：漢書作齺齺，初角反；一作斷，音都亂反，義如尚書「斷斷猗無它技」。説文作「讀若謹敕數數」，謂娕讀若數也，此蓋傳鈔錯誤，刊刻時又未能校正耳。

今按：説文：「誎，餔旋促也。」廣雅釋言：「誎，督促也。」釋名釋言語：「束，促也，相促近也。」漢書高紀注：「促，速也。」皆束、足聲通之證。集韻「娕，或作娖」，尤足以證明錢說。娖、娕今韻皆屋韻，本同音字也。廣韻覺：「娕、娖，測角切」，集韻同，亦同音字也，所謂娖，側角切，未知何據。若作側角切，則娖爲照二，娕爲穿二，是爲近紐雙聲，正轉也。亦非同位變轉，是必有誤。

又若依錢引説文，「娕讀若敕」，廣韻職「敕，恥力切」，徹母，則敕、娖聲韻皆異，然而穿、徹同位，同位爲變轉，合于變轉之例矣，其于上下文相矛盾奈何！

572 啟，跪也。

〔疏證〕 此通訓也。爾雅釋言：「啟，跪也。」詩四牡「不遑啟處」，傳：「啟，跪也。」采薇「不遑啟處」，箋：「啟，跪也。」皆其例也。

今按：啟在衣部，跪在恚部，古韻不同也。廣韻薺「啟，康禮切」，溪母；紙「跪，去委切」，溪母：雙聲正轉。又「跪，渠委切」，羣母，溪、羣本近紐，亦爲正轉。蓋錢氏採渠委切一音，以爲溪、羣雖近紐非同紐，然而同爲送氣，故又以爲變轉之例。

573 曹，羣也。詩：「乃造其曹。」

〔疏證〕引詩公劉及傳。

今按：左傳昭十五年曰「使曹逃」，注：「曹，羣也。」國語周語曰「民所曹好」，注：「曹，羣也。」曹在幽部齒音，羣在㬎部牙音，聲韵皆異。廣韵豪「曹，昨勞切」，從母；文「羣，渠云切」，羣母：廣韵兩字亦聲韵不同，然而同爲濁聲送氣，同位變轉。

574 良，能也。左傳「吾自泯焉，弗良及也」，服虔云：「弗良及者，不能及也。良，能也。」

〔疏證〕左傳昭十八年孔疏云：「良是語辭，史傳多云『良所未悟』，『良有以也』，是古今共有此語也。而服虔云：『弗良及者，不能及也。良，能也。』能非良之訓，妄言耳。」

今按：通言賢良即賢能，孔氏誤。良在央部，能在膺部，古韵不同。廣韵陽「良，吕張切」，來母；膺「能，奴登切」，泥母：亦聲韻皆異，然而同爲收聲，變轉也。

釋訓一章皆發明變轉之例，故皆以變轉釋之。其亦有與正轉相牽連者，則補充申述之。惟「娖，婕也」一條，疑原文訛亂，後人刊刻，校勘不精，雖加疏證，猶待手稿發現，有以改正之也。

釋語

575 句摩，鳩摩也。晉書呂光載記，道士句摩羅耆婆，鳩摩羅什之別名也。

〔疏證〕說文「句，曲也。从口，丩聲」，當云：「从丩，口聲。」丩在幽部，口在區部，句古韻叶區不叶幽；句訓曲，口無曲義而丩有曲義。鳩在幽部，故句、鳩古韻異部。

今按：淮南子墬形「自東北至西北方有句嬰民」，注：「句嬰讀爲九嬰，北方之國也。」莊子天下「而九雜天下之川」，釋文：「九本作鳩。」句與九相通，九與鳩相通，故句與鳩通，是句、鳩相通之又一證矣。廣韻侯「句，古侯切」，見母；尤「鳩，居求切」，見母：是句、鳩古今韵不同，而同爲見母，雙聲正轉。

576 邪靡堆，邪馬臺也。隋書東夷傳：「俀國都於邪靡堆，則魏志所謂邪馬臺或本多一者字也。」

〔疏證〕魏志見東夷傳倭人傳。

今按：靡在阿部，馬在烏部，古韵不同。廣韵支「靡，文彼切」，微母古讀明；馬「馬，莫下切」，明母：是兩字古今韵不同，然而古聲同爲明母，雙聲正轉。堆在威部，臺在噫部，古韵亦殊。廣韵灰「堆，都回切」，端母；咍「臺，徒哀切」，定母。然䑓、儓字从臺聲又讀丁來切，是亦可以轉入端母：是堆、臺兩字雖古今異韵，雙聲正轉。

577 杜多，頭陀也。李壁注王荆公詩：「頭陀亦名杜多，梵語也。」

〔疏證〕今按：杜在烏部，頭在區部，雖相鄰近，古韵非同韵。廣韵姥「杜，徒古切」，定母；侯「頭，度侯切」，定母：杜、頭兩字古今韵不同，然而同爲定母，雙聲正轉。

多、陀古韵同爲阿部，廣韵歌「多，得何切」，端母；「陀，徒河切」，定母：不論韵而單以聲論，亦近紐雙聲，仍爲正轉。

578 昆彌，昆明也。 通典：「昆彌國一曰昆明。」

〔疏證〕 今按：史記西南夷傳「其外西自同師以東，北至楪榆，名爲巂、昆明」，索隱「崔浩云：巂、昆明，二國名」，漢書略同。漢書西域傳「昆莫，王號也，名獵驕靡，後書昆彌云」，師古曰：「昆莫本是王號，而其人名獵驕靡，故書云昆彌。昆取昆莫，彌取驕靡。彌、靡音有輕重，蓋本一也。後遂以昆彌爲王號也。」明在央部，彌在衣部，莫在烏部，靡在阿部，古韵互不相同也，今韵自各異，然四字同讀古聲明母，雙聲正轉。

579 宿利、蘇利，蘇藺也。 通典：「波斯國治宿利城。」按：周史云「蘇利城」，隋史云「蘇藺城」，記録音訛，其實一也。

〔疏證〕 周書異域下：「波斯國大月氏之别名，治蘇利城，古條支國也。」隋書西域傳：「波斯國都達曷水之西：蘇藺城，即條支之故地也。」

今按：宿在蔥部，蘇在烏部，古韵不同，宿之所以作蘇者，廣韵屋「宿，息逐切」，心母；模「蘇，素姑切」，心母：是宿、蘇兩字韵雖異而同爲心母，雙聲正轉也。利在衣部，藺在因部，然而錢氏不言衣、因對轉。利之所以作藺者，廣韵至「利，力至切」，來母；震「藺，良刃切」，來母：是利、藺兩字今韵亦不同，然而同爲來紐，亦雙聲正轉也。

580 蠕蠕、芮芮，柔然也。通典：「蠕蠕姓郁久閭，自號柔肰。後魏太武以其無知，狀類於蟲，故改其號曰蠕蠕。宋齊謂之芮芮，隋史亦曰芮芮。」

〔疏證〕魏書列傳九十一：「蠕蠕，東胡之苗裔也。自號柔然，後世祖以其無知，故改其號爲蠕蠕。」節刪原文。宋書列傳五十五索虜中累稱「芮芮虜」，而南齊書列傳四十則有芮芮虜傳。

今按：蠕在區部，芮在鬱部，柔在幽部，然在安部，古韵互不相同。廣韵祭「芮，而鋭切」，日母；尤「柔，耳由切」，日母；仙「然，如延切」，日母；集韵虞「蠕，汝朱切」，亦日母：是四字今韵亦不同，然而同爲日母，雙聲正轉。

581 狄歷，勅勒也。通典：「高車，古赤狄之種也。初因號爲狄歷，北方以爲勅勒。」

〔疏證〕 今按：狄在益部，勅在肊部，古韻不相同也。廣韻錫「狄，徒歷切」，定母；職「勅，恥力切」，徹母，古讀透：是狄勅古今韻不同，聲雖近紐亦非同紐，謂爲正轉自可，顧非範例耳。錢氏之意，二字韻紐雖不同，然而同爲送氣，同位變轉也。歷在益部，勒在肊部，古韻亦不相同。廣韻錫「歷，郎擊切」，來母；德「勒，盧則切」，來母：是歷、勒兩字雖不同韻，然而同母，則雙聲正轉之範例矣。

582 乞佛，乞伏也。水經注：「有東西二苑，相去七里，西城即乞佛所都也。」乞佛即乞伏之轉。

〔疏證〕 引水經注，見河水二「又東過天水北界」注。

今按：晉書載記二十五有「乞伏國仁」等，故云：「乞佛即乞伏之轉。」佛在鬱部，伏在肊部，古韻不相同。廣韻物「佛，符弗切」，奉母；屋「伏，房六切」，奉母：是佛、伏兩字雖古今韻異，然而同母，雙聲正轉。

583

姑師，車師也。史記大宛傳「樓蘭姑師邑有城郭」，正義：「姑師即車師也。」

〔疏證〕　今按：大宛傳又云「樓蘭姑師小國耳」，集解：「徐廣曰：即車師。」漢書西域傳稱車師，然又云：「至宣帝時，遣衛司馬使護鄯善以西數國，及破姑師未盡殄，分以爲車師前後王。」豈前稱姑師，後又依其音作車師耶。車、姑本烏部同音字，後世而稍音變，廣韵模「姑，古胡切」，見紐；魚「車，九魚切」，見紐：是兩字雖音有鴻細，然而同爲見紐，雙聲正轉。又麻「車，尺遮切」，穿三，則與見非同母，亦不同位，蓋當以前音爲準，不依後讀。

584

侖頭，輪臺也。史記大宛傳「烏孫侖頭」，漢書作輪臺。

〔疏證〕　今按：大宛傳又云：「至侖頭，侖頭不下。」引漢書西域傳。侖、輪同聲，自應通作。頭在區部，臺在噫部，古韵不同。廣韵侯「頭，度侯切」，定母；咍「臺，徒哀切」，定母：是兩字古今韵皆不同，然而同爲定母，雙聲正轉。

清代學術名著叢刊

［清］錢大昕 撰 郭晉稀 疏證

聲類疏證

中

上海古籍出版社

聲類疏證卷二

釋天

585 閼逢謂之焉逢。史記。淮南子天文訓亦謂之閼蓬。

〔疏證〕史記曆書「太初元年，歲在焉逢」，索隱：「甲歲雄也。漢書作閼逢，亦音焉，與此音同。」淮南天文：「寅在甲曰閼蓬。」

今按：閼、焉兩字聲通，尚可於它處證之。爾雅釋天「太歲在卯曰單閼」，史記賈生列傳「單閼之歲兮」，索隱引孫炎本作蟬焉，郝懿行爾雅義疏引孫炎作蟬焉，或有據也。説文「蔫，菸也」，此蓋聲訓，蔫、菸聲通即閼、焉聲通矣。後漢書和帝紀「獲其母閼氏」，注：「閼氏，匈奴后之號也，音焉支。」皆其例。閼在烏部，焉在安部，古韵不同。廣韵仙「焉、閼，於乾切」，影母，則轉作同音字矣。曷「閼，烏葛切」，影母，則韵異而聲同，雙聲正轉也。

586 旃蒙謂之端蒙。史記。

〔疏證〕史記曆書「端蒙單閼二年謂太初」，集解：「單閼一作亶安。」索隱：「端蒙，乙也，爾雅作旃蒙。單閼，卯也，丹遏二音，又音蟬焉，歲在乙卯也。」

今按：旃从丹聲，旃、端本古韵安部同音字，而後世音稍變焉。廣韵先「旃，諸然切」，照三；桓「端，多官切」，端母：照三本同知古讀端，本爲同母，雙聲正轉。顧錢氏未嘗徑言照三古讀端，端、旃爲異韵異母。然端母與照三同爲出聲，同位則爲變轉。

587 彊圉謂之彊梧。史記。

〔疏證〕爾雅釋天「太歲在丁曰彊圉」，淮南天文「巳在丁曰彊圉」，皆作彊圉。史記曆書「彊梧大荒落四年」，正義：「梧音語。」

今按：圉、禦聲通，御、語聲通，已詳卷一釋言「御，語也」條，此不贅。圉、梧本烏部同音字，後世而小變。廣韵語「語，魚巨切」，疑母；模「梧，五乎切」，疑母：雙聲正轉。

588 著雍謂之祝犂。史記。著、祝聲相近。

〔疏證〕 史記曆書「祝犂協洽二年」，索隱：「祝犂，己也，爾雅作著雍。」淮南天文與爾雅同。

今按：著在烏部，祝在薁部，古韻不相同。廣韻御「著，陟慮切又張略切」，知母；屋「祝，之六切」，照三：古音同讀端母，本爲雙聲正轉。顧錢氏未明言照三古讀端，則照知同爲出聲，同位變轉。

589 縣黓謂之橫艾。 史記。 縣橫聲相近。

〔疏證〕 史記曆書「橫艾淹茂太始元年」，索隱：「橫艾壬也，爾雅作玄黓。」爾雅釋天：「太歲在壬曰縣亦作玄黓。」淮南天文：「戊在壬曰元黓。」

今按：玄、縣本安部同音字，自應通作。文選東京賦「右睨玄圃」，薛注：「玄與懸古字通。」橫在央部，縣、橫古韻不同也。廣韻先「縣玄同，胡涓切」，匣母；庚「橫，户盲切」，匣母：是縣橫雖古今韻異，然而同母，同母爲雙聲正轉。又黓在肊部，艾在曷部，古韻亦不相同。廣韻職「黓，與職切」，喻四；泰「艾，五蓋切」，疑母：是黓、艾古今韻異，聲亦不同，然而同爲收聲，同位爲變轉。

590 單閼謂之亶安。徐廣説。

〔疏證〕史記曆書「端蒙單閼二年太初」，集解：「徐廣曰：單閼作亶安。」索隱：「單閼，卯也，丹遏二音，又音蟬焉。」爾雅釋天、淮南天文並作單閼。

今按：單、亶聲通，已詳卷一釋言「路亶，落單也」條，此不贅。閼之轉安，下見卷三名號之異「董閼于，董安于也」條，此亦從略。

591 大荒落謂之大芒駱。

〔疏證〕爾雅釋天「太歲在已曰大荒落」，淮南天文同。史記曆書「祝犂大芒落四年征和」，天官書「大荒駱歲」，錢氏參取曆書、天官書異文，故云大芒駱。

今按：荒、芒同从亡聲，落、駱同从各聲，自應各自相通，無待詳説。廣韵唐「荒，呼荒切」，曉母；又「芒，莫郎切」，明母：自錢氏視之，曉明收聲，同位變轉也。鐸「落、駱，盧各切」，來紐同音，則爲正轉。今以爲明、微兩母之轉曉，蓋上齒與下脣或上脣與下脣偶不沾合，聲紐之終而復始，故明、微變曉耳。

592 協洽謂之汁洽。史記。

〔疏證〕爾雅釋天：「太歲在未曰協洽。」史記曆書「昭陽汁洽二年后元」，集解：「汁一作協。」

今按：錢氏蓋以協从劦聲，汁从十聲，分爲兩部。知者，朱駿聲，錢氏高弟，亦以十在臨入，劦在謙入，或依師説也。廣韵怗「協、叶，胡夾切」，匣母；緝「汁，之入切」，照三，汁从十聲當有十音，又「十，是執切」，禪母：是協、汁雖不同韵同母，亦不同位，而協、十同爲收聲，同位變轉，協、叶又同音也。

又按：説文「協，衆之同和也，从劦，从十。古文从日作叶，从口作叶」，竊疑十亦聲也。段注劦字云：「此字本音戾，力制切，十五部。淺人妄謂與協、勰、協同音，而不知三字皆从劦會意，協从十，十亦聲。非以形聲也。」其説甚是。又以叶、協皆入七部，亦甚得韵學鰓理。惟又以劦入七部，與劦字注文相矛盾，不免偶然疏忽。今謂汁、叶、叶、協皆从十聲，同聲自相通作。

593 作噩謂之作詻。

〔疏證〕爾雅釋天「太歲在酉曰作噩」，釋文：「噩本或作咢，字同，五各反。漢書作詻，韋昭音圻堮。按：聲類：『詻，五格反。』」史記曆書「尚章作噩二年始元」，正義：「李巡云：作鄂，萬物皆落，格起之貌也。」淮南天文「作鄂之歲」，注：「作鄂，零落也。萬物皆陊落。」漢書天文志「在酉曰作詻」，注：「爾雅作作噩。」

今按：噩、鄂、咢、詻，皆在古韵蒦部，依爾雅釋文音皆疑母，雙聲正轉。今音或稍迻易，可以勿論。

594

烈風謂之厲風。莊子「厲風濟，則衆竅爲虚」，郭象注。

〔疏證〕已詳卷一釋言「遮例、遮迾，遮列也」一條。廣韵祭「厲，力制切」，來母；薛「烈，良薛切」，來母：是兩字韵異聲同，雙聲正轉。

595

甘露謂之膏露。孝經援神契：「甘露一名膏露。」

〔疏證〕今按：孫柔之瑞應圖：「甘露，美露也。神靈之精，仁瑞之澤，其凝如脂，其甘如飴，一名膏露，一名天酒。」蓋詩下泉「陰雨膏之」，左傳襄十九年「范宣子賦黍苗。武子曰：小國之仰大國也，如百穀之仰膏雨焉。」膏雨即甘雨，詩甫田：「以祈甘雨。」雨稱膏雨，露亦稱膏露，禮運「天降膏露」，漢書董仲舒傳「膏露降，百穀登。」露稱甘露猶雨之言甘雨也。甘在古韵奄部，膏在夭部，不同韵也。廣韵談「甘，古三切」，見母字；豪「膏，古勞切」，亦見母字：韵異而聲同，雙聲正轉。

596

咮謂之注。史記曆書「西至於注」，索隱云：「注，咮也。」天官書：「柳爲鳥咮。」

〔疏證〕爾雅釋天「咮謂之柳」，注：「咮，朱鳥之口。」郝懿行云：「咮者，說文云『鳥口也』，天官書云『柳爲鳥注』。律書云『注者，言萬物之始衰，陽氣下注，故曰注』，索隱曰：『注，咮也。』考工記輈人注：『輈之揉者形如注星。』是皆以注爲咮也。下節。咮又作噣，詩小星傳『三星五噣』，正義引元命苞云：『柳五星。』釋文引爾雅作『噣謂之柳』。下節。咮、噣聲同，與注又聲相轉，故皆叚借通用。」

今按：咮注古音同在區部；噣在屋部，區之入聲也。廣韵虞「咮，章俱切」，照三；遇「注，之戍切」，照三；燭「噣，之欲切」，照三：是三字同紐，雙聲正轉也。

597

孛謂之茀。史記齊世家「茀星將出」，正義：「茀音佩。」穀梁。

〔疏證〕爾雅釋天「彗星爲欃槍」，注：「亦謂之孛，言其形孛孛似掃彗。」郝懿行云：「釋名云：『彗星，光稍似彗也。孛星，星旁氣孛孛然也。』下節。按：彗，春秋作孛，凡三見。文十四年：『有星孛入于北斗。』公羊傳：『孛者何？彗星也。』穀梁傳：『孛之爲言猶茀也。』昭十七年：『有星孛入大辰，西及漢。』左傳：『彗所以除舊布新也。』哀十三年：『有星孛于東方。』公羊傳：『言其于東方者何？見于旦也。』下節。」

今按：孛、茀古韵同在豐部。廣韵隊「孛，蒲昧切」，並母；茀依史記音佩，則與孛同音。捨韵不言，雙聲正轉。

釋地

598　邱謂之虛。說文。

〔疏證〕說文無邱字，當云「丘謂之虛」。說文：「丘，土之高也，非人所爲也。从北，从一。一，地也。人居在丘南，故从北，中邦之居，在崐崘東南。一曰：四方高，中央下爲丘，象形。」錢氏所云與此無關。說文又云：「虛，大丘也。崐崘丘謂之崐崘虛。

古者九夫爲井，四井爲邑，四邑爲丘，丘謂之虚。从丘，虍聲。」錢氏正引虚字説解。

今按：楚辭哀郢「曾不知夏之爲邱兮」，注：「邱，墟也。」後漢書馮衍傳「西顧酆鄗周秦之丘，宫觀之墟」，注：「丘亦墟也。」此亦丘、虚聲通而義通也。因丘、虚聲義相同，故常丘墟聯辭，管子八觀：「衆散而不收，則國爲丘墟。」吕氏春秋禁塞：「知必國爲丘墟。」楚辭九懷昭世：「進瞵盼兮上丘墟。」凡此義雖略有迻易，不必爲説文之舊，固可證其音聲相通也。丘在古韻噫部，虚在烏部，非同部字。廣韻尤「丘，去鳩切」，溪母；魚「虚，去魚切」，溪母：韵不同而聲同，雙聲正轉。

599

魁父，魁阜也。　列子湯問篇：「以君之力，曾不能損魁父之邱」，注：「魁父，小山也，在陳留界。」淮南子作魁阜。

〔疏證〕　列子釋文：「魁父，淮南子作魁阜，謂小山如堆阜」，今淮南本文亦作魁阜。太平御覽引淮南云「魁父之山，無營宇之材」，藝文類聚山部引作「魁府」。

今按：父在烏部，阜在幽部，古韻不同。廣韻麌「父，扶雨切又方矩切」，奉母；有「阜，房九切」，奉母：是兩字韵不同而同紐，雙聲正轉。

600 邱阿，曲阿也。　詩：「止于邱阿。」毛氏説。

〔疏證〕　引小雅縣蠻及傳。

今按：縣蠻箋云「小鳥止于丘之曲阿」，是不以曲訓丘而以曲狀阿也。下文云「止于丘隅」，箋云：「丘隅，丘角也。」下文又云「止于丘側」，箋云：「丘側，丘旁也。」似以箋義爲長。錢氏蓋以爲毛公既以曲訓阿，則曲、邱相通，自爲古訓，僅取阿之可以訓曲，不計詩義之應否訓曲耳。丘在噫部，曲在屋部，古韵不相同。廣韵尤「丘，去鳩切」，溪母；屋「曲，丘玉切」，溪母：韵不同而聲同，雙聲正轉。

601 四竇，四瀆也。　周禮大司樂「以祭四望」，注：「四望，五嶽四鎮四竇。」

〔疏證〕　大司樂屬春官。釋文云：「竇本又作瀆，同音獨。」錢氏取釋文異文以立目。

今按：竇、瀆皆从𧶠聲，説文同聲字自應同音通讀，自無煩證。古韵同在屋部。廣韵候「竇，田候切」，定母；屋「瀆，徒谷切」，定母：韵不同，同爲一紐，雙聲正轉。

602　番吾、鄱吾，蒲吾也。　史記蘇秦傳「據番吾」，徐廣曰：「常山有蒲吾縣」。六國表「秦拔我鄱吾」，索隱云：「音婆，又音盤，縣名，在常山。」

〔疏證〕　蘇秦傳正義亦云：「番音婆，又音蒲，又音盤，疑古番吾公邑也。括地志云：蒲吾故城，在鎮州常山縣東二十里。」

今按：婆在阿部，蒲在烏部，番、鄱、盤在安部，古韻阿、安對轉，阿、烏旁轉，錢氏不言旁轉、對轉，故皆異韻耳。廣韻模「蒲，薄胡切」，並母；元「蕃，附袁切又孚袁切」，奉母古讀並；戈「婆、鄱，薄波切」，並母：是四字三韻，然而聲同，雙聲正轉。

603　福陽，傅陽，偪陽也。　漢書古今人表「福陽子」，師古曰：「偪陽也。」春秋「遂滅偪陽」，穀梁作「傅陽」。漢書地理志：「楚國傅陽縣，故偪陽國。」

〔疏證〕　引春秋襄公十年。杜注：「偪陽今彭城傅陽縣也。」釋文：「偪，甫目反，又彼力反，本或作逼。」惠棟云：「徐音是也。下節。穀梁作『傅陽』，郡國志云『傅陽有柤水』，引經文亦作福，並音之轉耳。」引穀梁亦見襄十年，釋文云：「左氏作逼陽。」

今按：福、偪、逼皆从畐聲，古韵同在㞋部，本同音字，無足證者，惟錢氏以福讀齒脣音，逼、偪讀雙脣音，謂有輕重之分耳。傅在烏部，古韵爲異部矣。廣韵屋「福，方六切」，非母，古讀幫；職「偪逼同，彼則切」，非母，錢氏以爲幫母：是福、偪兩字于廣韵爲異韵，且有輕重脣音之分，然古無輕脣，則異韵而古同母，雙聲正轉。遇「傅，方遇切」，非母古讀幫，更爲異韵，然而古亦同紐，雙聲正轉。

604

厥貉，屈貉也。春秋「次于厥貉」，公羊作屈貉。屈與厥通，晉韓厥，公羊作韓屈。

〔疏證〕引春秋文十年，公羊同，釋文云：「屈貉，居勿反，又音厥；下麥反，又户各反。二傳作厥貉。」又左傳宣十二年「韓厥爲司馬」，公羊襄元年「夏，晉韓屈帥師伐鄭」，疏：「左傳穀梁屈作厥字也。」

今按：春秋昭十一年「會于厥慭」，穀梁同；公羊昭十一年作「會于屈銀」，亦厥、屈通作也。厥在曷部，屈在鬱部，古韵不相同。廣韵月「厥，居月切」，見母；物「屈，九勿切又區勿切」，見母：是厥、屈雖不同韵，然而同母，雙聲正轉。

605 厥黨，闕黨也。 漢書古今人表：「厥黨童子。」

〔疏證〕論語憲問「闕黨童子將命」，故錢云爾。

今按：厥、闕同从欮聲，本曷部同音字，今「闕，去月切」，溪母；「厥、欮，居月切」，闕自有欮音，遂易爲溪母耳：雙聲正轉。

606 厥慭，屈銀也。 春秋「會于厥慭」，公羊作屈銀。

〔疏證〕引春秋及公羊並見昭十一年，左傳釋文：「慭，魚靳反，徐五巾反，一音五轄切。」

今按：厥、屈通作，已詳上文「厥貉，屈貉也」一條。左傳釋文徐音五巾反者，正以慭一作銀也。左傳文十二年「皆未慭也」，注：「慭，缺也。」釋文：「慭，魚覲反，又魚轄反。」魚轄反與五轄反同。說文「齾，缺齒也」，廣韻五鎋切，朱駿聲以爲即未慭之本字，甚是，故慭又讀與齾同。銀、慭同在昷部疑紐，本同音字，齾在安部轉入曷部疑紐，皆雙聲正轉也。

607 計斤，計基、介根也。 漢書地理志，琅邪郡有計斤縣，師古曰：「即春秋左氏傳所謂介根也，語音有輕重。」杜注左傳云：「介根，莒邑。今城陽黔陬縣東北，計基城是也。」

〔疏證〕 左傳襄廿四年「遂伐莒，侵介根」，錢氏即引杜氏此文注，釋文又云：「基，本又作其，音基，又如字。 漢書作斤，如淳斤音基。」校勘記：「段玉裁云：斤當作亓，音基。作斤是誤字。」

今按：段氏詩經小學云：「唐韵正曰：『會言近止，往近王舅，皆附近之近，而非䢋也。』按：下節。往䢋王舅，蓋言往己王舅也。古音同部假借，此借䢋爲己。傳以己訓䢋，下節。詩『彼其之子』，左傳引作『彼己』，禮記引作『彼記』。大叔于田箋云：『忌，辭也，讀如彼己之子之己。』劉伯莊史記音義云：『丌古其字。原注：玉篇丌古其字。』說文『丌讀若箕』，『䢋讀與記同』。知其己、記、忌、丌、䢋字，同在之、咍部；若近字乃在諄文部，音轉讀若幾，讀若祈，在脂、微部。如『會言近止』，與偕、邇爲韵；如周禮『九畿』，故書作九近；周易『月幾望』，或作『近望』是也。諄、文與脂、微近，與之、咍相去甚遠，不相假借。此詩如本近字，則毛訓爲己，鄭讀如記，如何可通。故近爲䢋之訛，其說不可易也。」然此處則不必然，謂計斤爲計亓之誤，誠與計基一致，似乎可通，又何以釋介根耶？根與斤古同音，然與基韵又縣絶，不相關聯。必以字形論，與其謂斤爲亓之誤，不如謂基本作亓。爲斤之誤耳。錢氏不以韵論，唯以聲論。介在曷部，計在灪部，古韵不同也。廣韵霽「計，古詣切」，怪「介，古拜切」，介、計韵雖不同，然而同爲見母，雙聲正轉。斤、根雖與基古今韵皆不相同，然廣韵欣「斤，舉欣切」，見母；痕「根，古痕切」，見母；之「基，居之切」，見母：是斤、基、根三字韵雖不同，其爲見母則一致，亦爲雙聲正轉。似較校勘記引段説爲强。

608

陵水，栗水也。史記范雎傳「夜行晝伏，至於陵水」，小司馬引劉氏云：「陵水即栗水也。陵栗聲相近。」

〔疏證〕今按：陵在膺部，栗在壹部，古韵相去甚遠，非韵轉也。廣韵蒸「陵，力膺切」，質「栗，力質切」，兩字皆來母，雙聲正轉。

609

降谷，函谷也。尚書大傳「孟諸靈龜，隆谷玄玉」，注：「隆讀如厖降之降，或作函谷，今河南穀城西關山也。」

〔疏證〕引夏傳禹貢。

今按：降在夅部，函在奄部，古韵不同。廣韵江「降，下江切又古巷切」，匣母；覃「函，胡男切」，匣母：是降、函兩字雖不同韵而同母，雙聲正轉。

610 宏山，恒山也。 尚書大傳「函都宏山祀」，注：「恒山也。」

〔疏證〕見虞夏傳。

今按：宏、恒古韵同在膺部，本同音字，後世而稍有迻易。廣韵耕「宏，户萌切」，匣母；登「恒，胡登切」，匣母：是兩字於廣韵則異韵而同聲，雙聲正轉。

611 汶山、文山，岷山也。 書「岷嶓既蓺」，「岷山之陽」，「岷山導江」，史記岷皆作汶。漢書武帝紀文山郡，應劭曰：「文山，今蜀郡崏山。」

〔疏證〕引書禹貢。引史記夏本紀，集解：「鄭玄曰：『地理志：岷山在蜀郡湔氐道。』」索隱：「汶一作崏，又作峧。」是文、汶、峧、崏、岷五字通作。

今按：説文：「嵍，嵍山也，在蜀湔氏西徼外。」諸書言岷山雖字形各異，總其所歸，不外或从文聲、或从民聲、或从昏聲而已。説文：「昏，日冥也。从日，从氐省，會意。氐者，下也。一曰从民聲。」同一字或曰會意，或曰形聲，故所从得聲之字，既可从昬也，从昏得聲之字遂通於从民得聲之字矣。春秋僖廿六年「齊侯伐宋圍緡」，公羊同，穀梁作閔，又可證昬與文聲通也。説文「蟁，齧人飛蟲，从䖵，民聲。或从昬，以昬時出也。俗从虫，文聲」，是蟁之一字，而兼从文从民从昏得聲三形，故文、民、昏聲通矣。它亦無需再證。文、昏在昷部，民在因部，古韵不同也，然而兩韵相鄰近，互相旁轉。廣韵文「文、汶，無分切」，微母，古讀明；真「岷，武巾切」，微母，古讀明，錢氏徑入明：是文、汶與岷今韵亦異，然古今聲紐皆同，故爲雙聲正轉。昏在魂韵，呼昆切，曉母，錢氏所以不取。

612 濁鹿，涿鹿也。莊子盜跖篇「與蚩尤戰於涿鹿之野」，（釋文）：「本又作濁。」史記五帝本紀「戰於涿鹿之野」，索隱云：「或作濁鹿。」

〔疏證〕今按：从豖、从蜀得聲之字，古常通用，不僅涿、濁兩字也。左傳哀廿七年有「顔涿聚」，漢書古今人表作「顔燭雛」，晏子春秋作「顔燭鄒」，淮南氾論作「顔喙聚」，説苑正諫作「顔燭趨」。是同一人名而从蜀、从豕得聲不同也。周禮秋官序官「壺涿氏」，注：「故書涿爲獨。鄭司農云：獨讀爲濁其源之濁，音與涿相近。書亦或爲濁。」是同一官名而涿、獨、濁三字互用也。説文「斀，去陰之刑也。从攴，蜀聲。周書曰：刖劓斀黥」，今本吕刑作「劓刵椓黥」。是同一刑名而作斀、作椓不同。蜀、豕古韵同在屋部，音本相近，自應通作。廣韵覺「濁，直角切」，澄母，迻至旁韵旁紐者亦多，如燭韵「燭，之欲切」，照三，凡十二字从蜀得聲；「孎、斸、钃、欘，陟角切」，知母；覺「涿，竹角切」，知母，迻至旁韵旁紐亦多。是知涿、濁本可讀爲雙聲，今雖小異，仍爲正轉。

613 泰卷，大坰也。　史記殷本紀「湯歸至泰卷陶」，索隱云：「鄒誕生卷作餉，又作洞，則卷當爲坰，與尚書同。其下陶字，是衍字耳。」按：書序：「湯歸自夏，至于大坰。」

〔疏證〕　史記集解引徐廣曰：「一無此陶字。」索隱又言，知陶是衍字者：「解尚書者，以大坰今定陶是也。舊本或傍記其地名，後人轉寫，遂衍斯字也。」正義：「陶，古銘反。」

今按：陶不得作「古銘反」，作「古銘反」者乃坰字也。卷在安部，坰在嬰部，古韻不同非韻之轉。廣韻阮「卷，求晚切」，羣母；青「坰，古營切」，見母：雖非同紐亦近紐雙聲。

614 廩臺，鹿臺也。史記殷本紀「紂走登入鹿臺」，徐廣曰：「鹿，一作廩。」

〔疏證〕今按：廩在音部，鹿在屋部，古韻不相同。廣韻寑「廩，力稔切」，來母；屋「鹿，盧谷切」，來母：韵不同而聲同，雙聲正轉。

615 泥母，甯母也。續漢書郡國志：「方與有泥母亭，或曰古甯母〔一〕。」公羊作甯母。

〔疏證〕左傳僖七年經「盟于甯母」，注：「高平方與縣有泥母亭，音如甯。」

〔一〕「母」下原衍「亭」字，據粵雅堂叢書本删。

今按：泥在衣部，寗在嬰部，兩字古韵異部，非韵之轉。廣韵齊「泥，奴低切又奴計切」，泥母；青「寗，奴丁切」，泥母：韵異聲同，雙聲正轉。

616 楊陓，弦蒲也。爾雅「秦有楊陓」，注「今在扶風汧縣西」，疏云：「周禮『冀州其澤藪曰楊陓』，鄭注：『所在未聞。』」又：「雍州藪曰弦蒲，鄭注云在汧，今注亦云在汧，然則周禮弦蒲即此陽陓也。」

〔疏證〕爾雅校勘記於楊陓之陓多所引述，可參考。

今按：楊在央部，弦在因部，古韵不同，非韵之轉。廣韵陽「楊，與章切」，喻四；先「弦，胡田切」，匣母：聲與韵皆不同，然而錢氏以爲皆收聲，故認爲變轉。陓與蒲之不同，錢氏所不言，蓋韵之轉，皆烏部字。

617 負尾，陪尾也。禹貢「至于陪尾」，史記作負尾，漢書地理志作倍尾。

〔疏證〕禹貢釋文：「陪音裴。陪尾，山名。漢書作横尾。」史記夏本紀集解引鄭玄曰：「地理志：『陪尾在江夏安陸東北，若横尾者。』」索隱亦引「地理志謂之横尾山」。

正義引括地志：「橫尾山，古陪尾山也。」地理志引禹貢自作倍尾，然江夏安陸下云：「橫尾山在東北，古文以爲陪尾山。」

今按：陪、負古韵同在噫部，本同音字，後世而音遂有異。廣韵有「負，房九切」，奉母古讀並；灰「陪，薄回切」，並母：韵雖不同古爲同母雙聲，正轉也。庚「橫，户盲切」，匣母，奉母與匣母同爲收聲，於錢氏亦屬變轉。

618

姑胥，姑蘇也。　越絕書「吴王起姑胥之臺」，姑胥即姑蘇。

〔疏證〕今按：越絕書外傳記吴地傳「春夏治姑胥之臺」，「以遊姑胥之臺」，累稱姑胥。文選吴都賦「造姑蘇之高臺」，注：「姑胥即姑蘇也。」范成大吴郡志：「姑蘇山，一名姑胥。」凡此可證姑胥之即姑蘇矣。吴郡志又云：「姑蘇山，一名姑胥，一名姑餘。」詩山有扶蘇傳「扶蘇，扶胥，小木也」；左傳定四年之申包胥，戰國策楚策作棼冒勃蘇，吴師道曰：「勃蘇包胥聲相近。」亦可證蘇、胥通作。蘇、胥皆古韵烏部同音字，後世而音分侈弇、聲殊鴻細矣。廣韵魚「胥，相居切」，心母；模「蘇，素姑切」，心母：雙聲正轉。姑蘇或作姑餘者，蘇、餘兩字於錢氏則皆收聲，爲變轉矣。

619 猺，嶩也。詩「遭我乎猺之間兮」，漢書地理志作嶩。

〔疏證〕 詩還釋文亦云：「猺，本作嶩。」御覽九〇九猺作猱。

今按：猺、猱古韵皆在幽部，嶩在夅部，幽、夅相對轉，然錢氏所不言。廣韵豪「猱、嶩、猺，奴刀切」，泥母，同音字，單以聲論，雙聲正轉。

620 微，郿也。春秋莊脱「二」十八年「築郿」，公羊、穀梁作微，陸德明謂左氏作麋。

〔疏證〕 今按：微、郿、麋通作，除上例外，尚多有之。儀禮少牢饋食禮「眉壽萬年」，注：「古文眉爲微。」士冠禮「眉壽萬年」，注：「古文眉爲麋。」詩巧言「居河之麋」，釋文：「麋本作湄。」爾雅釋水注亦作湄。荀子非相「伊尹之狀而無須麋」，注：「麋與眉同。」爾雅釋水釋文：「湄，本或作䁇、溦、潿、瀓四字，同亡悲反。」釋鳥「麋鴰」，釋文：「麋，字林作鶥。」考工記梓人注「謂麋衡也」，疏：「麋即眉也。」漢書王莽傳下「赤麋聞之」，注：「麋，眉也。」微、眉、麋通作，不可更僕數。微、眉古韵同在威部，米在衣部，清人亦威、衣不分也。微、米、眉今人雖有齒脣音與雙脣音之分，切韵本不分。廣韵脂「眉、湄、麋、郿，武悲切」，本微母，古讀明，錢氏徑入明；微「微，無非切」，微母：雙聲正轉。

621 蔑，眛也。春秋「盟于蔑」，公、穀作眛。

〔疏證〕詳見卷一釋言「韈，末也」條。

今按：荀子議兵「兵殆于垂沙，唐蔑死」，注：「眛與蔑同。」眛在鬱部，蔑在曷部，古韻不同。廣韻隊「眛、昧，莫佩切」，屑「蔑，莫結切」，韻不同而同爲明母，雙聲正轉。

622 祊，邴也。春秋「鄭伯使宛來歸祊」，公、穀作邴。

〔疏證〕引春秋隱八年。合併下條一并釋之。

623 防，邴也。春秋隱九年「會齊侯于防」，公羊作邴。

〔疏證〕今按：詩楚茨「祝祭于祊」，説文引詩作鬃。詩烝民「四牡彭彭」，説文引詩作騯。易大有「匪其彭」，疏：「彭，旁也。」旁从方聲。史記司馬相如傳索隱：「澎或作滂。」説文仿，籀文作俩。皆方、丙、彭三字互相聲通之證也。方、丙、彭三字古韻同在央部，本同音字。廣韻庚「祊、鬃，甫盲切」，非母古讀幫；梗「邴，兵永切」，非母，錢氏徑作幫母：是諸字皆爲雙聲正轉。

624

蒿，鄗也。春秋桓十五年「公會齊侯于艾」，公羊作鄗，穀梁作蒿。

蒿與艾同義。

〔疏證〕公羊釋文「鄗，户老反，又火各反」，前匣後曉。左傳作艾，穀梁作蒿。

今按：蒿、鄗同从高聲，本㚏部同音字，後世而音稍變。廣韵豪「蒿，呼毛切」，曉母；鐸「鄗，呵各切」，與火各反同音。曉母。韵異而聲同，雙聲正轉。泰「艾，五蓋切」，疑母，疑、曉同爲收聲，則爲變轉。若謂蒿、艾同義，地名未必以字義相同而通也。

625

禚，郜也。春秋「夫人姜氏會齊侯于禚」，公羊作郜。

〔疏證〕引春秋莊二年，釋文：「禚，諸若反。」公羊作郜，釋文：「郜，古報反，二傳作禚，四年亦爾。」穀梁作禚，釋文：「禚，章略反。」

今按：春秋莊四年亦作禚，公、穀莊四年則並作郜。論衡書虚篇引莊二年亦作郜。郜在幽部，禚在㚏部，古韵固不同部。廣韵號「郜，古到切」，見紐；藥「禚，之若切」，照三：是郜、禚兩字聲韵皆不同，然而同位，同位爲變轉。

626 暨，蔇也。　春秋「盟于蔇」，公、穀作暨。

〔疏證〕引春秋莊九年經，釋文：「蔇，其器反。」公、穀作暨，切與蔇同。

今按：蔇、暨同从既聲，本古韵鬱部同音字，宜可通用。廣韵未「蔇、暨，居豙切」，見紐，今亦同音，同音無不雙聲，正轉也。

627 朾，檉也。　春秋「會于檉」，公、穀作朾。

〔疏證〕引春秋僖元年經，釋文：「檉，勑呈反。」公羊作朾，釋文：「朾，勑貞反，又他丁反。」左氏作檉。」今本穀梁作檉，釋文：「檉，勑貞反，一本作朾，音同。」檉、朾古韵同在嬰部，本同音字。廣韵耕「朾，中莖切又宅耕切」，知母又澄；清「檉，丑貞切」，徹母：雖非同紐，並近紐也。若依釋文並可同紐，雙聲正轉。

628 纓，偃也。　春秋「公敗邾師于偃」，公羊作纓。

〔疏證〕引春秋見僖元年，公羊作纓。穀梁作偃，釋文：「偃本作堰。」

今按：纓在嬰部，偃在安部，古韵懸隔，非韵轉也。廣韵清「纓，於盈切」，阮「偃，於幰切」，影母雙聲，韵不同而聲同，雙聲正轉。

629 犂，酈也。或爲麗。春秋「公子友敗莒師于酈」，公羊作犂，穀梁作麗。

〔疏證〕引春秋見僖元年。

今按：麗、酈在阿部，犂在衣部，古韵不同也。廣韵支「麗、酈，吕支切」，來母；齊「犂，郎兮切」，來母：韵不同而聲同，雙聲正轉。

630 盂，霍也。春秋「會于盂」，穀梁作雩，公羊作霍。盂有吁音，雩亦取吁嗟之義。故轉爲霍，猶公孫盱之爲公孫霍也。

〔疏證〕引春秋見僖廿一年，釋文：「盂音于。」穀梁集解：「霍，左氏作盂。」盂吁皆从于聲，故云「盂有吁音」。公羊桓五年傳注「雩，吁嗟求雨之祭也」，禮記祭法「雩之言吁嗟也」，故云：「雩亦取吁嗟之義。」左傳哀四年經「蔡殺其大夫公孫姓、公孫霍」，傳：「殺公孫姓、公孫盱。」注：「盱即霍也。」故錢云「猶公孫盱爲公孫霍也」。

今按：盂、雩、吁、盱皆烏部字，霍爲蒦部，烏、蒦爲平入韵，本韵轉兼聲轉。盂在廣韵虞「羽俱切」，喻三古讀匣，然錢氏所不言，故錢氏譬言盂有吁音。虞「吁、雩、盱，況于切」，曉母；鐸「霍，虛郭切」，曉母：故霍與其他諸字爲雙聲正轉。

631 緍，閔也。春秋「齊侯伐宋圍緍」，穀梁作閔。

〔疏證〕已詳上文「汶山、文山，岷山也」一條。

今按：緍、閔本古韵㬎部同音字，今韵亦僅小異，廣韵真「緍，武巾切」，軫「閔，眉殞切」，兩字皆在微母，錢氏以其讀雙脣徑入明母。無論同爲微母或同爲明母，皆雙聲正轉。

632 夔，隗也。春秋「楚人滅夔」，公羊作隗。

〔疏證〕引春秋見左傳僖廿六年，釋文「夔，求龜反」，穀梁同，公羊作隗，釋文：「隗，五罪反。」

今按：夔、魏亦通，山海經中山經「岷山多夔牛」，注：「夔牛即爾雅所謂魏。」今爾雅釋獸作犩。又通作歸，水經注江水注引樂緯宋注：「歸即夔，歸鄉蓋夔鄉矣。」江水又云：「秭歸縣，縣故歸鄉，地理志曰：歸子國也。」左僖廿六年經注：「夔，楚同姓國，今建平秭歸縣。」正以夔、歸音轉，後又傅會屈原姊歸爲説矣。歸又與餽相通，尚書序「王命唐叔歸周公于東，作歸禾」，史記魯周公世家「王命唐叔以餽周公于東土，作餽禾」，夔、魏相通猶夔、隗相通；夔與歸通，歸與餽通，因而夔與餽通，亦即夔與隗通也。夔、隗並在古韵威部，本音近字。廣韵脂「夔，渠追切」，羣母；賄「隗，五罪切」，疑母：近紐雙聲，亦聲之正轉，或謂之同類轉。

633

麇，圈也。　春秋「楚子伐麇」，公羊作圈。

〔疏證〕引文見左傳文十一年，釋文「麇，九倫反」，公羊釋文：「圈，求阮反。一音卷。」

今按：説文「麇，从鹿，囷省聲，籒文作麕」，故麇、圈相通，即囷、卷相通耳。釋名釋宮室：「囷，綣也，藏物繾綣束縛之也。」漢書地理志，安定郡眴卷縣，應劭音「眴爲旬日之旬，卷爲箘簬之箘。」左傳昭元年經「楚子麇卒」，公羊、穀梁並作卷。囷之訓綣，卷之音箘，麇之作卷，皆猶麇之作圈也。麇在昷部，圈在安部，古韵雖近，然分兩部也。廣韵真「麇，居筠切」，見母，字从囷聲應有囷音，真「囷，去倫切渠殞切」，溪羣兩母；阮「圈，求晚切」，羣母：是麇、囷兩字，雙聲正轉。

634 笙，檉也。　春秋「歸父還自晉，至笙」，公、穀作檉。

〔疏證〕引春秋見左傳宣十八年。

今按：笙、檉古韵同在嬰部。廣韵庚「笙，所庚切」，審二；又「檉，丑貞切」，徹母，檉从聖聲應有聖音，諍「聖，式正切」，審三：字母家審母不分二三等，故爲同紐。然審母二三等實有齒舌之分，蓋當歸入同位變轉。

635 虢，郭也。　春秋虢國，公羊傳作郭。又昭元年「會于虢」，公羊作漷，穀梁作郭。

〔疏證〕今按：逸周書王會「郭叔掌爲天子菉幣焉」，注：「郭叔，虢叔，文王弟。」國策秦策「郭君」，注：「郭，古文言虢也。」左傳僖二年經「虞師晉師滅下陽」，注：「下陽，虢邑。」公羊傳「夏陽者何？郭之邑也」，穀梁傳：「夏陽者，虞虢之塞也。」又左傳此年皆言虞虢，穀梁同；公羊此年則稱虞郭。皆可證虢、郭相通也。虢、郭古韵同在蒦部，本同音字，宜可通作。廣韵鐸「郭，古博切」，陌「虢，古伯切」，兩字韵異而聲同，雙聲正轉。

636 厲，賴也。春秋「遂滅賴」，公、穀作厲。

〔疏證〕引春秋經見左傳昭四年。

今按：厲、賴聲通，故不獨地名通作，作它解者亦相通作。論語子張「未信以爲厲己也」，釋文：「厲，鄭讀爲賴。」史記刺客列傳「豫讓又漆身爲厲」，集解：「駰按：音賴。」索隱：「癘，惡瘡病也，厲賴聲相近。古多假厲爲癘，故楚有賴鄉，亦作厲字，戰國策亦作厲。」又南越列傳「爲戈船下厲將軍」，集解：「徐廣曰：『厲一作瀨。』應劭曰：『瀨，水流沙上也。』」隨行文不同，而爲義各異。惟漢書地理志下安定郡祖厲，師古曰「厲音賴」，仍屬地名。此皆厲、賴聲通之證。厲、賴古韵同在曷部，後世音稍變。廣韵祭「厲，力制切」，來母；泰「賴，落蓋切」，來母：韵不同而聲同，雙聲正轉也。

637 堅，牽也。春秋「會于牽」，公羊作堅，本又作掔。

〔疏證〕引春秋見定公十四年。公羊釋文：「堅，如字，本又作掔，音牽。」左氏作牽。」穀梁同左氏，釋文：「牽，去賢反。」

今按：漢書揚雄傳上「掔象犀」，師古曰：「掔，古牽反反當作字。」文選羽獵賦「掔象犀」，注：「掔，古牽字。」易夬「牽羊」，釋文：「子夏傳作掔，苦年反。」公羊僖二年「牽馬而至」，釋文：「牽本作掔，音同。」掔、掔本一字，从臤猶从堅也。左傳宣四年「以順則公子堅長，乃立襄公」，是鄭襄公名堅；公羊成四年「鄭伯堅卒」，釋文「伯堅，苦刃反，本或作臤」：是堅、臤通作。凡此皆足以證堅、牽聲通也。堅、牽同在因部，本兼韵轉。廣韵山「臤、掔，苦閑切」，溪母；先「牽，苦堅切」，溪母；又「堅，古賢切」，見紐，堅从臤聲，應有臤音，故堅牽雙聲正轉。

638 僤，闡也。 春秋「齊人取讙及闡」，公羊作僤。

〔疏證〕 引春秋見哀八年。公羊釋文：「僤，昌善反，一音昌然反。」字林作墠，左氏作闡。」穀梁同左氏。

今按：僤、闡同从單聲，本古韵安部同音字，自應可以通作。廣韵仙「僤，市連切」，禪母，錢氏蓋依釋文仍讀穿三也；獮「闡、墠，昌善切」，穿三：是僤闡韵雖小異，然而同爲穿三，雙聲正轉。

639 郯，譚也。史記齊世家，桓公「二年，伐滅郯，郯子奔莒」，徐廣曰：「一作譚。」春秋三傳皆作譚。

〔疏證〕史記索隱：「春秋魯莊公十年，齊師滅譚是也。杜預云『譚國在濟南平陵縣西南』，然此郯乃東海郯縣，蓋亦不當作郯字也。」

今按：錢氏不從索隱者，以爲史記不必誤也。意謂史記郯爲譚之借字，三傳則用本字。郯譚相通者，詩大田「以我覃耜」，爾雅釋詁注：「覃作剡。」文選東京賦「介馭閒以剡耜」，注引詩「以我覃耜」，而後云：「覃與剡同。」莊子則陽「夫子何不譚我於王」，釋文：「譚，言談，本亦作談。」是皆从炎與从覃得聲之字聲通之證也。譚在音部，郯在奄部，雖相鄰近，古韵並不相同。廣韵覃「譚，徒含切」，談「郯，徒甘切」，是亦韵不相同，然而同爲定母，雙聲正轉。

640 虞，吴也。漢書地理志：「武王封周章弟于河北，是謂北吴，後世謂之虞。」

〔疏證〕見地理志下篇。

今按：虞从吳聲，同聲之字相通，此常例也。詩絲衣「不吳不敖」，史記孝武紀作「不虞不驁」，索隱：「毛詩傳云『吳，譁也』，姚氏按：何承天云：『此虞當爲吳，音洪孎反。説文以吳一口大言也。』此作虞者，與吳聲相近，故假借也。或者本文借此虞爲驩娛字也。」左傳僖五年「虞仲」，漢書地理志、吳越春秋並作「吳仲」。此皆虞、吳兩字通作之證。孟子盡心上「驩虞如也」，音義曰：「驩虞，丁云：義當作驩娛，古字通用耳。」莊子讓王「許由虞于潁濱」，釋文：「虞本作娛。」文選羽獵賦「弘仁惠之虞」，注：「虞與娛古字通。」後漢書馬融傳廣成頌「闞槃虞之佃」，注：「虞與娛同。」文選謝玄暉始出尚書省詩「歡虞讌兄弟」，注：「虞與娛通。」此言虞、娛通作，即从吳得聲之字相通之證。它不勝數矣。虞、吳古韻在烏部，本同音字，後世而侈弇洪細稍變。廣韵虞「虞，遇俱切」，疑母；模「吳，五乎切」，疑母：雙聲正轉。

641 隞，囂也。史記殷本紀「帝仲丁遷于隞」，索隱云：「亦作囂。」

〔疏證〕索隱又云：「並音敖。」集解引皇甫謐曰：「或云河南敖倉是。」正義：「括地志云：滎陽故城，殷時敖地也。」詩車攻「搏獸于敖」，傳：「鄭地，今近滎陽。」文選東京賦「薄狩于敖」，薛注：「敖，鄭地，今之河南滎陽也。」是隞通以敖爲之。

今按：左傳桓十一年「莫敖」，漢書五行志作莫囂，淮南脩務作莫囂。爾雅釋訓：「仇仇、敖敖，傲也」，釋文：「敖，本又作謷，又作嚻，同，五高反。」反之，囂亦作敖，詩板「聽我囂囂」，傳「囂囂猶謷謷也」，潛夫論明忠作聽我敖敖。十月之交「讒口囂囂」，漢書楚元王傳作「讒言嗸嗸」，詩釋文：「韓詩作嗸嗸。」書仲丁序：「仲丁遷于囂」，囂即殷本紀之隞也。漢書五行志中之上「莫嚻必敗」，師古曰：「嚻，字或作敖，其音同。」又董仲舒傳「此民之所以嚻嚻苦不足也」，師古曰：「嚻讀與嗸同，音敖，嗸嗸，衆怨愁聲也。」囂、敖古韵同在夭部，本音近通用也。廣韵豪「隞，五勞切」，疑母；宵「囂，許嬌切又五刀切」，曉母：疑曉雖不同母，然而同爲收聲，自錢氏視之，同位變轉也。下有「碻磝，敲囂也」一條，可互參。

642 鄗，郊也。　史記秦本紀「取王官及鄗」，左傳作郊。

〔疏證〕史記集解：「徐廣曰『左傳作郊』」，駰按：服虔曰：『此晉地不能有。』」正義曰：「鄗音郊，左傳作郊。杜預云：『書取，言易也。』括地志云：『王官故城在同州澄城縣西北九十里。』又云：『南郊故城在縣北十七里。又有北郊故城，又有西郊故城。』左傳云：文公三年，秦伯伐晉，濟河焚舟，取王官及郊也。」

今按：史記諸家注，以爲郊爲近郊之郊，言鄗非也。今以爲錢氏既以此列于釋地，恐仍當作地名也。錢氏以爲郊乃鄗之假借，聲相通耳。周禮地官載師「以宅田士田賈田任近郊之地」，注：「故書郊或爲蒿，杜子春云：蒿讀爲郊。」詩玄鳥「祈于郊禖」，釋文：「本亦高禖。」呂覽仲春「以太牢祀于高禖」，注：「郊與高音相近，故或言高禖。」此皆交、高聲通之證也。鄗、郊古韵同在夭部，古本同音通轉。後世音小變，廣韵肴「鄗，口交切」，溪母，字从高聲，應有高音，豪「高，古勞切」，見母；肴「交，古肴切」，見母：雙聲正轉也。

643

阢，耆也。史記殷本紀「西伯伐飢國，滅之」，徐廣曰：「飢一作阢，又作耆。」

〔疏證〕今按：周本紀「明年，敗耆國」，徐廣曰：「一作阢。」正義曰：「即黎國也。鄒誕生曰：本或作黎。」書西伯戡黎序「周人乘黎」，釋文：「尚書大傳作耆。」疏：「耆即黎也。」同一國名而耆、阢、飢、黎兼作之又一例。周禮春官籥章釋文「伊耆，又作忛、阭，二皆音耆」，疑忛、阭皆阢之形誤，借使不誤，亦可證耆、几聲通。凡此諸字古韵皆在衣部，蓋聲韵兼通。廣韵脂「飢阢應同音，居夷切」，見母；又「耆，渠支切」，羣母：雖非同紐亦近紐也，雙聲正轉。

644 鄒，邾也，亦謂之騶。史記吳世家「爲騶伐魯」，索隱云：「左傳騶作邾，杜預注左傳亦云：邾，今魯國騶縣是也。騶邾聲相近。」魯世家：「吳爲鄒伐魯。」

〔疏證〕今按：孟子題辭：「鄒本春秋邾子之國，至孟子時改曰鄒矣。」水經泗水注：「鄒山，春秋左傳所謂嶧山也。故邾婁之國，曹姓也，叔梁紇之邑也。」此亦鄒、邾相通之證。鄒與鄹同，芻與取聲通，禮記檀弓上注「郰叔梁紇」，釋文：「郰又作鄹。」漢書古今人表鄒衍，史記田敬仲完世家、孟子列傳作騶衍，周禮夏官司爟注、書禹貢釋文並作鄹衍。左傳襄十年郰人紇，十七年傳作鄹叔紇。漢書賈誼傳「趣中肆夏」，注：「趣讀曰趨。」取又與朱聲通，國策楚策閭姝子奢，荀子、韓詩外傳並作閭娵。芻與取聲通，取又與朱聲通，故芻、朱聲通矣。鄒、邾古韵同在區部，本韵與聲兼轉。廣韵尤「鄒、騶，側鳩切」，照二；虞「邾，陟輸切」，知母：自廣韵言之鄒、邾韵異而聲亦不同，然而同位，同位爲變轉。

645 明津、盟津，孟津也。漢書溝洫志「東下底柱及明津」，書「又東至于孟津」，史記夏本紀、漢書地理志並作盟津。

〔疏證〕今按：禮記樂記注「觀兵孟津」，釋文：「孟本作盟。」穀梁隱八年注「盟津之會」，釋文：「盟本亦作孟。」水經河水注：「武王與八百諸侯咸同此盟，尚書所謂不謀同辭也。故曰孟津，亦曰盟津。」此亦盟津、孟津通作之例。盟門即孟門，穆天子傳四「北升于盟門九河之隥」，注：「盟門山在今河北，尸子曰：『河出於盟門之上。』」水經河水注：「淮南子曰：『龍門未闢，呂梁未鑿，河出孟門之上，大溢横流，名曰洪水，禹疏通之，謂之孟門。』故穆天子傳曰『北登龍門九河之隥』，孟門即龍門之上口也。」明都亦作孟諸，又作孟豬、盟豬、望諸。周禮夏官職方氏注「望諸，明都也」，疏：「明都即宋之孟諸也。」書禹貢「被孟豬」，史記夏本紀作被明都，漢書地理志作被盟豬。盟亦省作明，詩黄鳥「不可與明」，箋：「明當作盟。」盟、孟古韵同在央部，本同音字。廣韵庚「盟，武兵切」，錢入明母；映「孟，莫更切」，明母。明母：雙聲正轉。

646 豬野，都野也。書「至于豬野」，史記夏本紀作都野。

〔疏證〕引書禹貢。已詳卷一釋言「豬，都也」條，上條亦可參閲。

647

即邱，祝邱也。　續漢書郡國志：「琅邪即邱縣，春秋時曰祝邱。」闞駰十三州記：「即祝魯之音，蓋字承讀變。」今以即屬精母，祝屬照母。

〔疏證〕　今按：水經沭水注：「即邱縣，故春秋之祝邱也」下引闞駰曰：「即祝魯之音，蓋字承讀變矣。」即在古韵肊部，祝在藇部，古韵不同也。廣韵職「即，子力切」，精母；屋「祝，之六切」，照三：故錢云云。兩字既不同韵，又不同母，然而同位，同位爲變轉。

648

垣雝，衡雍也。　後漢書郡國志：「卷縣有垣雝城，或曰古衡雍。」

〔疏證〕　今按：雝、雍隸變，一字也。垣在安部，衡在央部，古韵不同。廣韵元「垣，雨元切」，喻三古讀匣母；庚「衡，户庚切」，匣母：古聲本同紐，雙聲正轉。然錢氏不言喻三讀匣，匣喻同爲收聲，錢氏蓋以爲變轉。

649

望諸，明都，盟豬，孟諸也。　周禮職方氏「其澤藪曰望諸」，注：「明都也。」疏：「即宋之孟諸。」書「導河澤，被孟諸」，史記夏本紀作明都，索隱云「音孟豬」，漢書地理志作盟豬。

〔疏證〕參閱上文「明津、盟津，孟津也」條，及卷一釋言「豬，都也」條。今按：史記五帝本紀「句望」，帝繫作句芒，白虎通五行「芒之爲言萌也」，可證亡、明通作。望、明本古韵央部同音字，古無輕脣音，明母雙聲正轉。

650 垂斂，垂隴也。春秋「盟于垂隴」，穀梁作垂斂。

〔疏證〕引春秋文二年。公羊與穀梁同。

今按：隴在邕部，斂在奄部，古韵不同。廣韵豔「斂，力驗切又力琰切」，腫「隴，力踵切」，同爲來紐，雙聲正轉。

651 鄄，甄也。春秋「會于鄄」，注「今東郡甄城也。」甄，舉然反，讀如堅，故爲鄄之轉。

〔疏證〕引春秋莊十四年「單伯會齊侯宋公衛侯鄭伯于鄄」，注：「鄄，衛地。今東郡鄄城也。」釋文：「鄄，音絹。甄城，音絹，一音真，或音旃，又舉然反，或作鄄。」校勘記謂：「注：鄄城各本作甄城。」三傳同。公羊釋文：「鄄本亦作甄，規因反。」

今按：鄄、甄皆从垔聲，古韵在㐭部，聲音宜近。廣韵真「甄，章鄰切」，「陻，於真切」，則其聲相去遠矣。然仙「甄，居延切」，見母，則與鄄之舉然反爲同紐，雙聲正轉。廣韵線「絹、鄄，吉掾切」，正讀見母。

652 窒皇，經皇也。左傳莊十九年「鬻拳自殺也，而葬于經皇」，又宣十四年：「屨及于窒皇。」

〔疏證〕窒、經皆从至聲，壹部同音字，自應相通。廣韵屑「經，徒結切」，定母；質「窒，陟栗切」，知母，然宣十四年釋文「窒，直結反」，澄母，古無舌上音，當讀定母：窒、經雙聲正轉。

653 句瀆之邱，穀邱也。春秋「盟于穀邱」，左傳作「句瀆之邱〔一〕」。

〔疏證〕引桓十二年經、傳，注：「句瀆之丘，即穀丘也。」公、穀亦作穀丘。

〔一〕「邱」下，粵雅堂叢書本有「句穀聲相近」五字。

今按：句在區部，縠在屋部，本平入韵，然分兩部。廣韵侯「句，古侯切」，屋「縠，古禄切」，同爲見紐，故錢氏以爲句之爲縠，雙聲正轉。然縠瀆之丘，語亦不辭，瀆在屋部，句瀆合音則成縠矣。

654 鳩茲，皋夷也。左傳。鳩皋聲相近。

〔疏證〕左傳襄三年「克鳩茲」，注：「鳩茲今皋夷也。」

今按：方言八：「鳩，自關而東，周鄭之郊，韓魏之都，謂之鵖鷎，其偽鳩謂之鸊鳩。」水經濟水注引廣志曰：「楚鳩一名嘷啁。」皆爲鷎嘷與鳩音通之證。鳩、皋古韵同在幽部，後世而稍遂易。廣韵豪「皋，古勞切」，見母；尤「鳩，居求切」，見母：韵雖異矣，同爲見母，雙聲正轉。

655 發繇，發陽也。左傳「會于鄖」，注：「鄖，發陽也。廣陵海陵縣東南有發繇亭。」

〔疏證〕引哀十二年春秋，釋文：「繇音遥。」

今按：繇在夭部，陽在央部，古韵殊異。廣韵尤「繇，以周切」，喻四；陽「陽，與章切」，喻四：雙聲正轉。

656 **蘧挐，渠蒢也。** 左傳定十五年。

〔疏證〕定十五年經「齊侯衛侯次于渠蒢」，穀梁同。左傳云：「次于蘧挐。」故知蘧挐，渠蒢也。公羊作籧篨。

今按：蘧、籧、渠同在烏部，本同音字。廣韵魚「渠、蘧、籧，强魚切」，亦同音，單以聲論，同爲羣紐，雙聲正轉。

657 **桐牢，蟲牢也。** 續漢書地理志：「封邱縣有桐牢亭，或曰古蟲牢。」注：「左傳成五年，諸侯會蟲牢。」

〔疏證〕左傳成五年經「同盟于蟲牢」，注：「蟲牢，鄭地。陳留封丘縣北有桐牢。」

今按：春秋繁露竹林「鄭乃恐懼去楚，而成蠱牢之盟」，蠱牢則蟲牢之訛耳。詩雲漢「蘊隆蟲蟲」，釋文：「蟲，直忠反，徐徒冬反，爾雅作爞，郭又徒冬反。韓詩作烔，音徒東反。」説文：「鉵，相屬，从金，蟲省聲，讀若同。」則又蟲、同聲通之例。桐在邕部，蟲在夅部，古韵本不同。廣韵東「桐、烔，徒紅切」，定母；又「蟲、爞，直弓切」，澄母，古無舌上音，亦讀定母：固亦雙聲正轉。

658

卑耳，辟耳也。史記封禪書「東馬懸車上卑耳之山」，韋曜曰：「即齊語所謂辟耳。」

〔疏證〕引史記亦見管子封禪。國語齊語「踰太行與辟耳之谿拘夏」，注：「辟耳，山名。」

今按：左傳宣十二年「守陴者皆哭」，注：「陴，城上僻倪。」僻倪、埤堄、睥睨同。釋名釋宮室：「城上垣曰睥睨。」廣雅釋宮：「埤堄，女牆也。」禮記玉藻「而素帶終辟，大夫素帶辟垂，士練帶率下辟」，注：「辟讀如裨冕之裨。」釋文：「辟依注爲裨，婢支反，下同；徐又音卑。下緇辟、終辟皆放此。」此並辟、卑通作之證。卑在恚部，辟在益部，雖祇平入之分，然分兩部也。廣韵支「卑，府移切」，本非母古讀幫；昔「辟，必益切」，亦在非母古讀幫：錢氏以其雙唇音，並徑入幫，韵異聲同，雙聲正轉。

659 包來，浮來也。 春秋「盟于浮來」，公、穀作包來，春秋繁露作苞來。

〔疏證〕 引左傳隱八年經，注：「浮來，紀邑東莞縣北有邳鄉，邳鄉西有公來山，號曰邳來間。」穀梁釋文：「包音苞，一音浮。」

今按：說文：「䍖，或從孚作罦。」一切經音義二引詔定古文官書：「枹、桴二字同體。」左傳成二年「右援枹而鼓」，禮記禮運「蕢桴」，釋文並云：「桴，鼓槌。」史記司馬穰苴列傳「援枹鼓之急」，索隱：「枹音浮。」正義：「枹音孚，謂鼓挺也。」漢書酈陸朱劉叔孫傳贊曰「叔孫通舍枹鼓而立一王之儀」，師古曰：「枹者鼓椎，所以擊鼓也。枹音桴，其字从木。」李尋傳「猶枹鼓之相應也」，師古曰：「枹，擊鼓之椎也，音孚，其字从木也。」是枹、桴一字矣。此可證包、浮聲通一也。詩角弓「雨雪浮浮」，傳「浮浮猶瀌瀌也」。廣雅釋言「浮，漂也」；漢書陳勝項羽傳贊、叙傳上注，師古並曰：「漂，浮也。」左傳定四年「申包胥」，鶡冠子備知、世賢並作麃胥。是浮、漂、麃、包通作二也。說文新附字：「拋，棄也。或从手，票聲。」拋本即抱字，史記三代世表「抱之山，山者養之」，抱音普茅反，錢氏以爲拋字，說詳卷四古讀「抱古拋字」條。浮、漂、拋、抱相通，是抱、浮聲通三也。浮、包古韵同在幽部，廣韵肴「包，布交切」，幫母；又「袍，薄褒切」，則爲並母矣；尤「浮，縛謀切」，奉母古讀並：雙聲正轉。若票、麃字在宵部，雖古韵亦異於浮、包矣。

660 時來，祁黎也。　春秋「會于時來」，公羊作祁黎。

〔疏證〕　引春秋，見隱十一年，注「時來，郲也。滎（校勘記作熒）陽縣東有釐城，鄭地也」，傳作郲。水經郲水注引左傳作釐。穀梁作時來。公羊釋文云：「祁黎，祁，音巨之反，上之反。黎音力兮反，又力私反，左氏作時來。」

今按：錢氏意在來、黎聲通，不言時與祁通也，今以爲時亦與祁通。知者，時與是通，是又與示與祁相通。書舜典「惟時懋哉」，史記五帝本記作「惟是勉哉」；皋陶謨「咸若時」，夏本記作「皆若是」；湯誓「時日曷喪」，殷本紀作「是日何時喪」：此時、是相通之證。左傳宣公二年「其右提彌明知之」，公羊作祁彌明；晉世家「示眯明也」，索隱「祁、提音相近」：此時、示、祁相通之證。故時通作祁矣。來與黎通者，儀禮少牢饋食「來女孝孫」，注「來讀曰釐」，詩思文「貽我來牟」，漢書楚元王傳（劉向傳）：「飴我釐麰。」文選長楊賦「分剺單于」，注引韋昭曰「剺，劃也，音如黎」，漢書揚雄傳从黎爲之，師古曰：「梨與剺同，謂剝析也。剺，力私反。」後漢書耿秉傳「梨面流血」，注：「梨即剺字，古通用也。剺，劃也。」廣雅釋言：「剓，剺也。」梨、黎同从利聲；來通釐，剺通梨，即來、黎相通之證矣。來、釐古韵在噫部，黎在衣部，古韵不同也。廣韵脂「梨，力脂切」，來母；咍「來，落哀切」，來母：韵不同而同爲來母，雙聲正轉。

661

曲池，毆蛇也。春秋「盟于曲池」，公羊作毆蛇。

〔疏證〕引左傳桓十二年經。公羊釋文：「毆，丘于反，又音曲侯反。蛇音移，又音池。左氏作曲池，穀梁與左氏同。」

今按：毆在區部，曲在屋部，本平入字，然分兩部。廣韻虞「毆，豈俱切」，溪母；屋「曲，丘玉切」，溪母：韻異聲同，雙聲正轉。它、也聲常通作，它即他之本字，沱、池本一字，無煩枚舉。廣韻支「池，直離切」，澄母；麻「蛇，食遮切」，牀三：兩字古皆讀定，本雙聲正轉。錢氏未嘗徑言牀三讀定，則同位變轉矣。

662

喦北，聶北也。春秋「次于聶北」，說文作喦北。

〔疏證〕引左傳僖元年經，公、穀同。說文品部喦下云：「春秋傳曰：次于喦北。讀與聶同尼輒切。」

今按：喦、聶，古韻同音字。廣韻葉「聶，尼輒切」，娘母；又「喦，而陟切」，日母：古音娘日歸泥，雙聲正轉。若謂錢氏不言娘日古音，則說文所附反切，喦固與聶同讀。

663 夷儀，陳儀也。　春秋「邢遷于夷儀」，公羊作陳儀。古音夷與雉同，故轉爲陳。

〔疏證〕　引春秋見左僖元年，穀梁同。

今按：左傳昭十七年「夷民者也」，疏：「雉聲近夷。」周禮秋官序官薙氏注「書薙或作夷。鄭司農云：『掌殺草，故春秋傳曰：如農夫之務去草，芟夷蘊崇之。』玄謂薙讀如鬀小兒頭之鬀，書或作夷。」釋文：「薙或作雉。」此錢氏所以云「古音夷與雉同」也。

又按：爾雅釋詁：「雉，陳也。」樊注：「雉，夷也。」左傳昭十七年「五雉爲五工正」，服注：「雉者，夷也。」禮記喪大記「奉尸夷于堂」，釋文：「夷，陳也。」此亦雉、夷、陳三字聲通相訓之證也。夷又訓尸，禮記喪大記「奉尸夷于堂」，注：「夷之言尸也。」尸又訓陳，曲禮下注「尸，陳也，言形體在也」白虎通崩薨：「尸之爲言陳也，失氣亡神，形體獨陳。」矢亦訓陳，爾雅釋詁「戻，陳也」，釋文：「戻本亦作矢。」書序：「皋陶矢厥謨」，傳：「矢，陳也。」詩大明「矢于牧野」，皇矣「無矢我陵」，卷阿「以矢我音」，傳並曰：「矢，陳也。」左傳隱五年「公矢魚于棠」，注：「矢亦陳也。」是又尸、矢與陳聲通義同之證。陳在因部，夷在衣部，雖陰陽對轉，然錢氏所不言。夷讀喻四古讀定，澄古亦讀定，錢氏亦不言喻四古讀定。廣韵真「陳，直珍切」，澄母；錢謂夷音近雉，旨「雉，直几切」，澄母：陳雉雙聲正轉即夷陳雙聲正轉。

664 首戴，首止也。 春秋「會王世子于首止」，公、穀作首戴。 古音戴與載同，故轉爲止。

〔疏證〕 引春秋見左傳僖五年。

今按：釋名釋姿容：「戴，載也，載之于頭也。」爾雅釋山「石戴土」，釋文：「戴，本作載。」莊子庚桑楚「昭景也，著戴也」，釋文：「戴，本作載。」荀子解蔽篇「唐鞅蔽于欲權而逐載子」，注：「載讀爲戴。」列子黃帝篇「曩者章載」，釋文：「章載一本作章戴。」詩絲衣「載弁俅俅」，爾雅釋言注作「戴弁俅俅」。故錢氏謂「古音戴與載同」也。戴、載、止三字古韵皆噫部，後世音乃衍變。廣韵代「戴，都代切」，端母；又「載，作代切又材代切」，精母；止「止，諸市切」，照三。照三本與知母相同，古讀端母，戴、止古音本同母雙聲，正轉也。錢氏雖云「舌音多變爲齒」，並不明言照三讀端。所以謂戴、載古音同，載爲精母，戴、止以精、照同位，同位爲變轉耳。然端照亦同位，即不言戴、止正轉，亦可言戴、止同位變轉。

665 訾樓，叢也。　春秋「取訾樓」，公羊作叢。訾與叢聲相近。

〔疏證〕左傳僖三十三年經「取訾婁」，傳同，作婁不作樓也；穀梁作「取訾樓」，公羊作「取叢」。然公羊釋文云「二傳作取訾樓」，是知左傳本作訾樓，錢氏據公羊釋文爲説。公羊疏又云，叢「有作鄹字者」。

今按：叢从取得聲，取與婁同爲區部，叢今在邕部，雖陰陽不同，區、邕對轉耳。叢亦讀聚，故叢亦作藂，説文「叢，聚也」，廣雅釋詁三「叢，聚也」，淮南俶真「獸走叢薄之中」，注：「聚木曰叢。」皆叢、聚音同而義通之證。叢既作藂而又作最，詩葛覃傳「叢木，灌木也」，釋文「叢，俗作藂，本作最」，即其證。最亦在區，公羊疏「叢亦作鄹」，鄹亦在區部。訾、樓之合音爲聚爲最，亦爲鄹，聚與最與鄹對轉入邕，故亦爲叢矣。錢氏不言對轉，故不謂訾樓之合音爲叢。廣韻東「叢，徂紅切」，從母；支「訾，即移切」，精母，然支韻疵系八字从此聲皆讀從母：故訾叢亦雙聲正轉。

666 夷陵，辰陵也。　春秋「盟于辰陵」，穀梁作夷陵。

〔疏證〕引文見左傳宣十一年，公羊同。

今按：詩吉日「其祁孔有」，箋：「祁當作麎。」爾雅釋獸疏正作「其麎孔有」。祁从示聲，農从辰聲，可知示辰聲通。潛夫論姓氏「金父生祁父，祁父生防叔」，孔子世家索隱祁父作畢夷，可知示與夷聲通。示既與辰聲通，又與夷聲通，故夷與辰聲通，夷陵所以又作辰陵。後漢書班彪傳下「憑怒雷震」，注「震，叶韵音真」；又「邱陵爲之摇震」，注「震讀曰真」：此可證辰、真兩字音通。詩鹿鳴「示我周行」，箋：「示讀爲寘。」荀子大略「示諸檃括」，注：「示讀爲寘。」中庸「其如示諸斯乎」，注：「示讀如寘諸河干之寘。」周禮朝士注「示于叢棘」，釋文：「示本作寘。」寘从真聲，故示真聲相通。示與真聲通，真與辰聲通，故示與辰相通矣。示又與夷相通，此又可證夷、辰相通。夷在衣部，辰在㬎部，雖古韵可以旁對轉，然錢氏所不言。廣韵脂「夷，以脂切」，喻四古讀定；真「辰，植鄰切」，禪母古亦多讀定：故夷之爲辰，本雙聲正轉。然錢氏既不言喻四讀定，亦不謂禪母古多讀定，故錢氏亦不必謂此爲正轉。喻、禪兩母於錢氏皆爲收聲，蓋變轉耳。

667　無婁，牟婁也。春秋「仲孫蔑會齊高固于無婁」，公羊作牟婁。

〔疏證〕　引春秋見左傳宣十五年，穀梁同。

今按：無在烏部，牟在幽部，兩字古韵異部。廣韵虞「無，武夫切」，微母古讀明；尤「牟，莫浮切」，明母：是無、牟二字雖不同韵，然而古聲同母，雙聲正轉。

668 爰婁，袁婁也。　春秋「盟于爰婁」，公羊作袁婁。

〔疏證〕　春秋左傳成二年「盟于袁婁」，公羊同，穀梁作爰婁，引文誤。

今按：爰、袁通作，其例累見。國語晉語「作轅田」，左傳僖十五年：「晉於是乎作爰田。」詩角弓傳「猱，猨屬」，釋文：「猨，本作猿。」左傳僖四年「齊人執陳轅濤塗」，公羊、穀梁轅並作袁。釋名釋車：「轅，援也，車之大援也。」廣韻：「爰，姓。袁或作爰。」其中除僖四年三傳轅、袁通作外，其餘各條皆可證爰、袁通作者。爰、袁本古韻安部喻三同音字，廣韻元「爰、袁，雨元切」，亦音同，同音自同紐，雙聲正轉。

669 沙澤，瑣澤也。　春秋「會于瑣澤」，公羊作沙澤。

〔疏證〕　引春秋見左傳成十二年，穀梁同。

今按：又左傳定公七年經「盟于沙」，釋文：「沙如字，又星和反。」傳作「盟于瑣」，注：「瑣即沙也。」穀梁作瑣澤，公羊作沙澤。是亦沙、瑣通作之另一證。沙、瑣古韻同在阿部，本同音字，今音則稍有差異。廣韻麻「沙，所加切」，審二，古審二與心母同；果「瑣，蘇果切」，心母：韵異聲同，雙聲正轉。然錢氏不言精系等紐與照二系等紐古通讀，故非正轉。然心、審二母同位，同位則爲變轉。

670 招邱，苕丘也。　春秋：「晉人執季孫行父，舍之于苕丘」，公羊作招邱。

〔疏證〕　引春秋左成十六年，穀梁同。

今按：招、苕皆从刀得聲，邱又从丘聲，説文形聲同聲之字，古本同音，無需論證。顧苕讀舌頭，招讀舌上，舌上古讀舌頭，此錢氏所創見，故出此條，以證古無舌上音之説耳。刀古夭部字，廣韵蕭「苕，徒聊切」，定母，然字从刀聲，自有刀音，豪「刀，都牢切」，端母；宵「招，止遥切」，照三，錢氏雖不明言照三讀端，顧於照三之字有當讀舌音者，則固有所論證矣。以此知此之言招邱即苕丘，即謂古無舌上音耳。

671 善道，善稻也。　春秋「會吴于善道」，公、穀作善稻。

〔疏證〕　引春秋見左傳襄五年。穀梁傳云：「吴謂善，伊；謂道，緩。」范甯集解云：「善道，吴謂之伊緩。」卷三方言别立一條。

今按：列子黄帝「向吾見子道之」，注：「道當爲蹈。」又「此吾所以道之也」，亦當借道爲蹈，莊子達生正作「此吾所以蹈之也」，可證。荀子禮論「道及士大夫」，注：「史記道作蹈，亦作啗。司馬貞曰：啗音含，苞也，言士大夫皆得立社。倞謂：當是道誤爲蹈，又以蹈爲啗耳。」今史記作「函及士大夫」，集解「函音含」；索隱並引鄒誕生「音啗，徒濫反」，並云：「今按大戴禮作『導及士大夫』，導亦通也。」清人盧文弨、郝懿行、王念孫、王先謙皆有説，雖不同，然道、稻聲通則可知。禮記王制「一道德以同俗」，疏：「道，履蹈而行。」表記「道有至有義有考」，疏「道之爲義取開通履蹈而行」，亦道、蹈聲同而義通之證。稻、蹈同从舀聲，道與蹈通即道與稻通耳。道、稻古韵幽部同音字，廣韵晧「道、稻，徒晧切」，亦同一韵同爲定紐，單以聲論，雙聲正轉。

672

賁泉、濆泉，蚡泉也。春秋「敗莒師于蚡泉」，公羊作濆泉，穀梁作賁泉。

〔疏證〕引春秋見左傳昭五年。

今按：賁、濆説文形聲同聲字，通作常例。从分得聲與从賁得聲之字相通作者：周禮草人「墳壤用麋」，注：「故書墳作蚡。」左傳宣十七年苗賁皇，國語晉語作苗棼皇，説苑善説作坌皇。爾雅釋獸釋文：「鼢字亦作蚡，或作鼖。」又从分、从賁得聲之字前人有注作音同者：詩韓奕傳「汾，大也」，疏：「傳音以墳汾音同。」从分从賁得聲之字有互爲聲訓者：釋名釋典藝：「三墳，墳，分也。」廣雅釋詁一：「墳，分也。」楚辭天問「地方九則，何以墳之」，注：「墳，分也。」凡此足證賁分聲通而通作矣。賁、蚡古韻同在㬈部，本音近或同音之字，廣韻文「濆、賁，符分切」，奉母；吻「蚡，房吻切」，奉母：兩字雖聲調斯分，而聲紐不異，雙聲正轉。

673

昌姦，昌閒也。　春秋「大蒐于昌閒」，公羊作昌姦。

〔疏證〕　引春秋左傳昭廿二年，穀梁同。

今按：衆經音義十二引李登聲類「蕑，蘭也」，又曰：「字書與蕑同。」閒、姦通作，猶蕑、蕑通作也。閒、姦兩字本古韻安部同音字，廣韻删「姦、菅，古顏切」，山「閒、蕑，古閑切」，雖韻有小别，然而聲同見紐，雙聲正轉也。

674

浩油，臯鼬也。　春秋「盟于臯鼬」，公羊作浩油。　臯亦有嘷音。

〔疏證〕　引春秋見左傳定四年，穀梁同。周禮春官大祝「來瞽令臯舞」，注「臯讀爲卒嘷呼之嘷」，故錢云「臯亦有嘷音」。錢氏必標舉臯有嘷音者，臯與浩不同紐而嘷則與浩同紐，詳下。

今按：鹽鐵論和親「誥𦣞之會」，誥𦣞即浩油、皋𦣞也。爾雅釋訓「皋皋，刺素食也」，釋文：「皋，樊本作浩。」周禮春官樂師「詔來舞皋舞」，注：「鄭司農云：皋當爲告。」此皆告、皋聲通之證。告、皋古韵同在幽部，本同音字。廣韵豪「皋，古勞切」，見紐；「嗥，胡刀切」，匣母；晧「浩，胡老切」，匣母；號「告，古到切」，見母：故謂皋有嗥音，則嗥、浩、匣紐雙聲，若謂浩有告音，則告、皋見紐雙聲，兩無不可。雙聲正轉。油、𦣞同从由聲，故不論。

675

柏舉，伯莒也。 春秋「戰於柏舉」，公羊作伯莒，穀梁作伯舉。

〔疏證〕 引春秋見左傳定四年。

今按：柏、伯同从白聲，通讀無疑。史記范雎蔡澤列傳「從唐舉相」，索隱「荀卿書作唐莒」，今荀子非相仍作唐舉，司馬貞所見本不同也。水經注江水三之「舉水」，庾仲雍作莒水，京相璠作洰水。顔氏家訓音辭：「北人之音，多以舉莒爲矩。」是皆可證舉、莒通讀。舉、莒同在古韵烏部，廣韵語「舉、莒，居許切」，同音字。單以聲論，見紐雙聲正轉也。

676 醉李，檇李也。 春秋「於越敗吳於檇李」，公羊作醉李。

〔疏證〕 引春秋見左傳定十四年，穀梁同。

今按：越絶書吳内傳「吳人敗于就李」，作就李。吳越春秋闔閭内傳「破之檇里」，漢書地理志下「敗之雋李」，亦作檇李、雋李。檇在安部，醉在鬱部，就在幽部，古韵互不相同。廣韵至「醉、檇，將遂切」，精母；支「檇，遵爲切」，精母；宥「就，疾僦切」，從母。若檇用遵爲切，則檇、醉異韵同紐，雙聲正轉。就則與醉爲近紐，故錢氏不取，其實亦正轉也。錢氏亦不言李、里通用，上引吳越春秋闔閭内傳「敗之檇里」，李固作里也。李、里通用見之載籍者：里克亦作李克，左傳閔二年「晉里克伐虢」，僖九年「里克殺奚齊」，十年「晉侯殺里克」。十二諸侯年表同。呂覽先己注「晉惠公殺李克之黨」，畢沅云：「李克，内外傳作里克，古李里通用。」魏世家「魏文侯謂李克曰」，「李克對曰」，韓詩外傳作里克。不獨地名人名李、里通用，李、理亦常通訓通用，管子大匡「國子爲李」，注：「李，獄官也。李理同。」又法法「皋陶爲李」，注：「李同理。」皆其例也。李、理本古韵噫部同音字，廣韵止「李、理，良士切」，亦同音，若單以聲論，來紐雙聲。

677 蒲社，薄社也。 春秋「亳社災」，公羊作蒲社。

〔疏證〕　引春秋見左傳哀四年，穀梁同。此條上下文不呼應，蓋有脱誤，詳下。今按：禮記郊特牲「薄社北牖，使陰明也」，注：「薄社，殷之社，殷始都薄。」釋文：「薄，本又作亳。」故同一殷社也，或作蒲社、亳社，亦作薄社也。錢氏當云：「蒲社，薄社、亳社也。」引春秋及公羊之後，當云：「禮郊特牲作薄社。」又周書殷祝「以薄之居」，注：「薄，湯所居也。」以薄爲亳。荀子議兵「古者湯以薄」，注：「薄與亳同。」吕覽具備「湯嘗約于郼薄矣」，注：「薄，或作亳。」漢書郊祀志上「亳人謬忌」，注：「如淳曰：亳亦薄也。」皆薄、亳相通之證。蒲在烏部，薄亳在蒦部，古韵僅分平入。廣韵模「蒲，薄胡切」，並母；鐸「亳、薄，傍各切」，並母：雙聲正轉。

678　沛邱，貝邱也。　左傳「田于貝邱」，史記齊世家作沛邱。沛有貝音，顛沛字亦讀如貝。

〔疏證〕　引左傳莊八年。齊世家「遂獵沛邱」，集解：「杜預曰：樂安博昌縣南，有地名貝邱。」正義：「左傳云『齊襄公田於貝邱，墜車傷足』，即此也。」詩蕩「顛沛之揭」，論語里仁「顛沛必如是」，沛亦作跟，一切經音義十五引李登聲類「狼跟，顛跟也」，故錢氏云「顛沛字亦讀如貝」。

今按：沛、貝古韵同在曷部，廣韵泰「貝、沛又普蓋切，博蓋切」，幫母，單以聲言，雙聲正轉。

679 離枝，令支也。史記齊世家「北伐山戎、離枝、孤竹」，裴駰云：「按：地理志有孤竹城，疑離枝即令枝也〔一〕。令離聲相近。」

〔疏證〕集解又引應劭曰：「令音鈴，令離聲亦相近。管子亦作離字。」索隱：「離支音零支，又音令秪，又如字。離支孤竹皆國名。秦以離支爲縣，故地理志云：遼西令支縣有孤竹城。」令在嬰部，離在阿部，古韵懸隔非韵轉也。廣韵清「令，呂貞又呂鄭、郎丁切切」，來母；支「離，呂支切」，來母：韵異聲同，雙聲正轉。

680 莘濱、笙濱，生濱也。史記齊世家「遂殺子糾於笙濱」，賈逵曰：「魯地句濱也。」索隱云：「鄒誕生本作莘濱，莘笙聲相近。濱音豆。論語作

〔一〕「地理志有孤竹城」，「地理志」下，粤雅堂叢書本有「令支縣」三字；「疑離枝即令枝也」，「令枝」，粤雅堂叢書本作「令支」。

溝瀆，蓋後代聲轉而字異，故諸文不同。」

〔疏證〕　今按：左傳莊九年「殺子糾於生瀆」，錢氏應舉此文，故標目出生瀆，今書殘脱。左傳桓十二年「公及宋公盟於勾瀆之丘」，論語憲問「自經於溝瀆」，勾瀆、溝瀆自可相通，然未必與莘瀆等通，故錢氏不取。莘在因部，生笙在嬰部，古韵異部。廣韵臻「莘，所臻切」，庚「生、笙，所庚切」，諸字亦不同韵，然而同爲審二，雙聲正轉。

681

先俞，西俞、西隃也。　史記趙世家「反巠分先俞於趙」，徐廣曰：「爾雅：西俞，雁門是也。」正義云：「西先聲相近。」爾雅作西隃。巠分，正義以爲當作巠山。

〔疏證〕　今按：隃从俞聲，聲通無待論證。先西通讀，如西施亦作先施，文選神女賦「西施掩面」，注引慎子「毛嬙先施」，而後曰：「先施、西施，一也。」四子講德論「毛嬙西施」，注亦引慎子，而後曰「先施、西施，一也」，可證。西本有先音，匡謬正俗云「今呼東西之西，音或爲先」，是知西有先音也。先在㬎部，西今讀如棲在衣部，雖旁對轉，韵不同矣。廣韵先「先，蘇前切」，心紐；齊「西、棲，先稽切」，心紐：韵異而聲同，雙聲正轉。

682 芮阸，芮鞫也。　詩「芮鞫之即」，韓詩作芮阸，漢書地理志亦作芮阸，周禮注引作汭垠。

〔疏證〕　引詩公劉，引周禮夏官。地理志注顏師古曰：「阸與鞫同。」爾雅釋丘「外爲隈」，釋文：「隈作鞫。」廣雅釋丘：「垠，隈也。」

今按：阸、垠皆从九聲，古韵在幽部，鞫或作鞠，古韵在奥部，本分平入，今則並讀入聲矣。廣韵屋「阸、垠、鞫、鞠，居六切」，同音，若以聲論，見母雙聲，於聲類爲正轉。爾雅鞫隈兩作即阸隈兩作耳，猶九侯之亦鬼侯也。史記殷本紀「以西伯昌、九侯、鄂侯爲三公」，徐廣曰：「九侯一作鬼侯。」魯仲連鄒陽列傳「昔者九侯、鄂侯、文王，紂之三公也」，徐廣曰：「九一作鬼。」禮記明堂位「脯鬼侯」，疏：「九與鬼聲相近。」鬼、隈同在威部，與阸、鞫異韵。「鬼，居偉切」，見母，亦與阸、鞫雙聲；惟「隈，烏恢切」，其聲稍變矣。

683 營陵，緣陵也。　漢書地理志：北海郡營陵縣，或曰榮邱。臣瓚曰：「春秋謂之緣陵。」

〔疏證〕　左傳僖十四經「諸侯城緣陵」，故臣瓚云云。

今按：營在嬰部，緣在安部，古韻不同。廣韻清「營，余傾切」，曾運乾師校作于傾切是也。蓋于予形近，予又誤作余也。余、予在喻四，于在喻三，聲系本不相同。江慎修作四聲切韻表、陳蘭甫作切韻考皆未能是正，錢在江後陳前，自不能校改。廣韻仙「緣，與專切」，依今本廣韻，營、緣異韻而同爲喻四，雙聲正轉。若依曾氏校改，則仍同位，同位亦變轉。

684 太形，太行也。列子湯問篇「太形王屋二山，方七百里」，注：「形當作行。」

〔疏證〕今按：行在央部，形在嬰部，兩字古韻異部。廣韻青「形，户經切」，庚「行，户庚切又户剛、户浪、下孟切」，韻雖不同，同爲匣母，雙聲正轉。

說文形从幵聲，从幵得聲之字分爲兩類，一部分讀前鼻音，如趼、研、妍是也，入安、因兩部；一部分讀後鼻音，如刑、邢、形等是也，入嬰部。說文形聲亦有不可盡考者。

685 椆水，桐水也。莊子讓王篇「卞隨自投椆水而死」，（釋文）：「椆，直留反，本又作桐水。司馬本作洞，云洞水在潁川，本又作稠。」

〔疏證〕今按：離騷「求榘矱之所同」，七諫謬諫「恐榘矱之不同」，字皆作同。淮南氾論云：「有本主於中，而以知榘矱之所周者」，字則作周。孫詒讓云：「此同並當作周，與下調協韻，同周形近，前云何方圓之能周兮，洪校亦云：周一作同，以彼及七諫别本證之，知此同亦當作周也。氾論所云，必本此文，則西漢本固作周矣。」皆周、同互作，孫以爲形近，謂同當作周，其實同、周音通，固可兩作。此讓王之所以稠桐、稠洞兩作亦周，同兩作耳。周在幽部，同在邕部，幽、邕古韻可以旁對轉，周之爲同，韻轉兼聲轉。錢氏不言對轉，故單言聲轉。廣韻東「同、桐、洞，徒紅切」，定母；尤「稠、椆，直由切」，澄母，舌音類隔之説不可信，錢氏以澄母古讀定：故稠之爲桐，雙聲正轉。

686

衍水，沇水也。水經注：「衍水即沇水也。衍沇聲相近，傳呼失實也。」

〔疏證〕見水經注濟水。

今按：衍、演通作，演、允亦通作，是衍、沇通作矣。易繫辭上「大衍之數」，釋文引鄭注：「衍，演也。」吕覽忠廉「衛懿公有臣曰弘演」，注：「演，讀如允子之允。」衍、演又並與延通作，演既讀如允，知衍亦讀如允矣。周禮大祝「二曰衍祭」，注：「衍字當爲延。」又男巫「掌望祀望衍授號」，注：「衍讀如延，聲之誤也。」詩椒聊「蕃衍盈升」，一切經音義作「蕃延盈升」。釋名釋言語：「演，延也。」此衍、演並訓爲延之證。演讀如允，故衍亦讀如允。沇、衍古韻同在安部，本同音字。廣韻獮「演、衍，以淺切」，又「沇，以轉切」，喻四雙聲，單以聲論，雙聲正轉。

687 封龍，飛龍也。按：括地志：「封龍山，一名飛龍山。」

〔疏證〕今按：封在邕部，飛在威部，古韻不同。廣韻鍾「封，府容切」，非母；微「飛，甫微切」，非母：韵不同而同爲非母，雙聲正轉。

688 姑餘，崑崙也。齊乘：「大崑崙也，仙經云：姑餘山，麻姑始于此脩道上昇，餘趾猶存，因名姑餘。後世以姑餘崑崙聲相近而訛爲崑崙。」

〔疏證〕今按：姑在烏部，崑在昷部，古韻異部，廣韻模「姑，古胡切」，見母；魂

「崑，古渾切」，見母：韵異聲同，雙聲正轉。又餘在烏部，崳在區部，古韵亦不同，廣韵魚「餘，以諸切」，喻四；虞「崳，羊朱切」，喻四：亦韵異而聲同，雙聲正轉。

689 洛盤，略畔也。漢書地理志：「北地有略畔道。」師古曰：「有略盤山，今在慶州界，其土俗呼爲洛盤，音訛耳。」

〔疏證〕今按：洛、略皆从各聲，洛、略相通，此無煩證。易屯「磐桓利居貞」，釋文：「磐亦作盤，又作槃。」張表碑：「畔桓利貞。」一切經音義八：「柈古文作槃，籀文作槃，同。」廣韵亦謂柈爲槃、盤之俗體。是皆畔、盤聲通之例證。畔、盤古韵皆在安部，本同音字。廣韵桓「盤，薄官切」，換「畔，薄半切」，同爲並母，韵分平去而聲紐相同，雙聲正轉。

690 鄘城，憑城也。漢書周緤傳「封緤爲鄘城侯」，師古曰：「此字从崩从邑，吕忱音陪，而楚漢春秋作憑城侯。陪憑聲相近。」

〔疏證〕今按：憑从馮聲，馮从仌聲；鄘从崩聲，崩从朋聲，本皆古韵膺部脣聲同音字，故憑、鄘通作。史記甘茂傳有公仲侈，徐廣曰：「一作馮。」侈乃倗之訛，故倗、馮通作，國策韓策正作公仲朋。集韻：「憑、倗，依也，厚也，滿也；或作倗，通作馮。」論語述而「暴虎馮河」，集解引孔注：「馮河，徒步也。」說文作「淜，無舟渡河」。左傳昭廿五年「公徒釋甲執冰而踞」，注：「冰，櫝丸蓋，或云櫝丸是箭筩，其蓋可以取飲。」說文作「掤，所以覆矢也」。山海經海内北經有「冰夷」，注：「冰夷，馮夷也。」此皆仌、朋通作亦即憑、鄘通作之證也。鄘、憑對轉噫則爲陪，說文「倗，讀若陪位」，「鄘讀若陪」。漢書王尊傳「南山羣盜傰尊等」，蘇林曰：「傰音朋。」晉灼曰：「音倍。」墨子尚賢「守城則倍畔」，非命篇倍作崩。此皆朋、音聲通之證也。莊子消摇游「培風背，負青天」，王念孫曰：「培之言馮也。」說文「陪，滿也」，離騷注「馮，滿也」，馮、陪聲通所以義通。漢書文帝紀文穎注曰「陪，輔也」，百官公卿表張晏注曰「馮，輔也」，說文「倗，輔也」，此則陪、馮、倗三字聲通而義同。此則從訓詁可證陪、馮、倗等字聲通者。古韻鄘、憑同音，見前，廣韻蒸「憑，扶冰切」，奉母，錢氏作並母；登「倗，步崩切」，廣韻無鄘，作蒯，入等韻，普等切。並母：雙聲正轉。培、陪等字在噫部，廣韻灰「培、陪，薄回切」，並母，亦與倗、鄘雙聲正轉。

691

雁門，岸門也。　史記秦本紀：孝公「二十四年，與晉戰雁門」，索隱曰：「紀年云：與魏戰岸門。此云雁門，恐聲誤也。又下云：敗韓岸門，蓋一也。尋秦與韓魏戰，不當遠至雁門也。」予謂雁即岸之轉，此別一岸門，非漢之雁門郡也。

〔疏證〕今按：雁从厂聲，厂之籀文作厈，从干聲，故知雁、岸聲通矣。詩匏有苦葉「雝雝鳴雁」，鹽鐵論結和作「雍雍鳴鳱」，益可見雁、岸聲通。雁、岸古韻同在安部，本同音字。廣韻諫「雁，五晏切」，翰「岸，五旰切」，韻雖小異而聲同疑母，雙聲正轉。

692

吐京，土軍也。　魏書地理志「汾州有吐京郡」，水經注：「吐京郡治，即土軍縣之故城也。胡漢譯言，皆訛僞變矣。」

〔疏證〕引水經注河水。

今按：京在央部，軍在昷部，兩字古韻不同。廣韻庚「京，舉卿切」，見母；文「軍，舉云切」，見紐：韻不同而聲同，雙聲正轉。

693 文水，門水也。水經注漢水篇：「今嶺南人言文如門，吴人呼蚊如門。」

〔疏證〕今按：孝經「言不文」，釋文：「文本作聞。」聞从門聲，文作聞，即文、門聲通之證。史記六國年表魯文侯，徐廣曰：「一作滑。」又魯周公世家「子賈立，是爲文公」，索隱曰：「系本作湣公，鄒誕生亦同，系家或作文公。」門之古文作聕，是文與門並與昏相聲通，是又可證文、門聲通也。文、門本古韵同音字，至後世而始有侈弇輕重之别。廣韵文「文，無分切」，微母；魂「門，莫奔切」，明母：若以古聲論，微母古亦讀明，雙聲正轉。

694 盆水，汾水也。莊子消摇游篇「汾水之陽」，司馬彪〔一〕、崔譔本作盆水。

〔疏證〕今按：盆、汾皆从分聲，本古韵𡧦部同音字，今讀則韵分侈弇聲别鴻細

〔一〕「彪」，原作「貞」，據粤雅堂叢書本改。

矣。廣韻魂「盆，蒲奔切」，並母；文「汾，符分切」，奉母古讀並：雙聲正轉。

695 侯甲，胡甲也。水經注：中都縣有胡甲山，山有胡甲嶺。劉歆遂初賦所謂越侯甲而長驅者也。

〔疏證〕引文見水經注汾水。據文意録，非徑引原書也。

今按：胡訓何，通訓也。侯亦訓何，實則侯、胡通作，吕氏春秋觀表篇曰「今侯渫過而不辭」，注：「侯，何也。」文選封禪文「侯不邁哉」，注引李奇曰：「侯，何也。」喉，咽也，胡亦爲喉；漢書金日磾傳「捽胡投何羅殿下」，晉灼曰：「胡，頸也。」猴，獼也；今之猢猻字，説文所無，猴、猢一字耳。侯在古韻區部，胡在烏部，韻不相同。廣韻侯「侯，户鉤切」，模「胡，户吴切」，皆匣母字，韻異聲同，雙聲正轉。

696 平模，彭模、彭亡也。水經注：「江水自武陽東至彭亡聚，謂之平模水。」胡三省通鑑注：「彭模，即漢犍爲郡武陽縣之彭亡聚也。」

〔疏證〕引水經注江水一。岑彭於此被刺，故稱彭亡；平模，本多作平謨；錢氏删引。

今按：平、彭通作，例不多見。平在嬰部，彭在央部，兩字異韵。廣韵庚「平，符兵切」，奉母錢氏以其讀雙脣，徑入並母；又「彭，薄庚切」，並母：雖聲韵全同，今音仍有侈弇鴻細之分，單以聲論，雙聲正轉。模在烏部，亡在央部，古韵雖異，然烏、央對轉，故亡常讀作無。詩谷風「何有何亡」，葛生「予美亡此」，論語八佾「不如諸夏之亡也」，雍也「今也則亡」，禮記檀弓「稱家之有亡」，舊皆訓作無。無从⿻大卌聲，⿻大卌即古文模字。此皆亡、模聲通之證。廣韵陽「亡，武方切」，微母古讀明；模「模，莫胡切」，明母：韵異聲同，雙聲正轉。

697

䲕門、䱐門，葑門也。史記伍子胥傳「縣東門之上」，正義云：「東門，䲕門，謂䱐門；今名葑門。䲕，音普茹反。」

〔疏證〕普茹反之茹當作姑，誤刊。正義云：「䲕，音普姑反；䱐，音覆浮反。」

今按：䲕在烏部，䱐在幽部，葑在邕部，古韵互不相同。廣韵鍾「葑，府容切」，非母，古讀幫；虞：「䱐，芳無切」，敷母，古讀滂；䲕，廣韵作鯆，模「鯆，普胡切又博姑切」，或讀滂、或讀幫：亦韵異而聲大抵相同，雙聲正轉也。

698

尋谷，斜谷也。

史記張儀傳「塞斜谷之口」，徐廣曰：「一作尋。」索隱云：「尋斜聲相近，故其名惑也。」按：此斜谷非鳳翔之斜谷。

〔疏證〕今按：尋在音部，邪在烏部，古韵懸絶，非韵轉也。廣韵麻「斜，似嗟切」，邪母；侵「尋，徐林切」，邪母：韵異聲同，雙聲正轉。邪母古讀定，亦定母雙聲，則錢氏所不言。

699

淫預，灩澦也。

集韵「淫，以贍切」，巴東有淫預石，通作灩。

〔疏證〕引集韵五十五豔。

今按：淫預石又稱灩澦堆，又作猶豫堆。地名淫預者，以狀三峽水險，行人猶預也。淫預本喻四雙聲聯綿辭，或作冘預、容與、淫液、淫裔、猶預、灩澦。喻四古讀定，今聲亦作知、徹、澄等母。前人論之詳矣，卷一釋言「踟蹰、躊躇、跱躕、躑躅，踌跦也」條，亦有論述，可並參閲。淫在音部，灩在盍部，古韵不同。廣韵侵「淫，餘針切」，喻四；豔「灩，以贍切」，喻四：亦韵異聲同，雙聲正轉。

700 吾山，魚山也。 史記河渠書「功無已時兮，吾山平」，徐廣曰：「東郡東阿有魚山，或者是乎？」

〔疏證〕 今按：水經濟水注亦云：「魚山，吾山也。」卷四音訛「魚爲梧」條云「明史稿：鄆城縣東北有高魚城，訛曰高梧」，梧从吾聲。韓詩外傳「梁魚」，説苑作「邱吾子」。此人地名之魚、吾通作者。列子黄帝「姬，魚語汝」，注：「魚當作吾。」國語晉語「暇豫之吾吾」，注：「吾讀爲魚。」此魚、吾相互通假，可證魚、吾通作者。吕覽季夏紀「令漁師伐蛟」，注：「漁讀若相告語之語。」季冬紀「命漁師始漁」，注：「漁讀如論語之語。」淮南原道「朞年，而漁者争處湍瀨」，注：「漁讀告語。」時則「乃命漁人伐蛟取鼉」，注：「漁讀相語之語也。」又「命漁師始漁」，注：「漁讀論語之語。」説林「漁者走淵」，注：「漁讀論語之語。」前人皆以漁讀語音，漁从魚聲，語从吾聲，即謂魚、吾音讀相同也。吾、魚古韵相同，本同音字，今則韵分侈弇。廣韵模「吾，五乎切」，疑母；魚「魚，語居切」，疑母：韵稍異而聲同，雙聲正轉。

701 林慮，隆慮也。 續漢書郡國志：河内有林慮縣，故隆慮。殤帝改。

〔疏證〕今按：荀子彊國：「在韓者踰常山，乃有臨慮。」漢書地理志上：河内郡有隆慮，應劭曰：「避殤帝名，改曰林慮也。」林、臨古本通作，左傳定八年，「陽虎前驅，林楚御」，公羊「臨南者，陽虎之出也御之」，以林楚作臨南，是林、臨通作矣。臨、隆古亦通作，詩皇矣「與爾臨衝」，韓詩作隆衝，以臨衝作隆衝，是臨、隆通作矣。此林、臨、隆三字聲通之證也。林、臨古韵同在音部，本同音字，隆在夅部，音、夅兩部雖時亦相轉，然韵部不同耳。廣韵侵「林、臨，力尋切」，東「隆，力中切」，韵不同而同爲來母。故隆之轉爲林、臨，雙聲正轉也。

702

汧屯，幵頭也。漢書地理志「幵頭山在涇陽縣西。禹貢：涇水所出」，師古曰：「幵，音苦見反；又音牽。在今靈州東南，土俗語訛，謂之汧屯山。」杜氏通典：「汧屯山即崆峒山。」

〔疏證〕今按：汧从幵聲，幵、汧通作，古今習見。屯在古韵昷部，頭在區部，韵部不同也。廣韵魂「屯，徒渾切」，定母；侯「頭，度侯切」，定母：屯、頭韵異而聲同，雙聲正轉。

703 制河，浙河也。　莊子外物篇「自制河以東」，釋文：「依字應作浙。」

〔疏證〕　郭慶藩莊子集釋云：「古制聲與浙同。論語顏淵篇『片言可以折獄者』，鄭注曰：『魯讀折爲制。』書呂刑『制以刑』，墨子尚同篇制作折。」

今按：折、制聲通，不僅郭所引證。史記項羽本紀「秦始皇游會稽，渡浙江」，索隱：「韋昭云：浙音折。晉灼音逝，非也。蓋其流曲折，莊子所謂制河，即其水也。制折聲相近。」文選羽獵賦「不折中以泉臺」，注：「韋昭曰：制或爲折也。」文選王景陽雜詩「折衝樽俎間，制勝在兩楹」，注：「李奇漢書注曰：制，折也。」廣雅釋言「制，晢也」，王念孫訂作「晢，制也」。釋名釋言語：「晢，制也，以拘制之也。」晢从折聲，以晢制互訓猶以折制互訓。此皆折、制聲通之證。制、折同在曷部，本同音字。廣韵薛「折，旨熱切」，照三；祭「制，征例切」，照三。韵異而聲同，雙聲正轉。

704 息慎，肅慎也。　書序「賄肅慎之命」，馬融本作息慎。史記五帝本紀「北，山戎、發、息慎」，鄭氏曰：「息慎或謂之肅慎。」

〔疏證〕　今按：周本紀：「成王既伐東夷，息慎來賀，王賜榮伯，作賄息慎之命。」

息在肊部，肅在蓃部，古韵不同部。廣韵職「息，相即切」，心紐；屋「肅，息逐切」，心紐：韵異聲同，雙聲正轉。

705

鮮支、賜支，析支也。大戴記五帝德「鮮支、渠廋、氐羌」，史記作析支，索隱云：「鮮支當此析支，鮮析聲近。」後漢書西羌傳：「賜支者，禹貢所謂析支者也。」

〔疏證〕引史記五帝本記。禹貢：「織皮、崐崘、析支、渠搜，西戎即叙。」

今按：鮮在安部，析、賜在益部，鮮與析、賜古韵不同部。廣韵仙「鮮，相然切」，心母；寘「賜，斯義切」，心母；錫「析，先擊切」，心母：廣韵則三字皆不同韵而同母，雙聲正轉。

706

幽都，幽州也。書「流共工于幽州」，莊子作幽都。

〔疏證〕引尚書禹貢、莊子在宥。

今按：堯典：「宅朔方，曰幽都。」淮南墬形：「西北方曰不周之山，曰幽都之門。」

皆作幽都。周禮夏官職方：「東北曰幽州。」爾雅釋地：「燕曰幽州。」淮南脩務：「流共工於幽州。」釋名釋方國：「幽州在北。」皆作幽州。其實一也，非有不同。又都與州皆訓爲聚，堯典僞孔傳：「都，謂所聚也。」周禮春官司常「師都建旗」，注：「都，民所聚也。」東京賦「其西則有平樂都場」，薛注「都謂聚也」，此都訓聚之例。國語齊語「羣萃而州處」，注：「州，聚也。」禮記王制「二百一十國爲州，州有伯」，注：「州猶聚也。」此州訓聚之例。州、都聲通故訓同耳。州在幽部，都在烏部，古韵不同。廣韵尤「州，職流切」，照三，古讀端；模「都，當孤切」，端母：韵異聲同，雙聲正轉。如謂錢未嘗明言照三讀端，則照端同位，同位亦變轉。

707 巀嶭，嵯峨也。揚雄長楊賦「椓巀嶭而爲弋」，師古曰：「巀嶭，即所謂嵯峨也。」

〔疏證〕今按：漢書地理志「左馮翊，池陽」下，自注云：「惠帝四年置，巀嶭山在北。」師古曰：「巀嶭即今所呼嵯峨山是也。音截齧，又音才葛反，又五葛反。」說文，「巀」、「嶭」下並云：「巀嶭山也。」段注：「巀嶭、嵯峨，語音之轉。本謂山陵貌，因謂山名也。」巀嶭爲古韵曷部疊韵聯綿辭，詩長發以嶭、截叶韵可證，或以巀入約部，非也；

嵯峨爲阿部疊韵聯綿辭。阿、曷對轉，故嵯峨變爲巀嶭也。聲類主聲不主韵，廣韵曷「巀，才割切又才結切」，從母；「嶭，五割切又五結切」，疑母；歌「嵯，昨何切」，從母；「峨，五何切」，疑母。是巀、嵯異韵而皆從母，嶭、峨異韵而皆疑母，同爲雙聲正轉。

凡雙聲或疊韵聯綿辭，其變形最多，巀嶭、嵯峨亦猶是也。或作岑崟，音部疊韵，廣韵侵「岑，鋤針切」，牀二同從；又「崟，魚金切」，疑母。或作岑嵒，音部疊韵，咸「嵒，五咸切」，上從下疑。或作岑巖，音、奄合用，銜「巖，五銜切」，上從下疑。一也。或作崔嵬，威部疊韵，灰「崔，昨回切又倉回切」，從母；「嵬，五灰切」，疑母，上從下疑。又作辠隗、崋嵬、崒危，可不復論，二也。或作嶄巖，奄部疊部，廣韵銜「嶄，鋤銜切」，牀二同從，上從下疑。它如嶄嵒、嶃嵒等，可不復論，三也。粗舉三端，其他變換，不可勝數，要皆以高峻爲義。

708 滙水，湟水也。　史記南越列傳「路博德爲伏波將軍，出桂陽，下滙水」，徐廣曰：「一作湟。漢書湟水。」

〔疏證〕史記南越列傳集解「駰案：地理志曰：桂陽有滙水，通四會，或作淮字」，索隱：「劉氏云：滙當作湟。漢書云：下湟水也。」漢書兩粵傳「元鼎五年秋，衛尉路博德爲伏波將軍，出桂陽，下湟水」，師古曰：「湟音皇。」

今按：湟在央部，滙在威部，古韻異部。廣韻唐「湟，胡光切」，匣母；賄「滙，胡罪切」，匣母：韻異而同爲匣母，雙聲正轉。

709 假密，高密也。漢書曹參傳「擊龍且軍於上假密」，文穎曰：「或以爲高密。」

〔疏證〕史記曹相國世家同，惟索隱云：「按：下定齊七十縣，則上假密非高密，亦是齊地，今闕。」

今按：假在烏部，高在夭部，古韻不同。廣韻馬「假，古雅切」，見母；豪「高，古勞切」，見母：則兩字異韻同紐，錢氏以爲雙聲正轉，故不録索隱之説。

710 倍陽，蓔陽也。漢書東方朔傳「倍陽、宣室尤幸」，師古曰：「倍陽即蓔陽也。」宣帝紀「行幸蓔陽宫」，李斐曰：「蓔音倍。」

〔疏證〕今按：穆天子傳「爰有萑葦莞蒲茅蓔蒹萋」，注：「蓔今菩字，音倍。」易解

「負且乘」，虞注：「負，倍也。」此即倍、負相通之證。負與倍又皆與背通，禮記大學「上惜孤而民不倍」，注：「倍或作偝。」莊子養生主「遯天倍情」，釋文：「倍本又作背。」孟子滕文公上篇「師死而後倍之」，「子倍子之師而學之」，疏皆以背訓倍，音義引丁音：「倍義當作偝，古字借用耳。」左傳昭廿六年「倍好齊盟」，疏：「倍即背也。」楚辭招魂「工祝招君，背行先些」，注：「背，倍也。」釋名釋形體：「背，倍也。」皆背、倍相通。國策秦策「魏必負之」，「東負海」，注：「負，背也。」荀子彊國「負西海而固常山」，注：「負，背也。」淮南氾論「負扆而朝諸侯」，注：「負，背也。」史記蘇秦列傳「負郭田」，索隱：「負，陪也。」漢書陳平傳：「家乃負郭窮巷」，注：「負謂背也。」廣雅釋詁四「背，負也」，負、背通作，其例最多。倍既訓背矣，負又訓背，故知負、倍相通也。負、背本噫部同音字，後世而音變矣。廣韵有「萯，房九切」，奉母古讀並；海「倍，薄亥切」，並母：故知倍之爲萯，雙聲正轉。

711 鬱洲，郁洲也。通典：「東海縣田横所保鬱洲，亦曰郁洲。」

〔疏證〕今按：左傳昭廿四年經「杞伯郁釐卒」，穀梁同，公羊作鬱釐。史記陳杞世家「平公鬱立」，索隱：「一作郁釐。」譙周云：名鬱來，蓋鬱郁、釐來聲相近，遂不同也。」此人名之以鬱、郁互通者。鬱李、薁李、郁李，一物也，史記司馬相如傳「隱夫鬱棣」，徐廣曰：「鬱，一作薁。」文選閒居賦「梅杏郁棣之屬」，注：「郁與薁音義同。」此果名之以鬱、郁相通者。文選廣絶交賦「叙温郁則寒谷成暄」，注：「郁與燠古字通也。」郁與燠通亦即與鬱通也。今簡體字以郁代鬱，蓋有由來矣。郁在噫部，鬱即鬱部，古韵不相同。廣韵物「鬱，紆物切」，影母；屋「郁，於六切」，影母：今韵亦不同，然而同爲影母，雙聲正轉。

712 昌遼，昌黎也。 續漢書郡國志：「遼東屬國昌遼，故天遼，屬遼西。」按：前志「遼西郡交黎縣」，應劭曰：「今昌黎。」昌遼即昌黎之轉，交字爲天字之訛也。

〔疏證〕 遼在夭部，黎在衣部，古韵不同，非韵之轉。廣韵蕭「遼，落簫切」，來母；齊「黎，郎奚切」，來母：韵異聲同，雙聲正轉。

713 碻磝，敲囂也。 通典：「碻磝城，沈約宋書作敲囂城。」

〔疏證〕 碻、敲同从高聲，通作常例。廣韵肴「磝，五交切」，疑母。前有「隞，囂也」一條，已有詳論，此不復贅。

714 邛來，邛旅也。通典：雅州百丈縣「有邛來山，本名邛旅」。

〔疏證〕 今按：來在噫部，旅在烏部，古韵不同，非韵之轉。廣韵咍「來，落哀切」，來母；語「旅，力舉切」，來母：兩字韵雖不同，而同爲來母，雙聲正轉。

715 姑臧，蓋臧也。通典：「姑臧舊縣。河西舊事曰：昔匈奴故蓋臧城也。後人音訛名姑臧。」

〔疏證〕 今按：姑在烏部，蓋在曷部，古韵不同。廣韵模「姑，古胡切」，見母；泰「蓋，古太切」，見母：兩字廣韵亦不同韵，蓋以雙聲相通作，故爲正轉。

716 昌慮，濫也。通典：「郳國之濫邑。故城在今滕縣東南，即漢昌慮縣也。左傳：郳庶其以濫來奔，即此地。」予謂濫與慮聲相近，庶其當作黑肱。

〔疏證〕 左傳昭三十一年「黑肱以濫來奔」，杜注：「濫，東海昌慮縣。」故錢氏以爲「庶其當作黑肱」。

今按：濫在奄部，慮在烏部，古韻不同。廣韻瞰「濫，盧瞰切」，來母；御「慮，良倨切」，來母：兩字韻不同而聲同，以雙聲相正轉。

717 黽隘，鄳陒也。 戰國策：「殘均陵，塞黽隘。」史記蘇秦傳作鄳陒。

〔疏證〕 引戰國策燕策二「秦召燕王」條。

今按：左傳定四年「還塞大隧、直轅、冥阸」，釋文：「冥阸本或作寘隘。」惠棟云「冥阸，九塞之一」，引蘇秦傳曰：「鄳阸即冥阸也。」墨子非攻中「出於冥隘之徑」，閒詁與惠氏同。淮南墬形訓：「九塞澠阸。」國策楚策四「莊辛謂楚襄王」條亦云：「塡黽塞之内而投己乎黽塞之外。」韓策一：「觀鞅謂春申」條又云：「今秦欲踰兵于澠隘之塞。」凡言冥阸、黽隘、鄳阸、冥隘、澠阸，字形不同而同爲一地，惟作寘隘者非。从黽聲諸字相通無足論；冥在嬰部，黽在央部，雖不同韻然爲明紐雙聲，正轉也。此皆同一地名而隘、陒、阸通作者，亦有非地名而通作者。禮記禮器「君子以爲隘矣」，釋文：「隘，本又作阸，於賣反。」左傳昭元年「所遇又阸」，釋文：「阸本又作隘。」昭四年「湫隘囂塵」，字作隘；吴都賦「邦有湫阸而踡跼」，則字作阸。漢書刑法志「秦人其生民也陿阨」，師古曰：「隘，險固也。」則刑法志作阨而注作隘。阨之隸變爲阸，本一字，在壹部，隘在益部，古韵非一部。廣韵卦「隘，烏懈切」，影母；麥「阨，於革切」，影母：韵不同而同爲影母，雙聲正轉。

718

巨昧、巨蔑，朐瀰也。　水經注：「巨洋水，袁宏謂之巨昧，王韶之以爲巨蔑，亦或曰朐瀰，皆一水也。」

〔疏證〕　引水經巨洋水注。巨洋，洋疑爲⿰氵芈字之譌誤。詩新臺「河水瀰瀰」，漢書地理志引作「河水洋洋」，師古曰「今邶詩無此句」，不知洋本作⿰氵芈，字从芈聲，即瀰字，洋、⿰氵芈形近而譌。故巨⿰氵芈亦作巨昧、巨蔑、朐瀰也。錢氏於「巨洋水」下删「即國語所謂具水矣」句，具即巨、朐之轉音。

今按：巨在烏部，朐、具在區部，烏、區雖鄰近，古韵不同部。巨之轉作具、朐，猶説文「瞿讀若章句之句」，「趯讀若劬」；又猶淮南修務「攫援摽援」，注「攫讀屈直木令句、欲句此木之句」耳。廣韵語「巨，其吕切」，羣母，然巨本矩之初文，麌「矩，俱雨切」，則又爲見母矣。遇「具，其遇切」，羣母，然虞「俱，舉朱切」，亦讀見母矣。遇「句，九遇切」，見母。是句、巨、具本皆可讀爲見，同紐雙聲，正轉也。昧、蔑相通，詳見卷一釋言「襪，末也」條。瀰古韵在恚部，廣韵紙「瀰，綿婢切」，本微母而錢氏入明母，古亦明母，是瀰雖與昧、蔑異韵，然而明母雙聲，亦屬正轉。

719

歎父，炭步也。水經注：「江水又東，逕歎父山，亦曰炭步矣。」

〔疏證〕引水經江水三。

今按：炭、嘆同在古韵安部，本同音字。廣韵翰「炭、歎，他旦切」，亦同音字。單以聲論，透母雙聲正轉。父、步同在古韵烏部，亦同音字。廣韵麌「父，扶雨切」，奉母，古讀並；暮「步，薄故切」，並母：故父之轉步，不獨可以說明雙聲正轉，亦可以論證古無輕脣音也。

720

滄浪洲，千齡洲也。水經注：「漢水中有洲，名滄浪洲。庾仲雍漢紀謂之千齡洲，非也。是世俗語訛，音與字變矣。」

〔疏證〕引水經注沔水下。

今按：滄、浪爲央部疊韻聯綿辭，千、齡爲因部疊韻聯綿辭。聯綿辭形體不居，變易最多，不獨滄浪變爲千齡，亦滄浪而變作葱蘢，千齡而變作芊蕀矣。文選江賦「涯灌芊蕀，潛薈葱蘢」，注「芊蕀、葱蘢，皆青盛貌也」，與滄浪之訓青色，義正相應。廣韻唐「滄，七岡切」，清母；先「千、芊，蒼先切」，清母；東「葱，倉紅切」，清母：芊以外三字皆異韻而同母，雙聲正轉。唐「浪，魯當切」，來母；青「齡，郎丁切」，來母；東：「蘢，盧紅切」，來母；霰「蕀，郎甸切」，來母：四字俱韻異而同母，雙聲正轉。

721

并陽，辟陽也。水經注：「淇水又東北，逕并陽城北，世謂之辟陽城，非也。即郡國志所謂内黄縣有并陽聚者也。」予謂并、辟聲相轉。

〔疏證〕引水經注見淇水注。

今按：并、辟聲通雖不常見，然亦可以輾轉證明。説文：「併，僻寠也。」荀子榮辱注引説文：「併，併寠也。」併寠又作僻寠，可證并、辟聲通。一也。本書釋言有「駢憐，比鄰也」一條，已證明駢、比聲通。比又與俾互作，詩皇矣「克順克比」，禮記樂記引作「克順克俾」，可證。釋言又有「辟倪、辟睨，睥睨也」一條，證明卑與辟聲通。駢既與比相通，比又與卑相通，卑又與辟相通，故并與辟聲通矣。二也。并在嬰部，辟在益部，平入相轉，然錢氏不言對轉，故非韵轉。廣韵清「并，府盈切」，非母，古讀幫；昔「辟，必益切」，亦爲非母，古讀幫。錢氏以兩字今讀雙脣，徑入幫母。是并、辟兩字古今皆同紐，雙聲正轉也。

722 葷粥、葷允、玁狁，獫狁也。　史記匈奴傳：「唐虞以上有山戎、獫狁、葷粥。」漢書作薰粥，晉灼曰：「堯時曰葷粥，周曰獫狁。」孟子「太王事獯鬻」，揚雄長楊賦作熏鬻。史記周本紀「薰育戎狄攻之」；漢書霍去病傳「躬將所獲葷允之士」，服虔曰：「葷允，熏鬻也。」詩「玁狁之故」，漢書匈奴傳引作獫允。

〔疏證〕引孟子梁惠王章句下、詩采薇。

今按：王國維鬼方昆夷玁狁考，依據地理時代考證諸名之衍變發展，最爲詳盡，亟宜參讀，文長不録。摘其一段，以見一斑：「混夷之名，亦見於周初之書，大雅緜之詩曰『混夷駾矣』，説文解字馬部引作昆夷，口部引作犬夷，而孟子及毛詩采薇序作昆，史記匈奴傳作緄，尚書大傳則作畎夷，顏師古漢書匈奴傳注云『畎音工犬反，昆、混、緄并工本反』，四字聲皆相近。余謂皆畏與鬼之陽聲。又變而爲葷粥、爲薰育、爲獯鬻，又變而爲玁狁，亦皆畏、鬼二音之遺。畏之爲鬼，混之爲昆、爲緄、爲畎、爲犬，古喉牙同音字。鬼之爲昆、爲緄、爲畎、爲犬，古陰陽對轉也。混、昆與葷、薰，非獨同部，亦同母之字。玁狁則葷、薰之引而長者也。故鬼方、昆夷、薰育、玁狁，自係一語之變，亦即一族之稱，自音韵學上證之有餘矣。」本書聲類卷三文號之異「顒、髟，惲也」，雖與本條相關連，仍各自爲說，互參可也。

又葷與薰、焄通作者，儀禮士相見禮「問夜膳葷」，注：「古文葷作薰。」禮記玉藻「有葷桃茢」，注：「葷或作焄。」漢書霍去病傳注，師古曰：「葷字與薰同。」文選養生論「薰辛害目」，注：「薰與葷同。」禮記內則「一薰一蕕」，釋文：「薰本作葷，又作焄。」皆薰葷、葷薰焄相通之證。說文有獫無玁，玁蓋獫之後起或體字也。詩采薇釋文：「玁，本作獫。」韓奕箋「爲獫允所迫」，釋文：「獫，本作玁。」皆可證兩字爲一字。玁、獫古韵在奄部，薰、葷、焄古韵在昷部，韵部遠隔，兩不相同，故玁、獫於他處鮮與薰、葷、焄相通作者。王國維以爲「玁狁則葷、薰之引而長者」，即亦謂玁狁之合音爲葷與薰，最得音學䚡理。廣韵琰「玁、獫，虛檢切」，曉母；文「葷、薰、焄，許云切」，曉母：異韵而雙聲，聲類主聲，故錢氏以爲雙聲正轉。又允在安部，朱入屯部。粥在薁部，古亦不同韵。廣韵準「允、狁，余準切」，喻四；屋「育、粥，余六切」，喻四：亦韵異同聲，亦錢氏正轉之例矣。

723

串夷、混夷（音昆）、昆夷，畎夷也。漢書匈奴傳「西伯昌伐畎夷」，師古曰：「畎音工犬反。又曰昆夷，昆字或作混，又作緄，二字並音工本反。昆緄畎聲相近耳。」詩「串夷載路」，鄭箋：「串夷即混夷。」史記匈奴傳「自隴以西，有緜諸、緄戎」，正義云：「緄音昆，字當作混。」韋曜曰：「春秋以爲犬戎。」

〔疏證〕引詩皇矣，釋文：「串，古患反，一本作患，或云：鄭音患。」錢引以外，孟子梁惠王下「文王事昆夷」，曹植求自試表作「文王事犬夷」，皆其例也。

今按：串、毌、貫本一字，毌、貫與昆相通，則可證串與昆相通矣。説文：「琨，从王，昆聲。虞書曰：『揚州貢瑤琨。』或从貫，作瓘。」書禹貢「瑤琨篠簜」，釋文：「琨，馬本作瓘，韋昭音貫。」漢書地理志作「瑤瓘筱簜」。故串與昆通矣。王國維詳考史實，故總西戎異名於一貫，又以古音喉牙本相通，故總鬼方、昆夷、獫狁爲一條。錢氏嚴喉牙之別，以雙聲作依據，故分上文與本文爲兩條矣。串、䀎古韵在安部，昆在㬎部，古韵不同部。廣韵換「毌、貫，古玩切」，見母；銑「䀎，姑泫切」，見母；魂「昆，古渾切」，見紐：是三字於廣韵則互異韵而同聲，故於錢氏爲正轉。

724　茅戎，貿戎也。　春秋「王師敗績於茅戎」，公羊作貿戎。

〔疏證〕　引春秋左傳成元年經。公羊、穀梁並作貿戎，釋文：「貿音茂。」

今按：周禮天官醢人「茆菹麇臡」，注：「鄭大夫讀茆爲茅。茅菹，茅初生。或曰茆，水草。杜子春讀茆爲卯。」左傳僖廿四年「凡、蔣、邢、茅、胙、祭」，潛夫論五德志作茆。茆、貿並从卯聲，茅、茆通作，即茅、貿通作矣。又茅與毛通，詩柏舟「髧彼兩髦」，說文鬏下引作「髧彼兩鬏」。說文漢令有髳長，書牧誓「庸、蜀、羌、髳、微、盧、彭、濮人」；詩角弓「如蠻如髦」，箋云：「髦，西南夷別名。武王伐紂，其等有八國從焉。」釋文：「尋毛鄭之意，當與尚書同。」一切經音義二：「髦，古文髳同。」可證毛與矛通。毛、卯並與冒通，釋名釋形體：「毛，冒也，且以自覆冒也。」說文：「卯，冒也。二月萬物冒地而出。」釋名釋天：「卯，冒也，載冒土而出也。」毛、卯同訓冒，矛又與毛通，故即矛、卯通作也。茅、貿古韵同在幽部，本同音字，後世而韵部稍異矣。廣韵宵「茅，莫交切」，候「貿，莫候切」，明母雙聲。茅、貿兩字於廣韻既韵異而紐同，雙聲正轉。

725 廥咎如、牆咎如，將咎如也。春秋「伐廥咎如」，公羊作將，穀梁作牆。

〔疏證〕引左傳成三年經。釋文：「咎，古刀反。」

今按：説文無廥，廥蓋牆之或體，詩常棣「兄弟鬩于牆」，釋文「牆，本作廥」，可證。將、牆皆从爿得聲，本央部同音字，在今廣韻陽，雖説文脱爿，陽韵又不録，然明白可知，故不贅。

726 咎如，亦爲囷如。史記晉世家「狄伐咎如」，鄒誕生本作囷如。

〔疏證〕晉世家索隱「鄒誕生本作囷如，又云或作囚」，囚蓋囷之形誤。

今按：咎在幽部，囷在昷部，古韵異部也。廣韻豪「咎，古勞切」，見母；真「囷，去倫切又咎倫、渠殞切」，一字而兼見、溪、羣三母，錢氏蓋取見紐，以爲咎、囷同紐，雙聲正轉。真「麕，居筠切」，亦讀見紐，可證。

727 邱兹、屈兹，龜兹也。 唐書西域傳：「龜兹，一曰邱兹，一曰屈兹。」

〔疏證〕 今按：後漢書西域傳注：「龜兹讀曰丘慈。」丘與區聲近，黄帝内經鬼臾區，亢桑子作鬼容邱。禮記曲禮嫌名注：「謂音聲相近，若禹與雨、丘與區也。」荀子大畧「在乎區蓋之間」，注：「器名區者，與丘同義。」又注引漢書儒林傳：「疑者丘蓋不言，曰：丘與區同也。」鬮从龜聲，亦與區聲相近，列子黄帝「以黄金摳者惛，以瓦摳者巧」，摳即鬮之借字，列子所謂即今云拈鬮。摳與鬮通，邱與區通，故龜與邱通。區亦與屈相轉，禮記樂記「區萌達」，注「屈者曰區」，可證也。邱、龜古韵同在噫部，屈在鬱部，迻至後世三字韵皆異矣。廣韵尤「邱，去求切」，溪母；物「屈，區勿切」，溪母；脂「龜，居危切」，見母：三字韵皆不同，邱、屈同母雙聲，龜則近紐雙聲，故爲正轉。

728 斯羅，新羅也。 隋書東夷傳：「新羅國或稱斯羅。」

〔疏證〕 今按：詩瓠葉「有兔斯首」，箋：「斯，白也。今俗語斯白之字作鮮，齊魯之間，聲近斯。」説文：「䨮，从雨，鮮聲，讀若斯。」可證斯、鮮聲通矣。説文「鮮，魚名」，非新鮮本字，本字作鱻，説文「鱻，新魚精也」，以新訓鱻，聲近義通耳。鱻常借鮮爲之，故新、鮮聲通而義通，書益稷「暨益奏庶鮮食」，僞孔傳：「鳥獸新殺曰鮮。」儀禮既夕「魚腊鮮獸」，注：「新殺者。」史記酈生陸賈傳「數見不鮮」，如淳曰：「新殺曰鮮。」斯既與鮮聲通，鮮又與新聲通，因知斯與新聲通矣，所以新羅又作斯羅也。斯在恚部，或入噫部。鮮在安部，古韻不同部。廣韻支「斯，息移切」，心母；仙「鮮，相然切」，心母：是斯、新雖不同韻，然而同母，雙聲正轉。

729

蹛林，襜襤也。

史記匈奴傳「大會蹛林」，集解云：「蹛音帶。」索隱云：「韋昭音多藍反。姚氏按，李牧傳『大破匈奴，滅襜襤』，此字與韋昭音頗同，或以林爲襤也。」李牧傳「滅襜襤」，集解云：「襜，都甘反。襤，路談反，徐廣云：一作臨。」

〔疏證〕索隱又曰：「鄭氏云：『蹛林，地名也。』晉灼曰：『李陵與蘇武書云：相競趍蹛林，則服虔說是也。』」

今按：左傳定八年「林楚御桓子」，公羊作臨南。一切經音義十六：「淋，古文瀶同。」李牧傳集解「襤一作臨」，是林與襤通矣。又史記馮唐傳「破東胡，滅澹林」，徐廣曰：「澹一作襜。」索隱：「澹，音丁甘反；一本作襜襤。」是知澹林即襜襤，亦即蹛林也。

蹛在古韻曷部，襜在奄部，相隔甚遠，非韻轉也。廣韻泰「蹛，當蓋切」，端母，與史記集解同音。鹽「襜，處占切」，穿三，此當依史記集解作「多藍反」或「都甘反」，端母。是蹛、襜異韻，然而同紐，雙聲正轉。又林在音部，襤在奄部，雖同爲閉口音，古韻亦異部。廣韻侵「林，力尋切」，來母；談「襤，魯甘切」，來母：是林之轉爲襤，亦爲雙聲正轉。

釋器

730

雷石謂之藟石。漢書晁錯傳「高城深塹，具藟石」，服虔曰：「藟石，可投人石也。」如淳曰：「城上雷石也。」

〔疏證〕　漢書注：「師古曰：雷，音來內反。」

今按：説文「藟，艸屬，从艸，畾聲」，與投人石無關。左傳襄十年「親受矢石」，疏云：「周禮職金：『凡國有大故，而用金石，則掌其令。』鄭玄云：『用金石者，作槍雷之屬。』雷即礧也。兵法守城用礧石以擊攻者。陳思王征蜀論云『下礧成雷，榛殘木碎』是也。」漢書司馬相如傳上「礧石相擊」，注：「礧石，轉石也。礧音盧對反。」後漢書杜篤傳「一卒舉礧，千夫沉滯」，注：「礧，石也。前書『匈奴乘隅下礧』，音力對反。」一切經音義十七引韻集云：「礧音力輩反，謂以石投物也。今守城者下石擊賊曰礧。」故藟石即雷石、礧石也。藟在因部，雷在威部，古韻可以對轉，然錢氏所不論。廣韻震「藟，良刃切」，來母；灰「雷，魯回切」，來母：藟、雷兩字韵雖不同，然而同母，雙聲正轉。

731 桔橰謂之絜皋。 曲禮「奉席如橋衡」，注：「橋，井上㮧橰。」（釋文）：「本又作契皋，或作絜皋。」

〔疏證〕 莊子天運：「且子獨不見夫桔橰者乎。」天地「鑿木爲機，前重後輕，挈水若抽，數如泆湯，其名爲橰」，釋文：「橰，本又作橋，或作皋，司馬、李云：桔橰也。」是各本以桔、絜通用，橰、橋互用也。

今按：禮記大學「是以君子有絜矩之道也」，注：「絜猶結也，結束也。」晉書音義上引蒼頡篇：「絜音結。」今潔字簡寫作洁。吉、䂬聲通之證也。䂬在曷部，吉在壹部，古韵不同耳。廣韻屑「絜、潔、拮、桔，古屑切」，不獨同爲見紐抑且同音，桔之作絜，蓋以雙聲正轉。

又按：鄭注禮記以橋訓爲槔、橰，亦由橋、槔聲通耳。喬之訓高，通訓也。禹貢「厥木爲喬」，詩伐木「遷于喬木」，時邁「及河喬嶽」，傳皆以喬爲高。爾雅、廣雅之釋詁並以喬訓高。橋亦訓高，詩山有扶蘇釋文引王注：「橋，高也。」大戴記衛將軍文子「其橋大人也」，注：「橋，高也。」故橋亦作鎬，儀禮士昏禮記「加于橋」，注：「今文橋爲鎬。」皋與高又通訓，禮記明堂位云「天子皋門」，注：「皋之言高也。」釋名釋親屬：「高，皋也。最在上皋，韜諸下也。」爾雅釋天「五月爲皋」，釋文：「皋或作高，同。」喬既聲通于高，高又聲通皋，故鄭氏以槔訓橋耳。皋在幽部，喬在夭部，雖鄰近亦異部也。廣韵宵「喬、橋，巨嬌切」，羣母；豪「高、皋、槔，古勞切」，喬从高聲本有高音，蓋以雙聲正轉。

732　赫蹏謂之幱幠　漢書外戚傳「赫蹏書」，鄧展曰：「赫音兄弟鬩牆之鬩。」應劭曰：「赫蹏，薄小紙也。」廣韵：「幱幠，赤紙。」出埤蒼。

〔疏證〕　引漢書孝成趙皇后傳，師古曰：「赫字或作擊。」引廣韵，見入聲陌韵；並見廣雅釋器與玉篇。

今按：説文「擊，繫也」，「繫，繫也」，繫、繫互訓，義既相近，韵亦相同，疊韵聯綿辭也。赫蹏、幱幠既繫繫之形變而音略轉。故顏師古注漢書，謂赫蹏，赫亦作擊也。擊、繫皆从𣪠得聲。赫在蒦部，⿰巾鬩、繫在恚部，古韻不同部。廣韻霽「繫，古詣切，又胡計切」，前爲見母而後爲匣母；錫「繫，古歷切」，又「⿰巾鬩，許激切」，後者曉母而前者見母；陌「赫，呼格切」，曉母：諸字聲皆相近，惟赫、⿰巾鬩同爲曉紐，故錢獨采「赫蹏謂之⿰巾鬩㡗」一條，韻異聲同，最合雙聲正轉之例。

733

便面謂之屏面。漢書張敞傳注。

〔疏證〕 張敞傳「自以便面拊馬」，師古曰：「便面所以障面，蓋扇之類也。不欲見人，以此自障面，則得其便，故曰便面，亦曰屏面。今之沙門所持竹扇，上衺平而下圜，即古之便面也。音頻面反。」王莽傳中「後常翳雲母屏面，非親近莫得見也」，師古曰：「屏面即便面，蓋扇之類也。」

今按：說文：「屏，蔽也，从尸，并聲。」詩桑扈「萬邦所屏」，傳：「屏，蔽也。」國語周語「所以藩屏民則也」，左傳襄十六年「俾屏予一人在位」，注皆同。引申亦訓爲障，呂覽貴直「其社蓋於周之屏」，注：「屏，障也。」釋名釋宮室：「屏，自障屏也。」便面即屏面者，便蓋藩之借字，說文：「藩，屏也。」詩板「价人爲藩」，傳：「藩，屏也。」藩引申亦訓蔽，一切經音義引蒼頡篇：「藩，蔽也。」後漢書馬融傳注：「藩，亦蔽也。」便、藩今音雖有雙脣與齒脣之分，古蓋同音字。便面之轉作屏面，猶之五帝本紀之「便章百姓」、「便程東作」，尚書則作「平章百姓」、「平秩東作」耳。平、屏古同音字。便在古韻安部，屏在嬰部，不同韻也。廣韻線「便，婢面切」，青「屏，薄經切」，雖有輕重之分，錢氏皆讀並母，雙聲正轉也。

734

柳翣謂之蔞翣，亦謂之僂翣。　檀弓「設蔞翣」，注：「蔞翣，棺之牆飾。周禮蔞作柳。」呂氏春秋節喪篇：「僂翣以督之。」

〔疏證〕　引檀弓見下篇。荀子禮論「無（讀爲幠）帾絲歶縷翣」，縷翣亦柳翣也。周禮天官縫人：「喪縫棺飾焉，衣翣柳之材。」又春官喪祝「及祖飾棺」，注：「飾棺，設柳池紐之屬。」故注檀弓謂「周禮蔞作柳」。

今按：史記劉敬列傳「劉敬者，齊人也」，索隱：「敬本姓婁。」漢書作婁敬。列傳又云「婁者，乃劉也，賜姓劉氏」，漢書與此略同。婁、劉相通，即婁、柳相通矣。三國志虞翻傳注：「翻云：『古大篆卯字，讀當言柳，古柳卯同字。』竊謂翻言爲然，故劉、留、聊、柳同用此字，以从聲故也。與日辰卯字，字同音異。然漢書王莽傳論卯金刀，故以爲日辰之卯。今未能詳正，然世多亂之，故翻所説云。」又釋名釋喪制「輿棺之車，其蓋曰柳，柳，聚也。衆飾所聚，亦其形僂也」，以僂訓柳。此皆婁、柳聲通之證。柳在幽部，婁在區部，古韵相鄰，然非同韵。廣韵有「柳，力久切」，來母；侯「婁、蔞、僂，落侯切」，來母：是婁、柳韵異，然而同母，雙聲正轉。

735

寠數謂之樻匴。漢書東方朔傳「盆下爲寠數」，師古曰：「寠數，戴器也。以盆盛物戴於頭者，則以寠數薦之。今賣白團餅人所用者是也。」説文：「樻匴，負戴器。」釋名：「寠數猶局縮，皆小意也。」

〔疏證〕引漢書注乃「是寠數也」之注文，下文始云：「著樹爲寄生，盆下爲寠數。」錢氏以意引之，非原文次第。引釋名釋姿容。

今按：漢書楊惲傳云「真人所謂鼠不容穴，銜寠數也」，師古注同。又曰：「寠，音其羽反；數，音山羽反。」何晏景福殿賦「蘭栭積重，寠數矩設」，李善注：「蘇林漢書注曰：寠數，四股鉤。寠，其矩切；數，所柱切。」廣韵麌韵：「籔，寠籔，四足几也。」字亦變作屨縷，管子輕重甲「北郭者，盡屨縷之甿也」，俞樾古書疑義舉例云：「寠數，古語也。寠數與屨縷並从婁聲，古雙聲疊韵字無一定也。」説文「匴，樻匴，負戴器也」，段注：「樻，小梧也，見匚部。此樻匴之樻，乃別一義。廣韵一送云『樻，格木也』，三十六養云『僓，渠往切，載器也』，出埤蒼。玉篇云：『僓，渠往切，載器也。』載器皆當作戴器，古載、戴通用。格木亦謂皮閣之木。下引東方朔、楊惲傳注。按：窶數，其羽、山羽二反。橨盨，渠往、相庾二反。橨與窶雙聲，盨與數雙聲疊韵，一語之轉也。」段氏最能總合各家之説，與錢氏論聲轉亦一致。窶與橨韵異，然而同爲羣母，雙聲正轉。盨與數同韵，數爲審二，古本讀心；盨亦心母，於聲類亦爲正轉，若謂錢氏不言審二讀心，心審同位，同位爲變轉。

又按：窶、數本古韵區部疊韵聯綿辭，橨在邕部，窶在區部，區、邕陰陽對轉，故橨盨亦窶盨之變形也。錢、段不言對轉，故説不及此。窶數、橨盨雖戴物之器名，語源則又受義於局縮、局促等聯辭。負戴之器，置於上下兩者之間，所處逼仄，故釋名曰：「窶數猶局縮，皆小意也。」局縮即局促，文選舞賦「哀蟋蟀之局促」，注：「古詩曰『蟋蟀傷局促』，小見之貌。」又作局數，楚辭九思憫上「蜷跼兮局數」，洪興祖補注：「數音促。」又作局趣，史記魏其武安侯列傳「今日廷論局趣，效轅下駒」，應劭曰：「局趣，纖小之貌。」又作拘束，不可一二數也。促束在屋部，古韵僅平入之辨，不害其爲疊韵聯綿辭。窶、窶一字。

736 笆籬謂之苞蔾，亦曰巴犂。史記張儀傳「苴蜀相攻擊」，徐廣引譙周曰：「益州天苴，讀爲苞蔾之苞，音與巴相近，以爲今之巴郡。」索隱曰：「苴音巴，注引天苴即巴苴也。譙周蜀人，知天苴之音讀爲巴黎之巴。按巴黎即織木茸，所以爲葦籬也。今江南亦謂葦籬曰笆籬。」

〔疏證〕 標目「亦曰巴犂」，下引文無犂字。索隱引譙周語本作「讀爲巴犂之巴」，應依改正，此本誤作巴黎。

今按：巴在烏部，苞在幽部，古韵不同。廣韵肴「包、苞，布交切」，幫母；麻「笆、巴、芭，伯加切」，幫母：韵異聲同，雙聲正轉。又按：詩七月「有鳴倉庚」，傳：「倉庚，離黄也。」釋文：「離，本又作鵹、作鸝。」説文：「䴡，離黄也。」漢書司馬相如傳上「檗離朱楊」，注：「離，山梨也。」文選注引張揖説同。此皆从離、从利得聲之字相通之證。離在阿部，蔾、犂在衣部，古韵不同。廣韵支「離，吕支切」，來母；脂「犂、蔾，力脂切」，來母：亦韵異而聲同，雙聲正轉。

737 兜鍪謂之鞮鍪。揚雄長楊賦：「鞮鍪生蟣蝨。」「鞮，丁奚切。」

〔疏證〕切音引漢書顏師古注。

今按：文選李善注：「説文曰：『鞮鍪，首鎧也。』韓子曰：『攻戰無已，甲冑生蟣蝨。』鄭玄禮記注曰：『介，被甲也。』孔安國尚書傳曰：『冑，兜鍪也。』鞮鍪，即兜鍪也。」錢説即據李善。兜在區部，鞮在恚部，古韻不同。廣韻侯「兜，當侯切」，端母；齊「鞮，都奚切」，端母：韵異母同，雙聲正轉。

738

俾倪謂之陴。左傳「守陴者」，注：「陴，城上僻倪。」僻倪猶俾倪。廣雅：「俾倪，女牆也。」

〔疏證〕引左傳宣十二年，校勘記云：「宋本僻作俾，是也。按説文云：『陴，城上女牆俾倪也。』」釋名作睥睨，言于其孔中睥睨非常也。廣雅作埤堄，云：「女牆也。」錢氏不從宋本左傳，故云「僻倪猶俾倪」。廣雅釋宮作埤堄，王念孫疏證：「埤堄或作俾倪，或作睥睨，或作僻倪。」

今按：俾、埤皆从卑聲，兩字通作，訓詁常例。疑此標目當作僻倪謂之陴。陴在恚部，僻在益部，古韵雖平入，自分兩韵。俾、僻互作，除已引例外，管子封禪「束馬縣車上卑耳之山」，注：「卑耳即齊語所謂辟耳。」史記魏其武安侯列傳「辟倪兩宫間」，索隱引埤蒼云：「睥睨，謂邪視也。」皆辟、卑聲通之證。廣韻支「陴，符支切」，奉母，錢氏徑入並母；昔「僻，芳辟切」，敷母，僻从辟聲，應同辟音，「辟，房益切又必益切」，亦讀奉母，錢氏徑入並：是辟、陴韵異而紐同，雙聲正轉。竊謂辟睨之合音爲陴，則不獨取聲，抑且取韵。

739 大屈謂之大曲。左傳「好以大屈」，注：「大屈弓名。」正義引魯連書云：「楚子享魯侯于章華之臺，與大曲之弓。」大屈即大曲也。

〔疏證〕引昭七年左傳。

今按：淮南主術「而旋曲中規」，注：「曲，屈。」易繫辭下「其言曲而中」，虞注：「曲，詘也。」水經河水注：「河水屈而東北流逕析支之地，是爲河曲。」以曲與詘、屈字通訓，是屈、曲聲通之證。屈在鬱部，曲在屋部，古韵不相同。廣韵物「屈，區勿切」，溪母；屋「曲，丘玉切」，溪母：韵異聲同，雙聲正轉。

740 楄柎謂之楄部。左傳「楄柎所以藉幹者」，説文作「楄部薦幹」。

〔疏證〕引昭廿五年左傳。引説文梢字説解引春秋傳。晏子春秋外篇「因問其偏柎何所在」，以偏爲楄。景福殿賦「爰有禁楄」，注：「楄附，陽馬之短桷也。」柎作附。

今按：説文：「附，附婁，小土山也。春秋傳曰：附婁無松柏。」左傳襄廿四年「部婁無松柏」，釋文：「部，蒲口反；徐：扶苟反。」校勘記：「應劭風俗通義、文選魏都賦注引並作培塿。」方言十三「冢或謂之培」，注：「音部。」又「小者謂之塿」，注：「培塿亦堆高之貌。」是皆可證附與部、培通作，亦付、音聲轉之例也。附在區部，部在噫部，古韻不相同。廣韻遇「附，符遇切」，奉母古讀並；厚「部、培，蒲口切」，並母：是附、部兩字不同韻然而古聲同母也，雙聲正轉。

741

屬鏤謂之獨鹿。　荀子成相篇：「恐爲子胥身離凶。進諫不聽，剄而獨鹿棄之江。」獨鹿即屬鏤也。

〔疏證〕楊倞注「獨鹿與屬鏤同，本亦作屬鏤」，故錢云：「獨鹿即屬鏤也。」「剄而獨鹿」之而，王念孫訓以是也。江下刻本有南字，誤衍，今依荀子删。

今按：劍名屬鏤，最爲常見，左傳哀十一年、史記越世家、伍子胥列傳、韓非子人主、淮南氾論、鹽鐵論非鞅、文選運命論皆同。惟賜屬鏤死者，或謂子胥，或謂大夫種，有不同耳。亦作獨婁，見古文苑揚雄太玄賦。然獨、屬同从蜀聲，鏤又以婁聲。惟荀子作獨鹿，鹿、婁爲異文。若吴越春秋勾踐伐吴外傳云「越王遂賜文種屬盧之劍」，注「盧當作鏤」，盧、鏤亦所从得聲不同也。鏤在區部，鹿在屋部，鏤、鹿平入不同；盧在烏部，與鏤爲鄰韵：三字古韵互不同。廣韵虞「鏤，力朱切又盧豆切」，來母；屋「鹿，盧谷切」，來母；模「盧，落胡切」，來母：是三字韵不同而同爲來母，皆雙聲正轉。

742

鞶裂謂之鞶厲。 禮内則「男鞶革，女鞶絲」，注：「鞶，小囊盛帨巾者。男用韋，女用繒，有飾緣之，則是鞶裂與？」正義曰：「春秋傳作鞶厲，厲裂義同。古時厲裂通爲一字。詩『垂帶而厲』，鄭云厲當作裂。」

〔疏證〕 已詳卷一釋言「遮例、遮迾，遮列也」條。

743

毋追謂之牟追。 士冠禮「毋追夏后氏之道也」，注：「毋，發聲也。追猶堆也。」釋名：「牟追，牟，冒也，言其形冒髮追追肰也。」

〔疏證〕 引士冠禮，又見禮記郊特牲。釋文：「毋追，上音牟，下多雷反。」引釋名釋首飾。

今按：毋在烏部，牟在幽部，古韻不相同。虞「毋，武夫切」，微母古讀明；尤「牟，莫浮切」，明母：是毋、牟兩字，異韻而同聲，雙聲正轉。

744

不借謂之搏腊。　釋名：「不借言賤易有宜，各自蓄之，不假借人也。齊人言搏腊，搏腊猶把作麤貌也。」喪服傳「繩屨者，繩菲也」，注：「繩菲，今時不借也。」周禮弁師「玉瑧」，注：「讀如薄借綦之綦，薄借猶不借也。」

〔疏證〕引釋名釋衣服。引弁師見夏官。方言四：「扉屨，麻作之者，謂之不借，麤者謂之屨。」喪服傳之繩菲即方言之扉。

今按：借、腊同从昔聲，通用常例，無足證。不在古韻噫部，搏在烏部讀入蒦部，古韵異部。廣韵物「不，分勿切又府鳩、方又切」，非母古讀幫；鐸「搏，補各切又匹各切」，幫母：今韵亦不同，然而同母，雙聲正轉。薄、借聲小異，應讀同搏借。不借、搏腊何以爲扉屨？各家之説不同，皆未得要領，不録。説文：「索，履也。一曰青絲頭履也，讀若千陌之陌。」陌、昔古韵同在蒦部，陌、搏雖不同母，然皆脣聲，故不借、搏腊之合音讀如索矣，故同訓履屨耳。

745 和表謂之華表。漢書尹賞傳「瘞寺門桓東」，如淳曰：「縣所治，夾兩邊，各一桓。陳宋之俗，言桓聲如和，今猶謂之和表也。」師古曰：「即華表也。」

〔疏證〕尹賞入酷吏列傳。如淳曰：「舊亭傳於四角面百步築土四方，上有屋，屋上有柱，出高丈餘。有大板貫柱四出，名曰桓表。」錢氏引如淳曰，上删此文。今按：史記孝文帝紀「誹謗之木」，索隱：「韋昭云：慮政有闕失，使書於木，此堯時然也，後代因以爲飾。今宮外橋梁頭四柱木是。鄭玄注禮云：一縱一横爲午。謂以木貫表柱四出，即今之華表。崔浩以爲木貫柱四出名桓，陳楚俗桓聲近和，又云和表。則華與和又相訛也。」周禮夏官大司馬「以旌爲左右和之門」，注：「軍門曰和。」匡謬正俗：「説文云：桓是亭郵表也。東京賦云：迄于上林，結徒爲營，叙和樹表，司鐸授鉦。叙，比也。軍之正門爲和。樹表，設牙形以表之。」水經桓水注：「鄭玄曰：和上夷所居之地也，和讀曰桓。」此皆桓與和與華三字聲通之證。桓亦與瓛通作，說文：「瓛，桓圭也。」周禮春官大宗伯「公執桓圭」，又考工記玉人：「命圭九寸，謂之桓圭，公守之。」和又與戲通作，說文：「戲，三軍之偏也。」章太炎小學答問：「問曰：古謂軍門爲和，其本字云何？答曰：當爲戲。」文長不録。是知桓、瓛聲通，戲、和聲通。瓛今在安部，戲今在阿部，推其原始，瓛、戲皆从虍聲，烏部字也。桓、和皆與从虍得聲之字通，斯知桓、和可以聲通矣。和古韻在阿部，桓古韻在安部，華、獻、瓛古韻在烏部。阿、安陰陽對轉，阿、烏旁轉，是諸字聲韵兼通。錢氏論聲，不言旁轉與對轉。廣韵戈「和，户戈切」，麻「華，户花切」，桓「桓、瓛，胡官切」，是和、華、桓、瓛四字皆同母雙聲，於錢氏爲正轉。惟一戲字，廣韵寘「戲，香義切」，曉母，於匣母爲近紐兼同位。若以近紐言，爲正轉；若以同位言，爲變轉。

746

檿絲謂之酓絲。

書「厥篚檿絲」，史記夏本紀作酓絲。

〔疏證〕引書禹貢。釋文：「檿，烏簟反，山桑也。」夏本紀集解引尚書孔傳曰：「檿桑蠶絲，中爲琴瑟弦。」索隱引爾雅曰：「檿，山桑。」是知酓即檿之借字也。

今按：酓在音部，檿在奄部，雖同爲閉口音，古韻不同部。廣韵琰「檿、酓，於琰切」，影母，則併爲一韵，讀同音，單以聲論，亦雙聲正轉也。

747 胥紕謂之犀毘。史記匈奴傳「黃金胥紕一」，索隱云：「漢書作犀毘，此作胥者，胥犀聲相近，或誤。下刪「張晏曰：鮮卑郭落帶，瑞獸名也。東胡好服之」。戰國策云：趙武靈王賜周紹貝帶黃金師比。延篤云：胡革帶鉤也。則此帶鉤亦名師比，胥犀與師並相近，而説各異耳。班固與竇憲牋云：賜犀比金頭帶是也。」

〔疏證〕今按：淮南主術「趙武靈王貝帶鵕⿰壽鳥而朝」，注：「鵕⿰壽鳥讀曰私鈚頭，二字三音也。」姚宏戰國策注：「主術訓：武靈王貝帶鵕鸃而朝，注：翗翿，讀曰私鈚頭。」姚引國策及注，與今本頗異。疑姚引國策鸃字乃⿰壽鳥字之譌，引國策注翗翿二字，不見字書，蓋即鵕⿰壽鳥之異體，鵕⿰壽鳥或鵕鷩聲轉。⿰壽鳥从壽聲，壽在舌上，可讀舌頭，古音如擣。翗翿兩字，从夋从壽得聲，故翗翿⿰壽鳥音同私鈚頭矣。故史記之胥紕，漢書之犀毘，國策之師比，淮南注之私鈚或翗翿，其實一也。比、紕、毘、鈚皆从比聲，自可通讀，廣韵脂「比，房脂切」，奉母古讀並，其他从比得聲字，應相近也。比在衣部，孛在鬱部，韵雖不同。

廣韻没「孛，蒲没切」，並母，是比、孛韻不同而聲同，以並母雙聲相正轉。左傳文十六年經「盟于郪邱」，公羊作師邱，穀梁作犀邱，則師、犀聲通之證。爾雅釋獸「狻麑如虦貓，食虎豹」，注：「即師子也。」蓋狻麑之合音爲師，師、狻聲近。私、師、犀古韻在衣，胥在烏部，鵔在安部，諸字古韻有同有異。廣韻脂「師，疏夷切」，審二；齊「犀，先稽切」，心母；脂「私，息夷切」，心母；語「胥，私吕切又思余切」，心母；稕「鵔，私閏切」，心母：故諸字惟師在審，其餘皆心母，同在心母自爲雙聲正轉，審二古亦讀心，本亦雙聲正轉。若謂錢氏不言審二讀心，心審亦爲同位，同位則變轉也。參閲卷三名號之異「師武，犀武也」。

748

屈狄謂之闕狄。周禮内司服，王后六服，有闕狄。鄭司農引喪大記：「夫人以屈狄，屈者音聲與闕相似。」

〔疏證〕引内司服見天官。引注有删節。喪大記釋文：「屈音闕。」

今按：禮記玉藻亦作屈狄，疏：「屈，闕也。」左傳宣十二年韓厥，穀梁襄元年同。公羊襄元年作韓屈，疏云：「左傳穀梁屈作厥字也。」左傳文十年經「次于厥貉」，公羊作屈貉，穀梁與左氏同。皆屈、闕相通之證。屈在鬱部，厥在曷部，古韻不同。廣韻物

「屈，區勿切」，月「闕，去月切」，韵亦不同，然而同爲溪母，雙聲正轉。

749 展衣謂之襢衣。周禮内司服展衣，鄭司農引喪大記「世婦以襢衣」，「襢與展，音相似」。

〔疏證〕内司服注又云：「展衣，以禮見王及賓客之服，字當爲襢。襢之言亶，亶，誠也。」

今按：禮記玉藻「一命襢衣」，疏：「襢，展也，子男大夫一命，其妻服展衣也。」釋文：「襢，張戰反。」詩君子偕老「其之展也」，箋：「展衣字誤，禮記作襢衣。」又緑衣箋「展衣次之」，釋文：「展，知彦反。字亦作襢，音同。王后之服，五曰襢衣。」皆可證展衣即襢衣。展多訓誠，詩雄雉「展矣君子」，君子偕老「展如之人兮」，傳：「展，誠也。」猗嗟「展我甥兮」，車攻「展也大成」，箋：「展，誠也。」爾雅釋詁：「展，誠也。」亶亦訓誠，詩祈父「亶不聰」，板「不實于亶」，傳：「亶，誠也。」生民「胡臭亶時」，箋：「亶，誠也。」爾雅釋詁：「亶，誠也。」亶又多訓信，詩常棣「亶其然乎」，傳：「亶，信也。」十月之交「亶侯多臧」，釋文：「亶，信也。」爾雅釋詁：「亶，信也。」展亦多訓信。方言一：「展，信也，荆吴淮内之間曰展。」方言七：「展，信也。東齊海代之間曰展。」爾雅釋詁：「展，信也。」亶、展聲通，故義訓相同矣，展、襢古韵同在安部。廣韵獮「展、襢，知演切」，今亦同音。單以聲論，蓋同爲知母，雙聲正轉。

750 褘衣，畫衣也。鄭司農説。亦曰翬衣。（以下三條康成説也。）

〔疏證〕周禮天官内司服「王后之六衣，褘衣」，注「鄭司農云：褘衣，畫衣也」，故爲先鄭之説，以下三條則後鄭注也。禮記玉藻「王后褘衣」，注：「褘讀如翬。」

今按：内司服注：「翟，雉名。伊雒而南，素質五色皆備成章曰翬。王后之服刻繒爲之形，而采畫之，綴於衣以爲文章，褘衣，畫翬者。」釋名釋衣服：「王后之上服曰褘衣，畫翬雉之文於衣也。」是鄭玄、劉熙皆以褘、翬聲近，取義亦取聲也。錢氏以爲褘、翬固爲聲訓，褘、畫亦聲訓，故取鄭衆之説。褘在衣部，軍、翬在昷部，翬讀音今亦轉入衣部，古韵旁對轉。畫在益部，古韵與褘、翬又不同。廣韵微「翬、褘，許歸切」，本同音，捨韵不論，雙聲正轉。卦「畫，胡卦切又胡麥切」，匣母；麥韵「繣、劃、憶、臐、撶、幗，並呼麥切」，曉母：是褘與畫，亦爲雙聲正轉。

751 揄狄，摇狄也。

〔疏證〕禮記玉藻「夫人揄狄」，注：「揄讀爲搖，搖，翟雉名也。」周禮天官内司服「王后之六服，揄狄」，注：「玄謂狄當爲翟，翟，雉名。江淮而南，音質五色皆備成章曰搖，揄翟，畫搖者。」玉藻釋文云「揄音搖，羊消反」，又引爾雅云「青質，五色皆備成章曰鷂」，謂鷂音搖。内司服疏云：「揄狄者，揄當爲搖，狄當爲翟，則搖翟其色青也。」釋名釋衣服「搖翟，畫搖翟之文於衣也」，是劉成國是徑作搖翟矣。

今按：从俞、从䍃得聲之字相通，不僅揄、搖兩字，漢書英布傳「隃謂布，何苦而反」，師古曰「隃讀曰遥」，史記正作遥。趙充國傳「兵難隃度」，注：「鄭氏曰：隃，遥也。師古曰：隃讀作遥。」後漢書馮衍傳下顯志賦「陟隴山以踰望兮」，注：「踰猶遥也，古字通。」素問骨空論「折使榆臂齊肘」，注：「榆讀爲搖。」皆俞、䍃聲通之例證也。猶與䍃聲通，又與俞聲通；爾雅釋詁「繇，喜也」，注：「禮記：詠斯猶。猶，繇也。古今字耳。」檀弓「咏斯猶」，鄭注：「當爲搖。」孟子公孫丑上「由反手也」，離婁下「我由未免爲鄉人也」，音義引丁音：「由，義當作猶；猶，如也。」荀子富國「由將不足以勉也」，注：「由與猶同。」易豫「由豫大有得」，釋文：「由，馬本作猶。」由又作繇，戰國策許由，漢書古今人表作許繇。詩巧言「秩秩大猷」，漢書叙傳注引作「秩秩大繇」。文選幽通賦「謨先聖之大猷兮」，注：「猷或作繇。」此猶、䍃聲通之例。詩斯干「無相猶矣」，箋：「猶當作瘉。」

鼓鐘「其德不猶」，箋云：「猶當作瘉。」此猶、俞聲通之證。猶與䍃聲通，又與俞聲通，亦俞、遥聲通之證矣。摇，清人多入幽部，曾先生入夭部，揄在區部，古韻不同。廣韻蕭「摇，餘招切」，喻四；尤「猶，以周切」，喻四：亦不同韻，然而同紐，雙聲正轉。

752 **緣衣，褖衣也；亦曰稅衣。雜記：「夫人脱稅衣。」古音稅與脱近，故褖轉爲稅也。**

〔疏證〕　今本雜記無脱字，宋本、監本有之。閩、毛本作服，嘉靖本作復，校勘記從之。儀禮士喪禮「褖衣」，注：「黑衣裳赤緣謂之褖，褖之言緣也。下節。古文褖爲緣。」禮記玉藻「士褖衣」，注：「褖或作稅。」周禮内司服「王之六服，緣衣」，注：「雜記曰：夫人服稅衣、揄狄；又喪大記曰：士妻以褖衣，言褖者甚衆，字或作稅。此緣衣者，實作褖衣也。」上所引注皆鄭康成之説。孫詒讓周禮正義云：「稅褖皆聲相近。吕飛鵬云：毛詩緑衣，箋云『緑當爲褖，字之誤也』，褖衣黑。雜記、喪大記皆作稅衣。康成破稅爲褖，此經緣衣，康成亦作褖，則鄭以褖爲正字。然注士喪禮褖衣云『古文褖爲緣』，則古無褖字審矣。説文衣部無褖字。」

今按：詩緜「混夷駾矣」，孟子梁惠王下作「昆夷兑矣」，文選魯靈光殿賦張載注作

「昆夷突矣」，廣韵廢作「昆夷瘃矣」，是瘃與駾、兑、突聲通。廣雅釋言「彖，捝也」，王念孫疏證云：「説文：『彖，豕走捝也。』捝與脱通。脱、彖聲相近。彖猶遯也，遯或作遂。漢書匈奴傳贊『遂逃竄伏』，字从辵，彖聲。彖、遯聲亦相近。」彖在古韵安部，兑在曷部，平入對轉。錢氏不言對轉，故分兩部。廣韵泰「兑，杜外切」，定母；末「脱，徒活切又他活切」，定母；祭「税，舒芮切」，審三，然錢謂聲近脱，則讀透定明矣。仙「緣，與專切又羊緣切」，喻四古讀定，如謂喻四古讀錢氏所不言，緣从彖聲有彖音可知也，換「彖、褖，通貫切」，透母。由此而言謂緣、褖、税三字古皆可讀透母可也，既三字同母，則爲雙聲正轉。若謂税、緣古讀定，褖讀透，則透定送氣，謂爲同位變轉亦可。總之無不合於聲類聲通之例。

753

紼謂之撥。　檀弓「哀公欲設撥」，注：「撥，可撥引輴車，所謂紼。」

〔疏證〕今按：詩蓼莪「飄風弗弗」，傳：「弗弗猶發發也。」是弗、發聲通之證。又發與犮聲通，説文：「鮁，讀若撥；帗，讀若撥。」詩七月「一之日觱發」，説文引作「一之日滭泼」；碩人「鱣鮪發發」，説文引作「鱣鮪鮁鮁」。犮又與弗聲通，莊子消摇游注「足以纓紱其心矣」，釋文：「紱或作紼。」詩卷阿「茀禄爾康矣」，爾雅釋詁注引作「祓禄爾康矣」。采芑「朱茀斯皇」，釋文：「茀本又作芾，或作紱。」文選范蔚宗樂游應詔詩「探己謝丹黻」，江文通雜體陸平原詩「朱黻咸髦士」，注並云：「黻與茀古字通。」發既與犮聲通，犮又與弗聲通，是亦發、弗聲通之例矣，可爲「紼謂之撥」聲通之證。撥在曷部，弗在鬱部，古韻非一部。廣韻末「撥，北末切」，幫母；物「紼，分勿切」，非母古讀幫：雙聲正轉。

754 輹謂之轐。周禮考工記「加軫與轐焉」，鄭司農讀轐謂旃僕之僕謂伏兔也。

〔疏證〕 引考工記見總記。

今按：説文「轐，伏兔也」，下引考工記。又「輹，車軸縛也」，下引易曰：「輿脱輹。」左傳僖十五年「車説其輹」，疏：「子夏易傳云：輹，車下伏兔也。今人謂之車屐，形如伏兔，以繩縛於軸，因各縛也。」易大畜釋文：「輹或作輻。」釋名云：「輹似人屐，又曰伏兔，在軸上，似之。又曰輹，伏於軸上。」輹、轐皆釋爲伏兔，故錢云「輹謂之轐」。輹在奧部，轐在屋部，古韻雖鄰近，非一部也。廣韻屋「輹，房六切」，奉母古讀並；沃「轐，蒲沃切」，並母：是兩字不同韻，然而古聲同母，雙聲正轉。

755 篦謂之綆〔一〕。讀如餅。周禮考工記「眎其綆」，鄭司農：「讀爲關東言餅之餅，謂輪箄也。」

〔疏證〕引考工記輪人。車人又云「大車崇三柯，綆寸」，注：「綆，輪箄。」故錢氏當云「箄謂之綆」，今標目箄作篦，應是誤刻。

今按：卷一釋訓「笄謂簪，綆讀如餅」條，已有疏證，可以對參。箄在恚部，餅在嬰部，陰陽對轉，錢氏不言對轉，故不謂韵轉。廣韵支「箄，府移切」，非母；静「餅，必郢切」，非母，錢氏徑入幫：雙聲正轉。綆在古韵央部，箄、綆古韵不同。廣韵梗「綆，古杏切」，見母，箄、綆既不同韵亦不同母，然而同爲出聲，同位變轉。

756 方謂之版。中庸「布在方策」，注：「方，版也。」

〔疏證〕注引鄭玄注。釋文：「版，本亦作板。」

今按：儀禮聘禮記「不及百名書於方」，注：「方，板也。」既夕「書賵於方」，注：

〔一〕「篦」，粵雅堂叢書本作「箄」。

「方，板也。」後漢書馬融傳「載陳於方策」，注引中庸、聘禮記鄭注：「方，板也。」周禮秋官哲蔟氏「以方書十日之號」，注：「方，版也。」禮記曲禮下「書方」，注：「方，板也。」釋文：「板，字又作版。」史記張丞相列傳「主板下方書」，如淳曰：「方，版也。」家語哀公問「布在方策」，注：「方，方板。」管子霸形「削方墨筆」，注：「方謂版牘也。」是皆以方訓爲板、版之證例。方在央部，版在安部，古韵互異。廣韵陽「方，府良切」，非母，古讀幫；潸「版，布綰切」，幫母：是兩字今韵不同，然而古聲同母，雙聲正轉。

757

芾謂之韠。詩「三百赤芾」，傳：「芾，韠也。」説文芾作市，或作韍。

韍當作韍，刻誤。

〔疏證〕引詩候人。説文：「市，韠也。篆文作韍。」

今按：詩采菽「赤芾在股」，斯干「朱芾斯皇」，車攻「赤芾金舄」，字皆作芾。朱駿聲以爲芾乃苐之或體。又作紱，易困「朱紱方來」，「困于赤紱」，則爲市之篆文。又借紼爲之，白虎通紼冕：「紼者，何謂也？紼者，蔽也。天子朱紼，諸侯赤紼。詩云：『朱紼斯皇，室家君王。』又『赤紼金舄，會同有繹』，又云『赤紱在股』，皆諸侯也。」説文「韠，韍也」，亦借縪爲之，廣雅釋器：「韍謂之縪。」是許慎雖不以韠與市、紱同字，而認爲同義也。諸字本章太炎所謂一字之變易，文始云：「然市本韠也，故旁轉至，孳乳爲韠，韍也。」既云「市本韠」，不謂之變易而謂之孳乳，蓋變易孳乳亦有時而混耳。又：廣雅釋器「袚，蔽厀也」，釋名釋衣服「韠，蔽也，所以蔽膝前也，婦人蔽膝亦如之」，蔽膝之合音本爲韠，不爲袚；而俱以蔽膝釋之者，可證犮、畢亦可聲通而同作也。市、犮古韵在曷部，弗在鬱部，畢在壹部，互不同韵。廣韵物「市、紱、弗，分勿切」，非母古讀幫；質「畢，卑吉切」，非母古讀幫：是芾、韠不同韵而同母，雙聲正轉。

758

茀謂之蔽。詩「翟茀以朝」，傳：「茀，蔽也。」鄭注周禮引作翟蔽。又「簟茀朱鞹」，傳：「車之蔽曰茀。」

〔疏證〕引詩碩人、載驅。周禮春官巾車注引作「翟蔽以朝」。

今按：詩采芑「簟茀魚服」，箋：「茀之言蔽也。」韓奕又云「簟茀錯衡」，箋：「簟茀，漆簟以爲車蔽，今之藩也。」前一條云「芾謂之韠」，芾與袚、紼、韠通作，而袚、韠皆訓蔽與蔽膝。皆可證茀與蔽聲通，此其一。史記屈賈列傳「脩路幽拂」，索隱：「楚辭作幽蔽也。按指懷沙。」又刺客列傳「跪而襒席」，索隱：「襒猶拂也。」拂通作蔽與襒，猶茀謂之蔽矣。此其二。茀、蔽古韵同在鬱部，而今韵小有迻易。廣韵物「茀，敷勿切」，敷母，碩人釋文音弗，則讀非古入幫；祭「蔽，必袂切」，雖雙脣仍非母，古讀幫：是茀、蔽兩字於廣韻則異韵同紐，雙聲正轉。

759

糟謂之蒨，醫謂之臆。 周禮酒正「四飲清醫漿酏」，（注）：「鄭司農說，以内則有清蒨漿水臆。糟音聲與蒨相似，醫與臆亦相似，文字不同，皆一物。」

〔疏證〕 引酒正見天官，注有删節，於義不顯，今具録之：「鄭司農説，以内則曰：『飲重醴，稻醴清蒨、黍醴清蒨、粱醴清蒨。今内則蒨作糟，非是。或以酏爲醴，漿水臆。』後『致飯于賓客之禮』，有『醫酏糟』。糟音聲與蒨相似，醫與臆亦相似，文字不同下節，皆一物。」謂内則之蒨，與酒正下文之糟，内則之臆，與酒正之醫，爲一物也。

今按：說文無蒨。儀禮士冠禮「乃醴賓以壹獻之禮」，注：「内則曰：『飲，重醴清糟今内則無清糟二字、稻醴清糟、黍醴清糟、粱醴清糟。』凡醴事質者用糟，文者用清。」釋文：「糟，子曹反，劉本作蒨，音糟。」此可證三禮中蒨、糟二字通作。説文「蠤，蠤蠹也」，「蝤，蝤蠤也」，「蠹，蠤蠹也」。詩碩人：「領如蝤蠐。」爾雅釋蟲：「蟦，蠐螬；蝤蠐，蝎。」

方言十一：「蠀螬謂之蟦；自關而東謂之蝤蠀；上省。梁益之間，上省。或謂之蝎；上省。四方異語而通者也。」莊子至樂「烏足之根爲蠐螬」，論衡無形「蠐螬化爲復育」。蠐、蠀一音之轉，蠹、蝤一音之轉。蝤蠐可以倒作蠐蝤，蠐蠹可以倒作蠹蠐。是知魚蟲中之蠹、蝤二字通作。説文「酒，就也；一曰造也」，「曹，獄之兩曹在廷東」，兩曹，兩造也。周禮秋官「以兩造禁民訟」，書呂刑「兩造具備」，今文尚書作兩遭。孫詒讓周禮正義云：「造、曹、遭並聲近字通，蓋就訟者人兩至言之則曰造，就其聽訟之地言之則曰曹。」酒可訓造，曹又與造通，可證糟、莤聲通矣。糟、莤古韵同在幽部，廣韵糟、莤同字，豪「糟、莤，作曹切」，同音，單就聲論，兩字精母，雙聲正轉。

又按：説文：「醫，治病也。」字亦作毉，爾雅釋地有「醫無閭」，釋文：「李本作毉。」後漢書方術傳郭玉：「醫之爲言意也。」莊子駢拇：「意仁義其非人情乎？」釋文：「意亦作醫。」列子黄帝「仲尼曰：譩」，釋文：「譩音衣，與譩同，歎聲也。」則皆醫、臆聲通之證。醫、臆皆噫部字，臆轉爲入聲，則在肊部。廣韵之「醫，於其切」，職「臆，於力切」，皆爲影母，韵不同而同母，雙聲正轉。

760 涼謂之濫。周禮漿人：「六飲：水、漿、醴、涼、醫、酏。」鄭司農云：

「涼，以水和酒也。」後鄭謂「涼，今寒粥，若糗飯雜水也」。内則有濫無涼，鄭以六飲校之，謂濫即涼也。

〔疏證〕漿人見天官。

今按：内則「飲：重醴，稻醴清糟，黍醴清糟，粱醴清糟；或以酏爲醴，黍酏；漿、水、醷、濫」，注：「濫，以諸和水也。以周禮六飲校之，則濫，涼也。紀、莒之間，名諸爲濫。」涼在央部，濫在奄部，古韻懸絶，非韻轉也。廣韻陽「涼，吕張切」，來母；闞「濫，盧瞰切」，來母：韵異聲同，雙聲正轉。

761

矢幹謂之稾，稾謂之笴。　周禮稾人注：「箭幹謂之稾〔一〕。」考工記「妢胡之笴」，注：「矢幹也。杜子春讀爲稾，謂箭稾。」

〔疏證〕稾人見夏官，注見序官。序官釋文：「稾，古老反；幹，沈古旱反。」引考工記見總論，注有删節，釋文：「笴，古老反；同幹，古旦反，古旱反。」

〔一〕「箭」，原作「笴」，據粤雅堂叢書本及周禮稾人注改。

今按：此條雖釋器，其實謂幹、稾、笴三字聲通也。全書涉及三字聲通者多條，兹總匯錢氏各條所舉例證，並列舉所見，釋之於此。

説文無幹，字作榦，「築牆耑木也」，與稾、笴之義無關。矢幹之本字，説文作稈，「禾莖也，或作秆」。左傳昭廿七年「或取一秉秆焉」，注：「秆，稾也。」説文：「稾，稈也。」兩字互訓，是稾、稈兩字通作之證。説文無笴，笴亦稾字。周禮考工記「妢胡之笴」，注：「笴，矢幹也。杜子春云：讀笴爲稾。」矢人「以爲笴厚爲之羽深」，注：「笴讀爲稾，謂矢幹，古文叚借字。」蓋笴亦稈之借字，歌、寒對轉也，錢氏不言對轉，故與幹同謂稾之通轉也。晉書吐谷渾傳「鮮卑謂兄爲阿干」，阿干即今言阿哥也。顔師古匡謬正俗：「俗謂如許物爲若柯，何也？答曰：若干，謂且數也。禮云曲禮：『始服衣若干尺矣。』班書云食貨『百加若干』。並是其義。干音訛變，故云若柯也。」皆可、干聲通之證。謂笴、稾之字乃幹義之引伸亦可，廣雅釋詁三：「榦，本也。」三蒼：「榦，枝榦也。」禹貢「杶榦栝柏」，傳：「榦，柘也。」考工記「荆之幹，妢胡之笴，此材之美者也」，注：「幹，柘也。」弓人「幹也者，以爲遠也」，「取幹之道七，柘爲上」。釋名釋兵矢：「其體曰榦，言梃榦也。」廣韵收簳爲笴之或體亦可證。廣韵：「韓姓出自周成王母弟唐叔虞後，封於韓。韓滅，子孫分散。江淮間以韓爲何，字隨音變，遂爲何氏。」韓愈送何堅序：「韓於何同姓爲近。」

韓、何音通，猶幹之爲笴也。幹在安部，稾在夭部，笴在阿部，古韻互不相同。廣韻翰「幹，古按切」，晧「稾，古老切」，哿「笴，古我切又公旱切」，韻不同而同爲見紐，雙聲正轉。參閲讀之異者「笴如稾」條。

762

秉謂之把。　詩「彼有遺秉」，傳文。

〔疏證〕　引詩大田。傳：「秉，把也。」

今按：左昭廿七年「或取一秉秆焉」，注：「秉，把也。」

小爾雅廣物：「一把曰秉。」家語正論「稷禾秉芻缶米」，注：「一把曰秉。」此皆把、秉互訓之證。秉、把均訓執持，廣雅釋詁三：「把、秉，持也。」楚辭天問「該秉季德」，注：「秉，持也。」九歌東皇太一「曷將把兮瓊芳」，注：「把，持也。」其他訓執訓握，義亦相同，故不具舉。秉、把同訓持，亦猶秉、把互訓矣。秉與柄、棅通作，説文：「柄，柯也，或作棅。」禮記曲禮釋文：「把中：音霸，手執處也。」凡物手所執持之處，謂之柄，亦謂之把。連言之則曰把柄，今通俗語猶然也。把在烏部，秉在央部，古韻烏、央對轉，錢氏不言對轉，故不謂之聲韻兼轉。廣韻梗「秉，兵永切」，馬「把，博下切」，今讀雖有鴻細之分，古讀皆幫母。韻異而聲同，雙聲正轉。

763 莝謂之摧。詩「摧之秣之」，傳文。

〔疏證〕引詩鴛鴦。傳：「摧，莝也。」

今按：鴛鴦箋云：「摧，今莝字也。」楚辭九嘆憂苦「折鋭摧矜凝氾濫兮」，注：「摧，挫也。」以挫訓摧，猶以莝訓摧也。詩雲漢「先祖于摧」，箋云：「摧當作嗺，嗟也。」説文無嗺，嗺即嗟字也。嗺之爲嗟字，猶摧之爲莝字矣。摧在古韵威部，莝、嗟在歌部，古韵異部，非韵之轉。廣韵過「莝，麤臥切」，清母；灰「摧，昨回切」，從母；然摧从崔聲，應有崔音，「崔，倉回切」，清母。若以清從同爲送氣言之，則爲同位同類；若以並讀清母言之，則爲雙聲正轉。

764 鑒謂之鏡。

〔疏證〕此通訓，故錢氏不録例證。

今按：廣雅釋器：「鑑謂之鏡。」左傳莊廿一年「王以后之鞶鑑予之」，釋文：「鑑，鏡也。」又昭廿八年「光可以鑑」，釋文：「鑑，鏡也。」國語晉語「可以鑑而鳩趙宗乎」，注：「鑑，鏡也。」吴語「王盍亦鑑於人」，注：「鑑，鏡也。」鑑、鏡通訓尚復有之，至於兩字義同不可勝數。鑑在奄部，鏡在央部，古韵懸絶，非韵轉也。廣韵鑑「鑑，格懺切」，見母；映「鏡，居慶切」，見母：韵不同而母同，雙聲正轉。

765 甲謂之介。左傳：「不介馬而馳之。」

〔疏證〕 引成二年左傳，注：「介，甲也。」

今按：左傳昭廿五年「季氏介其雞」，賈逵注：「介，甲也。」詩清人「駟介旁旁」，傳：「介，甲也。」瞻卬「舍爾介狄」，臣工「嗟嗟保介」，箋並云：「介，甲也。」吕覽孟冬「其蟲介」，察微「郈氏介其雞」，注並云：「介，甲也。」多不枚舉。甲在盍部，介在曷部，古韵懸絶，非韵之轉。廣韵狎「甲，古狎切」，怪「介，古拜切」，兩字韵不同而同爲見紐，雙聲正轉。

又按：介、甲皆訓鎧，亦此類也。廣雅釋器：「介，鎧也。」楚辭九嘆愍命「韓信蒙於介胄」，注：「介，鎧也。」介既訓鎧，甲亦訓鎧，儀禮既夕「甲胄干笮」，注：「甲，鎧也。」禮記曲禮上「獻甲者執胄」，注：「甲，鎧也。」甲、介皆訓鎧，既可以證甲與介之通訓；又兩字訓鎧，亦聲訓耳。鎧在古韵衣部，與介、甲皆不同韵。廣韵海「鎧，苦亥切」，溪母，見溪近紐，本亦正轉，然非同紐，例不典範，故錢氏不取。

766

棘謂之孑。　左傳：「授師孑焉。」

〔疏證〕　引莊四年左傳。　杜注：「方言：孑者，戟也。」故錢氏不舉注文。

今按：方言九：「戟，謂之孑本亦作釨。凡戟而無刃，秦晉之間謂之釨。」釋名釋兵：「句、戈、孑，戟也。」此孑、戟通訓之例。　詩斯干「如矢斯棘」，箋：「棘，戟也。」周禮天官掌舍「爲壇壝宮棘門」，鄭司農云：「棘門，以戟爲門。」禮記明堂位：「越棘，天子之戎器也。」注：「棘，戟也。」左傳隱十一年「子都拔棘以逐之」，注：「棘，戟也。」小爾雅廣器：「棘，戟也。」此棘、戟通訓之例。　說文「戟讀若棘」，亦其證。　戟在蒦部，棘在肊部，孑在曷部，古韵互異。　廣韵陌「戟，几劇切」，職「棘，紀力切」，薛「孑，居列切」，三字廣韵皆不同韵，然而同爲見母，雙聲正轉。

767

珪謂之瓘。　左傳「瓘斝玉瓚」，杜云：「瓘，珪也。」

〔疏證〕　引昭十七年左傳。

今按：珪在恚部，瓘在安部，古韵不同，非韵轉也。　廣韵齊「珪，古攜切」，換「瓘，古玩切」，兩字廣韵亦不同韵，然而同爲見紐，雙聲正轉。

768 泥謂之濘。左傳：「晉戎馬還濘而止。」

〔疏證〕引僖十五年左傳。注：「濘，泥也。」

今按：廣雅釋詁三：「濘，泥也。」左傳僖七年「盟于甯母」，注：「高平方與縣東有泥母亭。」釋文：「泥，乃麗反，又音甯。王奴兮反。」皆泥、濘聲通之證。泥在衣部，濘在嬰部，古韻絶異，非韵之轉。廣韵徑「濘，乃定切」，齊「泥，奴低切又奴計切」，亦不同韵，然而同爲泥紐，雙聲正轉。

769 稾謂之秆。左傳：「或取一秉秆焉。」

〔疏證〕已詳前「矢幹謂之稾，稾謂之笴」條。

770 綆謂之繘。易「亦未繘井」，鄭云：「繘，綆也。」方言：「關西謂綆爲繘。」

〔疏證〕引易井。鄭注及方言卷五，並見釋文引。釋文又云：「繘音橘，又居密反，又其律反，又音述。」

今按：說文：「繘，綆也。」禮記喪大記「不說繘」，釋文：「繘，汲水綆也。」儀禮士喪禮「不説繘」，釋文：「繘，綆也。」廣雅釋器：「繘，綆也。」是皆繘、綆義通之例，蓋方言各異，故造字不同。綆在央部，繘在鬱部，韵不相同。廣韵梗「綆，古杏切」，見母；術「繘，居聿切」，見母：韵異而聲同，故錢氏以爲正轉。

771

橋謂之檋。史記河渠書「山行即橋」，徐廣曰：「一作檋。」夏本紀「山行乘檋」，徐廣曰：「一作橋。」

〔疏證〕今按：説文「欙，山行所乘者」，段注：「河渠書作橋，丘遥反。徐廣曰：一作輂，紀玉反。輂，直轅車也。漢書作梮。韋昭曰：梮，木器也。如今轝牀，人轝以行也。應劭曰：梮或作欙，爲人所牽引也。尚書正義引尸子山行乘欙，僞孔傳亦作欙。按：輂、梮、橋三字同，以梮爲正。橋者，音近轉語也。欙與梮，一物異名。梮自其盛載而言，欙自其挽引而言。纍，大索也。欙从纍，此聲義之皆相倚者也。應釋欙，韋釋梮，皆是，兼二説而全。孟子虆梩，趙云：虆，籠屬。毛詩傳：捄，虆也。亦謂土籠舁之曰梮，人引之行則曰欙。虆者，欙之叚借字，或省作樏者，非也。」段注於説最諦。橋在夭部，梮在區部，檋在邕部讀入屋部，古韵雖近，互不相同。廣韵宵「喬、橋，巨嬌切」，羣母；又「喬，舉喬切」，見母，橋字應讀此音；燭「楇、檋，居玉切」，見母：是三字同紐，雙聲正轉。

772 橇謂之蕝。　史記夏本紀「泥行乘橇」，徐廣曰：「它書作蕝。」如淳漢書注：「橇音茅蕝之蕝。」

〔疏證〕今按：說文欙字下引虞書曰：「予乘四載：水行乘舟，陸行乘車，山行乘欙，澤行乘䡅。」史記夏本紀云：「陸行乘車，水行乘船，泥行乘橇，山行乘檋。」河渠書云：「陸行載車，水行載舟，泥行蹈毳（徐廣引尸子作行塗以楯），山行即橋。」漢書溝洫志：「陸行載車，水行乘舟，泥行乘毳，山行乘楇。」尚書僞孔傳「水乘舟，陸乘車，泥乘輴，山乘樏」，正義引尸子云：「山行乘樏，泥行乘蕝。」是泥行者或作䡅，或作橇與毳，或作輴與楯，或作蕝也。說文無輴，䡅、輴、楯聲同通作。橇从毳聲，毳、橇自然通作。毳、蕝古韵同在曷部，廣韵祭「蕝，子芮切」，薛「蕝，子悅切」，精母，錢氏特出如淳說「橇音茅蕝之蕝」，是蕝、橇同音，若以聲論，雙聲正轉也。

773 廚謂之造。周禮膳夫「徹于造」，注「造，作也」，（疏）：「造食之處，即廚是也。」

〔疏證〕膳夫屬天官。疏：「後鄭云：『造，作也。』先鄭曰：『徹置故處。』二義同，皆謂造食之處，即廚是也。」

今按：造食之處，即竈房也。説文：「竈，炊穴也。从穴，鼀省聲。或不省作竈。」周禮大祝「二曰造」，注：「故書造作竈，杜子春讀竈爲造次之造，書亦或爲造。」釋名釋宫室：「竈，造也，創造食物也。」錢氏以爲造與廚聲義相通，故周禮注以造爲廚。造在幽部，廚在區部，古韵相鄰，然分兩部。廣韵號「造，七到切」，晧「造，昨早切」，此當取後切，從母；虞「廚，直誅切」，澄母：兩字聲韵皆不同，然而同位，同位爲變轉。

774 冢謂之宰。公羊傳「宰上之木拱矣」，注：「宰，冢也〔一〕。」

〔疏證〕引公羊僖三十三年傳，注：「宰，冢也。」

〔一〕「注宰冢也」四字，粤雅堂叢書本無。

今按：穀梁僖三十三年「子之冢木已拱矣」，宰正作冢。小爾雅廣名：「宰，冢也。」荀子大略「望其曠皋如也」，注：「皋當爲宰，宰，冢也。」列子天瑞作「睪如也；宰如也」，釋文：「言如冢宰也。」皆以宰訓冢之例。冢从豖聲在屋部，今讀入邕部，宰在噫部，古韵相去甚遠，非韵之轉也。廣韵腫「冢，知隴切」，知母；海「宰，作亥切」，精母：兩字聲韵俱異，然而同位，同位爲變轉。

775

廩謂之牢。史記平準書「官與牢盆」，如淳曰：「牢，廩食也；古者音廩爲牢。」

〔疏證〕引如淳説，原文作「名廩爲牢」。

今按：後漢書應奉傳子劭「多其牢賞」，注：「稟同廩食也。或作勞；勞，功也。」此亦牢、廩通訓之例。廩在音部，牢在幽部，古韵不同。廣韵寑「廩，力稔切」，來母；豪「牢，魯刀切」，來母：兩字亦不同韵，然而同母，雙聲正轉。

又按：淮南本經「牢籠天地」，注：「牢讀屋霤，楚人謂牢爲霤。」儀禮士喪禮「牢中旁寸」，注：「牢讀爲樓。樓謂削約，握之中央，以安手也。今文樓爲緩，旁爲方。」牢、霤、樓皆來母字，錢氏所不録，故不詳説。

776 坫謂之端。丁里反，或作端。爾雅釋文。

〔疏證〕此據爾雅釋宫。注：「坫，端也。」釋文：「坫，丁念反」，「端作墆，達結、達計二反；或作端，丁果反，本或作端。」刻本作「丁里反」，里爲果之訛字。

今按：坫在奄部，端从耑聲在安部，古韻迥異，非韻之轉。説文無端，即垛之俗字，廣韻果「垛，徒果切又他果切」，入透、定兩母，錢依爾雅釋文入端母；㮇「坫，都念切」，端母：坫、端韻不同而聲同，雙聲正轉。

777 宗廇謂之梁。釋宫。梁、廇聲相近。

〔疏證〕今按：詩魚麗「魚麗于罶」，傳：「罶，曲梁也，寡婦之笱也。」苕之華「三星在罶」，傳同。説文：「罶，曲梁，寡婦之笱。魚所留，从网，留聲。或作䍡，从婁。春秋傳曰：溝罛䍡。」廣雅釋器「曲梁謂之⿱罒卯」，⿱罒卯即罶也。皆以曲梁訓罶，猶以梁訓廇也。留在幽部，梁在央部，古韻不相同。廣韻有「罶，力久切」，宥「廇，力救切」，來母；陽「梁，吕張切」，來母：韻不同而聲同，雙聲正轉。

778 楣謂之㮘。釋宮「楣謂之梁」，釋文：「楣或作㮘。」説文亦作㮘。

〔疏證〕今按：儀禮公食大夫禮「公當楣北鄉」，注：「楣謂之梁。」又喪服傳「剪屏柱楣」，注：「楣謂之梁。」説文：「㮘，門樞之橫梁。」以説文考之，儀禮兩楣字皆㮘之借。楣在威部，㮘在幽部，古韵異部。廣韵脂「楣，武悲切」，微母，錢氏徑入明；號「㮘，莫報切」，明母：是兩字於廣韵亦不同韵，然而同爲明母，雙聲正轉。

779 卝謂之礦。周禮卝人注：「卝之言礦也。」

〔疏證〕引地官見序官注。釋文：「卝，徐音礦，虢猛反。劉侯猛反，礦音虢猛反。」

今按：説文：「磺，銅鐵樸石也。古文作卝，周禮有卝人。」唐張參五經文字、唐唐玄度九經字樣、宋郭忠恕汗簡均作卵字，盧管切。禮記内則「濡魚卵醬」，注：「卵讀爲鯤，魚子，或作⿰扌關也。」釋文：「卵依注鯤，古門切，⿰扌關音關。」説文「𦁎，織絹，从系貫杼也。从絲省，卝聲」，古還切。臣鉉等曰：「卝，古磺字。」詩氓「總角之晏」，釋文：「宴或作卝。」齊風甫田「總角丱兮」，傳：「幼穉也。」釋文：「丱，古患反。」鯤、卝、卵、磺其實一字，卵爲雞子，鯤爲魚子，卝爲幼穉之名，磺爲銅鐵之樸，皆物之初也。其爲物或不同，其爲初義則一。磺在央部，鯤在昷部，卵、丱在安部，古韵互不相同。廣韵梗「磺，古猛切」，魂「鯤，古渾切」，諫「丱，古患切」，韵雖不同，同爲見母，雙聲正轉。惟一卵字，緩「卵，盧管切」，來母，於聲紐爲異矣，然亦錢氏此條所不及論。養新録卷二有「卝」字一條，可參讀。

780 鉼（必領切）金謂之版。爾雅。

〔疏證〕 爾雅釋器今作鈑，注：「周禮曰『祭五帝，即供金鈑』是也。」釋文：「鈑亦作版。」周禮秋官職金今作版，注：「鉼金謂之版。」錢氏據爾雅釋文、今周禮及注，故作版。

今按：鉼在嬰部，版在安部，兩字古韵異部。廣韵静「鉼，必郢切」，本非母，錢氏徑入幫母；潸「版，布綰切」，幫母：兩字廣韵亦異韵，然而同爲幫母，雙聲正轉。

781 鋝謂之率，率謂之選。史記周本紀「黥辟疑赦，其罰百率」，徐廣曰：「率即鍰也，音刷。」索隱云：「舊本率亦作選。」周禮冶氏「重三鋝」，鄭司農讀爲刷，康成引説文解字：「錊，鍰也。」

〔疏證〕今按：錊在曷部，率在鬱部，選在安部，雖古韵安、曷對轉，曷、鬱旁轉，然三字分作三部也。廣韵薛「錊又音刷，刷，所劣切」，審二；質「率，所律切」，審二故錊、率二字異韵同紐，雙聲正轉。又獮「選，思兖切」，心母，心審同位，同位爲變轉。考審二古本讀心，則三字皆正轉。錢氏不言審二讀心，故不論。

782 規謂之鉤。揚雄反騷「帶鉤矩而佩衡兮」，應劭曰：「鉤，規也。」

〔疏證〕今按：説文「鉤，曲鉤也」，「規，有法度也」。其義不同。規在恚部，鉤在區部，其韵不同。廣韵支「規，居隋切」，侯「鉤，古侯切」，然而兩字同爲見母。是規之爲鉤，雙聲正轉。

783 兑謂之奪。檀弓「齊莊公襲莒于奪」，注：「春秋傳，杞殖、華還，載甲夜入且于之隧。隧奪聲相近，或爲兑。」予謂古人讀隧如奪，故與兑相近。書吕刑「奪攘矯虔」，説文作敓斅。詩「行道兑矣」，毛訓兑爲成蹊。

〔疏證〕引詩緜。左傳文元年「大風有隧」，注：「隧，蹊徑也。」錢氏引毛傳訓兑爲成蹊，蓋謂毛公以兑爲隧也。

今按：兑、奪、隧通作，尚有可證者，説文「襚，衣死人也，从衣，遂聲。春秋傳：楚使公親襚」，又「裞，贈終者衣被曰裞。从衣，兑聲」。公羊隱元年「衣被曰襚」，穀梁同年：「衣衾曰襚。」漢書朱建傳「乃奉百金裞」，師古：「贈終者衣被曰裞。」又鮑宣傳「裞以衣衾」，師古曰：「贈喪衣服曰裞。」是襚、裞本一字，兑、遂聲通之證矣。説文「敓，彊取也」，經傳多借奪爲之；説文「奪，手持隹失之也」，非彊取之義。周禮天官大宰「奪以馭其貧」，禮記大學「争民施奪」，吕覽慎行「無忌勸王奪」，淮南本經「子之與奪也」，奪皆敓之借字。説文「脱，消肉臞也」，與奪異義，奪失之奪又常借脱爲之。廣雅釋言「脱，遺也」，後漢書隗囂傳「魚不可以脱於淵」，注「脱，失也」，以脱訓遺失即以脱爲奪耳。史記陳涉世家「尉劍挺」，徐廣曰：「挺猶脱也。」索隱：「按：脱即奪也，則徑以脱奪通讀。」奪與敓通、脱與奪通，足證兑、奪聲通。兑、奪本古韻曷部同音字，遂易至廣韻而略變矣。遂在鬱部，鬱、曷兩部雖相鄰，固非同韻。廣韻泰「兑，杜外切」，定母；末「奪，徒活切」，定母：韵不同而聲同，雙聲正轉。廣韵至「遂、隧、襚，徐醉切」，邪母，邪母古讀定，故與兑、奪亦爲正轉。然錢氏不言邪母古讀，故曰「予謂古人讀隧如奪」，惜乎交臂失之，所以亦不於標目增一句「隧亦讀奪」也。

784 坎謂之壙。 雜記「四十者待盈坎」，注：「坎讀如壙。」

〔疏證〕 雜記下篇注又云「坎或爲壙」，釋文：「坎，口敢反；壙，苦晃反。」

今按：淮南墬形「廣莫風之所生也」，注「坎爲廣莫風」，蓋以坎、廣聲通。一切經音義引埤蒼「埳亦坑也」，埳即坎字，莊子秋水「子獨不聞夫埳井之鼃乎」，釋文「埳音坎」；荀子正論「坎井之鼃，不可語東海之樂」，字正作坎。説文無坑，坑即壙也。可證坎、壙聲相通。坎在奄部，壙在央部，古韵懸絶，不應相通。廣韵感「坎，苦感切」，宕「壙，苦謗切」，亦不同韵，然而同爲溪母，雙聲正轉。

785 鈴謂之鸞。 詩「執其鸞刀」，謂刀有鈴者。

〔疏證〕 引詩信南山，傳「鸞刀，刀有鸞者」，疏：「鸞即鈴也。」

今按：廣雅釋器：「鑾，鈴也。」文選上林賦「鳴玉鸞」，郭注：「鸞，鈴也。」詩蓼蕭「和鸞雝雝」，載見「和鈴央央」，鈴與鸞通，央與雝通。皆鈴、鸞相通之證。鈴在因部，鸞在安部，古不同韵。廣韵青「鈴，郎丁切」，桓「鸞、鑾，落官切」，皆在來母。廣韵亦不同韵，然而同母，雙聲正轉。

786 棱謂之廉。

〔疏證〕棱、廉通訓，故錢氏不舉例證。

今按：廣雅釋言：「廉，棱也。」書顧命「夾兩階戺」，傳：「堂廉曰戺。」釋文：「廉，棱也。」樂記「使其曲直繁脊廉肉節奏足以感動人之善心而已矣」，注：「繁瘠廉肉，聲之鴻殺也。」疏：「廉謂廉稜。」聘義「廉而不劌」，疏：「廉，稜也。」稜並棱之俗。棱在膺部，廉在奄部，古韵不同也。廣韵鹽「廉，力鹽切」，登「棱，魯登切」，並爲來母，韵異聲同，雙聲正轉。

787 拇謂之敏。釋訓文。

〔疏證〕爾雅釋訓「履帝武敏。武，迹也；敏，拇也」，釋文：「敏，舍人本作畝。」釋云：古者姜嫄履天帝之迹於畎畝之中，而生后稷。」詩生民箋云：「敏，拇也。」鄭箋與釋訓相同。

今按：舍人本作畝，畝爲晦之或體。晦、拇、敏三字溯其初皆从母聲，自相通讀，此無待論。敏从每聲而轉讀閔音者，亦猶緐、蘩、䋣諸字之本从每聲讀入安部也。造字之法，形聲有單取雙聲或單取疊韵，轉入其他音系者；四方之音有隨韵亦有隨聲而迻易者。故音聲之轉化，既不能單以聲論，亦不可單以韵論，必相輔而救其窮耳。拇在噫部，敏在昷部，古韵相去甚遠，非韵轉也。廣韵厚「拇，莫厚切」，明母；軫「敏，眉殞切」，本微母，錢氏徑入明：韵異聲同，雙聲正轉。

788

緑謂之盭。 漢書百官表「諸侯王金璽盭綬」，如淳曰：「盭音戾也。」

〔疏證〕 今按：説文「戾，曲也」，「盭，弼戾也，讀若戾」，兩字音同而義近，皆無緑義。百官公卿表注又云：「晉灼曰盭，草名也。出琅邪平昌縣，似艾可染緑，因以爲綬名。」匈奴傳下「賜以冠帶衣裳黄金璽盭綬」，師古曰：「盭，古戾字。戾，草名也。以戾染綬，亦諸侯王之制也。」兩人皆从盭爲戾，戾又莀之借字，説文：「莀，莀草也。」説文又有綟字，「綟帛，莀草染色也」。急就篇：「縹、綟、緑、皁、紫、硟。」獨斷「貴人緺綟金印，緺綟色似緑」，則又徑以綟爲之。若以莀、綟爲盭之本字，則莀、綟訓緑爲義訓。以盭訓緑爲聲訓，則謂盭自可通緑。緑在屋部，盭在鬱部，盭之訓緑，非古韵之轉。廣韵霽「盭，郎計切」，來母；燭「緑，力玉切」，來母：韵異聲同，雙聲正轉。

789 青謂之蔥。

〔疏證〕引爾雅釋器。爾雅義疏云：「蔥者，繱之叚借也。説文：『繱，帛青色。』玉篇云：『青白色也。』經典省作蔥。詩『有瑲蔥珩』，傳：『蔥，蒼也。』玉藻云『三命，赤韍蔥衡』，注：『青謂之蔥。』荀子性惡云『桓公之蔥』，楊倞注：『蔥，青色也。』」

今按：郝懿行以爲青、繱義通故相訓也；錢氏以爲義通由於聲通也。青在嬰部，蔥在邕部，古韵不同。廣韵青「青，倉經切」，東「蔥，倉紅切」，清母雙聲，韵不同而聲同，雙聲正轉。又青亦謂之蒼，廣雅釋器：「青，蒼也。」蒼在央部，亦與青異部，蒼亦清母，與青相同，雙聲正轉，附録於此。

790 赤謂之赬。

〔疏證〕今按：説文：「䞓，赤色也。詩曰：『魴魚䞓尾。』或作赬、𧹞、浾、泟。」詩汝墳「魴魚赬尾」，傳：「赬，赤也。」後漢書周磐傳「嘗誦詩至汝墳之卒章」，注：「其卒章曰：魴魚赬尾。薛君章句：赬，赤也。」廣雅釋器：「䞓，赤也。」左傳哀十七年「如魚竀尾」，注：「竀，赤色。」借竀爲之。赤在蒦部，赬在嬰部，古韵不同也。兩字義同，不謂義訓者，廣韵清「赬，丑貞切」，徹母；昔「赤，昌石切」，穿三：兩字雖韵與聲皆不同，然而同位，同位爲變轉，故錢氏納入聲類，認爲變轉。考穿三、徹母古皆讀透，實亦正轉。

791　緅謂之爵。士冠禮「爵弁服」，注：「其色赤而微黑，如爵頭然。或謂之緅。」周禮鍾氏「五入爲緅」，注：「今禮俗文作爵。」

〔疏證〕鍾氏見考工記。

今按：說文無緅，新附字「緅，帛青赤色也」，古韵在區部；說文「爵，禮器也」，古韵在約部：緅、爵異義而古韵不同，緅謂之爵者，廣韵侯「緅，子侯切」，藥「爵，即略切」，同爲精母，韵異聲同，雙聲正轉也。

792　弓末謂之弭。曲禮釋文。

〔疏證〕曲禮上「右手執簫，左手承弣」，注：「簫，弭頭也。」釋文：「弭，亡婢反，弓末也。」

今按：詩采薇「象弭魚服」，傳：「象弭，弓反末也。」箋：「反末彆者。」左傳僖廿三年「其左執鞭弭」，注：「弭，弓末無緣者。」荀子禮論「寢兕持虎蛟韅絲末彌龍，所以養威也」，注：「弭，末也。」彌，注以爲弭之借。釋名釋兵：「弓末曰簫，又謂之弭。」文選吴都賦「貝胄象弭」，劉注：「弭，弓末。」皆弭、末通訓之例證。弭在恚部，或入噫部。末在曷部，古韵迴異，非韵轉也。廣韵紙「弭，綿婢切」，本微母錢氏徑入明母，末「末，莫撥切」，明母：韵異聲同，雙聲正轉。

793

弓淵謂之隈。考工記注。

〔疏證〕考工記弓人「夫角之中，恒當弓之畏」，注：「故書畏或作威。杜子春云：『當爲威，威謂弓淵，角之中央，與淵相當。』玄謂畏讀如阮校作爲。秦師入隈之隈。」錢用康成注。

今按：儀禮大射儀「順左右隈」，注：「隈，弓淵也。」考工記弓人：「長其畏而薄其敝，宛之無已應。」釋名釋兵：「簫弣之間曰淵。淵，宛也，言宛曲也。」弓人作畏，釋名作淵，一也；杜作威，鄭作隈，威、隈聲通。説文「威，畏也」，左傳襄三十一年「有威而可畏謂之威」，賈子道術「誠動可畏謂之威」，釋名釋言語「威，畏也，可畏懼也」，皆威、畏聲通之證。諸弓隈字皆䚡之借，説文：「䚡，角曲中也。」威、畏皆在威部，淵在因部，古韵雖旁對轉，錢氏所不論也。廣韵灰「隈，烏恢切」，先「淵，烏玄切」，韵不同而同爲影母，雙聲正轉。至於「威，於非切」，「畏，於胃切」，亦皆影母，則不具論。

794 衣袖末謂之袂。曲禮釋文。

〔疏證〕曲禮上「以袂拘而退，其塵不及長者」，釋文：「袂，武世反，衣袖末。」

今按：禮記深衣「袂之長短」，釋文：「袪末曰袂。」以末訓袂，亦其例也。袂、末古韻曷部同音，迻至廣韻而有聲調之變、侈弇之分。廣韻末「末，莫撥切」，明母；祭「袂，彌弊切」，本微母，錢氏入明：是廣韻以末、袂分韻，古同明母，雙聲正轉。

795 交領謂之袷。曲禮：「天子視不下于袷。」

〔疏證〕曲禮下注「袷，交領也」，釋文：「袷，音劫。」

今按：玉藻「視帶以及袷」，注：「袷，交領也。」釋文：「袷，居業反。」深衣「曲袷如矩以應方」，注：「袷，交領也。」釋文：「袷，音劫。」皆以交領訓袷，袷皆音劫。交在宎部，袷在邑部，古韻迥不相同。廣韻肴「交，古肴切」，見母；業「袷，居怯切」，見母：廣韻兩字亦不同韻，然而同爲見母，雙聲正轉。

796 曲梁謂之罶。 詩「三星在罶」，毛氏説。

〔疏證〕已詳上文「宋廇謂之梁」條。

797 燭燼謂之即。 弟子職「右手折堲」，堲亦作即。

〔疏證〕檀弓「夏后氏堲周」，釋文：「即周本又作堲。管子曰：『左手執燭，右手折即。』即，燭頭燼也。」

今按：弟子職又云「櫛本亦作堲之遠近乃承厥火」，注：「櫛謂燭燼。」廣雅釋詁四「𤏸，炧也」，説文：「炧，燭㶳也。」説文無𤏸，𤏸蓋㶳之後起字，由此可證燼、即聲通也。説文「垐，以土增大道上」，古文作堲；「㶳，火之餘木也」，今字作燼。是堲、燼義不相同，蓋假堲爲燼，故燭燼謂之堲。燼在因部，堲在壹部，本平入對轉，然對轉錢氏不言。廣韵職「堲，子力切又子栗切」，精母；震「燼，徐刃切又疾刃切」，邪母，㶳从聿省聲，應有聿音，真「聿、津，將鄰切」，精母：是堲、燼雖不同韵，本以精母雙聲相正轉。

798 篝謂之簝 周禮牛人「共其牛牲之互，與其盆簝」，注：「簝，受肉籠。」

〔疏證〕　牛人屬地官，注引鄭衆說。

今按：廣雅釋器：「簝，籠也。」簝在宎部，籠在邕部，古分兩韵。廣韵蕭「簝，落簫切」，東「籠，盧紅切」，廣韵兩字亦不同韵，然而同爲來母，雙聲正轉。又：釋器「笭，籠也」，說文「籠，一曰笭也」，笭、籠亦通轉。笭在因部，亦與籠古韵不同。廣韵青「笭，郎丁切」，來母。廣韵籠、笭亦異韵而同母，雙聲正轉。

799

柄謂之柲。　左傳：「剝圭以爲戚柲。」周禮廬人：「戈柲六尺有六寸。」

〔疏證〕　引昭十二年左傳，戚作鏚，戚之俗字；注：「柲，柄也。」廬人見考工記，注亦云：「柲，猶柄也。」

今按：廣雅釋器：「柲、弣，柄也。」王念孫疏證云：「釋名云：『弓中央曰弣。弣，撫也，所撫持也。』大射儀『見鏃於弣』，鄭注云：『弣，弓把也。』考工記弓人：『方其峻而高其柎。』少儀：『弓則以左手屈韣執拊。』柎、拊並與弣同。其刀削柄亦謂之拊，少儀『削授拊』，注云：『拊謂把也。』說文『釗，刀握也』，義並與弓弣同。」玉篇云：「釗或爲弣。」弣訓柄或訓把，柎、拊、釗亦訓把或柄，柄、把同義，增附于此。柄在央部，柲在壹部，柎、弣、拊在區部，剈在幽部，四者古韵各異。廣韵映「柄，陂病切」，至「柲，兵媚切」，古皆讀幫。柄謂之柲，雙聲正轉。其他各字，虞「柎，甫無切」，麌「拊、弣、剈，方武切」，今讀非古亦讀幫，與柲、柄亦爲正轉。

800 瑂謂之璑。 周禮弁師「瑂玉」，注：「故書瑉作璑。」

〔疏證〕弁師屬夏官。釋文：「瑂本又作瑉，亡貧反。璑音無。」

今按：説文「瑉，石之美者」，瑂蓋瑉之後起字。瑂亦作玟，聘義「敢問君子貴玉而賤碈」，注：「碈或作玟。」碈、瑂亦同字。璑在烏部，瑂在因部，古韵不同也。廣韵虞「璑，武夫切」，真「瑉，武巾切」，韵不同而同爲微母，古讀明，雙聲正轉。

801 泭謂之簰，簰謂之筏。 方言。

〔疏證〕方言九作簰不作簰，説文有簰無簰，「簰，簰水，在丹陽」，非泭、筏之義。然他書亦有以簰爲泭、筏者，故錢氏録作簰。

今按：廣雅釋水「簰、箝，筏也」，王氏疏證較戴氏方言疏證爲尤詳，徑録於次：「方言：『泭謂之簰，簰謂之筏。筏，秦晉之通語也。』衆經音義卷三云：『筏，通俗文作橃，韻集作橃，編竹木浮于河以運物也。南土名簰，北人名筏。』字又作桄，論語公冶長篇馬融注云：『編竹木大者曰桄，小者曰桴。』簰之言比次也，後漢書岑彭傳『乘枋箄下江關』，李賢注云：『枋箄，以木竹爲之，浮於水上。』箄、䈚、簰並同。䉬之言比附也，説文：『泭，編木以渡也。』爾雅釋言『舫，泭也』，孫炎注云：『方木置水中爲泭筏也。』釋文：『泭或作㴑，樊本作柎。』周南漢廣釋文引郭璞音義云：『木曰簰，竹曰筏，小筏曰泭。』釋水『庶人乘泭』，李巡注云：『併木以渡也。』齊語『方舟設泭，乘桴濟河』，韋昭注云：『編木曰泭，小泭曰桴。』管子輕重甲篇云：『冬不爲杠，夏不束泭。』楚辭九章『乘氾泭以下流兮』，王逸注云：『編竹木曰泭，楚人曰泭秦人曰橃。』䉬、㴑、泭、柎並同。」

又按：王氏引證中，桄、筏、橃、艜亦並同，皆曷部字；从卑得聲字在恚部，从付得聲字在區部，桴爲變音。三類字古韻異部，其聲皆脣音，俱可入之正轉，不具論。廣韻虞「泭，防無切」，佳「簰，薄佳切」，月「筏，房越切」，簰在並母，其餘二字在奉母，古皆讀並，錢氏標舉三字，皆以同母雙聲爲正轉。

802　錢謂之泉。周禮泉府注：「故書泉或作錢。」

〔疏證〕泉府屬地官。注引序官鄭衆語，疏云：「泉與錢今古異名。」

今按：禮記檀弓上「子碩欲以賻布之餘，具祭器」，注：「古者謂錢爲泉布。」國語周語「景王二十一年，將鑄大錢」，注：「古曰泉，後轉曰錢。」史記天官書「下有積錢」，徐廣曰：「錢，古作泉字。」平準書「龜貝金錢」，索隱：「錢本名泉，言貨之流如泉也。」皆以泉、錢通作，是其證。錢、泉本古韵安部同音字，廣韵則有鴻細侈弇之别矣。仙「錢，昨仙切」，「泉，疾緣切」，皆從母字，同韵同母而分兩切者，侈弇鴻細不同耳。單以聲論，雙聲正轉。

803

劍鞘謂之室。史記刺客列傳：「拔劍，劍長，操其室。」

〔疏證〕史記索隱云：「室謂鞘也。」

今按：説文新附字：「鞘，刀室也。」此蓋後起字，許慎鞘字作削，「削，鞞也」，「鞞，刀室也」，故知削即刀室。史記貨殖列傳「洒削，薄技也」，索隱引方言云「劍削，關東謂之削」，雖不言削爲室，其實謂室也。漢書貨殖傳「質氏以洒削而鼎食」，注：「削謂劍室也。」釋名釋兵：「刀其室曰削。削，陗也。其形陗殺，裹刀體也。」此皆漢人以削爲刀劍室者。刀劍室亦訓爲削，方言九：「劍削自河而北，燕趙之間，謂之室。」詩清人「二矛重喬」，箋：「矛矜近上及室題。」釋文：「室，劍削名也。」下引方言、小爾雅釋器：「刀之削，謂之室。」廣雅釋器：「室，劍削也。」斯足證室、削通訓矣。削、鞘在夭部，室在壹部，古韵不相同。廣韵質「室，式質切」，審三；藥「削，息約切」，笑「鞘，私妙切」，鞘、削兩字皆心母：審三與心母雖不同母然而同位，是室與鞘、削以同位變轉。

804　衣裝謂之轉。　左傳：「踞轉而鼓琴。」

〔疏證〕引襄廿四年左傳，注「轉，衣裝」，釋文：「轉，張戀反，一音張鑾反。裝，側良切。」

今按：轉在安部，裝在央部，兩字異韵，故不爲韵轉。廣韵獮「轉，陟兖切」，知母；陽「裝，側羊切」，照二：是兩字聲與韵皆不同。然而知、照兩母爲同位，同位爲變轉。左傳校勘記云：「惠棟云：『傅氏辨誤云：轉字从車，與衣裝何與？此必軫字之訛。詩：小戎俴收，注云：收，軫也。爲車前後兩端横木，踞之可以鼓琴。且下文云：取胄於櫜，而胄則櫜固爲衣裝矣，又何衣裝之有也？』」按：惠棟語當更詳之。杜意轉即縳之假借字也。二十五年傳，申鮮虞以帷縳其妻，縳，直轉反，即衣裝之義也。」轉、軫形近而聲同，自可備一說；轉、縳同从專聲，宜可通假。錢氏以爲轉、裝同位，既無煩認爲形訛，亦無需借作縳矣。

805 翣謂之翜。 左傳「四翣不蹕」，周禮注引作四翜。

〔疏證〕 引襄廿五年左傳。 引周禮天官縫人注。

今按：縫人云「衣翣柳之材」，注云：「故書翣柳作接檟。 鄭司農云：接讀爲翜，檟讀爲柳，皆棺飾。 檀弓曰：周人牆置翣。 春秋傳曰：四翜不蹕。」釋文：「翜，所甲切，一音所立切。」今本經傳翜皆作翣，春官喪祝「及壙，說載除飾」，注：「鄭司農云：除飾，去棺飾也，四翜之屬。 玄謂：周人之葬，牆置翜。」禮記禮器「禮有以多爲貴者」，謂天子「八翣」、諸侯「六翣」、大夫「四翣」。 喪大記有「黼翣」、「黻翣」、「畫翣」。 今皆作翣，若鄭衆、鄭玄，宜皆作翜，是翣、翜通作之證。 翣在盇部，翜在邑部，古韻不同也。 廣韻狎「翣，所甲切」，緝「翜，色立切」，韻不同而同爲審二，雙聲正轉。

806 苹車謂之軿車。 周禮車僕「苹車之萃」，（注）：「故書苹作平。 杜子春云：當爲軿車，其字當爲苹。」

〔疏證〕 車僕屬春官，下引注文，釋文：「苹，薄經反，又薄田反；軿，薄經反。」

今按：車僕注又云：「苹猶屏也。」說文「苹，蓱也」，「蓱，苹也」。 爾雅釋草「苹，荓」，注：「苹，水中浮荓，江東謂之薸。」詩鹿鳴「食野之苹」，傳：「苹，荓也。」爾雅釋詁下「俾、與平雙聲韻亦對轉。拼、抨，使也。俾、拼、抨，使從也」，抨、拼同義，例不勝舉。并、平古韵同在嬰部，本同音字。延衍而韵部略異，廣韵庚「苹，符兵切」，奉母，古讀並；青「荓，薄經切」，並母：兩字異韵，然而雙聲，是爲正轉。

807 車揜軌謂之陰。詩：「陰靷鋈續。」陰、揜聲相轉。

〔疏證〕引詩小戎，傳「陰，揜軌也」，釋文：「揜，於檢反。」

今按：漢書食貨志上「其詩曰『有渰淒淒』大田」，師古曰：「渰，陰雲也。」以渰訓陰，亦其例。陰在音部，渰在奄部，雖鄰近，分兩部。廣韵侵「陰，於金切」，琰「揜，衣檢切」，兩字異韵而同爲影母，雙聲正轉。

808 馬鞅謂之纓。周禮巾車「樊纓」，注：「纓，今馬鞅。」

〔疏證〕引巾車屬春官。

今按：儀禮既夕禮「纓三就」，注：「纓，今馬鞅也。」禮記禮器「大路繁纓」，疏：「纓，鞅也。」周禮秋官大行人「樊纓九就」，注：「樊纓，馬飾也。」疏：「纓，馬鞅。」文選東京賦「咸龍旂而繁纓」，薛注：「纓，馬鞅也。」釋名釋車：「鞅，嬰也。喉下稱嬰，謂嬰絡之也。」此皆以纓釋爲鞅，或嬰釋爲鞅者。纓在嬰部，鞅在央部，古韵不同部。廣韵清「纓，於盈切」，養「鞅，於兩切」，韵不同而同爲影紐，雙聲正轉。

809 謦枕謂之穎（京領切）。禮少儀：「穎杖。」

〔疏證〕禮記穎杖，各本穎、熲兩作，釋文：「穎作熲，熲，京領切。」

今按：穎，廣韵静「餘頃切」，喻四；熲，迥「古迥切」。截然兩字。錢氏既依釋文作切，亦在見母，則字當作熲。段玉裁云：「熲蓋與炯同，熲之言耿耿也，故爲謦枕，詩言耿耿不寐是也。穎誤，頴俗。」其説是矣。晉書音義中亦作熲。廣韵梗「謦，居影切」，是廣韵於熲、謦兩字，異韵而同爲見紐，雙聲正轉。

810 ⿸广⿰朋刂謂之疀。「古鍬插字」，爾雅。

〔疏證〕引釋器及郭注。⿸广⿰朋刂應作⿸广斛，或本作⿸广⿰朋刂。插應作鍤，或本作插。郝疏云：「⿸广斛者，説文云：利也。引爾雅曰：⿸广斛謂之疀，古田器也。又云：疀，⿸广斛也。郭云：皆古鍬鍤字。可知鍬鍤今字。文選祭古冢文注引爾雅作鍬謂之鍤矣。鍬蓋俗字，鍤亦借聲，故釋名云：鍤，插也，插地起土也；或曰銷，銷，削也，能有所穿削也。按：銷即鍬之聲轉，叚借字也。鍤當作臿，故方言云：臿，燕之東北、朝鮮洌水之間謂之⿸广斛。然則⿸广斛⿺疌齒本雙聲字。郭注方言：⿸广斛，湯料反，非矣。今燕齊間以插地起者爲鐵鍬，與方言合。登萊間謂之钁頭，蓋古今異名耳。又按：有司徹注：挑謂之歃。疑⿸广斛⿺疌齒之異文，而義又別。」

今按：郝疏詳矣，謂「郭注方言：⿸广斛，湯料反。非矣」，則未諦。爾雅音義：「⿸广斛，郭云古鍬字，並七遥反；⿺疌齒，郭古鍤字，並楚洽切。」廣韻宵「鍬，七遥切」，洽「鍤、⿺疌齒，楚洽切」，兩皆相同，自不必誤。廣韻簫「⿸广斛，吐彫切下注郭音鍫」，亦與郭音湯料切一致，未必爲誤。鍬古在幽部，⿸广斛在夭部，⿺疌齒、鍤在盍部，四字分爲三韻。鍬在清母，鍤、⿺疌齒在穿二，⿸广斛在透母，亦四字分爲三母。雖穿二古讀清，兩者本正轉，然錢氏不言，是三者異韻異聲，然而同位，于錢氏爲變轉。

811　覆車謂之罦。　同上。

〔疏證〕　爾雅釋器「罦，覆車也」，郭注：「今之翻車也。」

今按：說文「罬，覆車也。或作罦。詩曰：雉離于罬」，毛詩兔爰字亦作罦。說文飽之古文亦作餎或作餥，捊之或體則作抱。此包、孚兩字聲通之證。詩蓼莪「出入腹我」，箋：「腹，褱抱也。」説文「復，地室也」，廣雅作窨，其釋言云「寚，窨也」，釋室又云「窨，窟也」。此包、复兩字聲通之證。孚與包聲通，包又與复聲通，故孚、复聲通也。罦在幽部，覆在藥部，本古韵平入韵耳，然分兩部。廣韵虞「罦，芳無切」，敷母；屋「覆，芳福切又敷救切」，敷母：韵異母同，雙聲正轉。

812 衱謂之裾。「衣後裾」，同上。

〔疏證〕爾雅釋器「衱謂之裾」，郭注：「衣後襟也。」方言曰「袿謂之裾」，郭注：「衣後裾也。」疑聲類刻本以方言注，遂作爾雅注也。

今按：玉篇：「衱，裾也。」裾在烏部，衱在邑部，古韵懸絶，不相通也。廣韵魚「裾，九魚切」，見母；業「衱，居怯切」，見母：韵異母同，雙聲正轉。

813 環謂之捐。「著車衆環」，同上。

〔疏證〕引釋器及郭注。

今按：从肙得聲與从睘得聲之字，常相通作，論語子路：「必也狂狷乎？」孟子盡心下：「必也狂獧乎？」孟子音義：「丁音獧與狷同。」説文「䊵，猒也」，段玉裁注云：「賈思勰齊民要術曰：『食飽不䊵。』呂覽曰：『甘而不噮。』玉篇、集韵引同，噮即䊵字。廣韵曰『噮，甘而猒也』是也。集韵鐸韵又引伊尹曰：『甘而不䊵，肥而不䨪。』」文心雕龍「涓子琴心」，漢書藝文志道家，蜎子十三篇，自注「名淵，楚人，老子弟子」，後人謂即史記孟荀列傳之環淵。上林賦「便嬛綽約」，魯靈光殿賦「旋室㛹娟以窈窕」，便嬛即㛹娟也。䍤、罥、羂三者本同字。皆可證肙、睘聲相通，故「環謂之捐」矣。捐、環皆在安部，本同音字，而迻易至後世遂有不同。廣韵删「環，户關切」，匣母；仙「捐，與專切」，喻四：既不同韵，亦不同母，然而錢氏以爲同在收聲，故爲變轉。竊以爲从肙得聲字，多入曉匣，無入喻者，捐之讀喻四，蓋喻三之訛誤，喻三古讀匣，本與環雙聲爲正轉，錢氏不言喻三讀匣，故不及此。

814 旄謂之蘢。「旄，牛尾也」，同上。

〔疏證〕引釋器及郭注。

今按：説文「氂，氂牛尾也」，故旄爲氂之借字。説文「蘢，草也」，與牛尾無關。旄謂之蘢，不能不求之於音。蘢在阿部，旄在夭部，古韵不同，非韵之轉。廣韵豪「旄，莫袍切」，明母；支「罷，彼爲切」，非母古讀幫。雖同爲脣聲，亦非正轉範例。

815 不聿謂之筆〔一〕。「蜀人呼筆爲不聿，語之轉」，同上。

〔疏證〕引釋器及郭注。

今按：説文「聿，所以書也。楚謂之聿，吴謂之不律，燕謂之弗」，「筆，秦謂之筆」。吴亦稱筆爲不律，與蜀人同。筆从聿聲，古韵鬱部字。廣韵物「不、弗，分勿切」，質「筆，鄙密切」，皆非母古讀幫。故錢氏以不、筆爲雙聲正轉。竊以爲不與筆爲雙聲，筆與聿爲疊韵，故不聿之合音爲筆，若扶摇之爲飆、窟籠之爲孔、句瀆之爲穀矣。筆之緩音爲不聿，不聿之急言則成筆，本無不同也。楚稱聿者，取筆之韵；燕稱弗者，取筆之聲耳。

816 篔謂之笫。「牀板」，同上。

〔疏證〕引釋器及注。

今按：説文「篔，牀棧也」，「笫，牀篔也」。左傳襄廿六年「牀笫之言不踰閾」，注：

〔一〕本條内「不聿」，粤雅堂叢書本皆作「不律」。

「簀謂之笫。」小爾雅廣服：「簀，牀笫也。」後漢書袁術傳「坐牀簀而嘆曰」，注：「簀，笫也。」此皆簀訓爲笫者。儀禮士喪禮「牀笫夷衾」，注：「笫，簀也。」周禮天官玉府「衽席牀笫凡褻器」，注：「笫，簀也。」國語晉語「牀笫之不安邪」，注：「笫，簀也。」士喪禮注：「設牀襢笫有枕」，釋文：「笫，牀簀也。」楚辭七諫怨世「蓬艾親人御于牀笫兮」，注：「笫，牀簀也。」後漢書安帝紀「有赤蛇盤於牀笫之間」，注：「笫，牀簀也。」此則笫訓爲簀者。可證簀、笫聲義之相通。簀在益部，笫在衣部，古韵並不相同。廣韵麥「簀，側革切」，止「笫，阻史切」，並讀照二，韵異紐同，雙聲正轉。

817

蓋謂之會。 士虞禮「佐食啓會」，注：「會謂敦蓋也。」古外切。

〔疏證〕 引儀禮及注。下文「啓會，卻于敦南」，會字亦同，兩啓字今文爲開。廣韵泰「會，古外切黃外切」，會有兩切，錢取見母一切。

今按：士喪禮「敦啓會，卻諸其南」，注：「會，蓋也。今文無敦。」又，公食大夫禮「宰夫東面坐，啓簋會」，注：「簋蓋也。」特牲饋食禮「遂命佐食啓會，佐食啓會卻於敦南」，少牢饋食禮「遂命佐食啓會，佐食啓會，蓋二以重設于敦南」，雖無注，會亦蓋也。會、蓋古韵同在曷部，今韵則稍迻易矣。泰「蓋，古太切」，見紐，與會同韵同聲，惟開合不同耳，雙聲正轉。

818 櫛笄謂之榛笄。喪服傳「惡笄者，櫛笄也」，注：「櫛笄者，以櫛之木爲笄，或曰榛笄。」

〔疏證〕今按：釋名釋州國：「秦，津也；其地衍沃有津潤也。」本篇前文云：「燭燼謂之即。」秦與津通，燼又與即通，是秦、即聲通也。秦、即聲通猶榛、櫛聲通矣。櫛在壹部，榛在因部，本平入對轉，對轉錢氏所不言，故謂爲聲轉。廣韵真「榛，側詵切」，照二；櫛「櫛，阻瑟切」，照二：韵異紐同，雙聲正轉。

819 紖謂之緣，緣謂之雉。周禮封人「設其楅衡，置其緣」，鄭司農云：「緣著牛鼻繩，所以牽牛者，今時謂之雉。」正義云：「禮記少儀云：『牛則執紖，紖則緣之別名。』」紖，持忍反。

〔疏證〕封人屬地官。鄭玄云「緣當以豸爲聲」，釋文：「緣本又作紖，持忍反；豸，直氏反。」

今按：集韵準：「紖，丈忍切。說文：『牛系也，或作絼。』」今説文無「或作絼」一句。一切經音義：「紖，古文緣紇二形同。説文：『牛索也。』」緣蓋絼之訛。是宋以前人皆以紖、絼爲一字也。説文豸字段注云：「上林賦曰『陴池貏豸』，即子虛賦之『罷池陂陀』。西京賦曰『增嬋娟以此豸』，按：貏豸謂迆邐之長，此豸謂阿娜之長，亦皆長義按豸，獸長脊。之引申。古多叚豸爲解廌之廌，以二字古同音也。廌與解古音同部，是以廌訓解。方言曰：『廌，解也。』左傳『庶有豸乎』，釋文作廌，引方言：『廌，解也。』正義作豸，引方言：『豸，解也。』今本釋文廌訛鳩，今本方言廌訛爲癋。」段辨豸、廌之音義甚詳。

又按：廣韵蟹韵：「獬，字林、字様俱作解廌，廣雅作解貏，陸作獬豸也。」是知廌、豸、貏爲一字矣。既知絼、紖一字，又知豸、貏一字，則絼、紖、貏三字聲通明矣。古微書引春秋感精符曰：「雉之爲言弟也。」一切經音義八：「雉古文鵗同。」周禮秋官序官薙氏注：「薙讀如鬀小兒頭之鬀。」更知絼、紖、綈、雉四者聲通矣。故「紖謂之絼，絼謂之雉」也。引在因部，豸在恚部，矢在衣部，絼、紖、雉三字古韵異韵明矣。廣韵軫「紖，直引切」，紙「豸，池爾切」，旨「雉，直几切」：三字異韵而同爲澄母，雙聲正轉。

820 屋車謂之輇。周禮遂師「及屋車之役」，注：「屋車，柩路也。禮記或作槫，或作輇。」

〔疏證〕遂師屬地官。注文删節。釋文：「屋，市軫反；槫，市專反，李徒官反；輇，市專反。」

今按：禮記雜記上「載以輲車」，注：「輲讀爲輇，或作槫。許氏説文解字：『有幅曰輪，無幅曰輇。』周禮又有屋車下省，屋、輇聲相近，其制同乎輇。」又喪大記「君葬用輴下省，大夫葬用輴下省，士葬用國車」，注：「輴，皆爲載以輇車之輇，聲之誤也。輇字或作團，是以文誤爲國。」凡上所引及錢引，皆鄭玄之注，謂屋、槫、輇、輲、團，皆一聲之轉也。屋在因部，餘字在安部，古韵不同也。廣韵軫「時忍切」，禪母；仙「輇，市緣切」，禪母：韵異聲同，雙聲正轉。它字相同，錢氏不録，故不盡述。

821 席謂之藉。管子「丁氏北鄉再拜，革築室，賦藉藏龜」，注：「賦，敷也。藉，席也。」

〔疏證〕引管子山權數。

今按：儀禮士虞禮「藉用葦席」，注：「藉猶薦也，古文藉爲席。」周禮春官序官司几筵注：「藉之曰席。」漢書賈捐之傳「相枕席於道路」，注：「席，即藉也。」説文「席，藉也」，席、藉音同義通。皆可證者。藉、席古韵同在蒦部。廣韵昔「席，祥易切」，邪母；「藉，秦昔切又慈夜切」，從母：雖近紐，亦得謂之正轉，然實不典範。考藉本从昔聲，應有昔音，昔又與夕通作，穀梁莊七年「辛卯昔」，釋文：「昔，夜也。」莊子天運「則通昔不寐矣」，釋文：「昔，夜也。」廣雅釋詁四：「昔，夜也。」後漢書張衡傳「發昔夢於木禾兮」，注：「昔，夜也。」楚辭大招「以娱昔只」，注：「昔，夜也。」列子周穆王「昔昔夢爲國君」，釋文：「昔昔，夜夜也。」莊子齊物論「今日適越而昔至也」，崔注：「昔，夕也。」穀梁莊八年：「日入至於星出謂之昔。」詩頍弁「樂酒今夕」，楚辭章句十作「樂酒今昔」。皆昔、夕通作。廣韵夕、席同音，同音自雙聲也。

釋草　釋鳥　釋蟲　釋獸

822 稌謂之稻。

〔疏證〕 此通訓也。故錢氏不出例證。

今按：說文：「稌，稻也。」詩豐年：「豐年多黍多稌」，傳：「稌，稻也。」禮記內則「折稌犬羹兔羹」，注：「稌，稻也。」爾雅釋草：「稌，稻。」山海經南山經「凡䧿山之首，其祠之禮，糈用稌米」，注：「稌，稌稻也。」此皆以稌訓稻者。說文：「稻，稌也。」楚辭招魂「稻粢穱麥」，注：「稻，稌也。」則又以稻訓稌。稻、稌本一物，方音不同，故所稱異名。稌在魚部，稻在幽部，古韻不同，非韻之轉。廣韻姥「稌，他魯切」，透母，毛詩音義豐年，「稌，音杜」，杜，徒古切，定母。晧「稻，徒晧切」，是稻、稌異韵同母也，雙聲正轉。

823

麥謂之牟。

〔疏證〕 詩思文「貽我來牟」，傳：「牟，麥。」又臣工「於皇來牟」，箋：「於美乎赤烏，以牟麥俱來。」此皆以麥謂之牟，故無待乎出例證也。

今按：說文「牟，牛鳴也」，本無麥義。又：「麰，來麰麥也。或作䓝。」思文釋文：「牟，字書作麰，音同牟。字或作麰，孟子云：『麰，大麥也。』廣雅云：『麳，小麥；麰，大麥也。』」漢書劉向傳作「飴我釐麰」。是知麰爲訓麥之本字，牟借字也。牟在幽部，麥在肊部，古韵雖不同，廣韵尤「牟，莫浮切」，麥「麥，莫獲切」，韵異聲同，明母雙聲，錢氏以爲麥謂之牟，聲之正轉耳。

824 蓮謂之苓。枚乘賦「蔓草芳苓」，李善曰：「苓，古蓮字。」曹植七啟「搴芳苓之舉龜」，李善曰：「苓與蓮同。」

〔疏證〕引枚乘七發。

今按：史記龜策列傳「龜千歲乃遊蓮葉之上」，徐廣曰：「蓮，一作領。聲相近，或叚借字也。」苓與領同从令聲，蓮作領，猶蓮謂之苓矣，亦一證也。蓮在安部，苓在因部，古韵不相同。廣韵先「蓮，落賢切」，青「苓，郎丁切」，同爲來母。韵異聲同，雙聲正轉。

825 萍謂之薸。方言。

〔疏證〕此見爾雅釋草，非方言也。

今按：廣雅釋草「瓢，蓱也」，疏證云：「瓢與薸同，蓱與萍同。下省。爾雅云『苹，蓱』，郭注云：『水中浮蓱，江東謂之薸。』詩召南采蘋釋文引韓詩云：『沈者曰蘋，浮者曰薸。』呂氏春秋季春紀云『萍始生』，高誘注云：『萍，水薸也。』字又作蔈，淮南墬形訓云『容華生蕖，蕖生蘋藻，蘋藻生浮草』，高誘注云：『蕖，流也。無根，水中草。』按：瓢之爲言漂也。説文云：『漂，浮也。』瓢以瓢爲聲。秦策『百人輿瓢』，淮南説山訓作『百人抗浮』，瓢、浮古同聲。荓浮，故謂之瓢矣。荓、瓢一聲之轉，荓之爲瓢，猶洴之爲漂，莊子消摇游篇『世世以洴澼絖爲事』，李頤注云『漂絮於水上』，是其例也。」荓、苹在嬰部，蘟在夭部，古韵不同。廣韵青「苹荓，薄經切」，並母；宵「蘟，符霄切」，奉母古亦讀並：雙聲正轉。

826

果蠃，栝樓。

〔疏證〕釋草：「果蠃之實，栝樓。」

今按：説文「苦，苦蔞，果蠃也」，「蓏，在木曰果；在地曰蓏」。詩東山「果蠃之實」，傳：「果蠃，栝樓也。」周禮地官場人「掌國之場圃，而樹之果蓏」，注：「果，棗李之屬；蓏，瓜瓠之屬。」周易説卦「艮爲果蓏」，釋文：「馬云：『果，桃李之屬；蓏，瓜瓠之屬。』京本作果墮之字。」果墮、果蠃亦一義而音轉也。果、蠃、蓏三字在阿部，栝、苦在曷部，樓在區部，阿、曷雖平入然非一部，故古韵分三部，是苦蔞、栝樓，不與果蠃、果蓏同韵。廣韵果「果，古火切」，見母；末「苦、栝，古活切」，見母：是果與苦、栝不同韵而同聲，雙聲正轉。廣韻果「羸、蓏，郎果切」，來母；侯「樓、蔞，落侯切」；來母：亦韻異而母同，同屬雙聲正轉。

827 巴苴、搏且，巴蕉也。子虛賦「諸柘巴苴」，文穎曰：「巴苴，一名巴蕉。」史記作搏且。

〔疏證〕引子虛賦據漢書及注。史記司馬相如列傳「諸蔗猼且」，蔗、柘相通，猶盜跖之或作盜蹠，雞跖之或作雞蹠矣。説文無猼，猼、搏形近音通，故錢氏徑引作搏且矣。

今按：漢書注引張揖作蓴且，與史記之作搏且，蓴、搏同从尃聲，巴、尃古音相通，自可通用。釋名釋衣服「屝，或曰不借，齊人云搏腊。搏腊猶把作麤貌也」，以把訓搏，是巴、尃聲通之證矣。甫、父同聲，謂父曰爸廣雅釋詁，謂匍曰爬，口餔曰嘴巴章太炎新方言，亦其例也。苴、蕉通作，例不多見。苴在烏部，蕉在夭部，古韻不相同，廣韻魚「苴，子魚切」，宵「蕉，即消切」，皆精母字，韻異聲同，雙聲正轉。

828 蕪菁、蕒菁，蔓菁也。周禮醢人，豆實有「菁菹」，注：「菁，蔓菁也。」

尚書疏引作萛菁。

〔疏證〕引醢人，屬天官。尚書禹貢「包匭菁茅」，僞孔傳「菁以爲菹」，疏：「周禮醢人有菁菹鹿臡，鄭云：『菁，萛菁也。』」故錢云：「尚書疏引作萛菁。」

今按：詩谷風「采葑采菲」，釋文引草木疏：「葑，蕪菁也。」禮記坊記引詩，注：「葑，蔓菁也。」詩桑中「爰采葑矣」，箋：「葑，蔓菁。」爾雅釋草「葖，蘆萉」，注「萉宜爲菔。蘆菔，蕪菁屬」，釋文：「蕪音無，本或作蔓，音萬。」蕪、蔓互作，可證蕪菁即蔓菁。儀禮公食大夫禮「以西菁菹」，注：「菁，萛菁也。」是皆可證蕪菁、蔓菁、萛菁本一物，蕪、蔓、萛三字聲通。蕪在烏部，蔓在安部，萛在嬰部，古韵各異。廣韵虞「蕪，武夫切」，微母古讀明；桓「蔓，母官切」，明母；青「萛，莫經切」，明母：是三字雖韵異而聲同，雙聲正轉。

829　扶蘇，扶胥。詩：「山有扶蘇。」

〔疏證〕已詳本卷釋地「姑胥，姑蘇也」條。雖釋草與釋地不同，其疏證蘇、胥兩字通作則一。

830 迷陽，亡陽。莊子注。

〔疏證〕莊子人間世「迷陽、迷陽，無傷吾行」，郭注「迷陽，猶亡陽也」，釋文引司馬彪云：「迷陽，伏陽也；言詐狂。」錢氏以迷陽入釋草者：焦竑焦氏筆乘引羅勉道曰：「迷陽，蕨也。蕨生蒙密，能迷陽明之路，故曰迷陽。」然此說又本之朱熹詩集傳，草蟲注云：「薇，似蕨而差大，有芒而味苦，山間人食之，謂之迷蕨。胡氏曰：疑即莊子之所謂迷陽者。」

今按：曾運乾先生曰：「迷陽，猶望洋也。秋水『望洋向若而嘆』，釋文作盳羊，云：『猶望羊，仰視貌。』孔子家語辨樂解『曠如望羊』，注：『望羊，遠視也。』依此，望羊爲高瞻遠視之貌。二字本疊韵聯綿辭，望羊轉爲迷陽，望微母，迷明母，古爲雙聲。」謂迷陽即望洋、盳羊，皆迷亡聲轉之證。迷在衣部，亡在央部，古韵不同耳。廣韵陽「亡，武方切」，微母古讀明；齊「迷，莫兮切」，明母：韵異聲同，雙聲正轉也。

831 萑苻，萑蒲。

左傳「取人于萑苻之澤」，釋文：「苻，音蒲。」晏子稱「澤之萑蒲，舟鮫守之。」

〔疏證〕 引左傳昭廿年傳文，前文作萑蒲而後文作萑苻，前後異文，正見其通作也。

今按：説文無苻，釋文苻音蒲，是知萑苻即萑蒲矣。苻从付聲，區部字，蒲爲烏部字，雖鄰韵然異部也。廣韵虞「苻，防無切」，奉母；模「蒲，薄胡切」，並母：古無輕脣，雙聲正轉。

832

香戎，香葇。 匡謬正俗：「香葇謂之香戎。」

〔疏證〕 今按：匡謬正俗卷六猱：「或問曰：『今之戎獸，皮可爲褥者，古號何獸？何以謂之？』答曰：『按許氏説文解字曰：夒，貪獸也。李登聲類音人周反。字或作猱下省。戎即猱也。此字既有柔音，俗語變訛，謂之戎耳。猶今之香葇，謂之香戎。今謂猱，別造狨字，蓋穿鑿不經，于義無取。』」葇、猱雖草獸不同，葇之轉戎固猶猱之轉戎矣。柔在幽部，戎在夅部，古韵陰陽對轉，然錢氏不言對轉。廣韵尤「柔，耳由切」，鍾「戎，如融切」，兩字皆日母。是韵異而聲同，雙聲正轉。廣雅釋草「公蕡、蘸葇、蓾、蕃、荏，蘇也」條，王念孫疏證「蘸葇、荏，蘇也」，可資參證，此不具録。

833 芐，大黄。說文。黄芐聲相近。

〔疏證〕說文、爾雅皆云：「芐，地黄。」儀禮公食大夫禮「鉶芼牛藿羊苦豕薇」，注：「苦，苦荼也，今文苦爲芐。」士虞禮、特牲饋食禮並云「鉶芼用苦若薇」，注亦同。

今按：芐在烏部，黄在央部，古韵陰陽對轉，然錢氏所不言。廣韵姥「芐，侯古切」，匣母；唐「黄，胡光切」，匣母：韵異聲同，雙聲正轉。儀禮古文作苦，今文作芐者，韵同而聲近也，不具論。

834 芫，魚毒。說文。爾雅芫作杬。芫、魚聲相近。

〔疏證〕說文：「芫，魚毒也。」段注：「爾雅釋木：『杬，魚毒。』郭云：『大木，皮厚，汁赤，堪藏卵果。』顔師古注急就篇芫華曰：『景純所説，乃左思吴都賦所謂緜杬杶櫨者耳，非魚毒也。芫草亦名魚毒，煮之以投水中，魚則死而浮出，故以爲名，其華可以爲藥。芫字或作杬。』玉裁按：爾雅杬字本或作芫，入於釋木。本草及許君皆入艸部。」

今按：芫在安部，魚在烏部，古韵不同。廣韵元「芫、杬，魚袁切」，疑母；魚「魚，語居切」，疑母：兩字韵異聲同，雙聲正轉。

835 莔，貝母。爾雅、説文。莔、母聲相近。

〔疏證〕引爾雅釋草。

今按：莔亦借蝱爲之，詩載馳「言采其蝱」，傳：「蝱，貝母也。」説文繫傳作言采其莔。管子地員：「其山之旁，有彼黃蝱。」淮南氾論「夏日則不勝暑熱蟁蝱」，注：「蝱讀詩『言采其莔』之莔也。」莔、蝱蝱同並在央部，母在噫部，古韵懸絶，非韵之轉。廣韵庚「蝱、莔，武庚切」，微母古讀明；厚「母，莫厚切」，明母：異韵同母，雙聲正轉。

836 薺，蒺藜。説文。薺、蒺聲相近。薺亦作茨。

〔疏證〕爾雅釋草「茨，蒺藜」，郝懿行義疏：「茨，説文作薺，云『疾藜也』，引詩曰『牆有薺』，通作薋，玉篇作薋。離騷云『薋菉葹以盈室兮』，王逸注『薋，蒺藜也』，引詩『楚楚者薋』。」

今按：説文無蒺，説文「疾，病也」，非草木名。薺、茨、薋、藜皆在衣部，蒺在壹部，兩字古韵非一部。廣韵質「疾、蒺，秦昔切」，從母；脂「茨、薋、薺，疾資切」，從母：蒺與諸字異韵而同紐，故錢氏以爲雙聲正轉。然而藜亦在脂韵，蒺藜之合音正爲薺茨薋。故薺實爲蒺藜之合音，錢氏主聲不主韵，所以不言合音。以上釋草。

837 稊鴂，鷤䳏。 史記曆書「稊鴂先滜」，徐廣曰「一名鷤䳏」，徐讀稊爲姊，以鷤䳏與子規爲一物。 揚雄反騷：「徒恐鷤䳏之將鳴兮。」

〔疏證〕 曆書「秭鳺先滜」，作秭不作稊，作鳺不作鴂，故徐廣曰：「秭音姊，鳺音規，子鳺鳥也。」漢書揚雄傳師古注曰：「離騷云：『鷤䳏之先鳴兮，使夫百草爲不芳。』下省。䳏，鴂字。鷤鴂一名買䳆，一名子規，一名杜鵑。下省。鷤，大系反。䳏音桂。鷤字或作鶗，亦音題。鴂又音決，䳆音詭。」

今按：鷤䳏一名，字形多作，除買䳆一名外，大抵分爲兩類：稊鴂、鵜鴂、鷤鴂、鷤䳏、鶗鴂、杜鵑一類也。秭鳺、秭規、子規又一類也。廣韻齊「題、稊、鵜、鶗、鷤，並杜奚切」，杜鵑之杜，廣韻姥「杜，徒古切」，皆定母字，故諸字通作，皆雙聲正轉。廣韻旨「姊、秭，將几切」，止「子，即里切」，皆精母字，諸字通作，亦雙聲正轉。鷤从單聲，單又端母，端之轉精，則同位變轉，它不詳舉，此鳥名之上字也。至於下字，廣韻支「規、推同鳺，並居隋切」，屑「鴂，古穴切」，霽「䳏，古惠切」，先「鵑，古玄切」，一例見母，是下字亦皆雙聲正轉。

838 鵜鶘，淘河。 爾雅注。

〔疏證〕爾雅釋鳥「鵜，鴮鸅」，注：「今之鵜鶘也。好羣飛，沈水食魚，故名洿澤，俗呼之爲淘河。」郝氏義疏：「按：淘河即鵜胡，聲之轉。」

今按：齊「鵜，杜奚切」，豪「陶，徒刀切」，並爲定母；模「鶘，户吳切」，歌「河，胡歌切」，並爲匣母：故鵜之爲淘，鶘之爲河，皆雙聲正轉。

839 離留，栗留。 陸璣草木疏：「黄鳥，黄鸝留也，或謂黄栗留。」爾雅注云：「俗呼黄離留。」

〔疏證〕引爾雅注見釋鳥「皇，黄鳥」條下。

今按：廣韻支「離、鸝，吕支切」，古今皆同音，故常通作。月令「宿離不貸」，注：「離讀如儷偶之儷。」詩七月傳「倉庚，離黄也」，釋文：「離，本作鵹作鸝。」詩漸漸之石「月離于畢」，論衡説日引作「月麗于畢」，淮南原道引亦同。國策燕策高漸離，論衡書虚作高漸麗。易離「離，王公也」，釋文：「鄭作麗。」漢書司馬相如傳上「檗離朱陽」，注：「離，山梨也。」文選子虚賦注引張揖曰同。又潘岳爲賈謐作贈陸機詩「婉婉長離」，

注：「離與麗古字通。」左傳莊廿八年「女以驪姬」，淮南説林作離姬。可證離、麗常通作。離在阿部，麗在衣部，雖不同部而雙聲，廣韵雖合離、黎爲一韵，猶分衣、阿兩系，古分而今混耳。錢氏聲類，主聲不主韵，故不以離留、鸝留標目。廣韵質「栗，力質切」，來母；栗、離韵異而同爲來母，雙聲正轉。

840 燕謂之鳦。

〔疏證〕 爾雅釋鳥「燕燕，鳦」，注：「齊人呼鳦。」説文「燕，玄鳥也」，「乙，玄鳥也。齊魯謂之乙，或作鳦」。

今按：燕在安部，乙在曷部，本一字，韵分平入而已。廣韵霰「燕，於甸切」，影母；質「乙、鳦，於畢切」，誤混乙、乚爲一，非，其説解云「本烏轄切」，是矣，亦影母字：韵異聲同，雙聲正轉。

841 鳳謂之鵬。

説文朋、鵬皆古之鳳字。「鳳飛羣鳥從以萬數，故以爲朋黨字。」莊子「其名爲鵬」，釋文：「崔譔音鳳，云：『鵬，古鳳字，非來儀之鳳也。』」宋玉對楚王問「鳥有鳳而魚有鯤，鳳凰上擊九千里，絶雲霓，負蒼天，足亂浮雲，翺翔于杳冥之上，夫蕃籬之鷃，豈能與之料天池之高哉」，與莊生所述正同。可知鳳即鵬也。

〔疏證〕 今按：前人皆以朋、鳳爲一字，然鳳从鳥凡聲，在音部，朋在膺部，古韻本不同部。章太炎所謂蒸、侵合部，雖有依據，然亦非通例。廣韻送「鳳，馮貢切」，奉母；登「朋，步崩切」，並母：古無輕脣音，同紐字也，雙聲正轉。

842

鸛鵒，鴝鵒。 公羊傳「有鸛鵒來巢」，「鸛音權」。

〔疏證〕 引公羊昭廿五傳及釋文。左昭廿五年經「有鸜鵒來巢」，釋文：「鸜，其俱反，嵇康音權。本又作鴝，音劬。公羊傳作鸛，音權。郭璞注山海經云：鸜鵒，鴝鵒也。鵒音欲。」

今按：廣韻仙「鸛集韵作鸛權，巨員切」，羣母，古韻在安部。廣韻虞「鸜、鴝，其俱切」，羣母，古韻鸜在烏部，鴝在區部。是鸛、鴝古今韻皆不同，然而同爲羣母，雙聲正轉也。鴝，考工記、漢書五行志並作鸜，然説文無鸜，故錢氏不以標目。

843 鸄鳩，滑鳩；亦名鶻鵃。

〔疏證〕本條錢氏未録例證。爾雅釋鳥「鶌鳩，鶻鵃」，注：「似山鵲而小，短尾，青黑色，多聲。今江東亦呼爲鶻鵃。」郝懿行義疏云：「説文『鶌，鶌鳩也』，『鳩，鶻鵃也』。詩氓傳云：『鳩，鶻鳩也。』是鶌鳩即名鳩，以其多聲，又名鳴鳩。詩小宛傳『鳴鳩，鶻雕』，雕、鵃古字通，亦猶舟、周古字通也。又名滑鳩，莊子消摇游篇云『鸄鳩』，釋文引崔譔云『鸄讀如滑。滑鳩一名滑雕』，即毛傳所謂鶻雕也。又名鶻嘲，禮記疏引郭云『鶌音九物反，鵃音嘲，後世即謂之鶻嘲』，所引蓋郭音義之文。今驗其聲，正作鶻嘲。鶻嘲聲轉又爲鉤，轉格磔也。」

今按：鸄在屋部，鶻、滑在鬱部，古韻不同。廣韻覺「鸄，於角切」，影母，又「胡覺切」，匣母，此當讀匣；又「鶻、滑，户骨切」，匣母：是鸄之作滑鶻，雙聲正轉也。鳩之與鵰，本古韻幽部字，韵同而聲異。廣韻尤「鳩，居鳩切」，見母；蕭「鵰，都聊切」，端母：則聲韵皆異，然而同位，同位則爲變轉。

844 雅謂之鸒。　説文：「雅，楚鳥也，一名鸒。」

〔疏證〕今按：爾雅釋鳥「鸒斯，鵯鶋」，注：「雅烏也。」詩小弁傳：「鸒，卑居。卑居，鴉烏也。」雅、鸒古韵同在烏部，後世韵則不同矣。廣韵馬「雅，五下切」，疑母；御「鸒，羊洳切」，喻四：既不同韵亦不同母，然而錢氏以爲兩字收聲，故爲變轉。

845 祝鳩謂之鵻。説文。

〔疏證〕今按：説文：「鵻，祝鳩也。」左傳昭十七年「祝鳩氏，司徒也」，注：「鵻鳩也。」鵻者，鵻之誤字。鵻在威部，祝在蕭部，古韵迴隔，不相通轉。廣韵屋「祝，之六切」，照三；脂「鵻，職追切」，照三：韵異聲同，雙聲正轉。

以上釋鳥。

846 鯉謂之鱄。説文：「鱄一名鯉。」

〔疏證〕説文：「鱄，魚名，一名鯉，一名鰜，从魚，婁聲。」

今按：鯉在古韵噫部，廣韵止「鯉，良士切」，來母字；鱄在古韵區部，廣韵侯「鱄，落侯切」，來母字：是兩字古今韵皆不同，然而聲同，雙聲正轉。

847 鱊鯞（上古滑切，下音步）謂之鱖歸。釋魚「鱊鯞，鱖歸」，景純以魚婢及妾魚解之，則歸當讀婦，婦與鯞音相轉也。釋文音章酉切，失之。

〔疏證〕爾雅釋魚釋文：「鱊，郭古滑反；鯞，郭音步。鱖，音厥，本亦作厥。歸，章西反，本或作帰。」説文鱖字段注：「歸音同婦，鱊鱖音近，鯞歸音近，鱖婦即今俗謂之鬼婆子是也。歸音章西反，非。」錢、段兩説相同。

今按：鱊在欝部，厥在曷部，雖鄰韵，古韵不同部。鯞在烏部，歸讀爲婦在噫部，亦非同部。則鱊鯞之爲鱖歸，非韵轉矣。廣韵術「鱊，餘聿切又食聿切」，喻四與牀三，與爾雅釋文之音聿者相近。然从矞得聲之字，如橘、蕎、繘、驈、趫、膰，居聿切，與郭璞之古滑切同母，皆見母字也。廣韵月「厥、鱖，居月切」，見母。是鱊之爲鱖，韵異聲同，雙聲正轉。郭璞以魚婢妾魚釋歸，則从婦省聲可知，錢、段音婦是矣，廣韵有「婦，房九切」，今讀奉古讀並母；廣韵暮「鯞，薄故切」，正與步同音，並母：是歸、鯞雖古今異韵，然亦以雙聲正轉。

848 蜩謂之螗。詩「五月鳴蜩」，毛説。

〔疏證〕引詩七月。傳：「蜩，螗也。」

今按：蜩在幽部，螗在央部，古韻不同。廣韻蕭「蜩，徒聊切」，定母；唐「螗，徒郎切」，定母：兩字古今韻皆異，然而同爲定母，雙聲正轉。

849 蠅謂之羊。方言。

〔疏證〕方言十一「蠅，東齊謂之羊，陳楚之間謂之蠅，自關而西秦晉之間謂之羊」，注：「此亦語轉耳。今江東人呼羊聲如蠅。凡此之類，皆不言別立名也。」戴東原疏證：「按蠅羊一聲之轉，羊可呼蠅，蠅亦可呼爲羊，方音既異，遂成兩名，書中皆此類。注以爲不宜別立名，非也。」

今按：聲轉之説，屢見于方言，郭注爲發其例，而戴東原有轉語之作，錢氏有聲類之書，其實皆導源於彼，所從來久矣，然勒成專書，自成一家，則未有如戴君錢氏者也。蠅在膺部，羊在央部，兩字古韻不同部，廣韻蒸「蠅，余陵切」，喻四；陽「羊，與章切」，喻四：兩字今韻亦異，然而同爲喻四，雙聲正轉。

850 拒斧，蚚父。説文「堂蜋一名蚚父」，吕氏春秋注作拒斧。

〔疏證〕引説文見蜋字説解。呂氏春秋仲夏紀「小暑至，螳蜋生」，注：「螳蜋，兖州謂之拒斧也。」淮南時則注亦云：「螳蜋，兖豫之間謂之巨斧也。」兩注皆高誘説也。

今按：拒在烏部，斪在𥁕部，古韵本不相同。廣韵微「斪，渠希切」，羣母；語「拒、巨，其吕切」，羣母：是兩字廣韵亦不同韵，然而同紐，雙聲正轉。至於斧从父聲，父、斧相通，則不待論。

851 負蠜謂之蜚。左傳注：「蜚，扶味反。」

〔疏證〕左傳隱元年「有蜚不爲災」，注：「蜚，負蠜也。」釋文：「蜚，扶味反；蠜，音煩，又音盤。」爾雅釋蟲「蜚，蠦蜰」，注：「蜚即負盤。」

今按：蜚、蜰在古韵威部，蠜、盤在古韵安部，四字分爲兩類，兩類異韵也。廣韵未「蜚，扶涕切」，微「蜰，符非切」，元「蠜，附袁切」，三字廣韵不同韵，同爲奉母。桓「盤，薄官切」，並母。錢氏以爲古無輕脣音，則前三字亦當讀並。韵異聲同，是四字於聲類爲正轉。

852 蜂謂之蠭，蠭謂之蜌。杜子春説周禮，以蠭爲蜂。爾雅：「蜌，䖫也。」

〔疏證〕說文：「蚌，蜃屬。」蚌即蜯也，說文無蜯。又：「螷，陛也。」陛即蛏，許書無蛏，故借陛爲之。周禮天官鼈人「祭祀共䖫蠃蚳，以授醢人」，注引「杜子春云：䖫，蜯也」，釋文：「䖫，薄佳反，徐又父幸反。蜯字又作蚌，蒲項反，又蒲杏反。」引爾雅見釋魚。釋魚釋文：「蛏音陛；螷，蒲猛切。」

今按：蚌、蜯在邕部，䖫在恚部，蛏在衣部，古韵互不相同。廣韵講「蚌、蜯，步項切」，並母；佳「䖫，薄佳切」，並母；薺「陛，傍禮切」，並母：是三字於廣韵亦異韵，然而同母，雙聲正轉。

853 蛾謂之蟻。

〔疏證〕錢氏於此，未加說解。說文「蝨，羅也」，「螘，蚍蜉也」。禮記檀弓上「蟻結于四隅」，注：「蟻，蚍蜉也。」文選報任少卿書「與螻蟻何以異」，注：「蟻，蚍蜉也。」禮記學記「蛾子時術之」，注：「蛾，蚍蜉也。」釋文：「蛾，本或作蟻。」爾雅釋蟲「小者螘」，釋文：「本亦作蛾，俗作蟻。」山海經海内北經「朱蛾其狀如蛾」，注：「蛾，蚍蜉也。」史記五帝本紀「淳化鳥獸蟲蛾」，正義：「蛾，蚍蜉也。」漢書揚雄傳下「扶服蛾伏」，注：「蛾與蟻同。」文選注：「蛾，古蟻字。」廣雅釋蟲：「蛾，螘也。」綜上所録，蛾、螘兩字，皆訓蚍蜉，蟻則後世蛾之俗體，義聲與我聲無異也。

今按：疑錢氏此文標目，當曰「蛾謂之螘」，蛾在阿部，螘在衣部，古韵本不相同，一物兩名也。廣韵紙「螘、蛾、蟻，魚倚切」，疑母，雖混螘、蛾爲一音，又兼收蟻字於此，然同爲疑母無誤也，雙聲正轉。至於蛾、䖸本非一字，此不具論。

854

蟁謂之蚊，亦謂之⿱㒳䖵。 説文：「⿱㒳䖵，蟁也。」

〔疏證〕說文：「蟁，齧人飛蟲。或从昏作⿱昏䖵，俗作蚊。」蚊雖蟁之俗體，所从聲異體，故取以爲説。説文「⿱㒳䖵，蟁也，从䖵，㒳聲」，武巾切，故云，「蟁亦謂之⿱㒳䖵」。

今按：⿱㒳䖵从㒳聲，大徐作武巾切，誤也。段云「當依篇、韵良刃切」，是矣。蟁、⿱㒳䖵在古韵因部，昏文在昷部，因、昷雖異韵，然相鄰近，故亦通轉。廣韵文「蟁、蚊，無分切」，同音字，單以聲論，微母雙聲，正轉也。廣韵震「⿱㒳䖵，良刃切」，來母，錢氏以微來兩母爲收聲，故蟁之爲⿱㒳䖵，同位變轉。

以上釋蟲。

855 猱謂之戎。 匡謬正俗：「或問：『今之戎獸皮可爲褥者，古號何獸？何以謂之戎？』答曰：『按許氏說文解字曰：夒，貪獸也。李登聲類音人周反，字或作猱，戎即猱也。此字既有柔音，俗語變訛謂之戎耳。猶今之香葇謂之香戎。今別造狨字，穿鑿不經，於義無取。』」

〔疏證〕 此錢氏節引匡謬正俗卷六猱字條也。

今按：已詳釋草「香戎，香葇」條。錢氏以釋草、釋獸不同，故不嫌重出。今以爲證明柔、戎聲通，本相一致，故不復贅。

856 於檡，於菟。 漢書敘傳：「楚人謂乳，穀；謂虎，於檡。」

〔疏證〕 漢書注：「於音烏，檡字或作菟，並音塗。」左傳宣四年：「楚人謂乳，穀；謂虎，於菟。」班書本左傳爲說也。

今按：方言八「虎，或謂之於䖘」，又「或謂之伯都」，注：「䖘，音狗竇。」廣雅釋獸：「於䖘，虎也。」菟、䖘、都並在烏部，檡在蒦部，古韻僅分平入，然而兩部。廣韻模「菟、䖘，同都切」，定母；陌「檡，場伯切」，澄母：錢氏以爲古無舌上音，澄母當讀定，是檡之爲菟，雙聲正轉。伯都之都，聲轉爲端，非本條所及，故不具論。

857 猰貐，窫窳。爾雅：「猰貐。」揚雄長楊賦：「窫窳其民。」

〔疏證〕爾雅釋獸釋文：「猰，烏八切；貐，羊玉切。」山海經北山經注引作窫窳。御覽九〇八卷引作猰窳。揚雄傳下注：「窫，於黠反。窳，音愈。」

今按：猰、窫同从契聲，自可通作。貐、窳同在區部，廣韻麌「窳、貐，以主切」，喻四。是窳、貐廣韻同音，若以聲論，雙聲正轉也。

858 沐猴，獮猴。漢書項羽傳：「人謂楚人沐猴而冠。」張晏說。

〔疏證〕今按：説文「爲，母猴也」，「禺，母猴屬」，「夒，貪獸也，一曰母猴」。段注於禺字注云：「郭氏山海經傳曰『禺似獮猴而大下省』，按左傳魯公爲，檀弓作公叔禺人，可證爲、禺是一物也。」爲字下亦注云：「左傳魯昭公子爲亦稱公叔務人，檀弓作公叔禺人下省。」然則名爲字禺，所謂名字相應也。沐在屋部，母在噫部，務在幽部，獮在衣部，古韻互不相同。廣韻屋「沐，莫卜切」，厚「母，莫厚切」，兩字明母；紙「獮，綿婢切」錢氏明母，遇「務，亡遇切」，兩字微母古讀明母：是四字皆韵異母同，雙聲正轉。錢氏不言母、務兩字，可以類推也。今並言之。

以上釋獸。

釋草、釋鳥、釋蟲、釋獸，標舉條目不多，故錢氏綜合論之。

讀之異者

859

居如姬。　檀弓曰：「何居？」鄭讀姬姓之姬。易繫辭「則居可知矣」，鄭、王俱音基。列子黃帝篇「姬，將告汝」，張湛曰：「姬音居。」莊子「何居乎」，釋文：「居如字，又音姬。」

〔疏證〕引莊子齊物論。

今按：檀弓又曰：「吾許其大而不許其細，何居？」郊特牲「二日伐鼓，何居」，注：「居讀爲姬。」釋文：「何居，音姬。」左傳成二年、襄廿三年：「誰居？」居並可讀姬、其也。書微子曰「若之何其」，鄭注：「其，語助也。齊魯之間聲如姬。記曰：何居？」見齊世家集解。詩園有桃：「子曰何其？」庭燎：「夜如何期？」其、期即姬也，亦即居也。皆其例證，不勝枚舉。居在烏部，姬、其、期皆在噫部，古韵不同也。廣韵之「姬、期、其，居之切」，見母；魚「居，九魚切」，見母：是居之於諸字，韵異聲同，雙聲正轉。

860　縿如綃。檀弓：「縿，幕魯也。」

〔疏證〕注「縿讀如綃」，釋文：「縿音綃，徐又音蕭。綃徐本又作綃，桑堯反。」今按：縿在音部，綃在夭部，古韵相距甚遠。廣韵銜「縿，所銜切」，審二；宵「綃，相邀切」，心母：若以古聲論，審二讀心，雙聲正轉。然錢氏不言審二古讀，心、審同爲收聲，故縿之如綃，同位變轉。

861　繡亦如綃。詩「素衣朱繡」，鄭云「當爲綃」，魯詩亦作綃。禮郊特牲「繡黼丹朱中衣」，注「讀如綃」，引詩云：「素服朱綃。」

〔疏證〕詩唐風揚之水「素衣朱繡」下，箋云：「繡當爲綃，綃，黼朱中衣，中衣以綃黼爲領也，丹朱爲純也。」引郊特牲注，節約注文。儀禮士昏禮「姆纚笄宵衣在其右」，

注：「宵讀爲詩素衣朱綃之綃。魯詩以綃爲綺屬也。」今按：禮記繡，鄭讀綃；儀禮宵，鄭亦讀綃。毛詩繡，魯詩作綃，鄭箋繡以魯詩爲說，是繡讀綃與宵也。繡从肅聲，古韵蕭部，綃、宵在夭部，韵雖鄰近，非同部耳。廣韵宥「繡，息救切」，宵「綃、宵，相邀切」，兩字韵不同而同爲心母，雙聲正轉。

862 穀如告。檀弓「齊穀王姬之喪」，鄭：「當爲告。」

〔疏證〕檀弓釋文：「穀音告，又古毒反。」

今按：鞠亦如告，詩十月之交「日月告凶」，漢書劉向傳引詩作「日月鞠凶」。禮記文王世子「告于甸人」，注：「告讀爲鞠。讀書用法曰鞠。」告在古韵幽部，穀在屋部，鞠在薁部。幽、薁平入韵，幽、屋旁轉，聲類主聲不主韵，皆所不論。廣韵號「告，古到切」，屋「鞠，居六切」，「穀，古禄切」，三字皆見母。告之於穀與鞠皆韵異聲同，雙聲正轉。

863 疏、楈皆如沙。周禮巾車「疏飾」，注：「故書疏爲楈，杜子春讀楈爲沙。」典瑞「疏璧琮以斂尸」，（注）：「鄭司農讀疏爲沙。」

〔疏證〕巾車、典瑞並屬春官。巾車釋文:「楈本又作偦,同,思如反。」

今按:國策魏策「東有淮潁沂黄煮棗無疎」,史記魏世家作無胥。莊子天道「鼠壤有餘疏」,釋文:「司馬云:蔬讀曰糈。」皆疏、楈相通之證,蓋字皆从疋得聲故耳。疏、楈爲古韵烏部,沙在阿部,沙與疏、楈不同韵。廣韵魚「疏,所葅切」,審二,又「楈,相居切」,心母,古聲審二讀心,然錢氏所不言;麻「沙,所加切」,審二:故沙、疏異韵同母,雙聲正轉,沙、楈異韵同位,同位變轉。下文有「獻如沙,又如犧如莎」一條,可參閱。

864 棼如煩。周禮巾車「棼蔽」,注:「棼讀爲煩。」

〔疏證〕巾車注「棼讀爲薠」,釋文:「棼,扶云反;薠,扶文反。」本條兩煩字,應依注作薠。

今按:説文「焚一曰煩省聲」,史記魯世家,喬如弟棼如,左傳作焚如。棼、煩皆與焚聲通,是棼、煩聲通矣。棼在昷部,煩在安部,古韵不同。廣韵元「煩,附袁切」,奉母;文「棼,符分切」,奉母:是兩字廣韵亦不同韵,然而同母,雙聲正轉。

865 仇如斢。詩「賓載手仇」,鄭云:「讀曰斢。」

〔疏證〕 引詩見賓之初筵。三家詩拾遺引春秋繁露正作斞。

今按：仇在幽部，斞在烏部，兩字古韻異部。廣韻虞「斞，舉朱切」，見母；尤「仇，巨鳩切」，羣母，然而仇从九聲，宜有九音，有「九，舉有切」，亦讀見母：是仇、斞異韻而同聲，雙聲正轉。

866 个如幹。 周禮梓人「上兩个與身三」，鄭云：「个讀若齊人搚幹之幹。」予謂今吴人讀个如彀，彀亦个之轉。

〔疏證〕 梓人見考工記。釋文：「个讀爲幹，古但反。」

今按：漢書食貨志下「或用輕錢，百加若干」，師古曰：「若干，且設數之言也。干猶箇也。謂當如此箇數耳。」个、箇同字，幹、干聲通，故幹如个猶干如箇也。匡謬正俗謂若柯爲若干亦其例耳。幹、干古韻在安部，个、箇在烏部，彀在屋部，柯在阿部，古韻不同韻。廣韻寒「干，古寒切」，翰「幹，古按切」，箇「个、箇，古賀切」，歌「柯，古俄切」，候「彀，古候切」，今韻亦不相同也，然而皆爲見母，雙聲正轉。

867 牢如樓，又如霤。　士喪禮「牢中旁寸」，鄭「讀牢爲樓」。淮南本經訓「牢籠天地」，高誘注云：「牢讀屋霤。」釋名：「留，牢也。」

〔疏證〕　士喪禮注又云：「今文樓爲縷。」淮南注又云：「楚人謂牢爲霤。」引釋名釋衣服。

今按：說文「罶又作䍡」。史記劉敬列傳「婁者，乃劉也」，漢書婁敬傳「婁者，劉也」。此皆婁、留聲通，樓、霤可以互作之證，漢書揚雄傳上「名曰畔牢愁」，李奇曰：「牢，聊也。」此則牢、霤通作之證。牢、霤同幽部，樓在區部，區、幽兩部雖鄰近，分作兩部。廣韻豪「牢，魯刀切」，來母；侯「樓，落侯切」，來母；宥「霤，力救切」，來母：是廣韻則三字皆異韻而同母，雙聲正轉。

868 衣如殷。　中庸「壹戎衣」，鄭讀衣如殷。

〔疏證〕　中庸注云：「衣讀如殷，聲之誤也。齊人言殷，聲如衣。虞、夏、商、周氏者多矣，今姓有衣者，殷之冑與？壹戎殷者，壹用兵伐殷也。」

今按：廣韻微「郼、衣、㐆，於希切」，殷當从殳，㐆聲，此衣、殷相通之又一例也。呂覽愼大「親鄩如夏」，注「鄩讀衣，今兗州人謂殷氏皆曰衣，言桀民親殷如夏氏也」，此則衣、殷相通之再一證矣。殷在昷部，衣在衣部，衣、昷本相旁對轉，對轉錢氏不言。廣韻欣「殷，於斤切」，是則衣、殷廣韻不同韻而同爲影母，雙聲正轉。

869 昕如軒。吳姚信作昕天論，讀曰軒，義取軒昂之軒。

〔疏證〕說文：「昕，旦明日將出也。从日，斤聲。讀若希。」禮記月令篇目疏曰：「四曰昕天。昕讀爲軒，言天北高南下，若車之軒。是吳時姚信所說。」

今按：昕在昷部，軒在安部，希在衣部，古韻互不相同。廣韻欣「昕，許斤切」，微「希，香衣切」，元「軒，虛言切」，三字廣韻亦異韻，然而同讀曉母，雙聲正轉。

870 窾如空，又如科。莊子養生主篇「導大窾」，向秀讀爲空。外物篇「帥弟子而踆于窾水」，釋文：「又音科。」淮南子「窾者主浮」，高誘讀如科條之科。

〔疏證〕養生主注「窾，空」，釋文：「窾，徐苦管反，又苦禾反。崔、郭、司馬云：空也。向音空。」淮南原道「竅者主浮」，注：「竅，空也。竅讀科條之科也。」

今按：莊子達生「竅啟寡聞之民」，釋文：「李注：竅，空也。」淮南齊俗「以濟江河，不若竅木便者」，注：「竅，空也。」又説山「見竅木浮而知爲舟」，注：「竅，讀曰科也。」史記太史公自序「實不中其聲者謂之竅」，徐廣曰：「音款，空也。」索隱：「款，空也。」漢書司馬遷傳，服虔説同。史記范睢蔡澤列傳「遇奪釜鬲于途」，集解：「款足者謂之鬲。」索隱：「款，空也。」廣雅釋詁三：「竅，空也。」錢氏僅舉其要，此亦未盡數也。竅在安部，科在阿部，阿、安對轉，故竅可讀科，然對轉錢氏所不言。空在邕部，古韵截然三部。廣韵緩「竅，苦管切」，東「空，苦紅切」，戈「科，苦禾切」，廣韵亦三字三韵，然而同爲溪母，雙聲正轉。

871

需如秀。易需卦，鄭讀爲秀。

〔疏證〕引鄭讀見釋文。

今按：釋名釋形體：「鬚，秀也。物成乃秀，人成而須生也。」需與須通作，説文「需，䇓也」，易需彖曰「需，須也」，故鬚訓秀猶需訓秀矣。需在區部，秀在幽部，古韵不同也。廣韵虞「須、需，相俞切」，心母；宥「秀，息救切」，心母：韵異聲同，雙聲正轉。

872 命如慢。大學「舉而不能先，命也」，鄭云：「命讀如慢，聲之誤也。」

〔疏證〕今按：命在因部，慢在安部，古韻不同。廣韻諫「慢，謨晏切」，明母；映「命，眉病切」，微母，錢氏徑入明：是韻不同而同爲明母，雙聲正轉。考命亦轉名，左傳桓二年「命之曰仇」，漢書五行志中之上引作「名之曰仇」。左傳昭元年「余命而子曰虞」，地理志下作名。吕刑「乃命三后」，墨子尚賢中命作名。廣雅釋詁三「命，名也」。國語魯語「黄帝能成命百物」，注：「命，名也。」史記天官書「以其舍命國」，正義：「命，名也。」命、名通作通訓者極多，名在嬰部，與命古韻不同。廣韻清「名，武并切」，微母讀明，是與命不同韻而同母，雙聲正轉。命更與明、盟通作，易繫辭下「繫辭焉而命之」，釋文：「命，孟本作明。」左傳襄十一年「或間兹命」，釋文：「命本作盟。」明、盟在央部，與命古韻不同。廣韻庚「明、盟，武兵切」，古亦明母，與命雙聲正轉。錢凡此等不録，惟録命訓慢者，蓋例之所鮮見也。

873 敦如彫，又如堆，又如團，又如燾。詩「敦弓既堅」，傳：「敦弓，畫弓也。」釋文：「敦音彫。徐又音都雷反。」詩「王事敦我」，釋文：「鄭，都回反。」又「敦彼行葦」，釋文：「敦，徒端反。」周禮司几筵「每敦一几」，鄭讀如燾。彫堆之爲團燾，同類相轉。

〔疏證〕 引詩行葦，正義曰：「敦與彫古今之異，彫是畫飾之義，故云敦弓，畫弓也。」釋文兩音，音彫即敦讀如彫，徐又音都雷反，則敦讀如堆矣。引詩北門釋文「鄭，都回反」，與「徐音都雷反」相同，亦言敦讀如堆也。再引行葦「敦彼」之敦，釋文音徒端反，則敦更讀如團矣。敦又如燾，周禮鄭注自明。

今按：詩東山「有敦瓜苦」，傳：「敦猶專專也。」箋：「專專如瓜之繫綴焉。」釋文：「敦，徒丹反；專，徒端反。」亦敦讀如團之例也。爾雅釋丘「敦丘」，注：「今江東呼地高堆者爲敦。」又敦如堆之例，堆即説文𠂤字。倘能檢查陸德明經典釋文，例證宜更有之。敦在昷部，彫與燾在幽部，堆在威部，團在安部，古韵大抵不同也，不得一例謂之韵轉。唯威、昷爲對轉。 廣韵魂「敦，都昆切」，蕭「彫，都聊切」，是敦、彫兩字韵不同而同爲端母，雙聲正轉。 廣韵豪「燾，徒刀切」，桓「團，度官切」，是燾、團兩字亦韵不同而同爲定母，仍是雙聲正轉。 然端與定雖同讀舌頭，非同紐耳，故錢氏云：「彫堆之爲團燾，同類相轉。」同類相轉即同一聲類，近紐相轉耳。

又按：敦亦與斷與投與擿相通，莊子消摇游「斷髮文身」，釋文：「司馬本作敦，云：斷也。斷，丁管反；李：徒短反。」斷在安部，與敦古韻不同，斷有兩切，讀端與敦雙聲爲正轉，讀定與敦爲同類相轉。詩北門箋云「敦猶投擿也」，投在區部，擿在益部，皆與敦古韻異部。廣韻侯「投，度侯切」，定母；昔「擿，直炙切」，澄母古讀定：是敦與投、擿異韻而同讀舌頭，亦同類轉也。皆非錢氏所論，故不詳説。

874 楈如芟。說文：「楈从木，胥聲，讀若芟刈之芟。」後人以胥屬心母，芟屬審母。

〔疏證〕今按：胥在烏部，芟在奄部，古韻截然不同，楈讀芟，非韻轉耳。廣韻魚「胥、楈，相居切」，心母；銜「芟，所銜切」，審二，審二古讀心：本雙聲正轉。然錢氏不言審二古讀心，謂心審同爲收聲，是楈之讀芟，乃同位變轉。胥、須古亦通用，史記廉藺列傳「胥後令」，索隱：「胥、須古人通用」，正義：「胥猶須也。」須爲古韻區部，與胥異韻。廣韻虞「須，相俞切」，心母，是胥、須廣韻亦異韻而同紐，雙聲正轉。胥、相又相通作，書大誥「誕鄰胥伐于厥室」，漢書翟方進傳作「欲相伐於厥室」。詩公劉「聿來胥宇」，新序雜事作相。相在央部，與胥古韻不同。廣韻陽「相，息良切」，心母，亦與胥韻異母同，雙聲正轉。胥更與蘇與犀相轉，釋地有「姑胥，姑蘇也」，釋器有「胥紕謂之犀毘」，可對閲，此不贅。

875 笴如選。 周禮典庸器「設笴簴」，杜子春讀笴爲博選之選。

〔疏證〕 典庸器屬春官，杜説引注。

今按：考工記「梓人爲笴虡」，注：「横曰笴，植曰虡。」禮記明堂位「夏后氏之龍簨虡」，注與考工記同。檀弓上「有鐘磬而無簨虡」，注亦同。是笴、簨通作也。選、簨形聲同聲，故杜子春以笴讀選也。笴在因部，選在安部，古韻不同。廣韻準「笴，思尹切」，獮「選，思兖切又思絹、思管切」，同在心母，是笴、選在廣韻雖不同韵，然而同母，雙聲正轉。

876 攸如飄。 尚書大傳「禦聽于怵攸」，注：「攸讀爲風雨所漂飄之飄。」

〔疏證〕 今按：詩雄雉「悠悠我思」，説苑辨物作「遥遥我思」，此悠、遥互作之證也。悠與遥皆訓遠，故常可替代，國語吴語「今吾道路悠遠」，悠遠即遥遠也。詩訪予落止「於乎悠哉」，悠哉即遥哉也。載馳「驅馬悠悠」，即驅馬遥遥也。黍離「悠悠蒼天」，即遥遥蒼天也。黍苗「悠悠南行」，即遥遥南行也。凡此之例，不可枚舉，蓋不惟悠、遥義通，抑且聲通耳。古韵攸在幽部，遥在夭部或入幽非，古韵有異也。廣韵尤「悠，以周切」，喻四；宵「遥、颻，餘招切」，喻四：亦異韵而同紐，雙聲正轉。

877 茭如激。周禮弓人「今夫茭解中有變焉」，鄭司農讀茭爲激發之激。

〔疏證〕弓人見考工記，司農讀見注。

今按：詩大車「有如皦日」，釋文：「皦，本又作皎。」月出「月出皎兮」，釋文：「皦又作皎。」桑扈「彼交匪敖」，漢書五行志中引作「匪儌匪傲」。論語陽貨「惡徼以爲直者」，鄭本徼作絞。皆交、敫聲通之例證。茭在宎部，激在約部，本平入韵，聲韵兼轉。廣韵肴「茭，古肴切」，錫「激，古歷切」，同爲見母，是兩字於廣韵亦異韵，然而聲同，雙聲正轉。

878 顅如鬜。周禮梓人「數目顅脰」，注：「故書顅或作牼。鄭司農讀爲鬜頭無髮之鬜。」苦顏反。

〔疏證〕引考工記及注。釋文顅、鬜並苦顏反。

今按：説文「顅，頭鬢少髮也」，「鬜，鬢禿也」，音義相同，蓋一字之變易。漢書李廣傳「廣身自以大黃射其裨將」，注：「服虔曰：『黃肩，弩也。』晉灼曰：『黃肩即黃閒也。』」射雉賦「捧黃閒以密彀」，注：「黃閒，弩名，一名黃肩。」說文「覵，下省。齊景公之勇臣有覵者」，廣韵「覵，人名」，孟子滕文公上「成覸謂齊景公曰」，覵亦作覸。此皆閒、肩聲通之證。竊疑頎、鬜同字，錢氏或不僅以此爲說，當云：「桱如頎如鬜也。」淮南齊俗「孟賁成荆無所行其威」，注：「成荆，古勇士也。」戰國策趙策「荆慶之斷」，鮑注：「荆，成荆。」史記范雎列傳「成荆之勇而死」，集解引許慎云：「成荆，古勇士。」漢書廣川王傳「其殿門有成慶，畫短衣大絝長劍」，師古曰：「成慶古之勇士。」若謂荆慶別一人，成覸、成覵、成荆爲一人必矣。肩、閒同在安部，荆、桱同在嬰部，兩者古韵不同。鬜、頎或作桱，故鬜、覵或作荆矣。廣韵山「覵、頎、鬜，苦閑切」，溪母；耕「桱，口莖切」，溪母；故桱與覵、頎、鬜韵異聲同，雙聲正轉。庚「荆，舉卿切」，見母，見與溪爲同類近紐，既可謂同類轉，亦可云正轉。

879 臤如鏗。說文：「臤，鏗字當作堅，今刻本誤。也。讀若鏗鏘之鏗。」唐韵：「臤，苦閑切。」

〔疏證〕今按：說文「臤，堅也」，可證上引文之誤；又云「古文以爲賢字」。說文以臤爲聲之讀若鏗者，除臤以外，又有「掔，擣頭也，讀若鏗爾舍瑟而作」，「硻，餘堅聲」，即鏗字，故不言讀若。廣韻耕並讀口莖切，則今音讀同嬰部矣，此一類也。从臤爲聲，又有讀若几者，説文：「掔，固也。讀若詩：赤舃几几。」廣韻「几，居履切」，讀入古韻衣部矣，此二類也。其餘从臤得聲，大都在古韻因部左右，説文「臤，古文以爲賢字」，「菣，字亦作藖」，「趣讀若菣」，廣韻山「臤，苦閑切」，震「菣、臤、趣，去刃切又苦見切」，皆溪紐字，其餘聲紐稍變，不盡舉，此三類也。臤、系字古韻本在因部，讀几者對轉入衣也；讀鏗者，前鼻轉入後鼻音耳。錢氏謂「臤如鏗」，以臤、鏗今音異韻而同母，故録爲正轉之例。

880 渳如泯。周禮小宗伯「以秬鬯渳」，杜子春讀渳爲泯。

〔疏證〕小宗伯屬春官。釋文：「渳，亡婢反，杜音泯，亡忍反；李亡辨反。」

今按：渳，古韻在恚部，或入噫部。泯在因部，相去懸絶，非韻轉也。廣韻紙「渳，綿婢切」，本微母古讀明；軫「泯，武盡切又彌鄰切」，本微母古讀明：錢氏皆徑以入明。韻異聲同，雙聲正轉。説文「㥸，讀若沔」，亦與此相同，錢氏所未録，故不詳説。

881 休如煦。周禮弓人「蹷於刲而休於氣」，鄭讀休如煦。

〔疏證〕弓人見考工記。鄭讀見注。

今按：左傳昭三年「民人痛疾，而或燠休之」，燠休即燠煦之，謂慰藉之耳，杜注非是。休在幽部，煦在區部，古韵雖鄰近，非一部也。廣韵遇「煦，香句切」，曉母；尤「休，許尤切」，曉母：是煦、休廣韵亦不同韵而爲同母，雙聲正轉。

882

缺如頍（去蕊反）。士冠禮「緇布冠缺項」，鄭讀如有頍者弁之頍。

〔疏證〕今按：頍在恚部，缺在曷部，兩字古韵異部，非韵之轉耳。廣韵紙「頍，丘弭切」，屑「缺，苦穴切」，是缺、頍兩字雖廣韵亦不同韵，然而同爲溪母，雙聲正轉。

883

僞如帷。喪大記「素錦褚加僞荒」，注：「僞當爲帷，或作于，聲之誤也。」古讀僞如爲，故與帷聲同。

〔疏證〕今按：僞从人爲聲，爲僞通作，此習見者。左傳成九年「爲將改立君者」，釋文：「爲本作僞。」定十二年「子爲不知」，釋文：「爲本作僞。」詩采苓「人之爲言」，疏引定本作僞言，白帖九十二，亦作僞言。此皆爲、僞通作之例。爲又與違通作，荀子臣道「君子不爲也」，釋文：「爲或作違。」韋又與帷聲通，説文：「帷，古文作𡪫。」詩氓「漸車帷裳」，士昏禮疏引作「漸車幃裳」。文選悼亡詩注引聲類帷作幃；七發「如素車白馬帷蓋之張」，注：「帷或爲幃。」爲既通違，帷又通幃作𡪫，是爲可以通帷矣。爲、惟亦通作，詩天保「吉蠲爲饎」，周禮蜡氏注引作「吉蠲惟饎」。帷、惟亦通作，莊子漁父「逍遥乎緇帷之林」，釋文：「帷本作惟。」爲、惟既通作，惟、帷又通作，亦可證爲、帷通作矣。爲在阿部，帷在威部，是爲、帷古音異韵耳。廣韵支「爲，遠支切」，喻三；脂「帷，洧悲切」，喻三：是爲之與帷，廣韵亦不同韵，然而同母，雙聲正轉。脂「惟，以追切」，喻四，喻三、喻四雖古聲截然不同，然錢氏所不言仍以爲同母也。惟、帷通作，自錢氏言之，謂爲雙聲正轉，同位變轉，亦無所不可。鄭謂「僞或作于」，于、爲亦喻三雙聲字。

884

並如伴。漢書地理志，牂柯郡有同並縣，「並音伴」。

〔疏證〕 並音伴，服虔説。

今按：説文「普，日無色也，从日，从並」，从並，並亦聲（對轉）。説文又云：「拌，讀若普。」拌讀若普即猶半讀如並矣，此亦並、伴聲通之一例。並在央部，伴在安部，並、伴古韵不相同。廣韵旱「伴，蒲旱切」，並母；迥「並，蒲迥切」，並母：是廣韵並、伴亦不同韵，然而同聲，雙聲正轉。養新録卷四「二徐私改諧聲字」一條云：「普从日並聲。按：古音並如旁，旁、薄爲雙聲，普、薄聲亦相近。漢中嶽泰室闕銘：並天四海莫不蒙恩，並天即普天也。小徐以爲會意字，謂聲字傳寫誤多之，大徐遂删去聲字，世竟不知普有並聲矣。」

885　鄲如多。漢書地理志，沛郡有鄲縣，孟康音多。

〔疏證〕今按：鼉、驒、䶃，並从單聲，廣韵歌並讀徒河切，譂、癉亦从單聲，廣韵哿並讀丁可切。詩靈臺「鼉鼓逢逢」，釋文：「徒何反，沈音檀。」又駉「有驒有駱」，釋文：「驒，徒何反。」莊子達生「元鼉魚鼈之所不能游」，釋文：「鼉，徒多反，或音檀。」山海經中山經「驕山神䶃圍處之」，注：「䶃音鼉魚之鼉。」詩大東「哀我憚人」，釋文：「憚，丁佐反，徐又音但，字亦作癉。」皆猶鄲之讀多也。鄲在安部，多在阿部，阿、安對轉，韵亦因變。錢氏不言對轉，廣韵寒「鄲，都寒切」，端母；歌「多，得何切」，端母：故錢氏以爲鄲之讀多，雙聲正轉。

886　頓如堆。後漢書馮翼傳「降匈奴于林闟頓王」，注：「頓音堆。」

〔疏證〕馮翼傳注：「山陽公載記曰：頓字作碓，前書音義：闟音蹋，頓音碓。」與引文不甚相同，當依後漢書爲準，蓋此本後人刊刻，非錢氏親校耳。

今按：碓、堆並从隹聲，自可通作。史記河渠書「西瞻蜀之岷山及離碓」，即李冰所鑿離堆也。堆與敦通作，見前文「敦如彫，又如堆，又如團，又如燾」條，此不贅。敦又與頓通，詩氓「至于頓丘」，爾雅釋丘「丘一成爲敦丘」，疏引氓詩。荀子禮論「是君子之所以爲悖詭其所敦惡之文也」，注：「或曰：敦讀爲頓。」即敦、頓相通之例。敦既與堆通，又與頓通，故頓、堆相通矣，亦即頓、碓相通耳。頓在昷部，碓、堆在威部，古韻本相對轉，然錢氏所不言。廣韻慁「頓，都用切」，灰「堆，都回切」，隊「碓，都隊切」，並爲端母。頓之與堆、碓，韻異而聲同，雙聲正轉。

887

靡如麻。漢書地理志，益州郡牧靡縣，李奇「音麻，即升麻，殺毒藥所出也」。牧當作收，誤刊。收、升、壽並聲之轉。

〔疏證〕李奇説，見師古引。

今按：呂覽任數「西服壽靡」，注：「靡亦作麻。」山海經大荒西經「有壽麻之國」，注引呂覽作「南服壽麻」，南當西之訛。此即麻、靡通作之又一例證。説文靡从麻聲，本同音字，古韻在阿部，後世音有迻易，韻部遂不相同。廣韻麻「麻，莫霞切」，明母；紙「靡，文彼切」，微母古讀明母：韻異聲同，故錢氏以入雙聲正轉之例。

888

墊如疊。漢書地理志，巴郡墊江縣，孟康音重疊之疊。按：説文，墊江字作褺，褺訓重衣，與孟音合。

〔疏證〕今按：廣韻㮇「墊，都念切又徒協切」，怗「褺、疊，徒協切」，若墊讀都念切，則與疊爲同類轉，若墊讀徒協切，則與褺、疊定母同音字。三字古韻皆在邑部，古亦同音字也。

889

蟬如提。漢書地理志，樂浪郡黏蟬縣，服虔讀。

〔疏證〕今按：説文：「觶，或从辰作䚩，禮經作觗。」考工記疏引鄭駁異義云「觶字角旁支，汝潁之間師所作」，是觶、䚩、觗、觝一字四形矣。卷三文之異者，有「是爲氏」條，可證單、支、氏、是、辰聲通，即單、是聲通矣。漢書金日磾傳，注「磾音丁奚切」，正猶蟬之讀提，亦一例也。蟬在安部，提在恚部，古韻不同部。蟬从單聲應有單音，廣韻寒

「單，都寒切」，端母；齊「隄、堤、㔭此即今提擕字、鍉、騠、䩚、趧，都奚切」，端母；提今讀定，宜亦可讀端：可證𧋍、提二字，亦可謂之雙聲正轉。

890 獷如鞏。漢書地理志，漁陽郡獷平縣。服虔讀。

〔疏證〕地理志注：「服虔曰：『獷音鞏。』師古曰：『音九永反，又音穬。』」今按：地理志獷雖三音，惟鞏一音在古韵邕部，爲變音，餘在央部，非讀之異者。廣韵養「獷，居往切又居猛切」，見母；腫「鞏，居悚切」，見母：韵異聲同，雙聲正轉。考央、邕古亦通轉，如老子「不自見故明，不自是故彰，不自伐故有功，不自矜故長」，它不盡舉。惟其韵轉，故曠、壙訓空，如皋陶謨「無曠庶官」，管子七法「毋壙地利」，舊皆訓空是矣。

891 羨如夷。漢書地理志，江夏郡沙羨縣。晉灼讀。

〔疏證〕今按：羨在古韵安部，夷在衣部，韵部不同，非韵之轉。廣韵線「羨，似面切」，邪母；脂「夷，以脂切」，喻四：兩字聲韵皆異，然而錢氏以邪喻爲收聲，聲位相同，同位變轉。又，羨讀如衍，詩板「及爾游羨」，釋文：「羨本作衍。」廣韵獮「衍，以淺切」，喻四，是衍、夷兩字雖韵異而聲同，則爲雙聲正轉。曾運乾先生作喻母古讀考，以爲喻四古讀定，晉稀作邪母古讀考，以爲邪母古讀定，如此則羨、夷兩字古聲讀定，亦爲雙聲正轉。

892 扶如蟠。漢書天文志「晷長爲潦，短爲旱，奢爲扶」，鄭氏云：「扶當爲蟠。齊魯之間，聲如酺。酺扶聲近。蟠，止不行也。」

〔疏證〕今按：扶在烏部，蟠在安部，古韵本不相同，然而烏、安兩部有時旁對轉，故漢時齊魯之間，蟠聲近酺也。古無齒唇音，陸法言作切韵猶然也，說見序例。故酺、扶聲近。說文簠古文作医，榑桑離騷作扶桑，是其證。廣韵虞「扶，防無切」，奉母；元「蟠，附袁切又扶干切」，奉母：是扶、蟠兩字，廣韵亦不同韵，然而同母，雙聲正轉。

893 報如赴。禮記少儀「毋拔來，毋報往」，鄭讀報如赴。

〔疏證〕今按：喪服小記「報葬者報虞，三月而後卒哭」，注「報讀如赴疾之赴」，亦其例也。詩大田「秉畀炎火」，釋文：「秉，韓詩作卜。卜，報也。」赴从卜聲，卜訓報，猶赴訓報矣。報在幽部，卜在屋部，時亦旁轉，聲類主聲不主韵，故非韵轉。廣韵號「報，博耗切」，幫母；遇「赴，芳遇切」，敷母古讀滂，然赴从卜聲，應有卜音，屋「卜，博木切」，幫母：是報、赴二字雖不同韵，然而同母，雙聲正轉。

894 奰如虙。說文：「奰，迫也。讀若虙犧氏。」古音伏與偪同，故轉音如奰。

〔疏證〕養新録古無輕脣音云：「伏又與逼通，考工記『不伏其轅，必縊其牛』，注：『故書伏作偪，杜子春云：偪當作伏。』」

今按：奰在轡部，虙在壹部，古韵雖鄰近，然分爲兩部。廣韵屋「虙，房六切」，奉母古讀並；至「奰，平祕切」，本奉母錢氏徑入並：韵異而聲同，故爲雙聲正轉。

895 ⿰月尻如穹。呂氏春秋「許鄙相⿰月尻」，注：「讀如窮穹之穹。」

〔疏證〕引恃君覽觀表。

今按：⿰月尻即尻之俗字，古韵在幽部，穹在膺部，古韵分爲兩部。廣韵豪「尻，苦刀切」，溪母；東「穹，去宫切」，溪母：韵異聲同，雙聲正轉。考膺、夆古韵亦常相轉，幽、夆爲陰陽韵，故朊讀如穹。聲類主聲，故不詳説。

896 鞔如懣。　呂氏春秋「胃充則中大鞔，中大鞔而氣不達」，注：「鞔讀曰懣。」

〔疏證〕引孟春紀重己。

今按：鞔在𥁰部，懣在安部，古韵不相同。廣韵桓「鞔，母官切」，明母；旱「懣，莫旱切」，明母：韵異聲同，雙聲正轉。考𥁰、安兩部本相旁轉。楚辭哀時命「惟煩懣而盈匈」，注：「懣，憤也。」漢書司馬遷傳「不得舒憤懣以曉左右」，師古曰：「懣，煩悶也。」憤、悶在𥁰部。徐鍇本説文䰒讀若幡，幡則在安部。皆𥁰、安旁轉之證。

897 穹如空。　周禮韗人「穹者三之一」，鄭司農讀爲志無空邪之空。詩「在彼空谷」，如韓詩作穹谷。

〔疏證〕韗人見考工記。引詩白駒。文選西都賦「幽林穹谷」，注：「韓詩曰『皎皎白駒，在彼穹谷』，薛君曰：『穹谷，深谷也。』」又見陸機苦寒行注。

今按：穹在膺部，空在邕部，古韻本不相同，然而空、穹兩字常相通訓。詩白駒傳「空，大也」，爾雅釋詁「穹，大也」，空、穹皆訓大，故空、穹可以通訓。節南山「不宜空我師」，傳：「空，窮也。」說文「穹，窮也」，空、穹同訓窮，故空、穹亦可通訓。廣韻東「空，苦紅切」，「穹，去宮切」，雖同爲東韻溪紐，然分兩切者，古韻自有異耳。同爲溪母，則爲雙聲正轉。

898

瓬如甫。周禮考工記「摶埴之工陶瓬」，鄭司農讀若甫始之甫，後鄭讀如放于此乎之放，放甫聲相通。

〔疏證〕兩鄭讀音，並見注文。公羊隱二年「始滅昉於此乎」，石經昉作放。

今按：瓬在央部，甫在烏部，烏、央雖分兩部，古韻本相對轉。說文「旁，溥也」，「舞古文作翌」，「撫古文作辵」。詩谷風「何有何亡」，何亡即何無。例不勝舉。錢氏不言對轉，故以聲轉論之。廣韻陽「方，府良切」，麌「甫，方矩切」，韻雖不同，同爲非母，故爲雙聲正轉。

899 世如生。列子天瑞篇「人自世至老，貌色智態，無日不異，皮膚爪髮，隨世隨落」，注：「世音生。」

〔疏證〕今按：除引文外，其上另一段云「又有人鍾賢世」，注：「鍾賢世，宜言重形生。」釋文：「鍾作種，云種賢世，音重形生。」此段上文又云「損盈成虧，隨世隨死」，釋文：「世音生，下同。」皆其例也。世在古韵曷部，生在嬰部，韵部甚遠，非韵之轉。廣韵祭「世，舒制切」，審三；庚「生，所庚切」，審二：若審二審三不分，當爲同母正轉，然審二審三截然兩類，宜爲變轉也。

900 栗如列。周禮弓人「菑栗不迆」，鄭讀爲裂繻之裂。詩「烝在栗薪」，鄭讀栗爲列，箋云：「古者聲栗裂同也。」

〔疏證〕裂繻即紀裂繻，見左傳隱元年。引詩東山，釋文：「栗，毛如字，鄭音列。」今按：説文「瑮，玉英華羅列秩秩也」，亦以瑮、列聲近而相訓。詩四月「冬日烈烈」，箋云「烈烈猶栗栗也」，皆栗、裂聲通之例證。栗在壹部，裂在曷部，古韵不同。廣韵質「栗，力質切」，來母；薛「裂，良辥切」，來母：韵異聲同，雙聲正轉。

901 號如胡。荀子哀公篇「孔子蹴然曰：君號然也」，注：「號爲胡，聲相近，字遂誤耳。家語作君胡然也。」

〔疏證〕今按：號在古韵夭部，胡在古韵烏部，兩字不同韵。廣韵豪「號，胡刀切」，匣母；模「胡，户吴切」，匣母；是兩字廣韵亦不同韵，然而同爲匣母，雙聲正轉。又，説文：「號，嘑也。」爾雅釋言：「號，嘑也。」詩碩鼠「誰之永號」，傳：「號，呼也。」國語晉語：「公號慶鄭」，注：「號，呼也。」號訓嘑、呼，例非一二數，嘑、呼亦在烏部，夭、烏古韵異部。廣韵模「嘑、呼，荒烏切」，曉母，曉、匣本同類近紐，謂同類轉可，錢氏又以曉、匣爲收聲，謂同位變轉亦可。錢氏不以號如嘑標目者，號、嘑之訓，而聲各小異耳。

902 鼉如檀。莊子達生「元鼉魚鼈之所不能游」，釋文：「鼉，徒多反，或音檀。」

〔疏證〕今按：本條之宜證者兩事：一曰單、亶聲通也，已詳卷一釋言「路單，落亶也」一條；二曰鼉、檀韵異聲同也，已詳前文「鄲如多」一條。故不贅。

903 瞀如䁱。莊子徐无鬼篇「予適有瞀病」,司馬彪讀如䁱,謂眩䁱也。

〔疏證〕今按:説文「瞀,低目謹視也」,「䁱,低目視也」。兩字音義皆同,蓋一字之變易也。司馬彪謂「眩䁱也」,兩字皆無其義。字當借作眊,説文「眊,目少精也」,目少精則昏眩矣。瞀、䁱古韻在幽部,眊在宵部。廣韻候「瞀,莫候切」,號「䁱、眊,莫報切」,皆讀明母。以古聲論,瞀、䁱同音,眊則與瞀、䁱韻異而聲同,雙聲正轉之範例耳。若以今音論,䁱、眊同音,䁱、瞀則韻異而聲同,亦雙聲正轉之範例也。錢氏聲類,嚴考雙聲與聲位,故取廣韻爲準,不可不知。

904 螴蜳(上音陳,下餘準反)如忡融。莊子外物篇「螴蜳不得成」,司馬彪云:「讀曰忡融。」

〔疏證〕釋文:「螴,郭音陳;蜳,李餘準反。司馬彪云:『螴蜳讀曰忡融。言怖畏之氣,忡融兩溢,不安定也。』」

今按:螴在因部,蜳在昷部,因、昷古鄰韻,疊韻聯綿辭。忡融古韻夅部聯綿辭。聯綿辭每隨聲韻遂易,本無定形。司馬彪云「忡融兩溢,不安定也」,本滃瀁、蕩漾之音轉。説文「潒，水潒瀁也，讀若蕩」，段玉裁云：「潒瀁，疊韵字，摇動之流也，今字作蕩漾。」摇動之流，斯爲不安定矣。蟨蜳以昷、因部相聯綿，忡融以夅部相聯綿，潒瀁、蕩漾以央部相聯綿，辭分三組，古韵互不相同。古韵不同而知其爲一辭之衍易者，聲相通也。廣韵真「陳，直珍切又直刃切」，澄母；東「忡，敕中切」，徹母，徹、澄兩母爲近紐，又爲同位；蕩「蕩、潒，徒朗切」，定母：古無舌上音，是三辭之上字，定母雙聲也，韵不同而聲同，雙聲正轉矣。廣韵準「蚢即此蜳字，余準切」，喻四；東「融，以戎切」，喻四；漾「漾瀁入上聲，余亮切」，喻四：是三辭之下字，喻四雙聲也，韵不同而聲同，亦雙聲正轉矣。

905

苴如麤。莊子寓言篇「苴布之衣」，苴音麤，徐仙民音七餘反。

〔疏證〕 引文見讓王篇，刻本誤作寓言，宜加改正。音引釋文。

今按：説文「麤，行超遠也」，非其義。此當以麤爲粗耳，説文「粗，疏也」，常借麤爲之。禮記王制「布帛精麤」，左傳哀十三年「梁則無矣，麤則有之」，列子説符「得其精而忘其麤」。麤皆粗之借，粗、苴皆从且聲，可爲苴、麤聲通之例證。苴、麤古韵烏部同音字，聲音衍變，而侈弇鴻細異矣。廣韵模「麤，倉胡切」，清母；魚「苴，七余又子魚切切」，清母：韵異聲同，雙聲正轉。苴字另一音爲精母，故錢氏引徐仙民音耳。

906 噫如蔭。莊子齊物論篇「大塊噫氣」，釋文：「一音蔭。」按：意當从音得聲，故噫有蔭音。

〔疏證〕聲類之例，主聲不主韵，凡韵異聲同爲正轉之範例，韵異位同爲變轉之範例。此條按語，謂「意从音聲，故噫有蔭音」，則蔭、音古音相同，非聲類之範例矣。況意本會意字，噫从意聲，皆明白無誤。疑此按語旁人所綴，非錢氏本意。

今按：噫在噫部，蔭在音部，古韵迥隔，非韵轉耳。廣韵之「噫，於其切」，影母；沁「蔭，於禁切」，影母：韵異紐同，雙聲正轉。

907 擩如芮。周禮大祝「六曰擩祭」，杜子春讀如虞芮之芮。釋文：「擩，而泉反，一音而劣反，劉又而誰反。」

〔疏證〕大祝屬春官，杜子春説引注，釋文又云：「芮，人劣反，又而歲反。」

今按：擩在區部，芮在欝部，古韵不同。廣韵麌「擩，而主切」，日母；祭「芮，而鋭切」，日母：韵不同而聲同，故錢氏以爲雙聲正轉。考擩字釋文三切，用韵殊不與擩字相應，擩蓋誤字也。説文：「擩，染也。从手，需聲。周禮曰：六曰擩祭。」段注改擩作㨎，耎聲；改擩祭爲㨎祭。其説云：「耎聲在十四部今曰安部，需在四部今曰區部，其音畫然分別，或淆亂其偏旁下省。周禮大祝九祭，六曰㨎祭。士虞禮、特牲饋食禮、少牢饋食禮、有司徹四篇經文，凡用㨎字二十。唐石經周禮、士虞皆作擩，特牲、少牢、有司皆作㨎，參差乖異。此非經字不一，乃周禮、士虞經淺人妄改也。郭璞而沿反，李善而緣反，劉昌宗而玄反，陸德明而泉切，皆耎之正音也。杜子春讀如虞芮之芮，郭璞而悦反，劉昌宗而誰反，顔師古如閲反，陸德明而劣反，皆耎聲之音轉也。古音十四、十五部内在鬱部，誰在威部，段稱十五部，餘段十四部今稱曷部。最相近之理也。下省。」段説最是。説文：「捼，段改作挼。推段作摧。也。从手，委段妥聲。聲。一曰兩手相切摩也。」委在威部，芮在鬱部，雖分兩部，其實平入不同而已。㨎本義爲染，于義無取，故杜子春以爲㨎當作捼，取兩手相切摩之義也，故曰：「㨎讀爲虞芮之芮。」廣韵灰「捼，乃回切又奴禾切」，古音娘日歸泥，乃回切與而誰切，不過今音泥日之分而已，古音本同也。芮讀人劣反、而歲反，人劣切與而劣切正爲一音。惟而泉一切仍依㨎之本音，不依借字捼作音而已。如此可知杜子春之説確鑿不移，捼在杜時从委不从妥也。許書作捼自依漢人之説，説文捼，亦不必从妥矣。

908 攡如弄。 周禮大司馬「三鼓攡鐸」，鄭司農讀如弄。

〔疏證〕 大司馬見夏官。注云：「攡，玄謂如涿鹿之鹿，掩上振之爲攡，止引息氣也。」釋文：「攡音鹿，李扶表反。」疏：「先鄭云：攡讀如弄者，直以攡弄聲相近，以振鐸謂之弄也。玄謂如涿鹿之鹿者，謂从史記黄帝與蚩尤戰于涿鹿之鹿，直取音同，不从義也。此是鹿鹿然作聲也。」

今按：先鄭讀攡爲弄者，攡音鹿，在古韵屋部，弄在古韵邕部，邕與屋對轉，韵自可通。錢氏不言對轉，故求之聲，廣韵屋「攡，盧谷切」，送「弄，盧貢切」，兩字韵雖不同，來母雙聲，故錢氏以爲雙聲正轉。至於鄭玄之説，攡讀鹿音，不復更轉爲弄；李軌之音，則謂説文無攡，字當从麃省聲，木華海賦「大明攡轡於金樞之穴」，字即从麃，故音扶表切。錢氏不採後鄭、李軌之説，依先鄭立論耳。

909 鼜如造。 周禮掌固「夜三鼜以號戒」，（注）：「杜子春讀鼜爲造次之造，謂擊鼓行夜戒守也。春秋傳所謂賓將趣者與，趣與造音相近。」

〔疏證〕 掌固屬夏官。引杜子春説見注。疏：「按：昭二十年，衛侯如死鳥。齊侯使公孫青聘衛，賓將掫。注謂行夜。不作趣者，彼賈服讀字，與子春意異。」

今按：說文：「𧯂，夜戒守鼓也，从壴，蚤聲。讀若戚。」𧯂、鼜同字，蚤在幽部，戚在奠部，平入韵耳。造在幽部，趣在區部，與戚分别爲三部，古韵不同。廣韵錫「戚，倉歷切」，號「造，七到切」，遇「趣，七句切」，並爲清母，是三字乃同母雙聲，故爲正轉。鼜讀如造或戚，仍當以鼜爲本義。左傳作趣作掫，皆當作鼜也。

910

猶如瘉，又如搖。詩「無相猶矣」，鄭云：「猶當作瘉。」「其德不猶」，鄭云：「當作瘉。」檀弓「陶斯詠，詠斯猶」，注：「猶當爲搖，聲之誤也。秦人猶搖聲相近。」

〔疏證〕「無相猶矣」，引斯干。「其德不猶」，引鼓鐘。

今按：釋器「揄狄，搖狄也」一條，已證俞、搖聲通，故不復贅。猶古韵在幽部，瘉古韵在區部。廣韵尤「猶，以周切」，虞「瘉，羊朱切」，並爲喻四，兩字古今韵不同而同爲一母，故當爲雙聲正轉。或謂猶借作訧，說文「訧，辠也」，訧在噫部與猶之在幽部者韵差遠，廣韵尤「訧，羽求切」，喻三，字母家以喻三、喻四並稱喻母，實不相同，雖同位可以變轉，仍以鄭説爲長。

911

奠如定。　周禮瞽矇「世奠繫」，注：「故書奠或爲帝。杜子春云：帝讀爲定。其字爲奠，書亦或爲奠。」小史「奠繫世」，注：「故書奠爲帝。杜子春云：帝當爲奠，奠讀爲定，書帝亦爲奠。」匠人「凡行奠水磬折以參伍」，鄭司農云：「奠當爲停。」弓人「寒奠體」，注：「奠讀爲定。」司市「展成奠賈」，注：「奠讀爲定。」

〔疏證〕　瞽矇、小史屬春官。匠人、弓人見考工記。市人屬地官，注又引「杜子春云：奠當爲定。」

今按：奠借爲定，此通訓也。禹貢「奠高山大川」，僞孔傳「奠，定也」，史記夏本紀正作定。周禮天官職幣「皆辨其物而奠其録」，注：「奠，定也。」太玄元攡「天地奠位」，注：「奠，定也。」奠又訓停，停説文作「亭，民所安定也」，故訓停猶訓定也。儀禮士冠禮「贊者奠纚笄櫛于筵南端」，注：「奠，停也。」士昏禮「坐奠觶」，注：「奠，停也。」此亦奠、定通訓之例證也。奠在因部，定在嬰部，差隔頗遠。廣韵霰「奠，堂練切」，定母；徑

「定，徒徑切」，定母：奠、定古今韵皆不同而同爲定母，故錢氏以爲雙聲正轉。帝在古韵恙部，廣韵霽「帝，都計切」，端母，帝與奠、定亦古今韵不同，而爲同類近紐，錢氏不取帝標目者，聲類以正轉變轉爲主耳。

912

耡如藉。周禮遂人「以興耡利甿」，（注）：「鄭大夫讀爲藉，杜子春讀耡爲助。」里宰「以歲時合耦于耡」，（注）：「鄭司農讀耡爲藉，杜子春讀爲助。」孟子：「助者，藉也。」七音譜以藉屬從母，耡助屬牀母。

〔疏證〕遂人、里宰並屬地官，餘引注。引孟子滕文公下。

今按：說文殂之古文作𣦸，譜又讀若笮，稓則讀若笮齰之齚，可證从且之字可轉作从昔之字，是且、昔聲通矣。助、耡在烏部，藉在蒦部，雖分兩部，僅分平入，古韵自可通轉，然錢氏所不論。廣韵御「助，耡，牀據切耡，又士魚切」，牀二；禡「藉，慈夜切又慈亦切」，從母，若依古聲，牀二讀從：助、耡與藉，韵異聲同，雙聲正轉，錢氏不言牀二古讀從。若依今聲，則藉之與耡、助聲韵皆異，然而同位，同位爲變轉。並參下條。

913 蒩如藉。周禮鄉師「共茅蒩」，（注）：「杜子春云：蒩當爲菹。鄭大夫讀菹爲藉。」司巫「及蒩館」，（注）：「杜子春云：蒩讀鉏，鉏，藉也。」

〔疏證〕鄉師屬地官，司巫屬春官。經文下皆引注。

今按：說文「蒩，茅藉也」，以藉訓蒩，亦一例證。助、耡、蒩三字，推其形聲之始，皆从且聲，故上條與本條皆證其且、昔聲通而已，既可分寫，亦無妨合併。廣韵魚「蒩，七余切又則吾切」，精、清兩母；又「菹，側魚切」，照二：凡此諸切，雖與藉同類，旁溢爲近紐雙聲矣。惟「鉏，士魚切」，牀二，古聲與藉同母，雙聲正轉，今聲與藉同位，同位變轉。本條似當以鉏標目，不當以蒩標目也。

914 竁如穿，又如脺。原刊作膟，今改正，下不誤。周禮小宗伯「卜葬兆甫竁」，注：「鄭大夫讀竁爲穿，杜子春讀毳。今南陽名穿地爲竁，聲如腐脃之脺。」漢書：王莽掘丁姬冢，「時有羣燕數千，銜土投（丁姬）穿中」，水經注引漢書，穿中作竁中。

〔疏證〕小宗伯屬春官。引漢書外戚傳，傳作「投丁姬穿中」。

今按：竄、穿、脺通讀，猶有例可增舉者：周禮小宗伯釋文：「脺，本作臎。」老子「其脃易泮」，釋文：「河上本作臎。」荀子議兵「是事小敵毳則偷可用也」，注：「毳，讀爲脃。」詩烝民箋「柔猶濡毳也」，釋文：「毳本作臎。」漢書丙吉傳「數奏甘毳食物」，注：「毳，讀與脃同。」説文：「竄，穿地也。」周禮遂師注「竄，復土地」，疏：「竄謂穿中。」量人注「竄方有俎實」，疏：「竄，穿壙之名。」廣雅釋詁三：「竄，穿也。」竄、穿不惟義近，亦以聲通，故累以穿訓竄。皆竄、臎、毳、脃與脺與穿聲通之證。穿在古韻安部，脺在鬱部，餘皆在曷部，安、曷平入對轉，鬱亦與之旁轉，錢氏不言對轉旁轉。廣韻祭「毳、脃、臎、竄，此芮切」，清母；仙「穿，昌緣切」，穿三：穿與以上四字，雖不同韻同紐，然而同位，同位爲變轉。周禮小宗伯釋文「沈云：字林有脺，音卒」，廣韻沒「卒，倉沒切它切溢爲精紐」，亦清母字。

915 行如衜。詩「勿士行枚」，鄭讀行爲衜。

〔疏證〕引詩東山。箋云「言初無行陣衜枚之事」，釋文：「行，鄭音衜。」

今按：行在央部，衜在音部，兩字古韻截然不同。廣韻唐「行，胡郎切又户庚、户剛、户浪、下孟切」，匣母；衜「衜，户監切」，匣母：是行、衜兩字廣韻迥然異韻，然而同爲匣母，雙聲正轉。

916 釁如徽。　周禮鬯人「大喪之大渳設斗共其釁鬯」，（注）：「鄭司農云：釁讀爲徽。」雞人「釁共其雞牲」，（注）：「鄭司農云：釁讀爲徽。」天府「上春釁寶鎮及寶器」，（注）：「鄭司農云：釁讀爲徽。」

〔疏證〕引文皆見周禮春官及注。

今按：釁在𧙅部，徽在威部，古韵威、𧙅對轉，錢氏不言對轉，故以聲求之。廣韵震「釁，許覲切」，微「徽，許歸切」，並爲曉母，是釁、徽兩字韵不同而聲同，故於聲類爲雙聲正轉。

917 笴如稾。　周禮考工記「妢胡之笴」，注：「笴，矢幹也。杜子春讀笴爲稾。」矢人「以爲笴厚爲之羽深」，注：「笴讀爲稾，謂矢幹，古文假借字。」稾字皆當作稾，各本多混。

〔疏證〕今按：釋器「矢幹謂之稾，稾謂之笴」一條，已有疏證，此不復贅。惟彼處疏證，漏脱養新録一條，遂補於此。養新録卷二「笴當爲笱」一條云：「考工記『妢胡之笴』，注云：『故書笴爲笱，杜子春云：笱當爲笴，笴讀爲稾，謂箭稾。』按：説文竹部無笴字，唐石經本作笱字，雖損壞，而下半从句不从可，與笱形相似，與稾聲尤相近，當从石經爲正。」此可備一説，笱在古韻區部，亦與稾異韻。廣韻厚「笱，古厚切」，見紐，亦與稾爲雙聲正轉。

918 樊如鞶。周禮巾車「樊纓十有再就」，注：「樊讀鞶帶之鞶。」

〔疏證〕巾車屬春官。

今按：樊、鞶古韻同在安部，本同音字，自可通讀，聲音衍變，而後有侈弇鴻細之别。廣韻桓「鞶，薄官切」，並母；元「樊，附袁切」，奉母：是鞶、樊兩字於廣韻亦異韻，然古聲仍爲同母，雙聲正轉。

919 紛如豳。周禮司几筵「設莞筵紛純」，鄭司農讀紛爲豳。

〔疏證〕司几筵屬春官，司農讀音見注。

今按：説文邠、豳一字，份、彬一字，廣韻真「彬、份、豳、邠，府巾切」，本非母同音字。文「紛，府文切」，非母；與以上諸字異韵而同紐，自爲雙聲正轉。諸字同在古韵昷部，本同音字；邠、份、紛同从分部，豳、邠同字，亦可證知豳、紛聲通矣。考錢氏取此爲例者，固由于紛、豳廣韵不同韵，驗之脣吻，聲紐亦不同也。竊以爲脣音之分雙脣音幫滂並明與齒脣音非敷奉微，昉自唐代而完成於宋。陸法言作切韵，有輕齊撮重開合脣音之分，而無齒脣、雙脣之別，故豳、彬等字仍切府巾也；丁度、司馬光作集韵始改脣音類隔切爲音和切耳，其改豳爲披巾切，即其例矣。既詳序例，於此重複言之。

920 盼如班。

〔疏證〕 王制「名山大澤不以盼」，注：「盼讀爲班。」禮記釋文亦云：「盼音班，賦也。」

今按：説文無盼，「班，分瑞玉也」，即分賜之本字。班、盼古韵同在昷部，本同音字，廣韵刪「班、盼，布還切」，亦幫母同音字。文「盼，符分切」，則移入奉母矣，然字从分，應有分聲，則入非母古讀幫，雙聲正轉也。

921 烜如燬。

〔疏證〕 周禮司烜氏注：「烜，火也，讀如衛侯燬之燬。」引文見秋官序官注。

今按：卷一釋言「火，化也，毁也」，已有疏證，此不復贅。

922 訢如熹。　　樂記「天地訢合」，注「訢讀爲熹」，正義曰：「訢熹聲相近。」

〔疏證〕　樂記注又云「熹猶蒸也」，釋文云：「訢，依注音熹，許其反；依字音欣。」

今按：說文「訢，喜也」，「欣，笑喜也」。廣雅釋詁一：「欣，喜也。」史記樂書「天地欣合」，正義：「欣，喜也；合，猶蒸也。」史記正義與樂記注不同，疑今禮記注有脱誤。廣雅釋訓：「欣欣，喜也。」楚辭東皇太一「君欣欣兮樂康」，注：「欣欣，喜貌。」訢、欣並从斤聲，熹、喜並从喜聲，是皆斤、喜聲通之證，故訢讀爲熹也。左傳成十三年「曹人下省使公子欣時逆曹伯之喪」，釋文：「按公羊傳作喜時，宜音忻。」校勘記云：「按漢書古今人表作曹剢時，師古注云：即曹欣時也。」从曹欣時之或作喜時、剢時，亦可證欣、喜、剢三字聲通也。又說文「昕讀若希」，並其證。訢、欣在昷部，喜、熹在噫部，古韵截然不同。廣韵欣「訢、欣，許斤切」，曉母；之「熹，許其切」，曉母；止「喜，虛里切又香忌切」，曉母：是訢、欣之爲熹、喜，韵異聲同，應爲雙聲正轉。至於欣時亦作剢時，說文昕讀若希，則古韵昷、衣旁對轉，聲亦曉母雙聲，無須詳說。

923 和如桓。　書「和夷底績」，鄭康成讀和爲桓。

〔疏證〕引書禹貢，釋文：「鄭云：和讀曰洹。」

今按：已詳本卷釋器「和表謂之華表」條。

924 堂讀如棖。　詩「俟我乎堂兮」，鄭云：「堂當爲棖。」

〔疏證〕引詩丰及箋，釋文：「棖，直庚切。」

今按：論語公冶長「或對曰：申棖」，釋文：「鄭云：蓋孔子弟子申續。史記云：申棠字周。家語云：申續字周。」今史記孔子弟子列傳「申黨，字周」，王應麟曰：「今史記以棠爲黨，傳寫之誤也。」今按：棠、黨不過聲分平上，未必誤。後漢王政碑云：「有羔羊之絜，無申棠之欲。」一人名而有棖與棠、黨之分，可證長、尚聲通矣。文選魯靈光殿賦「枝撐扠枒而斜據」，張注：「撐或作棖。」撐亦从尚聲，亦可證尚、長聲通。堂、棖古韵同在央部，本亦韵轉，至廣韵而音有變易矣。廣韵庚「棖，直庚切」，澄母古讀定；唐「堂、棠，徒郎切」，定母：是棖、堂、棠今韵有庚、唐之分，古聲則同母，雙聲正轉耳。

925 裯如誅。周禮甸祝「裯牲裯馬」，鄭康成讀如伏誅之誅，今侏大字也。

〔疏證〕甸祝屬春官。疏云：「讀如伏誅之誅者，此俗讀也，時有人甘心惡伏誅，故云伏誅之誅，此從音爲誅。云今侏大字也者，今，漢時。人傍侏是侏大字也。」

今按：論語朱張，鄭作侏張，即爾雅之侜張也。無逸「無或侜張爲幻」，爾雅釋文：「侜，本或作倜，同。」可證朱、周聲通。誅在區部，裯在幽部，古韻異部。廣韻晧「裯，都晧切」，端母；虞「誅，陟輸切」，知母古讀端：是裯、誅兩字古今韻皆異，然而古聲同母，雙聲正轉。

926 俶如熾。（又上尺叔切，下尺志切。）詩「俶載南畝」，鄭康成讀俶載爲熾菑。

〔疏證〕詩大田箋：「俶讀爲熾，載讀爲菑栗之菑」，釋文：「俶，尺叔反，鄭讀爲熾，尺志反。」又見載芟，箋云：「俶載當作熾菑。」

今按：俶在古韻𦤎部，熾在㠯部，韻部不同，非韻轉也。廣韻屋「俶，昌六切」，志

「熾，昌志切」，兩字廣韵亦不同韵，然而同爲穿三，雙聲正轉。

927 梗如亢。周禮女祝「掌以時招梗」，鄭大夫讀梗爲亢。

〔疏證〕女祝屬天官，鄭大夫説見注。

今按：説文：「迒，獸迹也，以辵亢聲。」或从更聲作䢚。又「秔，稻屬，从禾亢聲」，或从更聲，作稉。又「綆，汲井索也，从糸更聲」，漢書枚乘傳「單極之䋁斷幹」，則从亢聲。此皆亢、更聲通之例證。梗、亢本古韵央部同音字。今則韵遂易而不同。廣韵梗「梗，古杏切」，唐「亢，古郎切」，是則韵異聲同，見母雙聲，故爲正轉。

928 麗如羅。周禮小司寇「以八辟麗邦法」，（注）：「杜子春讀麗爲羅。」

〔疏證〕小司寇屬秋官，餘見注。

今按：麗、羅本阿部同音字，聲音遂易而有分别。廣韵支「麗，吕支切又盧計切」，來母；歌「羅，魯何切」，來母：韵異聲同，雙聲正轉。

929 耳如仍。漢書惠帝紀「内外公孫耳孫」，師古曰：「耳音仍，仍耳聲相近，蓋一號也。」

〔疏證〕今按：耳在噫部，仍在膺部，古韵噫、膺對轉，仍、訒、扔並从乃聲，讀入膺部；佣讀若陪，徵讀如止。詩大田「去其螟螣」，釋文「螣亦作蟘」，説文引詩作蟘。説文「黱，畫眉也」，通俗文「染青石謂之點黛」，釋名釋首飾「黛，代也」。説文繒之籀文作綷从宰省聲，冰之或體作凝。故仍讀耳矣。錢氏不言對轉，故不以爲仍如耳爲韵之轉。廣韵蒸「仍，如乘切」，日母；止「耳，而止切」，日母：韵異聲同，雙聲正轉。

930 芋如幠。詩「君子攸芋」，箋：「芋當作幠，幠，覆也。」

〔疏證〕引詩斯干，正義曰：「芋當作幠，讀如亂如此幠，以聲相近誤耳。」

今按：儀禮士冠禮「周弁殷冔夏收」，注：「冔名出於幠，覆也；言所以自覆飾也。」釋名釋首飾：「冔，幠也，幠之言覆，言以覆首也。」芋、冔並从于聲，此亦芋、幠聲通之例。芋、幠本烏部字，聲音衍變，而韵部斯分。廣韵模「幠，荒烏切」，曉母；虞「芋，羽俱切」，喻三，詩釋文「香于反，火吴反」，曉母，錢蓋用釋文：雙聲正轉。下有「膴如冔」條可迻證本條，可參閲。

931 氐如桎。 詩「維周之氐」，鄭云：「當作桎鎋之桎。」

〔疏證〕 引詩節南山及箋。正義：「孝經鉤命決『孝道者，萬世之桎鎋』，説文『桎，車鎋也』，今説文無。則桎是鎋之别名耳。」

今按：説文：「氐，至也。」史記律書：「氐者，言萬物皆至也。」廣雅釋詁一：「抵，至也。」史記秦始皇本紀「抵九原」，正義：「抵，至也。」項羽本紀「獄掾曹咎書抵櫟陽獄掾司馬欣」，韋昭：「抵，至也。」史、漢以抵訓至者極多。氐、抵之訓至，猶氐之訓桎，桎从至聲耳。氐古韵衣部，桎在壹部，本平入韵，然分兩部。廣韵薺「抵，都禮切」，與節南山釋文「氐，丁禮反，都履反」同，端母；質「桎，之日切」，照三；節南山釋文「桎，丁履切」，端母：可證照三讀端，韵異聲同，雙聲正轉。

932 祝如注。 周禮瘍醫「掌折瘍之祝藥」，注：「祝當爲注，讀如注病之注，聲之誤也。」

〔疏證〕 瘍醫屬天官。今按：下條「屬如注」，此當合併釋之，可以觀其融會貫通。

933 屬如注。 周禮函人「犀甲七屬，兕甲六屬」，注：「讀如灌注之注。」匠人：「水屬不理孫，謂之不行」，注：「屬讀爲注。」

〔疏證〕 函人、匠人並見考工記。合併上條，疏證如次。

今按：詩干旄「素絲祝之」，箋：「祝當爲注。」此亦祝如注之一例。白虎通號：「祝首，屬也。」又五行：「祝者，屬續也。」釋名釋言語：「祝者，屬也。」祝如屬，屬如注，則祝如注之又一例證矣。國語秦語「一舉衆而注地于楚」，注：「注，屬也。」左傳成六年「韎韋之附注」，賈、服注：「注，屬也。」又襄廿三年「又注」，注：「注，屬矢于弦。」荀子禮論「紸纊聽息之時」，注：「紸讀爲注，注纊即屬纊也。」它不盡數，即此足證屬、注之相通。此不僅可證屬、注相通，會合上文，又可證祝、注相通，并可證祝、屬相通也。祝在薁部，注在區部，古韵不相同，廣韵屋「祝，之六切」，遇「注，之戍切」，並讀照三，韵異聲同，雙聲正轉。屬在屋部，與區爲平入韵，聲類主聲不主韵。廣韵屋「屬，之欲切」，與注異韵，而同爲照三，雙聲正轉。是祝、屬亦薁、屋異韵而同爲照三，雙聲正轉。

934 包如彪。易「包蒙」，鄭康成云：「當作彪。」

〔疏證〕引易蒙及釋文，包本或作彪。

今按：包、彪兩字本古韻幽部同音字，今則聲音稍有迻易，廣韻肴「包，布肴切」，幫母；幽「彪，甫烋切」，非母，古讀幫：以其今讀雙脣，錢氏徑入幫，是包、彪兩字，廣韻韻異聲同，雙聲正轉。

935 烈如厲。詩「烈假不瑕」，鄭讀烈爲厲。

〔疏證〕詩思齊「肆戎疾不殄，烈假不瑕」，箋云：「爲厲假之行者，不已之而自已。」釋文：「烈，鄭作厲。」

今按：卷一釋言「遮例、遮迾，遮列也」一條，已詳證列、厲通作，此不贅。惟思齊兩句，辭義難明，孫詒讓説之最諦，迻録於次，以備參閲。籀廎述林云：「戎、厲並當訓爲大，疾、假、列、瑕並當訓爲疵病，但其語略有輕重之别。其意若曰：凡爲汝大病者皆不足爲病，爲汝大疵者皆不足爲疵也。二句語意略同。猶書康誥曰：『用康乃心，顧乃德，遠乃猷裕，乃以民寧，不汝瑕殄。』此言不殄不瑕，猶言不汝瑕殄也。瑕與疵同義，左傳僖十年云『不汝瑕疵』，杜注云：『不以汝爲罪釁。』實則瑕即疵，與詩、書辭異而義畧同。原注：周禮稻人鄭注云：「殄，病也。」國語魯語云：「固民之殄病是待。」今以二文互證，昭如發蒙矣。」

936 茢如厲。周禮戎右「贊牛耳桃茢」，注：「故書茢爲滅，杜子春云：滅當爲厲，桃厲即桃茢。」

〔疏證〕戎右屬夏官。與上條同詳卷一釋言。

937 勿如末。詩「勿罔君子」，鄭云：「勿當作末。」

〔疏證〕引詩節南山及鄭箋。

今按：禮記文王世子「末有原」，注：「末猶勿也。」亦勿、末通訓之例。末在曷部，勿在鬱部，雖分兩部，古韵相鄰。廣韵物「勿，文弗切」，微母古讀明；末「末，莫撥切」，明母：是末、勿兩字古今韵皆不同，然而同爲明母，雙聲正轉。

938 斯如鮮。詩「有兔斯首」，箋云：「斯，白也。今俗語斯白之字作鮮，齊魯之間聲相近。」正義曰：「左傳『于思，于思』，服虔云：『白頭貌。』蓋以思音近鮮，故爲白頭也。」惠棟曰：「釋詁『鮮，善也』，本或作誓；沈旋曰：『古斯字。』」又説文「𩂣从雨，鮮聲，讀若斯」，此鮮與斯聲近之證。

〔疏證〕引詩瓠葉，引疏節略，正義引左傳見宣二年。

今按：爾雅釋詁：「鮮，善也。」義疏云：「阮雲臺師曰：『書云「惠鮮鰥寡」；又云：「知恤鮮哉。」詩云：「鮮民之生。」鮮皆斯之假借。』金鍔云：『奚斯字子魚，斯亦鮮字之假借也。「小山別大山鮮」，鮮亦斯之假借也。』」釋山義疏又引金鍔云：「鮮斯聲相近而通，鮮亦斯之借。釋言云：『斯，離也。』別與離義同。」凡此皆足以補「斯如鮮」之證。斯在恚部或云噫部，鮮在安部，古韻截然不同。廣韻支「斯，息移切」，心母；仙「鮮，相然切」，心母：是兩字古今韻皆不同，然而同爲心母，雙聲正轉。

939 而如若。　周禮旅師「而用之以質劑」，注：「讀爲若。」

〔疏證〕旅師屬地官。

今按：經傳釋詞卷七「而」字條云：「而猶若也。若與如古同聲，故而訓爲如，又訓爲若。大戴記衛將軍文子篇『孔子曰：而商也，其可謂不險也』，『而商也』與論語『若由也』同義。襄廿九年左傳曰『且先君而有知也』，與上文『先君若有知也』同義。而與若同義，故二字可以互用。詩猗嗟曰『頎而長兮，抑若揚兮』，昭廿六年左傳『晏子曰：後世若少惰，陳氏而不亡，則國其國也已』。皆以而、若互用。故書康誥『若有疾』，荀子富國篇若作而。詩甫田篇『突而弁兮』，猗嗟篇『頎而長兮』，正義而並作若。都人士篇『垂帶而厲』，淮南氾論篇注而作若。襄三十年左傳『子産而死』，吕氏春秋樂成篇而作若。周官旅師『而用之』，鄭注：『而讀爲若。』」即此可以論證而如若矣。而在噫部，若在蒦部，古韵略不相同。廣韵之「而，如之切」，藥「若，而灼切」：兩字古今韵皆不同，然而同爲日母，雙聲正轉。

940

如如若。鄉飲酒禮「公如大夫入」，注：「如，讀若今之若。」

〔疏證〕今按：書泰誓中「不如仁人」，墨子兼愛中：「不若仁人。」左傳文十八年「如鷹鸇之逐鳥雀」，漢書翟方進傳引文如作若。穀梁僖廿年「則如疏之然」，漢書五行志上引文如作若。此皆以如爲若者。書微子「若之何其」，史記宋微子世家作「如之何其」。儀禮有司徹「若是以辯」，注：「今文若爲如。」左傳莊十一年「若之何不弔」，周禮春官大宗伯作「如何不弔」。此則以若作如者。至於如、若通訓，不勝枚舉，故不論。如在烏部，若在蒦部，本平入韵，然分兩部。廣韵魚「如，人諸切」，藥「若，而灼切」，如、若兩字古今韵皆有别，然而同爲日母，雙聲正轉。

941

鯖如蹤。

漢書東方朔傳：「譬猶鯖鼩之襲狗。」服虔音蹤劬。

〔疏證〕今按：鯖在嬰部，蹤在邕部，古韵不同也。廣韵清「鯖，子盈切」，精母；鍾「蹤，即容切」，精母：兩字古今韵不同，然而同母，雙聲正轉。

942

泛如捧。

史記呂后本紀「自起泛孝惠巵」，索隱：「泛音捧。」漢書食貨志「大命將泛」，孟康音方勇反。

〔疏證〕孟康又云：「泛，覆也。」師古曰：「字本作覂，此通用也。」

今按：从凡得聲之字古韵在音部，乏在盍部，朋在膺部，封在邕部，古韵互不相同。廣韵中从凡得聲字有讀入東韵者，如芃、汎、梵讀房戎切，風、楓、渢讀方戎切，芃又讀薄紅切，是矣。从乏得聲之字有讀入腫韵者，如覂、眨讀方勇切是矣。此非陸法言隨心妄作，蓋皆於古有據，歷代相傳耳。説文「堋，喪葬下土也，从土，朋聲」，「窆，葬下棺也。从穴，乏聲」。兩字義同韵異，仍爲一字之變易。堋、窆之字，禮記借封爲之，檀弓云「縣官而封」，注：「封當爲窆。窆，下棺也。春秋傳作堋。」王制「庶人縣封」，注「縣封當爲縣窆」，又「不封不樹」，亦見易繫辭下，虞注：「封，古窆字然疏禮者不以爲然。」从知封樹之字，亦窆義之引伸。儀禮既夕禮「乃窆」，注：「今文窆爲封。」喪大記「凡封用綍去碑負引，君封以衡，省節。君命毋譁以鼓封省節。」，注：「封，周禮作窆。」周禮徑作窆，地官鄉師「及窆執斧以涖匠師」，注：「鄭司農云：窆謂葬下棺也。春秋傳曰：日中而堋。禮記所謂封者。」又遂人「及窆陳役」，注：「鄭司農云：窆謂下棺時遂人主陳役也。禮記謂之封，春秋謂之堋，皆葬下棺也。聲相似。」又夏官大僕「窆亦如之」，注：「鄭司農云：窆謂葬下棺也。春秋傳所謂日中而堋，禮記謂之封，皆葬下棺也。音相似。窆讀如慶封汜祭之汜。」春秋傳作堋，堋亦本義也，左傳昭十二年「毀之則朝而堋，弗毀則日中而堋」，注：「堋，下棺。」窆、堋、封通作，於古韵則盍、膺、邕三部通作矣。言韵轉者，謂古韵音、盍、膺、邕四部有通作也；言聲轉者，謂脣聲相迻易也。竊以爲既宜從韵亦須從聲求之，兩者不宜偏廢。封字即堋、窆字之借，則吕后紀之泛可以借作捧，食貨志之泛可以讀作方勇反矣。自主聲轉者視之，諸字古韵不同，非韵之轉。廣韵鍾「封，府容切」，非母古讀幫；腫「捧，敷奉切」，敷母；梵「泛，孚梵切」，敷母，敷古讀滂；豔「窆，方驗切」，非母古讀幫。單就泛、捧兩字言之，韵異聲同，故錢氏以爲正轉。

943 匪如分。周禮廩人「以待國之匪頒」，注：「匪讀爲分。」

〔疏證〕廩人屬地官。

今按：天官大宰「八曰匪頒之式」，注：「鄭司農云：匪，分也。」亦匪如分之一例。匪在威部，分在昷部，古韵威、昷對轉，匪如分猶葩之作韡矣。然錢氏不言對轉，故不以爲韵轉。廣韵尾「匪，府尾切」，非母古讀幫；文「分，府文切」，非母古讀幫：匪、分廣韵亦不同韵，然而古今同母，故爲雙聲正轉。

944 呼如髐。漢書東方朔傳「舍人不勝痛呼謈」，鄧展「音髐箭之髐」。

〔疏證〕漢書東方朔傳注：「鄧展曰：呼音髐箭之髐，謈音瓜瓟之瓟。師古曰：鄧音是也，與田蚡傳呼服音義皆同。」

今按：田蚡傳「謼服謝罪」，師古曰：「謼，古呼字也。若謂啼爲謼服，則謼火交反，服音平卓反。」呼在烏部，髐在夭部，古韵不同。廣韵模「呼，荒烏切」，曉母；廣韵肴無髐字，有髇，「髇箭」；有嗃，「嗃，⿱暑言恚也」，蓋即其字，並讀許交切，曉母。是呼髐古今韵皆不同，然而同母，雙聲正轉。

945 毒如代。漢書地理志「處近海多犀象、毒冒、珠璣」，師古曰：「毒音代。」

〔疏證〕今按：毒在薁部，代在肊部，古韵不同。廣韵沃「毒，徒沃切」，代「代，徒耐切」，是毒、代兩字古今韵不同，然而同爲定母，雙聲正轉。

946 冒如昧。漢書地理志「毒冒珠璣」，師古曰：「音莫内反。」

〔疏證〕依師古音，故云「冒如昧」也。

今按：冒在幽部，昧在鬱部，古韵不同也。廣韵號「冒，莫報切」，明母；隊「昧，莫佩切」，明母：古今韵不同，然而同爲明母，雙聲正轉。

947 臾如勇。漢書衡山王賜傳「日夜縱臾王謀反事」，如淳曰：「臾讀曰勇，縱臾猶言勉强也。」

〔疏證〕　既詳卷一釋言「從頌，從容也」、「須摇，須臾也」兩條，又見卷三名號之異：「鬼容區，鬼臾區也。」合諸條觀之，可以融會貫通矣。

948　那如南。　史記管蔡世家「封季載于冉」，索隱云：「冉或作那。國語曰『冉季鄭姬』，賈逵曰『文王子聃季之國也』。莊十八年『楚武王克權，遷於那處』，杜預曰：『那處楚地，南郡編縣有那口城。』聃與那皆音奴甘反。」左傳釋文：「那處之那，音乃多反。」

〔疏證〕　引國語周語中，原文作「冉由鄭姬」。

今按：冄本奄部之字，俗書作冉。从冄得聲之字，説文有詽、枏、𤵸、䎃、聃、抩、姌、蚦、𪚲皆在奄部舌聲，其中詽、枏兩字俗體並从南作諵、楠。惟一𨙻字，廣韻讀入歌、哿、箇三韻，古韻在阿部，蓋以聲同而韻轉耳。廣韻歌「那，諾何切」，泥母；覃「南，那含切」，泥紐：古今韻皆異，然而同爲泥母，雙聲正轉。

949 膴如冔。有司徹「皆加膴祭于其上」，注：「膴讀如殷冔之冔。」禮少儀「冬右腴，夏右鰭，祭膴」，注：「膴讀如冔。」

〔疏證〕少儀釋文：「膴，舊火吳反；冔，況甫、況紆反。」

今按：已詳上文「芋如憮」一條，此不復贅。

950 來如釐。少牢禮「來汝孝孫」，注：「來讀曰釐。釐，賜也。」

〔疏證〕今按：史記陳杞世家「平公鬱立」，索隱：「一作郁釐。譙周云：名鬱來。」蓋鬱郁、釐來聲近，遂不同也。」此亦來、釐通作之一證。說文：「賚，賜也。」詩楚茨「徂賚孝孫」，烈祖「賚我思成」，皆用賚之本義。詩江漢「釐爾圭瓚」，傳：「釐，賜也。」既醉「釐爾女士」，傳：「釐，予也。」則又借釐爲賚。賚从來聲，賚、釐通假猶來、釐通假也。來、釐本古韵噫部同音字，聲音衍變，而有分別。廣韵咍「來，落哀切」，來母；之「釐，里之切」，來母：从廣韵言之，來、釐異韵，然而雙聲，故爲正轉。

951 綪如絳。士喪禮「西領南上不綪」，注：「綪讀如絳，屈也。古文綪皆爲精。」

〔疏證〕 引注節文。

今按：説文「綧，未縈繩也，讀若旌」，綪、旌同从生聲，綧讀若旌，猶綧讀如綪矣。又：頩下引「詩頩首」，即碩人之「螓首蛾眉」也，箋「螓謂蜻蜻也」，則頩亦蜻之借，讀頩如蜻矣。又「崝，崝嶸也」，崝嶸即峥嶸，崝、峥通作。此從説文可證綪、綧聲通者。禮記玉藻「齊則綪結佩而爵韠」，注：「綪，曲也。」儀禮士喪禮「南領西上綪」，注：「綪，曲也。」既夕禮「器西南上綪」，注：「綪，曲也。」後文言綪與不綪，皆不注，義亦同。凡此皆讀綪爲綧，綪、綧古韵同在嬰部，廣韵耕「綪、綧，側莖切」，是古今韵皆同音，以照二雙聲爲正轉。

952 免如問。 士喪禮「衆主人免于房」，注：「今文免皆作絻。」釋文：「免音問。」内則「枌榆免薧」，「免音問」。

〔疏證〕 今按：免、問本古韵㬰部同音字，廣韵則略有遂易矣。獮「免，亡辨切」，問「問，亡運切」，是兩字廣韵不同韵然而同母，今聲微母，古聲明母，故爲雙聲正轉。

953 疑如仡。鄉飲酒禮「賓西階上疑立」，注：「讀爲仡然從于趙盾之仡。」

〔疏證〕 本篇疏云：「宣公六年公羊傳曰：『晉靈公欲殺趙盾，於是伏甲于宫中，召趙盾而食之。趙盾之車右祁彌明者，國之力士也，仡然從乎趙盾而入，放乎堂下而立。』下略。」

今按：本篇下文又云「主人阼階東疑立」，無注，理應同也。又公食大夫禮「賓立于階西疑立」，士昏禮「婦疑立于席西」，鄉射禮「賓升西階上疑立」，三處注意相同，皆不云讀，惟鄉射禮疏云：「鄉飲酒禮注『讀爲疑仡然從于趙盾之疑仡。疑，正立自定貌』，此言『疑，止也，有矜莊之色』，兩注相兼，乃具也。」其説甚是。儀禮十七篇，言疑立者多處，疑皆𡕥字之誤，其義爲「定也」，非疑惑之意，説詳段注説文，已見卷一釋詁「孽，疑也」一條疏證。𡕥字廣韵不收，儀禮釋文「疑，魚乞反，又魚力反」，其依仡音魚乞切是矣，其依疑之入聲音魚力反非是也。若依錢氏聲類，主聲不主韵，疑、𡕥韵異聲同，雙聲正轉也。卷一釋詁「孽，疑也」，又釋言「言言、仡仡，孽孽也」，孽既訓疑又訓仡，故可證疑、仡相通，又可證𡕥、仡相通，參閲彼文兩條，以觀其貫通。

954 參如糝。大射儀「大侯九十參七十」，注：「參，讀爲糝。糝，雜也。」

〔疏證〕今按：糝从參聲，參、糝本音部同音字，而今讀小有差異。廣韵談「參，蘇甘切又所今切」，心母；感「糝，桑感切」，心母：韵異聲同，雙聲正轉。

955 獻如沙，又如犧、如莎。大射儀「兩壺獻酒」，注：「獻讀爲沙。」周禮司尊彝「用兩獻尊」，（注）：「鄭司農（云）：獻讀爲犧，犧尊飾以翡翠。」又「鬱齊獻酌」，（注）：「鄭司農云：獻讀爲儀，儀酌有威儀多也。玄謂獻讀爲摩莎之莎，齊語，聲之誤也。」

〔疏證〕司尊彝屬春官。

今按：禮記郊特牲「汁獻涚于醆酒」，注：「獻讀當爲莎，齊語，聲之誤也。」又明堂位「尊用犧象山罍」，注：「犧尊以沙羽爲畫飾。」又「犧象周尊也」，疏：「畫沙羽及象骨飾尊也。」詩閟宫「犧尊將將」，傳：「犧尊，有沙飾也。」左傳定四年「犧象不出門」，疏用司尊彝先鄭注。皆以犧、沙通讀。獻在安部，沙、莎、犧、儀皆在阿部，古韵阿、安對轉，然錢所不言。廣韵願「獻，許建切」，曉母；麻「沙，所加切」，審二；歌「莎，蘇禾切」，心母：是獻與沙、莎既不同韵，亦不同母，然而曉與心、審同位，同位爲變轉。支「犧，許羈切」，曉母，是獻雖與犧不同韵，然而同母，雙聲正轉。犧與沙、莎同位，則不待論。

956

于如爲。聘禮記「在聘于賄」，注：「于讀曰爲。」

〔疏證〕經傳釋詞：「于猶爲也。原注：此爲字讀平聲。詩定之方中『定之方中，作爲楚宫。揆之以日，作于楚室』，正義曰：『作爲楚邱之宫，作爲楚邱之室。』張載注魏都賦引詩作『作爲楚宫，作爲楚室』。儀禮士冠禮曰『宜之于假』，鄭注曰：『于，猶爲也。』聘禮記『賄在聘于賄』，注：『于讀曰爲。』昭十九年公羊傳曰『賊未討，何以書葬？不成于弑也』，言不成爲弑也。史記秦始皇紀曰『請刻于石表，垂于常式』，言垂爲常式也。三王世家封齊王策曰『惟命不于常』，褚少孫釋之曰：『惟命不可爲常。』

又：「于猶爲也。原注：此爲字讀去聲。孟子萬章篇曰『惟茲臣庶，女其于予治』，于，爲也；爲，助也。趙注曰『惟念此臣衆，女故助我治事』是也。」

今按：爰，于也；又：爰，爲也。爰，曰也；曰，爲也。于、爰、曰、爲通訓，即于、爲通訓矣。茲不贅。于在烏部，爲在阿部，古韵不同。廣韵虞「于，羽居切」，喻三；支「爲，遠支切」，喻三：兩字亦不同韵，然而同爲喻三，雙聲正轉。

957

辨如別。　周禮小宰「聽稱責以傅別」，注：「故書作傅辨。」鄭大夫讀爲符別，杜子春讀爲傅別。士師「以荒辨之法」，鄭司農「讀爲風別之別」。又「正之以傅別約劑」，（注）：「故書別爲辯。鄭司農讀風別之別。」

〔疏證〕　小宰屬天官，士師屬秋官。

今按：說文「辨，判也」，「判，分也」，辨之本義爲別，辨、別本通訓。周禮天官宮人注「朝辨色始入」，釋文「辨，本又作別」，亦辨如別之一例。辨在因部，別在曷部，古韻不同。廣韻獮「辨，符蹇切」，奉母，然辨从辡聲，辡又讀方免切，非母；薛「別，皮列切」，奉母，又方列切，非母：是辨、別本奉母古讀並。韻異聲同，並母雙聲正轉。

958

胥如素。　周禮庖人注「青州之蟹胥」，劉昌宗音素。

〔疏證〕　庖人屬天官，音見釋文。

今按：胥、素本古韻烏部同音字，今讀音稍變。廣韻魚「胥，相居切」，語「胥，私呂切」，心母；暮「素，桑故切」，心母：韻異聲同，雙聲正轉。

959 胖如版。周禮腊人「共豆脯薦脯膴胖」，（注）：「鄭大夫云：胖讀爲判。杜子春讀胖爲版。」

〔疏證〕腊人屬天官。

今按：説文：「版，判也。」國策齊策「若是者信反」，注：「反，叛也。」吕覽慎行「將以方城外反」，注：「反，叛也。」淮南詮言「約定而反無日」，注：「反，背叛也。」又説山「冰之泮愈其凝也」，注：「釋反水也。」漢書叙傳下「項氏畔换」，孟康曰：「畔，反。」判、叛、泮、畔，並从半聲，以諸字與反相訓，是反、半聲通。莊子秋水「是謂反衍」，釋文：「反本作畔。」此則反、畔兩字通作。胖、版兩字古韵同在安部。廣韵换「胖，普半切」，滂母，胖从半聲，應有半音，又「半，博慢切」，幫母；潸「版，布綰切」，幫母：韵異聲同，雙聲正轉。

960 齊如粢。周禮酒正「辨五齊之名」，（注）：「杜子春讀齊爲粢。」司尊彝「鬱齊獻酌」，注：「故書齊爲齍。杜子春讀爲粢。」

〔疏證〕酒正屬天官。五齊謂泛齊、醴齊、盎齊、緹齊、沈齊，杜以齊皆讀如粢。春官司尊彝「鬱齊獻酌，醴齊縮酌，盎齊涚酌」，杜以齊皆讀粢。

今按：周禮天官外府「共其財用之幣齎」，注：「鄭司農云：齎或爲資，今禮家定齎作資。玄謂齎資同耳。其字以齊次爲聲，從貝變易，古字亦多或。」掌皮「歲終則會其財齎」，注：「故書齎爲資，杜子春讀爲資。」典婦功「女功之事齎」，注：「故書齎爲資，杜子春讀爲資。」釋文：「齎音咨，本亦作資。」典枲「頒功而授齎」，注：「故書齎爲資。」春官巾車「入齎于職幣」，杜子春讀爲資。考工記總目「或通四方珍異以資之」，注：「故書資作齊，杜子春云：齊當爲資，讀如冬資絺綌之資。」春官眡祲「十煇，九曰隮」，注：「故書隮作資。」禮記昏義「爲后服資衰」，注：「資當爲齊，聲之誤也。」釋文：「資本作齋。」緇衣「資冬祈寒」，注：「資當爲至，齊魯之語，聲之誤也。」釋文：「尚書作咨，連上句云怨咨。」荀子禮論「資麤衰經菲繐菅屨」，注：「資與齋同。」禮記祭統「以其齊盛」，注：「齊或爲粢。」禮運「粢醍在堂」，注：「粢讀爲齊，聲之誤也。」易旅「得其資斧」，釋文：「資，子夏及衆家本皆作齊。」説文「齍，黍稷在器以祀者也」，此即齍盛本字，祭統作齊盛上引，經傳多作粢盛。左傳桓六年：「粢盛豐備。」穀梁桓十四年：「天子親耕以供粢盛。」國語周語：「上帝之粢盛。」孟子滕文公下：「以供粢盛。」皆是也。淮南精神「糲粢之斂」，注：「粢讀齊衰之齊。」爾雅釋草「茨，蒺藜也」，説文：「薺，蒺藜也。」詩「牆有茨」、「楚楚者茨」，並作茨；離騷「薋菉施以盈室兮」，又作薋；説文薋下引詩曰：「牆有薺。」亦茨、薋、薺通作。説文餈、粢、⿰食齊一字，齍、粢一字。齊、次聲通，不可一二數矣。兩字皆古韵衣部齒音，宜其相轉。廣韵齊「齊，徂兮切」，從母；脂「粢，即夷切」，精母，然而説文粢、餈一字，「餈，疾資切」，從母：是韵異而聲通，雙聲正轉。

961 茆如茅。周禮醢人「茅菹」，（注）：「鄭大夫讀茆爲茅，杜子春讀茆爲茅應作卯誤刊也。」

〔疏證〕醢人屬天官。

今按：已詳本卷釋地：「茅戎，貿戎也。」

962 柏如膊。周禮醢人「豚拍」，（注）：「鄭大夫杜子春皆以拍爲膊，謂脅也。」

〔疏證〕今按：説文無拍，字本作⿰扌百，拊也。廣雅釋言：「拍，搏也。」楚辭湘君「薜荔拍兮蕙綢」，注：「拍，搏壁也。」釋名釋姿容：「拍，搏也，以手搏其上也。」考工記「搏埴之工二」，注：「搏之言拍也。」搏、膊雖然異字，然皆从専，推其源从甫得聲，拍如膊猶拍如搏矣。鳥名伯趙、伯勞，即博勞，廣雅釋鳥：「伯趙，鶪也。」爾雅釋鳥注：「鶪，伯勞也。」孟子滕文公「南蠻鴃舌之人」，注：「鴃，博勞鳥。」人名伯樂，亦作博勞，廣韵博字注：「古有博勞，善相馬也。」無論人名鳥名，伯或作博，猶拍如膊矣。魄从白聲，薄、礴同从専或甫聲，白、甫从聲不同，而相通用，史記酈食其傳「家貧落魄」，集解：「晉灼曰：落薄、落託義同。」索隱：「鄭氏曰：魄音薄。」荀子性惡「雜能旁魄而無用」，吴都賦「旁魄而論都」，漢書揚雄傳「旁薄群生」，莊子消摇游「將旁礴萬物而爲一」，落魄與落薄同，旁魄與旁薄、旁礴同，即魄與薄、礴同耳。叔伯之伯，字亦作膊，方言十「膊，兄也。荆揚之鄙謂之膊」，伯、膊通作猶拍、膊通作，更無待言。白虎通禮樂：「亡與昌正相迫，故謂之鎛。」釋名釋用器：「鎛，迫也；迫地去草也。」鎛與迫爲聲訓。白、専古韵皆在蒦部，専从甫聲則在烏韵，本平入字，以今音讀之，則分别爲讀音不同。廣韵陌「拍，普伯切」，滂母；鐸「膊，匹各切」，本敷母，陳蘭甫與錢氏徑作滂母：是拍、膊韵異聲同，雙聲正轉。

963　翣如翜。周禮縫人「衣翣柳之材」，注：「故書翣柳作接槓。鄭司農云：接讀爲翜，櫝讀爲柳。檀弓曰：『周人牆置翣。』春秋傳曰：『四翜不蹕。』」

〔疏證〕縫人屬天官。縫人疏云：「春秋襄二十五年左傳『齊崔杼弒莊公，側之於北郭。丁亥，葬諸士孫之里，四翣不蹕，下車七乘』，是也。」釋文：「接，所甲反；翜，所甲反，一音所立反。」

今按：春官喪祝「及壙説載除飾」，注：「鄭司農云：除飾，去棺飾也，四翜之屬。下省。玄謂除飾便其窆爾，周人之葬，牆置翣。」釋文：「翜，本亦作翣。」可增補一例。古韵翣在盍部，翜在邑部，雖不同，相鄰近，時或通轉。廣韵緝「翜，色立切」，審二；狎「翣，所甲切」，審二：韵異聲同，雙聲正轉。

964

屯如殿。周禮鄉師「巡其前後之屯」，注：「屯或爲臀。鄭大夫讀屯爲課殿。杜子春讀爲在後曰殿。」

〔疏證〕鄉師屬地官。漢書宣帝紀：「課殿最以聞。」課殿，謂課殿最之殿也。

今按：屯、殿本古韵昷部同音字，後世而略有差異，廣韵魂「屯，徒渾切」，定母；霰

「殿，堂練切」，定母：是韵異而聲同，雙聲正轉。魂「屍臀臋、豚窀庉邨，徒渾切」，是可證屯、殿古同音矣。

965 總如傯。周禮廛人「掌斂市紋布總布」，（注）：「杜子春云：總當爲傯。」肆長「斂其總布」，（注）：「杜子春云：總當爲傯。」

〔疏證〕廛人、肆長並屬地官。

今按：總在邕部，傯在奄部，古韵不同。廣韵董「總，作孔切」，精母；咸「傯，士咸切」，牀二，古讀從：精、從同類，同類轉也。然錢氏不言牀二讀從，則總、傯既不同母又不同位同類。蓋總从悤聲，應有悤音。廣韵東「悤，倉紅切」，清母，清、牀同爲送氣，於錢氏斯爲同位轉矣。

966 札如截。周禮大宗伯「以荒禮哀凶札」，注：「札讀爲截。」

〔疏證〕大宗伯屬春官。

今按：方言十一「（蠌）其小者謂之麥蚻」，注：「如蠌而小，音札。今關西呼麥蠽，音癰癥之癥。」釋名釋天：「札，截也。氣傷人如有斷截也。」此兩條亦札、截通讀之證。札、截皆古韵曷部，朱駿聲以截从雀聲，雀从小聲入小部，今謂小入爲約。非是，詩長發叶韵可證。廣韵黠「札，側八切」，照二古讀精；屑「截，昨結切」，從母字：雖不同韵同母，然而精從同類，近紐同類轉耳。若謂錢氏不言照二讀精，則薛「蠽、𪇔、𩯠，姊列切」，精母；屑「瀸、襳，子結切」，精母：照與精同位，變轉也。

967

信如身。

周禮大宗伯「侯執信圭」，注：「信當爲身，聲之誤也。」

〔疏證〕大宗伯屬春官。疏云：「古者舒伸皆爲信，故人身字亦誤爲信。」

今按：説文「身，躳也。象人之身，从人厂聲」，朱駿聲以爲从申省聲，是矣。説文：「㑗，神也。」釋名釋天：「申，身也，可屈伸也。」爾雅釋詁「身，我也」，元和姓纂「曹叔孫申字子我」，子我即身可知。荀子儒效「是傴伸而好升高也」，注：「伸讀爲身。」此皆身、申通轉之證，申與信亦通作，是信可如身矣。申、信相通，已詳卷一釋言「信，身也」，故不復論。信、身古韵皆在因部，今讀則有分別。廣韵真「身，失人切」，審三；震「信，息晉切」，心母：兩字雖聲韵皆異，然而同位，同位爲變轉。

968 果如祼。 周禮大宗伯「大賓客則攝而載果」，注：「果讀爲祼。」小宗伯「以待果將」，注：「讀爲祼。」大行人「王禮再祼而酢」，注：「故書祼作果，鄭司農讀祼爲灌。」玉人「祼圭尺有二寸」，注：「或作淉，或作果。」

〔疏證〕 大、小宗伯屬春官，大行人屬秋官，玉人見考工記。

今按：禮記祭統「君執圭瓚祼尸」，書洛誥「王入太室祼」，詩文王「祼將于京」，釋文並音古亂反。說文：「祼，灌祭也。」禮記禮器：「灌用鬱鬯。」投壺：「奉觴曰賜灌。」論語：「禘自既灌而往者。」祼本字，灌借字，祼、灌通用。祼从果聲，果阿部字，祼轉入安部，灌則本安部字，古韵阿、安對轉。左傳襄四年「滅斟灌」，史記夏本紀作斟戈，雖與祼無關，然阿、安對轉則同。廣韵果「果，古火切」，戈「戈，古禾切」，換「祼、灌，古玩切」，上二字與下二字異韵，然而同爲見母，錢氏不言對轉，則並爲雙聲正轉。

969 晉如搢。 周禮典瑞「王晉大圭」，鄭司農：「讀爲搢紳之搢。」盧人「五分其晉圍」，注：「讀如王搢大圭之搢。」

〔疏證〕 典瑞屬春官。盧人見考工記。盧人云：「參分其圍去其一以爲晉圍，五分其晉圍。下省。」

今按：說文形聲同聲字，皆同音，其或異讀者，特例也。說文無搢，晉在因部。廣韻震「晉、搢，即刃切」，精母，同音。惟典瑞釋文云「搢，一音箭」，廣韻線「箭，子賤切」，精母：則韵異聲同，雙聲正轉也。錢氏蓋取此切言之。

970

輴如引。 周禮大師「鼓輴」，鄭司農讀爲道引之引。

〔疏證〕 大師屬春官。大師釋文：「輴，引，音胤。」

今按：說文：「輴，擊小鼓引樂聲也，从申，柬聲。」徐鍇本引「周禮小樂事鼓輴，讀若引」，字當从柬，申聲，故鄭司農與徐鍇皆言讀爲引。蓋从申得聲，說文多以申訓爲引，如「曳，引也」，「神，天神引出萬物者也」，輴亦以引爲訓，即其證矣。陳之古文作𨸏，陳與田通讀，史記田敬仲世家，田敬仲即陳完，故云「以陳字爲田世」，索隱：「以陳田二字聲相近，遂爲田家。」詩有瞽「應田縣鼓」，田即輴也，箋云「田當作輴」，郭注爾雅，鄭注周禮、禮記引詩並作輴是也。輴、引古韵皆在因部，廣韵震「輴、引，羊晉切」，讀爲同音；又軫「引，余忍切」：則引與輴異韵而同爲喻四，是爲雙聲正轉。

971 鼜如戚。周禮眡瞭「鼜愷獻亦如之」，杜子春讀爲憂戚之戚。

〔疏證〕眡瞭屬春官。釋文：「鼜音戚。」

今按：説文：「𩐨，夜戒守鼓也。从壴，蚤聲，讀若戚。」𩐨、鼜同字。周禮地官鼓人「凡軍旅夜鼓鼜」，釋文「鼜，千歷反」，亦讀戚。疏「言鼜者，聲同憂戚」，亦以鼜、戚聲近。夏官掌固「夜三鼜」，注：「杜子春云：讀鼜爲造次之造，春秋傳所謂賓將趣者，與趣與造音相近。」釋文：「鼜，音戚。」大戴記保傅「靈公造然失容」，賈子新書作戚然。是皆鼜如戚之例證。又春官鎛師「守鼜亦如之」，注：「杜子春云：春秋傳所謂賓將趣者，音聲相似。」疏：「昭二十年：上省。賓將掫。」從上引掌固注及此注言之，是鼜與造、趣、掫音亦相近。鼜、造在幽部，戚在薁部，掫、趣在區部，古韵幽、薁爲平入韵，幽、區相旁轉，皆錢氏所不言，是分爲三部也。廣韵錫「鼜、戚，倉歷切」，清母，同音，同音自雙聲，是鼜戚雙聲正轉，廣韵號「造，七到切」，清母，是鼜、造韵異聲同，雙聲正轉。遇「趣，七句切」，清母，亦與鼜韵異聲同，雙聲正轉。趣、掫同从取聲，則無需論矣。

972 硍如鏗，又如衮。周禮典同「高聲硍」，注：「故書硍或作硠。杜子春讀硍爲鏗鏘之鏗，鄭大夫讀爲衮冕之衮。」

〔疏證〕 典同屬春官。

今按：硍、衮同在古韵𡈼部，鏗在因部，與𡈼爲鄰韵。硍讀如鏗，它例鮮見。廣韵混「硍，古本切」，耕「鏗，口莖切」，前者見母，此則溪母，近紐雙聲。然鏗从堅聲，先「堅，古賢切」，與硍同母，雙聲正轉也。硍、衮本同音，聲通之例多有之。說文無滚，即混字。孟子「原泉混混」即原泉滚滚；杜詩「不盡長江滚滚來」即混混來也。混、揮常通作，淮南精神「混然而往」，注「混讀大珠揮揮之揮」；又「契大混之樸」，注「混讀揮章之揮」。左傳文十八年「渾敦」，疏：「混沌與渾敦，字之異耳。」渾又讀如滚，吕覽大樂「渾渾沌沌」，注：「渾讀如衮冕之衮。」混、渾既通作，渾、衮又通讀，是硍可讀如衮之證矣。廣韵混「硍、衮，古本切」，見母，同音，同音自雙聲，宜其爲正轉。硍「故書或作硍」者，猶考工記輪人「望其轂欲其輥也」，今本作眼，說文輥下引周禮作輥。輪人注「眼讀如限切之限」，若經文依說文作輥，則輥又讀限矣。

973 陂如罷。 周禮典同「陂聲散」，鄭大夫讀爲人罷短之罷。

〔疏證〕 典同屬春官。 釋文：「桂林之間謂人短爲𡣄矮。」

今按：陂、疲同从皮聲，疲、罷互相通作者極多。國語楚語「國民罷焉」，注：「罷通作疲。」詩采蘩箋「無罷倦之失」，釋文：「罷本作疲。」左傳成十六年「而罷民以逞」，又昭十九年「勞罷死轉」，釋文並云：「罷本作疲。」荀子成相「曷謂罷國多私」，「基必施辨賢罷」，注：「罷讀曰疲。」漢書集注言「罷讀曰疲」數十見：高紀上「老弱罷轉餉」，「兵罷食盡」，兩處注師古並曰：「罷讀曰疲。」它如成紀二見，王子侯表上、古今人表、刑法志並一見，食貨志上二見、下一見，溝洫志三見，項籍傳二見，陳勝項籍傳贊、陳餘傳並一見，韓信傳二見，英布傳、吴王濞傳、劉歆傳、田叔傳、齊悼惠王肥傳、婁敬傳、蒯通傳並一見，賈誼傳二見，鼂錯傳、汲黯傳並一見，賈山傳二見，韓安傳、李廣傳、霍去病傳、司馬相如傳上、又下、公孫弘傳並一見，李廣利傳二見，司馬遷傳一見，嚴助傳三見，朱買臣傳，終軍趙充國傳並一見，陳湯傳三見，韋玄成傳、淮陽憲王欽傳、揚雄傳下、龔遂傳、淳于長傳並一見，匈奴傳上四見下又二見，西南夷傳一見，西域傳上二見，王莽傳中一見、下二見。凡此已可見兩字通作之多。又如左傳襄二十年薳罷，公羊傳作薳頗，亦罷、頗通作。皮、罷本古韵阿部同音字，廣韵支「皮、疲、罷，符羈切」，奉母古讀並，今亦同音。

974 痺如罷。周禮司弓矢「有恒矢痺矢」，鄭司農讀爲人罷短之罷。

〔疏證〕　司弓矢屬夏官。

今按：方言十：「矲，短也。」説文無矲字，蓋即典同、司弓矢鄭司農讀爲人罷短之罷，後起之俗字也。説文罷無短義，訓短之字當作䇑，説文：「䇑，短人立䇑䇑貌。」説文又云「髀，讀若罷」，「捭，兩手擊也」，字亦作擺，西京賦曰「置互擺牲」，禮記禮運「燔黍捭豚」，合觀可知擺、捭通作。凡此亦可證卑、罷聲通。釋名釋典藝：「碑，被也。」文賦「碑披文以相質」，皆以聲訓。碑既訓被、披，而上條皮、罷又相通，亦可證痺宜可讀如罷矣。罷既在阿部，痺在恚部，古韻不同也。廣韻齊「𥎪，𥎪䂽短貌，邊兮切」，幫母，𥎪即司弓矢之痺，與罷異韵而同爲脣音，同類轉也。

975

筰柞如唶。　周禮典同：「侈聲筰。」杜子春讀爲行扈唶唶之唶。又柞氏，鄭司農讀爲音聲唶唶之唶，屋笮之笮。輪人「轂小而長，則柞」，鄭司農讀爲迫唶之唶。

〔疏證〕　典同疏：「讀同左氏傳少皞氏以鳥官，有行扈唶唶。」柞氏屬秋官，輪人見考工記。

今按：乍、昔皆蒦部字，聲亦相近，自應通轉。説文齰又作齚，諎讀若笮，𥡴讀若笮，此从字形形聲、許君讀若，可證乍、昔聲通者。説文「醋，客酌主人也」，此酬醋本字，「酢，醶也」，則醬酢之字。以其音近，常相通假。如儀禮特牲饋食禮「尸以醋主人」，注：「古文醋作酢。」有司徹「尸以醋主婦」，注「今文醋曰酢」，易繫辭「可與酬酢」，釋文：「酢，京本作醋。」詩楚茨「萬壽攸酢」，瓠葉「酌言酢之」，儀禮鄉射禮「東南面酢主人」，國語周語「獻酬交酢也」，並訓酢爲報，皆醋之假借。皆可證乍、昔聲通也。廣韵鐸「筰、柞，在各切」，從母；暮「醋，倉故切」，清母：清從爲齒音同類，又爲送氣同位，謂爲同類轉可，謂爲同位轉亦可。

976　柞如咋。周禮壺氏「侈則柞」，(注)：「讀爲咋咋然之咋。」

〔疏證〕壺氏見考工記。

今按：柞、咋皆从乍聲，凡形聲同聲字，例可通讀，無煩例證。

977　裓如陔。周禮鐘師「裓夏」，杜子春讀爲陔鼓之陔。

〔疏證〕鐘師屬春官。

今按：儀禮鄉飲酒禮「賓出奏陔」，注：「陔，陔夏也。陔之言戒。」詩湛露箋「謂陔節也」，釋文：「陔節，古哀反，字亦作祴，音同戒也。」禮記禮器「肆夏而送之」，注：「肆夏當爲陔夏。」釋文：「陔，古來反，注又作祴，音同。」詩南陔序：「南陔，孝子相戒以養也。」説文「陔，階次也」，與樂不相關涉；「祴，宗廟奏祴樂」，故以上言陔，皆祴之借字矣。祴、陔本古韵噫部同音字，廣韵咍「祴、陔，古哀切」，見母，廣韵亦同音，同音必雙聲，正轉也。

978

陟如德。周禮大卜，三夢「三曰咸陟」，注：「陟之言得也，讀如王德翟人之德。」

〔疏證〕大卜屬春官，疏：「僖廿四年左傳云：『王德翟人以其女爲后。』德亦爲得義，故讀從之。」

今按：説文「陟，登也」，段注：「釋詁曰：『陟，陞也。』毛傳曰：『陟，升也。』陞者，升之俗字，升者，登之叚借。禮喪服注曰：『今文禮皆以登爲升，俗誤已久矣。』據鄭説則古文禮皆作登也。」除古文禮外，如詩車舝「陟彼高岡」，皇矣「陟我高岡」，箋云：「陟，登也。」左傳昭七年「叔父陟恪」，注：「陟，登也。」書舜典「汝陟帝位」，史記五帝紀作「女登帝位」。陟既與登通讀，登又與得通讀，公羊隱五年「登來之也」，注：「得來作登來者，其言大而急，由口授也。」禮記大學「登戾之」，疏：「齊人謂登來，得來也。聲有緩急，得爲登。」故知陟與得通讀也。至于得、德通作或通訓，此例最多，兹舉通作數例，以見一斑。易升「以順德」，釋文：「德，姚本作得。」剥「君子得輿」，釋文：「得，京本作德。」小畜「尚得載」，集解：「得，今本作德。」漢書項籍傳「吾爲公得」，晉灼曰：「得或作德。」荀子禮論「貴始，得之本也」，注：「得當爲德。」成相「尚得推賢不失序」，注：「得當爲德。」論語泰伯「民無得而稱焉」，釋文：「得本作德。」季氏「戒之在得」，釋文：「得本作德。」莊子徐无鬼「無藏逆于得」，釋文：「司馬本作德。」得、德通訓則常例，此不具載。故陟既通得，即陟當通德矣。

陟、德皆古韵𠃉部同音字，後世而有侈弇鴻細之別。廣韵職「陟，竹力切」，知母，古讀端；德「德、得，多則切」，端母：是陟、德字異韵同母，雙聲正轉。

979 熸如鐏。周禮箠氏「遂歙其熸契」，（注）：「杜子春云：熸讀爲英俊之俊，書亦或爲俊。玄謂熸讀爲戈鐏之鐏。」

〔疏證〕箠氏屬春官，疏：「後鄭讀從曲禮云：『進戈者前其鐏。』删節疏文。」

今按：从夋、从尊得聲之字，古或通作。莊子外物「帥弟子而踆于窾水」，釋文：「字林云：古蹲字。」山海經南山經「箕尾之山尾踆于東海」，注：「踆，古蹲字。」大荒東經「有一大人踆其上」，注：「踆，或作俊；古蹲字。」兩類同聲之字，古亦通訓。淮南精神「日中有踆烏」，注：「猶蹲也。」方言二：「遵，俊也。」焌在安部，鐏在昷部，安、昷兩部，時相出入，然又分別。廣韻稕「焌，子峻切」，精母；慁「鐏，徂悶切」，從母：兩字今韻亦異，然精從同類，故爲同類轉。

980

舍如釋。

周禮占夢「乃舍萌于四方」，注：「舍讀爲釋，舍萌猶釋采也。古書釋菜釋奠多作舍字。」甸祝「舍奠于祖廟」，注：「舍讀爲釋。」大史「凡射事，飾中舍筭」，注：「舍讀曰釋。」

〔疏證〕占夢、甸祝、大史皆屬春官。占夢注謂「釋菜釋奠多作舍字」者，甸祝即其例，大胥：「春入學舍采合舞。」檀弓：「有司以几筵舍奠于墓左。」呂覽仲春「入舞舍菜」，亦其例。

今按：卷三文之異者「釋爲舍」，與本條大同而小異，可以迻作一處而觀其會通。

周禮春官大胥「春入學舍采」，注引月令：「仲春之月，上丁命樂正習舞釋采。舍即釋也。」鄉飲酒禮「主人釋服」，注：「古文釋作舍。」大射儀「獲而未釋獲」，注：「古文釋爲舍。」聘禮記「釋軷」，周禮春官大馭注：「乃舍軷。」此皆釋爲舍者也。亦有舍爲釋者，除既舉證外，列子天瑞「舍然而喜」，注：「舍宜作釋。」周禮秋官司圜「上罪三年而舍，中罪二年而舍，下罪一年而舍」，注：「舍，釋之也。」詩行葦「舍矢如破」，箋：「舍之言釋也。」左傳哀十三年「乃舍衛侯」，釋文：「舍，釋也。」説文：「捨，釋也。」舍、釋互用，其證多有。舍在烏部，釋在蒦部，古本平入韵，以今韵論則韵不同。廣韵馬「舍，書冶切」，審三；昔「釋，施隻切」，審三：韵異聲同，雙聲正轉。

981　萌如明。

〔疏證〕今按：周禮占夢「乃舍萌于四方」，杜子春讀萌如明。萌从明聲，自可通讀。廣韵耕「萌，莫耕切」，明母；庚「明，武兵切」，本微母古讀明：韵異聲同，雙聲正轉。

982　祠如辭。

〔疏證〕今按：周禮大祝，六辭「一曰祠」，鄭司農云：「當爲辭。」説文辭之籀文作𤔲，𤔲、祠同从司聲，自當通作。周禮大行人「協辭命」，注：「故書協辭命作叶詞命，鄭司農云：詞當爲辭，或爲協辭命。」禮記曲禮「不辭費」，釋文：「辭本又作詞，後皆倣此。」易繫辭釋文：「辭，本亦作𤔲，依字應作詞。」漢書叙傳上音義：「詞，古辭字。」詩板「辭之輯矣」，説文作「詞之戢矣」。堯廟碑「將辭帝堯」，謂將祠帝堯也。辭、詞通作猶辭、祠通作矣。辭、祠古韵同在噫部，本同音字，廣韵之「祠、辭，似兹切」，亦同音字。

983

衍如延。周禮大祝，九祭「二曰衍祭」，（注）：「鄭司農云：衍祭，羡之道中，如今祭殤，無所主命。玄謂衍字當爲延，聲之誤也。」男巫「掌望祀望衍」，注：「衍讀爲延，聲之誤也。」

〔疏證〕大祝、男巫屬春官。

今按：詩椒聊「蕃衍盈升」，一切經音義十九作「蕃延盈升」。釋名釋牀帳：「筵，衍也。舒而平之，衍衍然也。」皆延、衍通讀之例證。衍、延皆安部古同音字，後世而有聲調之分，廣韵先「延，以然切」，獮「衍，以淺切」，韵稍異而同爲喻四，雙聲正轉。

984

襃如報。周禮大祝，九拜「八曰襃拜」，鄭大夫讀爲報。

〔疏證〕今按：禮記樂記「故禮有報而樂有反」，注：「報讀爲襃。」祭義：「故禮有報而樂有反」，注：「報皆當爲襃，聲之誤」，注言皆者，下文又云：「禮得其報則樂，樂得其反則反，禮之報，樂之反，其義一也。」通計前後三言報，故云皆也。報爲襃猶襃爲報。襃、報古韵幽部同音字，今分平去。廣韵豪「襃，博毛切」，號「報，博秏切」，韵分平去而聲同幫母，雙聲正轉。

985

彌如敉。周禮小祝：「彌裁兵」，注：「彌讀曰敉。」男巫「春招弭」，注：「杜子春讀弭如彌兵之彌。玄謂弭讀敉，字之誤也。」

〔疏證〕小祝、男巫並屬春官。

今按：卷三文之異者有「彌爲迷」一條。錢氏以彼爲文異，此爲讀異，分作兩處。然其所以爲異，則皆以聲相通故耳。如此之類，書中極多，自當依其舊文，以觀其分别之故。若論證聲通，則當融會前後，觀其貫通，是以迻後文之例以作前文之證，此疏證之所以詳前畧後。

又按：文選羽獵賦「望舒弭轡」，注：「彌與弭古字通。」漢書王莽傳上「彌躬執平」，注：「彌讀與弭同。」又「以彌亂發姦」，注：「彌讀曰弭。」説文：「敉，撫也。周書曰：亦未克敉公功。讀若弭。」亦可證彌讀如敉矣。周禮眡祲，十煇「七曰彌」，注：「故書彌作迷。」左傳彌子瑕，大戴禮作迷子瑕。史記晉世家示眯明，索隱：「鄒誕生音示眯爲祁彌，即左傳之提彌明也。眯音米移反，以眯爲彌，亦音相近耳。」史記秦本紀「鄭高渠眯弒其君」，左傳桓十七年作高渠彌。彌離亦作迷離，見卷一釋言「彌離，蒙籠也」條。士喪禮「巫止於廟門外」，注：「巫掌招弭以掌疾病。」疏：「巫掌招彌，男巫職文。彌讀爲敉；敉，安也。」此則彌與迷、眯、敉異文者。皆可證彌、敉聲通也。彌、敉古韵同在衣部，後世而聲調小異。廣韵支「彌，武移切」，微母，古讀明；紙「敉，綿婢切」，微母，古讀明：韵小異而聲相同，雙聲正轉。

986 絛如條。周禮巾車「絛纓五就」，注：「絛讀爲條。」

〔疏證〕巾車屬春官。

今按：禮記雜記注「若今時絛」，釋文：「絛，本又作條，同。」亦其例。條、絛同从攸聲，本古韵幽部同音之字，廣韵而韵小異。蕭「條，徒聊切」，定母；豪「絛，土刀切」，透母：透、定同類近紐，又同爲送氣，故錢氏聲類録之以爲例。

987 軟如桼。周禮巾車「然複髤飾」，注：「故書髤爲軟，杜子春讀軟爲桼垸之桼。」

〔疏證〕今按：説文無軟、髤兩字，廣韻至「髼，七四切」，巾車釋文「軟音次」，是軟、髼音同也。次古韻在衣部，桼在壹部，本平入韵，宜其通作。廣韻至「次，七四反」，清母；質「桼，親吉切」，清母：是韵異而聲同也，雙聲正轉。

988 茇如沛。周禮大司馬「仲夏教茇舍」，注：「茇讀如萊沛之沛。」（釋文）：「注沛，步未反。」

〔疏證〕大司馬屬夏官。釋文又云：「茇，蒲末反。」疏：「王制云：『居民山川沮澤。』注云：『沮謂萊沛，時俗有水草謂之萊沛。』」

今按：説文：「跋，蹎跋也。」詩蕩：「顛沛之揭。」論語「顛沛必於是」，蹎跋即顛沛，是跋、沛聲通矣。説文坺下引詩曰「武王載坺」，詩長發坺作旆。是亦茇、沛通讀之證。

說文「沷，畢沷也」，詩七月作觱發。說文䳊、帗並讀若撥，此犮、發聲通也；詩「武王載旆」，荀子議兵作載發，此發、旆聲通也，犮、發、旆三者相通，從知犮、旆聲通矣。犮在曷部，旆在霽部，古韵本相鄰近，然分兩部。廣韵末「犮，蒲撥切」，並母；泰「沛，普蓋切」又博蓋切：幫滂兩母，既同類近紐，又皆送氣同位，所以爲聲轉。

989

撰（息轉反）如算。周禮大司馬「撰車徒」，注：「撰讀曰算。」

〔疏證〕 大司馬見夏官。

今按：說文籑之或體作饌。書盤庚上「世選爾勞」，疏：「選即算也。」論語子路「斗筲之人，何足算也」，漢書公孫劉田王楊蔡陳鄭傳贊、鹽鐵論雜事作「何足選也」。詩猗嗟「舞則選兮」，韓詩作「舞則纂兮」。漢書司馬遷傳「父子相繼纂其職」，注：「纂讀與撰同。」又贊曰「至孔氏纂之」，注：「纂讀與撰同。」漢書谷永杜鄴傳，蕭該音義引李登聲類：「饌字或作纂。」此皆从巽得聲與从算得聲相通讀者。爾雅釋詁「算，數也」，此通訓習見，不具舉。選亦常訓數，詩柏舟「不可選也」傳、左傳昭元年「弗去懼選」注、國語齊語「牛馬選具」注，並云「選，數也」，亦不盡舉。撰亦訓數，易繫辭下「傳以體天地之撰」，九家注：「撰，算也。」算、選、撰皆訓數，則諸字皆以聲通義通可知矣。撰、算本古韵安部同音字，自應相通。廣韵獮「選，思兖切」，心母；「撰，士免切」，牀二，錢自注「息轉反」，則亦讀心母；緩「算，蘇管切」，心母：是算與選、撰不同韵而同聲，雙聲正轉。

990 條如滌。周禮條狼氏，杜子春讀爲滌器之滌。

〔疏證〕條狼氏屬秋官。注引秋官序官，疏云：「讀從特牲、少牢滌祭器等之滌也。」

今按：滌从條聲，條从攸聲，本形聲同聲字，聲同而義通，此形聲字常例，故上有「條讀如篠」一條，爾雅釋訓「條條秩秩」，釋文「條條，舍人本作攸攸」，張平子碑「都封樹之蕭篠」，皆聲同義通之例。若蔡湛頌云「蕭滌而雲消」，則以滌爲條，正與杜子春讀同例。條、滌本古韵同音字，今則韵有分别矣，廣韵蕭「條，徒聊切」，錫「滌，徒歷切」，韵不同而同爲定母，故爲雙聲正轉。

991 幾如祈，九委、居綺二切。周禮犬人「凡幾珥沈辜」，（注）：「鄭司農云：幾讀爲庪，爾雅曰：祭山曰庪縣。」

〔疏證〕犬人屬秋官。注「爲庪」，釋文作「爲攱」，錢氏標目用釋文。

今按：攱在恚部，庪在衣部，兩字古韵不同。廣韵微「幾，居依居豈切切」，見母；紙「攱、庪，過委切」，見母：是幾、攱兩字，廣韵亦不同韵，然而同母，雙聲正轉。錢氏標目，標明切語，正指出其雙聲耳。

992 咸如圅。 周禮伊耆氏「共其杖咸」，注：「咸讀爲圅。」

〔疏證〕伊耆氏屬秋官。

今按：說文圅之俗體作肣，从肉，今聲。說文：「玪，玪塾，石之次玉者。」玪亦作瑊，史記司馬相如列傳「瑊玏玄厲」，以玪塾爲瑊玏。是圅、今、咸三者聲通矣。詩良耜「實函斯活」，箋以函爲「含生氣」。考工記「燕無圅即函」，注：「鄭司農云：函讀如國含垢之含。」漢書敘傳上「函之如海」，注：「師古曰：函讀與含同。」禮樂志「函宮吐角激徵清」，注：「師古曰：函與含同。」張衡南都賦「巨蜯函珠」，注：「函與含同。」函、含聲通即函、咸聲通也。史記天官書「閒可椷劍」，索隱：「椷有函音，故字从咸。」釋名釋喪制：「棺束曰緘，緘，函也。」尤咸、函通讀之明證。函在奄部，咸在音部，皆閉口韵，本可旁轉，旁轉錢氏所不言。廣韵覃「函，胡男切」，咸「咸，胡讒切」，是兩字於廣韵亦不同韵，然而同爲匣母，雙聲正轉。

993 牲如腥。周禮掌客「牲三十有六」，注：「牲當爲腥，聲之誤也。」又「不受饗食，受牲禮」，注：「牲，亦當爲腥，聲之誤也。」

〔疏證〕掌客屬秋官。

今按：牲、腥兩字，推其本源，皆从生得聲，説文形聲同聲字，例可通用，其證最多，凡此之類，皆不舉證。牲、腥本古韵嬰部同音字，今韵則有分别。廣韵庚「牲，所庚切」，審二古讀心，錢氏所未言也。青「腥，桑經切」，心母。是牲、腥兩字，廣韵異韵，以古聲論爲雙聲正轉，以今聲論爲同位變轉。

994 廬如纑。周禮考工記「秦無廬」，注：「廬讀爲纑，謂矛戟柄竹欑柲。」釋文：「廬，本或作蘆。」

〔疏證〕今按：此亦形聲同聲字，古韵在烏部。廣韵魚「廬，力居切」，來母；模「纑，落胡切」，來母：是兩字於廣韵雖侈弇斯分，然同爲來母，雙聲正轉。

995 薂如秏。周禮考工記「轂雖敝不薂」，鄭司農云：「薂當作秏。」

〔疏證〕引考工記輪人及注。

今按：蒿、秏説文形聲不同聲，兩字相通，它例亦鮮見。薂、秏古韵同在夭部，廣韵號「薂、秏，呼到切」，今韵亦同音，單以聲論，曉母雙聲，正轉也。

996 稹如奠。周禮輪人「稹理而堅」，（注）：「鄭司農讀爲奠祭之奠。」

〔疏證〕引考工記輪人及注。

今按：檀弓上「主人既祖填池」，注：「填池當爲奠徹，聲之誤也。」填爲奠，猶稹讀爲奠也。稹、奠皆古韵因部字，聲又相近，自可通讀。廣韵軫「稹，章忍切」，照三，然从真得聲，如先「填、寘、磌、滇不具舉，徒年切」，皆讀定母。廣韵霰「奠，堂練切」，定母，是亦可讀爲定母雙聲，雙聲則爲正轉。

997 宛如蘊。史記律書「陽氣冬則宛藏于虚心」，正義云：「宛，音蘊。」

〔疏證〕今按：荀子富國「夏不宛暍」，注：「宛，讀爲蘊。」又哀公問「富有天下而無怨財」，注：「怨讀爲藴，中節。家語作無宛。禮記曰『事大積焉而不苑』，古藴積通。此因誤而爲怨字耳。」韓詩外傳二「子路與巫馬期薪于韫丘之下」，韫丘即詩之宛丘也。凡宛之訓藴、訓積，皆宛之借作者，不可勝數矣。宛在安部，藴在昷部，古韵本相旁轉，然錢氏不言旁轉。廣韵阮「宛、怨，於阮切」，吻「藴、韫，於粉切」，是亦韵異而聲相同，影母雙聲正轉。下「鴛如温」條，與本條同。

998 惌如菀。周禮函人「眡其鑽空欲其惌也」，鄭司農讀爲菀彼北林之菀。

〔疏證〕函人見考工記。菀本作宛，詩晨風作鬱，釋文：「宛，於阮反，或云司農音鬱。」

今按：惌、菀同从宛聲，今廣韵阮「惌、菀，於阮切」，亦同音。

999 鴛如温。詩「鴛鴦于飛」，沈重音温。

〔疏證〕今按：疏證即見上「宛如藴」一條。廣韵元「鴛，於袁切」，影母；魂「温，烏渾切」，影母：韵異聲同，雙聲正轉。

1000 菀如鬱。　詩「我心宛結」，釋文：「音於勿反。」

〔疏證〕　引詩都人士。釋文：「於勿反，屈也，積也，音鬱。」

今按：詩正月「有菀其特」，釋文：「音鬱，茂也。」小宛「菀彼柳斯」，釋文：「音鬱。」菀柳「有菀者柳」，釋文：「音鬱，木茂也。」桑柔「菀彼桑柔」，釋文：「音鬱，注同，茂貌。」此皆詩之以菀讀鬱者。又詩晨風「鬱彼北林」，周禮函人注作「宛彼北林」。禮記内則「兔爲宛脾」，注：「宛或作鬱。」則宛、鬱通作之證。宛在安部，鬱在鬱部，古韵不同。廣韵阮「菀、宛，於阮切」，影母；物「鬱，紆物切」，影母：韵異聲同，雙聲正轉。

1001 渥如漚。　周禮㡛氏「渥淳其帛」，注：「渥，讀如繒人渥菅之渥。」釋文：「渥，烏豆反，與漚同。」春秋傳：「拘鄮人之漚菅者。」

〔疏證〕　㡛氏見考工記。左傳哀八年：「拘鄮人之漚菅者。」

今按：渥在屋部，漚在區部，古韵不同，然平入相轉。漚之爲渥，猶醧之爲飫也。

説文：「飫，燕食也。」詩曰「飲酒之沃」，詩常棣同，文選魏都賦注引韓作「飲酒之醧」。雖渥與沃不同韵，然韵近聲同也。廣韵覺「渥，於角切」，候「漚，烏候切」，韵不同而同爲影母，雙聲正轉。

1002 薛如蘗。周禮瓬人「髻墾蘗暴不入市」，（注）：「鄭司農云：薛讀爲黄蘗之蘗。」

〔疏證〕瓬人見考工記。蘗本作薜，薛本作薜，此本誤刊；蘗應作蘗，考工記本亦誤刻。

今按：薜、蘗本同从辟聲，自應通讀。廣韵麥「薜、蘗，博厄切」，幫母。今韵亦同音。

1003 暴如剥。周禮瓬人「髻墾薜應作薜，蓋誤刊。暴」，（注）：「鄭司農讀暴爲剥。玄謂暴，墳起不堅致也。」

〔疏證〕今按：詩桑柔「捋采其劉」，傳：「劉，爆爍而希也。」釋文：「爆，本又作暴，同音剥，下同。爍，又作樂，或作落。」爆爍音剥落，是亦暴音剥之又一例矣。暴在夭部，剥在屋部，古韻不同部。廣韻效「爆，北教切」，覺「剥，北角切」，韻不同而同爲幫母，雙聲正轉。廣韻號「暴，薄報切」，並母，則聲亦小異，暴當取爆音也。

1004

服如負。周禮車人「牝服二柯有參分柯之二」，鄭司農云：「牝服謂車箱，服讀如負。」

〔疏證〕引考工記車人及注。

今按：説文：「婦，服也。」白虎通三綱六紀、嫁娶並云：「婦者，服也。」釋名釋親屬：「婦，服也。」禮記曲禮下注：「婦之言服。」廣雅釋親：「婦，服也。」婦、服聲同義通，非一二數。婦、負又通作，爾雅釋蟲「蟠，鼠負」，釋文：「負本作蝜，又作婦。」漢書高帝紀「常從王媼武負貰酒」，注：「如淳曰：俗謂老大母爲阿負。師古曰：劉向列女傳云：魏曲沃負者，魏大夫如耳之母也。此則古語謂老母爲負耳。」史記陳丞相世家「户牖富人有張負」，索隱：「按：負是婦人老宿之稱，猶武負之類也。」凡此負字，皆母之借亦婦之借也。婦、服既相通，負、婦又相通，故服、負相通矣。負、婦在古韻噫部，服在肊部，本平入韵，又皆讀脣聲，古音本同也。以今音言，則聲調分異，各不相同。廣韻屋

「服，房六切」，有「負、婦，房九切」，皆奉母字，韵異而聲同，雙聲正轉。

1005　武如無。禮器「詔侑武方」，注：「武當爲無，聲之誤也。」

〔疏證〕今按：武、舞通作，國策燕策秦武陽，史記刺客列傳作秦舞陽。穀梁莊十一年經「以蔡侯獻武歸」，釋文：「本亦依左氏作舞左傳見十年經。」説文舞从無聲。周禮地官鄉大夫「五曰興舞」，鄭司農作無。凡此皆可證武與無通矣。武、無古韵同在烏部，廣韵則平上異韵，麌「武，文甫切」，微母；虞「無，武夫切」，微母：韵異聲同，雙聲正轉。

1006　尹如筍。禮聘義「孚尹旁達」，注：「尹讀竹箭之筍。」

〔疏證〕聘義釋文：「尹又作筍。」禮器「如竹箭之有筍」，注用禮器此文也。今按：説文無筍字，字从均聲，古韵在因部，尹在昷部。廣韵準「尹，余準切」，喻四；真「筍，爲贇切」，喻三：喻三、喻四聲系本截然不同，字母家合稱喻母，錢氏亦不言其分異，故以爲尹、筍韵異聲同，自爲雙聲正轉。

1007 卑如班。漢書地理志，越巂郡卑水縣，孟康音班。

〔疏證〕今按：卑在恚部，班在昷部，古韵不同韵。廣韵支「卑，府移切」，本非母字。法言時代脣音不分輕重，輕脣亦讀雙脣音，不讀齒脣音。錢氏以雙脣音皆爲重脣，故卑爲幫母。删「班，布還切」，幫母。是卑、班兩字，古今皆異韵，然而同爲幫母，雙聲正轉。

1008 徙如斯。漢書地理志，蜀郡有徙縣，師古音斯。

〔疏證〕今按：斯、徙皆在恚部，或入噫部，非也。本同音字，今韵則小異，廣韵支韵「斯，息移切」，心母；紙「徙，斯氏切」，心母：是今韵韵異聲同，雙聲正轉。

1009 摧如莝。詩「摧之秣之」，箋云：「摧今莝字。」

〔疏證〕引詩鴛鴦。傳亦云：「摧，莝也。」

今按：楚辭憂苦「折鋭摧矜凝氾濫兮」，注：「摧，挫也。」説文：「挫，摧也。」摧如莝，猶摧、挫通訓也。摧在威部，莝在歌部，古韵本不相同。廣韵灰「摧，昨回切」，從母；過「莝，麤卧切」，清母：兩字異韵，清、從兩母既近紐，又皆送氣爲同位，宜其以聲相轉。

1010 扁(扶忍切)。周禮注,扁鵲,徐仙民讀。

〔疏證〕天官疾醫「以五氣五聲五色眡其死生」,注:「莫若扁鵲倉公。」釋文:「扁,本亦作鶣,蒲典反;徐扶忍反。」

今按:同一扁字也,而釋文兩切。扶忍切在軫韵奉母,古讀並;蒲典切在銑韵並母:是兩切韵異聲同,故錢氏以爲雙聲正轉之例。

1011 龜(居銀切)。莊子:「不龜手之藥。」

〔疏證〕引莊子消摇游釋文:「龜,徐舉倫反,李居危切。」

今按:讀龜爲居銀切、舉倫反者,廣韵文「皸,足坼,舉云切」,以爲龜即皸字。讀龜爲居危反者,即廣韵脂「龜,居追切」耳。龜在古韵噫部,皸在古韵昷部,漢書趙充國傳「手足皸瘃」,文穎曰:「皸,坼裂也。」韵異母同,皆見紐字,雙聲正轉。

1012 取慮讀爲秋廬,又爲陬婁。漢臨淮郡取慮縣,顔師古讀。如淳讀爲陬訾之陬、郰婁之婁。

〔疏證〕 漢書地理志注：「取音趨，又音秋，慮音廬。」左傳昭十六年「齊師至于蒲隧」，注：「下邳取慮縣東，有蒲如陂。」釋文：「取慮，上音秋，下力居反。」如淳：「取音陬訾之陬，慮音邾婁之婁。」

今按：左傳襄廿四年「侵介根」，注：「今城陽黔陬縣東北計基城是也」釋文：「陬，側留反。」又三十年「歲在娵訾」，釋文：「娵，子須反。」陬、娵通作，月令注「日月會於陬訾」，釋文：「陬本作娵。」取在古韻區部，廣韻麌「取，七庾切」，清母，其他从取得聲字，皆與取音相同或相近也。秋在幽部，廣韻尤「秋，七由反」，清母。是取、秋兩字韵異而聲同，取讀秋，雙聲正轉。

又按：說文：「顱，頊顱，首骨也。」廣雅釋親「頊顱謂之髑髏」，莊子至樂：「見空髑髏。」取慮、秋廬之作陬婁，猶頊顱之作髑髏矣。婁在區部，廬、慮在烏部，古韻不同部。廣韵虞「婁，力朱切」，侯「婁，落侯切」，魚「廬，力居切」，御「慮，良倨切」，皆讀來母，是三字異韵同聲，亦爲雙聲正轉。

1013 橐皋讀如柘姑。 漢九江郡橐皋縣，孟康讀。

〔疏證〕 引自漢書地理志注。

今按：橐、柘皆从石聲，故通讀。臯在幽部，姑在烏部，幽、烏古韵迥異，非韵轉也。廣韵豪「臯，古勞切」，模「姑，古胡切」，同爲見母，韵異聲同，雙聲正轉。

1014 浩亹讀爲合門。漢志「金城郡浩亹縣」，孟康讀。師古曰：「浩音誥，水名也。」今俗呼此水爲閤門河，蓋疾言之，浩爲閤耳。

〔疏證〕今按：水經注河水：「河又東，逕浩亹縣南。」闞駰曰：浩讀閤也，故亦曰閤門。」浩在幽部，合在邑部，古韵迥别，今韵亦宜不同。廣韵晧「浩，胡老切」，匣母；合「合，侯閤切」，匣母：兩字異韵同母，故錢氏以爲雙聲正轉。至于亹之爲門，已詳卷一釋言「亹之言門」，故省。

1015 允吾讀如鉛牙。漢志「金城郡允吾縣」，應劭讀。金城又有允街縣〔一〕，孟康亦音鉛。

〔一〕「街」，本作「衙」，據粵雅堂叢書本及漢書地理志改。

〔疏證〕今按：説文沇古文作㕣，㕣篆下又讀若沇州之沇。允讀如鉛，猶㕣之讀若沇矣。此允讀如鉛之又一證。儀禮聘禮「訝受几于筵前」，注：「今文訝爲梧。」公羊文二年「戰于彭衙」，釋文：「衙，本或作牙。」封氏聞見記：「衙字本作牙。」梧、衙兩字皆从五得聲，訝从牙得聲，故吾之讀牙，猶梧之爲訝，衙之作牙矣。此皆吾、牙通讀之證也。允、鉛本同安部，朱駿聲以允入屯、㕣入乾。今韵則不同。廣韵先「鉛，昌緣切」，穿三，鉛从㕣聲，應有㕣音，獮「㕣，以轉切」，則讀入喻四矣；廣韵準「允，余準切」：是獮、準異韵而喻四同紐，故爲正轉。吾、牙古韵烏部同音字，今則異韵，廣韵模「吾，五乎切」，麻「牙，五加切」，不同韵而同爲疑母，故亦爲雙聲正轉。

1016 祖厲讀爲罝賴。漢安定郡祖厲縣，(注)：「應劭云：祖音罝。師古曰：厲音賴。」

〔疏證〕引地理志及注。

今按：祖、罝同从且聲，自應通讀，周禮典瑞「駔圭」，注：「駔讀爲組，與組馬同，聲之誤也。」國策秦策范雎，韓非子外儲作范且。孟子「主雍疽」，孔子世家作雍渠，韓非子作雍鉏，説苑作雍鳴。説文：「担，讀若樝梨之樝。不勝數也。」左傳昭四年「遂滅賴」，公、穀並作厲。論語子張「以爲厲己也」，鄭注讀爲賴。刺客列傳「漆身爲厲」，索隱：「厲、賴聲相近。」南越尉佗列傳「爲戈船下厲將軍」，徐廣曰：「厲一作瀨。」應劭曰：「瀨水上流沙也。」此則厲、賴通作之證。厲、賴古韵同在曷部，本同音字。廣韵姥「祖，則古切」，麻「罝，子邪切」，韵異聲同，精母雙聲。廣韵祭「厲，力制切」，泰「賴，落蓋切」，韵不同而同爲來紐，故於聲類皆屬正轉。

1017 眴卷讀爲旬箘。漢安定郡眴卷縣，應劭音眴爲旬日之旬，卷爲箘簬之箘。

〔疏證〕引地理志及注。

今按：説文無眴，字从旬聲，故宜讀與旬同。卷讀爲箘，已詳本卷釋地：「麇，圈也。」

1018 狋氏讀爲權精。漢代郡狋氏縣，孟康讀。狋从示，示亦音祁，故轉爲權音。氏亦音支，故轉爲精音。

〔疏證〕 亦引地理志及注。

今按：錢氏以爲示有祁音者，史記晉世家示眯明，索隱曰：「鄒誕生音示眯爲祁彌，即左傳之提彌明也。」廣韻脂「祁，渠脂切」，羣母。錢云「故轉爲權音」者，仙「權、狋，巨員切」，羣母。脂、仙不同韵而同爲羣母，故爲雙聲正轉。說文：「狋，犬怒貌，从犬示聲。一曰犬難得。代郡有狋氏縣，讀又若銀。」狋在衣部，銀在昷部，韵可對轉。銀在疑，羣疑近紐。錢氏主聲，故不論。

又按：錢氏以爲「氏有支音，故轉爲精音」者，漢書韋玄成傳「破東胡，禽月氏」，注：「讀曰支。」匈奴傳「閼氏生少子」，注：「閼，於連反，氏音支。」說文狓亦作[illegible]。故曰「氏亦音支」。廣韵支「支，章移切」，照三；清「精，子盈切」，精母：支、精既不同韵，又不同母，然而同爲出聲，同位變轉，故曰：「轉爲精音。」支在圭部，精在嬰部，古韵對轉。說文：「跂，頃也。」荀子宥坐「有敧器焉」，注「傾敧易覆之器」，敧即跂之借字。釋名釋首飾：「頍，頍傾也，言著之傾近前也。」以跂訓頃，頍訓傾，對轉之例耳。錢氏不言對轉，故不及論。

1019 雊瞀讀爲句無。 漢上谷郡，雊瞀縣，孟康讀。莊子伯昏無人，亦作瞀人。師古改瞀爲莫豆反，非也。

〔疏證〕　引漢書地理志。引莊子德充符，釋文：「雜篇作瞀人。」

今按：列子黄帝篇亦有伯昏瞀人，釋文：「瞀，莫侯反。」雊从句聲，句、雊本區部同音字，廣韻侯「句、雊，古侯切」，亦同音字，固不足論。無在烏部，瞀在幽部，古韻不同。廣韻侯「瞀，莫侯切」，明母；虞「無，武夫切」，微母古讀明：亦異韻而同母，雙聲正轉。

1020　番汗讀爲盤寒。漢遼東郡番汗縣，應劭云：「番音盤。」師古云：「汗音寒。」

〔疏證〕　引地理志及注。

今按：番、汗、盤、寒四字古韻皆在安部，廣韻元「番，孚袁切又盤、潘、煩三音」，奉母，古讀並；桓「盤，薄官切」，並母：韻異聲同，正轉也。寒「寒、汗，胡安切」，匣母，同音字，汗下解云：「可汗，番王稱。」

1021　羸𨻻讀蓮𨻻。漢交趾郡羸𨻻縣。孟康云：「羸音蓮，𨻻音受土簍。」

簍，來口反。

〔疏證〕引地理志及注。原注：「師古曰：陾簍二字並音來口反。」

今按：蓮陾來母雙聲聯綿辭，連續不斷之意。説文「謱，謰謱也」，謂言辭不絶；又「遱，連遱也」，謂行步不絶。説文「聯，連也」，字變作縺，一切經音義引字書「縺縷，不解也」，謂絲縷不斷。連、蓮、縺、聯古韵並在安部，對轉爲阿部，作羸陾，縣名，蓋縣近山嶺，謂山嶺連縷；作羅縷，謝靈運詩「羅縷豈闕辭」，義取詳盡。皆一義之引申。若説文「囧，窗牖麗廔闓明也」，字作麗廔。孟子離婁注「古之明目者」，字作離婁。則與連續之義異，蓋連續義从連聯而來，闓明義从𠬛力几切而來，語源不同耳。廣韵支「羸，力爲切」，先「蓮，落賢切」，並讀來母。是錢氏所舉二字，韵異聲同，雙聲正轉。

1022

揟次讀爲且咨。 漢武威郡揟次縣，孟康云：「揟，音子如反，次音咨。」

〔疏證〕引地理志及注，原注末有「諸本作恣」。廣韵魚「且，子魚反」，與孟康「揟音子如反」相同，故知揟讀爲且也。

今按：詩桑扈「君子樂胥」，樂胥即樂且，故胥、且通作也。又詩有「既亟只且」，「其樂只且」，蓋亦猶是矣。且、揟古韵同在烏部，廣韵同在魚韵「揟，相居切」，心紐，精、心雖非同母，然在同類，錢氏所謂同類轉也。

1023 樸剽讀爲蒲環。漢武威郡有樸剽縣，孟康讀。

〔疏證〕亦引地理志及注。

今按：説文無剽，故孟康讀爲環，同从睘聲；廣韻删「環、剽，户關切」，亦同音字，通讀乃爲常例。樸在屋部，蒲在烏部，古韵相去極遠。廣韵屋「樸，蒲木切」，並母；模「蒲，薄胡切」，並母：韵異聲同，雙聲正轉。廣韵又以樸與蒲同切，則依孟康讀音耳。

1024 曲遇讀去禺。史記曹相國世家「擊秦將楊熊軍曲遇」，索隱云：「曲，丘羽反；遇，牛凶反。」

〔疏證〕丘羽反不切「去」字，廣韵麌「齲、踽、竘，驅雨切」，與索隱同音，不收去字；語「去，羌舉切；丘據切」，兩切收去字，又不與索隱同音。錢氏以去擬音，偶然失檢。當云曲遇讀竘喁。錢氏作禺如作喁。

今按：曲在屋部，竘在區部，平入韵也，錢氏不言平入對轉，然而曲、竘廣韵同讀溪母，韵異聲同，雙聲正轉。説文：「句，曲也；鉤，曲痀也；痀，曲脊也；軥，軶下曲也。」句、曲聲通，故从句得聲之字多有曲意也。

又按：遇讀牛凶反，猶顒、喁、鰅三字，廣韵鍾並音魚容切也。酗亦作酌，廣韵遇「酗，香句切」，亦其例耳。禺、句皆在區部，凶、容皆在邕部，古韵區、邕對轉，故遇可讀牛凶反，酗可讀香句切也。錢氏不言對轉，廣韵遇「牛具切」，索隱讀「牛凶反」，韵雖不同，而同爲疑紐，故以爲雙聲正轉。

1025

擣余讀爲桃徒。　史記衛將軍列傳「從至擣余山」，索隱音桃徒。

〔疏證〕　今按：擣在古韵幽部，兆在夭部，雖鄰近然非一韵，廣韵則有時讀作同韵矣。晧「擣，都晧切」，端母；豪「擣、桃，徒刀切」，定母：檮、桃同音，自符正轉之例。余、徒古韵本烏部同音字，廣韵模「徒，同都切」，定母；魚「余，以諸切」，喻四古讀定：本與徒雙聲，然錢氏不言喻四讀定。易困「來徐徐」，釋文：「子夏作荼荼，翟同，音圖，王肅作余余」；廣韵模「荼、途、酴、塗，並同都切」，定母，與徒同音。故不言喻四讀定，亦可證知余、徒可讀雙聲。

清代學術名著叢刊

聲類疏證

下

[清] 錢大昕 撰
郭晉稀 疏證

上海古籍出版社

聲類疏證卷三

文之異者

1026 覺爲梏。詩「有覺德行」，禮緇衣引作梏。

〔疏證〕今按：卷一釋言：「覺，告也。」已有疏證。

1027 鵠爲結。周禮巾車「前樊鵠纓」，杜子春云：「鵠或爲結。」

〔疏證〕巾車屬春官，疏云：「杜子春云：鵠或爲結者，按馬氏云：前樊結纓，謂再重樊纓，在前有結，在後往往結革，以爲堅且飾節下省。」

今按：莊子達生「竈有髻」，釋文：「髻音結，郭音詰，李音吉。司馬云：髻，竈神，著赤衣，狀如美女。」史記孝武本紀「李少君亦以祀竈穀道卻老方見上」，索隱引司馬彪注莊子，髻作浩，並云：「李弘範音詰。」易姤「施命誥四方」，釋文：「誥，李古報反。鄭作詰，起一反，正也；王肅同。」禮記緇衣「尹吉曰」注：「吉當爲告，告古文誥，字之誤也。尹告，伊尹之告也。」皆从告、从吉得聲之字互作。告在幽部，吉在壹部，古韵迥別，非韵轉也。廣韵沃「鵠，古沃切又胡沃切」，見母；屑「結，古屑切」，見母：是鵠、結兩字，異韵同聲，故爲雙聲正轉。然告、吉形近，容易訛混，康成以緇衣吉字，爲告字之誤，則另備一說。

1028

紒爲結。士冠禮「將冠者采衣紒」，注：「古文紒爲結。」又「主人紒而迎賓」，注：「古文紒爲結。」

〔疏證〕廣雅疏證：「紒與髻同，二徐本說文皆有髤字無髻字。髤字注云『簪結也』，古拜切。徐鉉本髻字收入新附，云：『古通作結，後人所加。』按：曹憲云：『說文髤即籀文髻字。』太平御覽引說文云『髻，結髮也』。則是說文原有髻字，而髤即髻之重文。士冠禮『將冠者采衣紒』，鄭注云：『紒，結髮也，古文紒爲結。』紒之或作結，猶髻或作髤。」

今按：左傳襄四年「國人逆喪者皆髽」，注：「髽，麻髮合結也。」釋文：「結，本義作髻，又作紒。」一切經音義十一「髻，古文作紒」，亦其例證。紒在曷部，結在壹部，古不同部。廣韵屑「結，古屑切」，怪「髤，古拜切」，並讀見紐，韵異聲同，雙聲正轉。

1029 躬爲今。　詩「我躬不閲」，表記引作我今。

〔疏證〕　引詩邶風谷風。

今按：躬在夅部，今在音部，古韵本不相同，然而時或通轉。章太炎國故論衡小學略説云：「冬即夅、侵即音二部同居而旁轉，故農字音轉則爲男，戎字音轉則爲荏，釋草：戎菽謂之荏菽。臨衝作隆衝，隆慮作林慮。」故躬可以轉作今也。然錢氏主聲，不言韵轉。廣韵東「躬，居戎切」，侵「今，居吟切」，兩字同在見母，韵異聲同，雙聲正轉。

1030 按爲遏。　詩「以按徂旅」，孟子引作「以遏徂莒」。

〔疏證〕　引詩皇矣，引孟子梁惠王下。皇矣釋文：「按本亦作遏，莒字毛詩作旅。」

今按：按在安部，遏在曷部，古韵平入本相通轉，故説文頞之或體作齃。説文「按，下也」，「遏，微止也」，兩字義本相近。凡安之訓何者，曷之借，説文「曷，何也」，易同人正義：「安，猶何也。」凡、曷之訓止者，按遏之借，爾雅釋詁：「曷，止也。」知乎此，則知按之或作遏，聲通而義同耳。廣韵翰「按，烏旰切」，曷「遏，烏葛切」，韵不同而同爲影母，雙聲正轉。

1031 𩫖爲奏。詩「𩫖假無言」，中庸引作奏假。

〔疏證〕今按：已詳卷一釋訓：「𩫖之爲奏，正轉也。」

1032 吴爲娱。詩「不吴不揚」，正義謂「鄭讀不吴爲不娱」。

〔疏證〕引詩泮水，毛傳不釋吴，箋云：「吴，譁也。」

今按：絲衣云「不吴不敖」，傳：「吴，譁也。」箋：「不讙譁。」毛鄭義同，故正義曰：「人自娱樂，必以讙譁爲聲，故以娱爲譁也。定本娱作吴。」史記武帝本紀引絲衣作「不虞不驁」，索隱引毛傳又載姚氏引何承天説，其末云：「或者本文借此虞爲驩娱字也。」衡方碑引泮水作「不虞不揚」，蓋亦借虞爲娱。釋名釋州國「吴，虞也，太伯讓位而不就，歸，封之於此，虞其志也」，蘇輿曰：「虞與娱同，吴亦娱也。」此皆吴、娱互作通作之證。娱从吴聲，娱、吴皆在烏部，古本同音。今則有侈弇鴻細之别，廣韵模「吴，五乎切」，虞「娱、虞，遇俱切」，皆讀疑母，韵異聲同，錢氏以爲雙聲正轉。

1033 諫爲簡。詩「是用大諫」，左傳引作簡。

〔疏證〕引詩板。引左傳見成八年。

今按：顏氏家訓音辭「穆天子傳音諫爲閒」，穆天子傳三「道路悠遠，山川閒之」，郭注：「閒音諫」。段玉裁曰：「按顏語，知本作山川諫之，郭讀諫爲閒，用漢人易字之例，而後義可通也。」韓非子十過：「君其遺之女樂，以亂其政，而後爲由余請期，以疏其諫；彼君臣有閒，而後可圖也。」本諫、閒並用，史記秦本紀、説苑反質，並改諫爲閒矣，簡从閒聲，猶諫爲閒矣。諫、簡、閒本古韵安部同音字，今則侈弇洪細有别矣。廣韵諫「諫，古晏切」，産「簡，古限切」，韵不同而同爲見母，雙聲正轉。

1034

只爲旨。詩：「樂只君子」，左傳引作樂旨。

〔疏證〕王引之經傳釋詞云：「只，亦句中語助也。詩樛木及南山有臺、采菽並曰：『樂只君子。』北風曰：『既亟只且。』君子陽陽曰：『其樂只且。』字亦作旨，左傳襄十一年、二十四年及昭十三年，引詩並作『樂旨君子』。」又謂「只，詞之耳也」，字亦作軹；「咫，詞之則也」，具見彼文，此不盡録。

今按：只在恚部，旨在衣部，古韵不同。廣韵紙「只，諸氏切」，照三；旨「旨，職雉切」，照三：韵亦不相同也，然而同爲照三，雙聲正轉。

1035 葘爲側。公羊傳「以人爲葘」，注：「葘，周埒垣也。今大學辟雍作側字。」

〔疏證〕引公羊，見昭廿五年。疏云：「今大學辟雍作側字者，謂何氏所注者是葘字，漢時大學辟雍所讀者作側字。」

今按：考工記輪人「察其葘蚤不齵」，注：「鄭司農云：葘讀如雜厠之厠。」釋名釋車：「輜，厠也，所載衣物雜厠其中也。」葘、輜同从甾聲，側、厠同从則聲，葘爲側猶輜如厠矣。葘古韵在噫部，側古韵在肊部，本平入韵，自相通轉。然聲音衍變，遂釐然不同。廣韵之「葘，側持切」，職「側，阻力切」，並讀照二。是兩字於廣韵亦不同韵，然而雙聲，故爲正轉。

1036 替爲㦙。少牢禮「勿替引之」，注：「古文替爲抉音決〔一〕，抉或爲㦙，㦙、替聲相近。」

〔一〕本條内「抉」字，粵雅堂叢書本皆作「袂」。

〔疏證〕阮元校勘記云：「柍，徐本並从木，與宋本釋文合。集釋通解要義毛本俱並从衣。段玉裁云：『釋文柍音決，今本乃作袂音決，袂不當有決音，此葉鈔本之可貴也。儀禮嘉靖本、鍾人傑本皆作柍。』錢大昕曰：『袂當爲秩，字形相涉而訛也。說文𢧜爲𢧜，詩秩秩大猷，說文引作𢧜𢧜大猷，是秩與𢧜通。』」

今按：說文：「耋，年八十曰耋，从老省，至聲。」耋亦作𦒿，與𢧜兩字。替、𦒿皆在古韵壹部舌音，自可相通。聲音衍變，遂有差異，廣韵霽「替，他計切」，透母；屑「耋，徒結切」，定母。雖兩字不同韵，然而近紐雙聲，於錢氏爲同類轉。又透定爲送氣，兩字同位，同位爲變轉。

又按：說文：「𢧜，大也。从大，𢦏聲。」詩巧言「𢧜𢧜大猷」，毛詩作秩秩。說文：「𡔛，讀若詩『威儀秩秩』。」秩與𢧜同在古韵壹部，本同音字。𢧜在恚部讀入爲益部，益壹古韵迥然不同，非韵轉也。廣韵質「秩、𢧜、𡔛，直一切」，澄母古讀定，古韵不同之字，而合爲一音，以聲類言之，雙聲正轉。

1037 漚爲渥。左傳「拘鄫人之漚菅者」，周禮注引作渥菅。

〔疏證〕今按：已詳卷二讀之異者：「渥如漚。」

1038 簪爲宗爲臧。易「朋盍簪」，馬融本作臧，荀爽本作宗。

〔疏證〕引易豫及釋文。

今按：簪在音部，宗在夅部，臧在央部，三字古韵互異，今韵亦宜不同。廣韵侵「簪，側吟切」，照二古讀精，錢氏所不言。覃「簪，作含切」，則自讀精矣。廣韵冬「宗，作冬切」，精母；唐「臧，則郎切」，精母：是三字皆異韵，俱以精母雙聲爲正轉。

1039 造爲聚。易「大人造也」，劉歆父子作聚。

〔疏證〕引易乾及釋文。

今按：造在幽部，聚在區部，古韵雖鄰比，然非同韵。廣韵號「造，七到切又所早切」，清母；遇「聚，才句切又秦雨切」，從母：兩字雖聲韵並異，然爲近紐又同爲送氣，既可爲同類轉，又可爲同位變轉。

1040 揄爲抌爲舀。詩「或舂或揄」，説文揄作舀。周禮注引作抌，抌，以周切。

〔疏證〕詩生民：「或舂或揄，或簸或蹂。」説文「舀，詩曰：或簸或舀。抌、𦥷或體」，説文引生民合兩句爲一句，舀、抌、𦥷即詩之揄也。周禮地官舂人「女舂抌二人」，注「詩云：或舂或抌」，釋文：「抌音由，又音揄。」儀禮有司徹「二手執挑匕枋」，注：「挑或謂之歃，讀如或舂或抌之抌，字或作挑者，秦人語也。中省今文挑作抌。」校勘記：「抌，楊氏作揄。」

今按：揄在區部，舀在幽部，古韻不同。抌爲舀之或體，則亦爲幽部，然字从冘聲，冘在音部，歸入音部矣。廣韻尤「舀、抌、揄，以周切」，以三字合爲一韻，並喻四字；虞「揄，羊朱切」，喻四，疑當以此爲準：是揄與抌、舀異韻而同母，雙聲正轉。

1041

秉爲卜。　詩「秉畀炎火」，韓詩秉作卜；卜，報也。

〔疏證〕引詩大田，韓詩見釋文。

今按：少儀「毋報往」，注：「讀爲赴疾之赴。」喪服小記「報葬者報虞」，注：「讀爲赴疾之赴。」秉在央部，卜在屋部，古韻迥然各别。廣韻梗「秉，兵永切」，錢氏以爲幫母；屋「卜，博木切」，幫母：韻異聲同，雙聲正轉。

1042 爍爲爍。詩「可以樂飢」，鄭本樂作爍。説文：「爍，治也。或作療。」

〔疏證〕今按：已詳卷一釋詁：「轑，轢也。」

1043 栗爲蓼。詩「烝在栗薪」，韓詩栗作蓼，聚薪也。

〔疏證〕引詩東山。引韓詩見東山釋文。

今按：箋云：「栗，析也。古者聲栗裂同也。」栗在壹部，蓼在幽部，裂在衣部，三字古韵互不相同，今韵亦異。廣韵質「栗，力質切」，篠「蓼，盧鳥切」，薛「裂，良櫱切」，三字韵異，同爲來母，雙聲正轉也。錢氏舉「栗爲蓼」者，以毛、韓「文之異者」也；不舉「栗讀裂者」，以毛、鄭「讀之異者」也。錢以文異與讀異分作兩項，今以爲異讀異文其理相同，故並舉而兼釋之。

1044 欒爲樂。周禮鳧氏「兩欒謂之銑」，注：「故書欒作樂，杜子春當爲欒。」

〔疏證〕引考工記㡀氏及注。

今按：欒在安部，樂在沃部，古韻迥然不同。廣韻桓「欒，落官切」，來母；鐸「樂，盧各切」，來母：亦韻不同，然而同爲來母，雙聲正轉。

1045 瘠爲柴。易「爲瘠馬」，京房、荀爽皆作柴。瘠，在亦反。讀如藉，今人讀脊者誤。

〔疏證〕引易説卦及釋文。廣韻昔「瘠，秦昔切」，與「在亦切」，同爲從母；昔「脊，資昔切」，精母：兩字聲紐不同，故云：「讀脊者誤。」

今按：周禮秋官蜡氏「掌除骴」，注：「故書骴作脊。」漢書婁敬傳「羸胔老弱」，師古曰：「一説胔讀曰瘠，瘦也。」此脊、此相通之明證。又此與朿聲通，朿與脊聲通，故此、脊聲通矣。先證此、朿聲通。周禮蜡氏注又云：「鄭司農曰：（骴）讀爲殨，謂死人骨也。」夏官羊人「凡沈辜侯禳釁積」，注「積，故書爲眦，鄭司農讀爲漬」，殨、積、漬並从責聲，責从朿聲。考工記車人「爲耒庛」，注：「鄭司農讀爲頽有疵之疵，玄謂庛讀棘刺之刺。」刺亦从朿聲。詩車攻「助我舉柴」，傳：「柴，積也。」説文：「𦙶，積也。詩曰：助我舉𦙶。」西京賦曰：「收禽舉胔。」漢書揚雄傳上「逢蒙列眥」，音義引字林：「眥，目崖也，音漬。」皆此、朿聲通之證。

次證朿、脊聲通。説文：「膌，古文作𤵸。」廣雅釋詁一：「殨，病也。」王念孫疏證云：「周禮蜡氏注引曲禮『四足死者曰殨』，今本作漬。注云：『漬者相瀐污而死也。』引春秋傳：『大災者何？大漬也。』莊廿年公羊傳：『大災者何？大瘠也。』何休注云：『瘠，病也。』釋文：『瘠，一本作漬。』吕氏春秋順民篇云『視孤寡老弱之漬病』，高誘注：『漬亦病也。』漢書晁錯傳云『屯則卒積死』，殨、漬、積、瘠并通。」蜡氏注：「脊讀爲殨。」若漢書婁敬傳，其注本云上引節省「師古曰：胔音漬，謂死之肉也。一説胔讀曰瘠，瘠，瘦也」，則此、朿、脊三字互通，並證明之矣。柴在衣部，瘠在益部，雖或相通，釐然兩韵。瘠爲昔韵從母，見前；柴，在佳韵士佳切，牀二：韵既不同，聲亦相異，然而同位，同位爲變轉。卷三文之異者「骴爲脊」，有補充，可互參。

1046 斷爲敦。 莊子「越人斷髮文身」，司馬彪本斷作敦，敦，斷也。

〔疏證〕 引莊子消摇游及釋文。

今按：説劍「今日試使士敦劍」，釋文引司馬彪亦云「敦，斷也」，亦其例。斷在安部，敦在昷部，雖鄰韵非一部。廣韵魂「敦，都昆切」，端母；换「斷，丁貫切」，端母：韵異聲同，雙聲正轉。

1047 蟦爲墐。　周禮遺人「以恤民之蟦阸」，（注）：「故書蟦阸作墐阸。」

〔疏證〕　遺人屬地官。

今按：説文：「艱，土難治也，籒文作蟦。」艱、墐古韵𥁕部同音，後世衍變而音讀不同。廣韵山「艱，古閑切」，見母；焮「墐，居焮切」，見母：韵異聲同，雙聲正轉。

1048 滯爲廛，又爲癉。　周禮廛人「凡珍異之有滯者」，（注）：「故書滯或爲廛。」泉府「貨之滯于民用者」，注：「故書滯爲癉，杜子春云：癉當爲滯。」

〔疏證〕　廛人、泉府皆屬地官，餘各引注。

今按：滯在曷部，廛、癉在安部，本平入對轉韵。錢氏不言對轉，故鼇然各韵矣。廣韵祭「滯，直例切」，仙「廛，直連切」，並讀澄母，是滯、廛異韵同聲，雙聲正轉也。又寒「癉，都寒切」，端母，澄母古讀定，是滯、癉亦異韵而近紐雙聲，仍爲正轉。阿、曷、安三部，分別爲陰入陽。从帶得聲之字或轉阿部，莊子齊物論「蝍且甘帶」，崔注：「帶，蛇也。」蛇在阿部，即阿、曷對轉之例。考工記梟氏「鐘帶謂之篆」，以帶言篆，聲訓也。篆在安部，則又曷與安相轉之例矣。

1049 焉爲夷。周禮行夫：「焉使則介之。」故書曰夷使，康成謂夷發聲。

〔疏證〕行夫屬秋官，餘見注。釋文：「焉使，焉，劉音夷。」

今按：王引之經義述聞云：「焉字屬上爲句。『使則介之』，故書使上有夷字，夷乃發聲，故鄭兼存故書有夷字者，而以發聲解之，非謂焉字故書作夷也。若焉字故書作夷，則鄭當云『故書焉作夷』方合全書之例。今不言『焉作夷』，而云『使謂大小行人也，故書曰夷使』，是故書使上多一夷字，而焉字仍屬上讀明矣。上省。劉音誤甚，陸氏以『焉使』連讀，亦沿劉氏之誤。」王説是矣，夷讀喻四，焉讀影母，聲紐本不相同，字母家乃配爲清濁，非也。錢氏以影喻爲收聲，故云聲轉。

1050 蜡爲蠶。周禮籥章：「國祭蜡，則龡豳頌」，（注）：「故書蜡爲蠶，杜子春云：當爲蜡。」

〔疏證〕引春官籥章，及注。

今按：蜡在蒦部，蠶在音部，古韵縣隔，僅以聲轉，例亦鮮見。廣韵禡「蜡，鋤駕切」，牀二古讀從；覃「蠶，昨含切」，從母：韵異聲同，本雙聲正轉。然錢氏不言牀二讀從，是牀、從異母。雖牀、從異母，然而同位，同位爲變轉。

1051

簋爲几。周禮小史「史以書叙昭穆之俎簋」，注：「故書簋或爲几。鄭司農云：几讀爲軌，書亦或爲簋，古文也。」

〔疏證〕小史屬春官。校勘記云「漢讀考云：當作『故書軌或爲九。鄭司農云：九讀爲軌。』『書亦或爲』下，當有軌字，句絶。『簋古文也』，四字句絶，謂此軌乃簋之古文」云云。

今按：説文簋，古文作⿷匚飢、匭、朹。以匭朹字考之，謂⿷匚飢當从匚，从食，九聲，今从飢乃飢之訛，几、九形近而誤，可也。詩匏有苦葉「濟盈不濡軌」，釋文「軌，本作軓」，亦九、几形近相混之證。簋、九本古韵幽部同音之字，自可通作。公食大夫禮「宰夫設黍稷六簋于俎西」，注：「古文簋皆作軌。」易損「曷之用二簋可用享」，釋文：「二簋，蜀才作軌。」簋與从九得聲之軌通作之證也。錢氏不從形誤之説，廣韵旨「軌簋，居洧切」、「几，居履切」，雖同韵同紐，分别部居，非同音也。既辨古韵几在衣部，亦依時讀耳。錢氏以爲兩字同母雙聲，故爲正轉，自成一家之言。

1052 藻爲轈。周禮巾車「藻車藻蔽」，注：「故書作轈，杜子春讀爲華藻之藻。」釋文：「轈音摠。」

〔疏證〕巾車屬春官。説文「藻或體作藻」，杜子春讀轈爲藻，即讀轈爲藻也。

今按：藻在夭部，轈在區部，區、夭古韵異部。摠在邕部，轈讀摠，則區、邕對轉耳，夭、邕亦異部。廣韵晧「藻，子晧切」，精母；董「摠，作孔切」，精母：兩字異韵而同爲精母，雙聲正轉。

1053 積爲穦。詩「積之栗栗」，説文引作「穦之秩秩」。

〔疏證〕引詩良耜。引説文見穦、秩兩字説解。

今按：詩甫田「如茨如梁」，傳：「茨，積也。」説文「穧，積禾也」，「緀，績所緝也。」釋名釋飲食：「餈，漬也。」廣雅釋詁一：「茨、穧，積也。」皆以聲訓，可證次、責聲通。積在益部，穧在衣部，兩部古韻不同。廣韻昔「積，資昔切又資賜切」，精母；脂「穧，疾資切」，從母，然穧从資聲應有資音，「資，即夷切」，精母：是積、資異韻同聲，雙聲正轉。又公羊哀二年「戰于栗」，釋文「一本作秩」，左傳作鐵，則栗、秩相通之證。古韻栗、秩同在壹部，而聲紐頗有差異，聲類主聲，故錢氏不録。

1054 邪爲徐。 詩「其虚其邪」，爾雅邪作徐。

〔疏證〕引詩北風，引爾雅釋訓。

今按：北風箋云：「邪讀如徐。」幽通賦「承靈訓其虚徐兮」，曹大家注引詩：「其虚其徐。」皆邪、徐通作通讀之例。邪、徐古韻同烏部，本同音字，今讀則不同矣。廣韻麻「邪，似嗟切」，魚「徐，似魚切」，並讀邪母，是韻異聲同，故爲雙聲正轉。

1055 琨爲璭。 説文：「琨，从玉，昆聲。」或作璭，从貫。書「瑤琨篠簜」，馬融本作瑶瓚，韋昭音貫。漢書地理志亦作瑶瓚，師古音昆。

〔疏證〕引書禹貢及釋文，及地理志注。

今按：詩皇矣「串夷載路」，箋云：「串夷即混夷。」貫字从毌，串即毌之豎立，本一字也。故混、串異文，亦昆、貫通作之證。昆在㬅部，貫在安部，古韻相鄰，時亦旁轉。廣韻魂「昆，古混切」，换「貫，古玩切」，韵異聲同，見母雙聲，故爲正轉。

1056 玭爲蠙。說文：「玭，珠也。从玉，比聲。夏書作蠙，从虫賓。」

〔疏證〕今按：禹貢「淮夷蠙珠暨魚」，釋文：「蠙，字又作玭。」大戴記保傅「玭珠以納其閒」，注：「玭亦作蠙。」皆可證玭、蠙一字也。玭从比聲，在衣部；蠙从賓聲，在因部，衣、因對轉，故可通讀。錢氏不言對轉，故古韵釐然兩部，今韵亦部居不同。廣韵旨「比，卑履切」，真「賓，必鄰切」，陸法言固非母，錢氏則徑作幫母，是韵異聲同，雙聲正轉也。

1057 萉爲䕻。說文：「萉，枲實也，从艸，肥聲。」或作䕻，从麻賁。

〔疏證〕錢氏以爲以上三條，琨、瑻同字，玭、蠙同字，萉、蕡同字，然而所从之聲，昆、貫異韻，比、賓異韻，肥、賁異韻，皆韻異聲同，雙聲正轉之例也。

今按：肥在威部，賁在昷部，威、昷陰陽對轉。錢氏不言對轉，故以爲聲轉。廣韻微「肥，符非切」，文「賁，符分切」，並讀奉母。韻異聲同，雙聲正轉。漢書英布傳「醫家與中大夫賁赫對門」，師古曰：「賁，音肥。」廣韻：肥、賁、蟦同符非切。皆威、昷對轉之證，亦錢氏雙聲正轉之例。

1058

有爲域。

詩「奄有九有」，韓詩作九域，薛君云：「九域，九州也。」

〔疏證〕引詩烈祖。引韓詩及薛君章句，見文選册魏公九錫文注。

今按：烈祖又云「正域彼四方」，傳：「域，有也。」國語魯語「共工氏之伯九有也」，注：「有，域也。」皆有、域通作之證。又説文「或，又从土作域」，是或、域古本一字，有或相通亦可證有、域相通也。書微子「殷其弗或亂正四方」，傳「或，有也」；宋微子世家「殷不有治政不治四方」，以或作有。無逸「乃或諒陰」，魯周公世家作「乃有亮闇」。無逸「亦罔或克壽」，漢書鄭崇傳或作有。大戴禮五帝德「小子無有宿問」，家語有作或。禮記月令「无有斬伐」，呂氏春秋季夏有作或。左傳莊三十二年「故有得神以興，亦有以亡」，國語有並作或。左傳哀七年「曹人或夢衆君子立于社宮而謀亡曹」，曹世家或作有。周語「而或專之，其害多矣」，周本紀或作有。皆或與有通作，可證有與域通作也。有在古韵噫部，域、或在肊部，雖異部固平入韵耳。聲類主聲，廣韵有「有，云九切」，喻三；職「域，雨逼切」，喻三：是有、域二字韵異聲同，雙聲正轉。

1059 鬫爲圭。詩「吉鬫爲饎」，周禮蜡氏注、儀禮士虞記注引作吉圭。吕覽「臨飲食必鬫潔〔一〕」，高誘云：「鬫讀爲圭。」

〔疏證〕引詩天保，韓詩作吉圭。引秋官蜡氏「令州里除不鬫」，注：「鬫讀爲吉圭爲饎之圭。」引士虞記「哀子某圭而爲哀薦之饗」，注：「圭，絜也。詩曰：吉圭爲饎。」引吕覽尊師「飲食必鬫絜」，注：「鬫，讀曰圭也。」

今按：圭在恚部，鬫在益部，古平入韵也。廣韵先「鬫，古玄切」，齊「圭，古攜切」，並讀見母，韵異聲同，雙聲正轉。夷考其實，亦平入通轉。

〔一〕「潔」，本作「吉」，據粤雅堂叢書本改。

1060 介爲个。書「若有一介臣」，大學引作一个。

〔疏證〕引書泰誓。大學釋文：「个，本作介。」

今按：左傳襄八年「亦不使一介行李」，吴語「一介嫡男」，介皆今之言个，亦其例。个在烏部，介在曷部，古不同韵。廣韵箇「个，古賀切」，怪「介，古拜切」，同爲見紐。韵異聲同，雙聲正轉。

1061 臨爲隆。詩「臨衝閑閑」，韓詩作隆衝。

〔疏證〕引詩皇矣。引韓詩見釋文。

今按：荀子彊國「乃在臨慮」，注：「漢書地理志，臨慮，縣名，屬河内，今屬相州也。」漢書地理志「河内郡，隆慮」，注：「應劭曰：隆慮山在北，避殤帝名，改曰林慮也。」从一縣名，可證隆、臨、林三字通作。左傳定八年「林楚御桓子」，公羊作臨南，是又林臨通作之證。林、臨在音部，隆在夅部，古韵雖不同，然有時亦有通轉。廣韵侵「臨，力尋切」，東「隆，力中切」，並爲來母，韵異聲同，故錢氏以爲雙聲正轉。

1062 **栽爲兹。** 中庸「故栽者培之」，注：「栽或爲兹。」

〔疏證〕今按：説文，鼒俗从金，兹聲，字作鎡。栽从𢦏聲，𢦏从才聲；鼒亦从才聲，故鼒之爲鎡，猶栽之爲兹矣。詩下武「昭兹來許」，東觀漢記、王氏詩考引漢碑並作「昭哉來許」。劉昭續漢書祭祀志注引謝沈書，作「昭哉來御」。皆可證栽、兹通作。哉、兹本古韵噫部同音字，聲音衍變而分侈弇，韵遂不同。廣韵咍「栽，祖來切」，精母；之「兹，子之切」，精母：韵異聲同，雙聲正轉。

1063 **賚爲理。** 書「予其大賚女」，史記殷本紀賚作理。

〔疏證〕引書湯誓。

今按：易噬嗑「先王以明罰勑法」，釋文：「勑，猶理也。」儀禮少牢饋食禮「來女孝孫」，注：「來讀曰釐。」詩思文「貽我來牟」，漢書劉向傳引作釐麰。詩江漢「釐爾圭瓚」，傳：「釐，賜也。」既醉「釐爾女士」，傳：「釐，予也。」此則釐爲賚，釐、賚聲通之證。詩臣工「王釐爾成」，箋：「釐，理也。」國語周語「釐改制量」，注：「釐，理也。」書序「帝釐下土方」，馬注：「釐，賜也，理也。」是又以釐爲理。賚爲釐，釐爲理，故知賚爲理也。賚、理本古韵噫部同音字，後世韵分侈弇而韵遂不同矣。廣韵代「賚，洛代切」，來母；止「理，良士切」，來母：韵異聲同，雙聲正轉。

1064 縮爲數。周禮司尊彝「醴齊縮酌」，注：「故書縮爲數。」

〔疏證〕司尊彝屬春官。本條合併下條，以觀其會通。

1065 速爲數。考工記「不微至無以爲戚速也」，注：「速，書或作數。」弓人：「莫能以速中」，注：「故書或爲數。」

〔疏證〕此併上條疏證於次。

今按：方言五「炊籅謂之縮，或謂之篗」，郭注音藪。戴震疏證：「篗亦作籔，説文『籅，漉米籔也』，『籔，炊籅也。』縮與籔一聲之轉。」莊子人間世「以爲棺槨則速腐」，釋文：「速，崔本作數。」儀禮少牢饋食禮「乃宿尸」，注：「或作速，記作肅。」宿通於速，速通于數，是亦宿通于數。是亦縮爲數之證也。宿、縮皆萸部，數、速皆屋部，廣韵屋「縮，所六切」，覺「數，所角切又所矩、所句切」，並讀審二。屋「速，桑谷切」，心母。若以審二古讀心論，三字皆雙聲正轉；若謂錢氏不言審二古讀，則縮、數審二正轉，速、數同位變轉。

又按縮亦爲蹙，鄉飲酒禮「罄階閒縮霤」，注：「古文縮爲蹙。」士虞禮「東縮」，注：「古文縮爲蹙。」少牢饋食禮「縮執俎肝亦縮」，注：「古文縮爲蹙。」射禮「十純則縮而委之」，注：「古文縮皆爲蹙。」有司徹「西縮」，注：「古文縮皆爲蹙。」大射儀「十純則縮而委之」，注：「古文縮皆作蹙。」縮、蹙古韵皆在奥部，廣韵屋「縮，所六切」，「蹙，子六切」，縮爲審二，蹙爲精母，韵同而聲小異，故錢氏不録。

1066

曰爲聿。　詩「見晛曰消」，荀子、韓詩、劉向傳並作聿消〔一〕。「曰爲改歲」，漢書食貨志作聿爲。王逸離騷注引詩「予聿有奔走，予聿有先後」。

〔疏證〕角弓：「見晛曰消。」引荀子非相。韓詩見釋文。七月：「曰爲改歲。」緜：「予曰有奔助，予曰有先後。」

今按：大明「曰嬪于京」，爾雅釋親注引作聿。抑「曰喪厥國」，釋文引韓詩作聿。載見「曰求厥章」，墨子尚賢引作聿。亦其例也。經傳釋詞有「欥聿遹曰」條，可參讀。

〔一〕「消」下，粵雅堂叢書本有「曰喪厥國韓詩作聿喪」九字。

聿在鬱部，曰在曷部，雖異韵然相鄰近。廣韵術「聿、遹、欥，餘律切」，喻四；月「曰，王伐切」，喻三：喻三、喻四古聲迥然不同，前人則以之同爲喻母，故錢氏以爲韵異聲同，雙聲正轉。

1067 遹爲欥。詩「遹求厥寧」，説文作欥求。欥即曰字，遹與聿同。

〔疏證〕引詩文王有聲。

今按：錢氏以爲「欥即曰字」，其説最是。説文「曰，从口乚，象口出气也」，「欠，張口气，悟也」。曰从乚，欥更从欠，疊牀架屋，爲重複矣。猶之益之又加水旁作溢，困之又加木旁作梱，冄而爲髯，或而爲域爲國矣。廣韵術韵欥、遹同切，自爲雙聲，宜爲正轉。若以欥爲曰之重文，則當讀王伐切，則遹、欥異韵，聲分喻三、喻四，錢氏仍以爲喻母雙聲。兼詳上條。

1068 較爲講，亦爲榷。漢書曹參傳「蕭何爲法，講若畫一」，文穎曰：「講或爲較。」史記作顜。周禮考工記「以其隧之半爲之較崇」，注：「故書較作榷。」

〔疏證〕引史記曹相國世家，引考工記輿人。

今按：較在夭部，榷在約部，講在區部轉入邕部，古韻不同，然夭、約平入韻也。一切經音義七：「較，古文榷同。」漢書叙傳上、下，蕭該音義並引劉氏：「搉，效也。」此皆交、隺聲通之證，故較爲榷矣。説文：「冓，交積材也。」國語晉語「逐之恐搆諸侯」，注：「搆，交搆也。」鄭語「擇臣取諫工而講以多物」，注：「講，校也。」又「物一不講」，注：「講，校也。」此皆交、冓聲通之證，故較爲講矣。又角爲斠，亦爲校，則斠、校相通，亦其證，詳下條。廣韵效「較，古孝切」，講「講，古項切」，覺「榷，古岳切」，是三字韵雖不同，然而同爲見母，雙聲正轉。

1069 角爲斠。月令「角斗甬」，注：「角謂平之也。」説文「斠，平斗斛也」，古岳切，與角同音。

〔疏證〕今按：月令外，斠多借角爲之。吕覽仲春亦云「角斗甬，正權概」，淮南時則則云「角斗稱」，兩書並注云：「角，平也。」管子七法：「斗，斛也；角，量也。」孫子虛實「角之而知有餘不足之處」，魏武帝注云：「角，量也。」皆借角爲斠也。角在屋部，斠从冓聲在區部，古韵分兩部而平入相通，故廣韵覺「角、斠，古岳切」，見母，同音字也。

角與校亦雙聲相轉，漢書東方朔傳「角狗馬之足」，師古曰：「角猶校也。」賈誼傳「非親角材而臣之也」，師古曰：「角，校也，競也。」角爲斠，又訓校，即斠、校相通耳，故上條云「較爲講」，兼詳上條。

1070

箕爲荄。 易「箕子之明夷」，釋文引劉向云：「今易箕子作荄滋。」漢書儒林傳：趙賓「以爲箕子明夷，陰陽氣亡箕子，箕子者，萬物方荄茲也。」

〔疏證〕 引易明夷。

今按：淮南時則「爨萁燧火」，注：「萁讀荄備之荄也。」萁爲荄猶箕爲荄。孟子盡心上「孳孳爲善者」，音義引張音：「孳與孜同，古字通用。」文選景福殿賦「聖上猶孳孳靡忒」，注：「孳與孜同。」書金滕「是有丕子之責于天」，史記、白虎通作負子，公羊桓十六年「屬負茲」，負、丕通作，茲、子通作也。 詩綢繆「子兮子兮」，傳：「子兮者，嗟茲也。」

說文「嗟，嗞也」。是又子、玆、嗞通作之證。若子訓玆、孳，爲例最多，大戴記本命：「子者，孳也。」白虎通五行「子者，孳也」，史記三代世表：「子者，玆玆益大也。」淮南天文：「子者，玆也。」廣雅釋言：「子，孳也。」不可勝數。箕、荄、子、滋皆在噫部，箕、荄則後世音分侈弇矣。廣韵之「箕，居之切」，見母；咍「荄，古哀切又古諧切」，見母：是韵異而聲同，故爲雙聲正轉。

1071

鰥爲矜。　書「有鰥在下，曰虞舜」，史記作矜。孟子：「老而無妻曰鰥。」王制「老而無妻者謂之矜」，注：「本又作鰥。」

〔疏證〕　引書堯典。引史記五帝本紀。引孟子梁惠王下。

今按：詩何草不黄「何人不矜」，箋：「無妻曰矜。」疏云：「矜與鰥古今字。」書大傳正作「何人不鰥」。詩烝民「不侮矜寡」，國策秦策注及新序雜事四均作「不侮鰥寡」。詩桃夭序「國無鰥民也」，疏：「鰥或作矜，同，古今字異。」並皆鰥、矜互作之證。又書康誥「恫瘝乃身」，後漢書和帝紀「朕寤寐恫矜」，注引尚書：「恫矜乃身。」阮元校勘記曰：「蓋章懷所見孔氏尚書作矜，可證瘝爲矜之俗字矣。」矜、鰥皆無病義，蓋廣韵删之瘝字也。召誥「智藏瘝在」，字亦作瘝，鰥、瘝皆从眔，實即罤之省聲也。瘝、矜通作猶鰥之爲矜矣。鰥在昷部，矜从今聲則入音部，若作矜則入因部，古韵皆不相同。廣韵山「鰥，古頑切」，見母；蒸「矜，居陵切」，見母；真「矜古作矜，巨巾切」，羣母，錢氏應取居陵切：韵異聲同，見母雙聲，故爲正轉。

1072 告爲鞠。詩「日月告凶」，劉向封事引作鞠凶。文王世子「告于甸人」，注：「告讀爲鞠。」

〔疏證〕引詩十月之交。劉向封事見漢書本傳。

今按：詩采芑「陳師鞠旅」，傳：「鞠，告也。」劉向傳、敘傳上注及後漢書皇甫嵩朱儁傳注並同。文選東京賦薛注：「鞠之言告也。」告爲鞠猶鞠訓告也。告在幽部，鞠在奧部，雖異部然平入相轉。廣韵號「告，古到切」，見母；屋「鞠，居六切」，見母：韵異而聲同，故爲雙聲正轉。

1073 荒爲憮。詩「遂荒大東」，爾雅注引作遂憮。

〔疏證〕引詩閟宫。引爾雅注，見釋詁上「憮，有也」注。

今按：詩蟋蟀「好樂無荒」，公劉「豳居永荒」，天作「太王荒之」，傳並云：「荒，大也。」爾雅釋詁「憮，大也。」方言一：「憮，大也。」是荒、憮同訓大，以其聲通而義同也。詩閟宮傳：「荒，有也。」爾雅釋詁：「憮，有也。」是荒、憮同訓有，亦聲通而義同也。說文：「荒，蕪也。」憮、蕪同从無聲，是荒、無聲通也。荒讀曉母，蕪讀微母者，微母聲變則爲曉，猶之荒本从亡聲微母，故憮亦从無聲矣。荒在央部，憮在烏部，古韵烏、央對轉，錢氏不言對轉，故釐然兩部。廣韵唐「荒，呼光切」，模「憮，荒烏切」，韵不同而同爲曉母，雙聲正轉。

1074 振爲榰。　易「振恒凶」，說文引作榰恒。

〔疏證〕引易恒。釋文：「振，張本作震。」

今按：說文「蚳，讀若祁，籀文作𧒄，古文作𧑓」，𧑓，从虫、从土，辰聲。說文坻或作渚，渚从耆聲。是氏與祁與耆，聲通於辰。禮記內則「祗見孺子」，注：「祗或作振。」書無逸「治民祗懼」，史記魯周公世家作震懼。皋陶謨「儼祗敬六德」，夏本紀祗作振。柴誓「祗復之」，魯世家祗作敬，徐廣曰：「一作振。」詩吉日「其祁孔有」，箋云：「祁當作麎。」離騷「又何芳之能祗」，王引之云：「祗之言振也。」既以祗訓振、震，又以祁訓麎，前言氏與祁與耆聲通，是亦耆與辰聲通矣。氏、旨、示皆衣部字，辰在昷部，古韵衣、昷旁對轉，錢氏不言對轉，故不以爲韵轉。廣韵震「震，章刃切又之人切」，照三；支「榰，章移切」，照三：韵異而同紐，故爲雙聲正轉。兼詳下條。

1075

祇爲振爲震。書「日嚴祇敬六德」，史記夏本紀作振敬。（無逸）「治民祇懼」，史記魯世家作震懼。盤庚「爾謂朕曷震動萬民以遷」，漢石經作祇動。

〔疏證〕已詳上條。原刻無無逸二字。

1076

箭爲晉。周禮「揚州其利金錫竹箭」，注：「故書箭爲晉，杜子春云：當爲箭。」大射禮「綴諸箭」，注：「古文箭爲晉。」

〔疏證〕引周禮夏官職方氏及注。

今按：説文「晉，進也」，「箭，矢也」，是箭與晉本不相同，以其聲通故相通用。釋名釋兵：「矢又謂之箭。箭，進也。」詩常武「進厥虎臣」，箋：「進，前也。」士冠禮「進受命於主人」，注：「進，前也。」鄉射禮「司正猶挾一个以進」，注：「進，前也。」大射禮「進束反位」，注：「進，前也。」是皆進、前聲通之例。進又與晉聲通，大戴記子張問入官「教不能勿搢」，注：「進或聲誤爲搢。」晉書音義中：「璡與瑨同。」進既與前聲通，又與晉聲通，故前、晉聲通矣。前、晉聲通故箭爲晉。箭在安部，晉在因部，古韵雖近，分爲兩部。廣韵震「晉、進，即刃切」，精母；線「箭，子賤切」，精母：韵異聲同，雙聲正轉。兼參下條。

1077

薦爲縉。史記五帝本紀：「薦紳先生難言之」，徐廣云：「薦紳即縉紳也，古字假借。」

〔疏證〕今按：漢書郊祀志「縉紳者弗道」，師古曰：「或作薦紳者，亦謂薦笏於紳帶之間，其義同。」史記孝武本紀「薦紳之屬」，索隱：「薦音搢。搢，挺也，言挺笏於紳帶之間，事出禮内則。今作薦者，古字假借爾。漢書作縉紳。」此皆薦、縉互作之證。又薦每訓進，易豫象曰：「殷薦之上帝」，鄭注：「薦，進也。」士昏禮「贊者薦脯醢」，鄉射禮「薦脯醢」，鄉飲酒禮「薦脯醢」，燕禮「士薦脯醢」，注並云：「薦，進也。」上條云：晉訓進，薦、晉並訓進，故薦、晉可以通作，亦可證薦爲縉耳。薦在昷部，朱入乾即安部。縉在因部，古韻雖相鄰，然分兩部。廣韻霰「薦，作甸切」，精母；震「縉，即刃切」，精母：是兩字韻異聲同，雙聲正轉。

1078 迓爲禦，亦爲御。書「弗迓克奔」，馬融本作禦。曲禮「大夫士必自御之」，注：「御當爲迓。」春秋傳曰：「跛者御跛者，眇者御眇者。」皆迓也，世人亂之。士昏禮「媵御沃盥交」，注：「御當爲訝，訝，迎也。」

〔疏證〕引書牧誓及釋文。引春秋穀梁傳成元年。

今按：説文「訝，相迎也」，迓爲訝之後起字，轉入聲作逆，又「逆，迎也」，對轉陽，「迎，逢也」，此烏、曷、央三部即陰入陽相轉，三字又同母，本一字之變易。説文「御，使馬也，古文作馭」，此駕馭字；訓迎、迓則借字。穀梁成元年「齊使禿者御禿者，使眇者御眇者，跛者御跛者，僂者御僂者」，注：「御音迓，迓，迎也。」公羊成二年「於是使跛者迓跛者，眇者迓眇者」，注：「迓，迎。卿主迎者也。」史通敘事：「齊使跛者逆跛者，禿者逆禿者，眇者逆眇者。」三書用字而御、迓訝、逆不同，公、穀並以迎釋迓、御，蓋迓、逆、迎三字音通而義通，一字之變音變形也，御則迓之同音假借，亦迎、逆之轉音假借也。此其一。荀子榮辱「監門御旅」，注：「御讀爲迓。迓旅，逆旅也。」詩鵲巢「百兩御之」，釋文：「本亦作訝作迓。」周禮夏官田僕「設驅逆之車」，注：「逆衙還之。」釋文：「衙，本又作御，同五嫁反。」則謂衙、御同音迓也。史記天官書「迎角而戰者不勝」，徐廣曰：「迎亦作御。」是皆以御、迓、迎通作，此其二。訝、逆、迎除説文本訓相通外，三字通訓者極多。周禮秋官序官「訝士」，注：「訝，迎也。」儀禮聘禮「訝賓於館」，公食大夫禮「從者訝受皮」，注並云：「訝，迎也。」爾雅釋言：「逆，迎也。」周禮春官大史「以逆邦國之治」，春官小祝「逆時雨」，注並云：「逆，迎也。」國語周語「上卿逆于境」，「行理以節逆之」，「以逆天休」，齊語「桓公親逆之於郊」，注並云：「逆，迎也。」方言一：「逆，迎也。自關而東曰逆，自關而西或曰迎。」淮南時則「以迎歲于東郊」，注：「迎歲，逆春也。」史記五帝本紀「迎日推策」，正義：「迎，逆也。」此其三。御、禦聲同，自當通作，左傳莊廿四年「御孫」，漢書古今人表作禦孫。詩常棣「外禦其侮」，疏：「定本經御作禦。」左傳莊十一年「公子御説之辭也」，釋文：「御，本亦作禦。」莊廿一年經「陳人殺其大夫御寇」，釋文：「御，本亦作禦。」周禮掌蜃注：「以蜃御溼。」釋文：「御，本亦作禦。」此其四。故訝、逆、迎通作御與禦也。再引申言之，亦通於遇、遻、迕，此不具説。錢氏以爲廣韻禡「訝、迓，吾駕切」，疑母；御「御，牛據切」，疑母；語「禦，魚巨切」，疑母：三字韻異而聲同，雙聲正轉。

1079 素爲索。禮中庸「素隱行怪」，漢書藝文志引作索隱〔一〕。左傳「八索九邱」，釋文：「索本或作素。」孔安國尚書序「八卦之説謂之八索」，徐仙民音素，「本或作素」。釋名：「八索，索，素也；著素王之法。」

〔疏證〕引徐仙民説，見釋文。引釋名釋典藝。

今按：爾雅釋草「素華軌鬷」，釋文：「素又作索。」此亦素爲索之又一證。素在烏部，索在蒦部，烏、蒦古平入韵，素爲索，本音之轉，朱熹注中庸以爲「形之誤」，未必然也。廣韵暮「素，桑故切」，心母；鐸「索，桑各切又所戟切」，心母：韵異聲同，雙聲正轉。

1080 燂（徒含切）爲朕。周禮弓人「撟角欲孰于火而無燂」，注：「故書燂或作朕。」

〔疏證〕引考工記弓人。釋文：「燂音潛，又音尋，或大含反。」又音尋者，即後世燖字也。廣韵侵「尋、燖，徐林切」，邪母，古讀定。如説文蕁、潯並讀「葛覃之覃」是矣。

〔一〕「素隱行怪」，「素」原作「索」，據粵雅堂叢書本及禮記中庸改；「引作索隱」，「索」原作「素」，據粵雅堂叢書本及漢書藝文志改。

錢氏不言邪母古讀定，故於燂下注云：「燂，徒含切。」今按：燂在音部，朕在膺部，古韵不同，雖間有旁轉，然覃弅相通，例不多見。説文「橝，一曰蠶槌」，「栚，槌之横者也」。豈橝、栚聲同而義通歟？略備一例。廣韵軫「眹，直引切」，澄母，古讀定，與燂韵異而聲同，故錢氏以爲雙聲正轉。

1081 吾爲魚。列子黄帝篇「姬，魚語女」，注：「魚，當作吾。」

〔疏證〕列子釋文：「魚音吾。」已詳卷二釋地：「吾山，魚山也。」

1082 梱爲魁。大射儀「取矢梱之」，注：「古文梱作魁。」又「揚觸梱復」，注：「古文梱作魁。」

〔疏證〕今按：梱在昷部，魁在威部，古韵威、昷對轉，錢氏不言對轉，則古今韵釐然不同。廣韵混「梱，苦本切」，灰「魁，苦回切」，同讀溪母，韵異聲同，雙聲正轉。

1083 翳爲弋。禮月令「羅網畢翳」，注：「今月令爲弋。」

〔疏證〕今按：翳在衣部，弋在肊部，古韻鮮有相通者。廣韻霽「翳，於計切」，影母；職「弋，與職切」，喻四：韵既不同，聲亦各異，錢氏以爲影、喻同爲收聲，故爲同位變轉。考之古聲，影、喻兩紐，截然不同，此實音訛，故爲例亦罕見。

1084 啜爲嚽。荀子富國篇「嚽菽飲水」，注：「嚽與啜同。」

〔疏證〕今按：説文：「啜，嘗也。」無嚽字，嚽蓋啜之俗字也。周禮春官典路「大喪大賓亦如之」，注：「鄭司農曰：大路在賓階面，贅路在阼階面。」釋文：「贅作綴。」顧命曰：「綴輅在阼階面。」公羊襄十四年傳注：「君若贅旒然」，釋文作綴流，云：「一本作贅旒。」又十六年「君若贅旒然」，釋文：「贅，本又作綴。」詩長發「爲下國綴旒」，綴旒亦即贅旒也。啜、綴並从叕聲，嚽从贅聲，綴之作贅，猶啜爲嚽矣。啜、嚽古韵同曷部，本同音字，聲音衍變，後世略有不同。廣韵祭「贅，之芮切」，照三；屑「啜，陟劣切又昌悅切」，知母：照三與知古同讀端，本雙聲正轉。然錢氏未嘗明言照三讀端，則兩字異韵異母，然而同爲出聲，同位變轉。

1085 屨爲漏。莊子達生篇「沈有屨」，司馬彪本作漏，「沈，汙泥也。漏，神名也」。

〔疏證〕 今按：禮記内則「馬黑脊而般臂漏」，注：「漏當爲螻。」詩賓之初筵「屢舞僛僛」，説苑反質作「履舞僛僛」。左傳僖十五年「登臺而履薪焉」，釋文履作屨。莊子讓王「縱履杖藜而應門」，釋文：「履本作屨。」列子黄帝「脱履户外」，釋文：「履本作屨。」螻、屨並从婁得聲，履、漏並與从婁得聲之字通讀，可證履可爲漏矣。履在衣部，漏在區部，古韻迴別。廣韻旨「履，力几切」，來母；候「漏，盧候切」，來母：韻異聲同，雙聲正轉。

1086

參爲操。莊子天下篇「以參爲驗」，本又作操。

〔疏證〕 「本又作操」引釋文。

今按：詩月出「勞心慘兮」，五經文字慘作懆。北山「或慘慘畏咎」，釋文：「慘本作懆。」白華「念子懆懆」，釋文：「懆懆，七感反，説文七倒反，亦作慘慘。」抑「我心慘慘」，五經文字作「我心懆懆」。慘从參聲，操、懆並从喿聲。是慘爲懆猶參爲操矣。參在音部，操在天部，古韻懸隔，不相通轉。廣韻覃「參，倉含切」，清母；豪「操，七刀切又七到切」，清母：韻異聲同，於錢氏爲雙聲正轉。

又按：戴震毛鄭詩考證云：「月出三章『勞心慘兮』，按：慘，七感切，方言云『殺也』，說文云『毒也』，音義皆于詩不協。蓋懆字轉寫訛慘耳。懆，千到切，故與照燎紹韵。說文『懆，愁不安也』，引詩『念子懆懆』。今詩中正月篇『憂心慘慘』，北山篇『或慘慘劬勞』，抑篇『我心慘慘』，慘慘皆懆懆之訛。釋文於北山篇云：『字亦作懆。』於白華篇『念子懆懆』云：『亦作慘慘。』蓋未能決定二字音義，亦猶辭與訊之溷淆矣。」段玉裁詩經小學云：「勞心慘兮，毛晃曰：詩小雅白華『念子懆懆』，陸音七倒反，又引說文七感反，云亦作慘。北山『或慘慘劬勞』，陸音七感反，字亦作懆。蓋俗書懆與慘更互訛舛，陸氏不加辨正，而互音之，非也。白華懆當作草、慥二音，不當音七感反，字作慘，亦非。北山當作七感反，字亦不當作懆。又陳風月出『勞心慘兮』，亦誤。當作懆。」戴、段兩家大同小異，與錢說則異趣。今以爲求詩之音與義言之，則戴氏之説爲最是；求字誤之由，戴氏以爲形訛，錢氏以爲聲轉，可以兩存也。詩小旻「是用不集」，元鈔本韓詩外傳作就。以詩韵言之，猶集咎道則不叶，猶就咎道則相叶，以詩義言之，集就兩通。集就不得謂形誤，蓋亦聲轉耳。

1087 竅爲窾。莊子齊物論「大木百圍之竅穴」，崔本作窾。

〔疏證〕今按：窾在古韵約部，説文無窾，字作款，从祟聲，在欝部古韵懸隔不通。説文「窾，空也」，「款，意有所欲也」。款無空義，款、窾訓空蓋即空之假借。窾、穴之字作窾者，錢氏以爲非形之混，乃聲之轉。廣韵嘯「窾，苦弔切」，緩「款、窾，苦管切」，皆溪母字；韵異聲同，雙聲正轉。

1088

造爲戚。大戴記保傅篇「靈公造然失容」，賈子新書作戚然。周禮掌固「夜三鼜」，杜子春「讀造次之造」，又「讀憂戚之戚」。「夜三鼜」，刻本誤作「鼓三鼜」。

〔疏證〕已詳卷二讀之異者「鼜如造」。

1089

蜯爲䫆。詩「蜯首蛾眉」，説文：「䫆，（好）貌，詩所謂䫆首。」按：説文無蜯字，蜯與䫆聲相近。

〔疏證〕今按：卷二讀之異者「綪如静」，疏證已論及。蜯在因部，䫆在嬰部，古韵不同。廣韵真「蜯，匠鄰切」，從母；勁「䫆，疾政切」，從母：韵異聲同，雙聲正轉。錢引説文，刻本脱好字，今補，加括號。

1090 骴爲脊。周禮蜡氏「掌除骴」，注：「故書骴作脊。鄭司農云：脊讀爲殨，謂死人骨也。」月令曰：「掩骼埋胔。」按：月令「掩骼埋胔」，吕氏春秋作「揜骼霾髊」，高誘云：「髊讀爲水漬物之漬。」骴、胔、髊、殨、漬同音。

〔疏證〕廣韵「漬、殨、髊、骴、胔，並疾智切」，錢氏據此言之耳。差在阿部，此在衣部，責在益部，五字古分三韵，廣韵合而爲一，韵之衍變耳。錢氏以爲韵之衍變而聲未變者，聲爲主而韵爲輔，此所以作聲類也。

今按：論證已詳本卷本類前「瘠爲柴」條。別舉一例於此，説文㛗下引詩曰「屢舞㛗㛗」，賓之初筵㛗作傞。廣雅釋器：「鮆，鮺也。」㛗之作傞，鮆之作鮺，猶月令埋胔，吕覽作霾髊也。

1091 閒爲干。聘禮記「皮馬相閒可也」，注：「古文閒作干。」

1092 澗爲干。詩「考槃在澗」，韓詩作干。

〔疏證〕上兩條已詳卷一釋詁「閒，干也」，「干，澗也」。

1093 退爲妥。檀弓「其中退然」，注：「退或爲妥。」易「隤然示人簡矣」，孟喜本隤作退，陸績姚信並作妥。左傳注「古名退軍爲綏」，綏有妥音。

〔疏證〕已詳卷一釋詁：「妥，退也。」

1094 贅爲屬（之欲切〔一〕）。書傳略説「太王亶父贅其耆老而問之子」，孟子作屬。

〔疏證〕已詳卷一釋詁：「贅，屬也。」上「啜爲嚽」，亦可參閱。

1095 昃爲稷。易「日中則昃」，孟喜本作稷。春秋「日下昃」，穀梁作下

〔一〕「之欲切」三字原闕，據粤雅堂叢書本補。

稷。尚書中候握河紀「至于日稷」，鄭注：「稷讀曰側。」史記趙世家，秦昭王名稷，世本云：名側。側仄義同，日仄爲昃。

〔疏證〕已詳卷一釋詁：「昃、稷，側也。」

1096 菱爲蔆。說文：「菱，芰也，从艸，淩聲。司馬相如說，菱从遴作蔆。」

〔疏證〕今按：汲冢周書作雒「乃囚蔡叔于郭淩」，僞古文蔡仲之命郭淩作郭鄰。史記萬石列傳「徙居陵里」，徐廣云：「陵一作鄰。」菱、淩、陵並从夌聲，蔆、鄰並以粦聲，淩與陵作鄰，可證菱爲蔆矣。菱在膺部，蔆在因部，古韵迥然不同。廣韵蒸「菱，力膺切」，來母；震「遴，良刃切」，來母：韵異聲同，雙聲正轉。

1097 蘊如鬱。詩「蘊隆蟲蟲」，釋文：「蘊本又作熅，韓詩作鬱。」

〔疏證〕已詳卷一釋詁「宛，鬱也」，「慰，鬱也」。卷二讀之異者「宛如蘊」，「鴛如溫」。

1098 潛爲涔。詩「潛有多魚」，韓詩作涔。書「沱潛既道」，史記夏本紀作涔。

〔疏證〕引詩潛。引書禹貢。夏本紀索隱：「涔本亦作潛。」

今按：禹貢又云「浮于江沱潛漢，逾于洛，至于河南」，史記夏本紀作「浮于江沱，涔于漢，踰于洛」，潛亦作涔。漢書地理志潛並作灊。詩潛序釋文：「爾雅作涔，小雅作糣。」漢書揚雄傳上「玉石嶜崟」，音義引字詁：「嶜，古文岑字。」岑之爲嶜，猶涔爲潛矣。說文：「鬵讀若岑。」地理志以灊爲潛，鬵讀若岑，猶灊、潛讀若涔矣。潛、涔古韵皆音部，本同音字，後世衍變，而小有迻易。廣韵侵「涔，鋤針切」，牀二古讀從，錢氏所不言；鹽「潛，昨鹽切」，從母：以古聲言，雙聲正轉，以今聲言，同位變轉。

1099 叟爲溞。詩「釋之叟叟」，釋文：「叟，所留反，字又作溲。爾雅作溞，郭音騷。」

〔疏證〕引詩生民。

今按：說文「溲，浸沃也」，無溞字，溞蓋溲之或體。詩言叟叟，溲之省，釋訓「溞溞，澌也」，溞即溲之或體。兩字古韵同在幽部，今音小異。廣韵厚「叟，蘇后切」，心母；有「溲，踈有切」，審二古讀心；豪「溞，蘇遭切」，心母：「叟爲溞」，韵異聲同，雙聲正轉。

1100 勿爲网。易「井收勿幕」，干寶本作网。

〔疏證〕引易井及釋文。

今按：勿訓無，通訓也。詩東山「勿士行枚」，箋：「勿，無也。」賓之初筵「式勿從謂」，箋：「勿猶無也。」吕覽季夏「勿敢詐僞」，淮南脩務「寡人敢勿軾乎」，注並云：「勿，無也。」小爾雅廣詁：「勿，無也。」孟子梁惠王上「勿奪其時」，荀子注引作「無失其時」，更以勿作無矣。罔、网一字也，無罔亦通訓。詩民勞「以謹罔極」，抑「罔敷求先王」，箋並云：「罔，無也。」爾雅釋言：「罔，無也。」無煩枚舉。勿、网並訓無，聲通而義同耳。勿在鬱部，网在央部，韵不同蓋雙聲字也。廣韵物「勿，文弗切」，養「网，文兩切」，並讀微母。韵異聲同，雙聲正轉。

1101 集爲就。詩「是用不集」，韓詩作就。書顧命「克達殷集大命」，蔡邕石經作就。吴越春秋：「子不聞河上之歌乎？同病相憐，同憂相救，驚翔之鳥相隨而集，瀨下之水回復俱留。」予按：兩隹爲雔，三隹爲雥，雥雔音相近，集从雥聲，故與就相近也。

〔疏證〕　引詩小旻。韓詩外傳六集作就。引吴越春秋闔閭内傳，集亦當作就，上與救下與留叶。

今按：集、就互作，錢引已備。集、就通訓，時復有之，小旻「是用不集」，大明「有命既集」，傳並云：「集，就也。」廣雅釋詁三：「集，就也。」其他訓成，亦謂成就，左傳桓五年「可以集事」，成十三年「用集我文公」，注：「集，成也。」集訓就，聲轉義通也。集在邑部，就幽部，古韻相距甚遠，非韻轉也。兩隹三隹之説，集从雥聲，疑非錢綴。廣韻緝「集，秦入切」，從母；宥「就，疾僦切」，從母：廣韻亦不同韻而同母，雙聲正轉。

1102　禫爲導。　士喪禮「中月而禫」，注：「古文禫或爲導。」禮記喪服大記「禫而内無哭者」，注：「禫，或皆作道。」説文木部棪字、谷部西字俱云：「讀若三年導服之導。」

〔疏證〕士虞禮「中月而禫」，非士喪禮，誤刊。説文㝥字下亦云「讀若三年導服之導」，此缺引。禫，除服祭也。自喪至此，凡二十七月，故言三年。

今按：説文「覃，長味也」，今言味道，即味覃也。章太炎新方言釋形體：「傷寒論蜜前導方、豬膽汁方皆云『納穀道中』，今廣信謂後竅曰穀道，道讀若瞫原注：徒紺切。」此亦覃道通讀之證。禫在音部，導在幽部，古韵不同。廣韵感「禫，徒感切」，號「導，徒到切」，並在定母，是廣韵亦不同韵，雙聲正轉。

1103 畿爲近。

周禮大司馬「以九畿之籍」，注：「故書畿爲近。鄭司農云：近當言畿。春秋傳曰：『天子一畿，諸侯一同。』」按春秋傳畿作圻，圻即近也。

〔疏證〕大司馬屬夏官。左傳襄廿五年：「昔天子之一圻，列國一同。今大國多數圻矣，若無侵小，何以至焉。」畿並作圻。

今按：畿从幾省聲，下條云「幾爲近」，應合併釋之。

1104 幾（音祈）爲近。易小畜「月幾望」，徐仙民音祈，子夏傳作近。中孚「月幾望」，釋文：「音機，又音祈，京房作近。」禮記祭法「相近于坎壇」，注：「相近爲禳祈，聲之誤。」

〔疏證〕今按：易屯「君子幾不如舍」，釋文：「幾音祈，又音機，近也。」歸妹「月幾望」，釋文：「音機，又音祈，荀音既。」依小畜、中孚推之，子夏傳亦宜作近，疏云「月幾望者，如月之近望」，以近釋幾，從可知也。祈从斤聲，蓋祈音今雖與幾同讀，古音又可與近同讀，故祈讀幾猶幾讀近也。周禮春官肆師「及其祈珥」，注：「故書祈爲幾，杜子春讀幾爲祈。」注又云「玄謂祈當爲進機之機」，機从幾聲故耳。它如莊子天道「幾乎后言」，釋文「幾，司馬本作頎」，幾作頎猶幾作近也。近在昷部，幾在衣部，古韵旁對轉，然錢氏不言對轉。廣韵隱「近，其謹切又其靳切」，羣母；微「祈、幾，渠希切」，羣母：是異韵同聲，故幾、近雙聲正轉。又郊特牲「丹漆雕幾之美」，注：「幾謂漆飾沂鄂也。」少儀「國家靡敝，則車不雕幾」，注：「幾謂附纏爲沂鄂也。」皆以幾訓沂，亦猶幾爲近矣。惟廣韵微「沂，魚衣切」，疑母。故錢氏以爲卷一釋言「沂鄂，垠鄂也」之證，依説文形聲之理，仍可爲幾爲近之證例也。

又按「畿爲近」，畿从幾聲，故與「幾爲近」，可相互證，宜貫通讀之。穀梁隱元年「天子畿内」，釋文：「畿本作圻。」喪服禮注「天子圻内之民」，釋文：「圻本作畿。」文選射雉賦「晝分衍而分畿」，注：「圻與畿同。」周書職方「方千里曰王圻」，周禮職方氏作王畿。左傳昭三十二年：「今土數圻」，注：「方千里爲圻」，圻並與畿同。畿、圻通作猶畿、近通作。大學「邦畿千里」，釋文：「畿本作幾。」益可證，兩條可併而爲一也。廣韻微「畿、圻，渠希切」，羣母，與近雙聲，故爲正轉。

1105 塍爲甸。 士喪禮「兩籩無塍」，注：「塍，緣也。古文塍爲甸。」

〔疏證〕 今按：塍在膺部，甸在因部，古韻迥然不同。雖兩部之字亦有通讀者，如卷一釋言「甸，陳也、乘也」，亦以甸讀如膺部之乘矣，詳見彼文。彼文既不以甸讀乘爲韵轉，則塍爲甸亦非韵轉明矣。廣韵登「塍，徒登切」，定母；霰「甸，堂練切」，定母：兩字廣韵亦不同韵，然而同聲，故爲雙聲正轉。

1106 蒙爲蝨又爲霿。 書洪範「曰驛曰蒙」，鄭康成本蒙作蝨。又「曰蒙，恒風若」，漢書五行志引作霿。

〔疏證〕書作「曰蒙曰驛」，引文錢依鄭注周禮。孫志祖云：「經文本作雺圛，而傳讀爲蒙驛耳。」周禮春官大卜「其頌皆十有二百」，注引洪範：「曰雨、曰濟、曰圛、曰蟊、曰尅。」

今按：史記宋微子世家「曰霧」，索隱：「霧音蒙，然蒙與霧亦通。」荀子禮論「薦器則冠有鍪而無縰」，注：「鍪之言蒙也。」蟊、雺、霿、霧推其原皆从矛聲，自應通作，古韵幽部，蒙在邕部，幽、邕兩部可以旁對轉，然錢氏不言對轉，故釐然兩部矣。廣韵東「蒙，莫紅切」，尤「矛，莫浮切」，並讀明母，是蒙之與矛亦不同韵，然而同母，故爲雙聲正轉。

1107 褫爲拕。易「終朝三褫之」，釋文：「褫，徐勑紙反，又直是反。鄭本作拕，徒可反。」

〔疏證〕已詳卷一釋言「褫，奪也」疏證。

1108 抽爲搯。詩「左旋右抽」，說文引作搯，他牢反。

〔疏證〕 已詳卷一釋言「抽，搯也」疏證。又卷一釋詁「迪蹈蕩，動也」疏證亦言及之，可參閲。

1109 擣爲疛。 詩「惄焉如擣」，韓詩作疛，除又反。

〔疏證〕 引詩小弁，餘引小弁釋文。

今按：説文「討，治也，从言从寸」，段注「或曰肘省聲」是矣，猶疛、紂酎之並从肘省聲也。説文「𣪠，棄也，周書以爲討」，段注：「周書無討字，疑虞書『天討有罪作𣪠也。』」詩小戎「蒙伐有苑」，傳「蒙，討羽也」，討羽即翿羽。討之作𣪠與翿，猶疛之爲擣也。小弁釋文「擣本又作𤺄」，廣韻宥韻疛、𤺄同字，同切「直祐」，是皆可證肘、壽聲通，故「擣爲疛」矣。擣、疛古韵皆在幽部，今則異韵。廣韵晧「擣、𤺄，都晧切」，端母；宥「疛，直祐切」，澄母古讀定：是兩字晧、宥異韵而端、定同類，於錢氏爲同類轉。又疛从肘省聲，應有肘音，廣韵有「肘，陟柳切」，知母古讀端，是又與擣爲同紐雙聲，𤺄亦有端、澄兩聲可以爲據，如此則擣、疛亦可云雙聲正轉。

1110 趙爲掉。 詩「其鎛斯趙」，周禮注引作掉，大了反。

〔疏證〕已詳卷一釋言「趙，掮也」。

1111 廛爲壇。

周禮廛人注：「故書廛爲壇，杜子春讀爲廛。」載師「以廛里任國中之地」，（注）：「故書或爲壇，鄭司農讀爲廛。」

〔疏證〕已詳卷一釋言「廛，壇也」。

1112 秩爲䄩，亦爲程。

書「平秩東作」，說文引作平䄩，史記作便程。

〔疏證〕已詳卷一釋言「秩，䄩也」。

1113 蟲爲烔。

詩「蘊隆蟲蟲」，韓詩作烔，徒冬反。

〔疏證〕已詳卷二釋地「烔牢，蟲牢也」。

1114 植爲特。

禮檀弓「行并植於晉國」，注：「植或爲特。」

〔疏證〕已詳卷一釋言「直，特也」，「犆，特也」。彼文兩條合併疏證。

1115 宅爲度。書「宅西曰昧谷」，周禮注引作「度西曰柳谷」。又「五流有宅，五宅三居」，史記五帝本紀俱作度。又「三危既宅」，史記夏本紀作度。詩「宅是鎬京」，坊記引作度。

〔疏證〕已詳卷一釋言「宅，度也」。

1116 逐爲軸。釋詁「逐，病也」，疏引「詩『碩人之軸』，鄭箋云：『軸，病也。』逐與軸蓋古今字」。

〔疏證〕已詳卷一釋言「逐，軸也」。

1117 綴爲對。士喪禮「綴足用燕几」，注：「今文綴爲對。」周禮輿人「去一以爲轛圍」，鄭司農讀如繫綴之綴。

〔疏證〕已詳卷一釋訓「綴爲級，亦爲對」。

1118 褶爲襲。士喪禮「襚者以褶」，注「古文褶爲襲」，褶音牒。

〔疏證〕　今按：書大禹謨「卜不習吉」，傳：「習，因也。」疏云：「表記云『卜筮不相襲』，鄭云『襲，因也』，然則習與襲同。」周禮地官胥「襲其不正者」，注：「故書襲爲習。杜子春云：當爲襲。」文選齊竟陵文宣王行狀「龜謀襲吉」，注：「襲與習通。」一切經音義一：「襲，古文戳褶二形。」褶以習聲，習與襲互作，猶褶與襲互作也。褶、襲同在古韻邑部，本同音字，故褶可爲襲。後世聲音衍變，今讀不同矣。廣韻怗「牒、疊、慴、褶，並徒協切」，定母；緝「襲、習、褶，並似入切」，邪母古讀定：是韵異而聲同，雙聲正轉也。又襲、褶同讀緝韵邪母，亦屬雙聲正轉。錢氏既不言邪母古讀定，又云褶音牒者，説文「襲从龖聲」，「龖讀若沓」，廣韻合「沓，徒合切」，定母；説文又云「讋讀若慴」，「慴讀若疊」，亦皆定母字：故仍可證明襲、褶固讀定母，仍屬雙聲正轉。

1119

撻爲銛。既夕記「設依撻焉」，注：「今文撻爲銛。」

〔疏證〕　釋文：銛，劉音括，一音息廉反。

今按：依釋文劉音括，則銛爲銽之篆變，説文：「銽，斷也，从金，昏聲。」依一音息廉反，廣韵鹽「銛，利也，説文曰『臿屬』，息廉反」，今説文从金从舌，朱駿聲从恬省聲，是也。廣韵添「恬，徒兼切」，錢氏蓋依此爲説。撻在古韵曷部，銛在奄部，韵部懸隔，非韵轉也。廣韵曷「撻，他達切」，透母；「達，唐割切」，定母：是達、銛兩字韵異聲同，雙聲正轉。

1120 中爲得。周禮師氏「掌國中失之事」，（注）：「故書中爲得，杜子春云：當爲得。」

〔疏證〕已詳卷一釋言「中，得也」。

1121 鎮爲瑱。周禮天府「凡國之玉鎮」，（注）：「故書鎮作瑱，鄭司農云：瑱讀爲鎮。」典瑞「王執鎮圭」，（注）：「故書鎮作瑱，鄭司農讀爲鎮。」

〔疏證〕已詳卷一釋言「鎮，瑱也」，「鎮，填也」，「殿，鎮也」。

1122 待爲持。周禮服不氏「以旌居乏而待獲」，（注）：「杜子春云：待當爲持，書亦或爲持。」

〔疏證〕服不氏屬夏官。

今按：待、持同从寺聲，古本同音，故宜通作。公食大夫禮「左人待載」，注「古文待爲持」，此例與上例全同。亦有大同而小異者，禮記雜記「待猶君也」，注：「待或爲侍。」易歸妹「有待而行也」，釋文：「待本作時。」莊子田子方「孔子便而待之」，釋文：「待本作侍。」漁父「竊待于下風」，釋文：「待本作侍。」其他同从寺聲相通作者，不可更僕數也。廣韵之「持，直之切」，澄母古讀定；海「待，徒亥切」，定母：韵異聲同，雙聲正轉。

1123 雕爲舟。 周禮考工記「玉楖雕矢磬」，（注）：「故書雕爲舟。」

〔疏證〕已詳卷一釋言「舟，雕也」。

1124 膴爲膜。 詩「民雖靡膴」，韓詩作膜。又「周原膴膴」，韓詩作膜膜。膜，莫來反。左思魏都賦：「膜膜坰野。」膴，鄭音模。

〔疏證〕前詩引小旻，引韓詩見小旻釋文。後詩引緜，引韓詩見魏都賦注。鄭音模。據小旻釋文「徐鄭音謨」也。

今按：膴在烏部，腜在噫部，古韻分爲兩部。烏、噫兩部之字，偶有通作者，清人多以爲韻轉，錢氏則以爲聲轉。廣韻虞「膴，武夫切」，微母古讀明；灰「腜，莫杯切」，明母：是廣韻兩字亦不同韻，然而同聲，故錢氏以爲雙聲正轉。

1125 苾爲馥。詩「苾芬孝祀」，韓詩作馥芬。

〔疏證〕已詳卷一釋言「馥，苾也」。

1126 匪爲邲。詩「有匪君子」，韓詩作邲，美也。

〔疏證〕已詳卷一釋言「匪，邲也」。

1127 封爲邦。論語「且在邦域之中矣」，釋文：「邦或作封；而謀動干戈于邦内。」鄭本作封内。

〔疏證〕已詳卷一釋言「封，邦也」。

1128

甫爲圃。詩「東有甫草」，韓詩作圃草。左傳「及甫田之北竟」，釋文：「本亦作圃。」

〔疏證〕已詳卷一釋言「甫，圃也」。

1129

敷爲布，亦爲鋪。書「敷重篾席」，説文引作「布重莫席」。詩「敷政優優」，左傳引作布政。聘禮「管人布幕于寢門外」，今文布作敷。禮記樂記「敷重席」，史記樂書作布。詩「敷時繹思」，左傳引作鋪；又「鋪敦淮濆」，韓詩作敷。

〔疏證〕敷爲布，詳卷一釋言「敷，布也」；敷爲鋪，詳釋言「敷，鋪也」。

1130

方爲旁。書「方鳩僝功」，説文引作旁逑，又作旁救，史記作旁聚；又「方施象刑惟明」，新序引作旁施；又「方告無辜于上」，論衡引作旁告。

〔疏證〕已詳卷一釋言「旁，方也」。

1131 配爲妃。易「遇其配主」，鄭康成本作妃。詩「天立厥配」，釋文：「本亦作妃。」

〔疏證〕已詳卷一釋言「妃，配也」。

1132 苞爲菲。曲禮「苞屨扱衽」，注：「苞或作菲。」

〔疏證〕已詳卷一釋言「苞，菲也」。

1133 服爲犕。易「服牛乘馬」，說文引作犕牛。左傳「王使伯服」，史記作伯犕。後漢書皇甫嵩傳：「義真犕未乎？」注：「犕古服字。服，古音蒲墨切，今音房六切。」房本音旁，此正轉，而後人誤以爲類隔也。蘆菔之菔，从服得聲，今人讀蒲墨切，此古音之僅存者。

〔疏證〕已詳卷一釋言「服，犕也」。

1134 窆爲封，亦爲堋。周禮鄉師「及窆，執斧以涖匠師」，（注）：「鄭司農云：窆謂葬下棺也。春秋傳曰：『日中而堋。』禮記所謂封者。」大僕「窆亦如之」，（注）：「鄭司農云：窆謂葬下棺也。春秋傳曰：『所謂日中而堋。』禮記謂之封，音相似。窆讀如慶封汜祭之汜。」左傳「毀之則朝而堋，不毀則日中而堋」，釋文：「堋，北鄧反，下棺也，禮家作窆。」既夕禮「乃窆」，注：「今文窆爲封。」按：封，府容切；窆，方驗切，徐仙民讀堋，甫贈切。封、窆、堋聲相似；後儒不通古音，乃有類隔之説。

〔疏證〕已詳卷二讀之異者「泛如捧」。

1135 軷爲罰。 周禮大馭「掌馭玉路以祀及犯軷」，注：「故書軷作罰。杜子春云：罰當爲軷，軷讀爲別異之別。」

〔疏證〕大馭屬夏官。「古無輕脣音」亦引此條。

今按：軷、罰、別三字古韵同在曷部，本同音字，今讀則有差異矣。廣韵末「軷，蒲撥切」，並母；月「罰，房越切」，並母古讀並；薛「別，皮列切」，並母：是三字韵異聲同，兩兩互爲雙聲正轉。

1136 坏爲坿。 禮月令「坏垣牆」，吕氏春秋作「坿牆垣」，高誘云：「坿讀符，坿猶培也。」

〔疏證〕 月令「垣牆」當作「牆垣」，阮元校勘記已改。引吕氏春秋孟秋紀。

今按：月令孟冬言「坏城郭」，吕氏春秋孟冬紀亦言「坿城郭」，可增一例。詩常棣「鄂不韡韡」，箋：「不當作拊，古聲不拊同。」釋文：「拊亦作跗。」坏从不聲，跗、拊皆从付聲，不之作拊、跗，猶坏之作坿也。高誘注云「坿猶培也」，推源培亦从不聲，皆可證者。付在區部，不在噫部，古韻不相同。廣韻灰「坏，芳杯切」，敷母古讀滂；遇「坿，符遇切」，奉母古讀並。是兩字分别在灰、遇兩韵，不同韵也。滂並既爲同類近紐，又爲送氣同位，故錢氏以爲聲轉。

1137 蚡爲邠。 考工記「蚡胡之笴」，杜子春云：「書或爲邠。」

〔疏證〕 引考工記總目，釋文：「蚡，扶云反；邠，彼貧反。」

今按：説文邠、豳一字，已詳卷二讀之異者「紛如豳」。

1138

方爲負。　書「方命圮族」，史記作負命，正義云：「負音佩，依字通，負，違也。」古音方如旁，與背相近，背亦讀爲佩也。

〔疏證〕　引書堯典。　引史記五帝本紀。

今按：方之直訓負者雖不常見，若方之義猶負者則多有之。孟子梁惠王下「方命虐民」，注：「方猶逆也。依閩、監、毛三本。」焦本作「方猶放也」，焦以爲「方猶放者，假借字也。」堯典云『方命圮族』，尚書正義鄭康成注云『方，放，謂放棄王命』。」其實史公訓負，「負，違也」，放棄與違逆，義自相近。至於負訓背，詳卷一釋言「負，倍也；背也；陪也」。方在央部，負在噫部，古韻迥然不同。錢云「古音方如旁」，廣韵唐「旁，步光切」，並母；有「負，房九切」，奉母古讀並：是兩字異韵，然而同母，雙聲正轉。

1139

備爲復。　特牲禮「尸備答拜焉」，注：「古文備爲復。」

〔疏證〕　今按：備在噫部，復在奧部，古韻不同。然復與服，時或通作。禮記喪大記「君弔則復賓服」，注：「復或爲服。」左傳襄三十年「使爲君復陶」，注：「復陶主衣服之官。」釋文：「復音服。」服又與犕相通，詳卷一釋言「服，犕也」。故備可以爲復矣。廣韵至「備，平祕切」，奉母古讀並，錢氏徑入並。屋「復，房六切」，奉母古讀並，韵異聲同，雙聲正轉。

1140 柄爲枋。少牢禮「南柄」，注：「今文柄爲枋。徐本作「今文啟爲開，古文柄皆爲枋」。」士冠禮「加柶面枋」，注：「今文枋爲柄。」士昏禮「加勺皆南枋」，注：「今文枋作柄。」周禮內史「掌王之八枋」，注、釋文：「柄又作枋。」

〔疏證〕內史屬春官。引少牢禮注，阮元校勘記徐本不同。

今按：特牲禮又云「縮加匕東枋」，釋文：「枋，本亦作柄。」禮記禮運「以四時爲柄」，釋文：「柄，本亦作枋。」説文「柄，柯也」，爲本字；「枋，枋木也」，爲借字。説文仿之籀文作俩。皆可證方、丙聲通。丙、方皆在古韵央部，本同音字，而今讀音異。廣韵陽「枋，府良切」，非母；映「柄，陂病切」，雖讀雙脣，切韵仍爲非母：錢氏以其今讀有齒脣、雙聲之分，故以爲古無輕脣之證，雙聲正轉也。

1141 拔爲藩。既夕禮「設披」，注：「今文披下省皆字爲藩。」

〔疏證〕既夕疏云：「言皆者，此文披及下文商祝御柩執披，并下記執披者，三字皆爲藩，今不從之也。」

今按：鄉射禮「則皮樹中」，注：「今文皮樹爲繁豎。」詩十月之交「番爲司徒」，漢書古今人表作司徒皮，釋文：「韓詩作繁。」披从皮聲，皮、番聲通猶披、番聲通矣。番、繁通藩之例極多，左傳昭廿六年「以藩屏周室」，釋文作番。禮記明堂位「黄馬蕃鬣」，釋文作藩。此番、藩通作也。書洪範「庶草蕃廡」，史記宋世家作繁廡。文選上林賦「彎蕃弱」，注：「蕃與繁古通。」大戴記禮察「争鬬之獄繁矣」，漢書禮樂志作獄蕃。此又蕃、繁通作也。故可證披藩通作。皮、披在阿部，番、藩、繁在安部，古韵阿、安對轉，錢氏不言對轉，故以爲聲轉。廣韵支「皮，符羈切」，奉母古讀並，披从皮聲，宜有皮音。元「番、蕃、藩、繁，附袁切」，奉母古讀並：是兩者韵異聲同也，雙聲正轉。

1142 弗爲不。士昏禮「某子之惷愚，又弗能教」注：「古文弗爲不。」

〔疏證〕已詳卷一釋言「不，弗也」。

1143 不爲非。士相見禮「某不敢爲儀」，注：「今文不爲非。」

〔疏證〕引士相見禮及注，士相見禮一篇前後兩見。

今按：中庸「苟不至德」，疏：「不，非也。」漢書蕭望之傳「非頗詘望之於牢獄」，服虔曰：「非，不也。」淮南修務「世俗衰廢而非學者多」，注：「非者不善之詞。」後漢書和帝紀「覆按不急」，注：「不急謂非要。」凡此雖非異文，乃不、非通用，亦可證聲同而義通也。不在噫部，非在威部，古韵不同。廣韵物「不，分忽切」，非母古讀幫；微「非，甫微切」，非母古讀幫：是韵異而聲同，故爲雙聲正轉。

1144 肦爲紛。　聘禮記「肦肉及廋車」，注：「古文肦作紛。」

〔疏證〕釋文：「肦，音班。」

今按：説文無肦，即糞之借字，「糞，賦事也」，通从班爲之。肦、紛皆从分聲，所以異文通作。周禮司几筵注，鄭司農云：「紛讀爲豳，又讀爲和粉之粉。」内司服注「紛帨線纊之屬」，釋文：「紛本作帉。」禮記内則「紛帨」，釋文：「紛本作帉。」紛作粉，又作帉，亦猶肦爲紛矣。肦、紛本古韵㬎部同音字，今讀則有差異，廣韵删「肦，布還切」，幫母；文「分，府文切」，非母古讀幫：韵異聲同，雙聲正轉。

1145 望爲盲。內則「豕望視而交睫腥」，周禮作盲眡。

〔疏證〕天官內饔「豕盲眡而交睫腥」，注：「杜子春云：盲眡當爲望視。」

今按：卷一釋言「望，茫也」，卷二釋草「迷陽，亡陽」，會合觀之，可知兩字所以互作也。望、盲本古韵央部同音字，今讀則有差異。廣韵庚「盲，武庚切」，本微母古讀明，錢氏徑入明；漾「望，巫放切」，微母，古讀明，韵異聲同，雙聲正轉，於錢氏又可證明古無輕脣音。

1146 酺爲步。周禮族師「春秋祭酺」，注：「故書酺或爲步，杜子春云：當爲酺。」

〔疏證〕族師屬地官。

今按：夏官校人「冬祭馬步」，疏：「步與酺字異，音義同。」釋名釋姿容：「步，捕也。」水經注江水：「遥嘆父山，亦曰炭步矣。」酺从甫聲，甫从父聲。故捕、父通步，猶之酺可以爲步耳。父、步古韵皆在烏部，又同脣聲，宜其相通。廣韵模「酺，薄胡切」，暮「步，薄故切」，韵小變而同爲並母，故錢氏以爲正轉。

1147 播爲藩。周禮大司樂「播之以八音」，注：「故書播爲藩。杜子春云：讀爲后稷播百穀之播。」

〔疏證〕大司樂屬春官。

今按：播、藩皆从番聲，本安部同音之字，今音則有阿、安韻部之分，輕重脣音之別。錢氏不言對轉，又播、藩異文，故舉以爲説。古無輕脣音既舉此條爲證，又云：「尚書大傳『播國率相行事』，鄭注：『播讀爲藩。』」左傳昭四年「播于諸侯」，釋文「播本作幡」，幡、藩小異大同，亦其例也。廣韻過「播，補過切」，幫母；元「藩，甫煩切」，非母古讀幫：韻異聲同，雙聲正轉。

1148 僨爲犇。大學「此謂一言僨事」，注：「僨或爲犇。」釋文：「僨作賁。」射義「賁軍之將」，注：「賁讀爲僨。」詩行葦箋引作「賁軍之將。」賁當作奔，此刻本誤。

〔疏證〕今按：卷一釋言「僨，奔也」，已有論證，略補數例於此。荀子議兵「犇命者不獲」，注：「犇與奔同。」漢書昭帝紀「發犍爲犇命擊益州」，師古曰：「犇，古奔字耳。」

1149 洵爲敻。詩「于嗟洵兮」，釋文：「洵，呼縣反，遠也。韓詩作敻，敻亦遠也。」廣韻敻有求聘、許縣二切。説文敻从𥎦省聲，當以許縣爲正音。廣韻敻有休聘、許縣二音，刻本誤。

〔疏證〕説文「𥎦，从廾，敻省」，按，敻亦聲。又：「敻，从𡕥，从人在穴上。」錢氏雖引説文，不必徑用大徐本也。廣韻敻字兩切，敻無遠義，訓遠若謂借作迥，當讀休聘切；若謂借作遠，當讀許縣切。

今按：洵、敻異文通用，除此之外尚鮮它例。洵今在真韻，若如錢氏依釋文讀呼縣切則入霰韻，與敻同音，同音自同聲，雙聲正轉。

1150 秸爲戛，亦爲稭。書「三百里納秸服」，釋文：「本或作稭。」漢書地理志作戛。

〔疏證〕引書禹貢。秸爲戛，已詳卷一釋言「拮隔，戛擊也」。秸爲稭先録廣雅疏證一條於次：

廣雅釋草：「秆、稭，稾也。」王念孫云：「秆稭稾，一聲之轉也。下略。説文云：

『稈，禾莖也。春秋傳曰或投一秉稈。或从干作秆。』説文所引，乃昭廿七年左傳文，今本作秆字。杜預注云：『秆，稾也。』孫子作戰篇云『𦮼秆一石』，魏武帝注與杜預同。按：秆之言幹也，禾之幹也。下略。説文又云：『稭，禾稾去其皮，祭天以爲席。』漢書郊祀志『席用苴稭』，應劭注與説文同。字或作秸，或作鞂。禹貢云『三百里納秸服』，釋文：『秸本或作稭。』上略。稭爲禾稈之稱，因而麻稈亦謂之稭。廣韵『䕮，麻稈也，古諧切，或作稭』，是也。衆經音義卷十七引蒼頡篇云：『稾，禾稈也。』周官封人云『共其水稾』，吕氏春秋任地篇云：『子能使稾數節而莖堅乎？』今江淮間以稻稈爲席蓐，謂之稾薦，是稻稈亦稱稾也。」

今按：據王説是知稭、秸、䕮皆一字，稾、秆、稈、鞂亦通作。稭既與秸、䕮一字，秸又與戛通作，斯知秸爲戛，亦爲稭矣。戛在肊部，秸在壹部，稭在衣部，衣、壹雖平入韵，古韵固不同部也。廣韵黠「戛，秸，稭，古黠切」，三字同音，同音自雙聲，於錢氏爲正轉。

1151 來爲戾。公羊傳「登來之也」，鄭注大學作登戾之。按來戾皆訓止，詩「魯侯戾止」，戾止即來止之轉。

〔疏證〕引公羊見隱五年。引鄭注見大學：「一人貪戾。」引詩泮水。所云「來戾皆訓止」，止當爲至，今本誤刊。

今按：公羊傳注云：「登讀言得來來字誤衍，得來之者，齊人語也。齊人名求得爲得來，作登來者，其言大而急，由口授也。」注文釋登而非釋來。鄭注引來爲戾，來、戾義同文異。來在噫部，戾在鬱部，兩部殊遠，非韵轉也。廣韵咍「來，落哀切」，來母；霽「戾，郎計切」，來母：亦異韵而同聲，雙聲正轉。

1152

抑爲懿。　詩抑戒，國語作懿戒，注：「懿讀曰抑。」

〔疏證〕　引國語楚語。

今按：詩十月之交「抑此皇父」，釋文引韓詩：「抑，意也。」箋：「抑之言噫。」書金縢「對曰：信噫」，釋文：「噫，於其反，馬本作懿，猶億也。」抑懿俱訓噫，故可證抑之爲懿。懿當从壹聲，不當从恣省聲。抑、懿本古韵壹部同音字，今讀則音異，廣韵至「懿，乙冀切」，影母；職「抑，於力切」，影母：韵異聲同，雙聲正轉。

1153

麗爲連。　士喪禮「設決麗于掔」，（注）：「古文麗爲連。」易「麗澤兑」，釋文：「麗，連也。」

〔疏證〕引易兑。釋文又云：「鄭作離，云猶併也。」今按：王弼注「麗猶連也」，釋文本王注爲説。餘鮮它例。麗在阿部，連在安部，阿、安對轉，錢氏不言對轉，故不云韵轉。廣韵霽「麗，郎計切」，來母；仙「連，力延切」，來母：韵異聲同，雙聲正轉。

1154 算爲選。論語「斗筲之人，何足算也」，漢書算作選。

〔疏證〕已詳卷二讀之異者「撰如算」。

1155 準爲頔。漢書高帝紀「隆準而龍顔」，服虔云：「準音拙。」玉篇「漢高祖隆頔龍顔，頔，之劣切。」

〔疏證〕卷一釋言「出，推也」，例與此近。準从隼聲，隼即鵻之或體，鵻从隹聲，故準實从隹聲也。出訓推猶準爲頔、準音頔矣。隹在威部，準在昷部，頔在鬱部，古韵陰陽入對轉，然皆錢氏所不言。廣韵準「準，之尹切」，錢從玉篇「頔，之悦切」，並在照三，韵異聲同，雙聲正轉。又廣韵薛「準、蛽，職悦切」，照三同音字。

1156 憊爲㦿，亦爲備。易「係遯之厲，有疾，憊也」，王肅本作㦿，荀爽作備。又「三年克之，憊也」，陸績作備。

〔疏證〕前引易遯并釋文。後引易既濟并釋文。

今按：憊、備皆从𤰈聲，同聲通作，乃其常例。憊、備在噫部，㦿在鬱部，古韵遠隔，應爲聲轉。左傳襄廿七年「單㦿其死」，謂單憊其死也，杜注訓踣，義頗詰詘。説文「獘，踣也」，或作㦿。爾雅釋言「獘，踣也」。左隱元年「必自㦿」，注：「㦿，踣也。」是㦿既訓憊又訓踣，亦即憊、㦿通作之例。廣韵至「備，平秘切」，怪「憊，蒲拜切」，祭「㦿，毗祭切」，是三字不同韵，然而三字同爲並母，故爲雙聲正轉。

1157 除爲治，亦爲儲。易「以除戎器」，釋文：「亦作儲，又作治。」

〔疏證〕引易萃。釋文又云：「荀本作慮。」

今按：爾雅釋魚「蟾諸」，淮南精神、論衡説日、西京賦等皆作蟾余，儲从諸聲，除、蜍皆从余聲，除之爲儲，猶蜍之爲諸也。禮記曲禮下「馳道不除」，注：「除，治也。」國語周語「身聳除潔」，注：「除，治也。」國策秦策「扁鵲請除」，注：「除，治也。」除、治通訓故異文互作矣。除、儲皆在烏部，治在噫部，古韻甚遠，除訓治應爲聲轉。廣韻魚「除儲，直魚切」，之「治，直之切」，除、治韻異聲同，雙聲正轉。

1158 員爲云，亦爲魂。詩「聊樂我員」，釋文：「本亦作云，韓詩作魂；魂，神也。」又「昏姻孔云」，釋文：「本又作員。」

〔疏證〕引詩出其東門及正月。

今按：説文：「員，物數也。从貝，口聲。」籀文作鼏。説文䡝或作耘，妘籀文作䡣，此从文字形聲，可證云、員通作也。左傳成二年「隕子辱矣」，説文引作抎。詩烈祖「景員維河」，箋：「員古文作云。」史記東越列傳「不戰而耘」，徐廣曰：「漢書作殞。」今本尚書秦誓「若弗云來」，疏：「員即云也。」校勘記曰：「若弗云來，古本云作員，下雖則云然，同。盧文弨曰：『疏云員即云也，則本是員字。』」益可證云、員通作矣。云、員古韻同在昷部，本同音字。廣韻文「云、員，王分切」，仍同音；又仙「員，王權切又云連切」，則員爲另一韻，韻異而聲則同爲喻三，雙聲正轉。

1159 仁爲人。　孟子：「仁也者，人也。」

〔疏證〕引孟子盡心上。

今按：禮記中庸、表記並曰：「仁者，人也。」廣雅釋詁四：「人，仁也。」此仁、人互訓也。易繫辭「何以守位曰人」，釋文：「人，王肅本作仁。」禮記禮運注「何以守位曰仁」，釋文：「仁本作人。」同一語而仁、人互作者累出疊見有如此者。仁、人本古韻因部同音字，廣韻真「仁、人，如鄰切」，亦同音字。

1160 洗爲先。　易：「聖人以此洗心。」蔡邕石經作先心，荀爽、虞翻、董遇、張璠、蜀才本皆作先心。

〔疏證〕引易繫辭上，餘見釋文。

今按：國語越語「其身親爲夫差先馬」，韓非喻老「爲吴王洗馬」，是以先、洗互作。至漢有洗馬，官名，漢書百官公卿表上「先馬」，如淳曰：「前驅也。句踐親爲夫差先馬，先或作洗也。」汲黯傳「以父任孝景時爲太子洗馬」，是官名亦可先、洗互作。洗从先聲，本同音字，後世而有四聲之別，廣韻先「先，蘇前切又蘇薦切」，銑「洗，先典切」，是韵雖異而同爲心母，雙聲正轉。

1161 斄爲留。 莊子應帝王篇「執斄之狗成籍」，李頤音狸。又天地篇「執留之狗成思」，釋文：「本又作貍，一本作狸。」

〔疏證〕 今按：應帝王釋文李頤以斄音狸，天地釋文留亦作狸，是本斄、留、狸三字通作也。方言二：「俚，聊也。」廣雅釋言「俚，聊也」，又「俚，賴也」，王念孫疏證曰：「漢書季布欒布田叔傳贊『夫婢妾賤人，感槩而自殺，非能勇，其畫無俚之至耳』，晉灼注云：『揚雄方言曰：俚，聊也。許慎曰：賴也。此謂計畫無所聊賴，至於自殺耳。』孟子盡心篇『稽大不理於口』，趙岐注云：『理，賴也。』理與俚通。」此言俚、聊、賴三字通。聊與留同从丣聲，可知聊、留本以同聲相通，亦可證斄之所以爲留爲狸矣。斄、狸古韻噫部同音字，留、聊幽部同音字，兩者古韻互不相同。廣韻之「斄，里之切」，來母；尤「留，力求切」，來母：是斄之爲留，韻異聲同，雙聲正轉。

1162 申爲司。 莊子「申徒狄」，崔譔本作司徒。史記留侯世家「張良爲韓申徒」，徐廣曰：「即司徒耳，但語言訛轉，故字亦隨改。」司，息兹切；申，失人切；今人以申屬審母，司屬心母。

〔疏證〕引莊子大宗師及釋文。

今按：申在因部，司在噫部，古韻絶遠，今韻亦不相同，然審、心同位，同位爲變轉。莊子齊物論「見卵而求時夜」，崔譔云：「時夜，司夜，謂雞也。」時爲禪母，與心母同爲錢氏收聲，亦同位變轉，惟時、司韻部亦同爲異。

1163 儵爲倏。莊子「儵然而來，儵然而往」，本又作倏。

〔疏證〕引莊子大宗師及釋文。

今按：説文無儵，蓋倏之訛變俗字。儵、倏同从攸聲，本幽部同音字，今音則不同矣。廣韻蕭「儵，蘇彫切」，心母；屋「倏，式竹切」，審三：兩字雖異韻異紐，然而同位，同位爲變轉。

1164 慰爲愠。詩「以慰我心」，傳：「慰，怨也。」韓詩作愠。

〔疏證〕　引詩車舝，引韓詩見釋文。釋文又云「慰，恚也」，則韓詩取慰之本義「恚怒也」爲説。

今按：説文「慰，恚怒也訓安之字爲尉，非慰也」，「慍，怒也」，慰在鬱部，慍在昷部，本平入韵。廣韵未「慰，於胃切」，問「慍，於問切」，兩字又同影母，於古爲同音字，音義全同，蓋一字之變易。錢氏不言平入對轉，故以爲雙聲正轉耳。尉、慍不惟説文音義相同，古訓亦相同，檀弓下「慍，哀之變也」，釋文：「慍，庾、皇：恚怒也，徐音鬱。」詩緜「肆不殄厥慍」，傳：「慍，恚也。」慍皆與説文慰義全同，可證也。考慰、蔚、宛、苑、菀、鬱、慍、緼、藴諸字，音義本旁推交通，已詳卷二讀之異者「宛如蘊」；「菀如苑」；「鴛如温」；「苑如鬱」；可參考以觀其融會貫通。

1165　貊爲莫。　詩「貊其德音」，禮記、左傳皆引作莫。

〔疏證〕　引詩皇矣，釋文：「左傳作莫，音同；韓詩同，云；莫，定也。」禮記樂記、左傳昭廿八年引詩并作莫。史記樂書亦引作莫。

今按：貊與貉同，説文作貉不作貊也。説文「貉，北方豸穜」，以其字或作貊，故借爲怕，説文「怕，無爲也」，故有安定澹泊之義。説文「莫，日且冥也」，亦無安静寂寞之義，字本作嘆，説文：「嘆，啾嘆也。」莫、白聲通，如荀子非十二子「莫莫然」，注：「莫讀爲貊。」文選勵志詩注引廣雅云「漠，泊也」，亦可證莫、白聲通。莫在烏部，貊在蒦部，本古韵平入韵。廣韵鐸「莫，慕各切」，明母；陌「貊，莫白切」，明母：韵異而同母，雙聲正轉。

1166

羞爲宿。 漢書百官公卿表，水衡都尉屬官有御羞令丞，如淳曰：「御羞，地名也。」揚雄傳謂之御宿，師古曰：「羞宿聲相近。」特牲禮「乃宿尸」，注：「古文宿皆作羞。凡宿或作速，記作肅，周禮亦作宿。」

〔疏證〕 引漢書注有删節。特牲禮疏云：「云凡宿或作速，謂一部之内，或作速者，若公食大夫速賓之類是也。云記作肅者，曲禮云『主人肅客而入』，是也。又云周禮作宿者，大宗伯文『宿眡滌濯』是也。」

今按：特牲禮「乃宿尸」注、少牢禮諸言宿處、祭統「宮宰宿夫人」注並云：「宿讀爲肅。」爾雅釋詁、周語「俾莫不任肅恪也」，注並云：「肅，宿也。」詩七月「九月肅霜」，傳：「肅，縮也。」肅霜本肅爽之轉，然單訓肅爲縮，自有據。書顧命「王三宿」，疏：「宿之言肅。」禮器

「三日宿」，疏：「宿之言肅。」羞、宿互訓，錢已備舉，此更詳宿、肅通訓耳。羞在幽部，宿、肅在奧部，古韻本平入韵，今韵則釐然分別。廣韵尤「羞，息流切」，屋「肅、宿，息逐切」，並讀心母。是羞之爲肅、宿，韵異聲同，雙聲正轉。錢氏又言「宿或爲速」，速則古韵轉入屋部，然今韵亦在屋「速，桑谷切」，心紐，仍屬雙聲。

縮、速又常與數、蹙通作，則詳前文「縮爲數」、「速爲數」兩條。

1167

揚爲媵。 禮檀弓「杜蕢洗而揚觶」，注：「禮，揚作媵。揚，舉也；媵，送也；揚近得之。」燕禮「升媵觚于賓」，注：「媵，送也，讀或爲揚。」鄉飲酒義「盥洗揚觶」，注：「揚，舉也。今皆作騰。」射義「揚觶而語」，注：「今禮，揚皆作騰。」今文騰，古文媵也。

〔疏證〕 今按：揚在央部，媵、騰在膺部，央、膺兩部古鮮相通，非韵轉也。廣韵陽「揚，與章切」，喻四；證「媵，以證切」，喻四：是揚、媵兩字韵異聲同，雙聲正轉。喻四古讀定，故又轉作騰，騰爲定母。錢氏不言喻四古讀，故置不標目。

1168 繇爲猶。釋詁「繇，喜也」，注：「禮記：詠斯猶。猶，繇也。古今字耳。」檀弓「咏斯猶」，鄭云：「當爲摇。」

〔疏證〕已詳卷二釋器「揄狄，摇狄也」。

1169 鯤爲鰥。詩「其魚魴鰥」，鄭云：「鰥，魚子。」爾雅釋魚「鯤，魚子」，鯤即鰥也。惠棟云：「説文：鰥从魚，罤省聲。罤本昆弟字，从弟爲罤，从魚爲鰥，同物同音，非通用字。」予謂毛公訓鰥爲大魚，即莊子所云，北冥之鯤也。

〔疏證〕引詩敝笱。

今按：敝笱釋文「鰥，毛古頑切；鄭古魂切」，是毛本作鰥，鄭本作鯤也。御覽九四引詩作鯤。孔叢子「衛人釣于河，得鰥魚焉，其大盈車」，以鰥魚爲大魚，即莊子之鯤也。釋名釋親屬：「鰥，昆也。」説文「蘪，蘪草也」，字亦作菎，廣雅釋草「菎，薈也」，楚辭招魂「菎蔽象棊」，或亦作篦簸；七諫「菎路雜于廢蒸兮」；説文無菎字，俗作菎以代蘪耳。此皆鯤可以爲鰥之證。鰥、鯤本古韵𥁰部同音字，而後世之音變矣。廣韵魂「鯤，古渾切」，山「鯀，古頑切」，並爲見母。韵異聲同，雙聲正轉。卷一釋言「鯀，昆也」，已有疏證，可參閲。

1170 旅爲臚。 漢書敘傳「大夫臚岱」，(注)：「鄭氏曰：臚岱，季氏旅于太山也。師古曰：旅臚聲相近，其義一耳。」士冠禮「東西旅占」，注：「古文旅作臚。」周禮司儀「拜受皆旅擯」，(注)：「鄭司農讀爲旅于太山之旅，玄謂讀爲鴻臚之臚。」

〔疏證〕 司儀屬秋官。士冠禮「東面旅占」，面刻本誤作西。

今按：詩公劉「于是廬旅」，馬瑞辰云「廬旅古通用，詩上下文處處、言言、語語，皆用疊字，不應廬旅獨異詞，古本原作廬廬，改作旅旅」，馬説是也。處、語、旅叶韵，廬亦叶韵。後人以處、語上聲，故改廬爲旅。左傳襄十四年「商旅于市」，謂「商廬于市」也。管子小匡「衛人出旅于曹」，「旅于曹」猶左傳閔二年立戴公以廬于漕之「廬于漕」也。臚、旅本烏部同音字，而後世有聲調平上之别，廣韵魚「臚，力居切」，語「旅，力舉切」，並讀來母，異韵同聲，雙聲正轉。

1171

胥爲疏。　詩「予曰有疏附」，書君奭孔傳引作胥附。漢書王莽傳「故尚書令唐林爲胥附」，胥附即詩之疏附也。左傳「車及于蒲胥之市」，呂覽作「蒲疏之市」。

〔疏證〕　引左傳見宣十四年，引呂覽行論。

今按：史記蘇秦傳「無胥」，魏策作「無疏」。周禮巾車「疏節」，鄭司農云：「故書疏爲揟。」莊子天道「鼠壤有餘蔬」，釋文：「司馬云：蔬讀若糈。」皆其例耳。疏、胥皆从疋得聲，本烏部同音字，今讀則略有差異。廣韵魚「疏，所葅切」，審二古讀心；又「胥，相居切」，心母：本雙聲正轉。若謂錢氏不言審二古讀心，則同位變轉。又語「胥，私吕切」，亦與上同，仍心母字也。

1172

難爲儺。　周禮占夢「遂令始難」，注：「故書或爲儺，杜子春讀爲難問之難，其字當爲儺。」

〔疏證〕　已詳卷一釋言「儺，難也」。

1173

衮爲卷。　詩「衮衣繡裳」，釋文：「衮或爲卷。」王制「三公一命卷」，注：「卷，俗讀也，其通則曰衮衣。」玉藻「龍卷以祭」，注：「字作衮。」

〔疏證〕　引詩九罭。

今按：禮器「龍卷以祭」，釋文：「本又作衮。」喪大記「君以卷」，釋文：「本又作衮。」詩采菽箋「玄衣而畫以卷龍也」，釋文：「本又作衮。」荀子富國「天子袾裷衣冕」，注：「裷與衮同。」此皆卷、衮異文通作之證。周禮司服「享先王則衮冕」，注：「衮，卷龍衣也。」詩九罭「衮衣繡裳」，傳：「衮衣，卷龍也。」采菽「玄衮及黼」，傳：「玄衮，卷龍也。」則皆以卷訓衮，衮、卷聲同義通之證耳。卷在安部，衮在昷部，古韵相近，分作兩部。廣韵混「衮，古本切」，見母；線「卷，居倦切」，見母：是兩字異韵而雙聲，故爲正轉。

1174

別爲辨。　周禮小宰「聽稱責以傅別」，注：「故書作傅辨，鄭大夫讀爲符別，杜子春讀爲傅別。」士師注：「辨讀風別之別。」史記秦始皇本紀「別黑白而定一尊」，李斯傳作辨。

〔疏證〕引小宰屬天官，士師屬秋師。士師別、辨異文凡兩見，「若邦凶荒則以荒辨之法治之」，注：「鄭司農云：辯經文亦作辯也。讀風別之別。」又「正之以傅別約劑」，注：「故書別爲辨。鄭司農云：辨爲風別之別。」

今按：易繫辭注「以別貴賤」，釋文：「別。本亦作辨。」周禮秋官朝士「有判書以治則聽」，注：「故書判爲辨。鄭司農云：辨讀爲別，謂別券也。」天官宮人「掌王之六寢之脩」，注：「玉藻曰：朝辨色始入」，釋文：「辨，本又作別。」此亦辨、別異文之證。若辨以聲近訓別則不可一二數矣。易象下「君子以慎辨物居方」，繫辭下「辨是與非」，虞注並云：「辨，別也。」左傳襄廿五年「辨京陵」，又廿八年、昭元年「男女辨姓」，又哀七年「男女以辨」，注並云：「辨，別也。」辨在因部，別在曷部，古韵不同，所以異文互訓，聲同故也。廣韵獮「辨，符蹇切」，奉母古讀並；薛「別，皮列切」，奉母錢氏徑讀並：亦韵異而聲同，雙聲正轉。

1175 雷爲廬。周禮職方氏「其浸廬維」，注：「廬維當爲雷雍，字之誤也。」予謂廬雷聲相近。

〔疏證〕職方氏屬夏官。

今按：禹貢「雷夏既澤，灉同雍沮會同」，漢書地理志「雷夏既澤，雍沮會同」，淮南墬形「雷澤有神」，注引地理志曰「禹貢雷澤」，字並作雷。雷在威部，盧在烏部，古韻不同。廣韻灰「雷，魯回切」，來母；魚「盧，力居切」，來母：今韻亦異韻而同聲，故爲雙聲正轉。

1176

栗爲歷。周禮栗氏爲量，注：「栗，古文或作歷。」

〔疏證〕栗氏見考工記。

今按：栗爲歷未見它例。栗在壹部，歷在益部，古韻相隔甚遠。廣韻質「栗，力質切」，來母；錫「歷，郎擊切」，來母：韵異聲同，雙聲正轉。

1177

戾爲吝。大學「一人貪戾」，注：「戾，或爲吝。」

〔疏證〕今按：大學注「戾之言利也」，又「或爲吝」，此非有兩説，利亦吝也。廣雅釋詁二：「婪、利、遴、𧶇，貪也。」説文：「婪，貪也」，又「啉，河之北謂貪曰啉」，婪、啉音義全同，蓋一字之變易。説文「遴，行難也」，無貪吝意，訓貪，吝之借也。易蒙「以往遴」，虞翻本作吝，可證遴、吝互作。説文「利，銛也」，又「𧶇，家福也」，又「戾，曲也」，皆無貪吝意，諸字之訓貪，並吝字之借。古韻婪、啉在音部，釐在噫部，利在衣部，戾在鬱部，遴在因部，吝在昷部，其爲韻或近或遠然非一部耳。廣韻覃「婪、啉，盧含切」，來母；之「釐，里之切」，來母；至「利，力至切」，來母；霽「戾，郎計切」，來母；震「遴、吝，良刃切」，來母：亦大抵不同韻而同母，故爲正轉。

1178

平爲便，亦爲辯。　書「平章百姓」，史記作便章，索隱云：「今文尚書作辯章。」又「平秩東作」，「平秩南訛」，「平秩西成」，「平在朔易」；周禮注引作辯，史記俱作便。詩「平平左右」，傳引作便蕃。

〔疏證〕引書堯典。引史記五帝本紀。引周禮馮相氏「辨或作辯其叙事」注。引詩采菽。引傳見左襄十一年。

今按：段玉裁說文解字注：「釆，辨別也。[illegible]古文釆。惠氏棟云：『尚書平章、平秩，皆當作兮，與古文平相似而誤。』按：此肊測，不可從。」不主張形誤。朱駿聲云：「平叚借爲釆，猶辨也、辯也。書堯典『平章百姓，平秩東作』，史記作便亦同。詩黍苗『原隰既平』，傳：『土治曰平』。采菽『平平左右』，傳『辯治也』，左傳作便蕃亦同。周禮大司馬平士大夫、平列陳；遂師平野民：正其行列部伍也。公羊隱元年傳『公將平國而反之桓』，注：『治也。』淮南時則『上帝以爲物平』，注：『讀評論之評。』又『平詞訟』，注：『治也。』後漢書張酺傳『平之』，注：『謂平論其罪也。』」並以爲釆之假借。羣經正字：「經典無釆字，而平字往往係釆字之譌。書堯典『平章百姓』，鄭本作辨，注：『辨別也。』後漢書劉愷傳注作辯章，史記五帝本紀作便章。『平秩東作，平在朔易』，大傳作辯秩、辯在，五帝本紀作便程、便在。是平本釆字，故訓爲別，而字與辨、辯、便通作也。洪範『王道平平』，孔傳言辯治，釋文：『平，俾綿反。』史記張釋之馮唐列傳引作便便，徐廣云：『一作辨。』詩采菽『平平左右』，毛傳：『平平，辯治也。』釋文：『綿延反；韓詩作便便。』孔疏引堯典平章書傳作辨章。平、辨義通。又左襄十一年傳引詩平平作便蕃，服注：『辯治不絶之貌。』亦惟平本釆字，故義爲辯治，而音爲婢綿、婢延反，而字辯、便通也。蓋釆與平字固近，釆之古文尤近今之平字，平之古文尤近釆字，故兩字最近，混誤。」此又形誤之説。似以形誤之説爲強，然假借云云，亦自可通。平在嬰部，釆在安部，古韵較遠。廣韵庚「平，符兵切」，仙「便，房連切」，獮「辨、辯，符蹇切」，並爲奉母，錢則並母，異韵同聲，雙聲正轉。

1179 聿爲允。詩「聿懷多福」，春秋繁露作「允懷多福」。

〔疏證〕 引詩大明，引春秋繁露郊祭。

今按：詩文王「聿修厥德」，傳：「聿，述也。」漢書東平思王傳與後漢書吕强傳並引作述修。詩十月之交「中允膳夫」，古今人表作中術。術、述同从朮聲，聿、允既與朮得聲之字通，可證聿之爲允矣。聿在鬱部，允在安部或作昷部，古韵不同。廣韵術「聿，餘律切」，準「允，余準切」，韵不同而同爲喻四，雙聲正轉。

1180 懌爲怡。史記五帝本紀「舜讓于德不懌」，徐廣曰：「今文尚書作不怡。怡，懌也。」

〔疏證〕 今按：史記自序「諸吕不台」，徐廣曰：「怡，懌也。」一切經音義七引字林：「懌，怡也。」此怡、懌互訓者。懌、怡並訓爲悦，詩板「辭之懌矣」，傳：「懌，悦也。」禮記文王世子「是故其成也懌」，注：「懌，説懌。」内則「下氣怡色」，注：「怡，悦也。」國語周語「有慶未嘗不怡」，注：「怡，悦也。」晉語「王色不怡」，注：「怡，悦也。」書金縢「公乃爲詩以怡王」，鄭注：「怡，悦也。」懌、怡既皆訓悦，亦即懌、怡互訓耳。怡在噫部，懌在蒦部，韵部殊遠。廣韵昔「懌，羊益切」，之「怡，與之切」，韵不同而同爲喻四，雙聲正轉。

1181 胄爲穉。書「教胄子」，史記五帝本紀作穉子，集解云：「穉胄聲相近。」

〔疏證〕引書舜典。集解引孔安國説。

今按：説文「胄，胤也。从肉，由聲與甲胄異」，「穉，幼禾也。从禾，屖聲」。胄在幽部，穉在衣部，古韵截然不同，惟聲紐相近，故胄爲穉，未見它例。古籍異文，既需求之雙聲，亦宜考之疊韵，徒以聲通或韵轉者有之，終以聲韵兼通者爲多。胄之爲穉，雖鮮它例，然其相通，亦有䚡理可尋。詩鴟鴞「鬻子之閔斯」，傳「鬻，稚俗穉」，成王爲武王適子，鬻子即胄子。鬻在薁部，與胄僅平入之分，鬻訓稚猶胄訓穉也。「鬻，稚」，谷風正義引作育稚。舜典「教胄子」，説文引作教育子，周禮大司樂注亦作教育子。淮南原道「毛者孕育」，「毛者孕鬻」，育、鬻同部，育與胄亦相通。故曰胄爲穉，雖鮮例證，然䚡理猶有可尋。廣韵宥「胄，直祐切」，至「穉，直利切」，同爲澄母。是胄穉兩字，韵異聲同，雙聲正轉。

1182 溢爲泆。書「溢爲滎」，史記夏本紀作泆，漢書地理志作軼。

〔疏證〕引書禹貢。

今按：莊子天道「數若泆湯」，釋文「泆，音逸，本或作溢。李云：疾速如湯沸溢也」，亦以泆、溢通作爲異文。泆或又爲佾，書多士「大淫泆有辭」，釋文：「泆作佾，馬本作屑。」屑今讀齒音，然與佾同从肙聲，宜可通讀。考之古韵，溢在益部，泆、佾同壹部，不同韵也。考之古聲，溢在喉音影母，泆在喻四古讀定，聲系亦異。然影、喻兩母亦有訛變而通讀，廣韵質「逸、泆、佚、駃、溢、鎰」等字並讀夷質切，是以泆、溢兩字同紐，作爲喻四，故爲正轉。廣韵昔「益、謚」从益得聲八字，並讀伊昔切，影母，不收溢字，是以溢音之訛變爲喻，在陸法言以前。

1183 擾爲柔。書「擾而毅」，史記夏本紀「擾而毅」，徐廣曰：「擾一作柔。」

〔疏證〕引書皋陶謨。

今按：説文「夒，貪獸也」，「憂，行之和也」，兩字迥别，隸變同作憂，不能不辨。擾从夓聲，不从憂聲。从夓得聲之字，音與柔近，説文分夓、獿爲兩字，其實一字也。字亦作猱，詩角弓「毋教猱升木」，爾雅釋獸「猱蝯善援」，又「蒙頌，猱狀」，説文不録。説文「瓇讀若柔」，「獿，牛柔謹也」。廣雅釋詁四：「獿，柔也。」管子地員「其禾宜櫄擾」，注：「柔也。」皆可證夓、柔聲通者。漢書辛慶忌傳「柔毅敦厚」，注：「擾亦柔也」，疑傳本作擾，即用尚書，故注云爾。此又擾、柔異文之證。擾、柔並在幽部，古本同音。廣韻尤「柔，耳由切」，日母；小「擾，而沼切」，日母：韵則異矣，然而聲同，故爲正轉。

1184 瘝爲矜。書「恫瘝乃身」，後漢書和帝紀「朕寤寐恫矜」，注引尚書：「恫矜乃身。」

〔疏證〕引尚書康誥。已詳本卷本項前「鰥爲矜」。

1185 櫟爲轑。史記楚元王世家「嫂詳爲羹盡櫟釜」，漢書作轑，音勞。

〔疏證〕已詳卷一釋詁「轑，櫟也」。

1186 講爲購。史記漢世家按漢當作韓，刻本誤。「將西購于秦」，索隱云：「戰國策作講。」講亦謀議，與購求意通。」刺客列傳「北購于單于」，索隱云：「戰國策購作講。」

〔疏證〕今按：講、購兩字，同从冓聲，宜可通讀。惟冓本古韻區部字，對轉則入邕部，如購仍在區部，講則讀爲邕部矣。廣韻講「講，古項切」，候「購，古候切」，是講、購兩字，於廣韻不同韵而同爲見紐，雙聲正轉。

1187 騷爲掃。史記黥布傳「大王宜騷淮南之兵」，漢書作掃。

〔疏證〕今按：騷、掃本古韵幽部同音字，然異文通讀者鮮見。蓋互讀借用，亦有常習，即同音之字可以通用，然不必凡同音即通用也。聲音衍易，騷、掃今音有聲調之分矣。廣韵豪「騷，蘇遭切」，晧「掃，蘇老切」，韵不同而同爲心紐，故錢氏以爲雙聲正轉。

1188 螫爲奭。史記魏其侯列傳「有如兩宮螫將軍」，張晏曰：「螫，怒也。」漢書作奭。

〔疏證〕集解：「張晏曰：螫，怒也。火各反。」索隱：「螫音釋，漢書作奭，奭即螫也。」

今按：奭在肊部，故詩采芑叶翼、奭、服、革，楚辭大招叶赩、（即奭，白虎通爵，引詩作韎韐有赩。）測、凝、極。赩，會意字，非从赤聲。螫在蒦部，與奭、赩不同韵也。後人誤以爲赩从赤聲，轉入蒦韵。廣韵昔「奭螫郝，施隻切」，於是同音。説文「奭讀若郝」，廣韵蓋依説文。

1189 批爲排。史記魏其武安列傳「引繩批根」，索隱云：「批音步結反，漢書作排。」

〔疏證〕今按：批、排異文，今不多見，然批、排聲通，固可證知。詩采薇「小人所腓」，箋云：「腓當作芘。」排、腓同从非聲，批、芘同从比聲，批爲排猶芘爲腓也。史記孫吳列傳「批亢擣虚」，索隱：「按批者，相排批也。」范雎蔡澤列傳「𢪙（説文無批以𢪙爲批。）患折難」，猶排難解紛。皆可證者。排在威部，批在衣部，衣、威雖相鄰，古韵不同也。廣韻皆「排，步皆切」，並母；齊「批，匹迷切」，敷母古讀滂，故錢氏引司馬貞音步結反：則批與排同母，雙聲正轉矣。

1190 麾爲戲。史記「至吳將麾下」，漢書作戲。又「魏其侯去，麾灌夫出」，漢書亦作戲。又「武安乃麾騎縛夫」，漢書亦作戲。衛青列傳「至匈奴右賢王庭爲麾下」，漢書作戲。

〔疏證〕所云史記，皆指魏其武安侯列傳，本條承上條，故省篇名。

今按：引漢書竇田灌韓傳，第一條注云：「師古曰：戲，大將之旗也，讀與麾同，又音許宜反。」第二條注云：「晉灼曰：戲，古麾字也。師古曰：招麾之令出也，漢書多以戲爲麾字。」第三條注云：「師古曰：戲讀亦曰麾，麾謂指麾命之，而令收縛也。」衛青傳注云：「師古曰：戲讀曰麾，又音許宜反。」是皆史記作麾，漢書作戲，故錢氏舉以證麾可以爲戲也。史記高祖本紀「兵罷戲下」，正義：「戲音麾，許慎注淮南子云：戲，大旗也。」錢氏於此處不從張守節之説，故不引此條。麾在阿部，戲在烏部，古韻不同。廣韻支「麾，許爲切」，「戲，許羈切」，並爲曉母。然同在一韻，同爲一母，而分兩切者，謂古不同類耳，雙聲正轉。

1191 倭爲郁。　詩「周道倭遲」，韓詩作郁夷。

〔疏證〕引詩四牡。詩釋文云：「倭，本又作委，韓詩作倭夷。」文選西征、遊天台山賦注並引韓詩作威夷，琴賦注引作倭夷，顏延之北使洛詩注引作倭遲，皆非錢氏所據也。漢書地理志扶風郁夷，班固自注引詩「周道郁夷」，師古曰：「周道倭遲，韓詩作周道郁夷。」此則錢氏所據。

今按：倭在威部，郁在噫部，古韵截然不同。廣韵支「倭，於爲切」，屋「郁，於六切」，韵亦不同，然而同爲影母，故爲雙聲正轉。

1192 葷爲君，亦爲薰。　禮玉藻「於大夫去菿，於士去葷」，注：「葷或作君。」士相見禮「膳葷」，注：「古文葷作薰。」

〔疏證〕士相見禮疏云：「鄭注論語作君，義亦通，若作薰，則春秋一薰一蕕，薰，香草也，非葷辛之字。」

今按：論語鄉黨「不撤薑食」，注：「孔曰賈疏云鄭注非：撤，去也。齊禁薰物，薑辛而不臭，故不去。」釋文：「焄，香云反，本或作薰，同。」校勘記：「葷，古多作薰，或作焄。」禮記內則「牛夜鳴則庮」，注引春秋傳曰：「一薰一庮。」釋文：「薰或作焄，又作葷。」亦皆薰、焄、葷三字通作。本卷名號之異「頵、髡，惲也」，頵、惲通作，亦猶葷爲焄，可與彼條同閱。葷、焄、薰三字本古韵昷部同音字，廣韵文「薰、焄、葷，許云切」，今韵亦讀同音，皆曉母，互爲雙聲。

1193

夫爲煩。　禮玉藻「加夫襓於劍焉」，注：「夫，或爲煩，皆發聲。」釋文：「夫音扶。」

〔疏證〕少儀「加夫襓與劍焉」，引作玉藻非，應校改。

今按：漢書天文志「奢爲扶」，注：「鄭氏曰：扶當爲蟠。蟠，止不行也。」説文番之或體作蹞，是扶、蟠、蹞三字聲通，故夫可爲煩矣。夫在烏部，煩在安部，古非一韵。廣韵虞「夫，甫無切」，非母；又「防無切」，奉母，此當取第二讀，故錢氏引釋文音扶；元「煩，附袁切」，奉母：韵異聲同，雙聲正轉。

1194 僎爲騶。禮少儀「介爵酢爵僎爵皆居右」，注：「古文禮僎作遵，僎或爲騶。」

〔疏證〕今按：僎在安部，騶在區部，古韵不同，僅以聲轉，例未它見。廣韵獮「僎，士免切」，牀二；又諄「遵、僎，將倫切」，精母，錢氏蓋取此切，故引注「古文禮僎或作遵」也；廣韵侯「騶，側鳩切」，照二古讀精母：是僎、騶二字廣韵異韵，同爲精母，雙聲正轉。若謂錢氏不言照二讀精，精照亦同位，同位爲變轉。

1195 圂爲豢。禮少儀「君子不食圂腴」，注：「周禮圂作豢。」

〔疏證〕周禮地官稾人「掌豢祭祀之犬」，故少儀注云：「周禮圂作豢。」

今按：説文「圂，厠也」，「圈，豢畜之閑也」，「豢，以穀圈養豕也」。周禮稾人注：「養犬豕曰豢。」是「圂腴」義取豢圈也。豢、圈在安部，圂在昷部，古韵相近而非一部。廣韵慁「圂，胡困切」，諫「豢，胡慣切」，並讀匣母。韵異聲同，雙聲正轉。

1196 刌爲切。特牲記「刌肺三」，注：「今文刌爲切。」少牢禮「心皆安下切上」，注：「今文切皆爲刌。」

〔疏證〕 少牢禮「安下切上」以下又云「皆切本末」，「祭肺三皆切」，今文亦當爲刌，故注云：「今文切皆爲刌。」士虞禮「離肺」，注引作「祭肺三皆刌」，尤可證。

今按：士虞禮「苴刌茅長五寸」，刌宜亦爲切也。説文「刌，切也」，「切，刌也」，兩字互訓，知其聲相通。廣雅釋言：「刌，切也。」漢書元帝紀「分刌節度」，韋昭注「刌，切也」，亦可證。刌在昷部，切在壹部，古韵旁對轉，然錢氏所不言。廣韵混「刌，倉本切」，清母；屑「切，千結切」，清母：異韵同聲，雙聲正轉。

1197 甑爲烝。 少牢禮「廩人概甑甗」，注：「古文甑爲烝。」

〔疏證〕 今按：文王世子「至於賵賻承含，皆有正焉」，注：「承讀爲贈，聲之誤也。」烝、承並从丞聲，甑、贈並从曾聲，故承之爲贈，猶烝之爲甑也。烝、甑古韵同在膺部，然而齒舌異聲，錢氏以爲聲轉者，廣韵蒸「烝，煮仍切」，照三；證「甑，子孕切」，精母：兩字既不同韵，更不同聲；然而照、精同位，同位爲變轉。

1198 胖爲辯。少牢禮「司馬升羊右胖」，注：「古文胖皆作辯。」士虞記「明日以其班祔」，注：「班或爲辯，今文爲胖。」

〔疏證〕今按：周禮秋官朝士「凡有責者有判書」，注：「故書判爲辨。」說文：「辨，判也。」爾雅釋木「桑辨有葚，梔」，注：「辨，半也。」釋文引舍人曰：「桑樹一半有葚，半無葚，名梔也。」釋器「革中絶謂之辨，革中辨謂之韏」，釋文：「孫云：辨，半分也。」胖、判同从半聲，辯、辨同从辡聲，故判爲辨、半爲辨，猶胖爲辯也。胖在安部，辯在因部，古韵相近，非一部也。廣韵換「胖，普半切」，滂母；獮「辯，符蹇切，又蒲莧切」，奉或並母：兩字不同韵，然而滂並同類近紐，又同爲送氣，謂之同類轉固可，謂之同位變轉亦無乎不可。

1199 嘏爲格。少牢禮「以嘏于主人」，注：「古文嘏爲格。」士冠禮「孝友時格」，注：「今文格爲嘏。」

〔疏證〕今按：說文：「各，異詞也。」各本訓至之初文，變易而爲徦，方言一「徦，至也」，各之爲徦，猶益之爲溢、鬲之爲甂耳。說文無徦而有假，至也。假亦各、徦字之變易，徦讀平，各、洛讀入，今音不同，古音無異也。書堯典「格于上下」，格即洛之借字。說文「假，一曰至也，虞書曰：假于上下」，假即徦之借字。「假于上下」即「格于上下」，亦即「徦于上下」、「洛于上下」、「各于上下」。凡形聲字聲同義通，故徦可以借假、嘏、遐等爲之，各、洛可以借格字爲之。从各从叚，形異而音同，故从各與从叚之字，以其形視之，爲異文矣。公羊隱八年「歸格于禰祖」，釋文：「格本作假。」書堯典「格于上下」，説文、後漢書明帝紀作「假于上下」。書益稷「祖考來格」，後漢書章帝紀作「祖考來假」。書高宗肜日「惟先格王」，漢書成帝紀、五行志中之下、孔光傳、外戚傳下皆作「惟先假王」。書西伯戡黎「格人元龜」，史記殷本紀作「假人元龜」。書君奭「格于皇天」、「格于上帝」，史記燕世家格皆作假。詩烈祖「鬷假無言」，左傳昭廿年「鬷嘏無言」，中庸「奏假無言」，凡此假、嘏字不同，皆當訓至，與格、洛、各字無異。藉使整齊詩、書，排比異文，从叚从各不同而同爲一事者多矣。从叚諸字在烏部，从各諸字在蒦部，古韵異部而實爲平入，不僅聲通，而且韵轉。廣韵馬「嘏、假、叚，古疋切」，昔「格、洛，古伯切」，韵不同而同爲見紐，雙聲正轉。

1200 眉爲微，又爲麋。少牢禮「眉壽萬年」，注：「古文眉爲微。」士冠禮

「眉壽萬年」，注：「古文眉作麋。」

〔疏證〕 今按：荀子非相「伊尹之狀而無須麋」，注：「麋與眉同。」漢書王莽傳下「赤糜此據景祐本，各本多作麋。聞之」，師古曰：「糜，眉也。以朱塗眉，故曰赤眉，古字通用。」後漢書光武紀作「赤眉」。説文「湄，水草交爲湄」，詩蒹葭：「在水之湄。」詩巧言「居河之麋」，傳：「水草交謂之麋。」釋文：「麋，本作湄。」左傳襄十四年「使太師歌巧言之卒章」，注：「居河之麋。」釋文：「麋，本或作湄。」爾雅釋水「水草交爲湄」，釋文：「湄，本或作瑂、溦、濔、瀮四字，同亡悲反。」皆眉、微、麋異文相通之證。微、眉在威部，麋在衣部，清人皆合爲一部，本近於同音，宜可通作。廣韵脂「眉、湄、麋，武悲切」，微母，錢氏以今讀雙脣音徑入明；微「微，無非切」，微母古讀明：是微與眉、麋異韵同聲，雙聲正轉。

1201 資爲齎。 少牢禮「資黍于羊俎兩端」，注：「古文資作齎。」聘禮記「問幾月之資」，注：「古文資作齎。」周禮外府「共其財用之幣齎」，（注）：「鄭司農云：齎或爲資，今禮家定齎作資。」掌皮「歲終則會其財齎」，（注）：「鄭司農云：或爲資。」典婦功「女之事齎」，注：「故書齎爲資。杜子春讀爲資。」典枲「頒功而授齎」，（注）：「故書齎作資。」巾車「入齎于職幣」，（注）：「杜子春讀爲資。」

〔疏證〕已詳卷二讀之異者「齊如粢」。廣韵脂「資，即夷切」，精母；齊「齎，祖稽切」，精母：韵異聲同，雙聲正轉。

1202 燅爲尋。有司徹「乃燅尸俎」，注：「燅，温也。古文燅皆作尋，記或作燖。」

〔疏證〕言「古文皆作尋」者，則下文「卒燅」，古文亦作尋也。疏云：「云『古文燅皆作尋』者，論語及左傳與此古文皆作尋，論語不破。至此疊古文不從者，彼不破者或古文通用。至此見有今文作燅，有火義，故從今文也。云『記或作燖』者，按郊特牲云：『有虞氏之祭也，尚用氣，血腥爓祭用氣也。』注云：『爓或爲燖。』今此義指彼記或讀之，故云『記或作燖』也。引春秋傳者，按哀公十二年左傳：『上略。吳子使太宰嚭請尋盟，上略。今吾子曰：必尋盟。若可尋也，亦可寒也。』服注：『尋之言重也，温也。』上略。鄭引之者，證『燅尸俎』是重温之義。」據疏亦燅、尋互作之證。

今按：説文無燖，燖即燅、燂字也，燖省作尋。説文：「燂，火熱也。」禮記内則「燂湯請浴」，釋文：「燂，温也。」考工記弓人「撟角欲孰于火而無燂」，注：「炙爛也。」説文「燅，于湯中瀹肉也」。或以爓爲之，禮器「三獻爓」，注：「沈肉于湯也。」釋文：「爓，本亦作𦢊。」郊特牲「腥肆爓腍祭」，注：「或爲𦢊。」燅、𦢊在奄部，尋、覃在音部，習在邑部，雖相鄰近，古分三韵。廣韵侵「尋，徐林切」，邪母；緝「習，似入切」，邪母；鹽「燅、𦢊，徐鹽切」，邪母。四字三韵，然而同爲邪母，故爲正轉。覃「覃，徒含切」，定母，邪母古亦讀定，則與以上諸字亦爲正轉。若謂錢氏不言邪母古讀定，則覃今有讀尋者，又爲邪母，因而謂之正轉亦無不可。

1203 揄爲抌。詩「或舂或揄」，儀禮注引作抌。有司徹「二手執挑匕刻本重一挑字大誤。枋以挹湆」，注：「挑謂之歃，讀如或舂或抌之抌。字或作挑者，秦人語也。今文挑作抌。」予謂抌即揄字，揄有偷音，故轉爲挑也。

〔疏證〕已詳本卷上文「揄爲抌爲舀。」

1204 觶爲爵。有司徹「兄弟之後生者舉觶于其長」，注：「古文觶皆爲爵。延熹中詔校書定作觶。」

〔疏證〕今按：觶爲爵，别無它證。説文「觶，从角，單聲」，則在安部；「或从辰聲作䚩」，則在昷部；「或从氏聲作觗」，則在恚部；考工記梓人疏引鄭駁異義「觶字角旁支，汝潁之間，師讀所作」，則字又作𧢼，亦在恚部。有司徹古今文不同，爵則在約部矣。爵與觶、䚩、觗、𧢼皆不同韵，是觶爲爵非韵轉耳。廣韵支「觶，章移切又支義切」，照三；藥「爵，即略切」，精母：是觶、爵二字，雖不同韵、同紐，然而同爲出聲，同位變轉。

1205 扉爲茀。有司徹「扉用席」，注：「古文扉作茀。」

〔疏證〕今按：士虞禮亦云「扉用席」，則彼處古文扉亦當作茀。卷一釋言「不，弗也」，「匪，不也」。由此可知，匪、弗皆與不通訓，是匪、弗亦可通訓。本卷上文「弗爲不」，「不爲非」，弗、非皆可爲不，是非亦可爲弗。匪、扉皆从非聲，茀从弗聲，是匪訓弗，非爲弗，可證扉之爲茀矣。扉在威部，茀在鬱部，古雖平入韵，然爲兩部。廣韵未「扉，扶涕切」，奉母；物「茀，敷勿切」，敷母：是扉、茀兩字雖不同韵，然而敷、奉兩母爲同類，於錢氏爲同類轉。

1206 藉爲席。士虞禮「藉用葦席」，注：「古文藉爲席。」

〔疏證〕今按：説文：「席，藉也。」周禮司几筵注：「藉之曰席。」漢書賈誼傳「以豫席之也」，臣瓚曰：「席，藉也。」管子山權數「賦藉藏龜」，注：「藉，席也。」皆以聲韵相通，故藉、席通訓。藉、席古韵同在蒦部，廣韵昔「藉，秦昔切又慈席切」，從母，然藉从昔聲，應有昔音，「昔，思積切」，心母；「席，祥易切」，邪母：初視之以爲同韵而不同聲，然而錢氏以心、邪同爲收聲，故爲同位變轉。

1207 啟爲開。士虞禮「啟會卻于敦南」，注：「今文啟爲開。」士昏禮「贊啟會」，注：「今文啟作開。」記「啟户」，注：「今文啟爲開。」此條當移至「士昏禮」前，説詳後。既夕禮「請啟期」，注：「今文啟爲開。」記「啟之昕」，（注）：「古文啟爲開。」

〔疏證〕刻本大誤，「記『啟户』，注『今文啟爲開』」當移至「士昏禮」之前。此乃士虞禮之記，非士昏禮之記也。

今按：少牢禮「乃啟二尊之蓋冪」，注：「今文啟爲開。」書堯典「胤子朱啟明」，史記五帝本紀作「嗣子丹朱開明」。書益稷「啟呱呱而泣」，論衡問孔作「開呱呱而泣」。書金縢「以啟金縢之書」，周禮占人注引作「開金縢之書」，卜師注作「開籥見書」。詩大東「東有啟明」，大戴記四代引作「東有開明」。左傳僖六年「微子啟」，史記宋微子世家作「微子開」。左傳哀三年經「城啟陽」，公羊作「城開陽」。論語泰伯「啟予足，啟予手」，論衡四諱作「開予足，開予手」。管子大匡「衛公子開方」，吕覽知接作啟方。啟、開異文互作者多矣。蓋啟、開本一字，説詳卷一釋言「企，啟開也」。啟、開本古韵衣部同音字，聲音迻易，今讀則韵不同矣。廣韵薺「啟，康禮切」，溪母；咍「開，苦哀切」，溪母：異韵同聲，雙聲正轉。

1208 **播爲半。** 士虞禮「尸飯播餘于篚[一]」，注：「古文播爲半。」

〔疏證〕 今按：播、半本安部同音字，然兩字互作或通訓，例不習見。廣韵過「播，

〔一〕「士虞禮」，原作「士喪禮」，據粵雅堂叢書本及儀禮改。

補過切」，幫母；換「半，博慢切」，幫母：是兩字韵異聲同，雙聲正轉。

1209 鬠爲括。 士喪禮「鬠用組」，注：「古文鬠皆作括。」又「主人髺髮」，注：「古文髺作括。」

〔疏證〕 已詳卷一釋言「檜，刮也」。

1210 閉爲柲。 詩「竹閉緄縢」，儀禮注引作柲，周禮注引作䩛。

〔疏證〕 引詩小戎。儀禮士喪禮、既夕記注引作柲，又云「柲，古文作柴」，釋文：「閉，本亦作䩛。」考工記弓人注引作䩛。

今按：說文：「閟，閉門也。」詩載馳「我思不閟」，傳：「閟，閉也。」閟宮「閟宮有侐」，傳：「閉也。」樂記「陰而不密」，注：「密之言閉也。」柲、密、閟皆从必聲，閟、密之訓閉，猶柲之訓閉，故閉可爲柲矣。柲在壹部，閉在㫗部，古韵不同。廣韵霽「閉，博計切」，幫母；至「柲，兵媚切」，錢氏亦入幫母：韵異聲同，雙聲正轉。

1211 掘作坅。既夕記「掘坎」，注：「今文掘爲坅。」

〔疏證〕今按：既夕記下文又云：「甸人築坅坎。」記皆承經文士喪禮爲説，士喪禮云「甸人掘坎」，則知此坅坎即掘坎也，故疏云：「經直云甸人掘坎，不云還使甸人築。故記明之，還使甸人築之也。」是亦坅、掘可以互作之證。掘在鬱部，坅在音部，古韻截然不同，非韻轉明矣。廣韻月「掘，其月切」，羣母；寑「坅，丘甚切」，溪母：兩字亦不同韻，然而溪、羣同爲牙聲，又同爲送氣，謂之同類轉可，謂之同位變轉亦可。

1212 幦爲幕爲䄙。既夕記「白狗幦」，注：「古文幦爲幕。」周禮巾車「木車蒲蔽犬䄙」，犬䄙即白狗幦也。

〔疏證〕巾車屬春官。

今按：説文「冖，覆也。从一下垂」，莫狄反。此段氏十六部之入，朱氏解部之入，予所謂益部也。對轉入陽，則爲段之十一部，朱之鼎部，予之嬰部。説文：冥、鼏、鼆皆从冖聲，惟冥讀入嬰部，餘仍讀爲益部。从冥得聲之字，大都讀入嬰部，个别嬰、益兩讀。説文又有冂，字或作冋作坰，从冂冋得聲之字，亦入嬰部，冖冂隸變相混，复非一字也。大小徐本説文合鼏、鼏爲一字，段氏辨之詳矣。兩字皆見禮經，凡禮古文作鼏今文作鉉者，从𠔿之鼏耳；禮經古文作密今文作鼏者，从冖之鼏耳。必明乎此而後始可言禮之異文通讀。朱駿聲作説文通訓定聲，以从冖聲之冥系諸字，皆合於从𠔿得聲諸字之下，是其大誤，不能爲賢者諱也。説文从冥得聲之字有幎，巾字下置則成幂，巾字改衣則爲𧝝，故幎、幂、𧝝一字也。至於从巾之幕，另一字也，在上曰幕。俗亦作冪、作羃，幕、冪、羃並與幂形近易混，説經者或謂形誤，或謂聲轉，亦有分歧，不可不知也。

周禮春官巾車「木車蒲蔽犬𧝝」，「素車棼蔽犬𧝝」，「藻車藻蔽鹿淺𧝝」，「駹車雚蔽然𧝝」，「漆車藩蔽豻𧝝」。犬𧝝即白狗幦，則餘𧝝皆幦也。玉藻「君羔幦虎犆」，幦亦𧝝也。此皆幦爲𧝝之證，𧝝古韵在嬰部，對轉則讀入益部，幦古韵本在益部，故廣韵𧝝、幦讀爲同音。錫「𧝝、幦，莫狄切」，明母，同音自雙聲，故錢氏以爲雙聲正轉。

公食大夫記「簠有蓋幂」，注：「今文或爲幕。」禮器「犧尊疏布鼏」，注：「鼏或作幕。」釋文：「幎本作幂，又作鼏，莫歷反。幕，音莫。」幎、幂與𧝝本一字，鼏與以上三字皆从冖聲，自應通作。幂作幕、鼏作幕，即𧝝、幂、鼏皆作幕矣。𧝝既爲幦，又爲幕，故幦亦可爲幕也。𧝝、幎、鼏皆古韵嬰部字，今讀轉入益，幦則本益部字，幕在蒦部，諸字古分三部。廣韵鐸「幕，慕各切」，明母，幕與𧝝、幦古今皆異韵，然而同聲，故爲雙聲正轉。

1213 幂爲幕。公食大夫記「簠有蓋幂」，注：「今文或爲幕。」

〔疏證〕 説詳上條。

1214 菆爲騶。既夕記「御以蒲菆」，注：「古文菆作騶。」

〔疏證〕 今按：菆从取聲，騶从芻聲，若取、芻聲通，即菆、騶可以通作矣。周禮地官縣正「趣其稼事」，釋文：「趣，本作趨。」禮記月令「趣民收斂」，釋文：「趣，本作趨。」詩棫樸「左右趣之」，賈子連語作「左右趨之」。十月之交「田卒汙萊」，箋：「令我不得趨農。」釋文：「趣本作趨。」莊子齊物論「趣舍不同」，外物「趣灌瀆」，釋文並云：「趣本作趨。」周禮秋官朝士「趨且辟」，釋文：「趨，本作趣。」禮記玉藻「一節以趨」，釋文：「趨，本作趣。」此皆趣、趨異文者也。漢書禮樂志「文巧則趨末背本者衆」，注：「趨讀趣。」食貨志上「亡以趨澤」，注：「趨讀趣。」季布傳「方提趨湯」，鄭當時傳「常趨和承意」，司馬遷傳「用之所趨異也」，王褒傳「則趨舍省而功施普」，東方朔傳「天下侈靡趨末」，金日磾傳「走趨臥內欲入」，王吉傳「竊見當世趨務」，魏相傳「民多背本趨末」，李尋傳「不可以趨道」，韓延壽傳「吏民敬畏趨向之」，蕭望之傳「下車趨門」，馮奉世傳「亡常則節趨不立」，薛宣傳「吏賦斂以趨辦」，揚雄傳下「追趨逐嗜」，循吏傳龔遂「春夏不得趨田畝」，游俠傳序「專趨人之急」，匈奴傳上「人人自爲趨利」，又「貪降其趨」，西南夷傳「敗走趨營」，注並曰：「趨讀曰趣。」此皆以趨讀趣。漢書賈誼傳「趣中肆夏」，注「趣讀曰趨」，則又以趣讀趨。漢書古今人表有鄒衍，史記田敬仲世家、孟荀列傳並作騶衍，周禮司爟注、禹貢釋文並作鄹衍。古今人表顔涿鄒，注：「即顔涿聚子子衍也。」漢書鼂錯傳「材官騶發」，蘇林曰：「騶音馬騾之騾。」鄒、鄹等類相通之字，亦不可勝數也。菆、騶本古韵區部同音字，故相通者極多。廣韵尤「菆、騶，側鳩切」，今讀音亦同。

1215 鑣爲苞。

既夕記「木鑣」，注：「古文鑣爲苞。」

〔疏證〕今按：左傳定四年申包胥，鶡冠子作申麃胥。説文：「苞，草也。南陽以爲麤履。」禮記曲禮下「苞履」，注：「苞，藨也。」司馬相如傳「其高燥則生葴苞荔」，張揖曰：「苞，藨也。」釋名釋車「鑣，苞也」，皆可證麃、包聲通，故鑣爲苞矣。鑣在夭部，苞在幽部，古韵不同，然相鄰近。廣韵蕭「鑣，甫嬌切」，非母，錢氏徑入幫；肴「苞，布交切」，幫母：兩字非一韵，然同讀幫母，雙聲正轉。

1216 韗爲殺。

既夕記「革韗」，注：「古文韗爲殺。」

〔疏證〕今按：靾，説文作紲，靾、殺古韻同爲曷部。廣韻薛「靾，私列切」，心母；黠「殺，所八切」，審二：以古聲論，審二讀心，雙聲正轉；以今聲論，心審異母而同位，同位爲變轉。

1217 葉爲擖。士冠禮「加柶覆之面葉」，注：「古文葉爲擖。」士昏禮「加角柶面葉」，注：「古文葉爲擖。」

〔疏證〕今按：廣雅釋詁一「擖，折也」，王念孫疏證云：「擸音獵，舊本訛作擖。擸之訛擖，猶臘訛臈。」聘禮「尚擸坐啐醴」，校勘記云：「擸，理持也。擖，括也。士冠禮『面葉』注云『古文葉爲擖』，然則今文作葉，古文作擖或作擸。擸、擖皆説文所有，宜以擸爲正。凡字之从巤者，俗皆从葛，如躐、臈、獦之類，故又爲擖。上略。少儀曰『執箕膺擖』，擖，箕舌也，字亦當作擸。弟子職作揲，揲即葉耳。」從阮元所引，少儀之擖，弟子職作揲，可增「葉爲擖」之一證。從王念孫、阮元兩氏之説，則知擖或當作擸也。擖古韻在曷部，葉、擸古韻在盍部。廣韻葉「葉，與涉切又式涉切」，喻四或審三；盍「擸，盧盍切又良涉切」，來母；鎋「擖，古鎋切」，見母：葉、擖兩字韻既不同，聲亦敻異，無從通轉；葉、擸兩字，古韻既同，又可讀入葉、盍兩韻，喻、來同爲收聲，於聲類爲變轉。蓋錢氏亦以擖爲擸之俗也。

1218 亶爲癉。 士冠禮「嘉薦亶時」，（注）：「古文亶爲癉。」周禮大司馬「暴内凌外則壇之」，注：「壇讀如同墠之墠。鄭司農云：壇讀從憚之以威之憚，書亦或爲墠。」

〔疏證〕 已詳卷一釋言「路亶，落單也」。

1219 殺爲衰。 樂記「志微噍殺之音作」，漢書作「纖微癄瘁之音」，瘁一作衰。士冠禮「以官爵，德之殺也」，注：「殺猶衰也。」

〔疏證〕 樂記「志微」，乃纖微之訛，説詳卷四字形相涉之訛「纖爲志」。

今按：説文「衰，艸雨衣也」，即今之蓑字。「㾐，減也」，則今衰敗、衰減之本字。説文「殺，戮也」，凡殺訓衰、㾐之借。古訓有以殺直訓爲衰者，漢書揚雄傳下「事罔隆而不殺」，師古曰「殺，衰也」，所以隆殺即盛衰。史記禮書「以隆殺爲要」，索隱「殺猶薄也」，以薄代衰。禮書本之荀子禮論「以隆殺爲要」，注「減降也」，衰訓減已見上，殺訓減，即訓衰也。廣雅釋詁二：「殺，減也。」荀子正論「故賞以富厚而罰以衰省也」，禮論「緦小功以爲殺」，大略「冰畔殺内」，注並云：「殺，減也。」周禮廩人「詔王殺邦用」，注：「殺猶減也。」其他云省云降云差，亦猶是矣，凡殺之訓此等諸義者，皆衰之借耳。考工記輪人「參分其輻之長而殺其一」，注「殺，衰小也」，衰小即殺減，尤可證殺衰聲通。衰在威部，殺在曷部，古韵不同。廣韵怪「殺，所拜切又所八切」，脂「衰，所追切」，並讀審二，韵異聲同，雙聲正轉。

1220 郤爲綌。士昏禮「贊啟會郤于敦南」，注：「古文郤爲綌。」

〔疏證〕綌、郤、卻三字，説文皆从谷聲，本古韵蒦部同音字，而今韵分爲兩韵兩切，廣韵陌「郤、綌，綺戟切」，藥「卻，去約切」，郤、卻同爲溪紐而陌、藥韵分。士昏禮中之字爲郤抑爲卻？儀禮刻本多作卻，聲類刻本則作郤。竊以爲从卩者是也，知者，儀禮釋文「卻，去逆切」，雖字作卻而爲郤音，以郤逆同在陌韵故耳。

今按：綌、郤古今韵皆同音，自爲正轉。

1221 舅爲咎。士昏禮「贊見婦于舅姑」，注：「古文舅皆作咎。」

〔疏證〕 今按：國語晉語舅犯，荀子、呂覽、韓非子、論衡異虛並作咎犯。大學又引作舅犯。荀子臣道「晉之咎犯」，注：「咎與舅同。」穆天子傳五「咎氏宴飲毋有禮」，注：「咎字亦作舅，咎猶舅也。」皆舅、咎異文通作之證。舅、咎古同幽部，本同音字，廣韵有「舅、咎，其九切」，羣母，亦同音字，同音自當雙聲，正轉也。

1222 申爲信。 士相見禮「君子欠伸」，注：「古文伸作信。」

〔疏證〕 已詳卷一釋言「信，申也」。

1223 曳爲抴。 士相見禮「舉前曳踵」，注：「古文曳作抴。」

〔疏證〕 今按：說文「曳，臾曳也」，「抴，捈也」，音既相同，義亦相近，故从曳、从世之字有時而異文通作。詩板「無然泄泄」，說文詍下引作「無然詍詍」，爾雅釋訓引作洩洩。左傳隱元年「其樂也洩洩」，校勘記：「洩洩當作泄泄，考文提要作泄泄，石經避太宗諱改。」左傳哀二年「吴洩庸」，漢書董仲舒傳作泄庸，四子講德論作渫庸。皆其例也。曳、抴古韵同在曷部，本同音字，廣韵祭「曳、抴，餘制切」，喻四，亦同音字，雙聲正轉。

茅爲苗，又爲莽。 士相見禮「在野則曰草茅之臣」，注：「古文茅作苗。」孟子作「草莽之臣」。

〔疏證〕 引孟子萬章下。

今按：左傳定四年「越在草茅」，釋文：「茅本作莽。」孟子滕文公引詩「晝爾于茅」，音義引張云：「茅或作苗。」此亦茅、苗、莽互相通作之證。 茅、苗又並與毛通，書舜典「竄三苗於三危」，山海經作三毛。 詩柏舟「髧彼兩髦」，説文鬏下引作「髧彼兩鬏」。説文漢令有髳長，書牧誓「庸、蜀、羌、髳、微、盧、彭、濮人」，詩角弓「如蠻如髦」，箋：「髦，西南夷別名，武王伐紂，其等有八國，從焉。」釋文：「尋毛鄭之意，當與尚書同。」一切經音義二：「髦，古文髳同。」鬏、髳、髦通作，即矛、毛通作。 説苑修文引春秋傳「夏曰苗」而後釋之曰「苗者毛也」，故苗、茅常借毛爲之，春秋左傳隱三年「澗溪沼沚之毛」，注：「毛，草也。」公羊宣十二年「錫之不毛之地」，注：「墝埆不生五穀。」穀梁定元年「毛澤未盡」，注：「凡地之所生謂之毛。」茅、苗皆與毛通作，故茅苗通作矣。 茅、茆亦通作，説詳卷二釋地「茅戎，貿戎也」。

茅在幽部，苗在宵部，莽在央部，古韵不同，央部尤遠。 廣韵肴「茅，莫交切」，明母；宵「苗，武儦切」，微母，錢氏作明母；蕩「莽，莫朗切又莫古切」，明母：韵異聲同，互爲雙聲，故爲正轉。

1225 挩爲説。鄉飲酒禮「坐挩手」，注：「古文挩作説。」鄉射禮「坐挩手」，注同。

〔疏證〕今按：挩、説同从兑聲，古曷部同音字，凡形聲同聲字多相通，从兑得聲諸字，相通者尤多。説文「挩，解挩也」，「説，釋也」，義本相近，一以手解，一以言釋，此其别也。故不具論。廣韵末「挩，徒活切」，定母；屑「説，失爇切又舒芮切」，審三，然説从兑聲，泰「兑，杜外切」，定母：以挩、兑兩字論，韵異聲同，仍屬雙聲正轉。

1226 厭爲揖。鄉飲酒禮「賓厭介入門左，介厭衆賓入」，注：「推手曰揖，引手曰厭，今文皆作揖。」疏：「厭字或作撎字者，古字義亦通也。」

〔疏證〕今按：鄉飲酒禮下文又云「揖讓升，賓厭介升，介厭衆賓升」，注：「今文厭皆爲揖。」鄉射禮「賓厭衆賓」，注：「今文皆曰揖衆賓。」又「揖讓升，賓厭衆賓升」，注不言今文，承上文耳。此皆厭爲揖之證。左傳成十六年「敢肅使者」，注：「肅，手至地，若今撎。」釋文：「撎，揖也。」周禮春官大祝「九曰肅拜」，注：「鄭司農云：肅拜但俯下手，今時撎是也。」釋文：「撎，今之揖也。」此則厭、揖字作撎之證。厭在奄部，揖在邑部，兩字雖異韵，猶相鄰近，撎在壹部，則相去甚遠。廣韵葉「厭，於葉切」，影母；緝「揖，伊入切」，影母；至「撎，乙冀切」，影母：韵異聲同，並爲雙聲正轉。

1227

釋爲舍。　鄉飲酒禮「主人釋服」，注：「古文釋作舍。」大射儀「獲而未釋獲」，注：「古文釋爲舍。」周禮大胥「春入學舍采」，注引月令：「仲春之月，上丁命樂正習舞釋采，舍即釋也。」「命樂正」，刻本命作令。

〔疏證〕已詳卷二文之異者「舍如釋」。

1228

榭爲序。　鄉射禮「豫則鉤楹内」，注：「豫讀如成周宣榭災之榭，周禮作序。凡屋無室曰榭，宜从榭，今文豫爲序。」

〔疏證〕今按：嵩高「于邑于謝」，潛夫論志氏姓作「于邑于序」。離騷「春與秋其代序」，淮南俶真：「代謝舛馳。」文心雕龍物色：「春秋代序。」南史袁湛傳論「四時代謝」，代序即代謝。榭、謝並从射聲，廣韵禡「榭，謝，辝夜切」，邪母，兩字同音，故謝之爲序，猶榭之爲序矣。榭在蒦部，序在烏部，古韵本平入韵。廣韵語「序，徐吕切」，邪母。是兩字廣韵不同韵，然而同爲邪母，故榭爲序，雙聲正轉。錢氏此條不言「豫爲榭」，亦爲序者，廣韵御「豫，羊洳切」，喻四，邪與喻四古皆讀定，錢氏所不言，故不以爲聲轉耳。

1229 貫爲關。鄉射禮「不貫不釋」，注：「古文貫作關。」大射儀「不貫不釋」，注同。

〔疏證〕今按：説文「貫，錢幣之貫也」，與毌爲一字。説文「毌，穿物持之也」，字亦作串。貫爲毌加義符貝。説文：「關，以木横持門户也。」關與毌雖兩字，毌以一横穿物，關以木横持門户，此其義本有相通之處也。説文患，古文作悶，悶从關省聲，此貫、關聲通之證。關、貫又常相通假，禮記雜記「見輪以其杖關轂而輠輪者」，關轂即貫轂也。書大傳「雖禽獸之聲猶悉關於律」，關於律即貫於律也。左傳昭廿一年「豹則關矣」，孟子告子「越人關弓而射之」，史記陳涉世家「士亦不敢貫弓而報怨」，關弓、貫弓與彎弓義同。關、貫古韵同在安部，本同音字。廣韵换「貫，古玩切」，删「關，古還切」，韵不同而同爲見母，雙聲正轉。

1230 以爲與。　鄉射禮「各以其耦進」，今文以爲與。

〔疏證〕王引之經傳釋詞云：「與猶以也。易繫辭傳曰『是故可與酬酢，可與祐神矣』，言可以酬酢，可以祐神也。禮記檀弓曰『殷人殯於兩楹之間，則與賓主夾之也』，言以賓主夾之也。玉藻曰『大夫有所往，必與公士爲賓也』，言必以公士爲擯也。中庸『知遠之近，知風之自，知微之顯，可與入德矣』，言可以入德也。論語陽貨篇曰『鄙夫可與事君也與哉』，言不可以事君也。史記袁盎傳曰『妾主豈可與同坐哉』，言不可以同坐也。漢書與作以。貨殖傳曰『智不足與權變，勇不足以決斷，仁不能以取予』，漢書揚雄傳曰『建道德以爲師，友仁義與爲朋』，與亦以也，互文耳。」

又云：「廣雅曰：『以，與也。』書盤庚曰『爾忱不屬，惟胥以沈』，某氏傳曰：『相與沈溺。』詩江有汜『不我以』，擊鼓曰『不我以歸』，桑柔曰『不胥以穀』，儀禮鄉射禮曰『主人以賓揖』，又曰『各以其耦進』，大射儀曰『以耦左還』，箋、注並曰：『以，猶與也。』禮記檀弓曰『吾未嘗以就公室』，注曰：『未嘗與到公室，觀其行也。』易鼎初六曰『得妾以其子』，言得妾與其子也。詩小明曰『神之聽之，式穀以女』，言式穀與女也。禮記郊特牲曰『賓入大門而奏肆夏，示易以敬也』，言示易與敬也。襄二十年左傳曰『賦常棣之七章以卒』，言賦七章與卒章也。二十九年曰『欒氏其以宋升降乎』，言與宋升降也。論語微子篇曰『而誰以易之』，言誰與易之也。詩江有汜曰『不我以』，『不我與』，旄邱曰『何其處也，必有與也；何其久也，必有以也』，以亦與也，古人自有複語也。管子形勢篇曰『故民不可與慮化舉始，而可以樂成功』，皆以與以互文。故鄉射禮『各以其耦進』，今文以爲與。越語『節事者與也』，史記越世家與爲以。呂氏春秋精諭篇『人可與微言乎』，淮南道應篇與爲以。權勳篇『不穀無與復戰矣』，說苑敬慎篇與爲以。燕策『得賢士與共國』，史記燕世家與爲以。」

今按：以在噫部，與在烏部，古韵夐然不同。廣韵止「以，羊已切」，喻四；語「與，余呂切」，喻四：韵異聲同，雙聲正轉。

1231

膱爲胾。　鄉射記「薦脯用籩五膱祭半膱」，注：「古文膱爲胾，今文或爲植。」

〔疏證〕今按：說文無膱，鄉射記注云：「膱猶脡也。」聘禮記「薦脯五膱祭半膱橫之」，注亦云：「膱「或謂之脡」。蓋皆據鄉飲酒禮「薦脯五脡」也。竊以爲禮以膱之古文爲胾，疑膱與胾本一字耳，說文「胾，大臠也」，五膱即五胾、五脡也。膱从戠聲，胾从𢦏聲，戠、𢦏相通而膱、胾相通矣。詩大明「文王初載」，傳：「載，識也。」後漢書楊賜傳注引毛萇曰：「載，職也。」載與識、職相通，猶㦸與膱相通矣。禹貢「厥土赤埴墳」，鄭本埴作戠，晉書成公綏天地賦「海岱赤𡒄」，赤𡒄即赤埴也。中庸「故栽者培之」，注：「栽猶植也。」此又戠、直聲通之證。膱、植在肊部，㦸在噫部，㦸、膱雖異韵，實平入不同而已。廣韵志「㦸，側吏切」，照二；職「𦙶釋曰儀禮作膱，之翼切」，照三：照二照三聲系截然不同，本同位變轉，然錢氏不言二三等不同，則爲雙聲正轉。

1232

弓爲肱。　鄉射記「侯道五十弓，弓二寸，以爲侯中」，注：「今更改弓爲肱。」更當作文，刻本今誤。

〔疏證〕　今按：説文「軦，車軾也。詩曰：鞹軦淺幭。讀若穹」，軦讀若穹，即弓、肱聲通矣。左傳襄十八年「子張從鄭伯伐齊」，注「子張，公孫黑肱」，按：字子張宜爲黑弓。邾黑肱，公羊作弓，知肱與弓相通矣。漢書儒林傳「江東馯臂子弓」，説文「肱，臂上也」，則名臂者宜爲子肱，知此子弓即肱也。凡此皆可證弓、肱聲通。弓、肱本古韵膺部同音字，聲音衍變，而後世之讀音不相同矣。廣韵東「弓，居戎切」，見母；登「肱，古弘切」，見母：異韵同聲，雙聲正轉。

1233 皮爲繁。鄉射記「君國中射則皮樹中」，注：「今文皮樹爲繁豎。」

〔疏證〕今按：詩十月之交「番維司徒」，釋文：「番本或作潘，韓詩作繁。」漢書古今人表作司徒皮。是同一人而番、潘、繁、皮四字。史記河渠書「河東守番係」，索隱：「番音婆，又音潘，詩小雅云：番維司徒。」亦一姓而婆、潘、番互作。漢高紀番君，蘇林音婆。左傳定四年「殷民七族」有繁氏，釋文音布何反。漢書陳湯傳有御史大夫繁延壽，師古音蒲何反，亦可知番、繁、婆三字音通也。明堂位周人黄馬「蕃鬣」，釋文又作番，爾雅釋畜作「繁鬣」，郭注引同。左傳定六年，吴敗楚「繁陽」，史記作番。漢書地理志魯國「蕃縣」，左傳襄四年注作番，應劭音皮。皆可證番、蕃、繁、皮可以通作。皮、婆古韵在阿部，番、繁在安部，阿、安對轉，錢氏不言，故以爲聲轉。廣韵支「皮，符羈切」，元「繁，附袁切」，奉母古讀並，韵異聲同，雙聲正轉。

1234 賜爲錫。燕禮「以賜鍾人于門内」，注：「古文賜作錫。」覲禮「天下賜舍」，注：「今文賜作錫。」

〔疏證〕今按：賜、錫同从易聲，古韵益部同音字，形聲同聲字通用，此常例也。

左傳昭廿九年「賜之姓曰董，氏曰豢龍」，論衡龍虛賜作錫。書禹貢「九江納錫大龜」，史記夏本紀作「九江入賜大龜」。禹貢「錫土姓」，夏本紀作「賜土姓」。易師「王三錫命」，釋文：「鄭本作賜。」書文侯之命序「平王錫晉文侯秬鬯圭瓚」，釋文：「馬本作賜。」皆其例也。廣韻寘「賜，斯義切」，心母；錫「錫，先擊切」，心母：異韻同聲，雙聲正轉。裼亦爲賜，聘禮「公側受宰玉裼降立」，注：「古文裼皆作賜。」裼、錫同音，爲例亦同。

又按：大射儀「幕用錫若絺」，注：「今文錫作緆。」燕禮「幕用錫若絺」，注「今文錫作緆」，錫、緆廣韻同音。本邪母之變入心母者。少牢饋食禮「主婦被錫」，注「被錫讀爲髲鬄」，又周禮追師注作「主婦髲鬄」。霽「鬄，特計切」，定母。詩斯干「載衣之裼」，釋文「韓詩作禘」，説文引詩亦作禘。集韻霽「禘，他計切」，透母。邪母而轉入透定兩母者，邪母古本讀定耳。然錢氏不言邪母古讀，故不及論。

1235 獲爲護。大射儀「授獲者退立於西方，獲者興」，注：「古文獲皆作護，非也。」

〔疏證〕今按：史記衛世家「召護駕乘車」，左傳哀十五年作召獲。亦一例也。獲、護皆从蒦聲，本古韻蒦部同音字，而今韻小異，廣韻麥「獲，胡麥切」，遇「護，胡誤切」，並爲匣母。韵異聲同，雙聲正轉。

1236 繅爲璪。 聘禮「取圭垂繅」，注：「今文繅作璪。」記「圭與繅皆九寸」，注：「古文繅或作藻，今文作璪。」覲禮「以瑞玉有繅」，注：「今文繅作璪。」周禮司几筵「加繅席畫純」，（注）：「鄭司農讀爲藻率之藻。」弁師「諸侯之繅斿九就」，（注）：「鄭司農云：繅當爲藻，繅，古字也；藻，今字也。同物相刊本誤衍同音。」

〔疏證〕 司几筵屬春官，弁師屬夏官。

今按：說文藻或作藻，引詩「于以采藻」，詩采蘋作「于以采藻」。是知造字即以巢、喿音同，詩亦藻、藻異文也。周禮典瑞「繅藉五采五就」，注：「鄭司農繅讀爲藻率之藻。」巾車「藻車藻蔽」，注：「故書藻作轈，杜子春轈讀爲華藻之藻，直謂華藻也。」曲禮下注「藻，藉藻也」，釋文：「藻本作藻。」司几筵注「五席莞藻次蒲熊」，釋文：「藻本又作繅。」此亦从喿、从巢得聲字互作之例證也。巢、喿本宵部同音，廣韵晧「繅、璪，子晧切」，精母，音亦同。

1237 禓爲賜。聘禮「公側受宰玉禓降立」，注：「古文禓皆作賜。」

〔疏證〕詳上文「錫爲賜」。

1238 訝爲梧。聘禮「訝受几於筵前」，注：「今文訝爲梧。」公食大夫禮「從者訝受皮」，注：「今文曰梧受。」

〔疏證〕今按：訝、梧古韵烏部同音字，今則韵有遂易。廣韵禡「訝，吾駕切」，疑母；模「梧，五乎切」，疑母：韵異聲同，雙聲正轉。

1239 公爲君。聘禮「公使卿贈」，注：「今文公爲君。」

〔疏證〕今按：詩臣工「敬爾在公」，傳：「公，君也。」周禮冢人「掌公墓之地」，禮記昏義「教於公宮」，注並云：「公，君也。」爾雅釋詁、釋名釋親屬並云：「公，君也。」公在邕部，君在昷部，古韵不同。廣韵東「公，古紅切」，文「君，舉云切」，並爲見紐，故公之爲君，公、君通訓，雙聲正轉也。

1240 羹爲羔。　聘禮記「賜饔唯羹飪」，注：「古文羹爲羔。」

〔疏證〕今按：説文羹或作鬻，皆會意字，非形聲也。羹在央部，羔在夭部，截然不同韵。廣韵庚「羹，古行切」，豪「羔，古勞切」，並讀見母，異韵同聲，雙聲正轉。

1241 飪爲腍。　聘禮記「賜饔唯羹飪」，注：「古文飪爲腍。」

〔疏證〕今按：詩楚茨「或剥或亨」，傳：「亨，飪之也。」釋文：「飪本作腍。」爾雅釋言「饙餾，稔也」，釋文：「稔本作飪。」皆飪、腍異文之證。古韵飪、腍同在音部，本同音字。廣韵寑「飪、腍、稔，如甚切」，日母，亦同音字。

1242 是爲氏。　覲禮「大史是右」，注：「古文是爲氏。」

〔疏證〕周禮夏官射人「戒大史及大夫戒」，注引覲禮作「大史氏右」。今按：禮記曲禮下「是職方」，注：「是或爲氏。」儀禮士昏禮「惟是三族之不虞」，白虎通宗族作「惟氏三族之不虞」。韓非子難三「龐糲氏」，論衡非韓作「龐撊是」。漢書地理志下「氏爲莊公」，師古曰：「氏與是同，古通用字。」後漢書李雲傳「得其人則五氏來備」，注：「是與氏古字通耳。」此皆氏與是互爲異文者。漢張遷碑「張是輔漢，世載其德」，張是即張氏；韓勑後碑「於氏憤慉之思」，於氏即於是。顏氏家訓音辭：「南人以是爲舐。」此亦氏與是通作者。易復「無祇悔」，釋文：「祇，王肅作禔。」坎「祇既平」，釋文：「祇，京本作禔。」説文緹或从衣氏聲，字作衹；又「祇，地祇提出萬物者也」，以祇訓提。禔與祇通，緹即衹字，以祇訓提，即是與氏聲通也。又氏亦與支音通，漢書韋玄成傳「破東胡，擒月氏」，注：「氏讀曰支。」匈奴傳「閼氏」，注：「讀曰焉支。」是亦與支音通，周禮翨氏注：「鄭司農云：翨讀爲翅翼之翅。」國語晉語「以鼓子苑支來」，左傳作鳶鞮。是、支、氏三字音通，即是、氏音通也。是、氏古韻同在恚部，本同音字。廣韻紙「是、氏，承紙切」，禪母，亦同音，古今皆同音，其相通作無足論矣。

1243 瘞爲殪。　覲禮「祭地瘞」，注：「古文瘞作殪。」

〔疏證〕今按：鮮見它例。瘞在盍部，殪在壹部，古韻截然不同。廣韻霽「殪，於計切」，祭「瘞，於罽切」；影母雙聲，於例爲正轉。

1244 削爲稍，又爲郙。　周禮大宰「家削之賦」，釋文：「本亦作稍，又作鄁。」載師「以家邑之田任稍地」，注：「故書稍或作鄁。」

〔疏證〕 大宰屬天官，載師屬地官。

今按：削、稍、鄁皆从肖聲，同聲通作，例之習見。古韻宎部同音字，廣韻藥「削，息約切」，心母；效「稍、鄁，所教切」，審二古讀心：以古聲論，削之爲稍、鄁，雙聲正轉；以今聲論，則爲同位變轉。

1245 挾爲帀。 周禮大宰「挾日而斂之」，釋文：「挾，子協反，字又作浹，干本作帀。」

〔疏證〕 今按：公羊哀十四年「曰備矣」，注：「人道浹，王道備。」釋文：「浹，一本作帀。」國語越語「浹日而令大夫朝之」，注：「浹，帀也。」荀子禮論「於是其中焉方皇周挾」，注：「挾，帀也。」史記禮書「房皇周浹」，索隱：「周浹猶周帀。」後漢書袁紹傳「曾不浹辰」，注：「浹，帀也。」小爾雅廣言：「浹，帀也。」其他以周與徧訓挾浹者，亦猶是耳。挾、浹同从夾聲，以浹訓爲帀猶挾爲帀也。說文無浹，「挾，俾持也」，無周帀之義。挾訓爲帀，借挾爲帀也。廣韻怗「挾，胡頰切」，匣母；「浹，子協切」，精母，周禮釋文用挾爲浹音耳。廣韵合「帀，子答切」，精母。浹、帀古韵同在盍韵，廣韵則浹、帀異韵而同聲，雙聲正轉。

1246 蕭爲莤。周禮甸師「祭祀共蕭茅」，（注）：「鄭大夫云：蕭字或爲莤。莤讀爲縮；縮，浚也。齊桓公責楚不貢包茅。王祭不共，無以縮酒。」

〔疏證〕甸師屬天官。齊桓責楚，見左傳僖四年。

今按：莤多借縮爲之，禮記郊特牲「縮酌用茅」，周禮司尊彝「醴齊縮酌」，皆以縮爲莤。从宿得聲之字又與肅通，已詳前「羞爲宿」條。莤與縮通，宿與肅通，是肅與莤通矣。蕭从肅聲，故蕭可爲莤也。説文「莤，从酉从艸，酉亦聲」，蕭、莤古韵幽部字，聲音變易，今讀遂異。廣韵蕭「蕭，蘇彫切」，心母；屋「莤，所六切」，審二：兩字異韵，然而心審同位，同位爲變轉。審二古讀心，是莤、蕭古聲本雙聲正轉也。

1247 宛爲鬱。禮内則「兔爲宛脾」，注：「宛或作鬱。」

〔疏證〕 已詳卷一釋詁「宛，鬱也」，卷二讀之異者「菀如鬱」。

1248 廞爲淫。 周禮司裘「大喪廞裘」，注：「故書廞爲淫。鄭司農云：廞裘，陳裘也。」司服「廞衣服」，（注）：「故書廞爲淫。」大師「大喪帥瞽而廞」，（注）：「故書廞爲淫。」司兵「大喪廞五兵」，（注）：「故書廞爲淫。」匠人：「善防者水淫之」，（注）：「鄭司農云：淫讀爲廞。」

〔疏證〕 司裘屬天官，司服、大師屬春官，司兵屬夏官；匠人則見考工記。司服注又云：「鄭司農云：淫讀爲廞。」

今按：廞、淫古韵同在音部。廣韵侵「淫，餘針切」，喻四；「廞，許金切」，曉母：兩字同韵而不同母，本爲韵轉。錢氏以爲聲轉者，以爲曉匣影喻，「古人於此四母，不甚區別」，説見序例。

1249 鉤爲拘。 周禮巾車「鉤樊纓九就」，注：「故書鉤爲拘，杜子春讀爲鉤。」

〔疏證〕 巾車屬春官。

今按：禮記曾子問「從兩旁鉤之」，釋文：「鉤，本又作拘。」左傳哀廿五年「以鉤越，越有君」，釋文：「鉤，本或作拘。」莊子徐无鬼「上且鉤乎君」，釋文：「鉤亦作拘。」荀子宥坐「其流也埤下裾拘」，注：「拘，讀爲鉤。」後漢書鄧訓傳「訓考量隱括」，注：「孫卿子曰：拘木必待隱括下略。拘音鉤。」此皆拘、鉤異文通讀之例證也。鉤、拘同从句聲，通作此其常例，故不盡録。鉤、拘本區部同音字，後世侈弇不同而鴻細斯別。廣韻侯「鉤，古侯切」，見母；虞「拘，舉朱切」，見母：異韵同聲，雙聲正轉。

1250

髢爲鬄。 詩「不屑髢也」，周禮注引作鬄。

〔疏證〕 引詩君子偕老。引周禮追師注。

今按：説文「鬄，髲也。从髟，易聲」，或从也聲作髢。髢、鬄本一字，宜其異文通作。易也不同，而髢、鬄一字，猶之敡、訑説文一字，或从易或从也，所从得聲不同也。凡从易得聲之字，古入恚部；从也得聲之字，半入阿部，或謂也爲它訛。半入恚部。从也得聲本讀阿部之字，或與易通者，則與聲轉相關矣。詩何人斯「我心易也」，釋文：「易，韓詩作施。」淮南俶真「施於周室」，注：「施讀難易之易也。」詩皇矣「施于孫子」，箋：

「施，猶易也。」論語「君子不施其親」，何晏注：「施，易也。」施在阿部，與易通者。廣韻支「施，式支切；又以寘切」，前切審三，後切喻四也；寘「易，以支切又以益切」，喻四：同切喻四，故施、易可以雙聲正轉。

1251

涖爲立。 周禮鄉師「執斧以涖匠師」，（注）：「故書涖作立。鄭司農讀爲涖。」司市「市師涖焉」，（注）：「故書涖作立。鄭司農云：立當爲涖。」大宗伯：「涖玉鬯」，（注）：「故書涖爲立。鄭司農讀爲涖。」

〔疏證〕 鄉師、司市屬地官，大宗伯屬春官。並詳卷一釋言「立，林也」。

今按：涖在鬱部，立在邑部，古韻截然不同。廣韻霽「涖，力二切」，緝「立，力入切」，並讀來母。異韻同聲，雙聲正轉。

1252

巡爲述。 周禮鄉師「巡其前後之屯」，注：「故書巡作述。」

〔疏證〕 今按：述、循通訓，說文：「述，循也。」書五子之歌「述大禹之戒作歌」，傳：「述，循也。」詩日月「報我不述」，傳：「述，循也。」儀禮士喪禮「不述命」，少牢禮「遂述命曰」，注並云：「述，循也。」不盡舉。巡讀與遁同，漢書雋疏于薛平彭傳贊「平當逡遁有恥」，叙傳下「逡遁致仕」，師古並云：「遁讀與巡同。」巡、循亦聲訓，白虎通巡狩「巡者，循也」。又見風俗通山澤。文選東都賦注引逸禮曰：「巡狩者何？巡者，循也。」述與循通，巡又與遁、循通，故知述與巡通，巡可爲述矣。巡在昷部，述在鬱部，本平入對轉，然錢氏所不言。廣韵諄「巡，詳遵切」，考巡从川聲，从川得聲之字，諄「紃、㺱，食倫切」，牀三，錢氏蓋以爲巡可讀此音也；術「述，食聿切」，牀三：韵異聲同，雙聲正轉。按邪母與牀三古皆讀定，錢氏所不言，故不論。

1253

襲爲習。周禮胥「襲其不正者」，（注）：「故書襲爲習。杜子春云：當爲襲。」

〔疏證〕胥屬地官。

今按：書大禹謨「卜不習吉」，疏：「習與襲同。」文選齊竟陵文宣王行狀「龜謀襲吉」，注：「襲與習同。」此亦襲、習通作之例。説文：「讋，傅毅讀若慴。」文選羽獵賦「竦讋怖」，注：「讋與慴同。」晉書音義上：「讋説文讀摺。」此則从龖得聲之字，與从習得聲之字相通之證也。説文「讋，失气言也」，「謵，言謵讋也」，音義全同，本一字之變易。兩字又孳乳爲慴，説文：「慴，懼也。」慴、讋因之古訓相通，文選詠霍將軍北伐詩注，引文穎注漢書：「慴，恐懼也。」漢書武帝紀「爲匈奴讋焉」，項籍傳「府中皆讋伏」，「諸將皆讋伏」，張湯傳「羣臣震讋」，注並曰「讋，失气。」即謂恐懼也。讋、慴又皆借疊爲之，詩時邁「莫不震疊」，傳：「疊，懼。」文選吴都賦「鉦鼓疊山」，劉注：「疊，振疊也。」震讋、震疊、振疊，亦即震慴也。説文「慴讀若疊」，故世皆以疊爲慴之借，其實亦讋、謵字之借也。襲、習古韵同在邑部，本同音字。廣韵緝「襲、習，似入切」，邪母，亦同音字。古今同音，宜其可以異文也。邪母古讀定，故讋、習可讀疊、慴徒協切也。謂古今同音，非謂古音同今音、謂古同音今亦同音，古皆讀怗韵定母，今同讀緝韵邪母也。

1254 墳爲坌。　周禮草人「墳壤用麋」，（注）：「故書墳作坌。」

〔疏證〕　草人屬地官。已詳卷二釋地：「賁泉、濆泉，蚡泉也。」

1255 吉爲告。　周禮大宗伯「以吉禮事邦國之鬼神示」，注：「故書吉爲告。杜子春云：書爲告禮者非是，當爲吉禮。」

〔疏證〕 今按：禮記緇衣「尹吉曰」，注：「吉當爲告。告，古文誥，字之誤也。尹告，伊尹之誥也。」此亦吉、告異文之例。又有詰、誥異文者，易姤「后以施命誥四方」，釋文：「誥，鄭作詰。」書呂刑「度作刑以詰四方」，漢書刑法志作「度時作刑以詰本或作誥四方」。按：刑法志上文云「以刑邦國，詰四方」，師古曰「詰，責也，字或作誥」，故知上下文皆詰、誥兩作。詰、誥異文猶吉、告異文耳。吉、告形近而聲同，其爲聲轉抑爲形誤？可以兩通。錢氏以爲凡聲之相同者皆爲聲轉，凡聲之不同者則爲形訛，所以另著一項「字形相涉之訛」，並載聲類，明彼則爲形訛而非聲轉也。告在幽部，吉在壹部，古韵不同。廣韵號「告，古到切」，見母；質「吉，居質切」，見母：韵不同而聲同，故爲雙聲正轉。

1256 疈爲副，又爲罷。　周禮大宗伯「以疈辜祭四方百物」，注：「故書疈爲罷，鄭司農云：罷辜披磔牲以祭。」先鄭蓋讀罷如披也。

〔疏證〕 校勘記云：「說文刀部云：『副，判也。从刀，畐聲。周禮曰副辜祭。』又：『疈，籀文副。』按鄭司農從故書作罷，鄭君蓋從今書作疈。」說文既副、疈同字，周禮今本雖作疈，許引則作副，故錢氏以「疈爲副，又爲罷」標目。

今按：疈、副一字，自當通用，可以不論。副、疈同在肊部，罷在阿部，古韻不同也。廣韻宥「副，敷救切」，敷母；支「罷，符羈切」，奉母，錢氏以爲「先鄭讀罷如披」，支「披，敷羈切」，本敷母錢氏入滂，又以爲古無輕脣音：則副、罷異韻同聲，雙聲正轉。

1257

省爲眚。　春秋「肆大眚」，公羊作大省，疏：「眚讀如減省之省。」周禮大宗伯「省牲鑊」，釋文：「省，本又作眚，後省牲鑊皆同。」

〔疏證〕　引春秋見左傳莊廿二年經，穀梁同。公羊經傳並作省，公羊疏云「省讀如減省之省」，錢引公羊疏説左氏，筆誤第一省字作眚。

今按：小宗伯又云「大祭祀省牲」，「逆齍省鑊」，省當本又作眚，所以大宗伯釋文云：「後省牲鑊皆同。」書盤庚「惟干戈省厥躬」，釋文：「省本作眚。」洪範「王省惟歲」，史記宋微子世家作「王眚惟歲」。康誥「人有小罪非眚」，釋文：「眚又作省。」省，説文會意字，眚形聲字，同在古韻嬰部，本同音字。後世省有兩讀，廣韻梗「省、眚，所景切」，審二，同音；靜「省，息井切」，心母：異韻同位，同位爲變轉。若謂審二古讀心，則兩字仍爲正轉。

1258 睿爲徇。戰國策「中國者，聰明睿知之所居也」，史記趙世家作徇智。

〔疏證〕引戰國策趙策二「武靈王平晝閒居」。

今按：史記五帝本紀「幼而徇齊」，索隱：「孔子家語及大戴禮並作叡齊，略上史記舊本亦有作叡齊，蓋古字假借。」素問上古天真論：「幼而徇齊。」説文叡爲睿之或體。可證睿、徇通作。徇、睿古韵因部同音字，今讀稍異。廣韵稕「叡，私閏切」，心母；「徇，辭閏切」，邪母：今聲心、邪近紐同類。

1259 誄爲讄。論語「誄曰：禱爾于上下神祇」，周禮注引作讄。

〔疏證〕周禮小宗伯「大烖及執事禱祠于上下神祇」，注引論語述而：「讄曰：禱爾于上下神祇。」又，大祝「作六辭：六曰誄」，注：「所謂誄，論語所謂誄曰：禱爾于上下神祇。」是周禮注引論語亦誄、讄互作也。

今按：説文：「讄，禱也。論語云：讄曰：禱爾于上下神祇，讄，或作㬰、作讄。」是祈禱之字，本當作讄，今論語作誄，借字也。論語釋文「誄本作讄讄之俗體」，是論語亦多異文。説文「誄，諡也」，此則誄諡之字，非讄之字。詩定之方中傳「喪紀能儡」，釋文「本又作讄，又作誄」，亦誄與儡、讄異文之證。讄在威部，誄在鬱部，僅平入之分，可讀同音，廣韵紙「誄、讄，力軌切」，來母，亦讀同音。

1260 瑟爲䘏。詩「瑟彼玉瓚」，周禮典瑞注引作䘏。

〔疏證〕引詩旱麓、春官典瑞「裸圭有瓚」注。䘏當作卹。

今按：瑟、卹本古韵壹部同音字，今韵則小異矣。廣韵術「卹，辛聿切」，心母；櫛「瑟，所櫛切」，審二：韵異而位同，同位爲變轉。若謂審二古讀心，則又雙聲正轉矣。

又按：周禮典瑞注「䘏彼玉瓚」，釋文：「卹又作邲。」邲非形誤也，䘏之作邲猶恤之作謐也。詩羔羊序「不卹其民也」，釋文：「卹本亦作恤。」書舜典「惟刑之恤哉」，史記五帝本紀作「惟刑之静哉」，徐廣引今文作「惟刑之謐哉」，索隱：「按古文作恤，且今文是伏生口誦，卹謐聲近，遂作謐也。」邲、謐亦古韵壹部字。廣韵質「謐，彌畢切」，微母，古讀明，明與心審亦同位，同位爲變轉。邲則奉母，錢氏以奉母爲收聲，亦同位也。

1261 珍爲鎮。周禮典瑞「珍圭以徵守」，（注）：「杜子春云：珍當爲鎮，書亦或爲鎮。」

〔疏證〕今按：説文㐱下引詩曰「㐱髮如雲」，今詩君子偕老作「鬒髮如雲」。字又作黰，左傳昭廿八年「生女黰黑」，釋文：「黰，説文作㐱又作鬒。」是㐱、鬒、黰同字，㐱、真聲通也。㐱、真聲通，故珍可爲鎮矣。説文謓，「賈侍中説，謓笑；一曰讀若振」。説文袗之或體作裖。論語鄉黨「當暑袗絺綌」，皇本袗作縝，曲禮引論語作袗，玉藻作「振絺綌」，鄭云「振當爲袗」。凡此既袗作縝，又以謓與振、袗與裖、振通作，皆可證㐱、真聲通也。珍、鎮本古韵因部同音字。廣韵真「珍，陟鄰切」，震「鎮，陟刃切」，韵小異而同爲知母，雙聲正轉。

1262　趨爲跢。周禮樂師「趨以采齊」，〔注〕：「故書趨作跢。鄭司農云：當爲趨，書亦或爲趨。」

〔疏證〕樂師見春官。

今按：詩猗嗟「巧趨蹌兮」，釋文：「趨，本亦作趍。」爾雅釋地「其名謂之蟨」，注：「趨則頓，走則顛。」釋文：「趨作趍。」説文有趍無跢，跢即趍之又體也。趨从芻聲，趍从多聲，聲韵皆異，故世以爲趨作趍，趍乃形誤。趨在古韵區部，趍在阿部，古韵互不相同。廣韵虞「趨，七逾切」，清母；周禮釋文：「跢，倉注反」，即讀與遇「趣，七句切」相同，亦爲清母：韵小異而聲紐同，雙聲正轉。

1263 納爲内。周禮鍾師「納夏」，（注）：「故書納爲内。杜子春云：當爲納。」

〔疏證〕鍾師屬春官。

今按：説文形聲字凡从某聲者，其音必與所从之聲相同，即或迻易，亦必相近，此其大凡也。亦有少數形聲字雖从某得聲，而又離其厥初聲類，自成聲系，此不可不知者。今以入、内、納三字爲例，説明於此。入在邑部，从入得聲之字有𡉉，亦歸邑部。内从入从冂，入亦聲，雖从入聲，離入自成聲系，皆讀鬱部，内、芮、肉、笍、汭是矣。納从内聲，不讀鬱部，納、魶、軜从納省聲皆讀邑部。此形聲之特例，清人治説文，未能得其䚡理而爲之説。古文多假借，假借以形聲爲依歸，以同音爲根據，十九遵循此理，然亦有例外。如从入得聲與从内得聲，从内得聲與从納得聲，聲類既源同而流異，假借亦宜依流異而條分，此其通例也。亦有循源而返本，三字互通者，則不與韵類相通，僅成雙聲假借矣。

書益稷「以出納五言」，漢書律曆志作「以出內五言」。禹貢「百里賦納總」，地理志作「百里賦內總」，注：「內讀曰納。」禹貢「二百里納銍」，「三百里納秸」，地理志作「二百里內銍」，「三百里內戛」。詩烝民「出納王命」，釋文：「納本作內。」禹貢「納總」，釋文：「納本作內。」荀子富國「婚姻聘內送逆無禮」，注：「內讀曰納。」臣道「時關內之」，注：「內與納同。」穀梁昭十二年：「納者，內不受也。」此皆納、內異文或通用。納、內古韻不同，廣韻隊「內，奴對切」，合「納，奴答切」，是兩字今韻亦異，然而同爲泥母，雙聲正轉。

又書堯典「夙夜出納朕命惟允」，史記五帝本紀作「夙夜出入朕命惟信」。舜典「納于大麓」，論衡書説作「入于大麓」。禹貢「九江納錫大龜」，夏本紀作「九江入賜大龜」。皆入、納異文也。若入內、入納通訓，更僕難數矣。入、納古韻相同，廣韻緝「入，人執切」，日母，今韻入、納雖異韻，聲亦不同，若以古聲論，日母本讀泥，實亦雙聲正轉也。錢氏不言日母古讀，故不論及耳。

1264 追爲彫。　詩「追琢其章」，荀子引作彫。

〔疏證〕卷一釋言「追，雕也」，「追，堆也」，已有論證。

1265 競爲傹。周禮鍾師注引呂叔玉云「繁遏，執傹也」，即周頌之執競。

〔疏證〕今按：説文「競，彊語也，一曰逐也。从誩，从二人」，當云誩亦聲。説文無傹，荀子仲尼「可炊而傹也」，注「傹當爲傹」，則謂借傹爲傹。蓋競、傹爲一字，説文不收傹，當時固以競、傹並行也。競訓彊而傹訓傹，可知競、傹並與畺聲通，故知競、傹聲通矣。競、傹本央部同音字，周禮釋文「傹音競」，廣韵映「競，渠敬切」，羣母，古今音皆同，通轉可以無疑。

1266 蕢爲蒯。禮明堂位「土鼓蕢桴」，周禮注引作「蒯桴」。

〔疏證〕周禮春官籥章「掌土鼓豳籥」，注引明堂位曰：「土鼓蒯桴。」

今按：説文無蒯，蒯即蔽之隸變也。蔽从艸，㕟聲。説文「聵，生而聾也，从耳，貴聲」，或體作聧，从耳，㕟聲。一切經音義二十「聵，古文作聵顪二形」，亦可證。是貴、㕟二字於説文可以相代爲聲，則蕢之作蒯宜矣。禮記檀弓下「杜蕢自外來」，注「杜蕢或作屠蒯」，左傳昭九年正作屠蒯。史記孟嘗君列傳「猶有一劍，耳又蒯緱」，索隱：「蒯，草名，音蒯聵之蒯。」說文「蕢，草也」，故索隱謂蒯草名。凡此可證蕢之爲蒯矣。蔽、蕢本鬱部同音字。廣韵怪「蔽，古壞切」，見母；至「蕢，求位切」，羣母，然字从貴聲，應有貴音，未「貴、聵，居位切」，見母：是兩字於廣韵韵異而聲同，雙聲正轉也。

1267 運爲煇。周禮大卜「其經運十」，注：「運或爲緷，當爲煇，是眂祲所掌十煇也。」

〔疏證〕大卜屬春官。

今按：春官保章氏「以志日月星辰之變」，注：「日有薄食暈珥。」釋文：「暈，本又作煇，亦作運，音同。」又眂祲「掌十煇之法，二曰鑴」，注：「鑴謂日旁氣四面反鄉，如煇狀也。」釋文：「煇音運，亦作暈，音同。」兩處皆運、暈、煇互作或通用，亦可證運之爲煇矣。運、煇皆从軍聲，形聲同聲字例可通作互用。軍在㬎部，對轉常入威部。廣韵問「運、暈、餫、韗、鄆、覞、緷，王問切」，喻三；微「煇、輝、揮、翬、楎、瀈、褌、琿，許歸切」，曉母：錢氏不言對轉亦不言喻三讀匣，然謂「古人於此曉匣影喻四母，不甚區別」，故運之爲煇，爲聲之轉矣。

1268 彌爲迷。周禮眡祲「十煇，七曰彌」，注：「故書彌作迷。」

〔疏證〕已詳卷二讀之異者「彌如敉」。

1269 悶爲惽。張衡應間「不見是而不惽，居下位而不憂」，注：「惽猶悶也，易曰：不見是而無悶。」

〔疏證〕已詳卷一釋詁「敯，悶也」。

1270 隮如資。周禮眡祲「十煇，九曰隮」，（注）：「故書隮作資。」

〔疏證〕已詳卷二讀之異者「齊如粢」。

1271 貉爲禡。周禮甸祝「表貉之祝號」，（注）：「杜子春讀爲百爾所思之百，書亦或爲禡。貉，兵祭也。詩曰：是類是禡。」大司馬「有司表貉」，（注）：「鄭司農讀爲禡，書亦或爲禡。」

〔疏證〕甸祝屬春官，大司馬屬夏官。

今按：説文無貊、貃字，字與貉同。説文：「貉，北方豸穜，从豸各聲。」中庸「施及蠻貊」，釋文：「貉本作貊。」詩皇矣「貉其德音」，釋文「本又作貊，韓詩作莫」，左傳昭廿年、禮記樂記、史記樂書引並作莫。周禮春官肆師「祭表貉」，注：「貉，師祭也。貉讀爲十百之百。」釋文：「貉，莫駕反。」則謂貉爲禡也。釋文「鄭音陌」，謂鄭玄讀陌也。後「表貉」應同，則甸祝、大司馬之「表貉」，亦有禡、陌兩讀矣。禡在烏部，陌在蒦部，古韵僅平入之分而已矣。廣韵則嚴于聲調之別，禡「禡，莫駕切」，陌「陌，莫白切」，並讀明母。韵異而聲同，雙聲正轉。

1272 綱爲亢。周禮馬質「綱惡馬」，注：「鄭司農云：讀爲亢其讐之亢，書亦或爲亢。」

〔疏證〕今按：説文「魧讀若岡」，釋名釋山：「山脊曰岡。岡，亢也。」皆亢、岡聲通之例證，故綱可爲亢矣。綱、亢本古韵央部同音，廣韵唐「綱、亢，古郎切」，見母，今亦同音。

1273 祈爲刉。周禮小子「掌珥于社稷，祈于五祀」，注：「珥讀爲衈，祈或爲刉，刉衈者，釁禮之事也。春官肆師職，祈或作幾。秋官士師職曰：凡刉衈則奉犬牲，此刉衈正字與？」犬人「凡幾珥沈辜」，注：「幾讀爲刉，珥當爲衈。」

〔疏證〕小子屬夏官，犬人屬秋官。肆師「及其祈珥」，注：「故書祈爲幾，杜子春讀幾當爲祈，玄謂祈當爲進禨之禨，珥當爲衈。」士師「凡刉珥則奉犬牲」，注：「珥讀爲衈。刉衈，釁禮之事。」

今按：夏官羊人「凡祈珥共其羊牲」，祈珥亦當爲刉衈，注不言者，即在小子之後，彼文已有注也。祈、幾互作者，已詳本卷上文「幾爲近」。説文「畿，天子千里地，以逮近言之，則曰畿也」，以近訓畿，亦可證幾、近聲通，上文脱録。又幾與刉聲通，説文「⿰豈幾，⿰幾乞大徐作訖也，訖事之樂也。从豈，幾聲」，「⿱幾血，以血有所刉涂祭也。从血，幾聲」。爾雅釋詁：「⿰豈幾，汔也。」皆幾、乞聲通之證。祈與幾聲通，幾又與乞聲通，故祈、乞聲通，祈可爲刉矣。祈在㿻部，對轉讀入衣；刉在鬱部，古韵本可通轉。廣韵微「祈、刉，渠希切」，羣母，兩字同音。

1274
積爲眦。周禮羊人「凡沈辜侯禳釁積」，注：「積故書爲眦，鄭司農讀爲漬。」

〔疏證〕已詳本卷上文「瘠爲柴」、「骴爲胔」。

1275
洒爲灑。周禮隸僕「糞洒之事」，注：「洒，灑也，鄭司農云：當爲灑。」

〔疏證〕隸僕屬夏官。段玉裁説文解字注於洒、灑、汛三字詮釋最爲憭然，摘録於次：

説文：「洒，滌也。」注：「下文云：『沬，洒面也。』『浴，洒身也。』『澡，洒手也。』『洗，洒足也。』今人假洗爲洒，非古字。」説文：「从水，西聲。古文以爲灑埽字。」注：「洒灑本殊義而雙聲，故相假借。凡假借多疊韵或雙聲也。毛詩洒埽四見，傳云：『洒，灑也。』鄭注周禮隸僕、韋注國語皆同，皆釋假借之例。若先鄭云『洒當爲灑』，則以其義而正之，以漢時所用字正古文也。」

説文：「灑，汛也。」注：「凡埽者先灑，弟子職云『實水于盤，攘臂袂及肘，堂上則播灑，室中則握手』，是也。引伸爲凡散之稱。」説文：「汛，灑也。」注：「揚雄劇秦美新『況盡汛埽前聖數千載功業』，汛埽即灑埽也。」説文：「从水，卂聲。」注：「按汛與灑互訓而殊音，洒則經典用爲灑之假借，然謂洒即汛之假借則于古音尤合。蓋洒从西聲，西古音如詵也。小顏注東方朔傳洒埽云『洒音信』，此謂即汛字也。云『又山豉反』，此謂即灑字也。此等必皆漢書音義舊説。」

今按：灑在古韵阿部，汛在因部，洒在昷部，阿部遠隔，因、昷鄰部，今讀洒入衣部則陰陽對轉，故段云：「謂洒即汛之假借，則于古音尤合。」廣韵卦「汛又音信、洒又先禮切，所賣切」，寘「灑，所寄切」，並讀審二，是三字中洒、灑異韵而同聲，所以爲雙聲正轉。

1276

軓爲範，又爲軋。

周禮大馭「祭軓乃飲」，注：「故書軓爲範。杜子春云：軓當爲軋。軋謂車軾前也。」輈人「軓前十尺」，注：「書或作軋。」

〔疏證〕大馭屬夏官。輈人見考工記。

今按：軓从凡聲，在音部；範、軋並从马聲說文無軋，在奄部，古韵相鄰，非一部也。廣韵范「範、軓，防錽切」，奉母，則讀成同音字矣。

1277 弊（音敝）爲憋（卑設切）。周禮大司寇「以邦成弊之」，（注）：「故書弊爲憋，鄭司農云：當爲弊。」

〔疏證〕今按：弊、憋皆从敝聲，形聲同聲字，例可相通。廣韻祭「弊，毗祭切」，薛「憋，並列切」，兩字於古韵在鬱部，今韵則異韵，然而於錢氏同讀並母本奉母，雙聲正轉。標目弊、憋下注音切，錢氏依釋文作幫母本非母雙聲也。

1278 萌爲甍。周禮薙氏「春始生而萌之」，（注）：「故書萌作甍，杜子春云：當爲萌。」

〔疏證〕薙氏屬秋官。

今按：說文：「夢，灌渝，从艸，夢聲，讀若萌。」甍、夢兩字皆从瞢得聲，故萌之爲甍，猶夢之讀若萌矣。甍在膺部，萌在央部，古韵不同部。廣韻耕「甍、萌，莫耕切」，明母，則轉作同音矣。

1279 午爲五。周禮壺涿氏「午貫象齒」，（注）：「故書午爲五，杜子春云：當爲午貫。」

〔疏證〕 壺涿氏屬秋官。

今按：説文「御，从金，御聲」，或从吾聲作鋙。又「午，啎也」，「啎，逆也，从午，吾聲」，午、啎本一字，今寫啎字作忤，又作迕。御、忤、迕推其源从午聲，鋙、啎則从五聲，足證午、五兩字聲通矣。左傳成十七年，晉夷陽五，下文又作夷羊五，國語晉語作夷陽五，漢書古今人表作羊魚。晉語「暇豫之吾吾」，注：「吾音魚。」亦可證五、午、魚三字相通。史記項羽本紀「楚蠭起之將」，索隱：「凡物交横爲午。」大射儀「度尺而午」，注：「一從一横曰午。」特牲禮「午割之」，注：「午割，從横割之。」皆以午同乂，故以從横釋之也。釋名釋言語「御，語也」，釋丘「當途曰梧邱。梧，忤也，與人相當午也」，御、忤與語、梧相聲訓，亦午、五聲通之證。午、五本烏部同音字，廣韵姥「午、五，疑古切」，疑母，亦同音。

1280 嬪爲頻。 周禮大行人「其貢嬪物」，注：「故書嬪作頻。」

〔疏證〕 大行人屬秋官。

今按：説文有瀕無濱，濱即瀕之異體字也。詩召旻「不云自瀕」，釋文引張揖字詁：「瀕，今濱。」北山「率土之濱」，濱應作瀕，説文「瀕，水厓人所賓附」，以賓訓瀕。漢書王莽傳、白虎通封公侯及喪服引詩，並作「四海之濱」。書禹貢「海濱廣斥」，漢書地理志作「海瀕廣潟」。賈山傳「瀕海之觀畢至」，師古曰：「瀕音頻，又音賓，字或作濱，音義同。」詩桑柔「國步斯頻」，説文矉下引作「國步斯矉」。召旻「不云自頻」，箋：「頻當作濱。」漢書司馬相如傳上「田于海濱」，師古曰：「濱，涯也，音賓，又音頻。」又「仁頻并閭」，師古曰：「仁頻即賓根也。頻字或作賓。」詩采蘋「于以采蘋，南澗之濱」，箋：「蘋之言賓也。」宋書何尚之傳引作「南澗之瀕」，文選陸機擬青青陵上柏，注引字書：「薲亦蘋字也。」凡此可證頻、賓聲通者亦不可勝數矣。故嬪可爲頻。嬪、頻同在古韻因部本同音字也。廣韵真「頻、嬪，符真切」，奉母錢氏徑讀並母，亦同音字。

1281　舟爲周。　周禮考工記「作舟以行水」，注：「故書舟作周。鄭司農云：周當爲舟。」

〔疏證〕　已詳卷一釋言「舟，雕也」。

1282 杶爲櫄。書「杶幹栝柏」，周禮注引作櫄幹。

〔疏證〕引書禹貢。引周禮注見考工記總目注。

今按：説文「杶，杶木也。从木，屯聲」，或作櫄。杶、櫄雖異文，本一字也。書禹貢釋文「杶，本作櫄」，是禹貢亦杶、櫄互作也。屯、熏古韵同在昷部，廣韵諄「杶、櫄，丑倫切」，徹母，亦同音字，凡同音字皆同母雙聲，固無論矣。

1283 鮑爲鞄。周禮考工記「函鮑韗韋」，注：「鮑讀爲鮑魚之鮑，書或爲鞄。蒼頡篇有鞄甆。」

〔疏證〕引考工記總目。

今按：考工記「鮑人之事」，注亦云：「鮑，故書或作鞄。鄭司農云：蒼頡篇有鞄甆。」疏云：「先鄭於此取从革旁鞄字者，鮑乃从魚，此官治皮，宜从革。」亦其例證也。鮑、鞄同从包聲，本古韵幽部同音字。聲音衍變，今讀則有異矣。説文「鞄，讀若朴」，廣韵覺「鞄、朴，匹角切」，敷母錢氏讀滂；巧「鮑，薄巧切」，並母：是兩字異韵，然而近紐雙聲，於聲類爲同類。

醮爲灂。 周禮輈人「良輈環灂」,(注):「鄭司農讀爲灂酒之灂。」疏引士冠禮「若不醴灂用酒」證之。按:禮經本作醮,醮、灂聲相近。

〔疏證〕 士冠禮中「始醮」、「再醮」、「三醮」、「卒醮」,皆作醮不作灂,輈人疏引士冠禮言「醴灂用酒」,是兩者醮、灂異文也。

今按:說文「噍,齧也。从口,焦聲」,或作嚼。又「譙讀若嚼」,又「釂,飲酒盡也」,「𣤩,盡酒也」,是釂、𣤩兩字本一字之變易。又「雀,讀與爵同」,「譙,或从肖聲作誚」。凡此皆具見於許書,可從許書以證焦、爵聲通者也。 莊子消搖游「日月出矣,而爝火不息」,釋文:「爝,本作燋。」少儀「數噍毋爲口容」,釋文「噍,本作嚼」,此則經籍从焦、从爵得聲不同,而實爲一字異文者。 荀子榮辱「亦呥呥而噍」,注:「噍,嚼也。」左傳隱元年「未王命故不書爵」,服注:「爵者,醮也;所以醮盡其材也。」凡从爵、从焦得聲之字,其通訓者亦不可勝數矣。 醮在夭部或入幽部,灂在約部,古韻平入相通,今讀則釐然有別。 廣韻宵「焦,即消切」,精母;藥「爵,即略切」,精母:韻異聲同。若醮、灂兩字,則又同讀子笑切笑韻矣。

1285 圜與圍。 周禮㮚氏「以其一爲之深而圜之」，（注）：「故書圜或作圍。」

〔疏證〕 考工記㮚氏注又云：「杜子春云：當爲圜。」

今按：廬人「凡爲殳，五分其長，以其一爲之被而圍之」，注：「圍之，圜之也。」莊子人間世「三圍四圍」，李注「環八尺爲一圍」，此圍之訓爲圜、環者。家語致思「環流九千里」，注：「圜流，回水也。左傳楚靈王子圍，史記楚世家作子回，古今人表作圍。」圜、圍並與回通作，即圍、圜可以通作也。圍在威部，圜在安部，古韵旁對轉，錢氏不言對轉。廣韵微「圍，許歸切」，曉母；删「圜，户關切」，匣母：錢氏謂古人於曉匣影喻，「不甚分別」，是圍、圜兩字韵異而聲同也。

1286 梢爲蛸。 周禮匠人「梢溝三十里而廣倍」，注：「鄭司農讀爲桑螵蛸之蛸。」

〔疏證〕 匠人見考工記。

今按：梢、蛸同从肖聲，古韵夭部同音字。廣韵宵「蛸，相邀切」，心母；肴「梢，所交切」，審二：二字韵異而同位，同位爲變轉。若以審二古讀心論，則屬雙聲正轉。

1287 筋爲薊。周禮弓人「强者在内而摩其筋」，注：「故書筋或作薊。」

〔疏證〕弓人見考工記，注又云：「鄭司農云：當爲筋。」

今按：爾雅釋地「有幽都之筋角焉」，釋文「筋作⿱艹觔」，疑⿱艹觔即薊之形誤。素問五臟生成論「諸筋者皆屬於節」，注：「筋，氣之堅結者。」説文「劊讀若鍥」，「⿰⿱㓞木阝讀若薊」，「⿺走薊讀若髻結之結」。筋訓堅結，固與劊、⿺走薊、契讀若結相聲通矣。筋在昷部，契、薊在曷部，結在壹部，古韵互不相同，非韵轉也。廣韵欣「筋，舉欣切」，見母；霽「薊，古詣切」，見母；屑「結，古屑切」，見母：韵異聲同，雙聲正轉。

1288 昵爲黍+刃。周禮弓人「凡昵之類不能方」，注：「故書昵或作樴。杜子春云：樴讀爲不義不昵之昵，或爲黍+刃，黏也。玄謂樴，脂膏膱敗之膱，膱亦黏。」

〔疏證〕今按：本條標目，但言「昵爲黍+刃」，然可論者多事，今分别闡述之。

杜子春引左傳隱元年「不義不暱」，今傳作暱，不作昵也。説文「暱，从日，匿聲」，或从尼聲，作昵。昵、暱本一字，故左傳可从昵、暱兩作也。然尼在衣部，匿在肊部，古韵截然不同。昵、暱可以通作一字者，廣韵脂「尼，女夷切」，職「匿，女力切」，兩字異韵同聲，日母雙聲，於聲類爲正轉也。

説文「䵒，从黍，日聲」，或从刃聲。䵒、䵑雖一字，日在壹部，刃在昷部，壹、昷古韵雖旁對轉，然錢氏不言對轉。廣韵震「刃，而振切」，日母；質「日，人質切」，日母：兩字異韵同聲，雙聲正轉。故䵒、䵑可以爲同字。

通上二條所論，暱从匿聲，雖在肊部，或作昵从尼聲，又在衣部；䵑从刃聲，雖在昷部，或作䵒从日聲，又在壹部，兩字而从聲分作四部。廣韵質韵「昵、暱、䵒、䵑，尼質切」，娘母，合四部而爲一音，於韵理則非，於聲爲同紐則是，故昵之爲䵑，雙聲正轉。

樴、膱古今韵皆同音，則不具論。

1289 瞻爲昭。漢書郊祀志引祀典曰「日月星辰所照印作「昭仰」同也」，禮記、國語作瞻仰。

〔疏證〕 今按漢華山碑亦作瞻仰。昭在夭部，瞻在奄部，古韵截然不同。廣韵宵

「昭，止遥切」，照三；鹽「瞻，職廉切」，照三：異韵同聲，雙聲正轉。

1290 牉爲片。喪服傳「夫妻牉合也」，莊子則陽篇「雌雄片合」，片合即禮傳之牉合。

〔疏證〕已詳卷一釋言「牉，片也」。

1291 昧爲没。史記趙世家「昧死以聞」，戰國策作没死。

〔疏證〕引國策趙策四「趙太后新用事」。

今按：説文「没，沈」，「昧，昧爽旦明也」，皆非昧死、没死之義也。昧、没本字當作冒，説文「冒，冡而前也」，故有冒犯之義。急於前進則爲貪，故冒引伸義爲貪。左傳襄四年「冒於原獸」，注：「冒，貪也。」文十八年「冒於貨賄」，注：「冒亦貪也。」昧、没本無貪義，昧、没訓貪，皆冒字之借。左傳襄廿六年「昧於一來」，注：「昧猶貪冒。」漢書匈奴傳贊「昧利不顧」，師古曰：「昧，貪也。」此昧之訓貪者。國語晉語「不没爲後也」，注「没，貪也」，史記酷吏列傳「始爲小吏乾没」，如淳曰「得利爲乾，失利爲没」，非也，謂乾冒耳。左傳昭十四年「貪以敗官爲墨」，注「墨，不潔之稱」，墨實冒也。故冒可讀墨，昭卅一年「貪冒之民」，釋文「冒，亡北反」，可證也。貪墨、貪没、貪昧皆謂貪冒。貪與冒同義連文，非兩字異義也。昧、没皆在欝部，冒在噫部，墨在肊部，古韵四字三部。廣韵隊「昧，莫佩切」，没「没，莫勃切」，號「冒，莫報切」，德「墨，莫北切」，廣韵四字四韵，然而同爲明母，於聲類皆爲正轉。

1292 吴爲虞。詩「不吴不敖」，史記孝武本紀：「不虞不驁。」

〔疏證〕已詳卷二釋地「虞，吴也」。

1293 齊爲資。禮記昏義「爲后服資衰」，注：「當爲齊，聲之誤也。」

〔疏證〕已詳卷二讀之異者「齊如粢」。

1294 期爲勤。禮記射義「旄期稱道不亂者」，注：「旄期或作旄勤。」

〔疏證〕今按：期在噫部，勤在昷部，古韵遠隔，蓋以聲轉耳。旂从斤聲，旂、旗韵不同，義亦迥殊，然旂、旗或通假者，亦以聲轉。故期之爲勤、旗之爲旂，皆由後世音變。廣韵之「期，渠之切」，羣母；欣「勤，巨斤切」，羣母：異韵而同聲，雙聲正轉。

1295 概爲關。 史記范雎列傳「意者臣愚而不概於王心邪」，索隱：「戰國策概作關。」

〔疏證〕 索隱引國策秦策「范子因王稽入秦」。今姚本關作闔，闔蓋關之形訛，應依史記索隱改正。

今按：關亦與干義近，故關涉亦云干涉。韓非列傳「則無以其難概之」，索隱「概猶格也」，格謂扞也，故引劉伯莊「拒格」以申其說。禮記學記「則扞格而不勝」，扞、格連文，扞與格同義字耳。説文「溉，一曰灌注也」，漢書溝洫志「有餘則用溉」，注：「溉，灌也。」灌亦或借作關與干，淮南詮言「日月廋而無溉于志」，注「溉，灌也，己自隱藏，不以他欲灌其志也」，即謂「關其志」、「干其志」耳。關與干通，干與概通，故關與概通，一也。溉與灌通，灌與關通，故溉與關通，二也。可證概之所以爲關矣。關在安部，概在鬱部，古韵不同。廣韵代「概，古代切」，删「關，古還切」，廣韵亦不同韵，然而同爲見母，雙聲正轉。

1296 陵爲鄰。

〔疏證〕已詳本卷上文「淩爲遴」。史記萬石列傳「徙居陵里」，徐廣云：「陵一作鄰。」

方言

1297 齊魯之間姬爲居。

〔疏證〕已詳卷二讀之異者「居如姬」。

1298 南方謂都爲豬。檀弓注。

〔疏證〕已詳卷一釋言「豬，都也」。

1299 楚人謂乳爲穀。左傳穀，説文作𥞤，今俗音如妳。

〔疏證〕左傳莊公三十年「鬬穀於菟爲令尹」，字作穀，釋文：「穀，奴走反，楚人謂乳曰穀。漢書作㝅，音同。」今漢書叙傳仍作穀，「楚人謂乳穀」，如淳曰：「穀音構，牛羊乳汁之構。」師古曰：「穀讀如本字，又音乃苟反。」左傳宣四年「楚人謂乳穀」，是亦作穀，釋文：「穀，奴口反。」説文「㝅，乳也。从子𣪊聲。一曰：㝅，瞀也。古候切」，是説文作㝅也。

今按：依據上引諸書，穀、㝅皆可讀構，即古候反也；又可讀奴走反、乃走反，奴口切、奴禮切（錢謂俗音），並泥母字也。穀、㝅古韵本在屋部，奴走、乃走、奴口三切則讀入廣韵厚韵；麌「乳，而主切」，日母，古音娘日歸泥，是厚、麌異韵，然而同爲泥母，雙聲正轉。如謂錢氏不言日母古讀泥，然錢氏謂泥日爲同位，同位則變轉。

1300 秦人猶揺聲相近。檀弓注。

〔疏證〕已詳卷二釋器「揄狄，揺狄也」。

1301 楚人謂牢爲霤。淮南子注。

〔疏證〕已詳卷二讀之異者「牢如樓，又如霤」。兼參釋器「廩謂之牢」，「宊窌謂之梁」，「曲梁謂之罶」。

1302 齊人謂殷如衣。中庸注。高誘云：「兖州人謂殷氏皆曰衣。」

〔疏證〕已詳卷二讀之異者「衣如殷」。

1303 齊人名求得爲得來，得讀如登，言大而急也。公羊傳。

〔疏證〕已詳卷一釋言「陟，登也」，「陟，得也」。本卷文之異者「來爲戾」，亦可互參。

1304 齊人謂火爲燬。爾雅。

〔疏證〕已詳卷一釋言「火，化也，燬也」。

1305 幽州人謂耿爲簡。三國志注。

〔疏證〕三國志簡雍傳注：「或曰：雍本姓耿，幽州人語，謂耿爲簡，遂隨音變之。」

今按：耿在嬰部，簡在安部，韵部相隔甚遠。廣韵耿「耿，古幸切」，産「簡，古限切」，韵不同而同讀見母，雙聲正轉。

1306 江淮間以韓爲何。　廣韵。

〔疏證〕　已詳卷二釋器「矢幹謂之稾，稾謂之笴」。

1307 陳宋之俗，言桓如和。　漢書尹賞傳：「瘞寺門桓東。」如淳説。

〔疏證〕　已詳卷二釋器「和表謂之華表」。

1308 齊魯之間，鮮聲近斯。　詩，鄭箋。

〔疏證〕　已詳卷二讀之異者「斯如鮮」。

1309 江東謂浮萍爲薸。　方言。

〔疏證〕　已詳卷二釋草「萍謂之薸」。

1310 東齊謂蠅爲羊。方言。

〔疏證〕已詳卷二釋蟲「蠅謂之羊」。

1311 江東呼羊，聲如蠅。方言注。

〔疏證〕同上條。

1312 螳蜋兖州謂之拒父。高誘注呂氏春秋。

〔疏證〕引書已詳卷二釋蟲「拒斧，蚚父」。

今按：螳蜋在央部，拒斧在烏部，烏、央古韵對轉，然錢氏不言對轉。廣韵唐「螳，徒郎切」，定母；語「拒，其呂切」，羣母：唐、語兩韵雖不同韵，定、羣兩母則同位，同位爲變轉。廣韵唐「蜋，魯當切又呂張切」，來母；麌「父，扶兩切」，奉母：唐與麌雖不同韵，來與奉錢氏則以爲同位，同位則爲變轉。來奉兩母，錢氏以爲外收，説見序例。

1313 楚人謂橋爲圯。漢書張良傳注，服虔説。

〔疏證〕服虔曰：「圯音頤，楚人謂橋曰圯。」

今按：橋在夭部，圯在噫部，古韻不同也。廣韻宵「橋，巨嬌切」，羣母；之「圯，與之切」，喻四：兩字既不同韻，又不同母，且不同位，豈錢氏失考，抑有它説，惟有存疑。

1314 益州讀天苴爲苞黎之苞，音與巴相近。譙周説，史記張儀傳注。

〔疏證〕張儀傳「苴蜀相攻擊」，徐廣引譙周之説如是，索隱又云：「苴音巴，謂巴蜀之夷自相攻擊也。今作苴者，按巴苴草，今論巴，遂誤作苴也。或巴人、巴郡，本因巴苴得名，所以其字遂以芭爲巴也。注引天苴，即巴苴也。譙周，蜀人也，知天苴之音，讀爲芭犂之芭。按芭犂，即織木葦，所以爲葦籬也，今江南亦謂葦籬曰芭籬。」

今按：苞在幽部，巴在烏部，古韻不相同。廣韻肴「苞，布交切」，幫母；麻「巴，伯加切」，幫母：亦不同韻，然而同聲，雙聲正轉。

1315 關西人謂補滿爲適。孟康説，漢書循吏傳注。

〔疏證〕循吏傳黄霸「馬不適士」，孟康又云：「馬少士多，不相補滿也。」

今按：適有恰當、匹敵之義，不適謂不恰當、不匹敵也。馬不適士，謂馬少於士，士馬不恰當、不匹敵耳。適在益部，補在烏部，滿在安部，古韵互不同也。廣韵適有三音：昔「施隻切」，審三；又「之石切」，照三；錫「都歷切」，端母。若適訓敵當，則宜以都歷切一音爲準。姥「補，博古切」，幫母。適與補雖聲與韵皆異，然端與幫同爲出聲，同位變轉。若適訓合適，則宜以施隻切一音爲準。緩「滿，莫緩切」，明母，適與滿雖聲與韵皆異，然審與明同爲收聲，亦爲同位變轉。

1316 滕薛名蔮爲頍。 士冠禮注。

〔疏證〕 士冠禮「緇布冠缺項」，注：「缺讀如有頍者弁之頍。滕薛名蔮爲頍。」今按：釋名釋首飾「簂，魯人曰頍」，亦其例證。説文無蔮字，字當作槶，「槶，匡當也」。釋首飾又云：「簂，恢也。」蔮在肊部，頍在恚部，缺在曷部，匡在央部，恢在噫部，古韵互不相同。廣韵隊「蔮、簂，古對切」，見母；紙「頍，丘弭切」，溪母；屑「缺，苦穴切」，溪母；陽「匡，去王切」，溪母；灰「恢，苦回切」，溪母：是諸字廣韵皆不同韵，然而見溪爲近紐雙聲，同類轉也。

1317 楚人謂虎於菟。 左傳。

〔疏證〕已詳卷二釋獸「於檡，於菟」。今録王念孫廣雅疏證一條補充于次：王云：「按：於鯱，虎文貌。說文：『駼，黄牛虎文，讀若涂。』虪、𤙓音義並同，虎有文謂之於虪，故牛有文謂之𤙓，春秋傳，楚鬬穀於菟字子文，是其證也。説文又云：『虍，虎文也。』於虪與虍，聲近義通。下略。」

今按：於菟之合音爲虎。於、菟、虎皆古韵烏部字。廣韵魚「於，央居切又音烏」，影母；姥「虎，呼古切」，曉母：錢氏以爲喉音四母「不甚區别」，則影曉亦可爲雙聲，故虎爲於菟。

1318

楚人讀承如懲。左傳「諸大夫恐其又遷也承」，注：「承音懲，蓋楚言。」正義云：「承懲音相近，蓋是楚人之言，聲轉而字異耳。」

〔疏證〕引左傳哀四年文。

今按：詩閟宫「則莫我敢承」，傳：「承，止也。」懲亦多訓止，詩沔水「寧莫之懲」，傳：「懲，止也。」節南山「憯莫懲嗟」，十月之交「胡憯莫懲」，箋並云：「懲，止也。」易損「君子以徵忿窒欲」，釋文：「徵，止也。」訓止乃懲之義非承之義，閟宫以承訓爲止者，借承爲懲耳。閟宫上句云「荆舒是懲」，行文避複，故下句改懲爲承也。此亦承、懲可以互作之例。承、懲古韻皆在膺部，今韻亦相同。廣韻蒸「懲，直陵切」，澄母；「承，署陵切」，禪母：則似乎韻同而聲異矣。考照、穿、牀、審、禪三等字，本與知、徹、澄無異，錢氏已約略言之，舌音類隔之説不可信末云：「今人以舟周屬照母，輈啁屬知母，謂有齒舌之分，此不識古音者也。」禪母古音多讀定，今音多與澄相通也。

1319 楚人謂麋爲麃。史記孝武本紀注，引韋昭説。

〔疏證〕武帝本紀云「獲一角獸，若麃然」，集解引韋昭説。

今按：麋在衣部，麃在夭部，古韻敻然不同。廣韻脂「麋，武悲切」，微母，錢氏徑入明；肴「麃，薄交切」，並母：是兩字今韻亦異，然而並明近紐雙聲，同類轉也。

1320 三輔言遥爲踰。漢書趙充國傳「兵難踰度」，鄭氏説。

〔疏證〕已詳卷二釋器「揄狄，摇狄也」。

1321 燕語呼亡爲無。地理風俗記。水經注。

〔疏證〕 溼水注。

今按：無、亡互作，古例極多。書洛誥「咸秩無文」，漢書翟方進傳作「咸秩亡文」。管子封禪無懷氏，古今人表作亡懷氏。左傳昭十三年賓須無，古今人表作賓須亡。又昭十五年費無極，古今人表作費亡極。此皆亡、無異文之例證。若亡訓無，則不可勝數。詩葛生「予美亡此」，箋：「亡，無也。」禮記坊記「則亂益亡」，注：「亡，無也。」檀弓「稱家之有亡」，釋文引皇注：「亡，無也。」論語雍也「今也則亡」，顏淵「我獨亡」，子張「焉能爲有，焉能爲亡」，皇疏並云：「亡，無也。」亡在央部，無在烏部，古韵烏、央對轉，然錢氏不言對轉。廣韵陽「亡，武方切」，虞「無，武夫切」，兩字異韵而同爲微母，雙聲正轉。

1322 沛人初發聲皆言其其者，楚言也。 史記高祖本紀注引風俗通義。

〔疏證〕 引高祖紀十二年「其以沛爲朕湯沐邑」集解。

今按：此爲古人用其，另發一義。古籍用其，多有義訓，此類則非義訓，故入方言。

1323 齊人語豫爲踊。 公羊注。

〔疏證〕 公羊僖十年「晉之不言出入者，踊爲文公諱也」，注：「踊，豫也。齊人語，若關西言渾矣。上略。故惠公入，懷公出，文公入，渾皆不書，悉爲文公諱故也。」

今按：豫在烏部，踊在邕部，古韵相距甚遠，非韵之相轉。廣韵御「豫，羊洳切」，腫「踊，余隴切」，廣韵兩字亦不同韵，然而喻四雙聲，故爲正轉。

1324 吴謂善稻爲伊緩。 穀梁傳。

〔疏證〕 穀梁襄五年「仲孫蔑、衛孫林父會吴于善稻。吴謂善，伊；謂稻，緩。號從中國，名從主人」，注：「善稻，吴地。」釋文：「善稻，吴謂之伊緩。左氏作善道。」

今按：善在安部，伊在衣部，古韵不同。廣韵脂「伊，於脂切」，影母；獮「善，常演切」，禪母：兩字亦不同韵，並不同聲，然而於錢氏皆爲外收，説見序例，同位變轉。又稻在幽部，緩在安部，古韵互不相同。廣韵晧「稻，徒晧切」，定母，送氣濁聲；緩「緩，胡管切」，匣母，外收：是稻、緩兩字，聲韵既異，聲位亦不相同，不知其所以爲轉也。豈以稻从舀聲，小「舀，以沼切」，喻四，舀與緩同爲收聲耶？不敢認爲必是，凡此存疑可也。

1325 狄人謂賁泉爲失台。 穀梁傳。

〔疏證〕穀梁昭五年「叔弓帥師敗莒師于賁泉。狄人謂賁泉，失台。號從中國，名從主人」，注：「賁泉，魯地。」釋文：「左氏作蚡泉。」穀梁襄五年疏：「狄人謂蚡泉爲矢胎。」

今按：賁在昷部，泉在安部，失在壹部，台在噫部，古韵互不相同。廣韵文「賁，符分切」，奉母，錢氏爲收聲；質「失，式質切」，審三，收聲：是賁、失兩字雖聲韵皆不同，然而錢氏可以謂之同位轉。仙「泉，疾緣切」，從母，送氣；咍「台，土來切」，透母，送氣：是泉、台兩字；亦皆聲韵不相同，然而同位，于錢氏亦可謂之同位轉。同位轉即變轉也。

1326 齊人謂寘爲于諸。公羊注。

〔疏證〕公羊哀六年「陳乞使人迎陽生于諸其家」，注：「于諸，寘也。齊人語也。」

今按：諸在烏部，寘在因部，讀入衣部，古韵不相同。廣韵寘「寘，之義切」，照三；魚「諸，章魚切」，照三：是兩字韵異聲同，雙聲正轉。

1327 齊人語，高下有絶，加躡板曰棓。公羊注。

〔疏證〕公羊成二年「踊於棓而窺客」，注：「踊，上也。凡無高下，有絶，加躡板曰棓。齊人語。」

今按：板在安部，棓在噫部，古韻相隔極遠。廣韻潸「板，布綰切」，幫母；尤「棓，縛謀切」，奉母古讀並：潸、尤爲異韵，幫並爲近紐，板之曰棓，同類聲轉也。

1328 齊人謂行過無禮謂之化。公羊注。

〔疏證〕公羊桓六年「曷爲慢？化我也」，注：「行過無禮謂之化，齊人語也。」疏云：「哀六年傳云：陳乞曰：常之母有魚菽之祭，願大夫之化我也。諸大夫皆曰：諾。於是皆之陳乞之家。亦是行過無禮之事。」

今按：桓六與哀六兩年之言化，化皆過字之借，過、化皆在古韻阿部，方音迻易，讀始不同。廣韻過「過，古卧切」，見母，然而从咼得聲之字，諣與化同音，禡皆「呼霸切」。同音自雙聲。

1329 鮮卑謂兄爲阿干。晉書。阿干，猶今人言阿哥也。

〔疏證〕晉書吐谷渾傳：「鮮卑謂兄爲阿干，（慕容）廆追思之，作阿干之哥。」

今按：干之爲哥，阿、安對轉也。已詳卷二釋器「矢幹謂之稾，稾謂之笴。」錢氏不言對轉，廣韵歌「哥，古俄切」，寒「干，古寒切」，干、哥不同韵，同爲見母，雙聲正轉。

名號之異

1330 庖犧、包犧、伏犧、虙羲也。易包犧氏，釋文：「包本又作庖，孟京作伏。」説文：「虙，迫也。讀若易虙羲氏。」唐韵：「虙，平祕切。」

〔疏證〕引易繫辭釋文。

今按：古今人表宓羲氏，注引「張晏曰：大昊有天下號也。作罔罟田漁，以備犧牲，故曰宓犧氏。」補史記三皇紀：「結網罟以教佃漁，故曰宓犧氏；養犧牲以庖廚，故曰庖犧。」此皆以庖、宓字不同，依字以釋義也。古今人表顔師古注曰：「宓音伏，字本作虙，其音同耳。」錢氏則並列稱謂不同，以爲聲轉，並非義別。庖、包古韵在幽部，伏在肊部，虙、宓在壹部，是三者古韵不同也。廣韵屋「伏、虙，房六切」，奉母古讀並；肴「庖，薄交切」，並母：廣韵雖依後世音讀合伏、虙爲一韵，庖與伏、虙則仍不同，然而古聲皆讀並，是三者仍以雙聲爲正轉。

1331 厲山、連山、烈山、列山也。禮記祭法：「厲山氏之有天下也」，國語作列山，左傳作烈山，史記正義：「炎帝曰連山氏，又曰列山氏。」

〔疏證〕已詳卷一釋言「遮例、遮迾，遮列也。」

1332 㑄母，嫫母也。漢書古今人表：㑄母，黄帝妃，師古曰：「音謨，即嫫母。」

〔疏證〕今按：㑄从每聲，在噫部，嫫从莫聲，在烏部，㑄之作嫫，猶梅之作楳、謀之作𠰃譬，而又謨之訓謀也；鷃鴟之今作鷃鴮矣。説文「梅，或从某聲」，「謀，古文从口母聲，又从言母聲」，「楳，讀若侮」，此可證某、母、每三字聲通。史記夏本紀引書皋陶謨，以「謨明弼諧」，作「謀明輔和」；孟子「謨蓋都君」，史記五帝本紀「本謀者象」。若謨之訓謀，經籍不可數勝，此可證某、莫兩字聲通。母、每既可聲通于某，某又聲通于莫，故母、每聲通于莫，㑄母可以爲嫫母矣。烏、噫兩部，古韵懸隔，夐然不同。廣韵鐸「莫，慕各切」，明母；賄「每，武罪切」，微母古讀明：亦異韵而同聲，雙聲正轉。

1333 牟光，瞀光、務光也。荀子成相篇「天乙湯，論舉當，身讓卞隨舉牟光」，莊子讓王篇作瞀光。

〔疏證〕楊倞注引莊子作務，云：「牟與務同也。」莊子大宗師又作務光，外物亦作瞀光。

今按：務、瞀形聲聲同，自宜通作。禮記內則「敦牟卮匜」，注：「牟讀曰堥。」說文無眸字，新附字有之，後起字也，瞀即眸字。詩思文「貽我來牟」，文選典引注及韓詩外傳並作「貽我嘉麰」，可證牟、敄聲通也。牟、務本幽部同音字，後世而略有迻易，廣韵尤「牟，莫浮切」，明母；遇「務，亡遇切」，微母古讀明：則異韵而同聲，雙聲正轉。

1334 鬼容區，鬼臾區也。漢書古今人表有鬼臾區，師古曰：「即鬼容區也。臾容聲相近。」

〔疏證〕黃帝內經、漢書郊祀志上亦作鬼臾區，漢書藝文志、亢桑子賢道並作鬼容邱，區、邱聲亦相近也。

今按：容、臾相通，已詳卷一釋言「從頌，從容也」、「須搖，須臾也」。區、邱相通，已詳卷一釋詁「邱，區也」。

1335 伯翳、柏翳、伯繄，伯益也。漢書地理志「秦之先曰柏益」，師古曰：「柏益，一號伯翳，蓋翳益聲相近故也。」史記秦本紀作柏翳，鄭世家：「秦嬴姓，伯翳之後也。此伯翳當作伯繄，誤刊。」

〔疏證〕今按：伯、柏同从白聲，翳、繄同从殹聲，固無足論，所須論者，翳、繄之爲益，殹、益古今韵異故耳。史記五帝本紀「益，彭祖」，正義：「益，伯翳也。」漢書百官公卿表「𦖞作朕虞」，應劭曰：「𦖞，伯益也。」師古曰：「𦖞，古益字。」説文「嗌，籀文作𦖞」，「𨺹，或作隘」。是亦益、翳通作也。益在古韵益部，殹在衣部，古韵不相同，廣韵齊「翳、繄，烏奚切」，影母；昔「益，伊昔切」，影母：是兩者今韵亦不相同，然而同爲影母，雙聲正轉。

1336
蒲衣，被衣也。莊子「齧缺行以告蒲衣子」，崔譔云：「即被衣，淮南子：齧缺問道于被衣。」

〔疏證〕引莊子應帝王及其釋文。莊子知北遊亦云「齧缺問道于被衣」，釋文：「被，本亦作披。」古今人表亦作被衣，師古曰：「被音披。」

今按：蒲在烏部，被在阿部，古韻不同。廣韻模「蒲，薄胡切」，並母；被、披皆从皮聲，支「皮，符羈切」，錢氏作並母：是蒲、皮韻異而聲同，雙聲正轉。

1337
斟戈，斟灌也。史記夏本紀禹後有斟戈氏，索隱云：「左傳、系本皆云斟灌氏。」

〔疏證〕引左傳襄四年。

今按：戈之爲灌，猶阿哥之爲阿干、若柯之爲若干也。說詳卷二釋器「矢幹謂之稾，稾謂之笴」。戈在阿部，灌在安部，古韻阿、安對轉也，然錢氏不言對轉。廣韻戈「戈，古禾切」，見母；換「灌，古玩切」，見母：兩字廣韻亦不同韻，然而同爲見母，雙聲正轉。

1338 祖類，諸盩也。史記周世家，當作「本紀」，誤刊。亞圉子公叔祖類，索隱云：「世本云：太公組紺諸盩。三代世表稱叔類，凡四名。」予謂盩當作盭，音戾，緑色；紺，青赤色，與緑相近，故又云組紺。

〔疏證〕今按：内則「桃諸梅諸」，朱駿聲以爲諸借作菹，説文「菹，酢菜也」，其説甚是。祖、菹並从且聲，菹之爲諸，猶祖之爲諸也。祖、諸古韵皆在烏部，廣韵麌「祖，則古切」，精母；魚「諸，章魚切」，照三：是祖、諸兩字，廣韵雖不同韵亦不同母，然而同爲出聲，同位變轉。

又：周書史記「愎類無親」，注：「類，戾也。」荀子性惡「齊給便敏而無類」，注：「無類，首尾乖戾。」「無類」蓋「皆類」之誤，故楊倞注之如是，郝懿行訓類爲善，恐未必是。盭則訓作戾、莀、綟，史記司馬相如傳「盭夫爲之垂涕」，索隱引張揖曰：「盭古戾字。」漢書張耳陳餘傳「後皆背之，盭也」，師古曰：「盭古戾字。」它傳更累見不一見。説文：「盭讀若戾。」漢書百官公卿表「金璽盭綬」；匈奴傳「黄金璽盭綬」；盭皆莀、綟之借字。類、盭皆與戾聲通，故類可以爲盭矣。類、盭本鬱部同音字，而後世韵少變矣。廣韵至「類，力遂切」，來母；霽「盭，郎計切」，來母；異韵同聲，雙聲正轉。

1339 伯服，伯盤也。 幽王少子，古文作伯盤。

〔疏證〕 今按：荀子賦篇「忠臣危殆，讒人服矣」，注：「本或作讒人般矣般，樂也。音盤。」爾雅釋詁「服，事也」，釋文：「服，本或作艆，又作般字。」郝懿行爾雅義疏云：「上引荀子賦篇二般字俱當爲艆，蓋服古作艆，形訛爲般耳。」然則伯服訛作伯般，增皿作盤？抑服聲轉作盤？可爲二説也。 錢氏又有字形相涉之訛一篇，凡聲之可轉雖形似，認爲聲轉不以爲形訛也。 必聲無可轉而形近，始謂之形訛。 服在肊部，般在安部，古韵敻然不同。 廣韵屋「服，房六切」，奉母古讀並；桓「盤，薄官切」：是兩字雖不同韵，然而同母，故服之爲盤，雙聲正轉，而非形誤作般，增皿作盤也。

1340 嫘祖、雷祖、絫祖也。 史記五帝本紀「黄帝娶于西陵之女，是爲嫘祖」，徐廣曰：「祖一作俎。」索隱云：「一曰雷祖。」正義云：「一作傫。」古今人表作絫祖。 山海經：「黄帝娶雷祖。」

〔疏證〕 祖、俎同从且聲，故僅以嫘祖標目，不以嫘俎標目。 嫘、傫同从累聲，故僅以嫘祖標目，不以傫祖標目。

今按：説文「絫，增也」，「纍，綴得理也，一曰大索也」，兩字截然不同。篆文隸變，纍省爲累，絫之俗寫亦作累，于是纍、絫之辨混矣。雷之篆文作靁，纍从畾省聲，古韵在威部，絫在恚部，古韵不相同。廣韵脂「嫘，力追切」，來母；灰「雷，魯回切」，來母；紙「絫，力委切」，來母：以廣韵論，是三字皆韵異聲同，雙聲正轉。

1341 九侯，鬼侯也。 史記殷本紀「以西伯昌、九侯、鄂侯爲三公」，徐廣曰：「九侯一作鬼侯。」

〔疏證〕 正義引括地志亦云：「相州洛陽縣西南五十里，有九侯城，亦名鬼侯城，蓋殷時九侯城也。」

今按：史記魯仲連鄒陽傳「昔者九侯、鄂侯、文王，紂之三公也」，注與殷本紀同。明堂位「脯鬼侯以饗諸侯」，疏：「周（當作殷）本紀作九侯，九與鬼聲相近，故不同也。」詩小明「我征徂西，至于艽野」，傳：「艽野，遠荒之地。」後漢書班彪傳下「威靈行于鬼區」，注：「鬼區，遠方也。」易曰：「高宗伐鬼方。」竊以爲艽野即鬼區也。鬼方本亦謂遠方之地或遠方之國，以其遠處，故名鬼方，以通名爲專名也。王國維有鬼方考，所言是矣。斯亦足以證九、鬼聲通。九在幽部，鬼在威部，古韵不相同。廣韵有「九，舉有切」，見母；尾「鬼，居偉切」，見母：廣韵亦異韵，然而聲同，雙聲正轉。

1342 母涼，閬也。史記周本紀「惠王閬」，索隱云：「世本本作母涼。」予謂涼、閬聲相近。

〔疏證〕今按：說文「諒，信也」，多借良爲之，文選王仲宣詠史詩「受恩良不訾」，古詩「良無磐石固」，注並云：「良，信也。」良之借作諒，猶閬之可以爲涼矣。王良亦作王梁，孟子、淮南覽冥王良，荀子正論、論衡命義並作王梁。諒闇亦作梁闇，論語「高宗諒陰」，皇疏：「或評爲梁闇，或評爲梁庵。」禮記喪服四制「高宗諒闇」，注：「諒，古作梁。」書無逸「乃或諒闇」，鄭注：「諒闇轉作梁闇。」良既可作梁，諒亦可作梁，則良、諒通作矣。涼、閬本古韵央部同音字，後世而韵分侈弇平仄，廣韵陽「涼，呂張切」，來母；宕「閬，來宕切」，來母：韵異聲同，雙聲正轉。

1343 伯臩，伯冏也。書，伯冏；史記周本紀，伯臩。

〔疏證〕書冏命序「穆王命伯冏爲周太僕正，作冏命」，釋文：「冏本作熙。」周本紀作羿。

今按：書大傳亦作羿；古今人表作熙，師古曰：「穆王太僕也，熙音居永反。」說文：「羿，古文以爲囧字。」凡此可證囧、羿可以通作也。唯字作熙蓋煛之形訛，廣韻梗「囧、羿、煛，俱永切」，見母，囧、羿本古韻央部同音字，煛从巨聲，烏、央對轉故亦與囧、羿同音。同音自可通轉。

1344 簡逷，簡狄也。 漢書古今人表「簡逷，帝嚳妃，生卨」，師古曰：「即簡狄。」

〔疏證〕 史記殷本紀「母曰簡狄」，索隱：「狄，舊本作易，又作逷。」大戴記帝繫、楚辭天問亦皆作逖，淮南墜形作翟。不衹漢書也。

今按：說文「惕或作悐」，「逖古文逷。」詩泮水「狄彼東南」，箋：「狄當作剔。」釋文：「狄，韓詩作鬄。」詩瞻卬「舍爾介狄」，說文引作「舍爾介逖」，逖即逷。書牧誓「逖矣西土之人」，爾雅釋詁注引作逷。漢書王商傳「卒無怵悐憂」，師古曰：「悐，古惕字。」易，喻四字，喻四古讀定，故易、狄聲通，錢氏不言喻四讀定，故不云凡易聲狄聲之字通讀也。逷、狄本古韻恚部同音字，廣韻錫「逷，他歷切」，透母；「狄，徒歷切」，定母：聲雖小異，仍爲近紐，而且同爲送氣。

1345 女罃，女英也。 漢書古今人表「女罃，舜妃」，師古曰：「即女英。」

〔疏證〕今按：五帝本紀「舜飭下二女於嬀汭」，索隱：「列女傳云『二女長曰娥皇，次曰女英』，系本作女瑩，大戴禮作女匽。」大戴記帝繫「帝舜娶于帝堯之子，謂之女匽氏」，注：「人表作罃，帝王世紀作英。」罃、瑩同从熒聲，不待論。罃在嬰部，英央部，匽在安部，古韵互不同部。廣韵耕「罃，烏莖切」，庚「英，於驚切」，阮「匽，於幰切」，三字廣韵亦不同韵，然而同爲影母，雙聲正轉。

1346 有㜪、有侁，有莘也。 漢書古今人表「有㜪氏，湯中妃，生太丁」，師古曰：「㜪與莘同。」說文引呂不韋說，有侁氏以伊尹倂女。

〔疏證〕今按：楚辭天問：「成湯東巡，有莘爰極。」呂氏春秋本味「有侁氏女子采桑得嬰兒于空桑之中」，注：「侁讀曰莘。」又：「有侁氏喜，以伊尹媵女。」說文「姺，殷諸侯爲亂者，疑姓也」，姺蓋有侁、有莘之本字。亦有關有莘、有侁之記載見於舊籍者。詩螽斯「螽斯羽，詵詵兮」，釋文引説文作𡖔𡖔，詵、𡖔異文又可證辛、先聲通，故㜪、莘可以作侁矣。侁在𥁕部，㜪、莘在因部，古韻不同而相鄰，廣韻臻「莘、㜪、侁，所臻切」，審二，則併作同音字。

1347 徐隱王，徐偃王也。　漢書古今人表徐隱王，師古曰：「即偃王。」

〔疏證〕　今按：詩魚麗「魚麗于罶」，傳：「士不隱塞。」釋文：「隱，本又作偃。」亦隱、偃通作之證。隱在𥁕部，偃在安部，古韻不同。廣韻隱「隱，於謹切」，阮「偃，於幰切」，兩字亦不同韻，然而同爲影母，雙聲正轉。

1348 逢門、蠭門，蓬蒙、逢蒙也。　孟子：「逢蒙學射于羿。」莊子山木篇「雖羿、蓬蒙不能眄睨也」，今本作逢，釋文作蓬。漢書藝文志：「逢門射法二篇。」王褒傳：「逢門子彎烏號。」史記龜策傳「羿名善射，不如雄渠、蠭門」，注引七略有蠭門射法。荀子王伯篇亦作蠭門。

〔疏證〕　逢、蠭、蓬三字形聲同聲，故應通作，今讀三字雖有輕重脣音之分，古無輕脣音也。本條所須論證者，門、蒙相通而已。

今按：卷一釋詁「瞢，悶也」，釋言「甍，蒙也。」甍从瞢聲，則悶、蒙同與瞢聲通，悶、蒙亦相聲通矣。悶从門聲，知門與蒙聲相通也。蒙在邕部，門在昷部，古韻不同，廣韻魂「門，莫奔切」，東「蒙，莫紅切」，是門、蒙兩字廣韻亦不同韻，然而同爲明母，故爲雙聲正轉。

1349 仍叔，任叔也。　春秋「仍叔之子」，穀梁作任叔。

〔疏證〕　引左傳桓五年經，公羊亦作仍叔。

今按：説文「妊，任身裹孕也」，「孕，裹子也」。廣雅釋詁四：「孕、妊，身也。」後漢書章帝紀「今諸懷妊者」，注引説文曰：「妊，孕也。」是妊、孕兩字，由于方音迻易，韻雖不同，實一字之衍變也。仍、孕本在噫部轉讀入膺，任、妊在音部，古韻不相同。廣韻蒸「仍，如乘切」，侵「任，如林切」，是仍之與任廣韻亦不同韻，然而同爲日母，雙聲正轉。

1350 伯尊，伯宗也。　左傳晉大夫伯宗，穀梁作伯尊。

〔疏證〕　見左傳成五年，穀梁釋文：「伯尊　左氏作伯宗。」

今按：莊子胠篋有「尊盧氏」，六韜作宗盧。左傳隱十一年「周之宗盟，異姓爲後」，疏：「賈逵以宗爲尊。」此皆宗、尊異文之證。至于宗之訓尊，非屈指數。如書舜典「禋于六宗」，「汝作秩宗」，禹貢「江漢朝宗于海」，傳並云：「宗，尊也。」詩鳧鷖「公尸來燕來宗」，傳，公劉「君之宗之」箋，雲漢「靡神不宗」傳，並云：「宗，尊也。」士昏禮記「宗爾父母之言」，檀弓上「天下其孰能宗予」，注並云：「宗，尊也。」宗在夅部，尊在昷部，古韵不同。廣韵冬「宗，作冬切」，精母；魂「尊，祖昆切」，精母：韵異聲同，雙聲正轉。

1351 庸職，閻職也。水經注：「齊懿公遊申池，邴戎庸職害公于竹中。」庸職即左傳之閻職也。邴歜轉爲邴戎，史記作丙戎。史記齊世家：「庸職之妻好，公内之室，使庸職驂乘。」

〔疏證〕庸、閻相通，已詳卷一釋言「庸庸，餤餤也」。歜在屋部，戎在邕部，屋、邕對轉。

1352 年夫，佞夫也。春秋「天王使其弟佞夫」，公羊作年夫。

〔疏證〕　引左傳襄三十年經。

今按：大戴記公冠「近于民，遠於年」，補注：「年，說苑作佞。後漢志注引此文云：『近于民，遠于年；遠于佞，近于義。』下略。」後漢志年、佞二字，亦異文同意，變文爲辭也，亦年、佞通作之明證。說文「仁，古文从心，千聲」，字作忎。又：「年，从禾，千聲。」又：「佞，从女，仁聲。」是从說文形聲可證年、佞聲通。年、佞古韵皆在因部，本同音字。後世聲音迻易，而韵部遂不相同，廣韵先「年，奴顛切」，泥母；徑「佞，乃定切」，泥母：是兩字韵異而聲同，雙聲正轉。

1353　隱如，意如也。　春秋，季孫意如，公羊作隱如。

〔疏證〕　引左傳昭十年經，穀梁同左氏。

今按：隱在昷部，意在噫部，古韵截然不同。廣韵隱「隱，於謹切」，志「意，於記切」，亦異韵而同聲，雙聲正轉。

1354　欣時，喜時也。　春秋，曹公子喜時；左氏作欣時，漢書古今人表作剢時。

〔疏證〕春秋經文不書。已詳卷二讀之異者「訢如熹」。

1355 軒虎，罕虎也。春秋，鄭罕虎；公羊作軒虎。罕達，公羊亦作軒達。

〔疏證〕罕虎見左傳昭元年經，罕達見定十五年經。穀梁並同左氏。

今按：左傳昭四年渾罕，韓非子作渾軒，亦其例也。軒、罕同从干聲，本古韵安部同音字，後世而韵有變易矣。廣韵元「軒，虛言切」，曉母；旱「罕，呼旱切」，曉母：自廣韵言之，韵異聲同，雙聲正轉。

1356 買朱，密州也。春秋「莒人殺其君密州」，左氏作買朱鉏。

〔疏證〕引左傳襄三十一年經。段玉裁云：「左傳經自作買朱鉏，疑後人以公、穀之經易此。」杜預注云：「買朱鉏，密州之字。」

今按：買在恚部，密在壹部，古韵不同。廣韵蟹「買，莫蟹切」，明母；質「密，美畢切」，錢氏徑入明：異韵同聲，買之爲密，雙聲正轉。朱在區部，州在幽部，古韵亦不相同。廣韻尤「州，職流切」，照三；虞「朱，章俱切」，照三：異韻同聲，州之爲朱，亦屬雙聲正轉。

顧左氏作買朱鉏，不作買朱也。當云朱鉏之合音爲州。錢氏標目，亦徑言買朱，應於朱下補一鉏字。猶之後一條云「蔦艾獵，蔦敖也」，彼處不省獵字爲是。

1357 士彭，士魴也。春秋，晉士魴，公羊作士彭。（魴，符方切。）

〔疏證〕引左傳成十八年經。

今按：說文「鬃，或从方聲」，作祊；詩北山、烝民並云「四牡彭彭」，說文騯下引詩作「四牲騯騯」，易大有「匪其彭」，子夏傳作旁。旁从方聲，故鬃之爲祊、彭彭之爲騯騯，彭之爲旁，猶士彭之爲士魴也。又詩載驅「行人彭彭」，出車「出車彭彭」，清人「四介旁旁」，彭彭、旁旁亦無不同。彭、魴本央部同音字，後世而始有侈弇鴻細之別。廣韻庚「彭，薄庚切」，並母；陽「魴，符方切」，奉母古讀並：兩字韻異聲同，雙聲正轉。

1358 伯服，伯犕也。左傳「王使伯服游孫伯」，史記鄭世家作伯犕。

〔疏證〕已詳卷一釋言「服，犕也」。

1359 祝瞻，祝聃也。 史記鄭世家「祝瞻射王中肩」，左傳作祝聃。

〔疏證〕 左傳莊五年「祝聃射王中肩」，史記肩作臂。

今按：説文「瞻，臨視也」，「聸，垂耳也」，「聃，耳曼也」，「耽，耳大垂也」。聸、聃、耽三字音義皆近，蓋一字之變易孳乳，瞻則音近而義敻殊。疑史記祝瞻乃祝聸之形訛，錢氏則以爲凡聲之可轉者皆聲轉，不以爲形誤。瞻、聃本古韵奄部同音字，廣韵談「聃，他酣切」，透母；鹽「瞻，職廉切」，照三古讀端：端透近紐雙聲。然錢氏不言照三讀端，則聃、瞻既不雙聲亦不同位。失其所以爲聲轉矣。蓋錢氏以瞻與擔、儋、聸同从詹聲，亦宜可讀端母耳。

1360 單伯，檀伯也。 史記鄭世家「鄭厲公突因櫟人殺其大夫單伯」，索隱云：「依左傳作檀伯，此誤爲單伯。蓋因魯莊公十四年，厲公自櫟侵鄭，事與單伯會齊師伐宋相連，故誤耳。」予謂古文單亶通用。

〔疏證〕 已詳卷一釋言「路亶，落單也」。

1361 曹沬，曹劌也。史記刺客傳，曹沫，索隱云：「沫音亡葛反。左氏、穀梁並作曹劌。然則沫宜音劌。沫劌聲相近而字異。」予謂沬古頮字，亦作靧，當有貴音，故又轉爲劌。

〔疏證〕今按：說文「沫，沫水也，从水末聲」，「沬，洒面也。从水，未聲。古文从水，从頁，作湏。」史記曹沫，字从末；錢氏以爲字當从未，作沬。沬之古文作湏，或作頮。書顧命「王乃洮頮水」，漢書律曆志下作沬水，師古曰：「沬即頮字也，音呼內反。」禮記玉藻「沐稷而靧粱」，釋文「靧，音悔」，疏：「靧，洗面也。」靧即沬、湏、頮字。漢書禮樂志「沬流赭」，晉灼曰：「沬，古頮字也。」師古曰：「沬音呼內反。」是沬爲曉母字。左傳莊十年「曹劌請戰」，釋文「古衛反」，見母。沬、劌聲異，故錢氏仍不從，以爲「沬，古文頮字，亦作靧，當有貴音」也。劌，古韵在曷部，貴在鬱部，不同韵也。廣韵祭「劌，居衛切」，見母；未「貴，居胃切」，見母：韵異聲同，雙聲正轉。

又按：沬、沫形近，頗易訛誤，聲音遂易，歧音頗多。稽之廣韵，未「沬，無沸切」，泰「沬，莫貝切」，讀入微明兩母，並不釋爲洒面，而皆釋爲水名，末「沫，莫撥切」，一曰水名。是以沬、沫混爲一字矣。隊「靧、頮，荒內切」，皆釋爲洗面，然下不出沬爲同字，讀爲曉母，與釋文同音也。考微、明兩母，常轉曉母，沬、沫亦未嘗不可轉爲曉，故頮水可作沫水，曹劌可作曹沫。夫字義本于聲音，故言訓故者不可不知聲韵，然言之綦甚，亦不免于鑿空。字義又本于字形，字形相似者不少，若皆謂爲形誤，亦有時流于附會。要在於辨之微末，善加採擇焉耳。

1362 蔿艾獵，蔿敖也。左傳。敖艾聲相近。

〔疏證〕宣公十一年「令尹蔿艾獵城沂」，注：「艾獵，孫叔敖也。」疏：「服虔亦云：艾獵，蔿賈之子，孫叔敖也。此年云令尹蔿艾獵，明年云令尹孫叔敖，明一人也。世本：艾獵爲叔敖之兄。世本多誤，本必不然。」

今按：錢氏申服、杜之説也。敖在夭部，艾在曷部，本不一韵，自分兩部。廣韵豪「敖，五勞切」，泰「艾，五蓋切」，兩字異韵，然而同爲疑母，故錢氏以爲雙聲正轉。顧左傳作蔿艾獵，不作蔿艾，艾爲敖轉可矣，獵又何所處置乎？故後世説者紛紜，可參閻若璩四書釋地、盧文弨鍾山札記、毛奇齡經問九及四書索解、孫星衍問字堂集孫叔敖名字考。

1363 王札子，王子捷也。左傳。古文捷與接通。

〔疏證〕　左傳宣十五年「秦使王子捷殺召戴公及毛伯衛」，注：「王子捷即王札子。」

今按「捷與接通」者，禮記內則「接以大牢」，注：「接讀爲捷。」荀子大略「先事慮事謂之接」，注：「接讀爲捷。」公羊僖三十年鄭文公接，左傳穀梁皆作捷。左傳莊十二年「宋萬弒其君捷」，公羊作接。左傳文十六年「晉人納捷菑于邾」，公羊作接菑。莊子則陽接子，古今人表作捷子；人間世「必將乘人而鬬其捷」，釋文：「捷本作接。」古今人表，宋愍公捷，公羊作接。皆其例也。接、捷古韵同在盍部，廣韵葉「接，即葉切」，精母；又「捷，疾葉切」，從母：捷、接兩字韵同而聲近，故相通者多。札在古韵曷部，與捷、接韵相遠，故相通者例鮮見。廣韵黠「札，側八切」，照二，照二與精爲同位變轉，照二與從則紐位並異，故錢氏必言「捷與接通」。

1364

子蠻，子貉也。　左傳，鄭靈公夷字子蠻，又作子貉。

〔疏證〕　左傳成公二年「是夭子蠻」，注：「子蠻，鄭靈公。」昭廿八年「子貉之妹也」，注：「子貉，鄭靈公夷。」

今按：蠻在安部，貉在蒦部，蒦、安雖兩韵，古韵有時對轉。廣韵刪「蠻，莫還切」，陌「貉，莫白切」，是蠻、貉雖異韵，然而同爲明母，雙聲正轉。

1365

太叔疾，大叔齊也。　左傳，衛大夫。

〔疏證〕哀十一年「太叔疾出奔宋」，注：「疾即齊也。」

今按：爾雅釋詁、廣雅釋詁一並云：「齊，疾也。」郝懿行爾雅義疏云：「尚書大傳云『多聞而齊給』，荀子臣道篇云『齊給如響』，性惡篇云『齊給便敏而無類』，鄭注及楊倞注並云：『齊，疾也』。郭引詩『仲山甫徂齊』，以齊爲疾，蓋本三家詩説也。通作資，説苑敬慎篇云『資給疾速』，資給即齊給也。又通作齌，説文：『齌，炊餔疾也。』離騷云『反信讒而齌怒』，王逸注：『齌，疾也。』聲轉爲捷，故淮南説山篇云『力貴齊，知貴捷』，高誘注：『齊捷皆疾也。』齊訓疾，故衛太叔疾字齊，見左傳，亦其證矣。」廣韵齊「齊，徂奚切」，質「疾，秦悉切」，兩字雖異韵，然而同爲從母，雙聲正轉也。

1366

公孫盱，公孫霍也。　左傳，蔡大夫。

〔疏證〕已詳卷一釋地「盂，霍也」。

1367 范皋夷，范皋繹也。左傳晉大夫。史記趙世家皋繹。

〔疏證〕左傳定十三「范皋夷無寵于范吉射」，注：「皋夷，范氏側室子。」趙世家「逐吉射，以范皋繹代之」，服虔曰：「范氏之側室子。」

今按：夷在衣部，繹在蒦部，韵部不同，喻四雙聲相轉也。廣韵脂「夷，以脂切」，昔「繹，羊益切」。

1368 履緰，裂繻也。春秋，紀履緰；左氏作裂繻。

〔疏證〕左傳隱二年經「紀裂繻來逆女」，傳同。公、穀並作紀履緰。釋文繻、緰並音須。校勘記：「惠棟云：緰讀爲投。説文：『緰，貲布也。』」

今按：履在衣部，裂在曷部，古韵截然不同。廣韵旨「履，力几切」，薛「裂，良薛切」，韵異聲同，來母雙聲正轉。左傳桓六年「公問名于申繻」，管子大匡繻作俞，亦緰、繻通作之證也。錢出此條，論履列聲轉，不論緰、繻通作也，故不具説。

1369 祝吁，州吁也。春秋，衛州吁；穀梁作祝吁。

〔疏證〕　左傳隱四年經「衛人殺州吁於濮」，傳同，公羊亦同。今按：説文：「㓨，讀若祝。」㓨、祝相通，猶州、祝相通也。州在幽部，祝在奥部，雖異部，平入韵也。廣韵尤「州，職流切」，屋「祝，之六切」，韵雖不同，同爲照三，雙聲正轉。

1370　鄭語，鄭禦也。　春秋「鄭伯使弟語」，穀梁作禦。

〔疏證〕　左傳桓十四年經「鄭伯使其弟語來盟」，公羊亦作弟語。穀梁作禦，釋文：「禦，本亦作御。」

今按：史記東越王傳「爲禦兒侯」，正義：「禦字今作語。語兒鄉在蘇州嘉興縣南七十里，臨官道也。」漢書閩粤王傳作語兒侯，師古曰：「語字或作禦，或作籞，其音同。」説文：「鋤，鉏鋤也，鋤或从吾聲。」釋名釋言語：「禦，語也。」石門頌「綏億衙强」，北海相景君碑「强衙改節」，衙皆禦之借。一切經音義一：「禦，古文敔同。」凡从吾得聲與从御得聲之字通作，猶之語爲禦矣。語、禦兩字，古韵皆在烏部，本同音之字。廣韵語「語、禦，魚巨切」，疑母，亦同音字也，同音莫不雙聲。

1371 杵臼，處臼也。春秋，陳侯杵臼、宋公杵臼、齊侯杵臼，公羊作處臼。史記齊世家「立莊公異母弟杵臼」，徐廣曰：「史記多作著臼。」

〔疏證〕左傳僖十二年經「陳侯杵臼卒」，穀梁同，公羊作處臼。文十六年經「宋人弑其君杵臼」，穀梁同，公羊作處臼。哀五年經「齊侯杵臼卒」，穀梁同，公羊作處臼。陳侯，宣公；宋公，昭公；齊侯，景公。

今按：處或借許爲之，墨子「吾將惡許用之」，世説新語，晉人每言某許，陶潛五柳先生傳：「不知何許人也。」凡此類之許，猶今言處。杵、許並从午聲，許、處通作猶杵、處通作也。杵、處古韵烏部同音字。廣韵語「杵、處，昌與切」，穿三，亦同音字也。禮記樂記「樂著大始」，注：「著之言處也。」史記樂書「著不息者，天也」，正義：「著猶處也。」是著、處聲通。錢氏雖引徐廣云云，以著、杵聲稍異，故不標目。

1372 顐、髡，惲也。春秋「楚世子商臣弑其君顐」，公、穀作髡，史記楚世家作熊惲。

〔疏證〕引左傳文元年經，釋文：「顐，憂倫反，又丘倫反。」公、穀作髡，釋文並「苦門反」。史記楚世家「杜敖五年，欲殺其弟」，索隱：「惲音紆粉反，左氏作頵，紆頻反。」

今按：古今人表楚成王惲，師古曰：「左傳作頵，音於倫反。」左傳成十年「鄭人殺繻立髠頑」，公羊襄七年作髠原。穀梁襄七年「鄭伯髠原如會」，釋文：「髠，又作郡，或作頵，左氏作髠原。」史記十二諸侯年表作惲。一人名用數字，其中三字亦用髠、頵、惲，正與錢氏例相同，亦其證也。頵、惲古韵在昷部，髠在安部。或體作髠故云。廣韵真「頵，居筠切」，見母；魂「髠，苦昆切」，溪母；惲从軍聲應有軍音，文「軍，舉云切」，見母：廣韵三字三韵，不出見、溪兩母，亦同紐或近紐雙聲。

1373

狐射姑，狐夜姑也。

春秋，晉狐射姑，穀梁作夜姑。史記曹世家「莊公夕姑」，索隱云「夕音亦，即射姑也」，古今人表作亦姑。

〔疏證〕左傳文六年經及傳，晉狐射姑，釋文：「射音亦，一音夜。」古今人表，曹嚴公亦姑，師古曰：「即射姑也。」穀梁桓九年「曹伯使其世子來朝」，釋文：「射音亦，麋氏本即作亦。」穀梁莊廿三年：「曹伯射姑卒。」

今按：左傳昭廿五年「申夜姑相其室」，釋文：「夜本作射，音夜，又音亦。」古今人表又有夷射姑，師古曰：「射音夜。」此皆人以夜姑名者。莊子消摇游「藐姑射之山」，釋文：「徐音夜。」則山以夜姑名者。荀子勸學「西方有木焉名曰射干」，亦作夜；大戴記作射。射、夜之通作者，固不止此也。射在烏部，夜在蒦部，古平入韵也，古聲皆讀定，本同音字，後世聲音衍變，讀音遂多。廣韵禡「射，神夜切」又音石，又音夜。「夜、射，羊謝切」，前切雖射、夜異紐，後切則兩字同音矣。

1374 先蔑，先眜也。　春秋「晉先蔑奔秦」，公羊作先眜。

〔疏證〕　已詳卷一釋言「襪，末也」。

1375 楚椒，楚萩也。　春秋：楚子使椒來聘，穀梁作萩，或作叔。

〔疏證〕　引左傳文九年經；公羊同，釋文：「椒，一本作萩。」穀梁釋文：「萩或作菽，左氏作椒。」

今按：左傳襄廿六年「椒舉娶於申公子牟」，古今人表楚湫舉，師古曰：「即椒舉。」又「聲子使椒鳴逆之」，楚語椒作萩。又昭三年「子服椒爲介」，十三年「晉人以平子歸，子服湫從」，釋文：「湫，徐音椒。按：子服湫，又作子服椒，止一人耳。」又哀元年「吴王夫差敗越于夫椒」，校勘記：「陳樹華云：史記伍子胥傳、説苑，並作夫湫，古字通。」此皆从叔、从秋得聲字，人地名之通作者。説文「䳱，秃鶖也」，或从秋聲作鶖。亦可證叔、秋聲通也。萩在幽部，椒在薁部，古韻僅分平入。廣韻尤「萩，七由切」，清母；宵「椒，即消切」，精母：兩字韻雖不同，精清近紐雙聲。

1376 西乞術，西乞遂也。春秋「秦伯使術來聘」，公羊作遂，左傳西乞術。

〔疏證〕引春秋，見左傳文十二年經，穀梁同。又左傳僖三十三年「獲西乞術以歸」，史記晉世家作西乞秫。

今按：史記魯世家「東門遂殺適立庶」，索隱云：「系本作述，鄒誕生作秫。」亦同一人名而遂、述、秫兼作也。禮記月令「審端徑術」，注：「術，周禮作遂。」樂記「術有序」，注：「術當爲遂，聲之誤也。」詩定之方中傳「山川能説」，釋文：「鄭志問曰：山川能説，何謂也？答曰兩讀：或言説，説者説其形勢也；或曰述，述者述其故事也。述讀如遂事不諫之遂。」此亦術、述、遂通讀之證。術、遂本古韻鬱部同音字，而後世音讀稍有迻易矣。廣韻術「術，食聿切」，牀三；至「遂，徐醉切」，邪母：邪與牀三古皆讀定，是韵異而聲同也。錢氏於此並皆不言古聲，蓋以爲从㒸得聲之字有隊，音徒對切，定母，定、牀同爲送氣，同位變轉也。

1377 接菑，捷菑也。 春秋「晉人納捷菑」，公羊作接菑。

〔疏證〕 已詳本卷本節上「王札子，王子捷也」。

1378 聖姜，聲姜也。 春秋，文公母聲姜，公羊作聖姜。

〔疏證〕 左傳文十七年經「葬我小君聲姜」，公羊「葬我小君聖姜。聖姜者何？文公之母也」，釋文：「聖姜，二傳作聲姜。」

今按：古今人表，衛聲公，史記衛世家同，索隱云「系本作聖公」，亦其例也。聲聖本古韵嬰部同音字，廣韵清「聲，書盈切」，勁「聖，式正切」，則韵異而聲同，審三雙聲正轉。

1379 提彌明，示眯明。祁彌明也。 左傳，趙盾車右提彌明，公羊作祁彌明，史記晉世家作示眯明。

〔疏證〕 引左傳宣二年，公羊宣六年。

今按：釋名釋姿容：「視，是也，察其是非也。」又釋言語同。説文：「睼，迎視也。」

皆以聲訓，故知提、示聲通。提在古韵恚部，示在古韵衣部，兩部夐然不同。廣韵寘「示，神至切」，牀三；齊「提，杜奚切」，定母：牀三古讀定，本雙聲正轉。若謂錢氏不言牀三古讀定，則亦同位變轉。祁从示聲，故不論。

彌、眯通作，已詳卷二讀之異者「彌如敉」。

1380 高渠眯，高渠彌也。史記秦本紀：鄭高渠眯弒其君昭公，即左傳之高渠彌。

〔疏證〕亦詳卷二讀之異者「彌如敉」。

1381 頃熊，敬嬴也。春秋，宣公母敬嬴，公、穀作頃熊。

〔疏證〕左傳宣八年「夫人嬴氏薨」，又：「葬我小君敬嬴。」

今按：左傳文十八年「文公二妃，敬嬴生宣公」，穀梁文十八年釋文：「嬴音盈，故左傳應作頃熊。」左傳昭七年「故孟懿子與南宮敬叔師事仲尼」，説苑雜言敬叔作頃叔。皆頃與敬、熊與嬴相通之例也。敬、頃本嬰部音近字，廣韵而韵部迻易矣。廣韵静「頃，去潁切」，溪母；映「敬，居慶切」，見母：是兩字異韻而近紐也。熊在夅部，嬴在嬰部，古韻相隔甚遠。廣韻東「熊，羽弓切」，喻三；清「嬴，以成切」，喻四：喻三、喻四聲系本不相同，錢氏不言其分異，故亦韻相異而聲相同。

1382

勃蘇，包胥也。　左傳，申包胥；戰國策作棼冒勃蘇。吳師道云：「勃蘇包胥聲相近。」予謂古文申作𢀳，字訛爲冒。

〔疏證〕　引左傳定四年，引楚策「威王問於莫敖子華」條。

今按：包在幽部，勃在鬱部，古韻不同，兩字通作例亦鮮見。廣韻肴「包，布交切」，幫母；没「勃，蒲没切」，並母：韻雖異而聲則同類。蘇之爲胥，已詳卷二釋地「姑胥，姑蘇也」。

1383

荀首，荀秀也。　春秋，晉荀首；公羊作荀秀。

〔疏證〕　左傳成五年經：「會晉荀首于穀。」

今按：首、秀相通，鮮有它例。首、秀古韻同幽部，今韻則聲調不同。廣韻有「首，書九切又舒救切」，審三；宥「秀，息救切」，心母：雖然韵紐皆異，然兩字同位，於錢氏爲變轉。嘗竊考秀字，實即禿字，故透从秀聲，實从禿聲也。首即頭字之音轉，首、頭、禿、秀古皆舌頭音，宜秀、首可以通作。

1384 髡原，髡頑也。春秋，鄭伯髡頑，公、穀作髡原，穀梁本或作頵。

〔疏證〕本條出處，已詳本卷本節「頵、髡、惲也」。穀梁本或作頵，當云髡或作頵。今按：説文「蚖，榮蚖，蛇醫也」，爾雅「蠑螈，蜥蜴」，蚖、螈通作。漢書成帝紀「流民欲入五阮關者，勿苛留」，地理志作五原關，又有五原郡；阮與原通作。皆可證元、原聲通，可證髡原可作髡玩矣。春秋繁露重政「元猶原也」，釋名釋地：「廣平曰原，原，元也，如元氣廣大也。」元訓爲原，聲訓也，亦可證元、原聲通。原、玩本安部同音字，後世韵部分作四聲，於是略有分別。廣韵元「原，愚袁切」，疑母；换「玩，五换切」，疑母：韵異聲同，雙聲正轉。

1385 公子濕，公子燮也。春秋，蔡大夫；穀梁作濕。

〔疏證〕左傳襄八年經「獲蔡公子燮」，公羊同。穀梁校勘記云：「毛本作溼，釋文又作隰。」

今按：說文：「燮，和也，讀若溼。」爾雅釋地「下溼曰隰」，釋文：「溼，俗作濕。」是燮、溼、濕三字通作也。燮在盍部，濕在邑部，古韻雖鄰近，非一部耳。廣韻緝「濕、溼，失入切」，審三；怗「燮，蘇協切」，心紐：是濕、燮兩字雖不同韻，亦不同紐，然而同位，同位爲變轉。

1386 郲子牼，郲子瞯也。　春秋襄十七年。公、穀作瞯。

〔疏證〕今按：考工記梓人「數目顧脰」，注：「故書顧或作牼。鄭司農云：牼讀爲鬜頭無髮之鬜。」參閱卷二讀之異者「顧如鬜」。此亦牼可作瞯之一證也。牼在嬰部，瞯在安部，古韻異部。廣韻耕「牼，古莖切」，山「瞯，古頑切」，亦韻異而聲同，見母雙聲正轉也。

1387 齊侯環，齊侯瑗也。　春秋襄十九年，公羊作瑗。

〔疏證〕公羊釋文：「瑗，于眷反，一音環，二傳作環。」

今按：左傳僖四年「齊人執陳轅濤」，公、穀轅作袁，廣韻作爰。史記袁盎，漢書作爰盎。左傳成二年「及齊國佐盟于袁婁」，穀梁作爰婁。國語晉語「作轅田」，左傳僖十五年「于是作爰田」；漢書地理志下「制轅田」，孟康曰：「轅爰同。」説文「爰，籀文以爲車轅字」，其他如猿或爲猨，袁、爰通作者不可勝數矣。環从瞏聲，瞏从袁聲，故袁、爰聲通，即可證環之可以爲瑗矣。瑗、環本古韵安部同音字，聲韵遂易，後世讀遂不同。廣韵删「環，户關切」，匣母；綫「瑗，于春切」，喻三：喻三古讀匣，本異韵雙聲字。如謂錢氏不言喻三讀匣，錢氏固謂喉音四母相近，亦雙聲正轉。

1388

鼻我，畀我也。春秋邾畀我，公羊作鼻我。

〔疏證〕左傳襄廿三年經「邾畀我來奔」，穀梁同。昭廿七年「邾快來奔」，注：「自此以前，朱畀我庶其並來奔。」釋文：「畀，本或作鼻。」

今按：春秋繁露觀德亦作朱鼻我。孟子萬章上：「象至不仁，封之有庳。」漢書鄒陽傳「封之於有卑」，服虔曰：「音畀予之畀也」，師古曰：「地名也，音鼻，今鼻亭是也。」是不獨畀、鼻通作，亦與卑、庳通作矣。鼻从畀聲，本鬱部同音字。廣韵至「畀，必至切」，非母古讀幫；「鼻，毗至切」，奉母古讀並：韵則相同，聲則近紐，錢氏謂之同類轉。

1389 薳頗，薳罷也。 春秋「楚子使薳罷來聘」，公羊作頗。

〔疏證〕 已詳卷二讀之異者「陂如罷」。

1390 國弱，國酌也。 春秋齊大夫國弱；公羊作國酌。

〔疏證〕 引昭元年經。

今按：弱、酌古韵同在約部。廣韵藥「酌，之約切」，照三；「弱，而灼切」，日母：同韵而異聲，似乖聲類之例，然而養新録論字母曰「即齒音而縮之曰：昭超潮饒可也」，饒爲日母，以照三與日母爲同類，則酌之爲弱，同類轉也。

1391 楚子卷，楚子麇也。 春秋昭元年，公羊作卷。

〔疏證〕 已詳卷一釋言「囷，綣也」。

1392 夷昧，餘昧也。 春秋「吴子夷昧」，史記吴世家作餘昧。

〔疏證〕 昭十五年經「吴子夷末卒」，公羊作夷昧，釋文：「夷昧，音末，本亦作末。」

穀梁亦作夷末。是三傳作末者多，公羊雖作夷昧，然又音末，未、末之混久矣，錢氏則作昧，从未聲。

今按：夷在衣部，餘在烏部，古韵夐別。廣韵魚「餘，以諸切」，脂「夷，以脂切」，是兩字今韵亦不同，然而同爲喻四，雙聲正轉。

1393

戎曼子，戎蠻子也。春秋「楚子誘戎蠻子」，公羊作曼。續漢書郡國志：「新城有鄤聚，古鄤氏，今名蠻中。」水經注：「汝水自梁縣，東經麻解城北，故鄤鄉城也。蠻麻聲近，故誤耳。」

〔疏證〕引昭十六年經。公羊釋文：「戎曼音蠻，又音萬，二傳作戎蠻。哀四年同。」左傳哀四年「晉人執戎蠻子赤歸于楚」，穀梁同，公羊作曼。水經注汝水：「東歷麻解城北，故鄤鄉城也，謂之蠻中。左傳所謂單浮餘圍蠻氏，蠻氏潰者也。杜預曰：城在河南新城縣之東南，伊洛之戎陸渾蠻氏城也。俗以爲麻解城非也。蓋蠻麻讀聲近故也。」

今按：書禹貢「三百里蠻」，王注：「蠻，慢也；禮儀簡慢。」周書職方「又其外方五百里爲蠻服」，注：「蠻用事差簡慢。」蓋蠻、慢、曼古韻同在安部，本同音字。廣韻刪「蠻，莫還切」，桓「曼，母官切」，韵異而聲同，明母雙聲正轉。蠻、曼由安對轉阿，故爲麻。周禮大司馬「又其外方五百里曰蠻畿」，疏：「蠻者，縻也。」又職方氏「又其外方五百里曰蠻服」，疏：「蠻之言縻。」縻从麻聲，言縻猶言麻矣。麻「麻，莫霞切」，明母，故蠻之爲麻，亦雙聲正轉耳。

1394 叔痤，叔輒也。春秋昭廿一年。公羊作叔痤。

〔疏證〕左傳經「叔輙卒」，公羊釋文：「左氏作叔輙。」輙爲輒之俗。

今按：鮮見它例。痤在安部，輒在盍部，古韻夐隔。廣韵戈「痤，昨禾切」，從母，然从坐得聲之字，過「挫、侳，則卧切」，精母；葉「輒，陟葉切」，知母：兩字雖聲韵皆異，然又可以同爲出聲，同位變轉。

1395 蔡侯東，蔡侯朱也。春秋昭廿一年。穀梁作東。

〔疏證〕左傳經「蔡侯朱出奔楚」，公羊同。

今按：鮮見它例。朱在區部，東在邕部，區、邕對轉，錢氏不言對轉。廣韵東「東，德紅切」，端母；虞「朱，章俱切」，照三：雖韵紐皆異，同爲出聲，同位變轉。若以照三古讀端言之，則又雙聲正轉矣。

1396

杞伯郁釐、鬱釐、鬱來也。春秋昭廿四年。公羊作鬱釐，史記陳杞世家平公鬱，索隱云：「一作郁釐，譙周云：名鬱來。」蓋鬱郁、釐來聲相近。

〔疏證〕左傳昭廿四年經「杞伯郁釐卒」，穀梁同。公羊釋文云：「二傳作郁釐。」

今按：鬱、郁聲通，已詳卷二釋地「鬱州，郁州也」。釐、來聲通，已詳卷一釋詁「來，釐也」，「釐，賚也」；卷二讀之異者「來如釐」。

1397

叔詣，叔倪也。春秋，魯大夫，公、穀作叔倪。

〔疏證〕左傳昭廿五年經：「叔詣會晉趙鞅下省于黃父。」公羊釋文：「倪音詣，又五兮反。」

今按：此亦鮮它例。詣在衣部，倪在恚部，兩部相距頗遠，蓋以聲通也。廣韵齊

「倪，五稽切」，霽「詣，五計切」，韻分平去，聲同疑紐，雙聲正轉。

考廣韻齊韻實函古韻恚、衣兩部，而於聲紐之聯繫，又不能將恚、衣兩類分開，斯實陸法言製韻之疏也。

1398 齊侯荼，齊侯舍也。

春秋「陳乞弑其君荼」，公羊作舍。

〔疏證〕引左傳哀六年經。公羊釋文：「君舍，二傳作荼，音舒。」

今按：説文：荼从余聲，余从舍聲。故荼、舍本形聲同聲字，古韻在烏部，本同音也，而後世聲音衍變，讀始不同。錢氏取釋文荼音舒之説。廣韻魚「舒，傷魚切」，審三；馬「舍，書野切」，審三：是異韻同聲，故爲雙聲正轉。

1399 薛伯寅，薛伯夷也。

春秋哀十年，公羊作寅。

〔疏證〕左傳經「薛伯夷卒」，公羊釋文：「伯寅，二傳作伯夷，同音以尼反。」

今按：寅在因部，夷在衣部，古陰陽韻也。錢氏不言對轉，故以爲聲轉。廣韻脂「夷，以脂切」，喻四；真「寅，翼真切」，喻四：韻異聲同，雙聲正轉。廣韻脂又以兩字同音。

1400 呂省，呂甥也。左傳，晉大夫呂甥；史記晉世家作呂省。

〔疏證〕 晉世家「唯惠公之故貴臣，呂郤之屬」，正義：「呂甥、郄芮也。」世家又云：「懷公故大臣呂省、郤芮。」是知呂甥即呂省矣。

今按：卷一釋詁「省，眚也」，本卷文之異者「省爲眚」，各有疏證。應參閲彼二條與此條而滙合觀其貫通。

1401 唐山，蕩山也。春秋「宋殺其大夫山」，即蕩澤也；史記宋世家作唐山。

〔疏證〕 引春秋見左傳成十四年經，傳云「蕩澤爲司馬，弱公室」，「華元曰：今公室卑而不能正，吾罪大矣。攻蕩氏，殺子山」，故知山即蕩澤。宋世家：「華元下省誅唐山。」

今按：説文「唐，古文从口易聲」，字作啺。唐之爲啺猶唐之爲蕩矣。唐蕩本央部同音字，今讀亦僅聲調不同。廣韵唐「唐，徒郎切」；蕩「蕩，徒朗切」，韵分平上，聲同定紐，正與正轉之例相符。

1402 雍林，雍廩也。 左傳「雍廩殺無知」，史記作雍林。

〔疏證〕 左傳莊八年「公孫無知虐于雍廩」，九年「雍廩殺無知」。齊世家：「齊君無知游于雍林，中省。雍林人襲殺無知。」雍林，賈逵曰：「渠邱大夫也。」索隱：「本亦作雍廩。左傳曰雍廩殺無知。杜預曰：雍廩齊大夫。此云游雍林，雍林人嘗有怨無知，遂襲殺之，蓋以雍林爲邑名。下省。」

今按：說文「菻，蒿屬」，廣雅釋草「莪蒿，䕲蒿也」，以菻、䕲通作，猶以林、廩通作矣。風賦「狀直憯悽惏慄」，洞簫賦「惏慄密率」，惏慄即癛慄、癛烈也，則以惏、癛通作，亦猶以林、廩通作耳。釋名釋疾病「痳，懍也，小便難懍懍然也」，又以痳懍爲聲訓。知林可以爲廩矣。兩字本古韵音部同音字，後世而略有聲調之別。廣韵侵「林，力尋切」，寢「廩，力稔切」，韵分平上，而聲同來母，雙聲正轉。

1403 蔿氏，寪氏也。 史記魯世家「弑隱公于蔿氏」，左傳作寪氏。予謂孟僖子有薳氏之簉，當即魯之蔿氏。蔿薳古通。

〔疏證〕 左傳隱十一年：「羽父使賊弑公于寪氏。」

今按：蔿、寪同从爲聲，自應通作，故出蔿氏即薳氏以求證耳。左傳僖廿七年「蔿賈尚幼」，古今人表作薳賈，襄十八年「蔿子馮中省率鋭師侵費滑，胥靡獻于雍梁」，釋文：「蔿，本又作薳。」昭十一年「僖子請助薳氏之簉」，釋文：「薳，爲彼反，本又作蔿。」此皆蔿、薳通作之例。薳在安部，對轉入阿與蔿同部，廣韵紙「蔿、薳、寪，韋委切」，喻三，作爲一音。薳从遠聲，阮「遠，雲阮切」，喻三：則與蔿、寪韵異而同聲矣。

1404

魏讎餘，魏壽餘也。　史記秦本紀「乃使魏讎餘詳反」，即左傳之魏壽餘。

〔疏證〕　史記晉世家：「乃佯令魏壽餘反晉降秦。」

今按：説文「雔讀若醻」，可證雔、壽聲通矣。説文「醻或从州聲」作酬，「譸，詶也」，「詶，譸也」，是知州、壽聲通也。左傳晉有郤犨、魏犨，世本皆作州，是則可知犨、州聲通。州與壽又與犨聲通，亦可證犨、壽聲通也。詩彤弓「一朝醻之」，釋文：「本又作酬。」節南山「如相醻矣」，釋文：「本又作酬。」楚茨「獻醻交錯」，釋文：「本又作酬。」抑「無言不讎」，韓詩外傳、後漢書明帝紀並作「無言不酬」。書召誥「讎民」，釋文：「讎字或作酬。」晉書音義中：「疇一作詶。」此並足以證雔、州、壽三字相通作。讎、壽古韵同在幽部，本同音字。廣韵尤「讐，市流切」，有「壽，殖酉切」，韵雖分平上，聲則同讀禪母。

1405 華州，華周也。孟子「華周、杞梁之妻」，漢書古今人表作華州。

〔疏證〕引孟子告子。左襄廿三年「華周對曰：食貨棄命，亦君所惡也」，説苑立節、善説並作舟。

今按：儀禮鄉飲酒禮「主人實觶酬賓」，注：「酬之言周。」御覽百五十七引風俗通：「州，周也。州有長，使之相周足也。」此皆州、周聲訓。州、周本幽部同音字。廣韵尤「周、州，職流切」，照三，亦同音字。

1406 湫舉，椒舉也。漢書古今人表楚湫舉；即左傳之椒舉。

〔疏證〕已詳本卷本節「楚椒，楚萩也」。

1407 厝顔賈，厝岸賈也。漢書古今人表。師古曰：「即厝岸賈也。」

〔疏證〕今按：説文「岸，从屵，干聲」，「彥，从彣，厂聲」，厂之籀文作厈，故知顔、岸本聲通也。顔、岸本安部同音字，廣韵删「顔，五姦切」，翰「岸，五旰切」，則韵異而同爲疑母，故錢氏以爲雙聲正轉。

1408 竇鳴鐸，竇鳴犢也。史記孔子世家「聞竇鳴犢、舜華之死」，徐廣云：「或作鳴鐸。」

〔疏證〕史記集解：「徐廣云：『或作鳴鐸竇犨。』」索隱：「家語云『聞趙簡子殺竇犨鳴犢及舜華』，國語云『鳴犢竇犨』，則竇犨字鳴犢，聲轉字異，或作鳴鐸。」王引之春秋名字解詁「晉竇犨字鳴犢」條，此不録，可參讀。

今按：犢在屋部，鐸在蒦部，古韵不同部。廣韵屋「犢，徒谷切」，鐸「鐸，徒落切」，兩字今韵不同，然而同爲定紐，雙聲正轉。

1409 郰人輓父，郰曼父也。史記孔子世家「郰人輓父之母誨孔子父墓」，即檀弓郰曼父之母。刻本四郰字皆誤作聊。

〔疏證〕今按：曼在安部，免在昷部，古韵不同部。廣韵阮「輓，無遠切」，微母古讀明；桓「曼，母官切」，明母：韵異聲同，雙聲正轉。

1410 衛殤公猋，衛侯剽也。 漢書古今人表衛殤公猋，師古曰：「春秋猋作剽。」

〔疏證〕今按：左傳襄元年經：「衛侯使公孫剽來聘。」又襄十四年「衛人立公孫剽」，釋文：「剽，匹妙切；一音甫遥切。」春秋雖均作剽字，然而作剽、猋兩音，廣韵可對勘也。猋在幽部，剽在夭部，朱駿聲同小部。雖鄰近然分兩部。廣韵宵「猋，甫遥切」，非母古讀幫；肅「剽，匹妙切」，敷母古讀滂：是廣韵宵、嘯異韵，幫、滂近紐，於錢氏爲同類轉。

1411 顔濁鄒，顔涿聚也。 古今人表顔濁鄒，師古曰：「即顔涿聚子也。」子字疑衍。

〔疏證〕景祐本漢書作顔燭鄒。左傳哀廿三年「知伯親禽顔庚」，注：「顔庚，齊大夫顔涿聚。」又哀廿七年「召顔涿聚之子晉曰：隰之役，而父死焉」，説苑正諫作燭趨，晏子春秋外篇作燭鄒，淮南氾論作喙啄之訛聚。凡此之不同，从蜀與从豕聲之不同，从取與从芻聲之不同而已。

今按：蜀豕聲通，已詳卷一釋言「涿，獨也」，及卷二釋地「濁鹿，涿鹿。也」取、芻聲通，已詳卷三文之異者「菆爲騶」。

1412

狐黶，盂黶也。　古今人表狐黶，師古曰：「即盂黶。」

〔疏證〕　左傳哀十五年「下石乞、盂黶敵子路」，史記衛世家亦作盂黶，弟子列傳作壺黶。

今按：考工記輈人「凡揉輈欲其孫而無弧深」，注：「杜子春云：弧讀爲净而不汙之汙。」狐、弧同从瓜聲，盂、汙同从于聲，故弧讀汙，猶狐之或作于、盂矣。又呂覽下賢有壺邱子，古今人表作狐邱子林，則與狐黶之作爲壺黶例同。易睽「後説之弧」，釋文：「弧亦作壺，京、馬、鄭、王肅、翟子元作壺」。周易會通引陸績注「弧一作壺」，弧作壺，亦與狐作弧再作壺之例同也。狐與壺古韵烏部同音字。廣韵虞「于、盂，羽俱切」，喻三古讀匣；模「狐、壺，户吴切」，匣母：韵異聲同，雙聲正轉。若謂錢氏不言喻三古讀匣，然謂喉音四母本相近也。

1413 禽敿，黔敿也。古今人表禽敿，師古曰：「即黔敿。」

〔疏證〕檀弓下：「黔敖爲食於路。」

今按：禽、黔皆从今聲，説文同聲字，古韵音部同音字，自應通作，後世衍變而韵有遂易。廣韵侵「禽、黔，巨金切」，羣母；鹽「黔，巨淹切」，羣母：或同音，或韵異而雙聲。雙聲正轉。

1414 迷子瑕，彌子瑕也。大戴禮保傅篇：「迷子瑕不肖而任事。」即彌子瑕也。

〔疏證〕已詳卷二讀之異者「彌如敉」。

1415 召護，召獲也。史記衛世家「召護駕乘車」，左傳作召獲。

〔疏證〕已詳本卷文之異者「獲爲護」。

1416 費生，弗生也。史記晉世家「穆侯費生立」，索隱云：「鄒誕本作弗生，或作潰生，並音秘。」年表作弗生。

〔疏證〕 年表「穆侯弗生元年」，索隱：「按：系家名費生，或作潰生；系本名弗生。則生是穆公之名，費潰弗不同耳。」

今按：左傳莊八年徒人費，齊世家作茀。左傳成六年悼公費，鄭世家作潰。亦其例也。潰从費聲，費从弗聲，茀亦从弗聲也，古韵鬱部同音字，後世聲調異耳。廣韵物「弗，分勿切」，非母；未「費，芳未切」，敷母；又「費、潰，扶沸切」，奉母：聲紐雖分入三母，然皆同類近紐也。

1417

壽曼，州曼也。 史記十二諸侯年表晉厲公壽曼，春秋作州滿，滿與曼聲相近，今本作蒲，字形相涉而訛。

〔疏證〕 左傳成十年「晉立太子州蒲爲君」，釋文：「州蒲本或作州滿。」疑本條標目當作「壽曼，州滿也」。

今按：壽之所以作州者，説文酬之或體爲醻；説文「譸，詶也」，「詶，譸也」，詶、譸聲義全同本一字耳。此从説文可證州、壽聲通。書召誥「讎民」，釋文讎字或作酬。詩抑「無言不讎」，韓詩作酬。爾雅釋詁注：「讎猶儔也。」酬既通讎，讎亦通儔，則酬、儔相通，即州、壽相通也。說文「𠷎，詞也。虞書曰：𠷎咨」，今書作疇咨。魏元丕碑「酬咨羣寮」，劉寬碑「酬咨儒林」，則並以酬咨爲疇咨。晉書音義中「疇一作酬」，亦可證州、壽聲通。故壽曼即州曼矣。古韻州、壽本幽部同音字。廣韻尤「州，職流切」，照三；宥「壽，承呪切」，禪母。尤、宥韻分平去，聲則照禪同類，故於聲類爲同類轉。

曼之所以作滿者，說文鬗讀若蔓。說文「謾，欺也」，此欺謾本字，今以欺瞞爲之。漢書谷永傳「滿讕誣天」，又以滿爲之。皆可證曼、滿聲通。曼、滿本安部古同音字。廣韵桓「曼，母官切」，緩「滿，莫旱切」，韵分桓、緩，聲同明母。

滿或訛爲蒲者，左氏成十年傳「晉立太子州蒲爲君」，疏引應劭舊君諱議云「昔者周穆王名滿，晉厲公名州滿」，則應氏所見左傳作州滿也。成十八年經作州蒲，校勘記：「蒲當作滿。」漢書郊祀志上「穿蒲池溝水」，師古曰：「蒲字或作滿。」錢氏不言聲轉者，蒲在並紐與滿在明紐不同，而蒲、滿形又偪近耳。

1418 主屨弗，徒人費也。 史記齊世家「鞭主屨者弗三百」，即左傳徒人費也。

〔疏證〕 已詳本卷本節上文「費生，弗生也」。古今人表作寺人費。

1419 秉意茲，邴意茲也。 史記齊世家秉意茲，左傳秉作邴。

〔疏證〕 齊世家：「齊秉意茲、田乞敗二相。」左傳哀六年：「邴意茲來奔。」

今按：説文「柄，从木，丙聲，或从秉聲」，作棅。故知丙、秉聲通也。儀禮大射儀「有柄」，釋文：「劉本作柄。」周禮鼓人注「無舌有秉」，釋文：「秉，本作柄。」管子山權數「此謂君棅」，注：「棅與柄同。」文選與吴質書「古人思秉燭夜游」，注：「秉，或作炳。」此柄、炳與棅、秉互作，亦可證丙、秉聲通。管子小匡「治國不失秉」，注：「秉，柄也。」左傳哀十七年「國子實執齊秉」，服虔曰：「秉，權柄也。」此皆以秉借作柄。故秉意茲可作邴意茲。秉、邴本古韵央部同音字，廣韵梗「邴、秉，兵永切」，亦同音字。

1420 昭公裯，昭公袑也。 史記魯世家「立齊歸之子裯爲君」，徐廣曰：「裯一作袑。」

〔疏證〕 索隱云：「系本作裯，徐廣作袑，袑音紹也。」左傳注疏校勘記云：「杜氏釋例、史記十二諸侯年表、律曆志、世本並作稠，徐廣云：又作紹。宋本作裯，魯世家同，與襄公三十一年、昭公二十五年傳文合。」

今按：説文無怊，以惆爲怊也。楚辭九辯「然惆悵而自悲」，九懷「惆悵兮自怜」，並以惆悵聯詞。九辯「然怊悵而無冀」，七諫「然怊惆而自悲」，則以怊悵聯詞。故知怊悵即惆悵，兩者本無分別。説文：「蜩(蚒)，蟬也。」太玄飾「蛁鳴喁喁」，注：「蛁，蟬也。」是蜩、蛁爲一字。詩河廣「曾不容刀」，説文引詩作舠；文選檄吳將校部曲「鷦鳩之鳥巢于葦苕」，注：「苕與萵同字。」詩鴟鴞傳「荼萑，苕也」，苕韓詩字作萵。刀之爲舠，苕之爲萵，皆以刀、召聲通於周耳。故裯可以爲袑。袑在宵部，裯在幽部，古韻相鄰。廣韻尤「裯，直由切」，澄母；小「袑，市沼切」，禪母，然袑从召聲，應有召音，笑「直照切」，澄母：是兩字異韻而同爲一紐矣。

1421 東門遂，東門述也。 史記魯世家「東門遂殺適立庶」，索隱云：「系本作述，鄒誕生作秫。」系本刻本脱本字，今補。

〔疏證〕 已詳本卷本節「西乞術，西乞遂也」。

1422

壽夢，孰姑也。史記吳世家「王壽夢卒」，索隱云：「襄十二年經：吳子乘卒。系本曰：吳孰姑徙句吳。宋忠曰：孰姑，壽夢也。代謂祝夢，乘諸也。壽孰音相近，姑之言諸也，毛詩傳讀姑爲諸，孰姑壽夢是一人，又名乘也。」

〔疏證〕今按：壽夢、孰姑是一人，猶言祝夢、乘諸是一人。壽夢與祝夢爲聲之轉，孰姑與乘諸亦爲聲之轉。壽夢之合音爲乘，祝夢之合音亦爲乘，祝、壽聲本相近，故壽夢即祝夢。孰與乘聲相近，姑與諸則同韵，故孰姑即乘諸矣。司馬貞謂「壽孰音相近」，誠然是矣，夢與姑則聲與諸皆不同，故不得謂壽夢爲孰姑之聲轉也。

1423

吳子遏，吳子謁也。春秋吳子遏，公羊作謁。

〔疏證〕左傳襄廿五年經「吳子遏伐楚」，公、穀作謁。

今按：遏、謁皆从曷聲，本古韵曷部同音。廣韵月「謁，於歇切」，影母；曷「遏，烏葛切」，影母：韵異而聲相同。

1424 伯昏無人，伯昏瞀人也。莊子德充符篇伯昏無人，雜篇作瞀人。

〔疏證〕已詳卷二讀之異者「雊瞀讀爲句無」。

1425 南伯子葵，南郭子綦也。莊子南郭子葵〔一〕，李軌云：「葵，當爲綦，聲之誤也。」

〔疏證〕齊物論「南郭子綦隱几而臥」，大宗師「南郭子葵問乎女偊曰」，徐无鬼「南伯子綦隱几而坐」，寓言「顏成子游謂東郭子綦曰」，四者皆一人耳。南郭之爲東郭所居異也，伯之爲郭、綦之爲葵，聲之轉也。

今按：郭、伯古韻皆蒦部字，聲音衍變，而韻部今不同矣。廣韻鐸「郭，古博切」，見母；陌「伯，博陌切」，幫母：韻既不同，聲亦各異，然而同爲出聲，同位變轉也。綦在噫部，葵在威部，古韻不同。廣韻之「綦，渠之切」，羣母；脂「葵，渠追切」，羣母：異韻同聲，則爲雙聲正轉。

〔一〕「郭」，粵雅堂叢書本作「伯」。

1426 庚桑，亢桑也。 莊子有庚桑楚篇，司馬彪云：「庚桑姓也。太史公書作亢桑。」大唐新語：「道家有庚桑者，世無其書。開元末處士王源撰亢倉子兩卷以補之。序云：庚桑、亢桑、亢倉一也。」

〔疏證〕今按：國策燕策「羽聲忼慨」，後漢書楊震傳「乃慷慨謂其諸子門人曰」，忼慨即慷慨。忼从亢聲，慷从康聲，康从庚聲，故忼、慷通作，即亢、庚通作也。說文「秔或體作稉」，亢、更聲通也。禮記月令「其日庚辛」，注：「庚之言更也。」白虎通五行「庚者，物更也」，釋名釋天「庚猶更也」，是庚、更聲通也。亢與更通，庚亦與更通，故亦可證亢、庚相通。庚、亢本古韵央部之同音字，而後世韵或互異。廣韵庚「庚，古行切」；唐「亢，古郎切」：是兩字韵異而同爲見紐。

1427 徐點，序點也。 禮射義「又使公罔之裘序點揚觶而語」，注：「序點或爲徐點。」

〔疏證〕今按：徐、序之不同，即形聲从余、从予得聲之分別。詩常武，傳「舒，序也」，釋文「序，本作徐」，亦序、徐通作。說文「敘，次第也」，「序，東西牆也」，兩字不同義。易艮「言有序」，文言「與四時合其序」，借序爲叙也。書皋陶謨「惇叙九族」，鄭注「叙，次序也」，以叙、序通訓。叙與徐同从余聲，叙、序通用猶徐、序通用矣。徐、序古韵烏部同字，廣韵魚「徐，似魚切」，邪母；語「序，徐呂切」，邪母：韵有平上之分，聲則同爲邪母。

1428

后槖，項槖也。漢童子逢盛碑「才亞后槖」，洪适云：「項槖七歲爲孔子師，后鮐偏旁相類，鮐有項音，故借后爲鮐，又借鮐爲項也。」予謂后、項聲相近，非必借后爲鮐，方可轉也。

〔疏證〕　秦策「甘羅曰：夫項槖生七歲而爲孔子師」，淮南説林「項託使嬰兒矜以類相慕」，脩務「項託七歲爲孔子師」，論衡實知亦作項託。后既爲項，槖亦作託。

今按：后在區部，項在邕部，本韵之陰陽對轉也，洪适説其韵之通轉，故引鮐爲證，錢氏專談聲故駁之如此。廣韵講「項，胡講切」，厚「后，胡口切」，兩字韵異而同爲匣母。

槖从石聲，託从乇聲，槖之爲託，猶厇之爲拓、袥也。説文「厇，開張屋也」，此開拓之本字。後世不言開厇而多言開拓與開袥。小爾雅廣詁「拓，開也」，漢書揚雄傳應劭注「拓，廣也」，例繁不舉。桐柏碑「開祏神門」，殽阬碑「宏祏其祠」，白石神君碑「開祏舊兆」，無極山碑「恢祏宇室」，並作祏矣。

1429 計倪，計研也。吴越春秋、越絶書有計倪。史記貨殖傳「乃用范蠡、計然」，徐廣曰「計然名研」，索隱云：「吴越春秋謂之計倪，倪之與研，是一人，聲相近而相亂耳。」按莊子「和之以天倪」，班固作天研，是倪與研通。

〔疏證〕 莊子齊物論釋文：「天倪，李音崖，徐音詣，郭音五底反。崔云：或作霓，音同。班固曰：天研。」天研亦轉爲天鈞，齊物論「和之以是非而休乎天鈞」，釋文：「天鈞，本又作均，崔云：鈞，陶鈞也。」寓言「天鈞者，天倪也」。故知天鈞即天倪、天研也。

今按：倪在恚部，研在安部，古韵夐然不同。廣韵齊「倪，五稽切」，疑母；先「研，五堅切」，疑母：韵異聲同，故錢氏以爲倪之爲研，聲轉也。今以爲鈞亦倪之轉音，鈞在因部，廣韵諄「鈞，居匀切」，見母，鈞與倪雖不同韵，然而聲同牙類，同類轉也。

1430
芒卯，孟卯也。史記秦本記「擊芒卯，華陽破之」，索隱云：「芒卯，魏將。譙周云：孟卯也。」

〔疏證〕芒、望皆从亡聲，芒卯之爲孟卯，猶望諸之爲孟諸矣。詳卷二釋地「望諸、明都，盟豬，孟諸也」。

1431
禽屈釐，禽滑釐也。古今人表禽屈釐，師古曰：「即禽滑釐。」

〔疏證〕墨子公輸「臣之弟子禽滑釐」，備城門、備梯同。呂氏春秋當染「禽滑鬣學于墨子」，尊師作禽滑黎。列子楊朱「禽骨釐聞之」，釋文：「禽骨釐作禽屈釐。」列子湯問、莊子天下、説苑反質並作禽滑釐。

今按：周語鄭武公滑突，史記滑作掘。説文「搰，掘也」，「掘，搰也」，「頢讀又若骨」。皆屈、滑聲通之證。屈、骨皆在古韵鬱部，本同音字，廣韵而讀音稍異。没「滑，古忽切」，見紐；物「屈，區勿切」，溪紐：韵異而聲爲近紐，同類轉也。

1432
唐蔑，唐昧也。古今人表唐蔑，即史記之唐昧，昧與蔑通。

〔疏證〕引史記楚世家。荀子議兵，唐蔑字明。已詳卷一釋言「穢，末也」。

1433 師武，犀武也。史記周本紀「秦破韓魏，扑師武」，師武戰國策作犀武。

〔疏證〕集解：「徐廣曰：扑一作仆。戰國策曰：秦敗魏將犀武於伊闕。」

今按：楚辭招魂「晉制犀比，費白日些」，犀比即戰國策趙武靈王賜周紹之師比也，可證師與犀通作。餘詳卷二釋器「胥紕謂之犀毘」。

1434 蟣虱，幾瑟也。史記韓世家「公子咎、公子蟣蝨爭爲太子」，戰國策作幾瑟。

〔疏證〕引韓策「韓公叔與幾瑟爭國」等條。

今按：說文：「蝨，齧人蟲也，从䖵卂聲。」虱即蝨之俗字，在古韵因部，瑟在壹部，平入韵也。廣韵櫛「虱、瑟，所櫛切」，審二，同音字。

1435 褚里疾，㮚里疾也。史記「㮚里子名疾」，索隱云：「紀年謂之褚里疾。」

〔疏證〕引史記本傳。

今按：㮚、褚皆古韵烏部字，今則調分平上。廣韵魚「㮚，秦相㮚里疾，丑居切」，徹母；語「褚，丁吕切類隔」，知母：知徹近紐雙聲。

1436 歷融，蹶由也。左傳「吴子使蹶由犒師」，韓非子説林篇作歷融。

〔疏證〕引左傳昭五年。古今人表作厥由。

今按：素問移精變氣篇「祝由」，梁元起曰：「祝由，南方神。」是以祝由爲祝融，亦融由通作之證。由在幽部，融在夅部，幽、夅對轉，然錢氏不言對轉。廣韵幽「由，以周切」，東「融，以戎切」，韵不同而同爲喻四，雙聲正轉。

1437 董閼于，董安于也。韓非子内儲篇「董閼于爲趙上地守」，閼于即安于。

〔疏證〕 左傳定十三年作董安于。

今按：董安于見於載籍者極多，作閼作安不定也。如韓非子難言、觀行作安于，十過、七術、内儲作閼于。淮南道應亦作閼于，趙策則兩作，皆可證也。又卷二釋天「單閼謂之亶安」，亦閼安通作例也，可參閲彼文。

1438

紀消子，紀渻子也。 列子黄帝篇「紀渻子爲周宣王養鬭雞」，注：「渻或作消。」莊子達生篇「紀渻子爲王養鬭雞」，釋文：「一本作消。」

〔疏證〕 黄帝篇釋文：「紀渻子作紀消子。云：姓紀名消，或作渻，所景反。」

今按：卷一釋言「眚，瘠也」，卷三文之異者「省爲眚」，兼參兩條，可證渻可爲消矣。

1439

更嬴，甘蠅也。 列子湯問篇「甘蠅，古之善射者，彀弓而獸伏鳥下」，戰國策：「更嬴虚發而鳥下。」

〔疏證〕 引戰國策楚策四「天下合從」條。列子注引此文，故知甘蠅即更嬴。呂覽聽言亦作甘蠅。

今按：甘在奄部，更在央部，古韻夐隔。廣韻談「甘，古三切」，庚「更，古行切」，韵不同而同爲見母。蠅在膺部，嬴在嬰部，古韻亦不相同。廣韻清「嬴，以成切」，蒸「蠅，余陵切」，亦韵不同而同爲喻四。故甘蠅之爲更嬴，皆雙聲正轉。

1440 子馬，子猛也。　荀子堯問篇「萊不用子馬而齊并之」，説苑：「萊不用子猛而齊并之。」

〔疏證〕　引説苑見正諫。

今按：莊子齊物論「夫子以爲孟浪之言」，文選吴都賦「孟浪之遺言」，注：「猶莫絡也。」馬之轉猛，猶孟之轉爲莫也。馬在烏部，猛在央部，古韻烏、央對轉，然錢氏不言對轉。廣韵馬「馬，莫下切」，梗「猛，莫杏切」，韵不同而同爲明母，雙聲正轉。

1441 微生高，尾生高也。　莊子盜跖篇「尾生與女子期于梁下」，（釋文）：「一本作微生。」戰國策作尾生高，即論語微生高也。

〔疏證〕　引燕策一「人有惡蘇秦於燕王者」條，引論語公冶長。

本條合下條并釋之。

1442 尾生晦，微生畝也。古今人表尾生晦，即論語之微生畝。

〔疏證〕引論語憲問。

今按：古今人表尾生高，師古曰：「即微生高。」又尾生晦，師古曰：「即微生畝也。晦，古畝字。」書堯典「鳥獸孳尾」，五帝本紀作「鳥獸字微」。周禮師氏「掌以媺詔王」，説文無媺，即娓字也。釋名釋形體：「尾，微也。」晉語「歲二七，其靡有微兮」，微借爲尾。此皆微、尾通作之證。微在威部，尾在衣部，雖相鄰近，古韵有不同也。廣韵微「微，無非切」，尾「尾，無匪切」，韵異聲同，微母雙聲。

説文「晦，或作畝」，本一字。書大誥「予曷敢不終朕畝」，漢書翟方進傳引作晦。詩七月「饁彼南畝」，食貨志作晦。爾雅釋訓「敏，拇也」，釋文：「拇，舍人本作畝。」敏、拇之作畝，猶晦之作畝矣。説文晦、畝同字，故古韵同噫部，廣韵厚「畝、晦，莫厚切」，明母，亦同音也。

1443 申棖，申棠也。論語「或對曰：申棖」，釋文云：「史記作申棠。」王應麟云：「今史記以棠爲黨，傳寫之誤也。後漢王政碑云：『有羔羊之絜，無申棠之欲。』亦以棖爲棠，則申棖申棠一人耳。」

〔疏證〕 已詳卷二讀之異者「堂如棖」。

1444 母鼓，母寡也。 漢書陳湯傳「雖斬宛王母鼓之首」，師古曰：「西域傳作母寡，此云母鼓，鼓寡聲相近。」

〔疏證〕 今按：鼓、寡同在烏部，古本同音。魚變爲麻，於是韵部斯分，故曹大姑讀爲曹大家，賈讀公户切又讀古雅切，鼓之爲寡，亦猶是矣。廣韵姥「鼓，公户切」，馬「寡，古瓦切」，韵變而聲仍同見紐，雙聲正轉。

1445 勃勃，佛佛也。 宋書稱赫連勃勃爲佛佛。

〔疏證〕 已詳卷一釋言「孛之言茀」，唯彼處未引本條爲證。

1446 苑支，鳶鞮也。 晉語「以鼓子苑支來」，左傳作鳶鞮。

〔疏證〕引左傳昭廿二年「以鼓子鳶鞮歸」。今按：説文無鳶，顧野王以鳶爲鳶，徐鉉从之。朱駿聲以雅爲鳶。今亦疑不敢定。陸德明毛詩音義作鳶，「以專反」，廣韵仙「與專切」，則并以入古韵安部，今聲讀喻四也。苑亦古韵安部字，廣韵阮「苑，於阮切」，影母。錢以喉音四母「不甚區別」，仍以爲雙聲正轉也。支之爲鞮，已詳本卷文之異者「是爲氏」。

姓之異者

1447 盈即嬴。左傳「史墨曰：盈，水名也」，注：「趙鞅姓盈，水盈坎乃行。」漢書地理志：「徐，故國盈姓。」

〔疏證〕今按：説文「盈，滿器也」，非姓氏。「嬴，少昊氏之姓也」，則姓氏之本字也。左傳注「趙鞅姓盈」，地理志徐，班氏自注「故國盈姓」，盈皆嬴之借字，故錢氏以爲「盈即嬴」也。左傳宣四年「圄伯嬴于轑陽而殺之」，釋文：「嬴，音盈。」吕覽知分「孫叔敖三爲令尹而不喜」，注：「叔敖，薳賈伯盈之子。」淮南亦作伯盈。伯嬴或作伯盈，是嬴、盈通作之證。又漢書韋賢傳「黄金滿籯」，師古曰：「許慎説文解字云：『籯，笭也。』揚雄方言云『陳楚宋魏之間謂筲爲籯』，然則筐籠之屬是也。今書本籯字，或作盈，是又盈滿之義，蓋兩通也。」以籯爲盈，猶嬴作盈。詩雲漢「昭假無嬴」，箋：「緩也。」嬴無緩義，鄭以嬴爲縕之借，説文：「縕，緩也。」國語越語「嬴縮轉化」，東京賦「不縮不盈」，嬴縮即盈縮。皆可證盈、嬴通作。盈、嬴本古韵嬰部同音字，廣韵清「盈、嬴，以成切」，喻四，亦同音字也。

1448 弋即姒(音以)。禮緯：「禹母修己吞薏苡而生禹，因姓姒氏。」春秋襄三年「夫人姒氏薨」，公羊作弋氏，何休以爲莒女。定十五年「姒氏卒」，穀梁作弋氏。

〔疏證〕當作春秋襄四年。公羊襄四年釋文：「弋氏，莒女也。左氏作姒氏。」刻本作三年誤。論衡奇怪：「禹母吞薏苡而生禹，故夏姓曰苡。」蓋本禮緯。

今按：詩桑中「美孟弋矣」，傳：「弋，姓也。」陳奐云：「弋讀爲姒，姒姓，夏之后。」詩亦以弋爲姒也。弋在肊部，姒在噫部，本平入韵。廣韵止「姒，詳里切」，邪母；職

「弋，與職切」，喻四：邪喻古皆讀定，固韵異聲同。然錢氏不言邪喻古讀，故音姒作以，止「以、苡，羊已切」，喻四，以苡與弋爲雙聲矣。

1449 簡即耿。三國志注：「簡雍本姓耿。幽州人語，謂耿爲簡，故隨音變之。」

〔疏證〕已詳本卷方言「幽州人謂耿爲簡」。

1450 何即韓。廣韵：「唐叔虞後封于韓。韓滅，子孫分散，江淮間音，以韓爲何，字隨音變爲何氏。」韓愈送何堅序：「韓于何同姓爲近。」

〔疏證〕詳本卷方言「江淮間以韓爲何」，又詳卷二釋器「矢幹謂之稾，稾謂笴」。

1451 曼邱即毋邱。漢書高帝紀「與其將曼邱臣王贊」，師古曰：「曼邱、毋邱，本一姓也。語有緩急耳。」

〔疏證〕王贊當作王黃，此本誤刻也。曼爲陽韵，收前鼻音，毋陰韵，無鼻音，故語有緩急也。

今按：小爾雅廣詁：「曼，無也。」無毋通作，經傳中所習見。曼訓無自可通於毋矣。毋在烏部，曼在安部，古韵不相同。廣韵虞「毋，武夫切」，微母古讀明；桓「曼，母干切」，明母：是廣韵亦異韵，然而雙聲，於聲類爲正轉。

聲類疏證卷四

古讀刻本誤「讀」作「韻」，總目不誤可證。

古今聲音必有衍變，此理之必然者也。漢人注書，遂有音讀之説，此古人口耳所傳，載于典籍，書於板策，流傳至今者。魏晉以後，反切漸行，韵書斯出。至於隋唐，韵書大備，據以讀音，遂成定式。顔師古注漢書，多以當時之音，改變前人音讀。錢氏古讀一篇大抵宏揚前人之説，以爲古人自有此讀，不應以後世之音改變前人之説也。凡所論述，雖未能由此上推古音，然娘日邪喻古讀，亦於此仿佛見之，不可不知也。惜乎猶狃于正變轉之説，以爲聲音變化之故，仍認爲聲類之轉，兹于各條分别剖析之。

1452 準音拙。漢書高帝紀「隆準而龍顔」，服虔讀。應劭曰：「準，頰權準也。」

〔疏證〕錢引服音應説，然服音應説，後世或以爲非。李斐曰：「準，鼻也。」文穎曰：「音準的之準。」晉灼曰：「戰國策云：『眉目準安權衡。』史記：『秦始皇蜂目長準。』李説文音是也。」是晉灼以李説文音爲是。師古曰：「䪼，權䪼字，豈當借準爲之。服音應説皆失之。」顔氏則徑以服音應説爲非。此錢氏所以於「讀之異者」以外，又出古讀一篇，以爲顔氏之説固不足據也。

今按：史記正義：「準，鼻也。」後漢書光武紀「隆準日角」，許負云：「鼻頭爲準。」廣雅釋親「顴、頄、頞，䪼也」，王念孫疏證云：「顴頄爲頰䪼之䪼，頞爲鼻䪼之䪼，䪼通作準。急就篇『頭額頞䪼眉目耳』，顔師古注云：『䪼，兩頰之權也。』素問至真要大論『齒痛䪼腫』，亦謂頰䪼也。中省。按淮南子説林訓云：『污準而粉其顙，雖善者勿能爲工。』易乾鑿度『觀表出準虎』，鄭注云：『準在鼻上而高顯。』則隆準之準，李斐訓爲鼻，文穎音準的之準，皆是也。然廣雅訓頞爲䪼，則鼻準之準，亦有拙音矣。」王氏疏通兩説，最爲精到。準在昷部，拙在鬱部，古韵兩部對轉，廣韵準「準，之尹切又音拙」，照三；薛「拙、準，職悅切」，照三：陸氏寓對轉於反切之中，錢氏不言對轉，雖異韵，然雙聲正轉也。

1453 告讀如嗥。　漢書高帝紀「嘗告歸之田」，服虔曰：「告音如嗥呼之嗥。」孟康曰：「古者名吏休假曰告，告又音嚳。漢律：吏二千石有予告有賜告。」史記索隱引東觀漢記田邑傳：「邑年三十，歷卿大夫，號歸罷。尋號與嗥同，古者當有此語。」周禮樂師「詔來瞽皋舞」，鄭司農：「皋當爲告。」大祝「來瞽令皋舞」，注：「皋讀爲卒嗥呼之嗥。」

〔疏證〕錢氏所録，皆節引漢書注、史記索隱、周禮注以證告讀嗥爲古讀。至于顔師古云：「告者請謁之言，謂請休耳。或謂之謝，謝亦告也。假爲嗥、嚳二音，並無别義，固當依本字讀之。左氏傳曰『韓獻告老』，禮記曰『若不得謝』，漢書諸云『謝病』，皆同義。」錢氏則一概不録，以爲不當以後世之音，否定古人之讀也。

今按：嗥、告古韵在幽部，嚳在薁部，本平入韵，後世則分爲四聲，三字各韵矣。廣韵豪「皋，古勞切」，號「告，古到切」，並讀見母；沃「嚳，苦沃切」，溪母：是三字韵雖不同，或雙聲或同類近紐，聲自可轉耳。皋聲變爲嗥，則讀與號同，豪「嗥、號，胡刀切」，匣母，同音。

1454 歇音遏。 漢書高帝紀「立趙後歇爲趙王」，鄭刻本誤作蘇氏曰「歇音遏絶之遏」，蘇林曰：「音毒歇。」

〔疏證〕 師古曰：「依本字以讀之，不當借音。」錢氏不録顔注，以爲鄭、蘇之説，自爲古讀。

今按：歇、遏皆从曷聲，通讀故其常例。詩騶驖「載獫歇驕」，釋文：「歇，本又作猲。」説文猲下、爾雅釋詁注、漢書地理志注並引詩作猲。詩長發「則莫我敢曷」，地理志引作遏。諸如此類，不可勝數。凡説文形聲同聲之字，古音大抵相同，故推其源，曷、歇、遏諸字，皆古韵曷部同音字也。後世韵部增多，聲紐加密，歧異遂分，錢氏以爲不必以唐人之讀，謂鄭、蘇爲借音。廣韵月「歇，許竭切」，曉母；曷「遏，烏葛切」，影母：是兩字雖不同韵，影曉則仍然近紐雙聲。

1455 竈音造。 周禮大祝「六祈，二曰造」，（注）：「故書造爲竈。鄭司農讀竈爲造次之造。」釋名：「竈，造也；造創食物也。」

〔疏證〕 引周禮注當作杜子春，誤爲鄭司農。引釋名釋宮室。凡引漢魏古讀，後人又無歧説，則明知其爲古讀，故不加申釋論其是非。

今按：説文：「竈，炊穴也。从穴，鼀省聲，或亦作竈。」鼀本在薁部，由入轉平，則爲幽部，與造同音。周禮膳夫「卒食以樂徹于造」，注：「鄭司農云：造，謂食之故所居處也。」故知「徹于造」，即「徹于竈」，造、竈通作之又一例也。廣韵號「竈，則到切」，精母；皓「造，昨早切又七到切」，從母：聲紐雖小異，仍爲同類近紐雙聲。

1456

百音陌。周禮甸祝「掌四時之田，表貉之祝號」，（注）：「杜子春讀貉爲百爾所思之百。」

〔疏證〕今按：杜子春又云「貉，書亦或爲禡」，釋文「貉，莫駕切」，皆不云百音陌也。廣韵陌「陌、貉，莫白切」，是貉與陌同音，貉讀爲百，則百音陌矣。詩皇矣「貊其德音」，釋文「貉，本作貊」，亦可證百有貉、陌音，亦可證百音陌也。貉、陌古韵皆在蒦部，本同音字。廣韵「百，博陌切」，幫母，與貉同韵而異母，若陌則與貉同音，故錢氏以爲百之古音爲陌。

1457
巡音沿。祭義「陰陽長短，終始相巡」，鄭康成：「讀如沿漢之沿。」

〔疏證〕祭義疏云：「文十年左傳云：『子西沿漢泝江，將入郢。』是沿爲順流而下，故讀從之。」

今按：欲知巡之音沿，當先知巡、沿聲通。巡从川聲，川、沿相通，即巡、沿聲通矣。書禹貢「沿于江海」，傳：「順流而下曰沿。」鄭注：「沿，順水行也。」左傳文十年「沿漢泝江」，注：「沿，順流。」昭十三年「王沿夏」，注：「順流爲沿。」皆以沿訓爲順，順亦从川聲，故知順、沿之聲通，即可證知巡、沿之聲通矣。巡又訓循，公羊隱八年注：「巡猶循也。」文選東京賦注引逸禮曰：「巡狩者何？巡者，循也。」白虎通巡狩、風俗通山澤並云：「巡者，循也。」漢書雋疏于薛平彭傳贊「平當逡遁有恥」，敘傳下「逡遁致仕」，師古並曰：「遁讀與巡同。」沿亦訓循，荀子榮辱「鉛之重之」，注：「鉛與沿同，循也。」又「反鉛察之」，注同。禮論「反鉛過故鄉」，注亦與上同，禮記且作「反巡過故鄉」矣。非十二子「反紃察之」，注：「紃與循同。」巡與沿皆與循通，亦可證知巡、沿之聲通矣。巡在㞐部，沿在安部，古韵不相同也。廣韵諄「巡，詳遵切」，邪母；仙「沿，與專切」，喻四：是兩字既不同韵，亦不同紐，同爲收聲矣。錢氏之意，巡音沿，古讀也；今讀巡不音沿，變轉也。竊以爲邪、喻古皆讀定，本雙聲正轉，因錢氏不言邪喻古讀，故爲變轉。

1458 鄘音蹢。漢書地理志：南陽郡鄘縣，如淳音蹢躅之蹢。

〔疏證〕史記酈生陸賈傳「酈生食其者」，正義：「歷異幾三音也。」

今按：鄘在阿部，蹢、歷皆在益部，古韵雖不同，兩部亦偶有通轉，鄘之讀蹢，猶或讀歷矣。然聲類主聲不主韵，故不論。廣韵支「鄘，吕支切」，來母；昔「蹢，直炙切」，澄母古讀定：兩字雖不同韵，亦不同紐，然皆爲舌音同類。錢氏之意，以爲鄘音蹢，古讀也；今不音蹢，同類轉也。

1459 翔音常。漢書食貨志「穀價翔貴」，晉灼讀。

〔疏證〕師古曰：「晉説非也。翔言如鳥之回翔，謂不離於貴也。」錢氏以爲顏氏之説，未必爲是；晉灼之音，古讀也。

今按：翔、常皆古韵央部字，廣韵陽「翔，似羊切」，邪母；「常，市羊切」，禪母：邪禪兩母古皆讀定，是兩字古本同音。錢氏不言禪、邪讀定，以爲翔之音常，禪、邪同位，變轉也。

1460 羨音延。史記衛世家「共伯入釐侯羨自殺」，索隱：「音延，又以戰反。」漢志：江夏郡沙羨縣，晉灼音夷。夷延聲相近。

〔疏證〕今按：羨、延聲通，猶有可證。周禮玉人「避羨度尺」，注：「羨猶延。」釋文：「羨，延也。」文選東京賦「乃羨公侯卿士」，薛注：「羨，延也。」以羨訓延，聲訓也，此可證羨、延聲通者，一也。羨又通於衍，詩板「及爾游羨」，釋文：「羨本作衍。」漢書溝洫志「然河災之羨溢」，董仲舒傳「富者奢侈羨溢」，注並云：「羨讀與衍同。」衍又通于延，周禮大祝「二曰衍祭」，注：「衍字當爲延。」男巫「掌望祀望羨授號」，注：「衍，讀爲延，聲之誤也。」詩椒聊「蕃衍盈升」，一切經音義十九引作「蕃延盈升」。羨既通于衍，衍又通于延，此羨、延聲通之證二也。羨、延本古韵安部同音字，廣韵線「羨，似面切又于線切」，邪母古讀定；仙「延，以然切」，喻四古讀定：同紐雙聲。然錢氏不言邪、喻古讀，今讀則錢氏以爲皆在收聲，故爲同位變轉。

晉灼羨音夷，錢氏以夷、延聲相近者，左傳哀十年「薛伯夷卒」，公羊作「薛伯寅卒」，釋文同音以尼反，是夷、寅聲通矣本衣、因對轉耳。易繫辭上「大衍之數」，釋文引鄭注：「衍，演也。」釋名釋言語：「演，延也，言蔓延而廣也。」是演通於衍、延二字，演从寅聲，夷既通于寅，故夷通於衍、延，亦即通于羨矣。夷在衣部，與羨延古韵不相同。廣韵脂

「夷，以脂切」，喻四，夷、延爲喻四同紐雙聲，故錢云聲相近。

1461 遷音仙。 漢書王莽傳「立安爲新遷王」，服虔音遷爲仙，師古曰：「遷猶僊耳，不勞假借音。」予謂古音遷如仙。律曆志：「少陰者西方。西，遷也，陰氣遷落物。」西、遷聲相轉，猶尚書大傳云：「西方者鮮方也。」莽稱「紫閣圖文，太一、黄帝皆得瑞以遷（景祐本作僊），後世褒主當登終南山，所謂新遷王者，乃太一新遷之後也」。諸遷字皆作僊訓，故服子慎讀爲是。

〔疏證〕 引王莽傳皆見下篇。此條顯駁顏氏。

今按：廣韵仙「遷，七然切」，清紐；「僊、仙、鮮，相然切」，心紐：清心雖同類，然非同紐也。錢氏以爲雙聲正轉，例之常也，同類相轉，例之變也。所謂例之變者，古本同紐，後世音變，乃成同類。服虔讀遷音仙，則屬心紐，遷之訓僊、訓西、訓鮮，皆雙聲正轉矣，故以服音爲是。若以遷讀今音則爲清紐，訓僊、訓西、訓鮮，則成同類轉矣。从變求通，乃古讀之不可復得，今服虔既存遷之古讀，而顏氏乃以爲「不勞借音」，故錢氏駁之如此。

1462 蟄讀如什。呂氏春秋「蟄蟲始振」，注：「蟄讀如『詩文王之什』。」

〔疏證〕引孟春紀。

今按：呂氏春秋音律「蟄蟲入穴」，注亦云：「蟄讀如文王之什。」淮南原道「昆蟲蟄藏」，注：「蟄讀什伍之什。」其例皆同。蟄、什古韵同在邑部，本同音字。廣韵緝「蟄，直立切」，澄母；「什，是執切」，禪母：是韵同而聲異。錢氏以爲蟄讀如什，高誘相傳之古讀也，切韵異紐，後世之聲變也。竊以爲澄禪古皆讀定，錢氏言澄古讀定，不言禪亦讀定，故不由此而上推之也。

1463 苦讀古。史記五帝本紀「河濱器皆不苦窳」，正義云：「苦讀如盬，音古。盬，麤也。」周禮鹽人「祭禮共其苦鹽」，杜子春讀苦爲盬。典婦功：「辨其苦良」，（注）：「鄭司農讀爲盬。」

〔疏證〕引周禮並見天官。

今按：吕氏春秋誣徒「從師苦而欲學之功也」，注：「苦讀如盬會之盬。苦，不精至也。」淮南主術「是以器械不苦」，注：「苦讀盬。」又時則「工事苦慢」，注：「苦，惡也。苦讀盬會之盬。」史記匈奴傳「不備苦惡」，韋昭曰：「苦，麄也。音若靡盬之盬。」諸例皆苦讀盬，即音古也。苦古本烏部同音字，廣韵姥「古，公户切」，見母；「苦，康枯切」，溪母：則見溪異紐矣，錢氏以苦讀古，古讀見紐也。

1464

跳讀如逃。漢書高帝紀「王跳」，如淳音逃。

〔疏證〕今按：所引於史記、漢書凡四見。史記項羽本紀「項王進兵圍成皋，漢王逃」，晉灼曰：「獨出意。」索隱：「音徒凋反。」漢書項籍傳「漢王跳」，師古曰：「輕身而忽之，跳音徒彫反。」史記高祖本紀：「漢王跳」，徐廣曰：「音逃。」索隱：「晉灼按劉澤傳：跳驅至長安。說文：音徒調反。通俗文云：『超通爲跳。』」漢書高祖紀「漢王跳」，如淳曰：「跳音逃，謂走也。史記作逃。」晉灼曰：「跳，獨出意也。」師古曰：「晉説是也。音徒彫反。」四處本一事，同一字而或作逃作跳，因而生兩説：如淳、徐廣音逃，晉灼、司馬貞、顏師古音徒彫反。跳、逃同从兆聲，本夭部同音字，今分兩讀，廣韵豪「逃，徒刀切」，蕭「跳，徒聊切」，錢以爲一事一字不應分兩音，以爲如淳、徐廣古讀也。

1465 撰如選。史記平準書「白金三品，其一曰重八兩，圜之，其文龍，名曰白選」，漢書作白撰，蘇林音選擇之選。

〔疏證〕今按：索隱：「蘇林音選擇之選，包愷及劉氏音息戀反。尚書大傳云『上略死罪罰二千饌』，馬融云：『饌六兩，漢書作撰，二字音同也。』」一事三字，則必有三音。錢氏以爲三字皆从巽聲，本同音字。廣韻潸「撰、饌，雛鯇切」，獮「撰，士免切」，皆牀二；獮「選，思兖切」，心母：心母其古讀也。

1466 姬讀如怡。漢書文帝紀「母曰薄姬」，如淳曰：「姬音怡。衆妾之通稱也。漢官儀曰：『姬妾數百。』」師古曰：「姬者，本周之姓，貴于諸侯之女，所以婦人美號，皆稱姬焉。左氏傳曰『雖有姬姜，刻本作妾，誤。無棄蕉萃』。姜亦大國姓也。後因總謂衆妾爲姬。史記云『高祖居山東時，好美姬』，是也。如云衆妾總稱，則近之，不當音怡，宜依字讀耳。」

〔疏證〕引兩家説，是如淳而非顔氏也。

今按：説文从𦣝得聲之字，大多音怡，廣韻之「𦣝、⿰王𦣝、⿱宀𦣝、⿰氵𦣝、頤、姬，與之切」；个别音朞，之「姬、筐，居之切」。从形聲之理推之，姬音怡，其正讀也。然形聲亦有變例，从勹得聲之字，皆讀脣音，匋从勹聲，凡从匋得聲之字：匋、萄、詾、騊、陶，則離勹自成聲系，皆讀舌頭。筐、姬不成聲系，讀朞乃其變音，故錢氏从如淳以駁師古也。

1467 服，皮力反。史記扁鵲列傳「因噓唏服臆」，小司馬讀皮力反。漢書田蚡傳「蚡疾，一身盡痛，若有擊者，謼服謝罪」，晉灼曰：「服音𠧥。關西俗謂得杖呼，及小兒啼爲呼𠧥。」謼服即東方朔所謂呼謈也。

〔疏證〕今按：錢氏以爲雙脣音字，不論輕重皆爲重脣，此即其古無輕脣音之説也。已詳卷一釋言「扶服、扶伏、蒲伏，匍匐也」，「呼謈，謼服也」諸條。

1468 升音登。喪服注：「布八十縷爲升，升字當爲登。登，成也。今之禮皆以登爲升，俗誤，已行久矣。」

〔疏證〕今按：此即古無舌上音也。凡照三等母，本舌上音，然錢氏所不言，故舌音類隔之説不可信，不録此條也。書文侯之命「昭升于天」，史記晉世家作「昭登于天」。

書高宗肜日序「有飛雉升鼎耳而雊」，漢書五行志升作登。禮記樂記「男女無辨則亂升」，史記樂書作「男女無別則亂登」。升假、升遐即登假、登遐也。淮南齊俗：「其不能乘雲升假亦明矣。」文選西征賦「武皇忽其升遐」，注：「禮記曰：天王崩，告喪曰：天王登遐。」曲禮下作「天王登假」。通鑑梁武帝紀「先帝升遐」，注：「升遐即登遐。」莊子德充符：「彼且擇日而登假。」大宗師：「是知之能登假於道也。」墨子節葬：「燻之則謂之登遐。」乘訓升亦訓登，則其常訓也。皆可證登、升聲通。升、登皆古韵膺部字，本同音。廣韵蒸「升，識蒸切」，審三古讀舌頭；登「登，都滕切」，端母：錢氏不言照三系古讀端系，故徑言升音登。

1469 幎音縈。士喪禮「幎目用緇」，注：「幎讀若詩曰『葛藟縈之』之縈。」

〔疏證〕今按：縈、幎古韵皆嬰部。廣韵錫「幎，莫狄切」，明母；清「縈，於營切」，影母：則兩字既不同韵，亦不同聲，然而錢氏以爲同位，所謂變轉也。漢人既有此音，故録入古讀。

1470 豫讀如榭。鄉射禮「豫則鉤楹内」，注：「讀如成周宣榭災之榭。」

〔疏證〕　注又云：「豫，周禮作序。今文豫爲序。」

今按：豫、榭本烏部同音字，聲音衍變，後世遂韵部聲紐皆不相同。豫、序皆从予聲，榭、謝皆从射聲，卷三文之異者「榭爲序」，已有疏證。卷三名號之異「狐射姑，狐夜姑也」，亦可參閱。廣韵御「豫，羊洳切」，喻四；禡「榭，辭夜切」，邪母：邪喻古皆讀定，本同紐雙聲。然錢氏不言喻邪古讀定，則兩母同爲收聲，同位變轉。

1471

移音侈。　周禮追師注：「少牢饋食禮『主婦髲鬄衣移袂』，移袂，禒衣之袂。」按禮經作侈刻本誤作多袂。輿人「飾車欲侈」，注：「故書侈爲移。」皃氏「侈弇之所由興」，（注）：「故書侈作移。」

〔疏證〕　追師屬天官，餘見考工記。

今按：孟子梁惠王上「放辟邪侈」，音義引丁云：「侈作移。」滕文公上「放辟邪侈」，音義引張云：「侈，諸本作移。」此亦移、侈互作之例也。移、侈皆从多聲，本古韵阿部同音字，聲音衍變，讀遂不同。廣韵支「移，弋支切」，喻四；紙「侈，尺氏切」，穿三：兩字既異韵異紐，且不同位，故錢氏以爲古有此讀。今以爲喻四古讀定，穿三古讀透，若以从多得聲言之，皆讀端也。

1472 訓音馴。 周禮土訓，鄭司農云：「訓讀爲馴。」

〔疏證〕 引地官序官及注。釋文：「訓如字，司農音馴。馴，似遵反，劉音訓，徐餘倫反。」

今按：史記衛世家「聲公訓立」，索隱：「訓亦作馴，系本作聖公馳。」此亦訓、馴通作之例也。馴、訓皆从川聲，古本同音，皆在㞷部。惟聲音迻易，散爲各韵各紐。廣韵諄「馴：詳遵切」，邪母古讀定，問「訓，許問切」，曉母：既不同韵，亦不同紐，然而同爲收聲，同位變轉。考从川得聲之字，多讀照三聲系各母，推其古音，本皆讀舌。錢氏既不言邪母讀定，又不言照三等母讀舌，故依鄭司農之説，以爲訓當讀馴也。

1473 槀音犒。 周禮槀人，鄭司農讀爲犒師之犒，陸德明音苦報反。按：犒師之犒，以師枯槁，故饋之，是犒當讀如槀音。小行人「若國師役，則令槁禬之」，（注）：「故書槁爲槀，鄭司農云：當爲犒，謂犒師也。」

〔疏證〕　引地官序官及注，小行人屬秋官。

今按：左傳僖廿六年「公使展喜犒師」，服虔曰：「以師枯槁，故饋之飲食。」淮南氾論「犒以十二牛」，注：「牛羊曰犒，共其枯槁也。」説文無犒，以槁爲犒。槁、犒同从高聲，本夭部同音字。廣韵晧「槀，古老切」，見母；號「犒，苦到切」，溪母：韵分上去，聲分見溪，雖非此疆彼界，要有不同，故錢氏以槁音犒爲古讀，猶之本節上文苦音古耳。

1474

生音性。周禮大司徒「辨五地之物生」，（注）：「杜子春讀生爲性。」

〔疏證〕　今按：大戴記子張問入官「既知其以生有習」，注：「生謂性也。」論語公冶長「夫子之言性與天道」，皇疏：「性，生也。」陽貨「性相近也」，皇疏：「性者，生也。」禮記樂記「則性命不同矣」，注：「性之言生也。」孟子告子上：「生之謂性。」淮南精神「天下之所養性也」，注：「性，生也。」主術「近者安其性」，注：「性，生也。」此略舉生、性互訓之例，可證兩字聲通。性从生聲，本嬰部同音字。廣韵庚「生，所庚切」，審二；勁「性，息正切」，心母：則聲與韵皆稍有遂易矣。審二本心紐之分化，錢氏雖不言照三等紐讀舌，照二等紐讀齒，然謂生古讀性，固合於古聲之條例矣。生、性今聲亦同位。

1475 專讀如團。周禮大司徒「其民專而長」，注：「專，團也。」釋文：「專，徒丸反。」

〔疏證〕今按：詩東山「有敦瓜苦」，傳：「敦猶專專也。」箋：「專專如瓜之繫綴焉。」釋文：「專，徒端反。」是四專字並讀如團也。易繫辭「其靜也專」，釋文：「陸作摶。」左傳昭廿年「若琴瑟之專一」，釋文：「專又作摶。」團从專聲，本安部同音字，聲音遂易，今讀則不同矣。廣韵桓「摶、團，度官切」，定母；仙「專，職緣切」，照三：照三等母本舌上音，與知徹澄同，古讀端、透、定也。錢氏不徑言照三等母爲舌上音，故古無舌上音不録此條，然謂專讀如團，實合于古讀之條例。

1476 旬讀均。周禮均人「豐年則公旬用三日焉」，注：「旬，均也。讀如畇畇原隰之畇。易：坤爲均，今書亦有作旬者。」

〔疏證〕引地官均人及注。

今按：禮記內則「由命士以上及大夫之子，旬而見」，注：「旬當爲均，聲之誤也。上省易說卦：坤爲均。今亦或作旬也。」詩桑柔「其下侯旬」，傳：「旬，言陰匀也。」易豐

「雖旬無咎」，釋文：「旬，均也。荀作均，劉昞作鈞。」爾雅釋言「洵，均也；徇，偏也」，釋文：「徇，樊光本作㣃。」說文：𡒶爲鈞之古文。皆可證旬、均聲通。說文「旬从勹日，古文作㫷，从日从勻」，蓋旬本从日，勻省聲，古文則不省也。因此之故，所以均、旬聲通。勻、旬古韵皆在因部，本同音字，聲音衍變而今讀不同矣。廣韵諄「旬，詳倫切」，邪母古讀定，然邪母中亦有二三字讀牙聲，旬即其一。諄「均、鈞，居勻切」，見母，見、邪兩母，絶不相通，錢氏故以旬古讀均。

1477

接讀如扱。周禮廩人「大祭祀則共其接盛」，注：「接讀如一扱再祭之扱。」古音接如妾。

〔疏證〕廩人釋文：扱，初洽反；劉初輒反；又，差及反，皆讀穿二。

今按：接與捷常通作，禮記內則「接以大牢」，注：「接讀爲捷。」荀子大略「先事慮事謂之接」，注：「接讀爲捷。」公羊僖三十二年：鄭文公接，左傳、穀梁皆作捷，史記鄭世家作啑。莊子則陽之接子，古今人表作捷子。扱亦與捷通，禮記內則「搢笏」，注：「搢猶扱也。」釋文：「搢，插也。扱本又作捷，又作插。」接既與捷通，捷又與扱通，故知接讀如扱矣。接在古韵盍部，扱在邑部，雖異部，亦可旁轉，然錢氏不言旁轉。廣韵葉

「妾，七接切」，清母；洽「扱，楚洽切」，穿二：是兩字雖不同韵、同母，然而同位，於聲類爲變轉。照二等紐古音本讀精母等紐，接、扱古讀本爲正轉。錢氏雖不言照二等紐古讀精系等紐，而謂接之古讀如扱，蓋亦近之矣。

1478 立古位字。周禮小宗伯「掌建國之神位」，注：「故書位作立。鄭司農云：立讀爲位。古者立位同字，古文春秋經，公即位爲即立。」

〔疏證〕賈疏云：「云古文春秋者，藝文志云春秋古經十二卷，是此古文經所藏之書。文帝除挾書之律，此本然後行於世，故稱古文。」

今按：左傳昭廿二年「子朝有欲位之言」，釋文「位本作立」，立、位通作，其例同也。周禮肆師「凡師甸用牲于社宗則爲位」，注：「故書位爲涖。」孝經疏引爾雅「位，莅也」，莅、涖與位通作，與前例不同，然有近似者。立在邑部，位、莅、涖皆在鬱部，古韵截然不同。廣韵緝「立，力入切」，來母；寘「位，于愧切」，喻三，又「莅、涖，力至切」，來母：立之轉位，古今韵皆不同；位之轉莅、涖，古今韵皆相同，此爲例之不同者。立之轉位，位之轉莅、涖，皆來與喻相轉，此爲例之相同者。來、喻於錢氏皆讀收聲，此所謂同位變轉。考古者立、位同字，猶之漢書以屮、艸同字。蓋古人先造立、屮二文，統包位、艸之義，文成而名立；後造位、艸二字，義分而別立名。當位、艸初出，行文者或立、位不分，或屮、艸同用，此所謂古同字也。立與位、屮與艸既分，讀音不能不異，此所以有古同字而今異音者。文字發展之迹，紛然繁雜，一例以聲轉求，亦未必盡合轍也。

1479 祈爲幾。周禮肆師「及其祈珥」，注：「故書祈爲幾。杜子春讀幾爲祈。玄謂祈當爲進機之機。」

〔疏證〕已詳卷三文之異者「幾爲近」。

1480 位與涖通。周禮肆師「用牲於社宗則爲位」，（注）：「故書位爲涖。杜子春云：涖當爲位，書亦或爲位。」

〔疏證〕即見上文「立古位字」。

1481 雊爲隼。周禮司尊彝「祼用虎彝、雊彝」，注：「雊讀爲蛇虺之虺或讀爲公用射隼之隼。」

〔疏證〕引春官司尊彝及注中鄭司農説。

今按：隹在威部，古韵威、畾對轉，故威部字可讀入畾部。隼、準、錐之字皆从隹聲，今並入畾，宜雖之可讀爲隼。雖對轉之説，至孔廣森始豁然確斯，孔氏以前亦未嘗無幾及之者。

1482 脩讀如滌。周禮司尊彝「凡酒脩酌」，注：「脩讀如滌濯之滌。」

〔疏證〕今按：脩、滌推其源，皆从攸得聲，本古韵幽部同音字。後世衍易，韵變而聲轉，遂截然兩音。廣韵尤「脩，息流切」，心母；錫「滌，徒歷切」，攸本喻四字，喻四古讀定，滌正定母，猶存古聲；心蓋邪母之變，邪母古亦讀定，今脩讀心，則有悖於古聲矣。錢氏既不言邪、喻古聲讀定，而謂脩音滌爲古讀，亦有合於聲律矣。

1483 純讀如均。周禮司几筵「設莞筵紛純」，（注）：「鄭司農讀爲均服之均。」

〔疏證〕司几筵屬春官。賈疏：「讀爲均服振振之均者，按：僖五年左傳，卜偃曰：均服振振，取虢之旗。」校勘記：漢讀考云：「此讀如擬其音，今本作讀爲誤。」

今按：純在昷部，均在因部，雖相鄰近，不同韵也。廣韵軫「純，之尹切」，與周禮釋文「章允反」同，照三，錢氏以此爲今音；諄「均，居匀切」，見紐：是兩字雖聲韵皆異然而同爲出聲，於聲類爲同位變轉。謂純讀均，漢有此讀，可也；然不爲純之本音。

1484 乃音仍。 周禮司几筵「凶事仍几」，（注）：「故書仍爲乃。鄭司農云：乃讀爲仍；仍，因也。」

〔疏證〕 今按：詩雲漢「天降喪亂，饑饉薦臻」，箋：「天仍下旱災。」疏：「定本集注，仍字皆作乃字。」此仍、乃通作之又一例也。説文从乃得聲之字，艿、訒、朷、仍、扔皆入蒸韵，孕入證韵，惟乃字入海韵，鼐入代韵。乃本古韵噫部，對轉陽則入膺部。錢氏雖不言對轉，謂乃音仍，固合於陰陽對轉之理。廣韵「乃，奴亥切」，泥母；「仍，如乘切」，日母：錢氏雖不言娘日歸泥，謂乃音仍，亦近于日母讀泥之説。

1485 振音慎。 周禮大祝「九祭，五曰振祭」，（注）：「杜子春讀振爲慎。」

鄭司農注周禮云：「一歲爲豵，二歲爲豝，三歲爲特，四歲爲肩，五歲爲慎。」鄭康成讀慎爲刻本脱爲麎。

〔疏證〕大祝屬春官。鄭司農注周禮，見春官大司馬「大獸公之，小禽私之」，注，康成讀即見司農注後。

今按：説文「謓，一曰讀振」。後漢書班固傳「丘陵爲之搖振」，注：「震，讀曰真。」皆辰、真聲通之證。振在昷部，慎在因部，本鄰韵，然分兩部也。慎从真聲，當有真音，廣韵真「真、振，章鄰切」，照三，同音，則振音慎，爲有據矣。

1486

汁音叶。周禮大史「讀禮書而協事」，(注)：「故書協作叶，書亦或爲協，或爲汁。」鄉士「汁日刑殺」，注：「汁，合也，和也。」釋文：「音協。」大行人「諭言語，協辭命」，(注)：「故書協作叶，鄭司農云：叶當爲汁。」

〔疏證〕大史屬春官，釋文：「叶音協，汁音執，又音協，劉子集反。」鄉士屬秋官，釋文：「汁本亦作協。」大行人屬秋官。

今按：説文「汁，液也，十聲」，古韵在邑部。「協，衆之和同也，从劦，从十，劦亦聲。」

古文从日从十(叶)，或从口从十(叶)」，同在邑部。或入盍部。協从劦聲與汁从十聲，所从聲不同也。汁爲形聲，叶、叶爲會意，亦不同也。廣韻緝「汁，之入切」，照三；帖「叶、協，胡頰切」：聲韵既不相同，聲位亦異。然汁音叶，除錢氏所舉例外，禮記月令注「叶光紀」，釋文「叶本作汁」；大傳注「叶光紀」，釋文同；春秋文耀鈎正作汁光紀，亦可證叶、汁聲通，故錢氏以爲汁爲叶，古音有此一讀也。

1487

萃音倅。 周禮車僕「掌戎路之萃」，注：「萃猶副也。」釋文：「萃，七内反。」諸子「掌國子之倅」，(注)：「故書倅爲卒，鄭司農云：讀如物有副倅之倅。」

〔疏證〕 車僕屬春官。諸子屬夏官，釋文：「倅，七内反。」

今按：萃、倅並从卒聲，本古韵鬱部同音字，然後世讀音迻易，聲紐各不相同，廣韵没「卒，倉没切又子聿、則骨切」，則分精、清兩紐；至「萃，秦醉切」，從母；隊「倅，七内切」，清母：同从卒聲之字，分爲三紐，推其厥初，不應如是也。錢氏考之周禮，卒、萃並訓副倅，釋文「萃、倅，七内反」，是讀清母爲古讀矣。

1488

肆音鬄。周禮小子「羞羊肆」，注：「肆讀爲鬄。」

〔疏證〕小子屬夏官，釋文：「肆音鬄，他歷反；又音餘四反。」

今按：肆在欝部，鬄在益部，古韵截然不同，肆之爲鬄非韵轉，聲轉也。廣韵至「肆，息利切」，心母；「隶、肆，羊至切」，喻四；代「隶，徒耐切」，定母：聲紐互不相同，孰爲正音？孰爲變音？必須論證。錢氏以爲漢人讀肆爲鬄，廣韵錫「鬄，他歷切」，透母，與隶之讀定，最爲相近，故以肆音鬄爲古讀也。錢氏不言喻四讀定，隶、肆之讀喻四，古亦讀定耳。

1489

雉，羊氏反。漢志江夏郡有下雉縣，如淳讀。

〔疏證〕廣韵旨「雉、薙，直几切」，澄母，與羊氏切之讀喻四者不同，錢氏因以如淳説爲古讀也。

今按：澄母古讀定，此錢氏古無舌上音所已詳證者也。喻四古讀定，此則錢氏之所未及考訂者也。故讀喻四與讀澄母皆一音之分異而已。

1490 華，苦哇切。 周禮形方氏「無有華離之地」，注：「華讀如佩哨之佩。」

〔疏證〕 今按：廣韻虞「雩，羽俱切」，喻三；「況于切」，曉母。韻轉麻「華，戸華切」，匣母；「呼瓜切」，曉母。聲轉牙，則讀苦哇切。三者雖異，亦一音之衍變。錢氏以周禮爲康成注，故定爲古讀。

1491 庶音煮。 周禮庶氏注：「讀如藥煮之煮。」

〔疏證〕 引秋官序官及注。

今按：禮記曲禮上「諸母不漱裳」，注：「諸母，庶母也。」燕義「有庶子官」，注：「庶子，猶諸子也。」周禮夏官序官「諸子」，注：「主公卿大夫士之子者，或曰庶子。」煮、諸並从者聲，諸讀庶猶庶音煮矣。庶、者皆古韻烏部字。廣韻魚「諸，章魚切」，語「煮，章與切」，並照三字。御「庶，商署切」，審三。審、照三等雖同類，然非同母也，故錢氏以爲庶音煮，古讀耳。

1492 蟈音蜮。周禮蟈氏（注）：「司農讀爲蜮，蜮，蝦蟇也。」

〔疏證〕注見秋官序官蟈氏注，鄭玄注：「蟈，今御所食蛙也。字从蟲當云从虫，國聲也。蜮乃短狐與？」

今按：説文：「或，邦也，从口，从戈以守一，一，地也。或又从土作域。」以或、域爲一字是也。又：「國，邦也，从口，从或，或亦聲。」以或、國爲兩字，非也。又：「蜮，短狐也。从虫，或聲。又从國聲。」是也。周禮蟈氏注，先鄭以蜮、蟈爲一字，後鄭分爲兩字。今以爲不論或、域、國、蜮、蟈之義云何？皆以或爲聲，其朔本肊部同音字耳。廣韻職「域、蜮，雨逼切」，喻三；德「或、蜮，胡國切」，匣母；又「國，古或切」，見母；麥「蟈，古獲切」，見母：韵分爲三，聲亦爲三，其中必有一音爲正，錢氏採先鄭爲古讀。考喻三古讀匣，或爲形聲朔音，錢氏雖不言喻三讀匣，以蟈讀蜮，最爲近是。

1493 涿音濁。周禮壺涿氏（注）：「故書涿爲獨，鄭司農云：獨讀爲濁其源之濁，音與涿相近。」

〔疏證〕壺涿氏屬秋官，注見序官，疏：「濁其源，大玄經文也。」

今按：豖與蜀聲通，已詳卷一釋言「涿，獨也」，卷二釋地「濁鹿，涿鹿也」。廣韻覺「涿：竹角切」，知母；又「濁，直角切」，澄母也。知、澄雖同類，終非一紐，故錢氏以爲鄭司農既云涿音濁，則澄紐爲古讀。

1494 筥音吕。周禮掌客「米百有二十筥」，注：「筥讀爲棟梠之梠，謂一穧也。」

〔疏證〕掌客屬秋官，釋文：「筥，姜吕反，梠音吕。」

今按：吕在烏部來母，説文吕系形聲凡五字，廣韻語「吕、梠，力舉切」，魚「閭，力居切」，來紐；語「筥、莒，居許切」，見母。形聲之例，从吕得聲之字以吕爲朔音，故來紐爲正讀，見紐兩字不成聲系爲變讀，故謂筥音吕爲古讀。

1495 菑音厠。周禮輪人「察其菑蚤不齵」，注：「鄭司農云：菑讀如雜厠之厠。泰山平原所樹立物爲菑，聲如胾。博立梟綦本亦作棊，亦爲菑。」

〔疏證〕考工記輪人疏云：「云菑讀如雜厠之厠者，讀從史游章『分別部居不雜厠』，義取參差也。云博立梟棊者，謂博戲時立一子於中央，謂之梟棊。云爲菑，亦是樹立爲菑之義。」

今按：菑、厠聲通，已詳卷三文之異者「菑爲側」。以菑音厠，言漢人有此一讀而已。

1496 溓音黏。周禮輪人「雖有深泥，亦弗之溓也」，（注）：「鄭司農讀溓爲黏。」

〔疏證〕考工記釋文：「溓依字古簟反，依注音黏，女廉反。」

今按：溓、黏兩字，古韻皆在奄部。廣韻忝「溓，力忝切」，來母，與釋文不同；鹽「黏，女廉切」，娘母：來、娘兩母於錢氏爲收聲，同位變轉。錢氏以鄭司農讀溓爲黏，故録作古讀。

1497 桯音楹。周禮輪人「桯圍倍之」，鄭司農：「讀如丹桓宫楹之楹。」春秋「欒盈出奔楚」，史記作欒逞，由呈有盈音也。

〔疏證〕　曾運乾先生喻母古讀考云：「古讀盈以成切如逞，實如挺。左襄二十一年傳：『晉欒盈出奔楚。』史記十二諸侯年表，晉平公彪七年，『欒逞奔齊』。晉世家平公六年，『欒逞有罪奔齊』。齊世家莊公二年，『晉大夫欒盈來奔』，集解：『徐廣曰：盈史記多作逞。』又左昭二十三年經『吴敗頓、胡、沈、蔡、陳之師于雞父，胡子髡沈子逞滅』，公羊作沈子楹，穀梁作沈子盈，皆盈、逞同聲之證。又説文从盈聲之字，或从呈聲，如縕从系，盈聲，讀與聽同，或从呈聲作綎。説文『楹，柱也』，考工記輪人『桯圍倍之』，鄭司農注：『桯，蓋杠也，讀如丹桓宫楹之楹。』今按：逞，丑郢切，徹母；聽，他定切，透母；桯，他丁切，透母：均與定澄母相清濁。又諸字皆从壬聲，説文：『壬，象物出地挺生也。』是壬本讀如挺。挺，特丁、特頂二切，本定母字。」説最詳盡，可證桯、楹聲通。錢氏依鄭司農讀，録「桯音楹」一條，亦有合於喻四與定母相通之理者也。

1498 準音水。　周禮輈人「輈注則利準」，注：「故書準作水。」栗氏「權之然後準之」，注：「準故書或作水，杜子春云：當爲水。」

〔疏證〕　考工記釋文：「準音水，又如字，下及注皆同。」

今按：説文「水，準也」，廣雅釋言「水，準也」，釋名釋天「水，準也，準平物也」，白虎通五行「水之言準也，養物平均則有準則也」，管子水地「水者萬物之準也」。以準訓水，猶以燬訓火也。燬爲火之用，準爲水之用，火、燬本同字，水、準亦同字也。知者水爲象形，準爲形聲；猶火爲象形，燬爲形聲。水在威部，準在昷部，威、昷對轉，古本相同，火、燬則同在衣部。廣韵旨「水，式轉切」，審三；準「準，之允切」，照三：同類雙聲。廣韵果「火，呼果切」，曉母；紙「燬，許委切」，曉母：同紐雙聲。章太炎文始發爲變易孳乳之例，謂火、燬、焜、爟、烜爲同字，水、準亦同字也。錢氏雖不言對轉，依周禮古注謂準音水，蓋亦合于古音條例矣。

1499 需（人兖切）。周禮鮑人「欲其柔滑而腥脂之則需」，注：「故書需作⿰需刂。鄭司農讀爲柔需之需。」弓人「薄其帤則需」，釋文：「人兖反。」

〔疏證〕已詳卷一釋言「襦，耎也」。

1500 帴音翦。周禮鮑人「以博爲帴」，注：「鄭司農云：帴讀爲翦。玄謂翦者如俴淺之淺，或者讀爲羊豬戔之戔。」

〔疏證〕 今按：从戔得聲諸字，今雖小有迻易，然皆與戔爲近紐，變而不離其宗也。翦从歬聲，歬、戔形聲聲符不同，然而兩字可以通作。詩甘棠「勿翦勿伐」，釋文引韓詩作「勿剗勿伐」。儀禮既夕「緇翦」，注：「今文翦作淺。」禮記文王世子「不翦其類也」，周禮甸師鄭司農注作「不踐其類也」。帝系彭籛，史記楚世家集解引虞翻云：「名翦。」皆其證。帴、剪古韵同在安部。廣韵獮「帴、翦，即淺切」，精母同音。

1501 三讀如參。周禮輈人「上三正」，注：「三讀當爲參。」弓人「量其力有三均」，注：「有三，讀爲又參。」

〔疏證〕 今按：論語泰伯「三分天下有其二，以服事殷」，皇本三作參，釋文：「參分，一音三，本今作三。」後漢書伏湛傳、文選典引注並引作參。此皆三、參異文通作之證。至於三、參通訓，則更不可一二數，易說卦傳「參天兩地」，崔注：「參，三也。」國語越語「夫人事必與天地相參」，注：「參，三也。」荀子勸學「君子博學而參省乎己」，注：「參，三也。」參、三古韵同在音部，廣韵談「三、參，蘇甘切」，心紐，同音。侵「參，楚簪切」，穿二；覃「參，倉含切」，清母；侵「參，所今切」，審二。是參有四音，而其中一音與三相同。

1502 湛音漸。周禮鍾氏「以朱湛丹秫」，注：「讀如漸車幃裳之漸。」

〔疏證〕引文亦見考工記，注「鄭司農云：湛，漬也」，釋文：「湛，子潛反，或子鳩反，又音鴆。漸，子潛反。」

今按：兩家注同，唯司農不言讀如，康成則改讀也。詩氓「漸車幃裳」，傳箋無訓；釋文：「漸，漬也。」與鄭司農訓湛爲漬相同。史記三王世家「漸之滫中」，索隱：「漸，漬也。」荀子勸學「其漸之滫」，注：「漸，漬也。」廣雅釋詁一：「漸，漬也。」鄭玄讀湛爲漸，以湛訓爲漬，亦有不言讀如而徑訓湛爲漬者，月令「湛熾必絜」，注：「湛，漬也。」内則「湛諸美酒」，注：「湛亦漬也。」説文「湛，没也」，「漸，漸水」，皆非漬義；「瀸，漬也」，則爲訓漬之本字。漸、瀸在古韵奄部，湛在音部，三者分爲兩部。廣韵鹽「漸、瀸，子廉切」，精母同音，故通假其常也。侵「湛，直深切」，澄母，湛、瀸聲韵皆異，故通假其特例也。故湛音漸，錢氏以爲古有此讀而録之。

1503 髻爲朗。周禮瓬人「髻墾薜暴不入市」，(注)：「鄭司農讀髻爲刮。」康成讀爲朗。

〔疏證〕考工記注又云：「鄭司農云：薛讀爲藥黄蘗之蘗，暴讀爲剝。」

今按：髻、刮同从昏聲，通作固其常；髻、䠷所从聲不相同，通作則不經見。易困「劓刖」，釋文「刖，京本作劊」，月與會聲通。髻字作鬠，見士喪禮；括亦作擒，見廣雅釋詁三；説文「佸，會也」，詩君子于役「曷其有佸」，傳：「佸，會也。」則昏聲通于會，可證月、昏亦相聲通矣。䠷、髻古韵同在曷部，聲音迻易，後世韵遂小異。廣韵末「髻，古活切」，見母；月「刖，魚厥切」，疑母：韵既不同，聲紐亦異，康成髻讀爲䠷，錢氏以爲古有此讀。

1504

燿爲哨。周禮梓人「大胸燿後」，注：「燿讀爲哨。」

〔疏證〕考工記釋文：「燿，所教反，劉、李羊肖反。哨音稍，劉、李音與耀同，沈蘇堯反。」

今按：周禮校勘記引禮説云：「馬融廣成頌曰：『鷙鳥毅蟲，倨牙黔口，大胸哨後。』康成讀從之，本其師説也。」又漢書藝文志「燿金爲刀，割革爲甲」，師古曰：「燿讀如鑠同，謂銷也。」以銷訓燿，蓋取銷與耀聲相近也。哨在古韵夭部，燿在約部，雖分兩部，平入不同而已。廣韵笑「耀，弋照切」，喻四；「哨，七肖切」，清母，當依釋文讀心母蘇堯反或審二所教反。蓋喻心審等三紐皆收聲，同位變轉也。康成注周禮，有此變音，故錢氏以爲燿音哨爲漢人古讀。

1505 庇音刺。周禮車人「爲耒庇」，（注）：「鄭司農讀爲顃有疵之疵。玄謂庇讀爲棘刺之刺。」

〔疏證〕庇、刺聲通，已詳卷三文之異者「瘠爲柴」。今按：廣韵寘「刺，七賜切」，清母；説文無庇，支「疵，疾移切」，從母：清從雖近紐，然非一母。疵、庇並从此聲，紙「此，雌氏切」，清母，此刺同紐雙聲，錢氏以爲後鄭庇讀爲刺，則漢之古讀，庇在清紐。

1506 羽音扈。周禮弓人「弓而羽閷」，注：「羽讀爲扈。」

〔疏證〕曾運乾先生喻母古讀考。喻母三等字古隸牙聲匣母云：「古讀羽原注：王矩、王遇二切如扈。周官考工記弓人『弓而羽閷』，注：『羽讀如扈，緩也。』按『扈，侯古切』，『緩，胡管切』，并匣母。原注：孫詒讓周禮正義云：「經典扈無緩訓，未詳所出。」按：鄭氏畔援爲跋扈，知爰扈聲相近，故得相叚。」錢氏之説，正合古讀。

1507 潎音蔽。周禮弓人「長其畏而薄其潎」，注：「鄭司農讀爲蔽塞之蔽。」

〔疏證〕今按：蔽从潎聲，本鬱部同音字。廣韵祭「潎，毗祭切」，錢氏入並母；「蔽，必袂切」，錢氏入幫母：幫並非同母，必一是而一非。錢氏以爲讀幫合於古音，弓人釋文「潎，必世切，劉又博墆切」，正讀幫母。

1508 恆音緪。周禮弓人「恆角而短」，（注）：「鄭司農讀爲裻緪之緪。玄謂恆讀爲椬；椬，竟也。」

〔疏證〕今按：恆、緪、椬皆从亙聲，古本膺部同音字。廣韵登「恆，胡登切」，匣母；「緪，古恆切」，見母：則分作見匣兩紐矣。嶝「亙、緪，古登切」，見母，故錢氏以見紐爲古讀。

1509 絮（女居反）。周禮弓人「薄其帑則需」，（注）：「鄭司農讀爲襦有衣絮之絮。」

〔疏證〕今按：絮、帤同从如聲，本同音字，古韵在烏部也。然而廣韵御「絮，息據切，㴽繇也」，心母；「絮，尼據切，姓也」，娘紐；「絮，抽據切，和調食也」，徹母：一字三音，依義則讀心紐。魚「帤，女余切」，娘母；心、娘則遠非一紐矣。錢氏以爲絮之古讀當如帤，切「女居」。考如在日母，女在娘母，娘日古皆讀泥，錢氏雖未能徑言絮讀泥，而言讀娘，蓋亦近于古音矣。

1510 合音洽。周禮弓人「春液角則合」，注：「合讀爲洽。」

〔疏證〕今按：詩大明「在洽之陽」，史記魏世家「西攻秦築雒陰合陽」，是合、洽異文通用也。詩正月「洽比其鄰」，板「民之洽矣」，傳並曰：「洽，合也。」載芟「以洽百禮」，箋云：「洽，合也。」以洽訓爲合者，正以聲同而義通也。洽从合聲，本古韵邑部同音字，後世聲音衍易，讀遂不同。廣韵合「合，侯閤切」，匣母；又「古沓切」，見母；洽「洽，侯夾切」，匣母：是同一合字，分爲兩紐；同一从合得聲之字，分爲兩韵。若以聲論，錢氏以爲匣母古讀也。

1511 簡音撊，下板切。周禮弓人「凡相筋欲小，簡而長」，(注)：「鄭司農讀爲撊然登陴之撊，玄謂讀如簡札之簡。」

〔疏證〕左傳昭十八年「撊然援兵登陴」。

今按：簡、撊同从閒聲，本古韵安部同音字。同一閒字而俗分爲二，説文有閒而無間也。於是閒讀兩音，廣韵山「閒，古閑切」，見母；又「户閒切」，匣母：从閒得聲之字，因而聲紐略有不同。此聲音迻易，本其常也，推其原始，則不應有異。錢氏以爲先鄭簡音撊，下板切，古讀也；後鄭簡讀古限切，則爲音轉。

1512 昔音錯。 周禮弓人「老牛之角紾而昔」，〔注〕：「鄭司農讀爲交錯之錯。」後鄭「讀履錯然之錯」。

〔疏證〕司農讀從詩「獻酬交錯」。康成讀從復卦爻辭。

今按：兩鄭擬讀之義雖不同，其音錯一也。錯从昔得聲，昔、錯本古韵蒦部同音字，廣韵昔「昔，思積切」，心母；暮「錯，倉故切」，清母：則韵分去入，聲分清心。兩者必有一正一變，錢氏以爲兩鄭之音，爲漢人古讀。

1513 抱古拋字。史記三代世表「抱之山中，山者養之」，（集解）：「抱音普茅反。」

〔疏證〕古人用字有名動一字，正反一字者。說文無拋，新附字始録之，許慎抱、拋同字耳。

今按：玉臺新詠近代吳歌「拋艷未成蓮」，樂苑作抱，則徑以抱、拋異文。若前人之用抱作拋，後人失其義者，時復有之。詩小星「抱衾與裯」，本謂「拋衾與裯」，以事行役也。常棣「原隰裒即捊與抱矣，兄弟求矣」，謂死者拋尸骨於原隰，而兄弟往求之也。淮南主術「抱薪而救火」，謂拋薪火中而救火耳。北堂書鈔四四引曹羲肉刑論「蛇蝮螫手，則斷其腕；繫蹏在足，則虎抱其蹯」，斷腕與抱蹯，相對成文。錢氏引史記集解「抱音普茅反」，謂古以抱、拋同讀，爲一字耳。

1514 恂讀如峻。大學「瑟兮僩兮者，恂慄也」，注：「恂，字或作峻，讀如嚴峻之峻。」

〔疏證〕今按：詩長發「爲下國駿厖」，大戴記衛將軍文子引作「爲下國恂蒙」。論語鄉黨「孔子於鄉黨，恂恂如也」，祝睦後碑：「鄉黨逡逡，朝庭便便。」史記李將軍列傳「悛悛如鄙人」，索隱曰：「漢書作恂恂。」皆以旬、夋兩字聲通。恂在古韵因部，峻在安部，古韵不同。廣韵諄「恂，相倫切」，心母；稕「峻，私閏切」，心母：聲同韵異，雙聲正轉。錢氏以爲聲同而韵轉漢人古讀也。

1515 孚讀如浮。禮聘義「孚尹旁達」，注：「孚讀如浮。」

〔疏證〕今按：浮从孚聲，本幽部同音字。廣韵虞「孚，芳無切」，敷母；尤「浮，縛謀切」，奉母：是兩字韵既不同，聲亦小異，錢氏以讀浮爲古讀。

1516 愁讀如揫。鄉飲酒義「秋之爲言愁也」，注：「愁讀爲揫。」揫叙。疑斂字之誤也。

〔疏證〕鄉飲酒義注云：「愁讀爲揫。揫，斂也。」明白無誤，聲類刻本末後綴此數字者，斂字筆誤爲叙，後人遂于叙下綴云：「斂字之誤。」

今按：愁、揫並从秋聲，本古韵幽部同音字。廣韵尤「愁，士尤切」，牀二；「揫，即由切」，精母：照二系四字古讀精清從心也。錢氏雖不言古無照二系字，而謂愁讀如揫，蓋亦合於古聲之條律矣。

1517 憮讀如詡。漢書張敞傳「長安中，傳張京兆眉憮」，孟康曰：「憮音詡，北方人謂媚好爲詡畜。」

〔疏證〕蘇林曰「憮音嫵」，師古曰：「蘇音是。」

今按：通俗文「頰輔妍美曰媚嫵」，史記司馬相如傳「嫵媚娟嫋」，皆以嫵媚連文，故蘇林憮音嫵，顔師古是之也。憮、嫵、詡皆在烏部，从無得聲之字，多入微母，此其常也。廣韵麌「嫵、憮，文甫切」，即其證矣。然从無得聲字，間亦轉入曉母，模「憮膴，荒烏切」，亦其例也。蘇林以憮音嫵，取其常例。廣韵麌「詡，況羽切」，孟康以憮音詡，聲轉曉，取其變例。錢氏不從蘇音顔説，以爲漢之古讀自有此變例耳。

1518 蝕讀如力。史記高帝紀「從杜南入蝕中」，李奇曰：「蝕音力。」

〔疏證〕索隱引：「孟康音食。」

今按：蝕从虫人食，食亦聲。蝕、食通用，形聲通例。詩十月之交「日有食之」，漢書劉向傳引作蝕。易豐「月盈則食」，釋文：「食本作蝕。」如此之例甚多，故孟康蝕音食也。蝕、力古韵皆肊部。廣韵職「食、蝕，乘力切」，牀三；「力，林直切」，來紐：同韵而不同紐，亦不同位，而李奇以爲蝕音力，蓋依據當時讀音，故錢氏以爲漢時古讀耳。

音訛

此項凡十二條，皆見于前史所載，傳爲世俗音訛。考其所以訛誤之故，亦莫不由於聲轉，故錢氏亦録之聲類之末也。

1519 肱爲瓌。北齊書高阿那肱傳：「雖作肱字，世人皆稱爲瓌音。」

〔疏證〕今按：肱在膺部，瓌在威部，古韵非一部也。廣韵登「肱，古弦切」，見母；灰「瓌，公回切」，見母：是兩字今韵亦異，然而同爲見紐，雙聲正轉也。

1520 含爲回。

北史莫含傳：「世稱莫含壁，含音訛，或謂之莫回城云。」

〔疏證〕今按：含在古韵音部，回在威部，兩部夐然不同。廣韵覃「含，胡男切」，匣母；灰「回，户恢切」，匣母：是兩字今韵亦互不相同，然而同爲匣母，雙聲正轉。

1521 楊爲嬴。

〔疏證〕今按：嬴在嬰部，楊在央部，古韵亦互不相同耳。廣韵清「嬴，以成切」，喻四；陽「楊，與章切」，喻四：兩字於廣韵亦不同韵，然而同爲喻四，雙聲正轉。方言十一「蠅謂之羊」，與此略同。參閲卷二釋蟲「蠅謂之羊」。隋書五行志：「時人呼楊姓，多爲嬴者。」

1522 章爲鍾。

〔疏證〕今按：釋名釋親屬：「俗或謂舅曰章。」顔師古引唐人方音注漢書。章在央部，鍾在邕部，兩部間或相通，然非一韵。廣韵陽「章，諸良切」，照三；鍾「鍾，職容漢書百官公卿表「有主章令丞」，師古曰：「今謂木鍾者，蓋章聲之轉耳。」景十三王傳「背尊章嫖以忽」，師古曰：「尊章猶言舅姑也。今關中俗，婦呼舅姑爲鍾。鍾者，章聲之轉也。」

切」，照三：是兩字韵異聲同，雙聲正轉。

1523

倒爲都。 隋書地理志：「尉陀于漢，自稱蠻夷大酋長老夫臣，故俚人猶呼其所尊爲倒老也。言訛，故又稱都老云。」

〔疏證〕 今按：倒老本大老之音轉，而都老又倒老之言訛耳。説文無倒，字作「菿，艸木倒，从艸，到聲」。爾雅釋詁「菿，大也」，故大老轉爲倒老耳。大在曷部，倒在夭部，都在烏部，三字古韵，互不相同。廣韵泰「大，徒蓋切」，定母；晧「倒，都晧切」，端母；模「都，當孤切」，端母：大、都近紐雙聲，倒、都同紐雙聲。因倒都同紐雙聲，故錢氏不以「大爲倒」標目，衹以「倒爲都」標目，取其同紐正轉耳。

1524

邵爲樹。 水經注：「雍水又東，逕邵亭南，世謂之樹亭川，蓋邵樹聲相近，誤耳。」

〔疏證〕 引水經注渭水中「又東逕武功縣北」注。今按：邵在天部，樹在區部，古韵不同。邵在廣韵笑韵，樹在麌韵，今韵亦異。

「邵，寔照切」，禪母；「樹，臣庾切」，禪母：韵異聲同，雙聲正轉。

1525 石爲上。隋書地理志：「春陵郡上馬縣，後魏置，曰石馬，後訛爲上馬，因改焉。」

〔疏證〕今按：上在央部，石在蒦部，平入對轉，錢氏所不言。廣韵養「上，時掌切」，昔「石，常隻切」，廣韵亦不同韵，然而同爲禪母，雙聲正轉。

1526 岸爲吾。後漢書西羌傳：「滇岸即滇吾，隴西語不正耳。」

〔疏證〕今按：岸在安部，吾在烏部，古非同韵。廣韵則岸在翰韵，吾在模韵，亦不同韵。岸讀五旰切，吾讀五乎切，疑母雙聲，故爲正轉。

1527 衡爲行。舊唐書舒王誼傳：「以蕭復爲元帥府統軍長史。舊例有行軍長史，以復父名衡，特改之。」

〔疏證〕今按：衡、行本古韵央部同音字，故今韵有時而同音，亦有時而異音也。

廣韻庚「衡、行，户庚切」，匣母，此兩字同音者。唐「行，胡郎切」，匣母，此則行與衡同匣母而異韻矣。唯其兩字而可同音，故古亦通作，詩采芑「有瑲葱珩」，禮記玉藻「幽衡葱衡」，葱珩即葱衡，珩與衡通作矣。

1528 婆爲叛。通典：「齊隆昌時，女巫之子曰楊旻，隨母入内，及長，爲太后所寵愛。童謡云：楊婆兒共戲來所歡。語訛，遂成爲楊叛兒。」

〔疏證〕今按：婆在阿部，叛在安部，古韻阿、安對轉。左傳昭廿一年經「自陳入于宋南里以叛」，注：「披其邑故曰叛。」詩氓「隰則有泮」，傳：「泮，陂也。」婆、披、陂並从皮得聲，叛、泮並从半得聲，婆爲叛猶披訓判、陂訓泮矣。錢氏不言對轉，廣韻戈「婆，薄波切」，换「叛，薄半切」，兩字韻異，然而同爲並母，故爲雙聲正轉。又承通典之舊説，故稱音訛。

1529 魚爲梧。明史稿：「鄆城縣東北，有高魚城，訛曰高梧。」

〔疏證〕已詳卷二釋地「吾山，魚山也」。

1530 賈爲寡，復爲婦。水經注：「賈復城下有北字錢氏删節，復南擊郾所築也。俗語訛謬爲寡婦城。」

〔疏證〕引水經注汝水「又東南潁川郟縣南」注。後漢書云：「更始郾王尹尊及諸大將在南方未降者尚多。帝召諸將議兵事，中略曰：郾最强，宛爲次，誰當擊之。復率然對曰：臣請擊郾。」

今按：賈與寡，古烏部同音字，今亦同韵而聲之洪細斯分，馬「寡，古瓦切」，「賈，古疋切」，同爲見母，自可通轉。復在蕭部，婦在噫部，古韵不同。廣韵屋「復，房六切」，有「婦，房九切」，韵亦異然而同爲奉母，以雙聲相轉。酈道元以爲賈復轉作寡婦，語意全不相同，故云俗語訛繆，錢氏亦以此入音訛耳。

同音通用

從此以下，凡四節，亦可謂爲聲類之附録補篇。蓋訓詁之事，聲轉雖爲大宗，然一切而歸之聲轉，則必礙滯而難通，事有時而窮矣。「同音通用」、「音近通用」兩節，所以補聲轉之不足者也。自蒼頡造字，經籍流傳，時經百代，歷世夐遠，海枯石爛，猶復有之，文字訛誤，更所難免，此所以更有「形聲俱遠」、「字形相涉之訛」兩篇耳。聲類一書，著者生前既未殺青付梓，最後四篇，其於全書又僅備一格，故持此四篇以較全書，頗爲簡略，理之必然，無待論矣。

1531 肓爲荒。

〔疏證〕 史記扁鵲列傳「搦髓腦，揲荒」，索隱云：「荒，膏肓也。」今按：亡本微母，从亡得聲之字，部分讀入曉母，其中巟類之字，自成聲系，廣韻唐「巟、荒、謊、巟、駍、觥、統、𥝩，呼光切」，它如肓、㠩，亦讀呼光切，故肓、荒兩字爲同音通用。

1532 闑爲槷。

士喪禮「席于闑西閾外」，注：「古文闑作槷，閾作蹙。」士冠禮「布席于門中闑西閾外」，注：「古文闑爲槷，閾爲蹙。」聘禮記「擯者立于閾外」，（注）：「古文閾爲蹙。」

〔疏證〕 士冠禮疏云：「古文闑爲槷、閾爲蹙者，遭于暴秦，燔滅典籍。漢興，求録遺文之後，有古今文。漢書云：魯人高堂生爲漢博士，傳儀禮十七篇，是今文也。至武帝之末，魯恭王壞孔子宅，得古儀禮五十六篇，其字皆以篆書，是爲古文也。若從今文不從古文，即今文在經闑閾之等是也。於注内疊出古文槷闑之屬是也。若從古文不從今文，則古文在經，注内疊出今文，即下文『孝友在格』，鄭注云『今文格爲嘏』，又喪服注『今文無冠布纓』之等是也。此注不從古文槷闑者，以槷闑非門限之義，故從今不從古也。儀禮之内，或從今、或從古，皆逐義彊者從之。若二字俱合義者，則互換見之。即下文云『壹揖壹讓升』，注：『古文壹皆作一。』公食大夫『三牲之肺不離贊者辯取之，一以授賓』，注：『古文一爲壹。』是則在後乃言之。即下文『孝友時格』注云『今文格爲嘏』，又云『凡醮不祝』之類是也。若然下記云『章甫殷道』，鄭云：『章，明也。殷質，言以表明丈夫也。甫或爲父，今文爲斧。』事相違，故因疊出今文也。」

今按：槷、闑古韵同在曷部，廣韵屑「槷、闑，五結切」，疑母，廣韵不惟同韵，亦且同紐，同音通用。特牲禮「席于門中闑西閾外」，注：「古文闑作槷，閾作蹙。」亦其例。穀梁昭八年「以葛覆質以爲槷」，注：「槷門中臬。」考工記匠人「置槷以縣」，注：「故書槷爲弋，杜子春云：槷當爲弋，讀爲杙。玄謂槷古文臬，叚借字。」此則儀禮古今文之外，亦可證槷闑同音通用。

1533 棧爲輚。既夕禮「奠幣于棧」，注：「今文棧作輚。」

〔疏證〕今按：棧、輚皆从戔聲，本安部同音字，説文有棧無輚，輚即當時棧所通行之或體也。廣韻諫「輚、棧，士限切」，牀二，同音。

1534 屬爲燭。既夕禮「屬引」，注：「古文屬爲燭。」

〔疏證〕前此「屬引」下，不引古文，蓋彼處古今文同也。

今按：屬、燭皆从蜀聲，本屋部同音字。後世聲紐，或稍迻易，然亦有不變者，廣韻燭「燭、屬，之欲切」，照三，同音；「屬，市玉切」，禪母，則稍迻易。左傳昭廿七年，吴子燭庸，史記作屬，亦同音通用。

1535 坄爲役。既夕記「坄用塊」，注：「古文坄爲役。」

〔疏證〕今按：坄从役聲，本古韵益部同音字，説文無坄，字作垼，「垼，匋竈窗也。从土，役省聲」，此蓋不省耳。廣韻昔「役、垼、坄，營隻切」，喻三，同音。

1536 倫爲輪。既夕記「倫如朝服」，注：「倫，比也。古文倫爲輪。」

〔疏證〕賈疏：「類如朝服。」

今按：倫、輪同从侖聲，𥁕部同音字。廣韻諄「倫、輪，力迍切」，來紐，同音。

1537 惡爲堊。既夕記「主人乘惡車」，注：「古文惡爲原文「爲」字爲「作」堊。」

〔疏證〕今按：惡、堊同从亞聲，烏部同音字，説文「亞，醜也」，醜惡本字。廣韻藥「惡、堊，烏各切」，影母，同音字。

1538 毼爲毛。既夕記「馬不齊毼」，注：「今文毼爲毛。」

〔疏證〕注又云：「齊，翦也。」

今按：毼从毛聲，毛、毼本夭部同音字。廣韻豪「毛、毼，莫袍切」，明母，亦同音。

1539 軹爲拱。既夕記「夷牀軹軸」，注：「古文軹或作拱。」

〔疏證〕今按：拱、軹皆从共聲，本邕部同音字。廣韻腫「拱、軹，居悚切」，見母，亦同音。

1540 沽爲古。既夕記「弓矢之新，沽功」，注：「今文沽作古。」

〔疏證〕注：「設之宜新，沽示不用。」

今按：沽从古聲，古、沽本烏部同音字。後因字義通假而分平上，廣韵模「沽，古胡切」，如沽水之沽；姥「古、沽、盬，公户切」，錢氏以爲沽功之沽，盬之借字，音與古同。

1541 纁爲熏。士冠禮「爵弁服纁裳」，注：「今文纁作熏。」士昏禮「玄纁束帛」，注：「今文纁皆作熏。」

〔疏證〕今按：纁从熏聲，纁、熏昷部同音字，顧後世聲有迻易與不迻易者，此則未嘗迻易者，廣韵文「熏、纁，許云切」，曉母，同音。

1542 櫛爲節。士冠禮「贊者奠笄纚櫛于筵南端」，注：「古文櫛爲節。」

〔疏證〕今按：櫛从節聲，節、櫛本壹部同音字，然此兩字後世音有迻易，廣韵櫛

「櫛，阻瑟切」，照二；屑「節，子節切」，精母：聲由同母而變爲同位，韵由同韵而變爲兩韵，不得言同音矣。知照二古讀精，櫛、屑韵近則同音。

1543
儷爲離。　士冠禮「束帛儷皮」，注：「古文儷爲離。」

〔疏證〕今按：儷、離於説文所从聲不同也，然皆古韵阿部同音字。士冠禮「束帛儷皮」，白虎通嫁娶引作離皮。易離象曰「離王公也」，釋文：「離音麗，鄭作麗。」禮記月令「宿離不貸」，注：「離讀如儷偶之儷。」論衡説日引詩「月離于畢」，離作麗。國策燕策高漸離，論衡書虚作高漸麗。是不獨士冠禮古今文儷、離通作也，它處通作亦不可勝數矣。廣韵霽「麗、儷、丽、離，郎計切」，來母同音。

1544
鼏爲密。　士冠禮「設扃鼏」，注：「古文鼏爲密。」士昏禮「設扃鼏」，注：「今文鼏作密。」公食大夫「設扃鼏」，注：「古文鼏皆作密。」

〔疏證〕今按：士虞禮「左人抽扃鼏」，注：「古文鼏爲密。」士虞禮記「皆設扃鼏」，注：「古文鼏作密。」特牲饋食禮「有鼏」，又「佐食斤昕俎鼏之」，注並云：「古文鼏作密。」士喪禮「設扃鼏」，「取鼏」，注並云：「古文鼏作密。」有司徹「乃設扃鼏」，注：「古文鼏爲密。」幂、密亦通作，士喪禮「幂用疏布」，注：「古文幂作密。」既夕「幂用疏布」，注：「古文幂作密。」少牢饋食禮「皆設扃幂」，注：「古文幂皆爲密。」鼏、幂又通作，少牢饋食禮「皆有幂」，注：「今文幂作鼏。」公食大夫禮記「簠有蓋幂」，注：「今文幂作鼏。」士喪禮釋文：「幂本作鼏。」既夕禮釋文：「幂本作鼏。」詩絲衣箋「舉鼎幂告潔」，釋文：「幂本作鼏。」禮記禮運「疏布以幂」，釋文：「幂本作鼏。」故知幂作密，亦即鼏爲密也。錢舉其略，此則詳數之。廣韻錫「幂、鼏、冪，莫狄切」，明母，不言密。質「密，美必切」，明母，不云鼏、幂。於廣韻，兩者實非同音。考之古韻，幂从冥聲，在嬰部；冥、鼏又皆以冖聲，在益部，平入韵也。朱駿聲以冥从冂聲，最爲疵纇。密从宓聲，宓从必聲，在壹部。古韵壹部與嬰部、益部相去甚遠，惟一鼏字，或體作蜜，从宓聲，則壹部字也。錢氏以爲音隨聲而變，謂爲鼏、密同音耳。

1545

醴爲禮。　士冠禮「禮于阼」，注：「今文禮作醴。」士昏禮「賓入授如初禮」，（注）：「古文禮爲醴。」聘禮「賓拜禮于朝」，（注）：「今文禮爲醴。」禮記昏義「贊醴婦」，注：「醴當作禮，聲之誤也。」

〔疏證〕今按：聘禮又云「禮玉束帛乘皮」，注：「今文禮皆作醴。」聘禮記「禮不拜至」，注：「今文禮爲醴。」又「不禮」，注：「古文禮作醴。」詩采蘋「誰其尸之，有齊季女」，傳：「古之將嫁女者，必先禮之于宗室。」疏：「定本禮作醴。」亦皆其例。禮、醴皆从豊聲，本衣部同音字。廣韻薺「禮、醴，盧啟切」，來母，亦同音。

1546 某爲謀。士冠禮「某有子某將加布于其首」，注：「古文某爲謀。」

〔疏證〕今按：謀从某聲，某、謀皆噫部，古本同音。廣韻尤「謀，莫浮切」，明母；厚「某，莫厚切」，明母：韵雖小異，仍然雙聲。

1547 甫爲父。士冠禮曰「伯某甫」，注：「甫字或作父。」記「章甫，殷道也」，注：「甫或爲父，今文爲斧。」士相見禮「若父則游目」，注：「今文父爲甫。」

〔疏證〕今按：父、甫通作者極多，詩緜「古公亶父」，釋文「父本作甫」，書大傳、韓詩外傳、論衡初稟並作甫。詩烝民仲山父，漢書古今人表作仲山甫。詩韓奕「顯父餞之」，釋文：「父本作甫。」那序「有正考父者」，釋文：「父本作甫。」禮記禮器注「禪于梁父」，釋文：「父作甫。」公羊隱元年經「公及邾儀父盟于昧」，釋文：「父本作甫。」左傳昭廿三年經「吴敗頓、胡、沈、蔡、陳、許之師于雞父」，穀梁作雞甫。左傳文十一年「王子成父」，晏子春秋、新序作王子成甫。左傳定五年公父文伯，韓詩外傳作公甫文伯。父、甫異文通作既不可勝數，父讀曰甫，爲數尤多，漢書武帝紀、古今人表、律曆志下、五行志中之上、中之下、下之下、地理志下、藝文志、賈誼傳、鄒陽傳、東方朔傳、翟義傳、谷永傳、匈奴傳上、王莽傳上諸注皆有之。甫从父聲，本古韵烏部同音字。廣韵麌「甫、斧、父，方矩切」，亦同音。

1548 景爲憬。士昏禮「婦垂(校勘記改作乘)以几姆加景」，注：「今文景作憬。」

〔疏證〕今按：憬从景聲，本央部同音字。廣韵梗「景，居影切」，「憬，俱永切」，同韵同爲見紐，同音字。分作兩切者，景爲齊齒，憬爲撮口耳。

1549 止爲趾。士昏禮「皆有枕北止」，注：「古文止作趾。」

〔疏證〕今按：説文無趾，止即趾也。許慎以「下基」訓止，以「象艸木出有址」釋止，失之。止、趾既一字，宜其爲噫部同音字，通用者多。易噬嗑「屨校滅止」，釋文：「止本亦作趾。」繫辭「屨校滅止」，釋文：「止，本亦作趾。」詩麟止序釋文：「止本作趾。」禮記內則「奉席請何止」，釋文：「止本作趾。」亦有趾作止者，詩七月「四之日舉趾」，漢書食貨志作「四之日舉止」。左傳桓十三年「舉趾高」，漢書五行志中之上作「舉止高」。易賁「賁其趾」，釋文「趾本作止」。夬「壯于前趾」，釋文「趾，荀本作止」。艮「艮其趾」，釋文：「荀本作止。」廣韵止「止、趾，諸市切」，照三，同音。

1550 與爲豫。　士昏記「子有吉我與在」，注：「古文與爲豫。」鄉射禮「賓不與」，注「古文與爲豫」。記「衆賓不與射者，不降」，注同。聘禮「介皆與」，注同。公食大夫：「魚腊不與。」

〔疏證〕今按：與、豫通用其例最多，鄉飲酒「賓介不與」，注：「古文與爲豫。」士虞禮「主人不與」，注：「古文與爲豫。」禮記曲禮「定猶與也」，釋文：「與本作豫。」穀梁僖八年注「以乞得與之」，釋文：「與本作豫。」預爲豫之俗字，説文所無，故與、預相通，即與、豫相通耳。荀子正論「將以爲有益於人，則與無益於人也」，注：「與讀爲預王念孫讀爲舉。」易大壯注「持疑猶與」，釋文：「與本作預。」漢書注以與讀曰豫或預者，無慮數十見。讀曰豫者，高帝紀下二見，惠帝紀、文帝紀、武帝紀、宣帝紀、平帝紀各一見，諸侯王表一見，外戚恩澤侯表二見，律曆志上一見，食貨志上一見、下二見，郊祀志上三見，五行志中之上三見、下之上二見，藝文志二見，楚元王傳二見，淮南厲王長傳四見，淮南王安傳二見，萬石君奮傳、爰盎傳、鼂錯傳、汲黯傳、賈山傳、韓安國傳、董仲舒傳贊、司馬相如傳下、張湯傳、張世安傳、李廣利傳並一見，司馬遷傳二見，嚴助傳、賈捐之傳、王訢傳、楊敞傳並一見，楊惲傳、霍光傳並二見，金安上傳、趙充國傳、陳湯傳、兩龔傳、韋賢傳、夏侯勝傳、李尋傳、趙廣漢傳、蕭望之傳、張禹傳並一見，孔光傳二見，傅喜傳一見，薛宣傳二見，朱博傳、翟義傳並一見，谷永傳三見，杜鄴傳、何武傳、王嘉傳、揚雄傳上、下、田廣明傳、烏氏贏傳、匈奴傳上、下、閩越王傳、西域傳下並一見，外戚傳上二見，元后傳一見，王莽傳上一見、下二見。讀曰預者，文帝紀、武帝紀、元后紀、齊悼惠王肥傳、蒯通傳、灌夫傳、蘇武傳、衛青霍去病傳並一見，韋玄成傳二見，外戚傳上、王莽傳中並一見。與豫預本古韵烏部同音字，廣韵御「豫、預、與、羊洳切」，喻四，亦同音也。

1551 頭爲脰。

士相見禮「右應作左，誤。頭章應作奉，誤。之」，注：「今文頭爲脰。」

〔疏證〕 今按：士相見禮又云「左頭如麛執之」，注：「今文頭爲脰。」公羊文十七年注「殺人者刎頭」，釋文：「頭本又作脰。」爾雅釋鳥「鴢頭鵁」，釋文「頭字或作投」，雖與上例異，附録於此。頭、脰同从豆聲，本古韵區部同音字。廣韵侯「頭，度侯切」，候「脰，田候切」，韵雖分平去，聲同定母，亦同音字也。

1552

壹爲一。 士相見禮「主人答壹拜」，注：「古文壹爲一。」又「君答壹拜」，（注）：「古文壹爲一。」鄉飲酒禮「主人壹揖壹讓」，（注）：「古文壹作一。」鄉射禮「壹射壹讓」，（注）：「古文壹皆作一。」聘禮「公壹拜送」，（注）：「古文壹作一。」又：「壹食再饗。」公食大夫禮：「壹揖壹讓，壹以授賓。」

〔疏證〕 今按：它如少牢饋食禮「主人答壹拜」，注：「古文壹爲一也。」士冠禮「壹揖壹讓」，注：「古文壹皆爲一。」有司徹「衆賓門東北面皆答壹拜」，注：「今文壹爲一。」明堂位注「侯服歲壹見」，釋文：「壹又作一。」亦其例也。壹、一古韵皆在壹部，本同音。

廣韻質「一、壹，於悉切。」影母，同音。

1553 衆爲終。 士相見禮「衆皆若是」，注：「今文衆爲終。」

〔疏證〕今按：易雜卦傳「大有衆也」，釋文：「衆，荀本作終。」經傳釋詞卷九「終、衆」條：「引之謹按：載馳曰『許人尤之，衆穉且狂』，衆讀爲終。」王氏自注云：「古多借衆爲終，史記五帝紀『怙終賊刑』，徐廣曰：『終一作衆。』詩振鷺『以永終譽』，後漢書崔駰傳終作衆。韓策『臣使人刺之，終莫能就』，史記刺客列傳終作衆。」皆其例也。終、衆本古韻夅部同音字，廣韻東「終、衆，職戎切」，照三，亦同音。

1554 上爲尚。 鄉射禮「大夫之矢，則兼束之以茅上握焉」，注：「今文上作尚。」覲禮「置于宮尚左」，注：「古文尚作上。」

〔疏證〕今按：詩陟岵「尚慎旃哉」，漢石經尚作上。論語顏淵「草上之風必偃」，校勘記：「皇本高麗本上作尚。釋文尚或作上。」孟子滕文公上作「草尚之風」。易小過「己上也」，釋文：「上，鄭作尚。」荀子致仕「莫不明通方起以尚盡矣」，注：「尚與上同。」史記弟子列傳公西葴字子上，索隱引家語作子尚。尚、上古韵央部同音字，廣韵漾「尚、上，時亮切」，禪母，亦同音。

1555
錫爲緆。燕禮「冪用綌若錫」，注：「今文錫爲緆。」大射儀「冪用錫若絺」，注：「今文錫或作緆。」

〔疏證〕冪，本或作冪。大射儀注：「絺，古文或作綌。」

今按：錫、緆並从易聲，本益部同音字。廣韵錫「錫、緆，先擊切」，心母，亦同音。

1556
頌爲庸。大射儀「西階之西頌磬」，古文頌爲庸。周禮眡瞭「擊頌磬」，注：「頌或作庸。」

〔疏證〕今按：頌本容貌、形容本字，説文：「頌，皃也，籒文作額。」容則容納、包容本字，説文：「容，盛也。」後世以容爲頌，頌爲雅頌字。頌、容本古韵邕部同音字，廣韵鍾「庸、頌、容，餘封切」，喻四，仍可讀爲同音。又用「頌，似用切」，邪母，雖邪喻古皆讀定，然錢氏不言也，故不論。

1557 首爲手。大射儀「左何瑟後首」，注：「古文後首爲後手。」

〔疏證〕今按：士喪禮「左首進鬐」，注：「古文首爲手。」莊子達生「則捧其首而立」，釋文：「首本作手。」易離注「四爲逆手」，釋文「逆手一作逆道」，按道从首聲也。皆其例也。首、手本古韵幽部同音字，廣韵有「首、手，書九切」，審三，今亦同音。

1558 管爲官。聘禮「管人布幕于寢門外」，注：「古文管作官。」

〔疏證〕今按：禮記王制「王者之制禄爵」，疏：「官者管也。」周禮天官目録疏：「官者亦是管攝爲號。」儀禮士冠禮注「德大者爵以大官」，疏：「官者管領爲名。」皆以官訓之爲管。管从官聲，官、管本安部同音字。廣韵桓「官，古丸切」，緩「管，古滿切」，雖韵分平上，聲同見紐，實爲同音。

1559 饗爲鄉。聘禮「壹食再饗」，注：「今文饗爲鄉。」公食大夫禮「設洗如饗」，注：「古文饗或作鄉。」

〔疏證〕今按：儀禮燕禮注「主國君饗時」，釋文「饗本作鄉」，亦其例也。饗从鄉聲，鄉、饗本古韵央部同音字。廣韵陽「鄉，許良切」，養「饗，許兩切」，雖平上斯分，同爲曉母，亦同音字也。

1560 俶爲淑。聘禮「俶獻無常數」，注：「古文俶作淑。」

〔疏證〕今按：書胤征「俶擾天紀」，釋文：「俶亦作叔。」詩東門之池「彼美叔姬」，釋文：「叔本亦作淑。」俶既作叔，叔又作淑，則俶作淑矣。淑、俶同从叔聲，本薁部同音字。廣韵屋「俶、淑，殊六切」，禪母，亦同音字。

1561 侑爲宥。聘禮「致之以侑幣」，注：「古文侑皆作宥。」

〔疏證〕今按：有司徹「乃議侑于賓」，注：「古文侑皆作宥。」爾雅釋詁釋文：「侑本作宥。」荀子宥坐「此蓋宥坐之器」，注：「宥與侑同。」此皆宥、侑通作之證。宥、侑同从有聲，本古韵噫部同音字。廣韵宥「侑、宥，于救切」，喻三，亦讀同音。

1562 帥爲率。聘禮「帥大夫以入」，注：「古文帥爲率。」覲禮「伯父帥乃初事」，（注）：「今文帥爲率。」周禮樂師「帥射夫以弓矢舞」，（注）：「故書帥爲率。」

〔疏證〕樂師校勘記引漢讀考云：「率與帥今人混用而漢人分別。毛詩『率時農夫』，韓詩作『帥時農夫』。周禮『帥都建旗』，説文作『率都建旗』。聘禮注曰『古今帥皆作率』，凡周禮帥字，故書皆當作率。」

今按：儀禮大射記「帥衆介夕」，聘禮「帥衆介夕」，注並云：「古文帥皆作率。」詩采薇「亦是率從」，左傳襄十一年作「亦是帥從」。大戴記朝事儀「率諸侯而朝日東方」，儀禮覲禮注作「帥諸侯而朝日東方」。荀子富國「將率不能則兵弱」，注：「率與帥同。」議兵「凡在大王，將率末事也」，注：「率與帥同。」帥在古韵衣部，率在醬部，時或旁轉。廣韵質「率、帥，所律切」，審二，同音字。帥又讀所類切，則爲去聲。

1563 至爲砥。聘禮記「辭苟足以達，義之至也」，注：「今文至爲砥。」

〔疏證〕今按：砥在衣部，至在壹部，古韵僅分平入。廣韵至「至，脂利切」，旨「砥，職雉切」，韵雖分上去，而聲同照三，亦同音字。

1564 賄爲悔。聘禮記「賄在聘於賄」，注：「古文賄皆作悔。」

〔疏證〕今按：禮記曲禮釋文引字林：「賄音悔。」賄、悔古韵同在噫部，悔从每聲本明母字，聲變轉入曉母。廣韵賄「賄、悔，呼罪切」，曉母，今讀同音。

1565 稯爲緵。聘禮記「十筥曰稯」，注：「古文稯作緵。」

〔疏證〕今按：稯、緵同从㚇聲，本古韵邕部同音字。廣韵東「稯、緵，子紅切」，精母，今亦讀同音。

1566 倫爲論。公食大夫禮「倫膚七」，注：「今文倫或作論。」

〔疏證〕今按：荀子儒效「人倫盡矣」，注：「倫當爲論。」莊子齊物論「有倫有義」，釋文：「倫，崔本作論。」此皆與錢説同例。既夕記「倫如朝服」，注：「古文倫爲輪。」易未濟注「經綸屯蹇」，釋文：「綸爲論。」易説卦傳「爲弓輪」，釋文：「輪本作倫。」諸字並从侖聲，例似小異，而實相同，並古韵昷部同音字。廣韵諄「倫、論、輪、綸，力屯切」，來母，今音亦同。

1567 簋爲軌。公食大夫禮「設黍稷六簋」，注：「古文簋皆作軌。」

〔疏證〕今按：說文簋之古文有匭與朹，可證簋與九聲通。易損「二簋可用享」，釋文「簋，蜀才亦作軌」，例亦相同。簋、軌古韵幽部同音字，廣韵旨「軌、簋，居洧切」，見母，亦讀同音。

1568 膷爲香，臐爲熏。公食大夫禮「膷以東臐」，注：「古文膷作香，臐作熏。」

〔疏證〕今按：說文無膷字，然字从鄉聲可知。膷、香於形聲得聲不同，而鄉、香常相通，儀禮士虞禮「香合」，釋文：「香本又作薌。」荀子非相「欣驩芬薌以道之」，注：「薌與香同。」文選甘泉賦「薌呹肸以棍批分」，注：「薌亦香字。」廣雅釋器：「膷，香也。」膷、香古韵同在央部，本同音字。廣韵陽「香、膷，許良切」，曉母，今音亦同。

又按：臐从熏聲，本昷部同音字。廣韵文「熏、臐，許云切」，曉母，今音亦同。

1569 鮨爲鰭。公食大夫禮「牛鮨」，注：「今文鮨作鰭。」

〔疏證〕今按：鰭从耆聲，耆从旨聲，故鰭、鮨推其源同从旨聲，凡説文形聲同聲之字，大抵同音，鰭、鮨本古韵衣部同音字耳。廣韵脂「鰭、鮨，渠脂切」，羣母，今亦同音。

1570 聯爲連。周禮大宰「三曰官聯」，注：「聯讀爲連，古書聯作連。」

〔疏證〕今按：聯娟亦作連娟，神女賦「眉聯娟以蛾揚兮」，上林賦「長肩連娟」，漢書外戚傳「美連娟以脩嫭兮」。聯娟又作連卷，漢書司馬相如傳「躩以連卷」，南都賦「蛾眉連卷」，可證聯、連聲通也。聯、連本古韵安部同音字；廣韵仙「聯、連，力延切」，來母，今音亦同。

1571 嬪爲賓。周禮大宰「二曰嬪貢」，（注）：「故書作賓。」

〔疏證〕今按：嬪从賓聲，嬪、賓本古韵因部同音字。廣韵真「賓，必鄰切」，錢氏以爲幫母；「嬪，符真切」，錢氏以爲並母：韵同而聲小迻易，亦同音也。周禮司儀「賓使者如初之賓」，「賓亦如之」，注並云：「賓當爲儐。」莊子列禦寇「賓者以告列子」，釋文：「賓本作儐。」詩北山「率土之濱」，王莽傳作「率土之賓」。廣韵真「賓、儐、濱，必鄰切」，並讀幫母，同音字矣。

1572 餈爲茨。周禮籩人「糗餌粉餈」，注：「故書餈作茨。」

〔疏證〕今按：餈、茨同从次聲，古韵衣部同音字。廣韵脂「茨、餈，疾資切」，從母，亦讀同音。

1573 録爲禄。周禮職幣「皆辨其物而奠其録」，注：「故書録爲禄。」

〔疏證〕今按：録、禄皆从录聲，本古韵屋部同音字。職幣注：「杜子春云：禄當爲録。」詩小戎「五楘梁輈」，傳云：「楘，歷録也。」釋文：「一本作歷禄。」皆與錢説同例。它如荀子性惡「文王之録」，注：「録與禄同。」詩采緑「終朝采緑」，離騷「薋菉葹以盈室兮」，注引詩作「終朝采菉」。詩淇奧「緑竹猗猗」，大學作「菉竹猗猗」。其他从录得聲之字，相通者不可屈指數也。例與錢氏小異，其實則相同。廣韵屋「禄、录、簶，盧谷切」，來母；燭「録、緑、簶，力玉切」，來母：禄、録韵小異者侈弇不同耳，本同音字。

1574 綏爲緌，又爲蕤。周禮夏采「以乘車建綏復于四郊」，注：「故書綏爲禮，杜子春云：當作綏，禮非是也。玄謂綏作緌，字之誤也。士冠禮及玉藻冠緌之字，故書亦多作綏者，今禮家定作蕤。」

〔疏證〕 夏采屬天官。 禮記玉藻「緇布冠繢緌」，注：「緌或爲蕤。」釋文：「緌，本作蕤。」

今按：禮記王制「天子殺則下大綏」，注：「綏當爲緌。」明堂位「夏后氏之綏」，喪大記「皆戴綏」，注並云：「綏當爲緌，讀如冠蕤之蕤。」雜記「以其綏復」，注：「綏當爲緌，讀如蕤賓之蕤，字之誤也。」荀子儒效「綏綏兮其有文章也」，注：「綏或爲葳蕤之蕤。」又王制「則下大綏，則下小綏」，説苑修文「則下大緌，則下小緌」。又見各書釋文。周禮夏采「以乘車建綏」，釋文：「綏本作緌。」禮記雜記「以其綏復」，釋文：「綏本作緌。」檀弓「喪冠不緌」，釋文：「緌本作綏。」詩車攻傳云「抗大綏」，釋文：「綏本作緌。」韓奕「淑旂綏章」，傳：「綏，大綏也。」釋文：「綏，本又作緌。」明堂位「夏后氏之綏」，夏采注作「夏后氏之緌」。皆其例證也。綏从妥聲，在古韵阿部；緌从委聲，在威部：古韵不相同。蕤在鬱部，爲威部入聲。廣韵脂「蕤、緌，儒隹切」，日母，同音字。又「綏，息遺切」，心母，與綏、蕤同韵同位，然不同母，非同音也。

1575 饎爲䭡。 周禮饎人（注）「故書饎作䭡」。

〔疏證〕饎人屬地官，注見序官饎人。

今按：特牲饋食禮「主婦視饎爨于西室下」，注：「古文饎作糦，周禮作𩟄。」說文：「饎，酒食也。从食，喜聲。或从巸聲作䭣；或从米，喜聲，作糦。」是許君以饎、糦、䭣同字，宜其同音也。古韵噫部字，廣韵志「饎、䭣、糦，昌志切」，穿三，同音。

1576

儀爲義。　周禮大司徒「以儀辨等」，注：「故書儀或爲義，杜子春讀爲儀。」小宗伯「肄儀爲位」，注：「故書儀爲義，杜子春讀爲儀。」肆師「治其禮儀」，(注)：「故書儀爲義，鄭司農云：義讀爲儀，古者書儀但爲義，今時所謂義爲誼。」典命「掌諸侯之五儀」，注：「故書儀作義，鄭司農讀爲儀。」

〔疏證〕今按：禮記緇衣「臣儀行不重辭」，注：「儀當爲義。」詩楚茨「禮儀卒度」，韓詩作「禮義卒度」。國語周語「無射所以宣布哲人之令德，示民軌儀」，儀禮大射儀注作「示民軌義」。左傳隱元年，邾儀父，漢書鄒陽傳「褒義父之後」，以儀父作義父，故師古曰：「義讀曰儀。」呂覽當染、當師：闔閭有臣文之儀，墨子作文義。書大傳「尚考大室之義」，注：「義當爲儀。」禮記樂記「制之禮義」，漢書禮樂志作「制之禮儀」。書文侯之命「父義和」，鄭注：「義讀爲儀。」此亦儀、義互作之例。儀从義聲，古韻阿部同音字。廣韻支「宜、儀，魚羈切」，寘「誼、義，宜寄切」，雖韵分平去，而聲同疑母，本同音字。

1577 輂爲連。　周禮鄉師「與其輂輂」，注：「故書輂作連，鄭司農讀爲輂。」巾車「連車組輓」，釋文：「連音輂，本亦作輂。」

〔疏證〕　鄉師屬地官，巾車屬春官。

今按：說文「輂，挽車也。从車，从扶在車前引之」，此班固所謂象意。「連，員連也，从辵，从車」，類篇、集韵作負連，段氏作負車，謂連即輂古文。莊子讓王「民相連而從之」，釋文引司馬注：「連讀曰輂。」亦兩字通讀之證。輂、連本古韻安部同音字，廣韵仙「連，力延切」，獮「輂，力展切」，雖韵分平上，而聲同來母，實則同音。

1578 舞爲無。　周禮鄉大夫「五曰興舞」，（注）：「故書舞爲無，杜子春讀無爲舞。」

〔疏證〕今按：舞从無聲，本古韵烏部同音字。廣韵虞「無，武夫切」，麌「舞，文甫切」，雖韵分平上，聲同微母，實則同字。

1579 職爲樴。周禮牛人「以授職人而芻之」，注：「職讀爲樴。」肆師「頒于職人」，注：「讀爲樴。」

〔疏證〕牛人屬地官，肆師屬春官。

今按：職、樴皆从戠聲，本古韵肊部同音字。職爲樴，猶職爲織，左傳文十八年閻職，説苑作閻織，亦猶職作識，周禮職方氏，脩華嶽碑作識方氏。廣韵職「職、樴，之翼切」，照三，今亦同音。

1580 尨爲厖。周禮牧人「凡外祭毀事用尨可也」，（注）：「故書尨作厖。」

〔疏證〕牧人屬地官。

今按：左傳襄四年，尨圉，古今人表作厖圉。説文「哤讀若尨」，哤之讀尨，猶尨之爲厖矣。厖、哤皆从尨聲，古邕韵同音字也，廣韵江「尨、厖，莫江切」，明母，今亦同音。

1581 皇爲翌。 周禮舞師「教皇舞」，注：「書或爲翌，或爲義。」樂師「有皇舞」，(注)：「故書皇作翌，鄭司農讀爲皇，書亦或爲皇。」

〔疏證〕舞師屬地官，樂師屬春官。

今按：禮記王制「翌而祭」，釋文：「翌本又作皇。」説文：「翌讀若皇。」亦其例也。皇、翌同从王聲，本央部同音字，廣韵唐「皇、翌，胡光切」，匣母，今亦同音。

1582 羇爲寄。 周禮遺人「以待羇旅」，(注)：「故書羇作寄。杜子春云：當爲羇。」

〔疏證〕今按：禮記王制「東方曰寄」，後漢書馬融傳注「東方曰寄」，呂覽慎勢「不用象譯狄鞮」，注「東方曰羈」，亦羈、寄互用也。羈爲會意字，字或作羇，則寄、羇同从奇聲矣，古韵阿部同音字也。廣韵支「羈，居宜切」，寘「寄，居義切」，雖韵分平去，聲同見紐，實則同音。

1583 附爲祔。 周禮司市「其附于刑者歸于士」，(注)：「故書附作祔。杜子春云：當爲附。」

〔疏證〕司市屬地官。

今按：禮記雜記「大夫附于士」，注：「附皆當爲祔。」又「猶是附于王父也」，注：「附皆當作祔。」又「朋友虞附而退」，注：「附皆當爲祔。」曾子問「殤不附祭」，釋文：「附本作祔。」皆與錢氏同例。周禮大祝「付練祥」，鄭司農云「付當爲祔」，例亦略同。附、祔皆从付聲，本區部同音字。廣韵遇「附、祔，符遇切」，奉母，今音亦同。

1584 珥爲衈。周禮肆師「及其祈珥」，(注)：「杜子春讀珥爲餌，玄謂珥當爲衈，機衈者，釁禮之事。」

〔疏證〕今按：秋官士師「凡刉珥則奉犬牲」，注：「珥讀爲衈。」又犬人「凡幾珥沈辜用駹可也」，注：「玄謂幾讀爲刉，珥當爲衈，刉衈者釁禮之事。」皆與錢氏同例。珥、衈同从耳聲，本噫部同音字。廣韵志「珥、衈，仍吏切」，日母，今音亦同。

1585 罼爲嘏。周禮鬱人「舉受罼之卒爵」，注：「罼，受福之嘏，聲之誤也。」量人「與鬱人受斝歷」，〔注〕：「鄭司農讀如嫁娶之嫁，玄謂讀如椵尸之椵。」

〔疏證〕鬱人屬春官，量人屬夏官。

今按：斝、椵本烏部同音字，廣韻馬「斝、椵，古疋切」，今音亦同，並爲見紐。

1586 弁爲絣。周禮司服「凡弔事弁絰服」，注：「故書弁作絣，鄭司農讀爲弁。」

〔疏證〕司服屬春官。

今按：説文無絣字，絣即弁字加義符糸也，既同字當同音，古韻在安部。廣韻線「弁，皮變切」，亦不收絣字。

1587 倡爲昌。周禮樂師「教愷歌，遂倡之」，〔注〕：「故書倡爲昌。」

〔疏證〕今按：倡从昌聲，昌、倡本央部同音字，廣韻陽「昌、倡，尺良切」，穿三，今音亦同。

1588 拊爲付。周禮大師「令奏擊拊」，注：「故書拊爲付，鄭司農云：當爲拊。」

〔疏證〕拊从付聲，區部同音字。廣韻麌「拊，方武切」，遇「付，方遇切」，雖韻分上去，同爲非母，實即同音。

1589 鈴爲軨。周禮巾車「鳴鈴以應雞人」，（注）：「故書鈴或作軨，杜子春云：當爲鈴。」

〔疏證〕今按：鈴、軨並从令聲，本因部同音字，後世从令得聲字部分轉入嬰部。廣韻青「鈴、軨，郎丁切」，來母，今音亦同。

1590 版爲班。周禮司士「掌羣臣之版」，（注）：「故書版爲班。鄭司農云：班，書或爲版。」

〔疏證〕司士屬夏官。

今按：版在古韵安部，班在昷部，雖鄰韵非同韵也。

廣韻删「班，布還切」，潸「版，布綰切」，雖韻分平上，聲同幫母，故錢氏以爲同音。

1591 會爲䯤，又爲檜。周禮弁師「王之皮弁會五采玉璂」，注：「故書會爲䯤。鄭司農云：讀如馬會之會。士喪禮曰：檜用組乃笄。檜讀與䯤同，書之異耳。說曰：以組束髮乃著笄謂之檜，沛國人謂反紒爲䯤。玄謂會讀如大會之會，會，縫中也。」士喪禮作鬠，與先鄭所引不同。

〔疏證〕弁師屬夏官。

今按：詩淇奧「會弁如星」，說文䯤下引作「䯤弁如星」。左傳僖廿八年注引作「會弁如星」，釋文：「會本作璯。」凡从會得聲字互通者，不可升數也。會在曷部，从會得聲字，大抵同音也。廣韻泰「檜、䯤、會，古外切」，並見母，今音不同。若「會，黃外切」，匣母，則聲稍異矣。

1592 墳爲蕡。周禮司烜氏「共墳燭庭燎」，（注）：「故書墳爲蕡。」鄭司農云：「蕡燭，麻燭也。」

〔疏證〕 今按：詩汝墳「遵彼汝墳」，爾雅釋水墳作濆。公羊昭五年「敗莒師于濆泉」，穀梁作賁泉。禮記内則蕡稻，釋文：「蕡本作黂。」賁爲昷部，凡从賁得聲字，例爲同音，或小有迻易。廣韵文「墳、蕡、濆，符分切」，奉母，今音亦同。

1593 蜃爲晨。周禮赤犮氏「以蜃炭攻之」，（注）：「故書蜃爲晨，鄭司農云：當爲蜃，書亦或爲蜃。」

〔疏證〕 赤犮氏屬秋官。

今按：左傳僖五年「丙之晨」，漢書律曆志下引作丙之辰。左傳定十四年經「天王使石尚來歸脤」，周禮掌蜃注引作來歸蜃。同聲相通，其例極多。辰在古韵昷部。廣韵真「辰、晨，植鄰切」，禪母；軫「脤、蜃，時忍切」，禪母：雖韵分平上，聲仍同紐，實亦同音。

1594 炮爲泡。周禮壺涿氏「以炮土之鼓敺之」，（注）：「故書炮爲泡。杜子春讀炮爲苞有苦葉之苞。」

〔疏證〕 今按：炮、泡同从包聲，古同音字，後世音或迻易，然亦近韵近紐也。書禹貢「草木漸包」，釋文：「包，字或作苞。」詩晨風「山有苞櫟」，爾雅釋木注引作枹櫟。詩匏有苦葉，壺涿氏注引作苞。同聲之字通作不可一二數也。古韻同在幽部。廣韻肴「炮、泡，薄交切」，並母，炮、泡兩字，今亦同音。

1595 庇爲祕。周禮輪人「弓長六尺謂之庇軹」，（注）：「故書庇作祕。杜子春云：當爲庇。」

〔疏證〕今按：禮記既夕記「有柲」，注：「古文柲作柴。」亦必、比聲通之證。古韻比在衣部，必在壹部，雖分平入，通轉常例也。廣韻至「祕，兵媚切」，「庇，必至切」，不僅同韻，亦且同紐，陸氏非母，錢氏幫母，同音而分作兩切者，齊齒與撮口相異耳。

1596 匪爲飛。周禮梓人「其匪色必似鳴矣」，（注）：「故書匪作飛，鄭司農讀爲匪。」

〔疏證〕今按：飛、蜚通作，此例常見。孟子有飛廉，史記秦本紀作蜚廉。書高宗肜日序「有飛雉升鼎耳而雊」，漢書五行志作蜚雉。史記周本紀「蜚鴻滿野」，正義：

「蜚，古飛字。」文選子虛賦「蜚纖垂髾」，封禪文「蜚英聲」，注並云：「蜚，古飛字。」漢書注中言「蜚讀曰飛」、「蜚古飛字」者，不可一二數也。它如漢書揚雄傳上「雲⿱雨飛⿱雨飛而來迎兮」，師古曰：「⿱雨飛，古霏字。」文選盧子諒贈崔温詩「徒煩飛子御」，注：「非與飛古字通。」皆可證非、飛聲通。非、飛古威部同音字。廣韻微「飛、非，甫微切」，非母，今音亦同，惟匪讀上聲而已。

1597

彈爲但。　周禮廬人「句兵欲無彈」，（注）：「故書彈或作但，鄭司農讀爲彈丸之彈，彈謂掉也。」矢人「雖有疾風，亦弗之能憚」，（注）：「故書憚或作但，鄭司農讀爲憚之以威之憚。」

〔疏證〕今按：彈从單聲，但从旦聲，於形聲聲類不相同，皆在安部，古音相同，故通作者多。書盤庚中「誕告用亶」，釋文：「亶，馬本作單。」詩天保「俾爾單厚」，爾雅釋詁某氏注引作「俾爾亶厚」。板「下民卒癉」，禮記緇衣作「下民卒⿸疒亶」。昊天有成命「單厥心」，國語周語作「亶厥心」。桑柔「逢天僤怒」，釋文、爾雅釋詁樊注並作亶。詩東門之墠，釋文作壇。禮記士冠禮「嘉薦亶時」，注：「古文亶爲癉。」周禮大司馬「暴内陵外則壇之」，注：「讀如同墠之墠。王霸記曰：置之空墠之地。鄭司農云：壇讀從憚之以威之憚，書亦或爲墠。」皆單、旦聲通之證。廣韵翰「彈、但，徒按切」，定母，兩字今亦同音。

1598 環爲轘。周禮匠人「環涂七軌」，（注）：「故書環或作轘，杜子春云：當爲環。」

〔疏證〕今按：環、轘並从睘聲，本安部同音字。左傳襄十年「還鄭而南」，釋文：「還本作環。」哀三年「道還公宮」，釋文：「還本作環。」士喪禮「布巾環幅」，注：「古文環作還。」環、轘通作猶還、環通作，蓋字皆从睘聲，本安部同音字，廣韵删「還、環、轘，户關切」，匣母，今音皆同。

1599 畏爲威。周禮弓人「恒當弓之畏」，（注）：「故書畏作威，杜子春云：當爲畏。玄謂讀如秦師入隈之隈。」

〔疏證〕今按：書洪範「威用六極」，史記宋世家、漢書五行志及谷永傳並引作「畏用六極」。此威、畏異文互作之證。若威、畏聲訓，則更習見，詩常棣「死喪之威」，傳：

「威，畏也。」巧言「昊天已威」，傳：「威，畏也。」賈子容經「有威而可畏謂之威」，道術「誠動可畏謂之威」。畏、威本威部同音字。廣韵微「威，於非切」，未「畏，於胃切」，雖韵分平去，聲同影母，實則同音。

1600 譽爲與。禮射義「則燕則譽」，注：「譽或爲與。」

〔疏證〕今按：譽从與聲，本烏部同音字。廣韵御「與、譽，羊洳切」，喻四，今音亦同。

音近通用

1601 翦爲淺。既夕禮「緇翦有幅」，注：「今文翦作淺。」

〔疏證〕今按：本卷古讀「帴音翦」一條，既已論證前、戔聲通，茲復補二例：禮記玉藻「凡有血氣之類，弗身踐也」，注：「踐當爲翦，聲之誤也。」書成王政序「既踐奄」，鄭注：「踐讀翦。」亦其例也。彼處帴音翦，帴、翦音同；此處翦爲淺，則字不同紐也。廣韵獮「翦，即淺切」，精母；「淺，士演切」，牀二：同韵而不同紐，雖不同紐而聲仍不相遠，故曰音近。

1602 髀爲脾。 既夕禮「髀不升」，注：「古文髀作脾。」士昏禮「髀不升」，注：「古文刻本奪文字，今補。髀爲脾。」

〔疏證〕今按：少牢饋食禮「髀不升」，注：「古文髀皆作脾。」士喪禮「載兩髀於兩端」，注：「古文髀爲脾。」有司徹「腊辯無髀」，注：「古文髀作脾。」莊子人間世「兩髀爲脅」，釋文：「髀又作脾。」亦其例也。髀、脾同从卑聲，本㞢部同音字，而後世音或迻易，遂成音近。廣韵支「脾，府移切」，紙「髀，并弭切」，韵雖分平上，聲同非母，錢徑讀幫。實則同音。然薺「髀，傍禮切」，並母，則與脾聲韵皆小異，錢氏依此，故云音近通用。

1603 第爲茨。 既夕記「設牀第」，注：「古文第爲茨。」

〔疏證〕今按：白虎通義三綱六紀：「姊者，咨也。」廣雅釋親：「姊，咨也。」姊、咨聲訓，可知朿、次音通。兩字古韵皆衣部齒音字。廣韵脂「茨，疾資切」，從母；止「第，阻史切」，照二：則兩字聲韵皆小異，故爲音近通用。

1604 説爲税。　既夕記「主人説髦」，注：「今文説作税。」士昏禮「主人説服于房」，（注）：「今文説作税。」鄉飲酒禮「説屨揖讓如初」，（注）：「今文説爲税。」鄉射禮「弟子説束」，注：「今文説皆作税。」

〔疏證〕　今按：説、税同从兑聲，本古韵曷部同音字，例本常見。禮記檀弓「税驂於舊館」，釋文：「税本作説。」文王世子「不税冠帶」，釋文：「税本作説。」少儀「車則税綏」，釋文：「税本作説。」檀弓「不説齊衰」，釋文：「説本作税。」玉藻「無説笏」，釋文：「説本作税。」詩甘棠「召伯所説」，釋文：「爾雅釋詁注引作税。」碩人「説于農郊」，釋文：「説本作税。」錢氏所引儀禮各條，釋文：説，「吐活反」，透母；税，「劉詩税反」，審三：聲韵皆小有不同，故爲音近通用。

1605 館爲錧。　既夕記「木館」，注：「今文館爲錧。」

〔疏證〕　釋文：「館，音管；錧，户瞎反。」

今按：錧在安部，鎋在曷部，古平入韵也。廣韵旱「錧，古滿切」，見母；鎋「鎋，胡瞎切」，匣母：與釋文音同，聲韵皆稍異，故云音近通用。

1606 旜爲膳。既夕記「載旜」，注：「古文旜爲膳。」聘禮「使者載旜」，注：「古文旜爲膳。」

〔疏證〕今按：旜、膳古同安部舌聲，廣韵仙「旜，諸延切」，照三；線「膳，時戰切」，禪母：韵分平去，聲仍同類，故爲音近通用。

1607 橐爲潦。既夕記「橐車載蓑笠」，注：「今文橐爲潦。」

〔疏證〕今按：橐、潦古韵同在夭部。廣韵晧「橐，古老切」，見母；「潦，盧晧切」，來母：兩字同韵異母，故爲音近通用。

1608 刊爲竿。既夕記「抗木刊」，注：「古文刊爲竿。」

〔疏證〕今按：刊、竿同从干聲，本古韵安部同音字，今音稍有迻易。廣韵寒「竿，古寒切」，見母；「刊，苦寒切」，溪母：兩字韵同而聲紐小異，故爲音近通用。

1609 匴爲篹。士冠禮「爵弁皮緇布冠各一匴」，注：「古文匴爲篹。」

〔疏證〕釋文：「匴，素管反，本或作算。篹，索管反，劉音纂。」

今按：匴、篹皆从算聲，本古韵安部同音字，廣韵緩「匴、篹、算，蘇管切」，心母，亦爲同音。若依釋文「篹，劉音纂」，廣韵緩「纂，作管切」，精母，聲韵小有不同，故爲音近通用。

1610 坫爲襜。士冠禮「執以待於西坫南」，注：「古文坫爲襜。」襜，以占反。

〔疏證〕諸襜字，校勘記校作檐。釋文：「檐，以占反。」

今按：漢書文帝紀「或阽於死亡」，孟康曰「阽音屋檐之檐」，亦占、詹聲通之例也。占、詹皆古韵奄部字。廣韵㮇「坫，都念切」，端母；鹽「檐，余廉切」，即以占切也，喻四古讀定，錢氏所不言：是聲韵皆略有異耳，故爲音近通用。

1611 袗爲均。士冠禮「兄弟畢袗玄」，注：「古文袗爲均。」

〔疏證〕今按：士昏禮「女從者畢袗玄」，依例古文袗亦當爲均。左傳僖五年「均服振振」，釋文：「均本作袀。」漢書律曆志、五行志中之上引左傳皆作袀服振振。吕覽悔過「袀服回建」，吴都賦「六軍袀服」，袀服即左氏之均服也。淮南齊俗「尸祝袀袨」，即儀禮之袗玄也。袗、均皆古韵因部字。廣韵諄「均，袀，居匀切」，見母；軫「袗，章忍切」，照三：若依韵分平上，而聲紐不同言之，音近通用也。若依見照同爲出聲言之，則同位變轉也。

1612 盥爲浣。士冠禮「贊者盥于洗西」，注：「古文盥爲浣。」鄉射禮「盥洗」，（注）：「古文盥爲浣。」

〔疏證〕今按：左傳襄十九年「范宣子盥而撫之」，論衡論死引作浣而撫之。内則「咸盥漱」，管子弟子職「既拚盥漱」，公羊莊三十一年「臨民之所漱浣也」。盥漱即漱浣。皆可證浣、盥通作。盥、浣古韵同在安部，廣韵緩「盥，古滿切」，見母；「浣，胡管切」，匣母：韵同而聲稍異，音近通用。

1613 攝爲聶。士冠禮「再醮攝酒」，注：「今文攝爲聶。」

〔疏證〕今按：有司徹「司空攝酒」，注：「今文攝爲聶。」亦其例也。攝从聶聲，本古韵盍部同音字，後世聲音遂易而讀音稍異。廣韵葉「攝，書涉切」，審三；「聶，尼輒切」，娘母：韵同聲異，音近通用。

1614 扃爲鉉。士冠禮「設扃鼏」，注：「今文扃爲鉉。」士昏禮「設扃鼏」，注：「今文扃作鉉。」公食大夫禮「設扃鼏」，注同。

〔疏證〕今按：士喪禮「抽扃予左手」，注：「今文扃爲鉉。」士虞禮「設扃鼏」，「右人抽扃鼏」，注並云：「今文扃爲鉉。」有司徹「乃設扃鼏」，注：「今文扃爲鉉。」皆其例證也。扃在嬰部，鉉在因部，古韵不同。廣韵青「扃，古螢切」，見母；銑「鉉，胡畎切」，匣母：韵異而聲近，故云音近通用。

1615 病爲秉。士冠禮「以病吾子」，注：「古文病爲秉。」

〔疏證〕今按：説文「柄，柯也，或从秉聲作棅」，可證丙、秉聲通。周禮鼓人注「無舌有秉」，釋文：「秉本作柄。」文選曹丕與吴質書「古人思秉燭夜游」，注：「秉或作柄。」左傳哀十七年「國子實執齊秉」，服注：「秉，權柄也。」管子小匡「治國不失秉」，注：「秉，柄也。」皆可證秉、丙聲通。病、秉皆古韵央部，本同音字。廣韵梗「秉，兵永切」，錢氏徑入幫母；映「病，皮命切」，錢氏徑入並母：是韵分上去，而聲分幫、並，然而皆不相遠，故云音近通用。

1616 阿爲庪。　士昏禮「賓升西階當阿」，注：「今文阿爲庪。」

〔疏證〕　今按：阿在古韵阿部，庪在恚部，古韵不同。廣韵歌「阿，烏何切」，影母；紙「庪，過委切」，見母：聲韵皆異，本無所謂音近。顧聲音迻易，阿部與恚頗相出入，廣韵之支、紙、寘齊齒呼，即阿部之齊齒呼耳。紙韵「技、妓、倚、伎、錡、蚑，渠綺切」，羣母，合阿、恚爲同音矣，故云音近通用。

1617 肫爲純。　士昏禮「腊一肫」，注：「肫或爲純，純，全也。古文純爲鈞。」

〔疏證〕今肫、純皆从屯聲，本古韵𣅀部同音字，宜其通用。中庸「肫肫其仁」，注：「肫肫讀如誨爾忳忳之忳。肫肫或爲純純。」詩抑「誨爾諄諄」，釋文：「諄本作訰。」而中庸注引作忳。亦其例也。周禮司几筵「設莞筵紛純」，鄭司農注：「純讀爲均服之均。」古文純爲鈞猶純讀均矣。廣韵諄「肫，章倫切」，照三；「純，常倫切」，禪母；「鈞，居匀切」，見母：三字同韵而異母，故爲音近通用。

1618

湆爲汁。

士昏禮「大羹湆在爨」，注：「今文湆作汁。」公食大夫禮「大羹湆不和」，注：「今文湆爲汁。」

〔疏證〕今按：有司徹「羊肉湆」，注：「今文湆爲汁。」特牲饋食禮「設大羹湆于醢北」，注：「今文湆爲汁。」士虞禮「泰羹湆自門入」，少牢饋食禮「又進二豆湆于兩下」，注並云：「湆，肉汁也。」皆其例證。湆在音部，汁在邑部，本平入韵。廣韵緝「汁，之入切」，照三；「湆，去急切」，溪母：韵同聲異，故云音近。朱駿聲據張參五經文字，校湆爲湇，亦韵同聲異。存參。

1619 橋爲鎬。士昏記「笲緇被纁裏加于橋」，注：「今文橋爲鎬。」

〔疏證〕今按：橋、鎬並从高聲，本古韵夭部同音字，後世聲音迻易，而今讀小變。廣韵肴「橋，巨嬌切」，羣母；晧「鎬，胡老切」，匣母：韵紐皆稍異，故云音近。

1620 妥爲綏。士相見禮「妥而後傳言」，注：「古文妥爲綏。」

〔疏證〕今按：郊特牲「詔妥尸」，注：「古文妥爲綏。」曲禮下「國若綏視」，注：「綏讀爲妥。」漢書燕刺王旦傳「北州以妥」，注：「妥古綏字。」説文妥、綏兩字皆未收，綏从妥聲，本古韵阿部同音字。顧妥與委、綏與綏形相近，遂錯亂而音或迻易。廣韵果「妥，他果切」，透母；脂「綏，息遺切」，心母：韵紐皆不同。然廣韵脂韵从妥得聲之字極多，非獨一綏字，故錢氏以爲音近通用。

1621 宅爲託。士相見禮「宅者在邦則曰市井之臣」，注：「今文宅爲託。」

〔疏證〕今按：宅、託皆从乇聲，本古韵蒦部同音字。廣韵鐸「託，他各切」，透母；陌「宅，場伯切」，澄母古讀定：聲與韵皆小異，故爲音近通用。

1622 遵爲僎，又爲全。鄉飲酒禮「遵者降席」，注：「今文遵爲僎，或爲全。」鄉射禮「大夫若有遵者」，注：「今文遵爲僎。」禮記鄉飲酒義「介僎象三光也」，注：「古文禮僎作遵。」

〔疏證〕今按：少儀「介爵酢爵僎爵皆居右」，注：「古文禮僎皆作遵，酢或爲作，僎或爲騶。」史記周本記「遵修其緒」，徐廣曰：「遵，一作選。」皆尊、巽聲通之證。論語先進「異乎三子者之撰」，釋文：「撰鄭作僎，讀曰詮，詮之言善。」則又巽、全聲通之證。遵在古韵昷部，僎、全在安部，安、昷鄰韵也。廣韵真「遵、僎，將倫切」，精母同音。仙「全，疾緣切」，從母；獮「僎，思兖切」，心母。仙、獮平上韵，仙、獮與真韵亦相近，精從心三紐同類，故云音近通用。

1623 挾爲接。鄉射禮「兼挾乘矢」，注：「古文挾皆作接。」大射儀「執弓挾乘矢」，注：「古文挾皆作接。」

〔疏證〕今按：孟子盡心上「挾貴而問，挾賢而問，挾長而問，挾有勳勞而問，挾故而問，皆所不答也」，注：「挾，接也。接己之貴勢，接己之有賢才，接己長老，接己嘗有功勞之恩。接己與師有故舊之好，上省。皆所不當答。」焦循疏云：「説文：『挾，俾持也。』楚辭天問『何馮弓挾矢』，王逸注：『挾，持也。』廣雅釋詁云：『接，持也。』是挾與接義同也。」挾、接古韻皆在盍部，廣韻葉「接，即葉切」，精母；帖「挾，胡頰切」，匣母：韵近聲異，音近通用。

1624 縮爲蹙。

鄉射禮「十純則縮而委之」，注：「古文縮皆爲蹙。縮，從也，東西爲從。」予謂從蹙聲相近。大射儀「十純則縮而委之」，注同。

〔疏證〕今按：有司徹「西縮」，注：「古文縮皆爲蹙。」鄉飲酒禮「磬階間縮霤」，注：「古文縮爲蹙。」士虞禮「東縮」，又「二尹縮」，注並云：「古文縮爲蹙。」少牢饋食禮「縮執俎肝亦縮」，注：「古文縮皆爲蹙。」縮、蹙皆古韻藥部字，廣韻屋「蹙，子六切」，精母；「縮，所六切」，審二：韵同聲異，音近通用。

1625 糅爲縮。

鄉射記「以白羽與朱羽糅」，注：「今文糅爲縮。」又「白羽與朱羽糅」，注：「今文糅爲縚。」

〔疏證〕今按：糅、縐爲古韵幽部字，縮爲藥部，平入韵也。廣韵宥「糅，女救切」，娘母；屋「縮，所六切」，審二：韵近而聲異，故爲音近。

1626 韜爲翿。鄉射記「以鴻脰韜上二尋」，注：「今文韜爲翿。」

〔疏證〕今按：韜、翿同在古韵幽部，廣韵豪「韜，土刀切」，透母；「翿，徒刀切」，定母：不惟韵同，抑且聲近，故云音近通用。

1627 媵爲騰。燕禮「媵觚于賓」，注：「今文媵皆作騰。」大射儀「媵觚于賓」，注：「古文媵皆作騰。」公食大夫禮「衆人騰羞者」，注：「騰當作媵。」

〔疏證〕今按：媵、騰皆从朕聲，皆古韵膺部同音字。左傳昭十四年「曹武公名滕」，史記曹蔡世家、漢書古今人表作勝。莊子胠篋「攝緘縢」，釋文：「縢，向、崔本作幐。」爾雅釋蟲釋文：「螣，本又作朕，又作騰，又作蝰。」从朕得聲字通作者多矣。廣韵登「騰，徒登切」，定母；證「媵，以證切」，喻四古讀定：錢氏不言喻四古讀定，故爲音近通用。

1628 腆作殄。

燕禮「寡君有不腆之酒」，注：「古文腆皆作殄。」周禮輈人「輈欲頎典」，（注）：「鄭司農讀典爲殄。」

〔疏證〕今按：詩新臺「籧除不殄」，箋：「殄當作腆。」淮南本經「下殄地財」，注：「殄，讀曰典也。」其爲例同。腆、殄皆在古韻昷部。廣韻銑「腆，他典切」，透母；「典，多殄切」，端母；「殄，徒典切」，定母：三字皆同韻近紐，自爲音近。

1629 異爲辭。

大射儀「卑者與尊者爲耦不異侯」，注：「古文異作辭。」

〔疏證〕今按：說文：「𠪚，石利也。讀若枲。」是台、異聲通。說文「辭，訟也」，「辤，不受也」。經傳多以辭爲辤，辤，說文籀文作辝，是辭、辤、辝、異四者聲通矣。四者古韻皆在噫部，本同音字。廣韻之「辭，似兹切」，邪母古讀定；志「異，羊吏切」，喻四古讀定：韵分平去而古聲皆讀定母，實即同音。錢氏不言邪喻古讀定，故爲音近通用。

1630 且爲阻。

大射儀「且左還毋周」，注：「古文且爲阻。」

〔疏證〕今按：阻从且聲，本烏部同音字，同聲字通用，通例也。易夬釋文：「且本趄，又作跙。」禮記禮運「然後飯腥而苴孰」，注：「苴或爲俎。」荀子大略「籃苴路似知而非」，注：「苴或讀爲狙。」皆其例。廣韵魚「且，子魚切」，精母；語「阻，側吕切」，照二：韵紐並近，故爲音近通用。

1631 順爲循。大射儀「大射正執弓以袂順左右隈」，注：「今文順爲循。」

〔疏證〕今按：莊子天下「已之大順」，釋文：「順本作循。」詩江漢箋「使循流而下」，釋文：「循，本亦作順。」皆以順、循通作。淮南時則「順彼遠方」，注：「順，循也。」釋名釋言語：「順，循也，循其理也。」漢書注以順訓循，不勝舉也。順、循古韵同在㬎部，廣韵諄「循，詳遵切」，邪母古讀定；稕「順，食閏切」，牀三，古亦讀舌頭：故順、循音近。錢氏不言邪、牀古讀，然音近仍可知。

1632 揉爲紐。大射儀「公親揉之」，（注）：「古文揉爲紐。」

〔疏證〕今按：揉、紐聲通，例鮮它見。然兩字古韵皆在幽部，廣韵尤「揉，耳由切」，日母；有「紐，女久切」，娘母：古音娘日歸泥，兩字實則同音。錢氏不言娘、日古讀，故爲音近通用。

1633 歸爲饋。聘禮「歸饔餼五牢」，注：「今文歸或爲饋。」記「夫人歸禮」，注：「今文歸作饋。」

〔疏證〕 今按：論語先進「詠而歸」，釋文：「歸，鄭本作饋。」微子「齊人歸女樂」，釋文：「歸鄭本作饋。」陽貨「歸孔子豚」，釋文：「歸鄭本作饋。」孟子滕文公下「饋孔子蒸豚」注、論衡知實引論語並作饋孔子豚。荀子王制「使相歸移也」，注：「歸讀爲饋。」尚書歸禾序「王命唐叔歸周公于東，作歸禾」，史記魯世家歸並作餽，餽亦借作饋。其例證亦多矣。歸在古韻威部，饋在鬱部，平入韵耳。廣韵微「歸，舉韋切」，見母；至「饋，求位切」，羣母：韵紐皆小異，故爲音近通用。

1634 籔爲逾。聘禮「車秉有五籔」，注：「籔讀若不數之數，今文籔或爲逾。」記「十六斗爲籔，十籔爲秉」，注：「今文籔爲逾。」

〔疏證〕 今按：籔、逾古韵同在區部。廣韵虞「逾，羊朱切」，喻四；麌「籔，所矩切」，審二：聲雖互異，韵分平上而已，故云音近通用。

1635 輫爲祓。聘禮記「出祖釋輫」，注：「古文輫作祓。」

〔疏證〕今按：輫、祓皆从犮聲，古韻曷部同音字，後世讀音迻易，遂乃小異。廣韻末「輫，蒲撥切」，並母；物「祓，敷勿切」，敷母古讀滂：韻與聲並小異，音近通用。

1636 絢爲約。聘禮記「絢組」，注：「今文絢作約。」

〔疏證〕今按：本卷古讀「旬音均」，已證明旬、勻聲通，此不復贅。儀禮釋文：「絢，呼縣反廣韻霰同，劉云：舊音縣。李胥倫反。一音巡。」「約，音巡。劉音圓，廣韻删「戶關切」，匣母。聲類以爲約字。」從兩字皆音巡言之，則爲同音；從劉説，則兩字聲同而韻有小異。故錢氏以爲音近通用。

1637 皇爲王。聘禮記「賓入門皇」，注：「古文皇皆作王。」

〔疏證〕今按：洪範五行傳「建用王極」，注：「王極或皆爲皇極。」書洪範「皇極之敷言」，史記宋世家作「王極之傳言」。莊子天運「夫三王五帝之治天下不同」，釋文：「三王本或作三皇。」皆皇、王通作之例證也。皇、王古韻央部同音字，今讀音小有迻易。

廣韻唐「皇，胡光切」，匣母；陽「王，雨方切」，喻三古讀匣：實則同音。錢氏不言喻三讀匣，故爲音近通用。

1638 既爲餼。聘禮記「既致饔」，注：「古文既爲餼。」

〔疏證〕聘禮記「既致饔，中省。如其饔餼之數」，注：「古文既爲餼。」

今按：中庸「既廩稱事」，注：「既讀爲餼。」亦其例。説文：「氣，饋客之芻米也。或作槩，又作餼。」可證既、氣本聲通。既、餼本古韻曷部同音字，後世讀音小有迻易。廣韻未「既，居豙切」，見母；「餼，許既切」，曉母：聲紐小異而韻則相同，故云音近通用。

1639 臡爲麋。公食大夫禮「昌本南麋臡」，注：「今文臡皆作麋。」

〔疏證〕禮原文「昌本南麋臡，以西菁菹鹿臡」，故注云：「臡皆作麋。」釋文：「臡，奴兮反，醢有骨者也。字林作腝，人兮反。」

今按：説文：「腝，有骨醢也，从肉耎聲。或从肉，難聲，作臡。」難、耎皆在古韻安部，麋在衣部，古韻不同也。後世聲音迻易。安、因旁轉，衣、因對轉，故廣韻齊「臡，奴低切」，泥母；又「人兮切」，日母古讀泥；脂「麋，武悲切」，微母：廣韻之齊、脂兩韻相近，泥、微兩母則錢氏之同位收聲，所以鬻或作麋也。錢氏不言旁轉對轉，故曰鬻爲麋，音近通用。

1640 萑爲莞。公食大夫禮實在記内「加萑席純純應作尋，誤刊」，注：「今文萑爲莞。」

〔疏證〕今按：説文「萑，鵻屬」，「雚，从艸，隹聲」，此文之萑，雚之省文也。雚、莞本古韻安部同音字，今讀有時迻易，廣韻桓「雚、雚、莞，胡官切」，匣母，同音；又「莞，古丸切」，見母：見、匣則非同母，故云音近通用。

1641 苦爲芐。公食大夫記「羊苦豕薇」，注：「今文苦爲芐。」

〔疏證〕今按：士虞禮記「鉶芼用苦若薇」，注：「古文苦爲枯，今文或作芐。」特牲饋食禮記「鉶芼用苦若薇」，注：「今文苦爲芐。」亦苦爲芐之例證。苦、芐皆在古韻烏部，廣韻姥「苦，康杜切」，溪母；「芐，侯古切」，匣母：兩字韻同聲異，故云音近通用。

1642 實爲寔。覲禮「伯父實來」，注：「今文實作寔。」

〔疏證〕今按：説文「實，富也。从宀，从貫」，古韵在壹部。「寔，止也。从宀，是聲」，古韵在恚部。兩字音義迥別，以其聲近，遂多通作。詩小星「寔命不同」，韓詩寔作實。燕燕「實勞我心」，實本亦作寔。韓奕「實墉實壑，實畝實籍」，箋云：「實當作寔，趙魏之東，實寔同聲。」易既濟「實受其福」，禮記坊記作寔受其福。皆以寔爲本字，實爲借字也。廣韵質「實，神質切」，牀三；職「寔，常職切」，禪母：聲雖同類，韵則不同，惟口讀音相近耳。

1643 嘉爲賀。覲禮「予一人嘉之」，注：「今文嘉作賀。」

〔疏證〕今按：國語晉語「賀大國之襲於己」，説苑辨物賀作嘉。廣雅釋言：「賀，嘉也。」並其證例。嘉、賀皆从加聲，本古韵阿部同音字。後世音變，而有歌、麻之分，廣韵麻「嘉，古牙切」，見母；箇「賀，胡箇切」，匣母：雖讀音不同，其實相近也。

1644 鬱爲貍。內則「烏皫色而沙鳴鬱」，周禮鬱作貍。

〔疏證〕周禮天官内饔「烏皫色而沙鳴貍」，釋文：「貍，音鬱，徐於弗反。」今按：鬱在古韻鬱部，貍在噫部，古韻不同也。廣韻之「貍，里之切」，來母；然而周禮釋文又與鬱同音，物「鬱，紆物切」，影母：故錢氏以爲音近通用。

1645 淳爲敦。周禮内宰「出其度量淳制」，注：「故書淳爲敦，杜子春讀敦爲純。」

〔疏證〕今按：淳、敦皆从𦎫聲，本古韻昷部同音字，後世而讀音稍有迻易。廣韻諄「淳，常倫切」，禪母；魂「敦，都昆切」，端母：諄、魂韻近，禪、端聲近，故爲音近通用。説文「𦎫讀若純」，「奄讀若鶉」，故杜子春讀敦爲純。廣韻諄「純，常倫切」，與淳同音。兼詳卷二讀之異者「敦如彫，又如堆，又如團，又如燾」，「頓如堆」。

1646 纁爲⿱穴熏。周禮染人「夏纁玄」，注：「故書纁作⿱穴熏。鄭司農云：當讀爲纁。纁謂絳也。」予謂纁當从故書作⿱穴熏，⿱穴熏猶染也。

〔疏證〕染人屬天官。

今按：纁在㬎部，黨在安部，古韻相鄰。廣韻文「纁，許云切」，曉母；物「黨，紆物切」，影母：影、曉聲近，故云音近通用。

1647 求爲救。周禮大司徒「正日景以求地中」，注：「故書求爲救，杜子春云：當爲求。」

〔疏證〕今按：救从求聲，同在幽部，本同音字。廣韻尤「求，巨鳩切」，羣母；宥「救，居祐切」，見母：韵分平入，聲分見羣，故云音近。

1648 毀爲甈。周禮牧人「凡外祭毀事用尨可也」，注：「故書毀爲甈，杜子春云：當爲毀，毀謂甌辜侯禳毀除殃咎之屬。」

〔疏證〕牧人屬地官。

今按：毀在衣部，甈在曷部，雖非一部，間或相通。廣韻紙「毀，許委切」，曉母；祭「甈，云例切」，喻三古讀匣：曉、喻聲近，故云音近。

1649 既爲暨。周禮閭胥「既比則讀法」，注：「故書既爲暨。」

〔疏證〕閭胥屬地官。

今按：暨从既聲，黖部同音字。廣韵未「既、暨，居豙切」，見母，同音，然用此切，暨爲地名；至「暨，其冀切」，羣母：見羣近紐，故云音近。卷二釋地「暨，蔇也」，可參閱。

1650 郊爲蒿。周禮載師「任近郊之地」，（注）：「故書郊或爲蒿，杜子春讀蒿爲郊。」刻本誤任爲仕，又「蒿爲郊」，誤郊爲茭。

〔疏證〕今按：卷二釋地「鄗，郊也」，可參彼文。兩字古韵同在夭部。廣韵豪「蒿，呼毛切」，曉母；肴「郊，古肴切」，見母：聲韵皆近，故云音近。

1651 舉爲與。周禮師氏「王舉則從」，注：「故書舉爲與。」

〔疏證〕師氏屬地官。

今按：舉从與聲，同在古韵烏部，惟聲紐今讀不同。廣韵語「與，余吕切」，喻四古讀定；「舉，居許切」，見母：韵同聲異，故云音近。

1652 庛爲比。　周禮遂師「庛其委積」，（注）：「故書庛爲比，鄭司農讀爲庛。」

〔疏證〕　遂師屬地官。

今按：説文「庇，蔭也」，無庛，庛即庇也。説文：「妣，籀文作𡚱。」以庛爲庇，猶𡚱之爲妣矣，故匕、比同聲也，本古韵衣部同音字。廣韵至「庇，必至切」，錢氏入幫母；旨「比，卑履切」，錢氏亦入幫母：旨韵比又毗、鼻、邲三音，故錢氏以爲音近通用。

1653 騂爲挈。　周禮草人「騂剛用牛」，（注）：「故書騂爲挈，杜子春讀挈爲騂。」音義俱遠，當作垟，説文：「赤剛土也。」

〔疏證〕　草人屬地官。

今按：謂騂、挈「音義俱遠」，是矣。謂挈「當作垟」，音義既當矣，然騂、垟二字，廣韵清「息營切」，則又爲同音通用矣，故以音近爲説也。

1654 表爲剽。　周禮肆師「祭之日表齍盛」，注：「故書表爲剽。」

〔疏證〕 肆師屬春官。

今按：説文「表古文作褾」，麃从鹿，票省聲，是可證表、票聲通。荀子大略「水行者表深」，注：「表，標準也。」管子君臣上「猶揭表而令之止也」，注：「表謂以木爲標，有所告示也。」史記留侯世家「表商容之閭」，崔浩曰：「表者，標揭其里閭。」表爲標猶表爲剽矣。表、剽古韵同在夭部。廣韵小「表，陂矯切」，錢氏入幫母；宵「剽，符霄切」，奉母古讀並；笑「剽，匹妙切」，錢氏入滂母：是今讀聲與韵皆小異，音近通用。

1655 瓢爲剽。 周禮鬯人「禜門用瓢齎」，注：「故書瓢爲剽，鄭司農讀剽爲瓢。」

〔疏證〕 鬯人屬春官。

今按：剽、瓢同从票聲，本夭部同音字。廣韵宵「瓢、剽，符霄切」，奉母古讀並，則爲同音；又笑「剽，匹妙切」，錢氏徑入滂：則剽與瓢爲音近也。

1656 脩爲卣。 周禮鬯人「廟用脩」，注：「脩讀曰卣。」

〔疏證〕今按：周禮司尊彝注「彝，卣罍器也」，釋文：「卣本亦作攸。」漢書地理志上「酆水逌同」，師古曰：「逌，古攸字也。」又「九州逌同」，亦以逌爲攸。韋賢傳曰「萬國逌平」，師古曰：「逌，古攸字也。」叙傳上「票取弔于逌吉兮」，叙傳下「歷筭逌出」，注並云：「逌，古攸字也。」史記趙世家「烈侯逌然」，正義：「逌古字與攸同。」脩从攸聲，逌从卣聲，故逌爲攸猶脩爲卣矣。脩、卣古韵同在幽部，本同音字，聲音變遷，今則異讀耳。廣韵尤「逌、卣，以周切」，喻四；「脩，息流切」，心母：異聲而同韵，故錢氏以爲音近。考脩本喻四，變而爲邪，訛而爲心，脩、卣古本同音也。

1657 踐爲餞。周禮司尊彝「朝踐用兩獻尊」，注：「故書踐作餞，杜子春云：當爲踐。」

〔疏證〕司尊彝屬春官。

今按：踐、餞同从戔聲，本古韵安部同音字，今讀而或稍遂易。廣韵銑「踐、餞，慈演切」，從母，仍讀同音；線「餞，才線切」，從母：則韵小異。

1658 希爲絺。周禮司服「祭社稷五祀則希冕」，注：「希讀爲絺，或作黹，字之誤也。」

〔疏證〕司服屬春官。釋文亦云：「希本又作絺，陟里反，劉豬履反。黹，張里反。」

今按：周禮天官酒正「小祭壹貳」，注：「王服希冕玄冕所祭也。」釋文：「希本又作絺。」亦其例。絺从希聲，本古韵衣部同音字，後世音變，今讀不同。廣韵微「希，香衣切」，曉母；脂「絺，丑飢切」，徹母：聲異而韵近，故云音近。黹與絺音讀實則相同，不必字誤，蓋亦聲轉也。

1659 祧爲濯。周禮守祧「掌守先王先公之廟祧」，（注）：「故書祧作濯，鄭司農讀濯爲祧。」

〔疏證〕守祧屬春官。

今按：詩大東「佻佻公子」，釋文：「韓詩作嬥嬥。」爾雅釋訓「佻佻契契」，文選魏都賦「或明發而嬥歌」，注引爾雅作「嬥嬥契契」。爾雅釋魚「蜃小者珧」，釋文：「珧，衆家本作濯。」跳訓爲躍，經傳習見，亦聲近而義通也。兆在宎部，翟在約部，古平入韵也。廣韵蕭「祧，吐彫切」，透母；覺「濯，直角切」，澄母古讀定：韵既相近，聲亦大同，故爲音近。

1660 贈爲繒。　周禮男巫「冬堂贈」，〔注〕：「故書贈爲繒，杜子春云：當爲贈。」

〔疏證〕男巫見春官。繒當熷字之誤刊，男巫注作熷不作繒也。

今按：贈、熷皆从曾聲，本膺部同音字，今讀小異。廣韵登「熷，作縢切」，精母；嶝「贈，昨亘切」，從母：聲與韵皆衹小異，故云音近。

1661 總爲緦。　周禮巾車「錫面朱總」，〔注〕：「故書總爲緦，鄭司農云：當爲總，書亦或爲總。」

〔疏證〕巾車屬春官。釋文：「緦，戚云：檢字林、蒼、雅及說文，皆無此字。」衆家亦不見有音者，惟昌宗音廢，以形聲會意求之，實所未了，當是廢而不用乎？非其音也。

李兵廢反，本或作緦，恐是意改也。」

今按：集韵廢「緦，立廢切，闕」，未詳所據；又至「緦，基位切，繒也」，則以字从糸故釋爲繒，字从鬼聲，故依之以作切也。並與緦之音無關，不得言音近。朱駿聲説文通訓定聲豐部總字下，以爲周禮故書誤作緦，朱氏出於錢門，説或近理。疑此條當移入「字形相涉之訛」一節。

1662 翜爲毼。周禮巾車「連車有翜」，注：「故書翜爲毼，杜子春云：當爲翜，書亦或爲毼。」

〔疏證〕巾車「輂車組輓有翜」，釋文：「翜，所甲反，毼毼並音獵，毼或音毛。」

今按：説文無獦，顔氏家訓書證云「獵化爲獦，寵變成竉」，則獦之爲字，从來久矣。廣韵曷「獦，獦狚獸也，古達切」，見母，與翜之音無關。葉：「獦，良涉切，俗作田獵字非。」廣韵獦字兩切，其一與獵同音也。狎「翜，所甲切」，審二。獵、翜兩字古韵並在盇部，狎、葉亦韵近，來審皆收聲，以獦爲獵，故獦、翜音近通用。

1663 篆爲緣。周禮巾車「孤乘夏篆」，（注）：「故書篆爲緣。」

〔疏證〕今按：漢讀考云：「故書作綠字，故司農云：夏赤色；綠，綠色。今各本作緣，此正同内司服之誤，三緣字皆當作綠。」錢氏所不從也。説文：「軕，車約也。从車，川聲。」周禮曰：『孤乘夏軕。』」軕與緣音同，不與綠同音。注又引或曰「夏篆，篆讀如圭瑑之瑑」，錢氏應取此爲説。篆、緣、瑑三字皆从彖聲，本古韵安部同音字，後世音稍迻易。廣韵仙「緣，與專切」，喻四古讀定；獮「篆、瑑，持兖切」，澄母古讀定：雖韵分平上，聲同定母，實則同音。然錢氏不言喻四讀定，故爲音近。

1664 薙爲夷。周禮薙氏注：「薙或爲夷，鄭司農引春秋傳芟夷蘊崇之，玄謂薙讀刻本誤謂如鬀小兒頭之鬀。」

〔疏證〕薙氏屬秋官。注見序官，引注有改易。

今按：薙氏又云「夏日至而夷之」，校勘記：「漢讀考作雉之，注同。云：司農从夷，鄭君从雉。月令：燒雉行水，注引夏日至而雉之爲證，其明驗也。禮記正義引皇氏曰：夷音雉。是皇侃時字雖誤而音不誤，勝於陸德明矣。」从校勘記引文可證雉、夷本聲通。説文鵜或作鶇，易明夷「夷於左股」，釋文：「子夏本作睇，又作眱。」易渙「匪夷所思」，釋文：「夷荀本作弟。」此又夷、弟通讀之證。薙、夷、鬀本古韵衣部同音字，後世音稍衍變，廣韵脂「夷，以脂切」，喻四古讀定；霽「薙、鬀，他計切」，透母：錢氏不言喻四讀定，故云音近。

1665 附爲付。 周禮小司寇「聽萬民之獄訟，附于刑」，（注）：「故書附作付。」又「以八辟麗邦法，附刑罰」，（注）：「故書附爲付。」

〔疏證〕小司寇屬秋官。

今按：附从付聲，本古韵區部同音字。廣韵遇「附，符遇切」，奉母；「付，方遇切」，非母：聲小異，故云音近。

1666 梈爲㮩。 周禮壺涿氏「以牡梈午貫象齒」，（注）：「故書梈爲梓，杜子春云：梓當爲梈，梈讀爲枯，書或爲㮩。」

〔疏證〕壺涿氏屬秋官。

今按：橭、檴皆古韵烏部字。廣韵模「橭，古胡切」，見母；魚「檴，丑居切」，徹母：韵近聲異，故云音近也。

1667 刮爲捖。周禮考工記「刮摩之工五」，（注）：「故書刮作捖，鄭司農云：捖讀爲刮。」

〔疏證〕今按：刮从昏聲，古韵在曷部；捖从完聲，在安部：平入對轉。廣韵桓「捖，胡官切」，匣母；鎋「刮，古頒切」，見母：錢氏雖不言對轉，然兩字聲韵相近，固可知也。

1668 矩爲距。周禮輪人「必矩其陰陽」，（注）：「故書矩爲距，鄭司農云：當作矩。」大學「君子有絜矩之道」，釋文：「矩作拒。」

〔疏證〕矩、距同从巨聲，烏部同音字也，自可通作。

今按：左傳宣十二年「將右拒卒」，釋文：「拒作矩。」論語子張「其不可者拒之」，釋文：「距本作拒。」莊子大宗師「其入不距」，釋文：「距作拒。」皆巨聲字通作之例。廣韵麌「矩，俱雨切」，見母；語「拒、距，其吕切」，羣母：今讀小異，故云音近。

1669 楗爲券。周禮輈人「終日馳騁左不楗」，注：「杜子春楗讀爲蹇，書楗或作券。玄謂券今倦字。」

〔疏證〕今按：水經注潕水：「南遷建城東，建當爲卷，字讀誤耳。郡國志云：葉縣有卷城。」卷、券同从𢍏得聲，楗爲券猶之建爲卷矣。楗、券同在古韵安部。廣韵願「券，去願切」，溪母；阮「楗，其偃切」，羣母：聲與韵皆相近，故云音近。

1670 臀爲脣。周禮栗氏「其臀一寸」，注：「故書臀作脣，杜子春云：當爲臀。」

〔疏證〕今按：詩采菽「殿天子之邦」，傳：「殿，鎮也。」小爾雅廣言：「殿，鎮也。」是殿、鎮聲通。周禮夏官大司馬「大獸公之，小禽私之」，注：「五歲爲慎，玄謂慎讀爲麎。」釋文：「慎如字，亦音辰。」是慎、辰聲通也。殿與填、填與辰聲通，故臀可作脣矣。臀、脣古韵同在𥁕部。廣韵魂「臀，徒渾切」，定母；諄「脣，食倫切」，牀三，古本舌音也：是臀、脣音近。

1671 綫爲綜。周禮鮑人「察其綫欲其藏也」，（注）：「故書綫或爲綜，杜子春云：綜當爲糸旁泉，讀如絤，謂縫革之縷。」

〔疏證〕今按：綫在古韵安部，綜在夅部，韵部迥別。廣韵綫「綫，私箭切」，心母；宋「綜，子宋切」，精母：精、心雖同類，韵則不同。泉、宗形近，故誤綫爲綜耳，疑當字形相涉之訛，恐非音近之轉。

1672 勝爲稱。周禮弓人「角不勝幹，幹不勝筋」，（注）：「故書勝或作稱。」

〔疏證〕今按：易繫辭下「貞勝者也」，釋文：「勝，姚本作稱。」國語晉語「中不勝貌」，注：「勝當爲稱。」禮記學記「良弓之子必學爲箕」，注：「三體相勝。」釋文：「勝一本作稱。」文選演連珠「是以物勝權而衡殆」，注：「勝或爲稱。」此皆勝可爲稱之證。勝、稱皆在古韵膺部。廣韵蒸「稱，處陵切」，穿三；又「勝，識蒸切」，審三：是韵同而聲近，故云音近。

1673 蜎爲絹。周禮廬人「刺兵欲無蜎」，注：「故書蜎或作絹。鄭司農讀爲悁邑之悁，康成讀若井中蟲蜎之蜎。」

〔疏證〕今按：蜎、絹、悁皆从肙聲，本古韵安部同音字，後世聲稍迻易。廣韵先「蜎，烏玄切」，影母；仙「悁、蜎，於緣切」，影母；線「絹，吉掾切」：韵分平去，聲異喉牙，實則音近也。

1674 撥爲廢。周禮梓人「於眡必撥爾而怒」，（注）：「故書撥作廢，鄭司農讀爲撥。」

〔疏證〕今按：撥、廢同从發聲，本古韵曷部同音字。論語微子「廢中權」，釋文：「鄭作發。」詩長發「元王桓撥」，釋文引韓詩作發。碩人「鱣鮪發發」，釋文：「韓詩作鱍鱍。」皆从發得聲字通作之例也。古韵發在曷部。廣韵末「撥，北末切」，幫母；廢「廢，方肺切」，非母古讀幫：幫同而韵小異，故云音近。

1675 豆爲斗。周禮梓人「一獻而三酬，則一豆矣。食一豆肉，飲一豆酒，中人之食也」，注：「豆當爲斗，聲之誤。」

〔疏證〕今按：禮器疏引駁異義：「馬季長説，一獻三酬則一豆，豆當爲斗。」梓人注，鄭用馬説也。豆與斗古韵皆在區部。廣韵候「豆，田候切」，定母；厚「斗，當口切」，端母；韵僅上去之分，聲則端定之别，故爲音近。

1676 勺爲約。周禮玉人「黄金勺」，注：「故書或作約，杜子春云：當爲勺。」

〔疏證〕今按：約从勺聲，本古韵約部同音字，形聲同聲例當通用。詩酌序釋文「酌本作汋」，左傳宣十二年、荀子禮論亦皆作汋。儀禮、禮記、漢書禮樂志並作勺。詩賓之初筵「發彼有勺」，釋文：「勺本作的。」皆其例證。廣韵藥「勺，之若切」，照三；「約，於略切」，影母：聲雖異矣，韵則相同，故云音近。

1677 槷爲弋。周禮匠人「置槷以縣」，（注）：「故書槷或作弋，杜子春云：「槷當爲弋，讀爲杙。」
〔疏證〕今按：槷在古韻曷部，弋在肊部，不同韻也。廣韻祭「槸，魚祭切」，疑母；職「弋，與職切」，喻四：兩字聲韻皆不同，於錢氏僅爲同位，謂音近，疑其失考。

1678 蹕爲避。周禮大司寇「使其屬蹕」，（注）：「故書蹕作避，杜子春云：當爲辟，謂辟除姦人也。」
〔疏證〕今按：蹕在壹部，避在益部，古韻不同。後世聲韻迻易，陸法言切韻齊韻合恚、衣兩部字，故兩部入聲即益與壹亦有時而混矣。廣韻質「蹕，卑吉切」，錢氏爲幫母；寘「避，毗義切」，錢氏爲並母：質、寘韻近，幫、並聲亦不遠，故云音近。

1679 諟爲題。大學「顧諟天之明命」，注：「諟或爲題。」
〔疏證〕今按：諟、題皆从是聲，本益部同音字，形聲同聲，例當通作。禮記月令「完隄防」，釋文：「隄本作提。」穀梁僖二年「達心則其言略」，注：「明達之人，言則舉綱要，不言提其耳。」釋文：「提本作題。」例不勝數也。廣韻紙「諟，承紙切」，禪母；齊

「題，杜奚切」，定母：聲韻皆相近，故云音近。

1680　彥爲盤。大學「人之彥聖」，注：「彥或作盤。」

〔疏證〕今按：彥、盤古韻同在安部。廣韻線「彥，魚變切」，疑母；桓「盤，薄官切」，並母：聲雖不同，韻則相近，故云音近。

1681　孚爲扶，爲豈。禮聘義「孚尹旁達」，注：「孚或作豈，或爲扶。」

〔疏證〕今按：孚在幽部，豈在區部，扶在烏部，古韻雖不同，然相鄰近，故或相通用。說文稃或作粉。史記律書「言萬物剖符甲而出也」，索隱：「符甲猶孚甲也。」淮南俶真「蘆苻之厚」，注：「苻讀麪孵之孵。」書高宗肜日「天既孚命正厥德」，史記殷本紀作附命，漢書孔光傳、漢石經並作付命。此皆孚、豈聲通之證。扶之通孚或付者不常見。廣韻虞「孚、豈，芳無切」，同音；「扶，防無切」，奉母：扶與孚、豈今則同韻，聲則分爲敷、奉兩母，故總而言之，三字音近。

1682 壯爲將。禮射義「幼壯孝弟」，注：「壯或爲將。」詩「鮮我方將」，毛傳：「將，壯也。」

〔疏證〕引詩北山。

今按：壯、將並从爿聲。本央部同音字。詩長發「有娀方將」，爾雅釋詁「將，大也」，並以將爲壯。廣韻陽「將，即良切」，精母；漾「壯，側亮切」，照二：聲韻皆相近，故云音近。

1683 察爲殺。禮鄉飲酒義「愁之以時，察守義者也」，注：「察或爲殺。」

〔疏證〕今按：書禹貢「二百里蔡」，鄭注：「蔡之言殺，減殺其賦。」左傳昭元年「周公殺管叔而蔡蔡叔」，釋文：「上蔡字，音素葛反，放也，説文作𣏕，音同，字從殺下米。云𥺷𣏕散之也。」張參五經文字云：「𣏕，春秋傳多借蔡字爲之。」察、蔡同从祭聲，𣏕从殺聲，蔡之訓殺、𣏕，猶察之或爲殺也。殺、察古韵同在曷部。廣韻黠「察，初八切」，穿二；「殺，所八切」，審二：是二字韵同而聲小異，故云音近。

形聲俱遠

形遠則不得謂爲形誤，聲遠則不得謂爲聲轉。古籍中自有形聲俱遠，而互相通訓者，大都義訓也。亦有固非義訓，而又不可考其所以通轉之故者，蓋形聲義輾轉周折，今人尚未得其鰓理，亦時復有之。錢氏此項，僅録五條，即此五條，且皆聲音相近，頗不合于條例。疑錢氏原書，雖標此目，並未縷舉例證。後人刊行加以釐定，遂取「音近通用」最末之五條，以補「形聲俱遠」之缺。雖「蜃爲謨」一條似可備「形聲俱遠」之例，若以下四條則皆音近通用，明白可見，讀此書者，所不能不知也。

1684 蜃爲謨。周禮鬯人「凡山川四方用蜃」，注：「故書蜃或爲謨，杜子春云：謨當爲蜃，書亦或爲蜃。鄭司農云：謨，器名。」

〔疏證〕鬯人屬春官。鄭司農云「脩謨槪散皆器名」，仍依故書作謨。今按：蜃、謨兩字形不相涉，明白可知，故非形誤。蜃在古韻𠙴部，謨在烏部，古韻不同也。廣韻模「謨，莫胡切」，明母；震「蜃，時刃切」，禪母：韻紐亦不相同。以通例言之，謂屢、謨形聲俱遠，可也。然錢氏以明禪兩母爲收聲，聲位相同爲變轉，若以錢氏之例言之，謂屢、謨兩字爲聲遠則不可。

1685 昪。詩「弁彼鸒斯」，傳：「弁，樂也。」

〔疏證〕引詩小弁。

今按：昪从弁聲，弁、昪本古韵安部同音字。廣韵線「昪、弁，皮變切」，錢氏入並母，亦同音字。錢氏必不謂昪、弁形聲俱遠，今以之録入形聲俱遠，誤也。

1686 疛，小腹痛。詩「惄焉如擣」，韓詩作疛。

〔疏證〕亦引詩小弁。已詳卷三文之異者「擣爲疛」。

今按：卷三既已言擣、疛爲雙聲正轉，此條又謂擣、疛形聲俱遠，錢氏必不如此，今刻本錯亂可知。

1687 奔，大也，讀若予違汝弼。詩「佛時仔肩」，毛公訓佛爲大，正義謂佛之爲大，其義未聞，由未檢説文故也。

〔疏證〕詩敬之：「佛時仔肩。」説文：「奔，大也，讀若予違汝弼之弼。」

今按：奔之本義訓大，佛之訓大爲奔之借字，佛、奔同从弗聲，古韵鬱部同音字。廣韵物「佛，符弗切」，奉母；「奔，分勿切」，非母：韵同而聲近，亦不得謂爲形聲俱遠也。

1688 嬥。詩「佻佻公子」，韓詩作嬥嬥。

〔疏證〕已詳本卷音近通用「祧爲濯」。

今按：既云「祧爲濯」，音近通用，又謂嬥、佻形聲俱遠，錢氏必不云爾也。

字形相涉之訛

1689 朋爲侈，又爲用。戰國時韓有公仲朋，史記田敬仲世家作馮，馮讀皮冰切，馮朋聲相轉也。甘茂傳作公仲侈，徐廣一作馮，古今人表作公中用，皆字形之訛。莊子徐无鬼篇「謵朋前馬」，崔譔本作侈。史記五帝本紀「萬國和而鬼神山川封禪與爲多焉」，徐廣曰：「多一作朋。」

〔疏證〕韓策：「張儀謂齊王曰：王不如資韓朋，與之逐張儀于魏。」韓朋即公仲也。

今按：多與用易與朋相混，侈又與倗易相混，故朋訛作侈與用也。

1690 纖爲志。樂記「志微噍殺之音作」，鄭康成解志微爲意細。予按：漢書禮樂志作纖微癄瘁之音，纖與識字形相涉，而志又識之古文，故轉爲志也。

〔疏證〕此條亦見漢書考異。王引之經義述聞以爲志借作職，說文「職，記微也」，說與錢異，可參閱。

1691 壺爲臺。檀弓「敗于臺鮐」，注：「臺當爲壺，字之誤也。」春秋作狐駘。」

〔疏證〕引春秋，見襄四年。

今按：壺、狐通作者，吕覽下賢壺邱子，古今人表作狐邱子林。古今人表狐黶，史記弟子列傳作壺黶。易睽「後説之弧」，釋文「弧本作壺，京、馬、鄭、王肅、翟子元作壺」，皆可證。

1692 朱爲木。檀弓：公叔木，注：「木當爲朱，春秋作戍。」

〔疏證〕定十四年經：「衛公叔戍來奔。」朱、戍同爲古韻區部舌音，音相近也。

1693 原爲京。檀弓「從先大夫於九京」，注：「晉卿大夫之墓地，在九原，京蓋字之誤。」

〔疏證〕下文又一處云「趙文子與叔譽觀乎九原」，鄭注蓋即依下文爲説。

今按：國語晉語八「趙文子與叔向遊于九原」，注：「原當作京也，京晉墓地。」徐元誥集解云：「宋庠本作京，注曰：『京當作原，九原晉墓地。』黄丕烈曰：『檀弓載此事作原。又以從先大夫於九京也，鄭注：晉卿大夫之墓地在九原，京蓋字之誤，當作原。即依本書爲説也。韋解此當作京者，考水經汾水注云：京陵縣故城，於春秋爲九原之地，其京尚存。漢興，增陵於其下，故曰京陵。地理、郡國二志皆曰京陵，是韋正依當日地名，傅會趙文子從先大夫於九京爲説，與鄭不同。鄭易京爲原，此則易原爲京耳。』司馬彪云：『京陵，春秋時九京。』是亦從京不從原也。別本京原互易，乃宋公序誤用鄭改韋。陳瑑曰：『東觀漢記云京作原，古通用，蓋原京聲轉也。』」後漢書姚期傳「而更始將卓京」，注：「京或作原。」京、原二字易混，可知也。

1694 爨爲奥。禮記禮器「燔柴于奥」，（注）：「當爲爨，字之誤也。」

〔疏證〕注又云：「奥或作竈。」禮器下文又云「夫奥者，老婦之祭也」，依鄭意此奥亦當爲爨。

1695 豐爲禮。書「典祀無豐于昵」，史記殷本紀云：「常祀毋禮于弃道。」

豐禮字形相涉。

〔疏證〕引書高宗肜日。

今按：宋慶元黃善夫刻本「常祀毋禮于弃道」，他本作豐，錢氏蓋用黃本。然集解引孔安國曰：「祭祀有常，不當特豐于近也。」索隱亦云：「祭祀有常，無爲豐殺之禮。」是史記仍當作豐。禮之省爲豊，豊、豐形相涉。

1696

滿爲蒲。左傳晉侯州蒲。據應劭名諱云：「周穆王名滿，晉厲公名州滿，又有王孫滿，是同名不諱。是州蒲爲州滿之訛。」

〔疏證〕引左傳成十年「立公子州蒲以爲君」，釋文：「州蒲本或作州滿。」

今按：史記晉世家：「立其太子壽曼爲君，是爲厲公。」壽與州同爲幽部。廣韻尤「州，職流切」，照三；有「壽，殖酉切」，禪母：近紐雙聲。曼、滿同在安部。廣韻桓「曼，母官切」，明母；緩「滿，莫旱切」，明母：同紐雙聲。若作州蒲，蒲、滿韻異，亦非同紐雙聲，故以作滿爲是。漢書郊祀志上「穿蒲池溝水」，師古曰：「蒲池爲池而種蒲，蒲字而作滿，言其水滿也。」是亦蒲、滿兩作，惟郊祀志當作蒲，顏氏依違其說，非是也。

1697 洞爲洞。杜預春秋後序云：「紀年稱衛懿公及赤翟戰于洞澤。疑洞當爲洞，即左傳所謂熒澤也。」

〔疏證〕今按：洞、熒皆在嬰部，聲亦相近，故相通作。説文：「檾，从𣏟，熒省聲。詩曰：衣錦檾衣。」詩碩人、丰並曰「衣錦褧衣」，中庸「衣錦尚絅」，是檾、褧、絅三字可以通作，即熒、洞可以通作，熒澤可作洞澤也。左傳閔二年及宣十二年並稱熒澤，紀年作洞澤，洞與熒無論聲韵皆不同，故杜預疑洞當爲洞也。

1698 京爲亳。春秋左氏經「同盟于亳城北」，服虔本作京，公、穀亦作京。京城鄭地，即共叔段封邑。杜本作亳，蓋轉寫之訛。

〔疏證〕引春秋經，見襄十一年。左傳隱元年：「謂之京城太叔。」

1699 割爲周、申爲田、觀爲勸。緇衣引君奭曰「在昔上帝周田觀文王之德」，注：「古文『周田觀文王之德』爲『割申勸寧王之德』，今博士讀爲『厥亂勸寧王之德』，三者皆異，古文似近之。」

〔疏證〕錢依注以古文爲近之，則標目當作「勸爲觀」，疑刻本誤倒。

今按：曾運乾先生尚書正讀云：「三讀不同，各有是非。割當本作害，緇衣讀周，形之誤也。博士讀厥，古文讀割，並聲之誤也。實當讀爲曷，如時日害喪之害，何也。申，緇衣讀田，博士讀率，率轉爲亂，並形之誤也。古文作申不誤。申，重也。勸，緇衣讀觀，聲之誤也。甯當本作㝉，博士古文皆讀甯，形之誤也。禮緇衣作文，獨不誤。今定爲害申勸文王之德。」曾説甚是，故録以供參讀。

1700

窒爲空。列子黄帝篇「至人潛行不空，蹈火不熱，行乎萬物之上而不慄」，注：「一本空字作窒，窒，塞也。不空者，實有也。至人動止，不以實有爲閡者也。」予謂窒與熱、慄爲韵。張湛解不空爲實有，非也。莊子達生篇引此文作窒。刻本慄皆誤作慓，今皆改正。

〔疏證〕「一本空作窒，窒，塞也」，當爲釋文，其下始爲注。刻本錯亂。

今按：道藏江遹本、宋徽宗本列子並作窒，不誤。窒與慄同在古韵壹部，熱在曷部，窒、慄叶韵，熱不叶韵。

1701 父爲文。莊子達生篇：「東野稷以御見莊公，進退中繩，左右旋中規，莊公以爲文弗過也。」呂氏春秋引此云：「以爲造父不過也。」文蓋父之訛。

〔疏證〕引呂氏春秋適威。

今按：荀子性惡「不如齊魯之孝具敬父者，何也」，注「敬父當爲敬文」，雖例與此反，然而同爲父、文形相涉而訛則相同。

1702 丸爲凡。史記五帝本紀「東至於海，登丸山」，徐廣曰：「丸一作凡。」

〔疏證〕集解：「駰按：地理志曰：『丸山在郎邪朱虛縣。』」正義曰：「丸音桓。括地志云：『丸山即丹山，在青州臨朐縣界，朱虛故縣西北二十里，丹水出焉。丸音紈。』守節按：地志唯有凡山，蓋凡山丸山是一山耳。諸處字誤，或丸或凡也。漢書郊祀志云：『禪丸山。』顏師古云：『在朱虛。』亦與括地志合，明丸山是也。」

1703 制爲㓥。史記五帝本紀「依鬼神以㓥義」，正義曰：「㓥古制字。」予謂㓥與制字形相涉之訛。

〔疏證〕今按：説文「㓥，齊斷也」，則㓥、制本爲兩字，不得云㓥爲古制字也。

1704 焉爲馬。周禮縫人「喪縫棺飾焉」，注：「故書焉爲馬，杜子春云：當爲焉。」

〔疏證〕焉、馬形相涉，明白可知。

1705 紂爲純。周禮媒氏「純帛無過五兩」，注：「純實緇字也。古緇以才爲聲。」

〔疏證〕今按：紂本古文緇字，説文未録。玉藻「大夫佩水蒼玉而純組綬」，注：「純當爲緇。古文緇字，或作糸旁才。」祭統「以供純服」，注：「純服亦冕服也，互言之爾。純以見繒色，冕以著祭服。」釋文：「純，則其反。」是純讀同緇也。疏：「鄭氏之意，凡言純者，其義有二，一糸旁才，是古之緇字；二是糸旁屯，是純字，但書文相亂，雖是緇字，並皆作純。」又詩行露傳「紂帛不過五兩」，釋文：「紂本作純。」丰箋「紂衣纁袡」，釋文：「紂本作純。」檀弓「爵弁經紂衣」，釋文：「紂本作純。」皆紂爲純之例，錢氏僅發其凡，故未詳舉。

1706 實爲賓。 周禮大宗伯「以實柴祀日月星辰」，〔注〕：「故書實柴爲賓柴。」

〔疏證〕 今按：莊子消摇游「吾將爲賓乎」，俞樾云：「本作『吾將爲實乎』，與上文『吾將爲名乎』相對成文。名者實之賓也，其意已足，此當連下讀之。賓、實形近，又涉上文賓字致訛。」俞校是矣，請更例證之。文選命運論「其爲實乎？執杓而飲河，不過滿腹」，正用莊子此文，作實不作賓可證也。

1707 㝈爲受。 周禮巾車「歲時㝈續共其弊車」，注：「故書㝈續爲受讀。杜子春云：㝈當爲受，當作「受當爲㝈」，誤倒。讀當爲續。」

〔疏證〕 今按：儀禮燕禮「更爵洗」，大射儀「更爵洗」，注並云：「古文更爲受。」特牲饋食禮「主人更爵酌醋」，又「更爵酢于主人」，注並云：「古文更爲受。」皆以叜、受形相涉而訛。又更與叜形亦相混，列子黄帝「宿于田更商邱開之家」，注：「更當作叜。」釋文：「更作叜。叜，西口反。」禮記文王世子「三老五更」，釋文：「更，蔡作叜。」三老五叜之説，世多争論，要以更、叜形近故耳。

1708 神爲旦。 郊特牲「所以交于旦明之義也」，注：「旦當爲神，篆字之誤也。」

〔疏證〕郊特牲下文「恒豆之菹」章云「所以交于神明之義也」，「所以交于神明者，不可以同於安樂之義也」，「所以交于神明者，不可同于所安，褻之甚也」，三處皆作神明，不作旦明，故鄭謂「旦當爲神」。

今按：鄭所謂「篆字之誤」者，不外二端：一、神之篆文作䄑，省示作申，則與旦近矣；二、顧炎武金石文字記云：神古碑多作䄇，下从旦，落脱袦則爲旦也。莊子大宗師「有旦宅而無情死」，旦蓋亦神之誤。

1709 售爲詹。史記曆書「廣延宣問，以理星度，未能詹也」，徐廣曰：「詹一作售。」索隱曰：「漢書作讐，讐即售也。」故徐廣作售。予謂售之爲詹，字相涉而訛。

〔疏證〕今按：詹在古韻奄部，售在幽部，古韻不同也。廣韻尤「讐，市流切」，禪母；鹽「詹，職廉切」，照三：聲雖同類，然亦相差較遠，故非音轉。唯兩者形近，故以爲字形相涉之訛。

1710 焉爲烏。後漢書光武紀「馮異與公孫述將程焉戰于陳倉」，公孫述傳作程烏，焉、烏聲相近。

〔疏證〕今按：焉在安部，烏在烏部，古韻不同部。廣韻仙「焉，於虔切」，影母；模「烏，哀都切」，影母：影母雙聲，於例合於錢氏之正轉，故云「焉、烏聲相近」。然焉、烏形亦相近似，既録於此，則應作字形涉之訛，謂爲焉、烏形相近。蓋原稿有筆誤，刊刻時亦校讎不精耳。

1711 盜爲温。史記秦本紀「周繆王得刻本誤「得」作「傳」驥温驪驊騮騄耳之駟」，徐廣曰：「温一作盜。」

〔疏證〕索隱云：「温音盜，徐廣亦作盜；鄒誕生本作駣，音陶；劉氏音義云：『盜，竊也。竊，淺青色。』八駿既因色爲名，竊驪爲得之也。」

今按：列子周穆王「次車之乘，右服渠黄而左踰輪，左驂盜驪而右山子」，亦作盜驪，不作温，亦可證温爲盜之形訛。

附録一

聲類刻本序跋

一

右聲類四卷，嘉定錢竹汀夫子之所輯也。夫子淹貫經史，尤精小學。此書採綴極富，而出所見以正前人之訛誤者，僅十之一二。蓋當時止輯以備用，故其説散見於所著廿二史考異、金石跋尾、養新録諸書，而此書視如蒿矢，藏之篋笥。憶乾隆丙申，夫子掌教鍾山，恩時年僅十七，從受業者十載，極蒙訓誨，期以遠到，今已四十七載，而未敢忘也。道光辛巳，恩守安慶，得遇文孫祁門訓導師康，從乞夫子之未刻書，得數種，此其一也。適安化陶雲汀夫子來撫皖，公餘之暇，以此書進，見而愛之，首捐資，屬恩付梓。因於簿書鞅掌中，篝燈讐校，畧加詮次，壽之梨棗，以仰副雲汀夫子之至意，即酬竹汀夫子之舊德於萬一也。道光五年，歲次乙酉，秋七月七日，受業汪恩謹跋。

二

錢竹汀先生所著聲類四卷，蒐羅比櫛，於小學大有裨益，惟不載潛研堂叢書中。鄉先達汪芝亭先生得其稿本，曾刻之皖江，而傳印未廣，并版亦散失，良可惜也。余家所藏，有汪氏初印本。因思先生於形聲訓詁之學，最稱邃密，凡所撰著，海内莫不寶之。此書雖卷帙無多，而沾丐已衆。乃嘉惠之靈，有㬎有晦，同志之士，必有願見而不可得者。爰即以原書上木，致期告成，以公諸世云。道光己酉八月，江甯陳士安附識。

三

右聲類四卷，國朝錢大昕撰。按，大昕字曉徵，一字辛楣，又號竹汀，嘉定人，事蹟著撰，具見阮文達國朝儒林傳稿。考江鄭堂漢學師承記，稱「先生不專治一經，而無經不通；不專攻一藝，而無藝不精。經史之外，如唐宋元明詩文集、小説筆記、自秦漢以及宋元金石文字、皇朝典章制度、滿漢蒙古氏族，皆研精究理，學貫天人，博綜羣籍。自開國以來，蔚然一代儒宗也。以漢儒擬之，當在高密之下，即賈逵、服虔亦瞠乎後矣」云云。是書，其門人汪恩跋，稱「當時止輯以備用，故其説散見於所著廿二史考異、金石跋尾、養新録諸書中，而此書藏之篋笥」。考洪稚存卷施閣集，有讀書倦後偶題齋壁詩，自注「時正寄書錢少詹，索所作聲類」，則同時名流已甚重此書矣。又養新録有「聲類、韵集」一條，「至於尋詩推韵，良爲疑混。末有李登聲類、吕静韵集，始別清濁，纔分宫羽」，自注：「封氏聞見記：魏時有李登者，撰聲類十卷，凡一萬一千五百二十字，以五聲命字，不立諸部。」固與此書義類迥殊，體用各判，不知何以定襲其名也。潛研堂叢書未及載，而道光乙酉、己酉兩開雕焉，流佈仍恐未廣，特重梓之。咸豐壬子長至後六日，南海伍崇曜謹跋。

附録二

舊著邪母古讀考，本與聲類疏證非同時作也。顧作聲類疏證多稱引之，而原作流傳不多，故附録于此，以備參閲。

邪母古讀考

對于古代聲紐的考定，有錢竹汀的古無輕脣音和舌音類隔之説不可信、章太炎的娘日二紐歸泥説、曾運乾的喻母古讀考喻三歸匣喻四讀定都已爲學術界所公認。黄季剛則承錢氏「古人多舌音，後代多變爲齒音」之説，分别正齒音二等三等，另標名目。名其二等字爲莊、初、牀、疏，以爲古讀齒音；名其三等字爲照、穿、神、審、禪，以爲古讀舌音。雖然未加論證，實釐然有當于古代聲系。邪母古讀，大都把它歸入從母，或者認爲心母變聲，那是與古代聲系不相符合的。一九四五年，我寫了一篇邪母古讀考，把它印在桂林師範學院我所編的聲韻學講義里。楊樹達先生索閲舊稿，許爲定論，但他又説：「錢玄同有古音無邪紐證，未見原文，不知其結論果如何也。」最近我整理曾先生聲韻學遺著一九六〇年，借到了錢氏原作，我的結論與他不謀而合，都認爲邪母古讀定。但是錢氏原著未臻完密，而且有些訛錯，所以邪母讀定没有得到世人公認。因此，我將舊稿加以整理，供研究者商榷。本文結論雖與錢氏大體相同，却有於下一些區别。

一、從諧聲字的聲符系統來考證文字古讀，是考證古讀的基本方法，所以章氏的娘日二紐歸泥説，較之錢大昕的古無輕脣音等二文，在考證方法上，是推進了一步。但是諧聲字的聲符有正變兩例，凡諧聲字與其聲符讀音全同、或者只是小異的，爲正例，如棟、涷、凍、蝀等字，不僅與東韵同，而且聲紐相近。變例分爲兩類：一類是疊韵諧聲，諧聲字與其聲符同韵而不同紐，如医从矢聲，矣从㠯聲，雖則矢、医同在古韵衣部，㠯、矣同在噫部；但是医與矢、矣與㠯聲紐截然不同。一類是雙聲諧聲，如茸从耳聲，褎从采聲，雖然耳茸同在日紐，采、褎同在邪紐，但是茸與耳、褎與采並非一韵。因爲諧聲變例是少數，變例中的雙聲諧聲，諧聲字與其聲符又聲紐基本相同，所以錢氏用諧聲正例之理來考證古代聲紐，大都正確。但是變例中的疊韵諧聲，諧聲字與其聲符韵同而聲異，因而一切用諧聲正例之理來考證古代聲紐，就不免錯誤。

二、諧聲字又常从變例發展而成正例。如茸从耳聲，只取雙聲，爲變例；揖、鞾都从茸聲，就兼取疊韵，轉爲正例了。医从矢聲，只取疊韵爲變例；殹、緊、堅都从医聲，就兼取雙聲，轉爲正例了。如果我們从諧聲聲符考證聲類系統，推源医、殹、緊、堅等字都从矢得聲，便錯誤了。如果我們从諧聲聲符考證古韵分部，推源揖、鞾从耳得聲，也錯誤了。清人對這一點没有充分闡述，錢氏於此也未能詳加考察。

三、錢氏考證的結論，以爲邪母字絶大多數應該讀定，那是正確的；以爲少數應該讀羣，却是錯誤的。這不單是把羣、匣界限混淆，而且也没有把定母字變成邪母的過程搞清楚。我認爲定母字所以部分讀成邪紐，其發展經過是：先由定變喻，再由喻部分變邪。喻、于（即喻三兩紐），雖然如曾氏所說，截然不同，但是聲位相近，少數混淆總是有的，所以三十六字母便混喻、于爲一。喻、于既有少數混淆，故邪與于也個別混淆，于本匣之弇音，所以邪母也個別讀匣。至于𦘔、賮、璶、藎、慒（錢不録慒）等字，列入邪母，是六朝訛音，下文另有說明，於此便不重複。

四、錢氏論著，所以没有得到公認，更由於論證尚不够堅實。本文一方面證之諧聲聲系，再則證以經傳異文異讀，三則旁參聯詞變化，較錢氏增多了幾百條證據。

五、本文中所證明古讀定的邪紐字，只是摭取了廣韵中的邪紐字，並以其字見于說文者爲限。文章中所用反切，除經傳釋文異讀外，都以廣韵爲準。在證明某字讀某紐時，先説明它在廣韵中用什麼切音，然後論證斷定它應讀某紐，比之錢氏大多數不用切音自然加詳了。錢氏原著中的邪紐字是從説文中摭取出來的，所用反切是唐韵，所以錢文和本文所證明的邪紐字和切語，都略有出入。因爲本文的原稿是並不知錢氏亦有此説而寫成的，只是整理時才針對錢氏不足加以補苴而已。

最後，爲了便于瞭解今聲與古紐的關係，用古聲端、透、定、泥四母爲綱，把其他今聲古讀四紐者歸併于下，分別清濁，作圖于次：

	發	送	收
清	端知、照三	透徹、穿三、審三	
濁		定澄、牀三、禪、喻、邪	泥娘、日

訟、詳、容，徐用、似用切；松，祥容切；頌，似用切。今讀邪母。

按：訟古文作䜰，朱駿聲以爲訟从容省聲。松或體作㮤，頌籒文作額，所以松、頌兩字亦當从容省聲。容，余封切，喻四，古讀定母。从容得聲之字：傛、溶，余封、余隴切；搈、甋、鎔，余封切；鎔，廣韵未收，唐韵余封切：今音都讀喻四，古音都讀定，可證从容得聲之字古音一律讀定，訟、松、頌从容省聲，古音亦應讀定。惟一蜙字，息恭切，讀心母。蜙之或體作蚣，本从公聲，公、蚣疊韵是諧聲變例，不足以亂从容得聲古音讀定的條例。

頌因爲是容的省聲字，頌就是容之後起加義符字，所以頌又讀余封切，喻四。同一頌字而兼讀邪喻兩母，喻母讀定，可證邪母亦當讀定。

周禮鄉大夫「四曰和容」，鄭司農注：「容與頌同。」史記魯仲連傳「世以鮑焦爲無从頌而死者」，索隱：「从頌音从容。」可以證明頌與容同音同字。書堯典「吁，嚚訟，可乎」，釋文：「訟，馬本作庸。」淮南泰族「訟繆胸中」，注：「訟，容也。」又可證訟與容、庸同音，庸、容並讀余封切，喻母，古讀定。

誦，似用切，今讀邪母。

按：誦从甬聲，甬，余隴切，古讀定。从甬得聲字：踊、涌、蛹、勇，並余隴切，喻母，古讀定。筩，徒紅切，今亦讀定。通，他紅切；桶，他孔切；痛，他貢切：並讀透，透是定的清音。可證从甬得聲字古音都當讀定，誦也應該讀定。

誦或作松、又作融，淮南齊俗「王喬赤誦子」，赤誦子即赤松子。梁武祠堂畫象「祝誦氏無所造爲」，祝誦氏即祝融氏。松古讀定，説見上條。融，以戎切，喻母，古讀定，亦可證誦古音讀定。

隋、隨，旬爲切，今讀邪母。

按：隋，又讀他果切，透母，透爲定之清音；又讀徒果切，定母，是隋本讀定。从隋得之字：墮，徒果切，定母，又他果切，透母；隓，徒果切，定母；鰖、憜，徒卧、徒果切，定母，又他果切，透母；嫷，徒果切，定母，又湯卧、他果、吐卧切，透母；褙，湯卧切，透母，又徒卧切，定母；　鰖，他果切、透母，又徒果切，定母，又以水、弋水切，喻四；鬌，徒果切，定母，又天果切，透母，又丁果切，端母，又直垂切，澄母；　鰖，徒卧切，定母，羊捶切，喻四；　蓨，悦吹、羊箠、羊捶切，喻母。　喻母、澄母古讀定，端是定的南清音，透是定的北清音。　可以證明从隋得聲之字古皆讀定；　隋、隨今雖讀邪，古實讀定也。　不可推源隋从左聲，左是齒音，因而證明从隋得聲之字古讀齒聲也。　只有墮和隓的或體墒，許規切，曉母，曉爲匣之清音，這是後世的訛變，猶之喻、于兩母後世互相混淆。　墒又有他果、徒果切，仍讀透、定兩母。　不能因許規一切否定从隋得聲之字古讀定的條例。

禮記月令注「隋曰竇」，儀禮士冠禮注「隋方曰篋」，詩破斧傳「隋銎曰斧」，都把隋讀爲橢。廣韵果「橢，器之狹長，他果切」，透母，定之清音。史記天官書「廷藩有隋星」，隋星就是墮星。廣韵果「墮，落也。徒果切，又他果切」，讀定或透。方言十三「隋，易也」，把隋讀成惰，廣韵過「惰，惰懈也，徒臥切」，讀定母；果「惰同憜，徒果切」，也讀定母：从古代的通假可以證明隋本讀定。

委隋（禕隋）、委隨、逶隨就是委移、委蛇、委佗的轉音。後漢書竇憲傳「仁厚委隨」，漢成陽令唐扶頌碑「在朝逶隨」，漢衛尉衡方碑「禕隋在公」，莊子應帝王「吾與之虛而委蛇」，（列子黃帝篇引作委移。）後漢書任光邳彤傳「委佗還旅」，又儒林傳序「委佗乎其中」，委隨等聯綿詞說的情意儀容宛曲。王逸九思「望舊邦兮路委隨」，王褒九懷「建虹旌之威夷」，王粲登樓賦「路威迤而修遠兮」，委隨等詞說的道路旌旗曲折。移、迤、蛇，弋支切；夷，以脂切：都讀喻母。蛇，又食遮切，禪母。喻、禪古皆讀定。佗，託何切，透母，透爲定之清音。从連綿詞的衍形可證隋、隨古讀定母。參閱下條。

衺、邪、釾，似嗟切，今讀邪母。

錢氏以爲三字牙聲，古讀歸羣。今以爲此形聲變例，錢説非是。

按：邪从牙聲，入邪母，單取疊韵不取雙聲，是諧聲變例。説文有邪、衺、釾、䓘四字，衺、釾皆从邪省聲，自成聲系；邪、䓘，可讀以遮切；釾又作鋣，亦讀以遮切：今音都入喻四，喻四古讀定。推之衺亦从邪省聲，今音讀邪古亦讀定也。不能推源諸字本从牙聲，古讀疑母，或假設其讀羣母也。

廣雅釋訓「委蛇，逶衺也」，王念孫疏證依衆經音義引廣雅，校逶衺爲窊衺。以爲詩召南釋文，以委蛇作委虵，而列子黄帝篇作猗移；離騷中委蛇，一作委移，又作逶迤；説文「委，委隨也」；周禮形方氏注「正之使不佤邪離絶」：委蛇、逶衺、窊衺、委虵、猗移、委移、逶迤、委隨、佤邪等，本同一聯綿詞而形體各異。蛇、虵、移、迤等字古讀定母，上條既有闡述，下文引陳奂毛詩傳疏又將論證，可證衺、邪古讀定母。

詩北風「其虛其邪」，陳奂疏：「虛邪二字連文成義，虛邪猶委蛇也。莊子應帝王篇『吾與之虛而委蛇』，羔羊箋『委蛇，委曲自得之貌』，韓詩作逶迤。説文：『逶迤，衺去貌。』廣雅釋訓：『委蛇，逶蛇也。』衆經音義引廣雅作『委佗，窊邪也』。邪即衺字，窊邪與虛邪，聲義又相近。管子弟子職篇：『志毋虛邪，行必直道。』揚雄太玄戾初一：『虛既邪，心有傾，測曰：虛邪心傾，懷不正也。』羨次六：『大虛既邪』，『測曰：虛邪矢夫，得賢臣也』。然則衺曲謂之虚邪，委曲亦謂之虚邪。詩言虚邪者，是委隨順從之義也。爾雅作虚徐，釋訓『其虚其徐，威儀容止也』，孫炎注：『虚徐，威儀謙退也。』班固幽通賦『承靈訓其虚徐兮，竚盤桓而且俟』，曹大家注引詩『其虚其徐』，班從魯詩，毛詩虚邪，或魯詩作虚徐，皆以二字連讀。箋云『邪讀如徐』，虚邪、虚徐，一語之轉，毛、鄭義無不合。」從陳奂疏不僅證明了衺、邪古讀定，而且證明連徐字古亦讀定。

邪許二字亦作邪謣，吕覽淫辭「前呼輿謣，後亦應之」，注「輿謣或作邪謣」，淮南道應作邪許。輿，以諸切，喻母，古讀定，是邪古亦可讀定。

邪讀以遮切，故也邪兩字經傳通用。王引之經傳釋詞「邪」字、「也」字條，論證綦詳，可以參讀，此不具録。也，羊者切，喻四，古讀定。馳、池从也聲，讀直離切，澄母古讀定；施、攺亦从也聲，式支切，審三古讀透，透爲定之清音，可證也字讀定，也邪通作，即可證邪字古亦讀定。

邪、衺等字古讀定，例不勝舉，錢氏未暇詳考，以爲字从牙聲，推斷讀疑，失之交臂，不能爲賢者諱。

叙，徐吕切；徐、⿰禾余、俆，似魚切；斜，似嗟切。今皆讀邪母。

按：上列字都从余聲，余，以諸切，喻四，古讀定。從余得聲之字：𣗥、餘、畬，以諸切，喻母；涂、除、蒢、篨，直魚切，澄母；喻澄兩母古皆讀定。荼、悇、筡、䣇、駼、酴、涂、捈，同都切，今皆讀定。賖、畬，式車切，審三；筡又丑魚切，徹母；審三和徹，古讀透。悆、捈，他胡切，今讀透。透母是定母的清聲。可證从余得聲字，大都讀定，叙、徐、郐、𪏦、俆、斜今雖讀邪，古亦讀定也。

郐又同都切，今亦讀定，斜又以遮切，喻四古讀定。从郐、斜之兼有兩音，即可證明邪母古讀定。

詩閟宫「遂荒徐宅」，陳奂疏：「徐讀如郐。説文：魯東有郐城。段注云：周禮雍氏注：伯禽以王師征伐徐戎，劉本徐作郐。魯世家：頃公十九年，楚伐我，取徐州。徐廣曰：徐州在魯東。是魯之所取徐州即郐地。書序曰：徐夷並興，東郊不闢。徐蓋郐也。」可知清人亦知讀徐爲郐。郐字今雖兩音，兼入邪、定兩母，但是説文郐字下云：「郐，邾下邑也，讀如涂。」涂讀定母，即見上文。

又易困「來徐徐」，釋文：「徐徐，子夏作荼荼，翟同。王肅作余余。」余荼古皆讀定，説見上文。又史記絳侯世家「乃悉封徐盧等爲列侯」，索隱：「唯徐盧封容成侯。」漢書周勃傳與史記同，亦作徐盧，顔注「功臣表云：睢侯盧」，今漢書百官公卿表作容城侯唯塗光。今按：顏注是正確的，唯、睢因形近而誤。光是盧的孫子，徐、塗古音相同。塗，同都切，定母，可證徐古音讀定。史記惠景間侯者表作攜徐盧，攜爲睢之音轉。又戰國策齊策「楚威王戰勝于徐州」，注：「徐，舒也。」舒，傷魚切，審三，古讀透，透亦定之清音。

說文「徐，舒也，讀若荼」，荼讀定，已見上文。史記河渠書集解引韋昭曰「斜，谷名」，石門頌「余谷之川」，以斜谷作余谷。余，喻母，古讀定，說見上文。漢書賈誼傳「庚子日斜兮」，文選亦作日斜，史記作日施。施，式支切，審三古讀透，透是定之清音。

詩伐木「釃酒有藇」，釋文：「藇，音叙，羊汝反。」叙，邪母；羊汝反，喻四。一字而兼邪、喻兩母，喻母古讀定，可證邪母古亦讀定。

序、屖、抒，徐呂切，今讀邪母。

按：三字皆从予得聲，予，餘佇、以諸、余呂、弋諸切，皆喻四，古讀定。从予得聲之字又有：芧、柔、杼，直呂切，澄母；杼、紓，神與切，牀三；野，承與切，禪母，又與者切，喻四；杼，以諸切，豫，羊洳切，皆喻母。澄、禪、喻四、牀三四母古皆讀定。只有紓，又讀傷魚切，審三，古讀透，透亦定之清音。可證从予得聲字古音大都讀定，序、屖、抒不應例外。

抒，又神與切，牀三，古讀定。抒一字而兼讀邪定兩母，可證邪母古讀定。

儀禮鄉飲酒禮「奠爵于序端」，書大傳賁庸諸侯疏「序」以抒爲之，禮記祭義「君卿大夫序從」，注：「序或爲豫。」書顧命「天球河圖之東序」，注：「序或作杼。」後漢書班固傳「御東序之秘寶」，文選王儉褚淵碑文：「餐東野之秘寶。」按，杼、豫、野三字古讀定，説已見上文，可證序古音讀定。

莊子齊物論「狙公賦芧」，釋文「芧音序，徐良汝反，李音予」，同一芧字，兼讀三音，序爲邪母，食汝反爲牀三，予爲喻四，牀三喻四古讀定，可證邪亦讀定。爾雅釋木「栩杼」，釋文：「杼，謝嘗汝反，施音佇，孫昌汝反，施或音序。」一字四音，嘗汝反爲禪母，佇爲直呂切是澄母，禪澄古讀定；昌汝反爲穿三，古讀透，定之清音：可證序雖讀邪，古亦讀定。

禮記射義「序點揚觶而語」，注：「序點或爲徐點。」雖徐、序今音皆讀邪母，然徐古讀定已見上文敘、徐等字一條，可證序亦可讀定。

孟子「序者射也」，公羊序疏、史記儒林傳正義並云「序者舒也」；禮記王制注「西序小學」，疏「序則豫也」；釋名釋言語「序，抒也」。此皆聲訓。按：射，神夜切，牀三，古讀定；舒、豫、抒三字古讀定，已見上文。此从聲訓可以證明序之古音讀定。

緒，徐呂切，今讀邪母。

按：緒从者得聲。者，章也切。从者得聲字有：諸，章魚、正奢切；藷，章魚切；赭、堵，章也切；渚、陼，章與切；翥，章恕切，都是照三字，古讀端。箸、褚，丁呂切類隔；箸，又張慮切；豬，陟魚切；櫡，張略切；褚，又張呂切；觰，竹加切；都是知母，知母古讀端。睹、睹、楮、堵，當古切；觰，又都賈切；都、闍，當孤、德胡切，今音讀端。端是定的南清音。書，傷魚切；暑，舒呂切；奢，式車切；闍，又試遮切；都是審三字。楮、褚，又丑呂切，徹母字。審三徹母古讀透，透是定的北清音。箸，又直略、遲倨切；屠、儲、藷、躇，直魚切；都是澄母。署、藷，常署切；闍，又市遮切；都是禪母字。澄與禪古皆讀定。瘏、屠、鄌，同都切，今音讀定。可證从者得聲之字，大都讀定，緒从者聲，古音亦應讀定。

扁緒或作偏諸，廣雅釋器王念孫疏證云：「絛，扁緒也。急就篇注云：絛一名偏諸，織絲縷爲之。周官巾車：革路，絛纓五就。鄭注云：絛讀爲絛，其樊及纓以絛絲飾之而五成。偏諸即說文之扁緒，亦即急就篇之偏諸，聲轉字異耳。漢書賈誼傳『爲之繡衣絲履偏諸緣』，服虔注云：『加牙絛以作履緣也。』」按：諸，章魚切，照三，古讀端，端爲定之南清音。白緒或作白苧、白紵，晉書樂志下：「白紵舞，按，舞辭有巾袍之言，紵本吴地所出，宜是吴舞也。晉俳歌又云：皎皎白緒，節節爲雙。吴音呼緒爲紵，疑白紵即白緒也。」古樂府又有白苧曲，按：紵、苧，直吕切，澄母，古讀定，亦可證緒古當讀定。

鱮，徐吕切，今讀邪母。

按：鱮从與得聲，與，余吕、以諸、餘佇、羊洳切。喻四，古讀定。从與得聲之字，與、譽、趣、鷼、旟、舉、歟、嶼，以諸切，既讀喻四；又譽、鷼、礜，羊洳切，亦讀喻四。喻四古音讀定，可證从與得聲之字，大都讀定，鱮从與聲，也應讀定。惟一舉字，既讀喻四，又讀居許切，見母，是喻于相混所出現的變音，喻訛爲于，于轉爲牙的緣故，不足以亂从與得聲之字古讀定。

詩義疏云：鱮，「徐州人或謂之鱅」，漢書司馬相如傳作鰫。鱮在模部，鱅在東部，章太炎謂之模、東旁對轉，鱅、鰫，餘封切，喻四，古讀定。

謝，詳夜切，今讀邪母。

按：謝从䠶得聲，䠶，神夜切，牀三；又羊夜切，喻四；牀三喻四古皆讀定。从䠶得聲的字：麝，神夜切，牀三，古讀定。可證謝古音也應讀定。

謝或作序作徐，又作射作繹。詩崧高「于邑于謝」，潛夫論氏姓篇引作于邑于序。詩崧高「既入于謝」，楚辭七諫注引作既入于徐。爾雅釋魚「龜仰者謝」，釋文「謝本作射」，周禮龜人以謝作繹。按：序古音讀定，已見上文序字條；徐古音讀定，已見上文徐字條；射讀定即見本條上文；繹，羊益切，喻四，古讀定；可證謝古讀定。

中謝或作中射，謝子或作射子。史記張儀傳「中謝對曰」，呂覽去宥有「中謝佐制者」，「中謝細人也」，皆作中謝；戰國策楚策「中射之士問曰」，「殺中射之士」，韓非子説林同，皆作中射。呂覽去宥「有墨者謝子」，説苑雜言，作祁射子。按：謝、射通作，射古讀定，可證謝古音亦讀定。

台謝或作台榭。荀子王霸「台謝甚高」，又「台謝園宥」，呂覽聽言「侈其台謝」，並作台謝；管子海王「吾欲籍于台榭」，謝則作榭。按：榭，直几切，澄母，古讀定，可證謝古亦讀定。

席、蓆，祥易切，今讀邪母。

按：从席得聲，蓆以外別無它字。席从庶省聲，庶，商署切，審三，古讀透，定的北清音；又章恕切，照三，古讀端，定的南清音。从庶得聲之字：蔗、嗻、樜、蟅，之夜切；

遮，正奢切；蹠，之石切，皆爲照三，古讀端。度、渡，徒故切；度、敱，徒落切；今音即讀定。可證从庶省聲的席、蓆，古音也應讀定或與定相近聲紐。

釋名釋牀帳「席，釋也，可卷可釋也」，釋，施隻切，審三，古讀透，透定僅分清濁。韓詩章句「蓆，儲也」，儲，直魚切，澄母古讀定，从聲訓證明，席、蓆亦應讀定。

夕、穸，詳易切，今讀邪母。

按：从夕得聲，别無它字可證古讀。

夕或作射，史記蔡世家「曹莊公夕姑」，索隱：「即射姑也。」按：射，神夜切，牀三；又常隻切，禪母；又羊亦、羊謝切，喻四。古音皆讀定，可證夕、穸古讀定。

夕與繹、亦、的等字音通，詩閟宮「保有鳧繹」，釋文：「繹音亦，亦音夕。」周官地官保氏注「夕桀句股」，釋文：「夕音的，沈祥亦反。」周官地官牛人注「職讀爲樴」，釋文：「樴同繹，音亦，徐音夕。」按：繹、亦，羊益切，喻四古讀定；的，都應切，端母，端定近紐。可證夕、穸古音讀定。

泀，詳里切，今讀邪母。

按：洍从𦣞聲，𦣞，與之切，喻四，古讀定。从𦣞得聲之字：㚯、宧、姬，與之切，喻四，古讀定。洍从𦣞聲，可證古音亦應讀定。惟笸、姬兩字，居之切，今讀見母；𤡮，息兹、息吏切，今讀心母，然不能以此三字亂从𦣞得聲之字，古讀定也。漢書文帝紀「母曰薄姬」，如淳曰：「姬音怡。」國語晉語「黄帝以姬水成」，姬水即洍水也。是姬字本讀喻四，廣韵亦分讀兩音，讀喻四應該是其正音，讀見母應該是其變音。𤡮字讀心母，則是邪母之轉音，如秀本禿字，故透从秀聲，透讀舌頭，秀入心紐亦邪母之轉音也。

洍，又有與之切一音，是一字而兼邪喻兩讀，喻既讀定，可讀邪母古亦讀定。詩「江有汜」，三家詩汜作洍，汜从巳得聲，古讀定，詳見下文巳、汜等字條，也可證明洍雖今讀邪母，古音讀定。

寺，祥吏切，今讀邪母。

按：从寺得聲之字：峙、痔、庤、洔、畤，直里切；持，直之切，今讀澄母。時，市之切；侍，時吏切，時、恃，時止切；皆讀禪母。澄禪兩母，古皆讀定。特，徒德切，今音讀定。詩、邿，書之切，審三，古讀透；等，多肯切，今讀端；端爲定之南清音，透爲定之北清音。可證从寺得聲之字古讀定母，寺亦應古音讀定也。

易説卦「艮爲閽寺」，詩瞻卬「時爲婦寺」，禮記内則「閽寺守之」，寺都是侍之假借。詩車鄰「寺人之令」，周禮天官有「寺人」，左傳有「寺人披」、「寺人孟張」、「寺人貂」，寺人即侍人。侍古音讀定，即見上文。

左傳隱二年「澗谿沼沚之毛」，釋文：「沚本又作畤。」爾雅釋水「小渚曰沚」，釋文「沚，音止，或本作洔」，洔、畤从寺得聲，沚从止得聲，是寺與止同音。止，諸市切，照三，古讀端，端是定的南清音。

巳、祀、汜，詳里切，今讀邪。

按：从巳得聲之字：改，羊止切；巸、圯、㜲，與之切；今讀喻四，古讀定母。惟熙、㜲二字，許其切，曉母，此蓋喻、于混淆，于母古讀匣，所以熙、㜲音變爲曉，不足以亂从巳得聲之字，古讀定母之條例也。

不祀或作不巳、不似。詩維天之命「於穆不巳」，毛詩正義引詩譜作不似，文心雕龍練字引作不祀。巳，羊止切，喻四，古讀定；似字古讀定詳見下條；是祀字古音也宜讀定。

說文分別巳、已爲兩字，其實一字。相，唐寫本作杞，㠯即已，可證巳、已同字。由於今音讀巳爲邪母，讀已爲喻四，雖知㠯、已同字，遂以爲巳、巳異文，如知邪、喻古皆讀定，則不至分巳、已爲二字矣。祀之或體作禩，廣韵異、已同讀羊吏切，巳字既與異字同音，則巳字亦當與已同音也。

詩「江有汜」，三家詩作汜作洍，洍一音與之切，喻四，古讀定，則汜字亦當古讀定。詩玄鳥序「祀高宗也」，箋云「祀當爲祫」，頗疑祀或作祒，巳古音讀定，故祀可作祒，祒、祫形近，故祫誤作祀耳。

望祀或作望秩。史記始皇本紀「望祀虞舜于九嶷山」，漢書武帝紀同；書舜典「望秩于山川」，漢書五行志和叙傳亦作望秩。秩，直一切，澄母，古讀定，可證祀古亦讀定。

佀、枱（梩），詳里切，今讀邪母。

按：佀、枱並从㠯聲，㠯，羊止切，喻四。从㠯得聲之字：苢、佁，羊止切；佁又夷在切；异、台、怡、眙、瓵、飴、胎、詒，與之切；冶，羊者切。皆讀喻四。治，直之切，澄母。喻澄兩母古皆讀定。怠、殆、詒、駘、紿，隸，徒亥切；駘、炱、菭，徒哀切。今音皆讀定。台、邰、鮐、胎，吐來切，透母。始，詩止切，齝，書之切，審三；笞、齝，丑之切，徹母。

審三與徹，古皆讀透。透是定的北清音。佁又牀史切，切韵殘卷作漦史切，應入牀三，古讀定母。可證从㠯得聲之字大都讀定，佀、相今音讀邪，古音亦應讀定。惟有佁，又讀吾駭切，疑母，乃後世聲音訛變；枲、罳，又讀胥里切，心母，實爲邪母之音轉。不能因此兩音三字，亂从㠯得聲之字古讀定母的條例。

台从㠯聲，仍讀舌頭，故从台聲之字仍可推源从㠯得聲，借以證明从㠯得聲之字古皆讀定。若矣从㠯聲，矣，于紀切，于母，屬於疊韵諧聲，是諧聲變例。故从矣得聲之字：欸，於改、於其、烏開切，影母；誒、娭，許其切，曉母；騃，吾開切，疑母；自成聲系，轉入喉牙，不能推源从㠯得聲，用其證明从㠯得聲古不讀定也。至于涘、竢、⿰束矣、騃，牀史切，當依切韵殘卷作漦史切，更由形聲變例轉入正例。尚有能从㠯聲，能，奴來，奴登、奴代切；䏻，奴代、奴勒切；讀入泥紐，謂其爲定紐之迻易，可也，謂其自成聲系，也無不可。諧聲條例雖大體簡略，然細考複雜，執著正例以考古聲，雖十九得當，亦一二溢出于正例，不可不知也。

似佀之隸變或作以㠯之隸變，易明夷「文王以之，箕子以之」，釋文：「鄭荀向作似之。」漢書高帝紀「皆以君」，如淳曰：「以或作似。」可知以似古音相同。以古音讀定，似古音亦應讀定，是知邪母古讀定。

佀、姒（説文無姒）同音，姒或作弋。姒，夏姓，詩桑中「美孟弋矣」，公羊襄四年「夫人弋氏薨」，字皆作弋。弋，與職切，喻四古讀定，可證佀、姒古亦讀定。

説文「相，臿也」，又「枱，耒端也」，兩字本是一字，故漢書食貨志注：「相（即耜），耒端木所以施金也。」枱古音讀定，可知相之古音亦讀定。

辝，似兹切，今讀邪母。

按：説文此外雖無从辝得聲之字，但辝之籀文作辞，辞从台聲。台聲之字多讀定母，即見上條，可證辝之古音亦當讀定。枱籀文作𣓌，从木辞聲，枲籀文作𣡕，从林辞聲。枲雖訛入心母，枱字古音仍讀定母，可證辝之古音讀定。

儀禮大射儀「不異侯」，注：「古文異作辭。」辝常借辭爲之，辭、辝同音，辭可讀異，辝也可讀異，異，羊吏切，喻四，古讀定，故可證辝辭古皆讀定。兼參下條。

祠、詞、嗣，似兹切，今讀邪母。嗣，祥吏切，今讀邪母。

按：上四字皆从司得聲，司，息兹、息吏切；从司得聲之字，又有笥，相吏切；皆讀心母，从諧聲聲類推求，凡从司得聲諸字，亦應讀入齒音。今考司字古音，實宜讀定。

定母遂易爲邪，心、邪相近，然後司、笥兩字誤讀心母，司、笥本非齒音也。

莊子齊物論「見卵而求時夜」，釋文：「時夜，司夜，謂雞也。」韓非子楊權「使雞司夜」，淮南泰族「令雞司夜」，司夜即時夜，司、時音轉。司夜又作晨夜，淮南説山「見卵而求晨夜」，晨亦司、時兩字的聲轉。時，市之切；晨，植鄰切：皆讀禪母，古讀定母，可證司、笥古音讀定。

祠、祀兩字常通作。詩生民傳「以太牢祠于高禖」，釋文：「祠，本作祀。」種祠就是種祀，漢書郊祀志「家人尚不欲紀種祠」，王莽傳「種祀天下」，大戴禮誥志：「上下種祀。」奉祠就是奉祀，史記封禪書「各以歲時奉祠」，漢書南粤傳：「歲時奉祀。」禱祠就是禱祀，周禮春官小宗伯「禱祠于上下神示」，史記韓世家：「秦所禱祀而求也。」祀古讀定，已見上文巳、祀等字古讀定一條。祠作祀，可證祠也可讀定。又望祠就是望秩，漢書武帝紀「望祠蓬萊」、漢書五行志、叙傳「望秩山川」，書舜典「望秩于山川」。秩，直一切，澄母，古讀定，祠可作秩，可證祠之古音讀定。郊祠或作郊時和郊止，史記封禪書「夏親郊祠上帝于郊」，後漢書章帝紀「駿奔郊時」，荀子禮論「郊止乎天子（史記禮書作郊禱）」。時讀定，説見寺字條；止，諸市切，照三古讀端，定之南清音。可證祠古讀定。

陳辭又作陳詩，離騷「跪敷衽以陳辭兮」，九嘆「舒情陳詩」。俛詩蓋即詭辭，荀子賦篇「請陳佹詩不必因其叶韵遂謂詩歌」，穀梁傳文六年「詭辭而出」，説文辭、䛐一字。詩，書之切，審三，古讀透，定之北清音，可證辭、䛐古音讀定。

嗣或作懌與台。書舜典「舜讓于德弗嗣」，王莽傳作不嗣，史記五帝本紀作不懌，太史公自叙有「虞舜不台」。懌，羊益切，喻四，古讀定。台，土來切，透母。嗣又作詒，詩子衿「子寧不嗣音」，韓詩嗣作詒，詒，與之切，喻四，古讀定。嗣、祀通作例不勝舉，可證嗣古音讀定。

飤，祥吏切，今讀邪母。

按：从飤得聲之字：飾，乘力切，牀三，古讀定。飾，賞職切，審三；飭，恥力切，徹母；審三與徹，古讀透母，透爲定之清音。可知从飤得聲之字古皆讀透定，可證飤當讀定。

爾雅釋器注「公食大夫禮」，釋文「食本作飤」，可證食、飤同音，食，乘力切，牀三，古讀定。經傳中多以食爲飤，孟子「可食而食之矣」，荀子禮論「君者既能食之矣」，「食之」之「食」，皆即飤字，可證飤之古音讀定。

錫，徐盈切，今讀邪母。

段玉裁説文解字注云：「錫，各本篆作餳，云易聲，今正。按：餳从昜聲，故音陽，亦音唐，在十部。釋名曰：『餳，洋也。』李軌周禮音唐，是也。其陸氏音義，周禮辭盈反，毛詩夕清反，因之唐韵徐盈反，此十部音轉入十一部。中略。淺人乃易其諧聲之偏旁，玉篇、廣韵皆誤从易。然玉篇曰：『餳，徒當切。』廣韵十一唐曰：『糖，飴也。』十四清曰：『餳，飴也。』皆可使學者知餳、糖一字，不當从易。至于集韵，始以餳入唐韵，餳入清韵，畫分二字，使人真雁不分，其誤更甚。猶賴類篇正之。餳古音如洋按：洋亦後起音，語之轉如唐唐則古音。故方言曰：『餳謂之餹。』郭云：『江東言餹，音唐。』」今按：無論徐盈、辭盈，夕清反，皆邪母，可證邪母古讀定也。

象、像、潒、橡、勨，徐兩切，今讀邪母。

按：从象得聲之字，還有襐，書兩切，審三，古音讀透。勨、像又作余兩切，説文「像讀若養」，養亦余兩切。今音又在喻四，喻四古讀定。潒又徒朗切，説文「潒讀若蕩」，蕩亦徒朗切，今音亦讀定。像、勨、潒每字兼兩音，是邪、定兩母通讀，可證邪母古讀定。

朱駿聲説文通訓定聲云：「像，字亦作樣，今云式樣是也。或曰：此實象之别字，大物莫過于象，顯而易見，故轉注爲形像、爲想像。韓非子曰：『人希見生象，而按其圖以想其生，故諸人之所以意想者，皆謂之象。』則其時尚無像字。易繫辭『象也者，像也』，釋文：『擬也，孟、京、虞、董、姚皆作象。』」今按，依朱説，象、像既是一字，象又是今樣字，樣，余亮切，喻四古讀定，可證象、像古亦讀定。

罔象又作無傷，莊子達生「水有罔象」，釋文：「罔象司馬本作無傷。」傷，式羊切，審三古讀透。罔象或作罔養與⿰氵网瀁，楚辭遠游「沛罔象而自浮」，釋文：「罔象或作⿰氵网瀁。」後漢書馬援傳：「更共罔養以崇虚名。」養、瀁，余兩切，喻四古讀定，可證象古讀定。

廣潒又作瀇瀁、潢漾，文選張衡西京賦「彌望廣潒」，又枚乘七發「浩瀇瀁兮」，漢書司馬相如傳「灝溔潢漾」，宋玉九辯「潢洋而不可帶」。瀁，余兩切；漾，余亮切；洋，與章切：皆讀喻四古讀定，可證潒古讀定。

詳、翔、庠、祥、痒、洋，似羊切，今讀邪母。

按：上列諸字皆从羊得聲，羊，與章切，喻母。从羊得聲之字，養，余兩切；恙、羕、養、樣、漾，余亮切，蛘，與章切；都屬喻四，古讀定母。可證从羊得的字皆讀定母。痒，又余兩字；洋，又與章切；喻四。痒、洋兩字各兼邪喻兩聲，可證邪、喻通讀，邪母古讀定。

羌、咣，去羊切，溪母；姜，居良切，見母；羌、姜本會意字，咣則與羌自成聲系，不足以亂从羊得聲字古讀定母的條例。惟一蕎字，又作鬺與鬻，是諧聲字，今讀許庚、許兩切，曉母；又匹庚切，本敷母。世人以其讀雙脣入滂母。則聲音之訛變，豈能以一蕎字，論定从羊得聲不讀定母，亂諧聲條例。

書呂刑「告爾祥刑」，墨子尚賢作訟刑，訟字古讀定，説見上文訟字條。左傳昭十一年「盟于祲祥」，公羊作侵羊；管子國準「立祈祥以固山澤」，輕重「設之以祈祥」，形勢「則祈羊至」，皆祥、羊通作，羊古音讀定。

戰國策秦策「鬼神狐祥無所食」，史記春申君傳「鬼神孤傷無所食」，新序善謀「鬼神潢洋無所食」，狐祥、孤傷、潢洋是一聲之轉。傷爲審三，古讀透；洋爲喻四，古音讀定。

儀禮士虞禮「薦此常事」，注：「古文常作祥。」常，市羊切，禪母古讀定。祥、常通作，可證祥古音亦讀定。

詩碩人「河水洋洋」，釋文：「洋音羊，徐又音詳。」同一洋兼讀邪、喻兩母，喻讀定則邪亦讀定。詩牆有茨「不可詳也」，韓詩詳作揚，揚，與章切，喻四，同一詳字而兼讀邪喻兩母，喻讀定可證邪亦讀定。

莊子山木「翔佯而歸」，九嘆「且倘佯而氾觀」，郊祀歌「雙飛常羊」，後漢書張衡傳「儴佯乎五柞之館」。翔佯、倘佯、常羊、儴羊同一疊韵連綿詞之轉，倘、常、儴皆舌上音，古讀舌頭，可證翔之古音亦當讀舌頭也。宋玉高唐賦「當羊或誤作年遨遊」，直作當字，正讀舌頭。翔佯亦作相羊，相讀心母，則是心邪今音相近，所以訛混之故，不能謂翔古讀齒音。

汪洋或作汪庠，東魏中岳嵩岳寺碑「器宇汪庠」，南齊劉孝威詩「容止汪洋」。洋，喻四，古讀定，可證庠古亦讀定。

次，夕連切；羨、𨘋，似面切；䌰，徐剪切，今讀邪母。

按：羨、𨘋，又于綫切，于母，古讀匣。喻、于兩母，今音頗有訛混，不能以此證明从次得聲之字古讀匣也。𨘋，又以然切，喻四，古讀定。䌰，又昌善切，穿三，古讀透，定之清聲。可證从次得聲之字，古音仍當讀定。

次，或作涎與泹，涎从延聲，延，以然切，喻四古讀定。泹从但聲，但，徒旱、徒案切，定母。可从次之或體證明次之古音讀定。

歆羨或作歆豔，豔又或作鹽，詩皇矣「無然歆羨」，禮記郊特牲「而鹽諸利」，注：「鹽讀爲豔，使歆豔之。」豔，以贍切；鹽，余廉切：喻四，古讀定。羨通作豔與鹽，可證羨古亦讀定。

曼羨、曼衍、蔓延、漫演爲一詞之音轉，史記封禪書「沕潏曼羨」，又見漢書司馬相如傳；藝文志「漫羨而無所歸心」，字皆作羨；漢紀孝武帝紀「曼演魚龍角抵之戲」，則作曼演；莊子齊物論「因之以曼衍」，秋水「是謂反衍」，又作曼衍與反衍；爾雅釋言「流，覃也；覃，延也」，郭注「皆謂曼延相被及」，更作曼延。衍、演，以淺切；延，以然切；喻四，古讀定，可證羨古亦讀定。詩江漢「及爾游羨」，本或作游衍，亦可證羨、衍通作。

儀禮既夕禮注「夾羨道爲位」，字亦作埏。考工記玉人璧羨注：「羨猶延也。」埏、延，以然切，喻四古讀定。

詩杕杜「檀車幝幝」，韓詩作⿰糸羨⿰糸羨，唐韻「幝，昌善切」，穿三，古讀透，定之清音，亦可證⿰糸羨古讀定。

灥，詳遵切，今讀邪母。

按：錢氏以原作厵，故灥即泉字，今以爲錢說未必是。三羊爲羴，三魚爲鱻，羊與羴、魚與䲆不一字，泉與灥未必爲一字，不必推原灥从泉聲，謂灥遂讀齒音也。廣韵諄「灥，詳遵切」，讀邪母；仙「灥，昌緣切」，穿三，古讀透：一字而兼邪、透兩母，透爲定之清音，可證灥古音與定同讀也。

䢴，詳遵切；璿，似仙切。今讀邪母。

按：二字皆从叡聲，叡，以芮切，喻四古讀定，可證二字古音也當讀定。說文䢴讀若紃，紃，詳遵切，又食倫切，兼讀邪母與牀三，牀三古讀定。朱駿聲以爲當云讀若綴，綴，陟衛切，又丁劣切，皆知母，古讀端，端定聲相近。段玉裁以爲山海經、竹書、穆天子傳皆有璿瑰，郭注引左傳作璿瑰，今左傳成十八年作瓊瑰，僖二十八年有瓊弁，張守節史記正義璿璣作瓊璣，瓊、璿兩字古書多亂。璿瑰郭音旋回。朱駿聲說文通訓定聲云：「璿讀如旋者誤。以瓊字之音爲音也。既讀如瓊，故字亦作琁，或作璇，璇者瓊之或體也。」今按：琁、璇字，今音邪母，古當讀匣，說見後文。以今音言，璿、琁通作，古音雖誤，今音則聲紐未誤。

巡、馴，詳遵切，今讀邪母。

按：巡、馴从川得聲，川，昌員切，穿三，古讀透。从川得聲之字，順，食閏切；紃，食倫切；牀三，古讀定。䡅，丑倫切，徹母，古讀透。透是定的清音，可知从川得聲之字，大都古音讀定，巡、馴古音也應讀定。惟一訓字，許問切，曉母，這是喻、于混淆後所出現的變音，不能以此一音亂从川得聲之字古皆讀定的條例。

巡讀如沿，禮記祭義「終始相巡」，注：「讀如沿漢之沿。」沿，與專切，喻四，古讀定。逡巡或作逡遁、遜遯，公羊宣六年「逡巡北面而拜」，成二年「投戟逡巡」，昭二十年「逡遁而退」，史記趙世家「逡巡再拜」，皆以逡巡連文。儀禮鄉射禮、聘禮注，累用逡巡一辭，漢書平當傳「逡遁有恥」，又叙傳「逡遁不仕」，注「遁與巡同。」史記秦始皇紀引過秦論「逡巡遁逃而不敢進」，賈誼新書「逡遁而不敢進」，注：「遁與巡同。」皆以逡遁兩字連文。晉書皇甫謐傳「遜遯丘園」，越絶書請糴内傳「遜遯之舍」，又用遜遯連文。遁、遯，徒困切，定母，可證巡古音讀定。逡巡又作逡循，詳見下條。

馴字經傳多音，周禮地官土訓注「鄭司農云：訓讀爲馴」，釋文：「訓，司農音馴，馴，似遵反；劉音順，徐余倫反。」莊子馬蹄郭注「故物馴也」，釋文：「馴，似遵切，或音純。」似遵切，邪母；順，食閏切，牀三；純，常倫切，禪母；余倫切，喻四：牀三、喻四、禪皆古讀定。是不獨説明馴而且説明訓今音皆可讀邪，古音皆可讀定，是邪母古讀定。

循、揗，詳倫切，今讀邪母。

按：循、揗皆从盾得聲，盾，食尹切，牀三，古讀定；又徒損切，今讀定。从盾得聲之字：遁，徒困切，腯，陀骨切；楯，徒渾切、徒損切；今音皆讀定母。循，又直倫切，澄母，古音讀定；楯，又常倫切，禪母，古音亦讀定。楯，丑倫切，徹母，古音讀透，定之北清音；楯又張倫、支倫切，照三，古讀端，定之南清音：可知从盾得聲之字，大都讀定，循、揗古音也應讀定。

循循或作輴輴，素問離合真邪論「其行于脈中循循然」，循循一作輴輴，輴雖説文所不收，然丑倫切，徹母，古讀透，定之清音，可證循可讀定也。漢書游俠傳萬章「逡循甚懼」，逡循即逡遁、遾遯，遁、遯讀定母，説見上條，可知循古音亦讀定。

循謹或作惇謹，史記酷吏列傳「吏治尚循謹」，漢書同循誤作脩；史記石奮傳「丞相醇謹」，漢書公孫弘傳「唯慶以惇謹」，注：「惇音敦。」敦、惇，都昆切，端母；惇又章倫切，照三，古讀端。端是定之南清音。醇，常倫切，禪母，古讀定。可證循古音亦應讀定。

岫、袖，似祐切，今讀邪母。

按：岫、袖从由得聲，由，以周切，喻四古讀定。从由得聲之字：苗、笛、迪、油、邮，徒歷切，定母。紬、胄、冑、宙，直祐切；柚、舳、妯、軸，直六切；怞、紬，直由切：皆讀澄母，古讀定。柚、鼬、油，余救切；邮、油，以周切：皆讀喻四，古亦讀定。苗，又丑六切；妯，又丑鳩切；徹母，古讀透，透是定之清音。可證从由得聲之字，大都讀定，岫、袖兩字古音亦應讀定。

爾雅釋山「山有穴爲岫」，釋文「岫，徐究切；又音由」，一字而兼邪、喻兩母，喻母古讀定，可證邪母古亦讀定。釋名釋衣服「袖，由也；亦言受也」，以由與受訓袖。由，古讀定，已見上文；受，殖酉切，禪母，古讀定。可證袖古音亦當讀定。

采(穗)，徐醉切，今讀邪母。

按：錢氏以采的俗體作穗，穗从惠得聲，从惠得聲之字，古音多入牙音，證明采之古音讀牙，論據是不足的。説文袖或作褎，褎从衣采聲，僅取雙聲諧聲，是諧聲變例。袖从由聲，褎从采聲，可證由采聲同，由古音讀定，采之古音應亦入定。

説文「穟，禾采之貌也」，或从艸，作蓫。詩生民傳：「穟穟，苗好也。」爾雅釋訓：「穟穟，苗也。」采、穟二字，音義相近，蓋本一字，采爲會意，穟爲形聲，因作兩形。穟从遂聲，遂从㒸聲，古讀定母，詳下文㒸、遂等字條。

囙、泅，似由切，今讀邪母。

按：从囙得聲，説文别無它字。泅爲汓之或體，从汓得聲之字有：游、逰，以周切，喻母，古讀定。可證囙、泅古音也應讀定。

爾雅釋草「湭灌苬芝」，釋文「苬，沈顧音祥由反，謝音由」，謝音苬爲由，由在喻四，古讀定。釋魚注「鮂即白鯈魚，江東呼曰鮂」，郝疏：「説文鯈魚，鯈即鮂，玉篇鮂或作鮋，釋文鯈本亦作鮋，鮋、鮂形近，疑相涉而誤也。」今按：鮋、鮂不必相涉而誤。囙，邪母，鯈从攸聲，鮋从由聲，攸、由喻四字，古讀定，囙亦古讀定。

蕢、續，似足切，今讀邪母。

按：蕢、續，从賣得聲，賣，余六切，喻四，古讀定。从賣得聲之字：犢、讟、韇、殰、櫝、牘、僨、瀆、黷、嬻、隮，徒谷切；竇，田候切：皆讀定母。贖，神六切，禪母；僨，余六切，喻四：禪、喻兩母古音也讀定。从賣得聲之字古多讀定，可證蕢續也可讀定。

周禮春官巾車「歲時更續」，注「故書續爲讀」，讀爲定母字。禮記深衣「續衽鉤也」，注：「續猶屬也，續或爲裕。」屬，之欲切，照三古讀端，端爲定之南清音；又市玉切，禪母古讀定。裕，羊戍切，喻四古讀定。可證續古音亦讀定母。

淮南兵略「出入解續」，又「察行陳解贖之數」，釋名釋衣服「侯頭猶解瀆直通之言也」，今按：解續、解贖、解瀆一辭也。贖、瀆讀定母，已見上文，可證續古音亦讀定母。大戴禮勸學「玉居山而木潤續」，左思吴都賦：「林木爲之潤黷。」潤續即潤黷，續、黷一音之轉，黷定母字，已見上文，可證續古入定母。

困學紀聞論語：「申棖，鄭康成云：蓋孔子弟子申續。史記云：申棠，字子周；家語云：申續字子周。今史記以棠爲黨，家語以續爲績，傳寫之誤也按黨非誤。後漢王政碑云：有羔羊之絜，無申棠之欲，亦以棖爲棠。下略。」今按：棖、黨、棠，古音皆讀定母，可證續古音也讀定。

詩汾沮洳「言采其藚」，釋文「藚音續」，續既可讀爲定母，藚也應可讀定母。

俗，似足切，今讀邪母。

按：俗从谷聲，谷，古禄切，見母；又余蜀切，喻四。从谷得聲之字：鵒、欲、猞、浴、谽，余蜀切；裕，羊戍切；螸，唐韵羊朱切。皆讀喻四，古入定母，可證俗古音亦當讀定。只有猞又讀古禄切，見母。大抵从谷得聲諸字，多从余蜀切一音發展而來，不能以个别字讀古禄切而亂其古音也。鵒或體作鵴，用臾代谷，臾，羊戍切，亦讀喻四，古音爲定，亦可爲證。

說文：「俗，習也。」周禮大司徒「六曰以俗教安」，注：「謂土地所生習也。」皆用習訓俗，聲訓也。習古讀定母，說見下文習字條。孝經「移風易俗」，韋昭曰：「隨其趨舍之情欲，故謂之俗。」釋名釋言語：「俗，欲也，俗人之所欲也。」後漢書班彪傳「隨其君上之情欲，謂之俗」，以俗訓欲，聲訓也，欲古音讀定母，說見上文，可證俗之古音讀定母。

羠，徐姊切，今讀邪母。

按：羠从夷聲，夷，以脂切，喻四，古讀定。从夷得聲之字：荑、徲、鴺、桋、痍、洟、姨，以脂切，喻四，古讀定。荑、鴺，又杜奚切，今音讀定母。洟，又他計切，透母，透爲定之清音。可證从夷得聲之字大都讀定，羠字也應讀定，衹有一咦字，喜夷切，曉母，是喻于兩母混淆之變音，不能以一字一音，亂从夷得聲之字古讀定母之大例。

羠，又讀以脂切，喻四古讀定，是一字而兼入邪喻兩母，喻讀定，可證邪亦讀定。

矣，徐姨切，今讀邪母。

按：矣从矢聲，矢，式視切，審三，古讀透，透是定之清音。从矢得聲之字：雉，直几切；彘、璏，直例切；皆爲澄母，古讀定。薙，他計切，透母，定之清音，可知从矢得聲之字大都讀定，可證芺亦宜古音讀定。只有璏又于歲切，于母，是喻于兩母混淆的變音，不能以此而亂諧聲之條例。

芺，又直履切，澄母，古讀定；又他計切，透母，透定近紐，从芺一字數音，可證芺古讀定，邪母古亦讀定。

医，从矢聲，於計切，是諧聲變例，只取疊韵不取雙聲，故从医得聲之字：殹、翳、鷖、黳、嫛、繄、堅，烏奚切；殹、堅、翳、繄，又於計切；瘱，於其切，皆讀影母，自成聲系。不能推源諸字皆从矢聲，證明从矢得聲之字不讀定母，只能推源从医得聲故讀影母。

兕，徐姊切，今讀邪母。

按：兕別無其他从兕得聲之字可證古讀。史記齊世家「蒼兕蒼兕，總爾衆庶」，索隱「兕本或作雉」，雉字古讀定母，即見上條。論衡是應作倉光，光是兕字的形誤。

灺，徐野切，今讀邪母。

按：灺从也聲，也，羊者切，喻四，古讀定。从也得聲之字：貤，以支切；杝、酏、弛、祂、暆，弋支切；酏，羊氏切；酏、迆，又移爾切；施，以寘切；皆爲喻四。貤又神至切，禪母。杝，池爾切，澄母。喻澄禪三母，古音皆讀定。地，徒四切，今音讀定。弛、阤，施是切；攺、施、䖪，式支切；施又式豉切：今音皆讀審三。杝又敕氏切，徹母，審三與徹，古皆讀透，透爲定之清音。可知从也得聲之字古皆讀定，可證灺亦古音讀定。

𤐫或體作燧、鐆，徐醉切，今讀邪母。

按：上二字皆从隊聲，隊，直類切，澄母，古讀定；又徒對切，今音也讀定。鐆亦从隊聲，今音亦讀定。可知从隊得聲字古皆讀定，𤐫、鐆古音亦宜讀定。不推源隊从㒸聲者，隊聲字自成系統故耳。

㒸、遂、檖、旞、䍁、襚，徐醉切，今讀邪母。

按：从㒸得聲之字，除以上六字外，惨，雖醉切；邃，雖遂切；皆心母字，心邪兩紐今音最近，蓋亦邪母之變音，後世誤邪爲心耳。是从㒸得聲之字大都讀邪母，不能从説文諧聲以證其古讀也，需从經傳異文異讀再作推求。

遂或作隧，史記蘇秦傳「禽夫差于干遂」，戰國策同；呂覽適威、史記春申君傳並作干隧。書費誓「三郊三遂」，史記魯世家遂作隧；張衡東京賦「周觀郊遂」，左思吴都賦「觀其郊隧之内奥」。遂从㒸聲，隧从隊聲，隊讀定母，説見上條，可證㒸之古音亦當讀定。

隧或作奪與兑，禮記檀弓「齊莊公襲莒于奪」，春秋奪作隧，注：「隧奪聲相近，或爲兑。」奪，徒活切；兑，杜外切：定母。尤可證遂、隧古音讀定。

遂或作隊，易震「九四震遂泥」，釋文：「荀本遂作隊。」吕覽知分「得寳劍于干遂」，淮南道應作干隊。隊讀定，可證遂古音亦當讀定。

遂又作鐆與墜，周禮秋官司烜氏注「遂，陽遂也」，説文「鐆，陽鐆也」，鐆今音讀邪母古音讀定，説見上條。荀子大略「溺者不問遂」，晏子春秋雜篇上作墜。按墜，直類切，澄母古讀定，可證遂古亦讀定。

遂又作術，禮記學記「術有序」，注：「術當爲遂。」春秋文二十年「秦伯使術來聘」，公羊術作遂。術，食聿切，牀三，古讀定，可證遂古音亦當讀定。

襚或作説，詩碩人「説于農郊」，箋云：「説當作襚。」説，舒芮切，審三，古讀透，定之清音。亦可證襚之古音宜讀定。

旞之或體作⿸㫃遺，⿸㫃遺从遺聲，遺，以追切，喻四古讀定，可知⿸㫃遺古音讀定，則旞之古音也應讀定。

椽，詩及爾雅並作檖，檖从遂聲，遂既可讀定，則檖宜可讀定，可以推知椽之古音亦可讀定也。

尋、鄩、襑、潯，徐林切，今讀邪母。

按：从尋得聲之字另有蕁，徒含切，潯又讀徒含切，今音並讀定母，可知从尋得聲之字，不出邪定兩母。

尋从彡聲，彡，所凡切，審二古讀心。凡从彡得聲之字極多，古今音皆讀齒音，不能推源尋从彡聲證明尋聲之字古讀齒音，蓋尋離彡自成聲系古音實當讀定也。

尋或作斜，史記張儀傳「塞斜谷之口」，徐廣曰：「一作尋。」索隱：「尋斜聲相近。」斜古音讀定，上文斜字一條已有詳證，可知尋字古音亦宜讀定。

尋或作燖與燂，又作朕。左傳哀十二年「盟可尋也，亦寒也」，賈注：「尋，温也。」儀禮有司徹注引左傳作燖。尋無温義，説文無燖字，字當作燂。説文「燂，火熱也」，禮記内則「燂湯請浴」，釋文「燂，温也」，正與賈注左傳相同。廣韵覃「燂，徒含切」，考工記弓人注「燂，炙爛也，古書燂或作朕」，釋文「燂音潛、音尋，或大含反」，徒含、大含兩切皆讀定母。朕，直引切，澄母古讀定。皆可證尋古音讀定。

尋或作蕁，淮南齊俗「火之上尋」；天文「火上蕁」，注「蕁讀葛覃之覃」；說文「蕁，或作薚」。是以潭代尋聲；淮南原道「游于江潯海裔」，注「潯讀葛覃之覃」。覃、潭、蕁，徒含切，定母，皆可證尋古音讀定。

寖尋、浸潯、浸淫、浸潭等辭是一辭的變形。史記齊悼惠王世家「事浸潯，不得聞于天子」，漢書作「事浸淫聞于上」，可知浸潯即浸淫。漢書司馬相如傳「浸淫促節」，史記作「浸潭促節」，可知浸淫、浸潯且同於浸潭矣。史記孝武紀「寖尋于泰山矣」，漢書郊祀志同，寖尋自是以上諸辭之變形。淫，餘斟切，喻四，古讀定，潭讀定即見本條上文，可證尋、潯古音讀定。

鱏、鐔，徐林切，今讀邪母。

按：鱏、鐔从覃得聲，覃，徒含切，定母。从覃得聲之字：禫、瞫、橝、醰，徒感切；醰、鄿、燂、潭、蟫，徒含切；皆今音讀定。撢、蟫，餘針切；潭又以荏切；皆今音喻四，古音讀定。瞫、嬗，式荏切，審三古讀透，撢又他含、他紺切，今音讀透，透是定的清音。可知从覃得聲字大都讀定，可證鱏、鐔古音讀定。只有蕈，慈荏切，燂又昨鹽切，兩音在從母，從邪今音相近，蓋由邪母轉入從母者，不足以亂从覃得聲古皆讀定的條例。

覃从鹹省聲，鹹从咸聲，从咸得聲之字大都是牙聲，不能推源从覃得聲之字从鹹聲，因而證明其古讀牙聲。覃从鹹聲只取疊韵，不取雙聲，从覃得聲之字自成聲系，古音固應讀定。

鱏、鐔，又餘針切，喻四古讀定；鐔又徒含切，今音讀定。此從鱏、鐔兩字兼讀邪母、喻母、定母，亦可證明邪母古讀定母。

鱏或作沈、或作游，又音淫。荀子勸學「流魚出聽」，韓詩外傳作潛魚，大戴禮作沈魚，論衡作鱏魚。爾雅釋魚注「似鱏而鼻短」，釋文：「鱏音尋又音淫。」按：潛魚與沈魚義通，此以義轉，不關聲轉，爲例外。流魚即游魚則聲轉，游讀以周切，喻四，古讀定。沈，直深切，澄母；淫，餘針切，喻四，澄、喻兩母古讀定。皆可證鱏古音讀定。

鐔在秦、漢古籍中有數音，字或作潭。莊子説劍「周宋以爲鐔」，釋文：「鐔音淫，三蒼云：徒感反，徐徒南反，又徒各反此爲鐸之誤音。」漢書地理志「武陵郡鐔成」，孟康音譚，應劭音淫。後漢書堅鐔傳「鐔字子伋」，光武帝紀作堅潭。按：音淫、音譚，字或作潭，古音都讀定；徒感、徒南兩切，今音都爲定，可證鐔之古音應讀定。

習、槢、騽、鰼，似入切，今讀邪母。

按：从習得聲之字，以上諸字外：慴、摺，之涉切，照三，古讀端，定之南清音；謵，叱涉切，穿三，古讀透，定之北清音。熠，羊入切，喻四，古讀定；慴又徒合切，今讀定。摺又盧合切，來母，與定母相距稍遠，然不出舌聲範圍。可證从習得聲之字大都讀定。只有騽、熠兩字又讀爲立切，匣母。這正是喻、于兩母今音相混的變音，並不足以亂邪母古音讀定的條例。

左傳僖十五年「服習其道」，意林引桓譚新論「伏習象神」，莊子庚桑楚「復謵不餽而忘人」，服習、伏習、復謵三者一詞之變形。謵讀舌頭，已見上文，可證習古音亦讀舌頭。莊子在宥「吾未知聖之不爲桁楊椄槢也」，釋文：「槢，郭李音習，向徐徒燮反，崔本作熠，讀爲牒，或作謵。」按：徒燮反爲定母；熠、牒，徒協切也是定母；謵讀舌頭，説已見上。可證槢古音應讀定。又達生「遻物而不慴」，釋文：「慴，之涉反，郭、李音習。」按：之涉反古讀端，定之南清音。从槢、慴兩字大抵各兼邪定兩音，可證邪古讀定。

爾雅釋畜「驪馬黄脊騽」，釋文：「騽音習，説文作驔，音簟；字林云：又音譚，今爾雅本亦有作驔者。」按：驔、簟，徒玷切；譚，徒含切：都爲定母，可證騽古讀定。

北山經「囂水其中多鰼鰼之魚」，注：「音袴褶之褶。」按：褶有似入、是執兩切，前切邪母，後切禪母。禪母古讀定，鰼兼讀邪、定兩紐，可證邪母古讀定也。

襲，似入切，今讀邪母。

按：襲从龖省聲，龖，説文讀若沓。龖、沓，徒合切，定母。从龖得聲之字僅更有一讋字，説文傳毅讀若慴，慴古音讀定，已見上條。可證襲古音讀定。

慕習、慕襲義同，一詞之變形。後漢書黨錮傳「彌相慕襲」，宋書謝靈運傳「各相慕習」。習古音讀定，已見上條。

隰，似入切，今讀邪母。

按：隰从㬎聲，㬎，五合切，疑母。然从㬎得聲之字：濕，失入切，審三古讀透，又他合切，今音亦讀透，透爲定之清音。墥，直之、直耴、直業切，澄母，古讀定。隰雖今音讀邪，古音亦應讀定。大抵从㬎得聲之字，諧聲只取疊韵不取雙聲，諧聲變例也。

穀梁襄八年有公子濕，釋文：「濕本又作隰，又音爕。」二十年同，左傳作爕。」校勘記：「濕本亦作溼。」按：爕，蘇協切，心母，今音心邪相近，故或迻易。濕、溼，失入切，審三古讀透。

切；攝，書涉切：審三，古讀透。透、定相近。

荀子修身「卑濕貪利」，韓詩外傳作卑攝貪利。按：濕、攝皆隰之借字，濕，失入

燅，徐鹽切，今讀邪母。

按：燅从炎聲，炎，于廉切，于母，古讀匣。疑炎本當讀喻，六朝以來，喻于相混，漸次訛讀于母。故炎或作惔，左傳莊十四年「其氣惔以取之」，漢書五行志引作炎。惔，以冉切，喻四。莊子齊物論「大言炎炎」，釋文：「炎，于廉、于凡二反，又音談，李作淡，徒濫反。」談、淡同讀定母，若炎爲于母則不能讀定，若炎爲喻四則古音正當讀定。故炎讀于母爲後世訛音。

从炎得聲之字：琰、剡、掞，以冉切，喻四；剡又時染切，禪母。喻、禪兩母古音皆讀定。啖、倓、惔、淡，徒濫切；談、郯、倓、惔、淡、餤、錟、菼，徒甘切；啖又徒敢切，倓又徒坎、徒感切，淡又徒覽切；今音並讀定。覢、睒，失冉切，審三；緂，處占切，穿三；古音讀透母。睒又吐濫切，緂又他酣切，菼、緂、綝又吐敢切，今音皆在透母。透定僅有清濁之分。可知从炎得聲之字，大都讀定，燅之古音亦應讀定。惟一熊字，羽雄切，于母，猶炎之訛混爲于母，殊不足以亂形聲諧聲之條例。

儀禮有司徹「乃爇尸俎」，釋文：「爇，注：焫同。」焫古音讀定，已見上文尋字條。

以上凡九十三字，皆見于説文，廣韵切音均讀邪母。詳考其諧聲聲系、經傳異文異讀，旁證以歷代聲訓、聯辭的衍化，無不古讀定母。雖然其中少數字也間雜一二訛音，而訛音又莫不是正音的衍變，正音絶不致因一二訛音而淹没。所以邪母古讀定，是信而有徵的。

檈、還、櫏，似宣切，今讀邪母。

按：三字都从瞏聲，瞏，渠營切，羣母，古讀溪母，與匣母相近。从瞏得聲之字，環、譞、圜圜又王權切，于母，古讀匣母、闤、轘，户關切；獧，胡縣切，擐、繯、轘，胡慣切；皆讀匣母。趯、譞、翾、嬛、蠉，許緣切，曉母，匣之清聲。嬛又於緣切，影母；懁、䙡，古縣切，擐，古還切，見母；影見兩母，亦與匣母相近，可知从瞏得聲之字，古音應讀匣母，檈、還、櫏三字也應古讀匣母。只有一字瞏，方免切爲微母，猶荒从亡聲讀曉母，此爲曉匣之變聲，不足以亂从瞏得聲之字，古音讀匣之條例也。

還又户關切，一字兼讀邪、匣兩紐，亦可證還讀匣爲其古音。周還或作周環，漢書天文志「周還止息」，郊祀志：「周環其下。」環讀匣母，説已見上。周還又作周旋，禮記玉藻「周還中規」，射義「進退周還」；孟子「動容周旋中禮」，國語楚語「進退周旋」。旋今入邪母，古讀匣，説見下條，亦可證還古音讀匣。

檈亦或作還，爾雅釋木「還味稔棗」，還是檈之省借，還可讀匣，可證檈古音亦可匣母。

旋、淀或作漩、嫙、鏇，似宣、辭戀切；嫙，辭戀切，今讀邪母。

按：从旋得聲，別無它字。旋从㫃聲，㫃，於憶切，影母，从㫃得聲之字也皆在喉、牙兩類。如从説文諧聲正例言之，謂旋古讀匣可也；如从諧聲變例言之，則難即定其古讀何音也。

韓詩「子之嫙兮」，毛詩嫙作還，還古音入匣，已見上條。説文「淀，回泉也；嫙，好也；鏇，圜也」，皆爲聲訓。回，户恢切；圜，户關切；今音皆匣母。圜，又讀王權切，于母，古讀匣。好，呼晧、呼號切，曉母，曉爲匣之清音。是从經籍異文、説文聲訓可證从旋得聲之字，今雖讀邪母，古音讀匣也。

圓，辭沿、似宣切，今讀邪母。

按：圓从肙聲，肙，烏緣、烏縣切，影母。从肙得聲之字，削、弲，烏玄切；鋗，烏縣切；悁、蜎，於絹切；皆讀影母。影匣只深喉淺喉之别。鋗、駽、梋，火玄切；駽又許縣切，弲又許緣切，皆讀曉母，曉爲匣之清音。鞙、稍、焆，古玄切；睊、䴋，古縣切；絹，吉掾切；埍，姑泫切；皆讀見母。見匣聲亦略相近。鞙、埍又胡畎切，今讀匣母。是从肙得聲之字，雖聲紐變動不居，然皆與匣相近，可以無疑。

圓又火玄切，曉母，匣之清音，从圓之兼讀邪曉母而言，大抵亦可證其古音與匣母相近。

旬、洵，詳遵切；佝，辭閏切。今讀邪母。

按：从旬得聲之字：珣、郇、恂、洵、姰、槆、㰬、峋，相倫切；㚕同㥚、筍，思尹切；皆讀心母。又：郇，又户關切；姰，黃練切；兩字讀匣母。絢，許縣切，曉母，匣之清音。惟一㥚字，又渠營切，羣母，古讀溪母。是从旬得聲之字，今音讀心母者多，讀匣母者次之，讀羣母者惟一字之一音而已。旬从勻聲，勻，羊倫切，喻四，喻四古讀定，爲後世訛音說詳下文，亦不能以此定从勻得聲之字皆讀定也。旬雖从勻聲，只取疊韵不取雙聲，離、匀自成聲系，爲諧聲變例。錢氏以爲旬从匀聲，从旬得聲之字古音爲羣，論證是不足的。

禮記内則「旬而見」，注：「旬當爲均。」易豐「雖旬无咎」，釋文：「荀作均，劉昞作鈞。」鈞、均，居匀切，見母。儀禮聘禮絢組注「采成文曰絢，今文作鈞」，鈞讀見母。可知从旬聲之字，與从匀得聲之字，古聲相近。匀，羊倫切，喻母。按：匀本于母字，喻于雖聲系截然不同，後世音變則頗混淆，故从匀得聲之字古音鮮讀定母。

詩信南山「畇畇原隰」，釋文：「畇音匀又音旬。」陳奐疏：「均人注：旬，均也，讀如㽦㽦原隰之㽦。釋文：㽦音均，又音旬。詩江漢：來旬來宣，鄭箋：旬當作營。」按：匀、畇，羊倫切，喻母，是于母的變音，上文已言及之。營，余傾切，曾先生校作于傾切，故自營爲私又作自環爲私，環爲匣母，正營爲于母古讀匣母之證。

嬛雖在心母，詩正月「哀此惸獨」，孟子引作煢獨，煢，渠營切，羣母，古讀溪。郇，説文讀若泓，泓，烏宏切，影母。

凡此可見，从旬得聲之字又以讀喉牙者爲多，旬、洵、侚今音雖讀邪母，古音或者近匣也。

彗，徐醉、囚内切；槥、鏏，詳歲切；今讀邪母。

按：从彗得聲之字：熭，于歲切，于母古讀匣。慧，胡桂切，今音讀匣母。嘒，呼惠切，曉母，曉爲匣之清音。僅一𦆽字，相鋭切，心母。可證从彗得聲字古讀匣。

彗、槥，又于歲切，于母古讀匣，从兩字今讀兼入邪于兩母，可證彗、槥兩字古讀匣母。鏏，説文讀若彗，彗既古音讀匣，則鏏亦宜入匣。

嘒俗亦作嚖、𦆽俗或作繐，可知彗、惠同音。辯慧借作辯惠，商子説民「辯惠，亂之贊也」，韓非子揚權「辯惠好生」，淮南主術「辯惠獧急」，國語晉語「巧文辯惠則賢」。惠，胡桂切，匣母，可證从彗之慧與惠同音。

篲或誤讀喻母，莊子達生「操拔篲以待門庭」，釋文：「似歲反，徐以醉反，郭矛予之訛字稅反，李尋恚反。」兩音邪母，兩音喻母，喻是于之訛混，古當讀匣。

以上十五字都見于説文，廣韵切音皆讀邪母。从各方面詳考，古音都不讀入定母而應讀入匣母。這是由于聲音衍變，喻、于兩母有時混淆的緣故；證明了邪母出現的程序：先是由定而喻，由喻而邪。此十五字讀入邪母，則喻于相混，故後世亦以此少數字讀入邪母。此並不足以亂邪母古讀定的條例，而且足爲邪母古讀定的旁證。

𦘴、賮、璶、藎，徐刃切，今讀邪母；又疾刃切，今讀從母。

按：四字應以疾刃切爲準，切韵本以四字入從母。疑陳彭年撰廣韵，遂依六朝隋唐訛音入邪母。證據是：

一、真、軫、震、質四韵，真、軫、質三韵皆無邪母字，不應震韵獨有此邪母四字；真、軫、質三韵從母都有字，不應震韵從母獨無字，可證震韵邪母此四字應依疾刃切移入從母。

二、軫韵從母有盡、濜兩字，震韵邪母此四字移入從母，則軫、震兩韵上下呼應，最合諧聲條例。

慒，似由切，今讀邪母；又在冬切，今讀從母。

按：慒字以在冬切爲正音，應移入冬韵從母。似由切爲訛音，慒字雖从曹聲，本悰字之變易，對轉入尤，亦當作在由切入從母，不當作似由切入邪母也。

冬韵正有慒字，藏冬切，雖又作似由切，固以前切爲正音也。爾雅釋文「慒，音囚，字書作悰，藏冬切」，可證悰、慒一字，字書之切是矣。查廣韵邪母字，慒以外皆从囚聲，從母則多从曹聲，亦可證慒無論冬韵、尤韵皆當在從母爲是。

以上五字，都見于説文，廣韵切音則分别在從、邪兩紐。當以在從母爲正音，在邪母則爲六朝以來訛變。大抵五字不爲陳彭年撰廣韵所增改，即爲陸法言撰切韵時辨音所疏忽。但是這五字廣韵既分别在從、邪兩紐而不在其他各紐，則猶可證其讀從母爲正音，不足以亂邪母古讀定的條例，反而可以作爲邪母古讀定的旁證。

本文曾在六四年發表于甘肅師範大學學報第一期。此次謄鈔原稿，改正了一些訛脱。謄鈔既畢，查閲唐五代韵書集存，第一類切韵斷片二，廿一震「賮、燼、𧀼」，蓋藎字之殘缺。正作「疾刃切」；第五類裴務齊正字本刊謬補缺切韵去聲廿二震「賮、濜、燼、藎，疾刃切」。此諸字應讀從母而切韵本入從母之鐵證矣。一九九〇年九月記。

檢字表

〔說明〕1. 表中字目包括全部詞條及疏證中的重點例字。
2. 字目下的數字是詞條的序號。

甄繼祥編

一畫

一 1552
乙 840

二畫

丁 130
卜 893 1041
人 1159
入 1263
几 1051
九侯 1341
力 1518
乃 2 7 1484
又 287
三 1501

三畫

干 36 37 761 866 1091 1092 1295
于 956
工 247
士軍 692
士彭 1357
士魴 1357
大 544 563 570 1073 1687
大曲 739
大坰 613
大屈 739
大黃 833
大芒駱 591
大叔齊 1365
大荒落 591
弋 1083 1448 1677
上 1525 1554
小 355
口 161
千齡洲 720
乞伏 582
乞佛 582
彳亍 418
个 866 1060
夕 821 1373
夕姑 1373
勺 1676
凡 1702
丸 1702
亡 1321
亡陽 830
亡慮 404
尸 663
弓 1232
弓末 792
弓淵 793
子 138 1070
子馬 1440
子規 837
子猛 1440
子貉 1364
子蠻 1364
孑 766
女英 1345
女嫈 1345

四畫

王 1637
王子捷 1363
王扎子 1363
天 125
天苴 1314
天竺 494
天毒 494
天篤 494
夫 1193
元 344 1384
元元 344
云 1158
木 128 1692
五 1279
市 540 1245
支 889 1242
不 443 444 445 1142 1143 1205
不韋 815
不律 815
不借 744
仄 311
犬戎 723
犬夷 722
太行 684
太形 684
太叔疾 1365
巨 230
巨斧 850
巨昧 718
巨蔑 718
屯 964
比 93 1652
比隣 431
切 1196
卝 779
止 13 32 560 1549
少 197
曰 1066
中 509 510 511 544 1120
內 1263
水 1498
午 1279
牛 548
手 170 1557
毛 1224 1538
升 978 1468
仁 1159
什 1462
片 245 1290
化 65 129 1328

仇 865
仍 929 1484
仍叔 1349
斤斤 339
反 450
反衍 381
介 1 765 1060
介介 318
介根 607
父 1547 1701
今 1029
分 455 943 1144
分布 414
公 144 199 231 1239
公子燮 1385
公子濕 1385
公孫旰 1366
公孫霍 1366
氏 889 1242
勿 937 1100
勿勿 163 335 390

欠 192
文 489 1701
文山 611
文水 693
文勉 489
亢 103 927 1272
亢倉 1426
亢桑 1426
方 6 441 449 464
475 756 1130 1138
方良 377
方皇 371 383 475
方湟 371
火 129 568
斗 1675
冘預 699
冘豫 418
心 167
尹 1006
夬 219
引 185 970

弔 537
巴 1314
巴苴 827
巴犂 736
巴蕉 827
阞 643
以 1230
允 1179
允吾 1015
允街 1015
予 104
毌 196 1055 1229
毋 252
毋邱 1451
毋追 743

五畫

刊 1608
末 263 480 937
末殺 396
末略 404

示眯明 1379
正 6 22 46
卬來 714
卬旅 714
功 144
去禺 1024
甘蠅 1439
甘露 595
世 899
古 1463 1540
本 21
札 178 278 966
扐 1196
匝 540
石 1525
布 436 437 1129
犮 753
平 1178
平模 696
北 111
旦 1708

目 159
且 1630
且咨 1022
叶 1486
甲 765
申 203 967 1162
1222 1699
申棖 1443
申棠 1443
申夜姑 1373
田 529 530 1699
由 525
只 1034
叱咄 395
叱咤 395
叱嗟 395
兄 195 1329
四瀆 601
四竇 601
生 136 899 1474
生瀆 680

矢 663
矢幹 761
失 60
失台 1325
乍 34 235
匄 1273
丘 5 598
丘慈 727
付 1588 1665
代 92 945
仙 1461
仡 953
仡仡 313 353
白 460
尒 1
㐱 1261
令支 679
用 90 1689
氐 931
句無 1019
句摩 575

句瀆 680
句瀆之邱 653
卯 138
冬 109
包 543 934
包來 659
包胥 1382
包犧 1330
主 57
庀 1652
立 182 1251 1478
玄冥 420
玄湣 420
半 245 1198 1208
汁 1486 1618
氾 127 244
忉忉 330
戹 210
必栗 409
司 1162
尻 895

民 119 201
民民 309
弗 444 753 1142 1205
弗生 1416
弗弗 753
阢 227
阢陧 419
出 108 217
丱 779
召獲 1415
召護 1415
加 214
皮 973 1233
弁 1586 1685
矛 1224
母 116 194 483
母猴 858
母鼓 1444
母寡 1444

六畫

邦 424 1127
开頭 702
刑 90
戎 392 855
戎戎 392
戎曼子 1393
戎蠻子 1393
扞 1295
圭 58 1059
扤 227
吉 1255
圪 313
老 50
扱 1477
圯 1313
地 11
地黃 833
耳 929
芋 930
芇 833 1641
共 144
芊萰 720
芒卯 1430
芒芒 326
朾 627
束 1045
西 110
西俞 681
西施 681
西隃 681
西乞秫 1376
西乞術 1376
西乞遂 1376
百 120 1456
有 1058 1073
有侁 1346
有莘 1346
有娎 1346
而 7 241 939
列 63 900
列山 1331
歧 258
夷 891 1049 1399
1460 1664
夷末 1392
夷昧 1392
夷陵 666
夷猶 418
夷儀 663
夷射姑 1373
邪 1054
邪呼 406
邪許 406
邪揄 407
邪軒 406
邪謣 406
邪馬臺 576
邪靡堆 576
至 537 1563
此 1045
吐京 692
曳 1223
曲池 661
曲阿 600
曲梁 777 796
曲遇 1024
吕 1494
吕省 1400
吕甥 1400
屹屹 313
回 1520
网 1100
肉 154
年夫 1352
朱 1395 1692
朱儒 504
朱離 425
先 1160
先俞 681
先施 681
先昧 1374
先蔑 1374
廷 88
竹 494 495
休 881
伏 111 114 458
463 894
伏兔 754
伏犧 1330
伐 289
仳離 409
延 306 983 1460
任 111
任叔 1349
份 919
伀 199
仿佛 206
仿偟 371
仿象 382
仿像 382
伊緩 1324
自 493
向 564
后槖 1428
行 90 915 1527
彴約 496
舟 506 507 1123 1281
全 1622
合 1510
合門 1014
企 184
邠 919 1137
刖 1503
危 14 227 352
旬 1476
旬箇 1017
旨 1034
名 872
各 17
多 558 885
交 85
交綏 101
交領 795
交横 414
衣 246 686 1302
衣裝 804
次 9

羊 334 849
并陽 721
州 148 150
州吁 1369
州曼 1417
州蒲 1417
州滿 1417
汗漫 415
江 144
汋約 496
汎 75 244
汛 75 1275
池 533
宅 523 1115 1621
安 183 222 226 288 356
祁黎 660
祁彌明 1379
聿 815 1066 1179
那 948
阸 151
防 623
奸 223
如 939 940
妃 456 1131
好 204
羽 1506
牟 160 252 823
牟光 1333
牟追 743
牟婁 667
巡 1252 1457

七畫

弄 908
形 90
戒 350
扶 892 1681
扶伏 394
扶服 394
扶胥 618 829
扶蘇 618 829
坏 1136
扼 210
拒父 850 1312
拒斧 850 1312
批 1189
赤 790
折 703
坽 1211
孝 204
坎 784
均 1476 1483 1611
抑 10 165 294 1152
抑鬱 430
抛 659 1513
投 19 873
坑 784
抗 103
抌 1040 1203
志 1690
把 762
芫 834
芸 122
芾 757
芘 448 1189
芮 907
芮芮 580
芮阮 682
芮鞫 682
芰 261 874
臣 162
杜多 577
杜鵑 837
杌 227
求 1647
求得 1303
孛 168 307 597
車師 583
車拚軌 807
甫 435 466 898 1128 1547
更 18 1707
更嬴 1439
束躅 264
吾 1081 1526
吾山 700
豆 1675
邴 622 623
邴意慈 1419
辰 889
辰陵 666
龙 67 1580
龙茸 67 392
忒 180
迓 1078
步 1146
卣 1656
貝母 835
貝邱 678
吳 640 1032 1292
吳子遏 1423
吳子謁 1423
助 235
旳 199
旻 183
肙 161
串 196 1055 1229
串夷 723
吻 163
別 957 1174
別裂 409
岑 142 1098
岑崟 707
岑嵒 707
岑巖 707
迕 1279
告 191 862 1072 1255 1453
利 308 1177
利落 422
禿 1383
秀 164 871 1383
私 232
私比頭 747
每 40 194
佞夫 1352
邱 5 107 598
邱阿 600
邱慈 727
何 1306 1450
佐 236
伾伾 337
攸 876
攸攸 329
但 11 1597
伸 174 967
佚 60 92 1182
作詻 593
作噩 593
伯囧 1343
伯服 1358
伯宗 1350
伯莒 675
伯都 856
伯益 1335
伯尊 1350

伯犕 1358
伯盤 1339
伯翳 1335
伯緊 1335
伯羿 1343
伯昏無人 1424
伯昏瞀人 1424
低回 421
低迴 421
位 182 1478 1480
伴 884
伴奐 398
身 967
身毒 494
佛 469 470
佛佛 1445
近 1 273 1103 1104
役 1535
彷 475
彷徨 371 383 475
希 1658
釆 1178
孚 213 462 659
1515 1681
妥 101 132 1093 1620
豸 819
含 992 1520
肛 175
肘 169 1109
彤彤 342
甸 528 529 1105
免 163 952
狾狾 347
狄 1344
狄歷 581
角 1069
彤彤 342
卵 779
迎 212 1078
言言 313
庇 1595
吝 308
序 1228
序點 1427
远 927
宋廇 777
盲 1531
羌 2
判 245 957 959 1198
判渙 398
兑 524 752 783
灼 199
灼約 496
弟 11
汧屯 702
沐猴 858
沐腫 382
沛 988
沛邱 678
沙 863 955
沙澤 669
泂瀁 382
汭坈 682
沂 1104
沂鄂 432
汾水 694
泛 75 244 942
没 1291
汶山 611
沆漭 415
沈沈 338
決 99 219
沇水 686
忡融 904
忤 1279
忪 1144
快快 316
忸怩 370
宏山 610
牢 775 867 1301
牢剌 413
牢落 413
牢籠 413
良 574
卮 786
罕 1355
罕虎 1355
罕達 1355
邲（邲） 447 1126
1260
君 1239
即 797 818
即邱 647
尾 171 340
尾生高 1441
尾生晦 1442
局 84
局促 367 400 735
局趣 400 735
局數 400 735
局縮 400 735
改 18
阿 1616
阿干 1329
壯 130 1682

八畫

孜 1070
阻 1630
附 467 468 1583 1665
陂 973
妢 1137
姊 115
姒 1448
邵 1524
玩 1384
玭 1056
武 289 1005
青 20 789
玲 992
表 441 1654
玫 800
盂 630
盂鹽 1412
抹摋 396
長 22
拙 1223
拓落 546
坺 988
坫 776 1610
坦 125
抽 72 513 1108
抶 516
坿 1136
拊 443 799 1136 1588
拊譟 428
拍 962
抵 931
拘 262 1249
拘婁 416
拘攣 416
抱 462 659 1513
拕 1107
扼 210
坭 567
拂 469 471
拂戾 378

拙 1452
招 497
招邱 670
披 1141 1256
披離 409
亞 210
坶 116 194
拇 787
其 1322
取慮 1012
苦 1463 1641
昔 821 1512
若 939 940
茂 138 358 360
茇 988
苹 806
苹車 806
苫 214
苴 905
苗 1224
苓 153 824

茆 961
苑支 1446
苞 21 440 1032
1215 1314
苞苴 427
苞來 659
苞黎 736
范皋夷 1367
范皋繹 1367
苾 461 1125
直 88 518 524
苐 11
茀 307 597 753
758 1205 1418
茀離 408
苕丘 670
茅 961 1224
茅戎 724
杬 834
林 182
林慮 701

枝 253
杶 1282
杵臼 1371
枚 340 487
枚枚 361
析 80
析支 705
板 275 756
來 68 950 1063 1151
來牟 823
枋 1140
述 1252
杷拉 409
東 111 1395
東門述 1421
東門遂 1421
或 1058
臤 879
剌 1045 1505
兩 53
協 1486

協洽 592
郁 1191
郁李 711
郁洲 711
郁棣 711
郁釐 711 1396
奔 181 452
奔奔 452
奄 237
奞 469 1687
戔戔 341
非 1143
叔 197
叔倪 1397
叔痤 1394
叔詣 1397
叔輒 1394
叔輙 1394
卓 496
虎 856 1317
尚 1554

旰 630
果 99 968
果墮 826
果羸 826
昃 29 311 1095
盳羊 830
昆 196 200 1055
昆夷 722 723
昆明 578
昆彌 578
昌 1587
昌姦 673
昌間 673
昌遼 712
昌慮 716
昌黎 712
門 298
門水 693
昕 869 922
明 22 981
明明 339

明津 645
明都 645 649
易 44 1250
欥 1066 1067
旼旼 363
畀我 1388
盳 202
迪 72 513
典 512
固 17
咀 239
咋 34 976
呼 209 901 944
呼譽 426
咆哮 398
咆烋 398
咆虓 398
咄啐 395
咄喑 395
咄嗟 395
岸 1526

岸門 691
岷山 611
囷 272 633
囷如 726
罔 1100
罔兩 377
罔象 382
罔像 382
罔閬 377
罔瀁 382
邾 644
邾子牼 1386
邾子瞯 1386
制 77 703 1703
制河 703
刲 799
迭 92 554
垂斂 650
垂隴 650
牧 116 194
乖剌 413

刮 79 286 1667
秆 761 769 1150
和 28 364 923 1307
和表 745
季 198
委 76
竺 494
秉 762 1041 1615
秉意慈 1419
妛 1681
侑 1561
臾 947
版 756 780 959 1590
侏 925
侏儒 504
凭 458
侹 88
佸 286 1503
佻 1689
佾 1182
侈 1471 1689

卑 1007
卑耳 658
卑居 844
的 496 497 498
迫 233
卹 1260
卹勿 411
欣 922
欣欣 314 922
欣時 1354
彼 446
舍 137 980 1227
侖頭 584
命 872
采采 312
受 1707
乳 856 1299
肺 168
肱 1232 1519
肫 1617
肸 992

朌 920 1144
朋 841 1689
服 112 114 478 1004 1133 1467
周 506 1281 1699
周帀 372
周匝 372
周挾 372
周浹 372
昏 309
迒 1
狋氏 1018
狐鷹 1412
狐夜姑 1373
狐射姑 1373
匋 506 507
咎 1221
咎如 726
京 1693 1698
夜 1373
底 560

庖犧 1330
疛 1109 1686
郊 642 1650
庚桑 1426
盲 1145
瓬 898
放 127 898 1138
放悲 433
刻 16 280
於乎 423
於菟 856 1317
於檡 856 1317
於戲 423
於䖘 856 1317
券 1669
卷 84 272 1173
卷婁 416
卷攣 416
並 35 884
並午 414
法 453

法制 19
泄泄 1223
沽 1540
河 146
沮洳 412
油油 334
泱 244
泂 1697
泆 1182
泭 801
泝 564
沿 1457
泡 1594
注 150 169 596 932 933
沱 533
泥 251 273 567 569 768
泥母 615
泯 190 880
泯泯 310

治 228 528 1157
怞 72
怳忽 195
怳惚 195
性 1474
怋 309
怊 1420
怡 1180 1466
宗 1038 1350
定 70 911
官 1558
空 59 107 161 231 870 890 1700
穹 265 895 897
宛 71 83 152 997 1000 1247
宓犧 1330
戾 13 308 788 1151 1177 1338
攽 184
房 473

房皇 371 475
衫 261
衱 812
衼 991
祈 1104 1173 1479
祇 1242
祊 622 623 1357
罙 26
居 859 1297
屆 1 541
刷 79 256
㕞 79 256
屄 663
屈 174
屈狄 748
屈兹 727
屈貉 604
屈銀 606
弨 799
弦蒲 616
承 1318

孟卯 1430
孟門 645
孟津 645
孟浪 404 408
孟猪 645
孟諸 645 649
牀第 816
牀簀 816
陌 120 1456
欸欸 365
亟 18
降 17
降谷 609
函 992
函谷 609
陔 977
姑胥 618
姑師 583
姑臧 715
姑餘 688
姑蘇 618
妯 72 520
姁姁 345
始 156 220
昬 1332
糾 300

九畫

契 16 280
契皋 731
奏 277 541 1031
春 108 109
珍 125 1261
珉 800
毒 945
型 90
拭 79
挑 392
封 434 942 1127 1134
封龍 687
持 536 762 1122
拮揭 403
拮隔 391
拱 1539
垣雝 648
挧 962
政 77
赴 893
挺 88
挺挺 88
括 286 1209
挑 1203
垛 776
挌 41
按 1030
垠咢 432
垠鄂 432
垠堮 432
垠鍔 432
某 1546
荆 878
荸 557
茸茸 392
革 18 95
荝 63 385 936
苦蔞 826
荀秀 1383
荀首 1383
茭 877
茨 115 960 1053
836 1572 1603
荒 195 1073 1531
荒忽 195
荒唐 429
荄 1070
茫 472
胡 901
胡甲 695
南 111 948
南伯子葵 1425
南伯子綦 1425
柯 866 1140
柄 762 799 1140 1419
柘姑 1013
相 874
相羊 402
柞 242 975 976
柎 799
柏舉 675
柳翣 734
枹 213 462 659
柲 799 1210
柅 567
勃 307
勃勃 1445
勃窣 396
勃蘇 1382
軌 552 1051 1567
軏 1051
軓 1276
勑勒 581
要 172
㮚 1707
咸 992
庬 67 1580
威 793 1599
面 157
耎 260
廆 227
迥 63
殄 1628
勁 4
背 459 710 1138
婁 1090
貞 508
省 61 179 229 1257
削 62 179 221
240 803 1244
郙 1244
昧 25 40 946 1291
昊水 718
是 660 889 1242
眇眇 359
旺 903
則 29 293 296
冒 25 26 40 116
128 160 194 252
548 946 1291
冑 196
禺 858
禺京 375
禺强 375
禺彊 375
星 126 133
昵 567 1288
昭 1289
昭公袑 1420
昭公裯 1420
昪 1685
畎夷 722 723
畏 793 1599
畏需 386
畏懦 386
昆劉 409
胃 1181
咮 596
炭步 719

峥 951
幽 266
幽州 706
幽都 706
矩 1668
郜 625
牲 993
香 1568
香戎 832
香葇 832
秏 995
秖 1242
秭鳺 837
秔 927
秋 109
秋盧 1012
科 107 870
重 51
竽 1608
便 1178
便面 733

便娟 813
便旋 371
便嬛 813
叟 113 124 1099
牉 245 1290
俚 12 1161
保 439
俈 191
俄頃 402
俘 439
係 262
信 203 967 1222 1342
皇 1581 1639
泉 802
鬼侯 1341
鬼臾區 1334
鬼容區 1334
侵 73
侯甲 695
帥 256 290 1562
追 101 492 493 1264

俊 979
待 1122
徇 1258
佫 1199
衍 43 288 306 891 983 1460
衍水 686
律 281
逃 1464
卻 1220
郤 1220
爰 44 668 956
爰婁 668
食 238
盆水 694
朐瀰 718
胞 213
胖 245 959 1198
脈 895
匍匐 394 463
負 459 483 710 1004 1138

負尾 617
負盤 851
負礬 851
勉 163
勉勉 163 335 357 390
𠤕 13 953
風 127
狧 286
狡狭 369
狡獪 369
急 18 95
炰烋 398
計斤 607
計研 1429
計倪 1429
計基 607
度 8 19 523 1115
庛 1505
庭 88

彥 1680
帝 911
施 1250
差 48
美 358 359 486
姜 2
叛 959 1528
叛衍 381
叛換 398
迷 985 1268
迷陽 830
迷離 404 408
迷子瑕 1414
首 156 1383 1557
首止 664
首戴 664
逆 212 1078
兹 1062 1070
炳 1419
炯炯 317 339
炮 1594

洒 1275
洊 69
洩洩 1223
洞 1697
洞水 685
洗 1160 1275
洽 1510
洵 1149
洚 247
洛盤 689
洲 148
恒山 610
恤 232 1260
恂 1514
恂蒙 392
宣 98
宥 1561
室 803
宧 266
宫 265
突 15 752

穿 914
窆 942 1134
扁 1010
扃 1614
扃扃 339
祇 558 1242
袂 794
祐 102
祓 1635
祖厲 1016
祖類 1338
神 125 1708
祝 562 932 933
祝吁 1369
祝邱 647
祝祝 325
祝聃 1359
祝犂 588
祝鳩 845
祝瞻 1359
祇 1074 1075

祇迴 421
祕 1595
祠 982
退 101 1093
既 1638 1649
屋 268
屏面 733
弭 792 985
昬 309
眉 50 340 488
620 1200
胥 874 958 1171
胥紕 747
陛 852
陟 490 491 978
陟降 490
陟恪 490
除 1157
姪 554
姦 223
飛 1596
飛龍 687
盈 1447
勇 947
癸 198
柔 154 211 1183
柔然 580
矜 1071 1184
矜矜 349
紅 247 248
紂 1705
約 172 1676
級 553
紀消子 1438
紀渻子 1438

十畫

耘 1158
栔 16 280
挈 16 1653
泰卷 613
秦 818
珪 767
珥 1584
珽 88
班 438 920 1007
1198 1590
敖 566 641
素 958 1079
匿 180
匪 445 446 447
943 1126 1596
栽 1062 1231
馬 1704
馬鞅 808
振 547 1074 1075
1261 1485
挾 540 1245 1623
貢 144
捐 813
捐毒 494
袁 668 1387
袁婁 668
埒 116
都 500 1523
都野 646
耆 4 643
挫 763 1009
捊 462
換 44
挩 522 1225
捖 1667
耿 1305 1449
耿耿 317 318
耽 1359
郰 644
郰曼父 1409
郰輓父 1409
華 139 1490
華州 1405
華表 745
華周 1405
茜 1246
莽 1224
莽沆 415
莽眇 380
莫 479 485 1165
莫略 408
莫絡 404
莔 835
莅 1478
莝 763 1009
莩 213
莘瀆 680
莎 955
莞 1640
桔隔 391
桔槔 731
桓 923 1307
桓表 745
桎 931
桐水 685
桐牢 657
株 504
株離 425
栝 286
栝樓 826
栈 801
桃徒 1025
格 17 41 1199 1295
格格 328
校 1068 1069
根 216
索 97 117 225 1079
索索 324
軒 869 1355
軒虎 1355
軒達 1355
軔 772
軓 552 1276
連 63 147 153 385
1153 1570 1577
連山 1331
連卷 416
連娟 416
連遽 422 1021
連蜷 416
連嶁 422
連蹇 416
連縷 1021
逗 927
速 1065 1166
速獨 264
速櫝 264
栗 900 1043 1176
栗水 608
栗栗 900
栗留 839
覂 942
配 456 1131
厞 1205
夏 109
砥 1563
原 1384 1693
逐 525 1116
逐逐 329
烈 63 301 385 935

烈山	1331
烈風	594
烈烈	900
晉	969 1076
剕	442
峙躇	418
柴	1045
𢪌	1045
𢪌搣	417
逍搖	402
眛	263 621
眛	263
時來	660
逞	515
眩湣	416
眩瞑	420
眠	190 201
尋	949
畱	530
叟叟	311
蚌	852
蚍蜉	853
畔	959
畔衍	381
畔換	398 399
畔援	398 399
蚚父	850
蚡泉	672
蚊	854
蚓	185
哨	1504
員	1158
圃	435 1128
盎	244
圂	1195
罛	777
罝	462 659 812
悔母	1332
旹旹	347
悅	256
峻	1514
剛	2
眚	61 179 1257
挌	41
缺	882 1316
氤氳	430
特	518 519 1114
造	759 773 909 971
	1039 1088 1455
乘	529
租飽	427
秩	527 1112
秩秩	527
秮	1583
笄	542
第	816 1603
笆籬	736
值	228
倒	1523
俳佪	371
俳徊	371
俶	926 1560
條	900 986
脩	243 1482 1656
俱	85 86
倮	177
倡	1587
候	218
倭	1191
倪伉	419
俾	93
俾倪	738
倫	1536 1566
倗	690
隼	1481
倅	33 1487
倍	459 1138
倍陽	710
射	282 1373
皋夷	654
皋鼬	674
躬	1029
息	220 222
息慎	704
烏	1710
烏呼	423
師	290
師比	747
師武	1433
衄	211
徑	88
徐	1054
徐點	1427
徐偃王	1347
徐隱王	1347
坌	1535
殷	868 1302
般	275 570
殺	118 284 1683
	1216 1219
舀	1040
倉庚	839
飢	643
盆	1254
翁	244
朒	211
脡	88 1231
胎	45
脃	914
胅	1080
脇	45
狹	89
狹隘	151
狷	813
狺狺	347
逖	1344
狴	619
逢門	1348
逢堁	379
逢蒙	1348
留	1161
託	1621
訓	1472
訊	110
衰	1219
畝	787
勍	100 375
高	642 731
高密	709
高渠眯	1380
高渠彌	1380
亳	1698
亳社	677
郭	635
庪	991 1616
席	821 1206
疭	178
病	1615
疾	1365
痀	84
痀僂	416
疲	973
脊	1090
唐	821 1206
唐山	1401
唐昧	1432
唐蔑	1432

恣 115
旁 35 464 473 1130 1138
旁午 414
旁皇 371
旁旁 1357
旁魄 962
旁薄 962
旁礴 962
旆 988
旄 814
旅 1170
旃蒙 586
畜 204
畜畜 346
羞 1166
羔 1240
拳拳 320
敉 985
料 143
益 151

朔 136
烜 129 921
烔 1113
烟煴 430
郯 639
浙河 703
浹 1245
消 179 221
消瘦 179
涔 1098
浩油 674
浩唐 429
浩蕩 429
浩盪 429
浩亹 1014
浟浟 329
涖 182 1251 1478 1480
浮 244 659 1515
浮來 659
浮浮 659
浼浼 336 363

涚 74 75
浣 1612
涅涅 336 363
悁悁 343
悒悒 343
悔 1564
悛 9
宧 162 267
宴 183 226
容與 418 699
宰 774
冢 774
袜 263
袚 757 758
袗 538 543 1261 1611
袍 659
被衣 1336
被離 409
被麗 409
祧 1659
冥 201

冥阨 717
冥眴 420
冥隘 717
㚆 797
剥 1003
剥落 409 1003
堲 797
展 295 749
展衣 749
弱 211
陼 149
陵 141 1096 1296
陵水 608
陬婁 1012
陳 125 203 529 530 970
陳儀 663
蚩 365
陴 738
陰 206 807
陪 459 690 1138

陪尾 617
烝 1197
姬 859 1297 1466
姝 571
娛 640 1032 1297
娖 571
娩 297
娓 171 336 340 486 488
脅 45
翌 1581
通 205 514 515
能 574
函 992
矜 200
務 252
務光 1333
桑 249
純 1483 1617 1705
納 1263
紛 1028

紛 451 919 1144
約 1636
紘 927
紭 819
紐 1632
彗 597

十一畫

責 1045
理 12 1063 1161
匭 1051
規 782
捧 942
掫 971
埴 1231
域 1058
捷 1477
捷菑 1377
排 1189
焉 1049 1704 1710
焉逢 585

捫搎 396
捼 907
捸 1419
堆 493 873 886
推 109 217
頂 125
埤堄 658 738
捭 974
堋 942
掤 521 1110
埳 784
埻 497
捽 186
培 690
接 1363 1477 1623
接菑 1377
掃 1187
掘 1211
殸 176
堊 1537
菶菶 360

基 208
聊 12 1161
菁菁 354
著 560 1371
著臼 1371
著雍 588
菴 462
菆 1214
黃栗留 839
黃離留 839
黃鸝留 839
菵胡 415
萋萋 312
菲 440 1132
菽 1375
菎 200
萌 981 1278
萑 1640
萑苻 831
萑蒲 831
萉 448 1057

萃 1487
萍 806 825
菹 242 913 1338
菀 71 83 998 1000
萸 788
菑 1035 1495
彬 919
梗 927
梧 215 1238 1529
梢 1286
桯 1497
梱 1082
梏 303 1026
梅 1332
梅梅 340
桼 987
麥 823
麥蛬 966
麥蠿 966
桴 213 462 659 801
棔樓 826

桷 771 772
救 547 1647
教 168
軒 552
專 549 1475
曹 573 759
曹沫 1361
曹劌 1361
敕 47
副 33 257 1256
區 5
堅 349 637 879
郪 651
酌 288
脣 1670
戚 909 971 1088
戚施 188
戚戚 322
帶 507
戛 1150
戛擊 391

厠 1035 1495
殉殐 400
雩 630
雪 79 132
頃熊 1381
背娍 417
鹵 140
鹵莽 404
虛 598
彪 934
處 1371
處臼 1371
虙 894
虙犧 1330
堂 924
堂蜋 850
常 1459
悬 223
唪唪 360
眦 1274
晤 66

晨 1593
眴卷 1017
眯 985
眸 160
唶 975
閉 1210
問 952
曼 1393
曼延 381
曼邱 1451
曼胡 415
曼衍 381
曼濾 415
晦 274
冕 489
晚 485
啄 531
遏 1344
異 1629
距 1668
趾 1549

跀 1503
略畔 689
圉 215
累 281
鄂 158 212
國酌 1390
國弱 1390
啜 1084
崝 951
崱 1703
帴 1400
崑崙 688
崔 763
崔嵬 707
帷 883
崒危 707
崇 81
圈 272 633
過 65
铻 1279
桱 878

悇 1317
秸 391 1150
梨 660
移 306 1471
動 72 111 134 520
笱 761 917
笛 525
笙 634
笙濆 680
笭 798
笱 84 917
第 11
敏 787
偆 108
偃 183 628
偪 111 463 894
偪陽 603
偄 260
偕 86
偝 710
悠 876

悠悠 876
側 29 31 311 1035
售 1709
進 217 1076 1077
停 911
傞 1090
偏 94
兜鍪 737
兜離 425
皎 877
假 17 109 1199
假密 709
術 1376
徘徊 371
徙 1008
得 491 509 978 1120
得來 1303
從容 373 402
從頌 373
從諛 373 402
斜谷 698

釭 175
釪 766
畬絲 746
貪 40
脰 1551
脜 154
脬 213 462
脫 522 783
彫 492 873 1264
魚 1081 1529
魚山 700
魚毒 834
逸 60 1182
猝嗟 395
悐 1344
觗 889 1204
觖 889 1204
猛 542
猛眇 380
訦 910
訝 1078 1238

許 1371
訢 922
設 292
埶姑 1422
庶 1491
庶子 13
麻 887
廁 810
痌 63 385
疵 1045 1505
痑痑 331
痕 216
袞（衮） 972 1173
庸 1556
庸庸 327
庸職 1451
鹿臺 614
章 199 1522
竟 299
竫 64
族 123

望 472 1145
望羊 830
望諸 645 649
率 781 1562
牽 637
粗 905
敓 522 783
敝 1507
焜 129
焌 979
渚 149
淩 1096
涿 531 1493
涿鹿 612
渠荼 656
渠渠 320
渠蒢 656
淺 1601
淺淺 341
淑 1560
淖約 496

混 429 972
混夷 722 723
混沌 429 972
混蛋 429
混蟚 429
混賬 429
淮 145
淫 1248
淫液 699
淫裔 699
淫預 699
淘河 838
涼 760 1342
淳 1645
婆 1528
婆娑 396
梁 777 778 1342
悃 1508
悼 520
愓 1344
愓愓 330

惟 883
惆悵 1420
惛 82
惛怓 401
寅 1399
寄 1582
宿 243 1166 1246
宿利 579
宿留 389
室 1700
室皇 652
窔 266
密 361 1544
密勿 390
密州 1356
啟 184 572 1207
扈 1506
袷 795
裓 977
褖 284
晝 22

焄 1192
敢 99
屠岸賈 1407
屠顏賈 1407
艴 307
陘阸 151
陘隘 151
郿 620
將 31 1682
將咎如 725
限 793
陧阢 419
隗 632
隃 751 1320
隆 141 1061
隆慮 701
婥約 496
婉嫕 416
婉孌 416
婦 112 114 1004 1530
習 51 1118 1253

郯 545
参 954 1086 1501
貫 196 544 1055 1229
鄉 564 1559
紱 753 757
終 109 1553
絓 933
紼 307 753 757 758
絣 1586

十二畫

絜 58 731
絜皋 731
琨 196 1055
替 1036
款 107 870 1087
堪坏 376
揖 392
揲 1217
堙 10
項託 1428

項槖 1428
揳 260 907
載 1036
賁 181 452
賁泉 672 1325
賁賁 452
提 660
提彌明 1379
揚 1167
揖 1226
喜 922
喜時 1354
彭亡 696
彭亨 398
彭彭 1357
彭模 696
端 776
葴 1231
煮 1491
塠 493
揄 1040 1203

揄狄 751
揥 254
達 205 540
搓摩 417
報 305 460 893 984
揃搣 417
壹 1552 1691
壹壹 430
壺 1691
握齪 367
握齱 367
揟 1171
揟次 1022
搔摩 411
揉 1632
惡 210 1537
斯 80 938 1008
斯羅 728
期 1294
葑 828
葑門 697

葉 1217
散 97 98 126
董 42 46
董董 366
董安于 1437
董閼于 1437
葆 439
蒐 117
葍陽 710
敬嬴 1381
葱 20
葱蘢 720
蒚 1287
落 105
落拓 546
落度 546
落莫 546
落託 546
落單 397
落魄 546
蓱 825

葏葏 354
葦 1192
葦允 722
葦粥 722
悳 499
萠 626
喪 249
葵 545
棖 924
棱 786
植 1114 1231
棼 864
棟 511
棧 1533
椒 1375
椒舉 1406
棅 762
椆水 685
棓 1327
楗 1669
椴 504

椴儒 504
軷 1135 1635
軒車 806
軸 525 1116
軹 552
軵 392
軨 1589
軥 84
惑 13
逼 453
掔 637 879
覃 639
棘 95 766
酢 242 975
奡 566
硜 176
雁門 691
厥貉 604
厥慭 606
厥黨 605
焱 1410

寮 143
殖 238
裂 63 385
裂繻 1368
雅 844
斐 447
嵛 1090
戟 766
棠 924
鼎 6 508
開 16 148 1207
間 36
閒 1 36 544
[illegible] 1033 1091
閔 489 631
閔勉 489
悶 82 96 362 1269
遇 66
遏 10 1030
景 255 1548
喈喈 319

跋 988
跋扈 398 399
跌 60
跗 443 1136
晦 787
遻 212
喁喁 344
單 538 543 549 889
單伯 1360
單閼 585 586 590
喦 662
嘂嘂 212
斝 1585
喤喤 364
喑噁 405
嗟 236 763 1070
嗞 1070
喧嘩 55
買朱 1356
罦 462 811
罯 234
嵯峨 707
幃 883
粟 26
圍 145 1285
骫 76
無 479 480 481 482 1005 1100 1321 1578
無婁 667
無傷 382
無慮 404 408
犇 1148
短 366
毳 772 914
犆 519
稉 927
稍 1244
稈 761 1150
稌 822
犂 629
税 752 1604
税衣 752
稊鴂 837
喬 731
筥 1494
筏 801
筋 1287
筍 875 917
筆 815
頊顓 1012
傲 565
備 1139 1156
傅陽 603
順 1631
翛 243 1163
條 986
集 1101
雋里 676
傍 35 476
傍偟 371
剩黜 419
髡 840
峏 1584
衆 354 1553
奧 268 1694
遁 1252 1457
御 215 1078
復 305 460 1139 1530
循 1252 1457 1631
假 1199
須 164 170 874
須臾 402
須留 389
須搖 402
舒 137
鉅 544
鈑 780
欽 192
欽負 376
欽駓 376
欽䲹 376
鈞 557
逾 1634
翕 45
番 1141 1193
番汗 1020
番吾 602
禽敖 1413
禽屈釐 1431
禽骨釐 1431
禽滑黎 1431
禽滑釐 1431
禽滑氂 1431
爲 956
飪 1241
飲 237
脜 1288
腓 442 448 1189
腆 1628
脽 545
脾 1602
腍 1241
脺 914
勝 1672
猨 668
猶 525 751 910 1168 1300
猶與 418
猶預 699
猶豫 418
觚 550 551
猱 619 832 855
貿戎 724
鄒 148 277 644 665
詘詘 1223
詐 34
馮 458 690
就 1101
就李 676
鄗 624 642
敦 493 873 886 1046 1645
敦朴 392
敦阜 392
敦厖 392
敦僕 392
敦懞 392
敦龐 392
痟 62 179
痟瘦 179
粢 960
童 42 366
戠 1231
善道 671
善稻 671 1324
翔 1459
尊 1350
奠 911 996
遒 52 188
道 88 1102
遂 1376
孳 138 1070
曾 293
焯 199 496
煠 129
湊 123
湛 1502

湎湎 310
渻 229
測測 311
温 999 1711
滑鳩 843
湫 560 1375
湫舉 1406
溲 1099
淵 206
淵淵 206
滲 526
湟水 708
盜 1711
湆 1618
滋 138
渾沌 429
渾敦 429 972
溉 1295
渥 1001 1037
湃 880
湄 50 620 1200

溞 1099
慌惚 195
愞 260
愠 1164
愔愔 356
惲 1372
惛 82 1269
割 302 1699
寔 1642
寑 73
窗 269
惌 998
寗母 615
寐 189
運 1267
補 1315
裖 1261
裞 783
裸 968
禍 568
裯 505 925

禄 1573
幂 1212 1213 1544
尋 1202
尋谷 698
畫 65
畫衣 750
犀比 747
犀武 1433
犀毘 747
弻 469 471
弻戾 378
强 4 100 351
强梁 398
費 1418
費生 1416
隞 641
疏 225 863 1171
違 1138
隔 1
隙 59
隕 1158

隘 151 210
媒 291
媢 229
絮 1509
嫂 113
媚 297
賀 1643
登 490 978 1468
登假 490
登遐 490
發 753 988
發陽 655
發發 753
發繇 655
絫祖 1340
遂 752
詈 1332
結 1027 1028 1287
絰皇 652
絪緼 430
絢 1636

絳 247 248
絣 951
絞 877
欿 115
幾 991 1104 1273 1479
幾瑟 1434

十三畫

耡 912 913
瑟 256 1260
瑊 992
瑗 1387
瑳磨 417
瑁 800
嶅嶅 315 641
嵍 660
愿 3
魂 122 1158
髡 1372
髡玩 1384
髡原 1384

髡頑 1384
髦 1250
肆 60 1488
摸搸 396
填 19 502 996
載 30 296 1231
搏且 827
搏腊 744
馴 1472
搢 969 1077 1477
趄 44
趍 1262
蔽 1266
戢 527
戢戢 527
搖 334 910
搖狄 751
搖翟 751
搯 72 513 1108
塳 379
瑴 866

瑴 1299
聖 292 515
聖姜 1378
蓁蓁 354
斟戈 1337
斟灌 1337
蓋 214 302 817
蓋臧 715
勤 1294
勤勤 320
蓮 153 824
蓮陵 1021
蓴且 827
莾 771
華輅 374
華路 374
華露 374
幕 157 1212 1213
幕絡 408
夢夢 326
葙 913

蒼 20
蒼蒼 312
蒴 1266
蓬蓬 360
蓬蒙 1348
蓬顆 379
蓑 1219
蒿 624 642 1650
蒺藜 836
蒲 474 477 1696
蒲伏 394
蒲衣 1336
蒲吾 602
蒲社 677
蒲服 394
蒲環 1023
蒙 67 270 1106
蒙戎 67 392
蒙籠 404 408
蒖菁 828
斡 866

蔭 206 906
蓩蓩 360
楳 1332
禁 279
楚萩 1375
楚椒 1375
楚子卷 1391
楚子麇 1391
楊 1521
楊陓 616
楫 778
楯 772
榆 751
嗇 229
郄 174
槎 242
楄柎 740
楄部 740
概 41 1295
楣 778
楈 863 874

榼 1497
軟 987
輁 1539
輇 820
較 303 1068
畺 299
剽 1654 1655
甄 651
賈 17 1530
酬 1417
頍 258 882 1018 1316
蜃 1593 1684
蜃車 820
硍 972
碓 886
雷 1175
雷石 730
雷祖 1340
頓 886
督 46 494 510
訾婁 665

訾樓 665
虞 640 1032 1292
業 14
業業 14 352
當 6 508 510 561
睥睨 384 658 738
賄 1564
嗼 159 1145
閟 1210
黽勉 390
黽隘 717
盟門 645
盟津 645
盟豬 645 649
煦 881
煦煦 346
歇 1454
暈 1267
號 209 901
跳 1464
跪 572

路亶 397
跢 1262
跢跦 418
跰躚 396
蛙 852
蛸 1286
蜎 1673
蛾 853
嗥 1453
嗚呼 423 424
嗛 3
置 499
置賴 1016
鄘城 690
幎 1212
幎歷 408
雉 663 819 1489
犍 974
稚 1181
稔 1241
稠 685

搫 52 188 1516
愁 1516
筠 1006
筰 975
節 1542
與 1230 1550 1600 1651
傴僂 416
毀 129 568 1648
舅 1221
傾 258
僂翣 734
保 439
傹 1265
鼂噪 428
鼂藻 428
魁 1082
魁父 599
魁阜 599
膂 290
衙 215 1015 1078 1370
微 171 480 488

620 1200
微微 340
微生畝 1442
微生高 1441
徬徨 371 383
幣 570
嫛姍 396
鉏 913
鈴 785 1589
鉛牙 1015
鉤 84 782 1249
鉉 1614
會 817 1591
遥 751 876 1320
貊 1165 1271
貉 233 1271
飽 462
頌 1556
腜 1124
腜腜 332
腰 172

腥 993
媵 1167 1627
腬 154
詹 1709
雊瞀 1019
猿 668
猼且 827
鳩茲 654
鳩摩 575
觥 121
解廌 819
誄 1259
詰 1255
誅 925
話 286
詶 1417
詡 1517
裏 543
亶 749 1218
亶安 590
斛 810

廇 777
廓 121
痺 974
廉 786
廌 819
資 960 1201 1270 1293
新 74
新羅 728
意 165 294 1152
意如 1353
意烏 405
竨 974
竦 182
雍 102
雍林 1402
雍廩 1402
義 1576
羨 43 288 306
891 1460
豢 1195
猷 751

遡 564
煩 864 1193
焆焆 316
煌 364
煇 1267
溱溱 354
漭沆 415
漣 147
漣猗 422
滅裂 404 408
滙水 708
滌 526 990 1482
準 217 497 1155
1452 1498
滄浪洲 720
滃 244
漷 635
溢 1182
溓 1496
滓 251
溟涬 415

愼 1485
慊 3
慏 1469
塞 19 222
寘 1326
索 97 225
窠 107
褚里疾 1435
裼 1237
裷 1173
裾 812
福陽 603
禔 1242
肅 243 1166 1246
肅愼 704
群 573
殿 173 503 964
辟 448
辟耳 658
辟戾 378
辟倪 384

辟陽 721
辟睨 384
暋 82
嫫母 1332
翶翔 747
翶翔鷁 747
絿 300
綍 307
綆 542 755 770 927
綃 860 861
絹 1673
絺 1658
綌 1220
綏 101 132 1574 1620
絼 819
耤 239

十四畫

瑱 125 501 1121
瑣瑣 355
瑣澤 669

斠 1069
懕 180
髹 987
髦 1224 1538
髤 1028
髣髴 206 433
撞 1047
摶 1475
駁 4
罼 262
墆 776
趙 521 1110
墟 598
莤 759
嘉 17 1643
臺 536
摧 763 1009
堋 942 1134
赫蹏 732
輕 790
截 178 966

截截 341
誓 703
擁 908
摘 254
墊 888
壽曼 1417
壽夢 1422
摺 1253
摎 300
摻摻 333
綦 262
暱 82
聚 52 81 148
665 1039
鞀 1216
鞍 757
鞄 1283
蓋 5
蔈 825
摹略 404
蔓要 734

勱	120
蔓延	381
蔓衍	381
蔓菁	828
蔮	1316
蔑	263 482 621
⿱艹豈	270 1278
蔥	20 789
蓰	39
蔽	259 561 757
	758 1507
蔽膝	757
蔆	1096
榦	761
蔚	83
蔚蔚	83
兢兢	349 350
睱	1199 1585
蓼	1043
榛笄	818
榰	1074

模胡	415
模索	396
模糊	415
榭	1228 1470
榷	1068
輔	469 470
遭	759
酺	1146
酸	62
酳	288
厨	773
厮	80
厲	63 385 636
	935 936
厲山	1331
厲風	594
厭	1226
厭厭	356
碈	800
戩	1036
爾	567

奪	522 783
臧	1038
需	871 1499
鳶鞮	1446
蜚	851
裴回	371
裂	510
睿	1258
對	553 1117
暱	1288
⿰目冒	160 903
⿰車申	970
聞	82
閤門	1014
閤閤	328
嘔嘔	345
踊	1323
踆	979
蜂	852
蜻	951
蜡	1050

蜮	1492
蝄蜽	377
蜼	1481
蜩	848
嘑	209 901
團	820 873 1475
鄲	885
嗺	763
鳴鳩	843
嗥	256
嘐	319
嶄	142
嶄巖	707
罰	1135
幔	157
圖	8
舞	1578
犕	478 1133
犒	1473
稉	260
稭	1150

種種	366
稱	1672
稷	1565
熏	1541 1568
熏鬻	722
箕	1070
算	989 1154
箇	866
箘	633
箄	755 801
管	1558
僨	452 1148
僘僘	317
僊	1461
僕	467
僤	638
僞	883
僦	30
甄	1648
鼻我	1388
僎	1194 1622

歋瘉	407
歋歋	407
衙	915
槃	570
槃散	396
銛	1119
銓	9 271
鉼金	780
鄌吾	602
愆	246 458
貍	1644
餌	241
蝕	1518
餅	542
膊	556 962
遯	752
鳳	841
夐	1149
疑	13 953
獌狿	381
⿰舟辰	889 1204

語	215
誥	191 1027 1255
誥⿰角由	674
説	1225 1604
槀	1473
敲嚚	713
膏露	595
廣	231
遮	149
遮列	385
遮例	385
遮迾	385
腐	462
瘖	179
瘉	525 751 910
瘥	48
瘃	752
彰	199
端	776
端蒙	586
適	1315

齊 960 1293 1365
齊侯舍 1398
齊侯荼 1398
齊侯援 1387
齊侯環 1387
逵 290
養 162 267
鄰 153 1096 1296
鄭語 1370
鄭禦 1370
榮 1469
榮邱 683
漬 1045
滿 1315 1696
漸 1502
漸洳 412
漚 1001 1037
漂 659
滯 1048
漫 157
漫汗 415
漫羨 381
漫漶 415
漫爛 404 408
滸 801
潒瀁 904
滾 972
滾滾 972
演 185 288 1460
漏 1085
慢 565 872 1393
慴 51 539 1118 1253
慘 321 1086
慘慘 321 322 1086
蹇 222
賓 114 1571 1280 1706
寡 177 200 1530
寠數 735
窫窳 857
察 1683
察察 223
寥落 413
實 1642 1706
皸 1011
褘衣 750
褖衣 752
禡 233 1271
祥 625
禛 1212
鼏 1212 1544
盡 555
盡瘁 393
暨 626 1649
隞 530
韍 1210
墮 559
隤 101
頔 217 1155
隧 783
嫚 566
嫘祖 1340
頗 94
翟 805 963
歆 45
婜 805 963 1662
態 180
脊 160 903
脊光 1333
綪 951
緅 791
綽約 496
緄戎 723
緄夷 722 723
緆 1234 1555
綱 1272
綏 1574
綢繆 410
緍 304
綣 272 633
綜 1671
綟 788 1338
緑 250 788 1573
綴 24 553 1084 1117
緇 251

十五畫

耦 66
璜 196 1055
氂 814
奭 1188
輦 1577
髳 1224
墳 1254 1592
撻 516 1119
撎 1226
撝 1217
駓 337
撖揭 403
趣 909 971 1214
撲朔 396
撮 186
撊 1511
槷 1532
播 207 1147 1208
鞏 890
揞 254
槷刖 419
槷鼿 419
增增 354
穀 862 1299
穀邱 653
撰 64 989 1465 1622
撥 207 753 1674
蕢 1592
歎父 719
翱 18
蕆 47
蕤 1574
蕢 1266
瞢 96
蕪菁 828
薁 711
薁李 711
蕃 1141 1233
蔿氏 1403
蔿敖 1362
蔿艾獵 1362
薄 494 495
蕩 72
蕩山 1401
蕩漾 904
蕝 772
鼐 1062
横 56
横艾 589
横尾 617
槫 820
樗 1666
樗里疾 1435
樓 775 867
槶 1316
榯 801
樊 465 476 918
賚 104 950 1063
輚 1533
輥 972
暫 34

輪 1536
輪臺 584
輜 1035
敷 436 454 455 466
474 1129
毆蛇 661
遷 110 1461
醋 975
醉李 676
磔 556
碻礅 713
廄 187
遼落 413
豬 500
豬野 646
殨 1045
震 134 1074 1075
⿰耒丮 296
聲 1266
劇 230
慮 105 106 131

暴 1003
暴戾 409
暴亂 409
暴横 398
暴樂 409
暴露 374 409
賦 276 437 438
賜 104 1234 1237
賜支 705
瞑 119 189 190 201
瞑眩 420
瞑眴 420
嘻 28
閭閻 347
閭 1342
鄲阨 717
鄲陀 717
數 989 1064 1065
踐 1657
踝 177
踟蹰 418

踣 1156
遺 91
蝡 260
嘽嘽 331
遻 212
噍 240
噍殺 368
嚮 1098
罵 233
罶 777 796 867
罷 973 974 1256
罷軟 387
罷需 387
憮 930 1073
嶔 192
禩 1212
墨 274 1291
骴 1045 1090
誰 303
頸 88
鼎 1212

稹 996
稷 29 311 1095
剢 1288
稻 822
黎 643
䅭程 371
稃 1181
範 1276
箭 1076
篆 1663
僵 1265
僶勉 390
儌 877
僾 206
億 294
儀 1576
繇繇 309
樂 12 38 1042 1044
僻倪 658 738
質 57 498
德 499 978

慫湧 373
徹 205 514
衛公叕 1410
衛侯剽 1450
艘 1 541
盤 1680
盤桓 371
盤旋 371
盤寒 1020
鋪 276 454 1129
鋙 215 1279
銷 810
銛 1119
銙 781
劍削 803
劍鞘 803
餎 462
號 635
餇 813
餘 43 91
餘昧 1392

歆 237
膝 174
膵 290
膠 87 300
膠膠 319
膷 1568
餇餇 348
額 49
頻 809
頔 951 1089
諸 1326
諸盤 1338
諓諓 341
誰 454
論 1566
談 639
談談 338
臯 497
稾 761 769 917
1150 1607
廚 773

摩挲 396
麾 1190
褒 984
廛 532 1048 1111
廞 1248
瘞 1243
瘵 1071 1184
瘣 1219
瘠 1045
麃 337 1319
慶 2
賚 1572
廢 1674
糊塗 429
遴 308 1096 1177
糈 863
糅 1625
翦 555 1400 1601
遵 1622
導 1102
獎 1277

憋 1277
潔 58 731
濆泉 672
潭潭 338
潦 1607
潦倒 546
潛 1098
澗 37 1092
潤 363 489
潤浼 489
潧 354
[illegible]生 1416
憉悙 398
憬 1548
憮 1517
憔悴 368 393
憐 153
鳶氏 1403
冪 1212
冪歷 408
褫 522 1107
慰 83 1164
遲 534
劈歷 409
履緰 1368
履 1085
彈 1597
選 781 875 989
[illegible] 1154 1465
選耎 388
選懦 388
選蠕 388
選[illegible] 388
蜎 517
戩 1118
翬衣 750
遹 1067
豫 1228 1323 1470 1550
緗 249
緹 1242
線 1671
[illegible] 1661
緵 1565
緧 109 188
緡 631
緣 1663
緣衣 752
緣陵 683
畿 27 1103 1104 1273

十六畫

璑 800
髻 1028
髻 286 1209 1503
駢憐 431
據 208
操 1086
熹 922
赬 790
錟 1202
槊 1677
撿 286
壇 532 1111
磬 176
鄹 148 644
薳氏 1403
薳頗 1389
薳罷 1389
鞘 803
鞔 896
燕 152 840
薙 663 1664
薛 1002
薛伯夷 1399
薛伯寅 1399
薈 83
薈蔚 83
薆 206
薊 1287
薦 69 1077
賚 836 960
薄 466 468
薄社 677
薄借 744
蕭 1246
頔 1266
頤 162 268
薜 1002
橈 211
樹 1524
樟 1666
樸剽 1023
橇 772
橋 731 771 1313 1619
檇李 676
檇里 676
樴 1288 1579
橃 801
輴車 820
輹 754
輶 772
輶車 820
輸 559
整 295
賴 12 636 1161
橐皋 1013
頭 155 156 1383 1551
頭陀 577
瓢 1655
醒 136
醜 73
鬻築 409
匴 1609
磧 779
歷 234 1176
歷歷 328
殪 1243
霓 135
霍 139 630
臻 69
頻 1280
叡 1258
縣黙 589
閻職 1451
閼逢 585
閼蓬 585
噦噦 316
踶[illegible] 418
踽僂 416
踰 751
蹁躚 396
螓 951 1089
螘 853
螗 848
戰 134
噮 813
噣 531 596
噲噲 316
噫 294 906 1152
噫嗚 405
噫歆 424
噫嘻 28 426
噫興 424
幪幪 360
[illegible] 777 867
嶩 619
[illegible]嵬 707

辠隗 707
圜 1285
默 159
黔敖 1413
積 115 1045 1053 1274
穆穆 358
黏 1288
頹 534
篤 494
篴 525
篹 1609
篳路 374
簉 33
篦 755
舉 103 1651
盥 1612
僡 1156
臲卼 419
臲兀 419
劓刖 419
劓劊 419

徼 877
衡 55 1527
衡雍 648
錯 224 1512
錢 802
錫 1234 1555
錧 1605
録 106 1573
猰貐 857
餞 1657
膴 949 1124
膴膴 332
膬 914
膱 1231
膳 1606
膝 1105
雕 506 1123
鮁鮁 753
鮓 242
穌 136
鮒 477

鮑 461 462 1283
鵃鴿 842
獲 1235
穎 809
餤餤 327
獧 813
獨 42 155 531 549
獨婁 741
獨鹿 741
獫狁 722
獪 286
獬 819
鴛 999
諜 291 1332 1546
諫 1033
諟 1679
諤諤 212
憑 458 563 690
憑城 690
廧咎如 725
廩 775

廩臺 614
瘳 48
麈 272 633
親 193
辨 957 1174 1178 1198
龍門 645
嬴 1447 1521
壅 166
甗 162 267
甑 1197
燂 1080 1202
燋 1284
熾 926
營陵 683
縈 1469
燖 1202
濛澒 415
濛鴻 415
澠阨 717
潞病 397
濁 531 535 1493

濁鹿 612
激 877
澮 70
懆 1086
懆懆 321 1086
懌 1180
懀 70
憲憲 314
窶數 735
窻 269
褶 1118
禫 1102
機 1104 1273
頤 1372
甓 1212
避 1678
彊 4 100 351
375 1265
彊梧 587
彊圉 587
螴蜳 904

隱 206 246 458
隱如 1353
隮 1270
穜 1071
縝密 410
縺縷 1021
緻宓 410
緻密 410
縉 1077
縪 757
齴 810

十七畫

璪 1236
環 813 1387 1598
贅 24 1084 1094
謷 315 641
謷謷 315 641
鬁 1028
擣 521 1109
擣余 1025

騞 337
騂 1653
駾 15 752
騃 353
駿厖 392
駿蒙 392
駿駹 392
駿龐 392
擩 206 907
趨 1262
毹 1662
䕾 1357
螌 1188
壙 231 784 890
擿 19 254 873
蟄 1462
觳悉 400
觳觫 400
聲姜 1378
罄 176
藉 239 821 912

913 1206
聰 269
聯 1570
聯娟 416
藂 665
艱 216 1047
鞞 803
鞠 1072
薰 1192
薰育 722
薰粥 722
藐藐 359 362
蔌 19 995
薺 836
薸 825
藻 1052 1236
蕢 1280
韓 1306 1450
檉 627 634
樺 771 772
欘 535

櫛 278 1542
櫛笄 818
檢 279 547
檜 286 1591
粦 823
櫝盝 735
檀 902
檀柏 1360
轅 44 1387
臨 182 1061
翳 76 1083
磾 889
鴝鶵 838
邇 1 273 567 569
霜 249
豳 451 919
戲 365 1190
虧 23
黻 753
購 1186
蹎跋 988

蹕 1678
蹈 72 513
螳蜋 850 1312
蝘蜓 381
蟈 1492
蠙 185
髀 1602
黏 1288 1496
黎 660
穉 1181
魏壽餘 1404
魏讐餘 1404
簂 1316
簇 123
簿 801
簋 1051 1567
繁 1141 1233
輿謣 406
儲 1157
僬僬 337
魍魎 377

徽 916
禦 215 1078 1370
衛 256 290
還留 389
鍥 280
鍤 810
鍬 810
鍠 364 1522
鍰 781
鎡 1062
斂 45 52 187
爵 551 791 1204 1284
繇 334 751 1164
邈邈 362
嗣 982
朦朧 408
臆 165 759
鮨 1569
鮮 110 938
鮮支 705
獮 118 284

獯鬻 722
獱 890
講 1068 1186
謨 1332 1684
謓 1261
謰謱 422 1021
謝 1228
謚 159 189 1260
謚謚 361
膺 166
壐 852
癘 63
療 38 143
癉 1048 1218
癄瘁 368
麋 50 620 1200
1319 1639
羲 242
糟 759
糝 954
斃 1156

燭 1534
燭燼 797
燬 129 568 921
鴻濛 415
濫 716 760
濟 32
濟濟 32
濱 1280
濘 768
濯 526 1659
懦 260
窾 107 870 1087
窺 790
竁 517 914
顛 878
襘 286
禧 1234
襚 783
禮 1545 1695
覬髳 408
臀 173 964 1670

履 1085
履履 735
彌 792 985 1268
彌離 404 408
彌子瑕 1414
蝨 309 854
牆咎如 725
嬪 114 1280 1571
嬥 1688
螽 1106
鍪 1106
縉 1508
縷要 734
總 20 965 1661
縮 124 243 1064 1065
1246 1624 1625
縮朒 370
縮縮 324
縿 860
繅 1236

十八畫

鼇 68 104 660 950 1063 1177
鬇 1234 1250 1488
擾 1183
壜 497
燾 873
擸 78 1217
聶 1613
聶北 662
聵 1266
職 1231 1579
職職 325
鞮鍪 737
藪 1065
蘢 814
穫 139
藥 38
藨 1215
藡 1096
藩 733 1141 1147
蘊 83 997 1097
檦 1282
轉 804
擊 78
覆 213 214 257 942
覆車 811
毉 759
醫 759
甓 188 1065 1624
檿絲 746
懕懕 356
燹 129
霤 775 867 1301
霧 1106
鶩 1098
豐 1695
叢 665
題 1679
瞿 348
瞻 1289
闓 184
闌 1532
闕 59
闕狄 748
闕黨 605
曠 231 890
蹣跚 371 396
蹛林 729
蹝 39
蹤 941
蹢 1458
蹢躅 418
蹢躅 418
躈躃 396
蹜沑 370
蟲 1113
蟲牢 657
蟬 889
蟬闕 585 586
蟠 892 1193
蟣虱 1434
羃歷 408
羃羅 408
巀嶭 707
鵠 191 303 1027
穡 229
馥 461 1125
穦 115 1053
稦 801
簝 798
簪 253 542 1038
簡 1449
簡狄 1305 1344
簡逷 1344
簡 1033 1511
簀 816
䉆 1065
篽 215
簨 876
鼓譟 428
傜 89
儵 1163
儭 193
邊 449
噭 877
歸 1633
艠 801
鎮 125 501 502 503 512 1121 1261
鎧 765
鎬 1619
鎋 1605
翻 457
餼 1638
臐 1568
臏 442
䐹 243
龜 1011
龜茲 727
鯉 846
䱐門 697
觵 121
獵 78
譚 944
譚服 426
謵 1253
癒 48
雜沓 414
離 234 736 893 1543
離支 679
離朱 422
離枝 679
離留 839
離黃 839
離婁 422 1021
離樓 422
麐 272
顏 49
顏涿聚 1411
顏濁鄒 1411
齋 1365
蹩躠 396
燼 797
燿 1504
鵝胡 838
鵝鳩 837
鵝鵬 838
瀆 535
濨 896
瀏 250
瀌瀌 659
慒 202
竄 265
竄竄 348
竅 1087
額 49 158
襜 1610
襜襤 729
襢衣 749
禱 505
禰 567
鵁鶄 747
鵁鷩 747
鵁鸃 747
鵁鶮 747

繚戾 413
繚悷 413
繚悷 413
繒 1660
繘 770
斷 561 562 873 1046

十九畫

顫 1068
檠 1161
斠 865
鬢鬆 1224
騠騶 418
騤騤 351
騷 1187
蝨 909 971
難 7 285 1172
韢韣 264
瓢 825
蘋 825 1280
蘧挐 656
蘆 994
蘆葩 828
蘆菔 828
藺石 730
勸 1699
孽 13
孽孽 313
蘇 136
蘇利 579
蘇藺 579
警枕 809
警警 317
藻 1236
顛 125
顛沛 988
櫝 535
櫟 38 143 1185
攀 457
轑 38 1185
轐 754
繫縨 732
轂 1 541 1031
醮 1284
麗 629 928 1153
麗廔 422 1021
礦 779
嫛 832 855 1183
歷融 1436
斷斷 347
曚 263
贈 1660
關 1229 1295
蹶由 1436
蠅 849
蠅蠅 334
蠙螬 759
蟻 853
羅 928
羅縷 422 1021
幱幰 732
鼃蝥 504
穤 260
鶩 736 839
簦譟 428
簍 206
簫 792
儳 965
雛 845
鶤鶻 844
懲 1318
鞶 465 570 918
鞶裂 742
鞶厲 742
鏗 879 972
鏝胡 415
鏡 255 764
颻 876
覼縷 422
辭 982 1629
鵬 841
鯫 277
鯤 200 779 1169
觶 550 551 889 1204
譆 28
譚 338 639
譙 1284
識 1231
靡 481 887
廬 994 1170 1175
疇 1109
麕 272
齍 960
羸 54
羸陵 1021
羸憊 397
羸癉 397
羸瘇 397
旝 1606
羹 1240
類 1338
爆爍 409 1003
瀳 69
瀨 636
瀕 1280
寶 439
寴 193
襪 263
襦 260
鶌鳩 843
彊 27 299
韠 259 757 758
韜 1626
繩菲 744
繹 282 287
繹繹 342
繡 243 861

二十畫

環 1519
鬢 1261
騶 644 1194 1214
騯騯 1357
驕 505
趬 527
攕 333
翿 1626
藭 200
蘗 1002
蘖 1002
韗 1598
謳 1256
飄零 409
醴 1545
礧石 730
礫 143
霰 133
齚 975
獻 955
耀 1504
鶌鳩 837
囋 1084
闌 638
蹞 1193
蠕 260
蠕蠕 580
蠐螬 759

蠙 1056
豑 527, 1112
囒哰 422
嚼 240, 1284
鶻突 429
鶻鳩 843
鶻鵃 843
鶻鵰 843
犤 974
犧 955
譽 1600
覺 191, 303, 1026
礐 191
鐫 283
⿰金卿 1279, 1370
鐏 283, 979
釋 980, 1227
⿱䫉心 359
饎 58, 1575
饋 1633
饌 989, 1465
臚 1170
膶 1202
騰 1627
鰒 461
獼猴 858
護 139, 218, 1235
譮 286
譩 759
⿸疒樂 28, 143, 1042
廮 260
競 100, 1265
齋 960
爐 140
爓 1202
灌 968
瀾 147
灂 1284
瀰瀰 336
鶱 23
竇鳴犢 1408
竇鳴鐸 1408
竈 1646
鶮 1010
嫠 823
饗 1559
⿱敖皿 788
繐 20, 789
纁 1541, 1646

二十一畫

谿 135
蠢 108
瓘 767
鬖 987
攝 1613
驄 20
權精 1018
轛 553
醻 1417
酈 629, 1458
蠠沒 390
覼縷 422
露 54, 131
霧 1106
躊躇 418
躑躇 418
纍 281, 1259
蹓 641
囂 55, 641
囂囂 315, 641
髐 944
鼉黿 504
籔 1065, 1634
儺 285, 1172
儷 53, 839, 1543
鯖 941
鰭 1569
譸 1417
癩 636
辯 1178, 1198
齎 960, 1201
夔 632
夔夔 348
⿰酉龍鼉 188
爟 129
爛 301
爛漫 404
爝 1284
⿰氵驚 1098
竈 773, 1455
襯 193
屬 24, 933, 1094, 1534
屬盧 741
屬鏤 741
蠹 309
纏綿 410

二十二畫

鬝 878
驛驛 331
攔 779
鑿 909, 971
懿 206, 294, 1152
轢 38, 143
鑒 764
霽 32
躐 78
疊 539, 888
羇 1582
顛 1261
髑髏 155, 1012
⿰骨會 1591
籧篨 656
籠 798
籠絡 413
鑑 764
鑈 567
⿰食熙 1575
艛 846
玀 284
玁狁 722
邋午 414
邋門 1348
邋起 414
讄 1259
壨 298
壨壨 335, 357, 363
襲 51, 1118, 1253
黴 1284
灑 39, 1275
竊竊 323
覷 878
⿱辟骨 173
⿱敫鬲 1181
纑 994

二十三畫

鬐 286, 1209, 1503
趲 1287
蘲 298
蘸 1047
齰 975
⿰食逢 89
鷤鴂 837
鷤搗 837
鷸 736

饕 989
籞 215
讎 1417
鑣 1215
鱖鯞 847
鱛門 697
鱎鮬 847
欒 1044
變 181 450
牘 1057
廬 852

讐 51 1118 1253
蠲 58 1059
韄 263
纓 628 808
纖 167 1690
纖纖 333

二十四畫

攬 78 187
驟 1214
虆 771

觀 1699
釂 1284
蠶 1050
齷齪 367
鼂 885 902
羈 262
彝 894
鬻 844
鸒斯 844
鷽鳩 843
鱐 243

讙譊 401

二十五畫

鬭 1639
欙 771 772
譩 759
蠻 304 1393
麢 260

二十六至三十三畫

躧 39
釁 298 916
讄 1259
鼉 390
鸞 1240
驩兜 429
轙轙 313
蠾蝓 504

黷 535
孌 785
靈 854
鸛鴿 842
讄 1259
虋 298
鬱 71 83 1000
1097 1247 1644
鬱李 711
鬱來 711 1396
鬱洲 711

鬱鬯 711 1396
鸜鴿 842
鸝 736 839
爨 271 1694
鸞 785
灩澦 699
龖 51
麤 224 905

《清代學術名著叢刊》已出書目

廿二史考異 （附：三史拾遺　諸史拾遺）	[清]錢大昕著　方詩銘等校點
漢學師承記箋釋	[清]江藩纂　漆永祥箋釋
禹貢錐指	[清]胡渭著　鄒逸麟整理
日知録集釋（全校本）	[清]顧炎武著　黄汝成集釋 欒保群等校點
史通通釋	[唐]劉知幾著　[清]浦起龍通釋 王煦華整理
尚書古文疏證 （附：古文尚書冤詞）	[清]閻若璩撰　黄懷信等校點
廿二史劄記	[清]趙翼撰　曹光甫校點
陔餘叢考	[清]趙翼撰　曹光甫校點
東塾讀書記	[清]陳澧著　鍾旭元等校點
五經異義疏證	[清]陳壽祺撰　曹建墩校點
十七史商榷	[清]王鳴盛撰　黄曙輝點校
危言三種	[清]鄭觀應　湯震　邵作舟撰 鄒振環整理
經傳釋詞	[清]王引之撰　李花蕾校點
讀書雜志	[清]王念孫撰　徐煒君等校點
經義述聞	[清]王引之撰　虞思徵等校點
廣雅疏證	[清]王念孫撰　張靖偉等校點
漢學商兑	[清]方東樹撰　虞思徵校點
山海經箋疏	[清]郝懿行撰　沈海波校點
聲類疏證	[清]錢大昕撰　郭晉稀疏證